19세기 민중운동과 정치문화

- 서구중심적·근대중심적 이해의 너머 -

한국학 총 서 근대전환기의 국가와 민 07

19세기 민중운동과 정치문화

- 서구중심적·근대중심적 이해의 너머 -

배항섭 지음

景仁文化社

책을 내면서

〈동학농민전쟁연구〉로 박사학위를 취득한지 30년이 다 되어 간다. 박사학위 논문을 준비해 나가던 무렵부터 항상 석연치 않았던 점 가운데 하나가 농민군이 근대를 지향하였다는 학계의 통설적 이해였다. 그래서 박사학위 논문을 제출하기 2년 전이자 동학농민전쟁 100주년을 맞은 1994년 봄에 역사문제연구소에서 동학농민군의 토지개혁 구상에 대해 발표하였고, 이를 수정하여 같은 해 겨울 동학농민전쟁 100주년 특집으로 꾸려진 『사총』 43호(1994)에 「1894년 동학농민전쟁에 나타난 토지개혁 구상-평균분작 문제를 중심으로-」라는 제목으로 게재하였다. 논지의 핵심은 조선후기부터 대부분의 민전에는 이미 일물일권적 배타적 소유권과 흡사한 소유구조가 확립되어 있었다는 점, 중층적 소유구조를 전제로 하는 이른바 '두 가지 길' 이론에 의해 농민군의 토지개혁 구상을 이해하는 것은 적절치 않다는 점, '평균분작' 구상에서 보이는 농민군의 지향이 '근대와는 거리가 먼 것'이었다는 점 등이었다. 당시 이 글에 대해서는 선후배 동료 연구자들로부터 많은 비판이 제기되었다. 비판들은 생각을 가다듬어 가는데 많은 도움이 되었지만, 적어도 농민군의 토지개혁 구상에 대해 이때 가졌던 입장의 기본 줄기는 그 이후에도 유지되었다.

이후 동학농민전쟁에 대한 새로우면서도 진전된 이해를 위해서는 농민군의 토지개혁 구상을 농민군이 구상하였거나 제시한 다른 부분의 개혁방향과 연결하여 종합적이고 정합적으로 접근할 필요가 있다는 생각도 하게 되었지만, 구체적 연구로 이어지지는 못하였다. 시간이 갈수록 동학농민전쟁에 대한 새로운 역사상을 구성하기 위해서는 동학농민전쟁 만이 아니라, 19세기 민중운동 전체를 포괄하는 작업, 그리고 토지문제만이 아니라 정치, 사회 등 다른 부문에 대한 지향 내지 개혁 구상도 함께 엮어서 정합적으로 이해하는 새로운 민중운동 연구가 필요하다는 생각이 머릿속에 점점 강하게 자리 잡았다. 새로운 민중사 이해를 위한 접근 방법에 대한 가시적 진전이 더딘 가운데 상황에 떠밀려 단행본(『조선후기민중운동과 동학농민전쟁의 발발』, 경인문화사, 2002)도 출간하고, 19세기 민중운동이 근대를 지향한 것은 아니었다는 또 다른 글을 몇 편 발표하기도 했지만, 기왕의 이해에 본격적인 비판을 제기하기에는 여전히 공부가 부족하였다.

그래서 국내외에서 제기되기 시작한 새로운 학문적 경향이나, 외국에서 나온 민중운동 관련 연구들을 가능한 한 열심히 참조하고자 하였으며, 그 과정에서 19세기 민중운동상에 대한 새로운 이해를 의해서는 서구중심적·근대중심적 역사인식에 대한 비판이 선행되어야 한다는 점을 깨닫게 되었다. 이후 기회가 있을 때마다 서구중심적·근대중심적 역사인식을 비판하는 글들을 발표하였으며, 최근 그 글들을 토대로 한 단행본(『동아시아사 연구와 근대중심주의 비판』, 성균관대학교 출판부, 2025)을 발간하기도 했다. 물론 서구중심적·근대중심적 역사인식을 비판하고 새로운 역사인식을 구축한다는 것은 결코 단기간에 이룰 수 있는 일이 아니고, 더구나 혼자만의 작업으로는 불가능에 가까운 일이다. 더 어려운 문제는 기왕의 역사인식을 비판하고 새로운 역사인식을 어설프게나마 어찌저찌 갖추었다 하더라도 그것을 경험 연구를 통해 어떻게 구현해낼 것인가 하는 점이었다.

한국학중앙연구원에서 지원하는 공동연구에 참여하게 된 것은 이러한 고민들이 난마처럼 얽혀 머릿속을 가득 채우고 있을 무렵이었다. 모두 7명이 참가한 공동연구의 제목은 〈근대 전환기의 국가와 민〉이었고, 내가 맡은 주제는 〈19세기 민중운동과 정치문화〉였다. 처음에 공동연구 제안이 왔을 때부터 내심 서구중심적·근대중심적 이해를 넘어서서 19세기 민중운동을 새롭게 이해할 수 있는 기회라고 생각하면서 흔쾌히 참여하였다. 그러나 역사인식을 비판하고 새로운 역사인식에 근거한 경험 연구를 구현한다는 일은 지난하기 짝이 없는 과제였다. 정작 공동연구의 주제인 〈19세기 민중운동과 정치문화〉에 대한 관심보다는 서구중심주의나 근대중심주의 같은 역사인식에 대한 비판이 오히려 관심의 초점이 되어 갔다. 책 간행이 늦어진 것에 대한 핑계일 뿐이겠지만, 시간이 갈수록 원래의 문제의식을 담은 제대로 된 책을 내어야 한다는 강박 같은 것이 원고 작성을 더욱 어렵고 느리게 만들었던 점도 없지 않았음을 변명삼아 부기해둔다.

이러한 과정을 겪으며 난산을 한 이 책의 중심적 과제는 물론 19세기 민중운동에 대한 새로운 이해에 있다. 그러나 이 책은 다른 한편으로는 여전히 많이 부족하지만, 서구중심적·근대중심적 역사인식을 넘어서는 경험 연구를 모색해본 거칠고 소박한 결과이기도 하다는 점을 밝혀둔다.

이 책을 발간하기까지 많은 분들의 도움을 받았다. 우선 성균관대 동아시아학술원은 이 공동연구의 주관기관을 맡아 좋은 연구 여건을 마련해주기 위해 번거로움을 마다 않고 행정적 뒷받침을 충실히 수행해주었다. 또한 이제는 수십 년이라고 해도 될 만큼 오랜 기간 동안 함께 하며, 서구중심주의와 근대중심주의를 넘어서는 새로운 민중사를 모색하는 문제의식을 좀 더 구체화 해나가는 데 자양분이 된 역사문제연구소 민중사반 여러 동료들에게 감사드린다. 역시 오래전부터 민중사반과 교류하면서 많은 학문적 자극을 준 일본 〈아시아민중사연구회〉에게도 이 자리를 빌려 고마운 마음을 전하고 싶다. 공동연구원으로 많은 시간을 함께 한 이영호, 손병규, 김현숙, 김건태, 이승일, 하지연 선생님께도 감사드린다. 아울러 책의 발간이 너무 늦어진 점에 대해 공동연구원들과 한국학중앙연구원, 그리고 경인문화사에 죄송하다는 말씀을 드린다.

마지막으로 공사다망한 중에도 초고부터 꼼꼼히 읽고 몇 차례나 교정을 해준 김이경 박사와 미국 시라큐스(Syracuse) 대학 박사 과정수료생 채수은, 원고 작성 과정에서 자료 정리를 비롯한 귀찮은 일들을 마다 않고 도와준 성균관대 박사 과정수료생 김연과 이지선에게도 고마운 마음을 전한다.

2025년 11월 20일

배항섭

차 례

서론

1. 19세기 민중운동에 대한 새로운 이해 : 서구중심주의와 근대중심주의 비판

(1) 19세기 민중운동 연구와 서구·근대중심주의

민중운동에 대한 관심은 21세기 들어 크게 퇴조되고 있지만, 20세기 후반 특히 1980년대~1990년대 중반까지의 시기에는 커다란 관심을 받았고, 매우 중요한 연구 주제였다. 민중운동에 관심이 많았던 데는 역사의 '발전' 과정을 민중운동에서 보이는 민중의식이나 그들의 지향을 통해 확인하려는 의도가 큰 영향을 미쳤다. 그러나 사실 역사의 전개 과정 속에서 엘리트들과 결이 달랐던 민중의 생활세계와 그 속에서 형성되고 변화해 나간 그들의 생각과 행동을 이해하는 일은 역사상을 전체적으로 조망하기 위해 반드시 요청되는 과제이기도 했다.

이후 민중운동 연구가 침체된 데는 여러 가지 요인이 있겠지만, 가장 중요한 것은 민중운동 연구가 가지는 현재성을 변화하는 시대와 환경에 걸맞게 재정립하지 못하였기 때문이라 생각한다. 이는 19세기 민중운동 연구의 현실에서도 잘 드러난다. 20세기 후반에 19세기 민중운동 연구가 활발하게 이루어진 것은 현실 사회의 모순을 극복하고 한 걸음 더 진전된 사회를 만들어야 한다는 현실적 변혁 의지에서 출발한 것이다. 박정희 시대의 군사독재, 그리고 고도성장에 따라 빈부격차가 심해지고 정치적, 경제적, 사회적 불만이 확산되면서 정치, 경제, 사회적으로 '소외된 피지배층'인 '민중'에 대한 관심이 높아졌다. 1980년대에는 한국사회 내부의 민주화나 빈부격차 뿐만 아니라, 대외적으로 종속된 정치경제적 상황이 초래한 도순에 대한 관심이 더욱 심화되었다. 이에 따라 이를 해결하기 위해서는 일대 변혁이 필요하다는 인식이 확산되었고, 그러한 모순을 극복하고 새로운 사회를 만들어 갈 변혁주체로 '민중'이 호명되었다.[1] 이런 시대 분위기 속에서 변혁주체의 뿌리를 역사적 경험 속에서 찾으려는 민중운동사 연구도 활발해진 것이다. 또 한국사에서 '계급모순'과 '민족모순'을 동시에 체현하고 있는 민중과 민중의식은 대체로 '반봉건 반외세' 운동이 본격적으로 일어난 19세기 후반에 대두한 것으로 이해되면서,[2] 동학농민전쟁이나[3] 민란 등 19세기에 발생한 민중운동 연구가 활발해진 것이다.

그러나 19세기 민중운동에 대한 기왕의 연구를 이끌어온 역사인식은 동전의 양면처럼 불가분의 관계에 있는 서구중심주의(eurocentrism)와 근대중심주의(modernocentrism)였다. 이러한 역사인식은 한국사도 서구적 문명화나 근대화를 마땅히 추구해야 한다는 점을 전제하는 단선적 '발전론', 목적론적 역사인식이기도 했다. 근대중심주의는 에드워드 사이드(Edward W.

---

1) 민중과 민중사를 연구하는 연구자 스스로 민중으로 인식하였고, 연구 행위를 민중운동으로 인식하고 있었다. "민중을 묻는 것은 어떤 학문적인 작업이라기보다 민중운동의 일환이라고 보는 것이 옳을 것이며 또한 그렇게 되어야 한다."(안병무, 「머리말」, 한국신학연구소 편, 『한국민중론』, 한국신학연구소, 1984, 5~7쪽), "1894년 농민전쟁은 (중략) 사회변화를 이끌어갈 주체가 바로 우리 자신, 민중이라고 믿는 사람들에게 신념과 교훈을 주는 소중한 역사적 자산이 되었다."(역사학연구소 1894년 농민전쟁 연구반, 「책을 내면서」, 역사학연구소 1894년 농민전쟁 연구분과 엮음, 『농민전쟁 100년의 인식과 쟁점』, 거름, 1994).

2) 정창렬, 「백성 의식, 평민 의식, 민중 의식」, 『현상과 인식』 5:4, 1981, 125쪽.

3) 이 책에서는 '동학농민전쟁'이라는 용어를 사용하지만, 그것이 엥겔스가 규정해놓은 것처럼 '조기 부르주아혁명'의 성격을 가진다고 생각하기 때문은 아니다. 그들이 새로운 체제를 지향하거나 목표로 삼았는지의 여부가 아니라 일반적인 민란과 달리 전국적 규모의 '내전'적 '반란'이었다는 점을 강조하려는 차원에서 적절한 다른 용어가 없기 때문에 '농민전쟁'이라는 용어를 사용하는 것임을 밝혀둔다.

Said)가 오리엔탈리즘에 대해 내린 규정을 차용한다면, "전근대를 지배하고 재구성하며 억압하기 위한 근대의 방식"이며, "전근대에 관한 지식체계로서의 근대중심주의는 근대인의 의식 속에 전근대를 여과하여 주입하기 위한 필터로 만들어"진 것으로 규정할 수 있다. 근대중심주의가 내포하고 있는 정치적 이데올로기적 함의를 좀 더 분명히 드러내는 방식으로 표현한다면 "근대에 의한 전근대의 식민화", "전근대(의 시간)에 대한 근대(라는 시간)의 특권화"라고 할 수 있다. 서구중심주의·근대중심주의와 그를 바탕으로 한 발전론·목적론이 역사인식의 기본 뼈대가 된 이후 '서구'와 '근대'는 어느 지역 어느 나라의 역사를 막론하고 정상적으로, 온전히 '발전'해 나가기 위해서는 반드시 뒤따라 가야 할 목적이 되었다.

이에 따라 '비서구'나 '전근대'에 존재했던 무수한 경험이나 사유들은 모두 '서구'가 걸어간 역사적 경로, 혹은 '서구'가 먼저 구축해놓은 '근대'를 향해 '발전'해 나가야 할 '야만' 내지 미숙하거나 불완전한 것들로 규정되고 말았다. '비서구'나 '전근대'의 경험이나 사유 등으로부터 서구와 근대를 새롭게 할 수 있는 가능성은 차단된 것이다. 이 가운데 근대중심주의와 관련하여 더욱 문제적인 것은 근대중심주의가 규정해놓은 시간관에 따르면 근대와 중세 혹은 고대라는 시간은 서로 엄격히 구별되는 동시에 각각의 시간들은 '서구의 근대'가 구성해 놓은 것과 같은 하나의 통일되고 균질적인 요소들로 이루어진다는 인식을 초래한다는 점이다. 그러나 최근 '중세 속의 근대성', '근대 속의 중세성'에 대한 논의에서도 보이듯이 '중세'나 '근대'라는 역사적 시간의 실상은 다양한 '중세적인 것' 혹은 그렇지 않은 것, '근대적인 것' 혹은 그렇지 않은 것들이 병존, 공존하고 상호작용을 하며 구성될 수 있다.[4] 근대중심주의가 구성해 놓은 시간관은 역사적으

4) Alsayyad, Nezar and Roy, Ananya, "Medieval Modernity: On Citizenship and

로 실재했던 시간들이 보여주는 다양성, 복잡성을 은폐할 뿐만 아니라, 그러한 다양성이나 복잡성으로부터 근대중심적 시간관을 벗어나고 그 너머를 상상할 수 있는 가능성을 봉쇄한다.[5)]

근대 한국사 연구의 대체적인 경향이 마찬가지이지만, 19세기 민중운동도 서구중심주의와 근대중심주의에 근거하여 이루어져 왔다. 서구중심적, 근대중심적 역사인식은 19세기 후반을 '봉건사회 해체기' 혹은 '근대이행기'로 파악하는 인식, 그리고 그와 같은 맥락에서 1862년의 임술민란이나 1894년 동학농민전쟁을 비롯한 19세기 민중운동의 지향을 대체로 '반봉건'과 '근대 지향'으로 이해하는 데서 잘 드러난다.[6)] 여기서 이 책의 핵심적

Urbanism in a Global Era", *Space and Polity*, 10:1, April 2006; Loomba, Ania, "Periodization, Race, and Global Contact", *Journal of Medieval and Early Modern Studies,* 37:3, 2007.

5) 이상의 서구중심적 역사인식, 특히 근대중심적 역사인식에 대한 비판은 배항섭, 『동아시아사연구와 근대중심주의 비판』, 성균관대출판부, 2025 참조.

6) 19세기 민중운동이 발 딛고 있는 서구중심적, 근대중심적 역사인식에 대한 비판은 다음의 글 참조. 배항섭, 「현행 고등학교 근현대사 교과서 서술에서 보이는 민중상」, 『한국사연구』 122, 한국사연구회, 2003; 「조선후기 민중운동연구의 몇 가지 문제—임술민란을 중심으로-」, 『역사문제연구』 19, 2008; 「근대를 상대화하는 방법 : 민중사에서 바라보는 근대」, 『역사비평』 88, 2009; 「근대 이행기의 민중의식-'근대'와 '반근대'의 너머」, 『역사문제연구』 23, 2010(역사문제연구소 민중사반, 『민중사를 다시 말한다』, 역사비평사, 2013에 재수록); 「임술민란의 민중상에 대한 검토-근대 지향성에 대한 비판과 동아시아적 시각의 모색-」, 『역사와담론』 66, 2013; 「동학농민전쟁에 대한 새로운 이해와 내재적 접근」, 『역사비평』 110, 2015[アジア民衆史研究會 編, 『日韓民衆史研究の最前線』(東京:有志舍, 2015) 및 역사문제연구소 민중사반 편, 『민중경험과 마이너리티: 동아시아 민중사의 새로운 모색』(경인문화사, 2017)에 재수록]; 「'새로운 민중사' 이후 민중사 연구의 진전를 위하여-19세기말~20세기 초를 중심으로-」, 『역사문제연구』 48, 2022; BAE, Hang Seob, "The Donghak Peasant War: From a History of the Minjung Movement to a History of the Minjung and What Follows", *Korea Journal*, 64:4, Winter 2024. 이 가운데 2003, 2008, 2009,

문제의식을 미리 밝혀둔다면, 서구의 중세와 달리 조선에는 봉건제가 없었을 뿐만 아니라, 서구의 분권적 정치체제와 달리 매우 중앙집권적 정치체제를 구축하고 있었으며, 토지소유구조 면에서도 중층성(重層性)을 기저로 하고 있던 서구의 봉건제와 달리 배타적 소유구조가 일찍부터 발달해 있었다.[7)] 또 이러한 특징을 가진 조선사회의 정치적 경제적 질서는 근대중심주의가 규정해 놓은 바의 '근대'라는 단일한 시간으로 수렴될 수 없는 다양한 혹은 복합적 시간들로 구성되어 있었다. 조선사회가 가진 이러한 특성 혹은 개성들은 19세기 민중운동의 성격이나 민중의 생각과 행동에도 커다란 영향을 미쳤고, 이에 대한 이해를 위해서는 서구의 역사 경험을 준거로 삼거나, 서구의 경험에 근거하여 만들어진 '이론'에 기댄 접근이 아니라, 조선사회의 내부로부터 접근할 필요가 있다.

그러나 19세기 민중운동 연구는 대체로 민중운동을 조선사회나 민중운동의 내부로부터 접근하기보다는 발전단계론이나 근대화론 등 서구의 경험을 전제로 하여 서구 연구자들이 만들어 놓은 이론을 수용하여 그것을 적용하는 방식으로 접근되는 것이 일반적이었다. 19세기는 한국도 서구가 먼저 걸어갔던 근대화와 문명화를 향해 발전해 나가야하는 시대였다는 인식이 선험적으로 전제되었고, 민중 역시 현실의 낡은 '봉건적' 질서나 체제와 이념을 부정하고 새로운 '근대적'인 그것들을 추구해야 하는 규범적 존재로 표상되었다. 이러한 인식과 관련하여 지적되어야 할 점은 중세 말 혹은 봉건사회 말기 서구 민중운동 연구에 대한 이해도 최신 연구들보다는

2013은 배항섭, 『19세기 민중사 연구의 시각과 방법』, 성균관대출판부, 2015에도 수록되었다.

7) 박병호, 『한국법제사』, 한국방송통신대학, 1986, 201~293쪽; 배항섭, 「동학농민전쟁에 나타난 토지개혁구상」, 『사총』 44, 1994; 배항섭, 「조선후기 토지소유구조 및 매매관습에 대한 비교사적 검토」, 『한국사연구』 149, 2010 참조.

고전적 몇몇 연구들에 기대어 이루어졌다는 점이다. 이는 사실상 서구 민중운동에 대한 매우 '낡은' 연구 성과가 한국의 19세기 민중운동 이해에 '적용'되었음을 의미한다.

그러나 19세기 민중운동 연구가 발 딛고 있던 역사인식인 서구중심주의와 근대중심주의는 크게 흔들리고 있다. '서구'와 '근대' 모두 추구의 대상이 아니라, 회의와 비판, 극복의 대상이 되고 있음은 주지하는 대로이다. 근대역사학의 인식론적 기반 가운데 하나였던 '이론'으로서의 서구가 비판의 대상이 된 것은 잘 알려져 있지만, 자연과 환경에 대한 파괴와 기후위기가 상징하듯이 '근대' 역시 더 이상 '발전'과 '진보'로만 받아들일 수 없다는 사실 역시 명백해졌다. 근대중심주의 역시 더 이상 그 지위를 유지할 수 없게 된 것이다.

따라서 서구와 근대에 의한 비서구와 전근대에 대한 타자화, 곧 '공간'과 '시간' 두 가지 면에서의 타자화를 거치며 형성된 근대역사학 또한 회의와 비판, 극복의 대상이 되지 않을 수 없다.[8] 이처럼 서구와 근대는 근대 '변혁운동'이 추구해야 할 목표가 아니라 극복의 대상, 혹은 완전히 새롭게 해야 할 '변혁'의 대상이 되었다. 이러한 점들은 서구중심적·근대중심적 민중운동 이해가 비판되어야 하는 이유를 잘 보여준다.

최근 들어 민중운동사 연구가 딛고 있던 역사인식도 큰 변화를 요구받

---

8) 또한 리차드 드레이튼(Richard Drayton) 등은 비서구인들의 인식까지 지배해버려서 궁극적으로 인도든 중국이든 모든 역사적 현상은 유럽의 기준에 의해 이해되는, 근대적·진화론적 역사관과 서구의 경험을 준거로 한 '보편적 역사'로부터 벗어나기 위한 21세기 세계 역사가들의 과제는 새로운 종류의 표준, 즉 방법, 가치 판단을 자신들의 역사적 경험과 역사적 자의식에서 찾는 것임을 강조하였다(Drayton, Richard, & David Motadel, "Discussion: the futures of global history", *Journal of Global History*, 13:1, March 2018, pp.14~15).

았다. 무엇보다 역사발전 단계론에 의거한 거대서사에 기초하여 성립된 진보와 해방으로서의 근대와 그러한 근대를 만들어가는 목적의식적 변혁주체로서의 민중상에 대한 비판들이 제기되어 왔다. 이러한 비판들을 수용하여 새로운 방법이나 새로운 이해를 추구한 연구들이 일부 제출되기도 했지만, 아직 기왕의 서구중심적·근대중심적 민중운동사 연구를 넘어서는 대안적 접근방법이나 이해는 거의 제시되지 못하고 있다. 사실 서구중심적·근대중심적 민중운동사 연구가 가진 문제점에 대해서조차 충분히 드러내었다고 보기 어렵다고 생각한다.[9]

이 가운데 이 책의 중점 목표는 지금까지 19세기 민중운동사 연구가 근거하고 있던 서구중심주의, 그리고 근대를 특권화하고 전근대를 식민화하는 역사인식인 근대중심주의를 넘어서서 19세기 민중운동사를 새롭게 이해하는 것이다. 기후위기 생태환경 문제 등 발전의 끝에 있는 근대 혹은 현대가 마주하고 있는 암울한 현실과 더욱 암울할 것으로 예견되는 미래는 발전론, 그리고 발전론에 의거하여 구축된 서구중심주의와 근대중심주의에 대한 근본적 성찰과 대안에 대한 고민을 엄중히 요청한다. 특히 대안적 역사인식을 위해서는 무엇보다 대안적 삶의 방식이나 정치적·경제적 질서에 대한 고민이 요청된다는 점은 말할 필요가 없을 것이다. 이를 위해서는

9) 예컨대 역사문제연구소 민중사반이 10여 년 전에 출간한 『민중사를 다시 말한다』, 역사비평사, 2013 참조. 새로운 고민들이 진전되면서 이 책에서 다루는 19세기 민중운동을 포함하여 '근대이행기'의 역사도 좀 더 풍부하게 이해할 수 있게 된 것은 사실이다. 그러나 아직 새로운 역사상을 구축할 만큼은 쌓인 것도 아니고, 여전히 더 엄밀한 분석과 해명을 기다리는 부분도 적지 않고, 무엇보다 이전의 민중운동 연구가 발 딛고 있던 서구중심적, 근대중심적 인식에 대한 성찰과 비판이 충실히 이루어졌다고 보기 어렵다. 이에 대한 개략적 소개는 배항섭, 「'새로운 민중사' 이후 민중사 연구의 진전을 위하여-19세기 말~20세기 초를 중심으로-」, 『역사문제연구』 48, 2022 참조.

서구중심적·근대중심적 역사 인식과 그에 입각하여 구축된 역사상에 대한 새로운 이해가 필요하다.

여기서는 먼저 19세기 민중운동에 대한 서구중심적·근대중심적 이해의 핵심 내용과 그것이 가진 몇 가지 문제점을 좀 더 구체적으로 살펴보고자 한다. 근대중심적 역사인식은 서구중심주의와 뗄 수 없는 관계를 가지고 있지만,[10] 이 책의 문제의식을 좀 더 분명히 하게 위해 일부 내용에 중복이 있더라도 먼저 서구중심주의와 그것이 가진 문제점들을 먼저 살펴보고, 이어서 근대중심주의와 그 문제점에 대해 살펴보고자 한다.

(2) 서구중심주의 비판

1) 지주제=봉건제라는 시각

19세기 민중운동의 성격을 '반봉건'으로 이해한 것은 서구중심적 인식을 가장 잘 보여준다. 이는 조선사회는 서구 중세와 같은 봉건사회라는 인식

10) 아리프 딜릭(Arif Dirlik)에 따르면 서구인들은 세계를 정복해나가면서 정복한 지역들을 재명명하였고, 경제·사회·정치를 재편성하면서 장소와 시간, 그 외의 다른 많은 것들을 인지하는 전근대적 비서구적 방식들을 없애거나 혹은 주변부로 밀어냈다. 그것은 인류의 역사가 '발전'한다고 하는 '보편적 역사'를 만들어 내는 데 방해가 되는 대안적 역사의 궤적들을 통제하기 위해서였다(Dirlik, Arif, "Is There History after Eurocentrism? Globalism, Postcolonialism, and the Disavowal of History", Dirlik, Arif, Vinay Bahl, and Peter Gran, eds. *History After The Three Worlds: Post-Eurocentric Historiographies*, 2000, Lanham, Md. : Rowman & Littlefield, pp.25~28). 이에 따라 이매뉴얼 월러스틴(Immanuel Wallerstein)의 주장처럼 근대성은 윤리적이자 역사적 필연성이 되었고(이매뉴얼 월러스틴 지음, 김재오 옮김, 『유럽적 보편주의:권력의 레토릭』, 창비, 2008, 56쪽), 전근대와 비서구의 역사적 경험은 죽임을 당하였으며, 거기에 내포되어 있을 수도 있는 다양한 가능성, 특히 근대 너머를 상상할 수 있는 가능성들도 압살되고 말았다

에서 출발하는 것으로 식민사학의 '봉건사회 결여론'을 극복하고, 한국의 역사도 서구와 마찬가지로 고대노예제-중세봉건제로 이어지는 역사 도정을 온전히 걸어왔다는 점을 강조하는 과정에서 만들어진 역사인식이다. 조선을 서구의 봉건사회와 동질적인 사회로 비정하는 핵심 근거는 지주이다. 지주-작인 관계를 조선사회의 기본 생산관계로 규정하고 그것을 서구의 영주-농노 관계와 동일한 생산관계로 받아들인 것이다. 그러나 유럽의 봉건사회가 분권적 정치체제였던 것과 달리 조선은 매우 강력한 중앙집권적 체제였다는 점은 거의 고려되지 않고 있다.[11]

이러한 서구중심적 접근 태도는 '근대전환기'에 대한 이해에서도 마찬가지로 보인다. 유럽의 중세 말 '근대로의 이행'에서 가장 중요한 국면은 정치적으로 분권적 봉건제가 중앙집권적 정치체제로 전환하는 것, 경제적으로는 자본주의 시장경제의 성립이라 할 수 있다. 그러나 '근대전환기'에 대한 이해에서도 조선사회에 이미 성립되어 있던 중앙집권적체제와 관련된 문제는 논의되지 않았다. 이는 유럽에서 보여주는 분권체제에서 집권체제로의 전환과 매우 달랐던 점이고, 한국에서 '근대로의 이행'을 이해하는 데도 그 만큼 중요한 특징일 수 있지만, 기왕의 연구들에서는 이 부분이 거의 논의되지 않았다.

그 대신 '봉건적' 생산관계, 곧 지주제의 불식과 근대적, 자본주의적 생산관계로의 전환 문제가 집중적으로 조명되어 왔다. 조선후기 자본주의 맹아론은 이러한 역사인식에 기초한 것이지만, 이는 서구중심적 역사인식이 초래하는 매우 중요한 문제점을 잘 보여준다.[12] 이러한 문제는 19세기 민

---

11) 배항섭, 앞의 글, 2008; 2010 참조.

12) 배항섭, 「최근 조선시대사 연구의 역사 인식과 새로운 방향 모색」, 『조선시대사학보』 105, 2023 참조.

중운동 연구가 민중의 생각과 행동을 통해 '반봉건'적 성격을 드러내는 데 주력한 데서도 잘 나타난다. 민중의식이나 지향에 대한 내재적 분석은 외면된 채, 무엇보다 19세기 민중운동이 '봉건적' 생산관계인 지주제에 대해 어떻게 생각하고, 나아가 지주제를 타파하기 위해 얼마나 노력하였는가? 하는 점을 밝히는 데 관심이 집중되었다. 또 지주제의 타파나 해체에 더 적극적일수록 그러한 민중운동이나 그러한 사람, 생각은 더 분명히 '근대'를 지향하는 것으로 이해되었다.

따라서 조선의 지주제 및 지주-작인의 관계가 유럽 중세의 농노제 및 영주-농노 관계와 어떤 공통점과 차이점이 있는지, 둘을 동질적인 생산관계로 보는 것이 타당한지, 특히 양자의 토지소유구조 등을 비교하는 작업은 거의 생략되었다. 식민사학을 극복하기 위해서는 무엇보다 조선의 역사 과정이 서구와 동일한 도정을 걸어왔음을 밝히는 작업이 가장 중요하였고, 이를 위해 조선사회가 서구의 봉건제와 동질적 사회임을 확인하는 것이 우선적으로 요청되었기 때문이다. 따라서 지주-작인의 관계는 영주-농노 관계와 동일한 생산관계라는 이해가 선험적으로 전제되었고, 조선시대와 19세기말 민중운동에 대한 이해도 강력한 서구중심적 역사인식에 지배되었다.

그러나 조선의 지주제를 서구의 영주-농노관계와 동일한 생산관계로 간주하여 조선을 봉건사회로 이해하는 방식은 근본적으로 재고되어야 한다. 조선의 지주-작인 관계는 영주-농노 관계와 달리 반드시 신분적 지배-예속 관계가 겹치는 것이 아니었다. 오히려 작인의 신분이 지주의 신분과 동일하거나 높은 경우도 존재했고, 이러한 경향은 조선후기로 갈수록 강화되었다. 따라서 조선의 지주제에서 지주-작인 관계는 작인에 대한 토지긴박이나 인식적 예속을 전제로 한 것이 아니었으며, 원리적으로는 신분과 관계없는 계약이라는 성격이 강하였다.

아울러 지주제의 철폐 여부를 중심으로 한 이른바 "두 가지 길 이론"도 재검토 되어야 한다. 그 동안 19세기 민중운동에 대한 주류적 이해는 대체로 이른바 '근대화 과정의 두 가지 길' 이론에 기대어 진행되었다. 그러나 '두 가지 길 이론' 역시 유럽 봉건사회의 토지소유구조를 전제로 한 것이라는 점에서 유럽과 전혀 다른 토지소유구조가 형성되어 있던 조선사회에 적용하는 것은 무리이다. '두 가지 길'은 기본적으로 유럽 봉건사회의 기본 생산수단이었던 토지의 소유구조에서 보이는 중층성을 전제로 한 이론이다. 곧 영주의 상급소유권(명목적 소유권)과 농노의 하급소유권(경작권, 실질적 소유권)으로 나누어져 있던 소유권 가운데 어느 쪽이 배타적 소유권을 확보하였는가에 따라 농업에서 근대적 개혁의 성격이 '위로부터의 길'과 '아래로부터의 길' 가운데 하나로 규정되는 것이다. 어느 쪽이든 소유구조의 중층성을 해체하고 배타적 소유권을 확립함으로써 자유로운 토지의 매매와 상품화가 활발하게 하였으며, 또한 이는 농민층의 근대적 분해가 이루어지는 출발점이 되었다.

이처럼 '두 가지 길' 이론에서 핵심이 되는 문제는 중층적 소유구조를 배타적 소유구조로 만드는 일이었다. 그러나 조선에서는 근대적 정치·경제체제가 구축되기 전에 이미 사실상의 배타적 소유권이 확립되어 있었기 때문에 '근대이행기'의 개혁을 '두 가지 길'에 의해 설명하는 것은 매우 적절치 않다.

이러한 문제를 의식한 것인지의 여부는 확인되지 않지만, 19세기 말 한국사를 이해할 때 적용되는 '두 가지 길 이론'은 유럽의 경험과 다른 방식으로 접근되었지만, 여전히 간과할 수 없는 문제점을 남기고 있다. 한국에서 '두 가지 길 이론'은 '근대이행기' 농업문제 내지 토지개혁의 성격을 크게 두 갈래로 나누어 설명하고 있다. 하나는 토지의 사적 소유와 거기에 입각한 지주제를 인정하는 가운데 부세문제를 고치려는 방안이고, 다른 하나는 토지문제를 근본적으로 해결하려는 것으로 대체로 지주제의 철폐로 귀결되고 있었다. 유럽의 '두 가지 길'이 배타적 소유권 성립의 방법을 둘러싼 '아래로부터'와 '위로부터' 두 가지 길을 의미하는 것과 달리 지주제의 철폐 여부를 기준으로 삼고 있음을 알 수 있다. 이러한 인식을 기반으로 1862년 농민항쟁은 "지주제를 부정하는 토지개혁의 구호를 정면으로 내세우"지 못하였고, 이에 따라 "반봉건운동으로서는 아직 본 궤도에 진입하지 못하고 있었다."고 평가하였다.[13] 지주제를 봉건성의 핵심으로 전제하면서 이에 대하여 온전히 반대하지 못한 점을 "한계" 내지 "불구"적인 것으로 지적한 것이다.

'두 가지 길'에 입각한 접근은 개항 이후 개혁방안에 대한 이해로도 연결되었다. '위로부터의 길'은 개화파 지식인들이 추구한 지주 입장의 개혁론인 '지주적 코스의 농업근대화론', '아래로부터의 길'은 농민 입장을 대변하는 개혁론인 '농민적 코스의 농업근대화론'으로 이어진다는 것이다. 이어 1894년의 상반된 두 개혁운동, 곧 갑오개혁과 동학농민전쟁에서 두 가지의 토지개혁방안은 그 대립의 절정을 이루었다고 하였다.[14] 역시 '두 가지 길'은 중층적 소유권의 해소 방법에 의한 구분이 아니라, 지주제의 철폐 여부에 의해 나누어지고 있다. 그러나 조선의 소유구조에는 중층성이 부재하였고, 배타적 소유권이 확립되어 있었기 때문에 이러한 '두 가지 길'은 소유구조의 배타성 확보, 곧 근대적 소유구조의 형성이라는 면과는 사실 무관하였다.[15] 지주제 철폐 여부를 둘러싼 '두 가지 길'에서 문제의 핵

13) 김용섭, 「조선왕조 최말기의 농민운동과 그 지향」, 『한국근현대농업사연구』, 일조각, 1992, 362~363쪽.

14) 김용섭, 「근대화과정에서의 농업개혁의 두 방향」, 위의 책, 1992, 10~34쪽.

15) 또 기왕의 연구들에서는 민란이나 동학농민전쟁에서 보이는 토지개혁의 지향과 관

심은 사실상 사적 소유권의 철폐에 있었다고 생각하지만, 지금까지 이에 대한 논의는 없었다.

2) 중앙집권적 정치체제에 대한 외면

서구중심적 역사인식이 초래하는 또 하나의 문제점은 조선사회가 분권적이었던 유럽 봉건사회와 달리 중앙집권적 정치체제였다는 점을 사실상 간과하고 있다는 점이다. 조선왕조는 중앙집권적 체제 아래서 매우 밀도 있는 관료제를 운영하며 지방 곳곳에까지 지방관을 파견하여 백성과 토지를 지배하고 있었다. 이에 따라 국가권력 내지 국왕·조정과 백성 및 사회 간에는 간단없는 상호작용이 이루어지고 있었고, 이러한 역사적 경험은 분권적이었던 유럽의 경험에 입각한 '이론'으로는 설명하기 어려운 부분이다.[16)]

또한 이러한 특징은 민중운동 혹은 민중과 국가권력과의 관계에도 영향을 미치지만, 이 책에서 다루는 '근대전환기'라고 할 수 있는 19세기 민중운동에 대한 이해에도 매우 중요한 의미를 가진다. 유럽의 '근대이행'에서 토지소유권의 배타성 확보 등 경제적 측면의 전환과 더불어 중요한 국면을

련하여 '농민적 토지소유'를 지향하거나 추구하였다는 주장이 제기되어 왔다(정창렬, 「한말변혁운동의 정치, 경제적 지향」, 『한국민족주의론』, 1982, 50~53쪽; 박찬승, 「동학농민전쟁의 사회, 경제적 지향」, 『한국민족주의론 3』, 1985; 망원한국사연구실, 『1862년 농민항쟁』, 동녘, 1988위의 책, 88쪽; 김용섭, 「근대화과정에서의 농업개혁의 두 방향」, 위의 책, 1992). 그러나 조선사회에서는 이미 사실상의 배타적 소유권이 성립되어 있었던 만큼 '지주적 소유'와 '농민적 소유'가 소유구조 면에서 다를 바가 없다. 따라서 유럽 중세의 봉건적 토지소유에서 보이는 특징인 중층성, 곧 '영주적 토지소유'=상급소유권=명목적 소유권과 농민적 토지소유=하급소유권=실질적 소유권의 대립을 전제로 한 '농민적 소유권'이라는 개념은[『경제학사전』(제2판), 암파서점, 1979, 1219~1220쪽; 高橋幸八郞 저, 편집부 역, 『시민혁명의 구조』, 동녘출판사, 1983, 37~40쪽] 성립할 수 없다.

16) 이에 대한 좀 더 자세한 내용은 제8장에서 다루고자 한다.

이루는 정치적 면에서 분권적 정치체제가 중앙집권적 정치체제로 전환되는 과정이었기 때문이다. 유럽에서는 그 과정에 반발하는 농민이나 지방 귀족 등 다양한 계층이나 세력으로부터 저항을 받았으며, 커다란 '비용'을 치러야 하기도 했다. 이 점에서 중앙집권적 체제가 갖추어져 있던 조선의 경우 분권적 체제가 중앙집권적 체제로 전환되었던 유럽과 사정이 많이 다를 수밖에 없었다.

알렉산더 우드사이드(Alexander Woodside)는 『잃어버린 근대성들』에서 중국이나 한국, 베트남의 경우 중앙집권적 정치체제를 지탱하는 관료제에 대한 경험이 길게는 1천여 년이나 된다고 하였다. 그 과정에서 관료제라는 '근대성'을 일찍부터 경험했을 뿐만 아니라, 관료제 운영에 대한 노하우는 물론 관료제의 부작용에 대한 논의까지 넘칠 정도로 축적되어 있었다. 그러나 서구의 '근대'를 수용하면서 그 동안 경험하고 축적해온 '근대성'과 논의들은 모두 묻혀버리고 말았음을 지적하였다.[17] 중앙집권적 체제는 국가권력과 저항운동과의 관계 면에서도 커다란 차이를 보였다.

시드니 태로우(Sidney Tarrow)나 찰스 틸리(Charles Tilly)를 비롯한 사회운동 이론가들에 따르면 유럽에서 중앙집권화가 시작되는 초기에는 대부분의 '시위대'가 중앙집권 국가와 같은 '외부 세력' 혹은 새로 대두되는 세력으로부터 자신들의 전통적인 권리와 생존을 보호하기 위해 '반작용적(reactive)'으로 저항했다. 그러나 이후 근대 유럽 초기(1600~1800년경)에 중앙집권적 국민국가와 시장 자본주의가 진행되고 돌이킬 수 없는 것처럼 보이자 국가에 대한 단순한 저항이 아니라 사전 대비적으로(proactively) 국가와 교섭하는 방향으로 전환했다. 틸리 등에 따르면 이러한 변화가 근대 사회운동과 19세기 유럽 민주정치의 성장을 가져왔으며, 중국을 비롯한 비서

17) 알렉산더 우드사이드 지음, 민병희 옮김, 『잃어버린 근대성들』, 너머북스, 2012 참조.

구 후발국들에서 일어난 저항운동의 역사적 발전도 유럽의 경험을 반복한 것에 지나지 않는다고 보았다.[18)]

그러나 홍호평(Hung, Ho-fung)에 따르면 1740년부터 1839년에 이르는 '초기 근대(early modern)' 중국 저항운동의 형태나 내용이 서구 사회과학자들이 말하는 것처럼 서구가 경험한 단선적 발전 과정을 추종하는 것이 아니었다. 중국의 경우 저항운동 참가자들은 시기별로 차이가 있지만, 18세기 중반(1740~59)에는 가부장적인 지방과 중앙권력 모두에게 충성심 있고 복종하는 백성으로 행동하였다. 18세기 후반(1776~95)에는 반대로 지방과 중앙권력 모두에게 거부감을 가지고 반항적인 경향을 보였으나, 19세기 전반기(1829~39)에는 지방정부에게 적대적이었지만 황제에게는 대체적으로 충직한 백성으로서 행동하였다. 이러한 모습은 중국의 저항운동이 유럽의 경로를 단순히 따르는 것이 아니라, 초기 근대 중국 국가의 도덕적 정당성과 정치경제의 순환적 변화와 궤적을 같이하는 것이라고 보았다.[19)] 또한 홍호평은 이러한 저항운동의 전통, 곧 유교 이념과 권력에 대한 가부장적 충성의 실천이 1911년 이래 한 세기 동안의 혁명에도 불구하고 가부장적이고 권위적인 중국 정치로 이어지고 있다고 하였다.[20)] 이는 중국의 경우 일찍부터 중앙집권적 정치체제를 갖추고 있었으며, 저항운동 참가자들 역시 황제를 정점으로 한 중앙권력을 의식하는 속에서 생각하고 행동했음을 보여준다.

중앙집권적 정치체제와 유럽 중세의 분권적 정치체제는 법과 제도, 질서의 측면에서만 차이를 보이는 것이 아니라, 그 이후 역사전개 과정에도 커

18) Hung, Ho-fung, *Protest with Chinese characteristics : demonstrations, riots, and petitions in the Mid-Qing Dynasty*, Columbia University Press, 2011, pp.3~16.

19) Ibid, pp.169~173.

20) Ibid, pp.194~201.

다란 영향을 미쳤다. 예컨대 '중세 말기' 중국과 유럽의 조세저항을 비교한 빈 웡(R. Bin Wong)에 따르면 중앙집권화 과정에 있던 유럽에서는 조세저항이 국가 건설 과정, 관료 기능의 성장, 그리고 정치적 정당성을 지닌 기관(의회)과 이데올로기의 발전으로 연결되었지만, 이미 중앙집권화 되어 있던 중국 정부는 조세저항운동이 새로운 정치체제나 기구의 발전으로 연결되지 못하였음을 지적하고 있다.[21]

이상의 연구들은 중국과 마찬가지로 중앙집권적 체제를 갖추고 있던 조선사회와 조선사회의 '근대전환'에 대한 이해를 위해서는 이 점에 대한 고민이 반드시 요청됨을 보여준다. 그러나 서구중심주의의 세례를 받은 이후 유럽과 달랐던 중앙집권적 체제에 대한 고민과 그를 둘러싸고 형성된 법과 제도, 질서, 정치문화 등에 대한 이해는 사실상 외면되어 왔다.[22] 그러나 조선사회와 19세기말 민중운동에 대한 전체적 접근이나 새로운 이해를 위해서는 이에 대한 탐구가 외면되어서는 안 될 것이다. 무엇보다 조선시대의 중앙집권적 정치체제와 그 속에서 만들어진 제도나 사회질서 등은 유럽과 매우 두드러진 차이를 보이기 때문이다. 중앙집권적 국가와 그것을 운영하기 위한 관료제, 관료 선발제도 등은 유럽에서는 근대로 이행하는 시

21) Wong, R. Bin, *China transformed : historical change and the limits of European experience*, Cornell University Press, 1997, chaper 9~11 참조.

22) 일찍이 백남운이 조선 봉건제의 특징을 고려하여 '집권적 봉건제'라는 용어를 사용하기도 했다. 식민사학의 정체성 등을 극복하기 위한 고심의 표현이었지만, 조선사회가 가진 '집권성'이라는 '개성·특성'보다 어디까지나 '세계사적 보편성'이라는 맥락에서 조선사회가 '봉건사회'였음을 확인하려는 의도에서 나온 것이었다. 그 점에서 역시 마르크스주의에 입각한 서구중심적 역사인식의 자장 안에 갇혀 있었다. 백남운의 한국사 인식에 대해서는 방기중, 「백남운의 역사이론과 한국사 인식」, 『역사비평』 11, 1990; 우대형, 「일제하 사회경제사학과 白南雲」, 『역사와 사회』(한국사회사학회) 110, 2016 참조.

기에 자본주의 시장경제 같은 다른 '근대적' 요소들과 함께 연결되어 형성되는 제도들이다. 그러나 조선에서는 이미 그 이전부터 중앙집권적 정치체제가 유럽과 같은 '근대적' 요소들이 아니라, 다양한 '비근대적' 요소들과 어우러져 하나의 체제를 구성하고 있었다.

서구중심적 인식에 의한 접근은 리차드 피트(Richard Peet)가 지적했듯이 한국의 역사 경험에 대한 이해가 서구의 사고방식에 지배되고, 서구에 대한 모방과 무비판적 방식에 길들여지게 되는 것을 말한다.[23] 이는 서구중심적 역사 인식에 의한 접근에서는 한국사의 독자적 경험 내지 개성에 대한 적극적 이해가 불가능하고, 나아가 역사적·현재적 의미를 가지기 어렵게 됨을 말한다. 서구의 경험을 따라가는 것으로 판단되는 것들은 역사상을 구성하는 요소로 채택이 되지만, 그렇지 않은 것들은 억압, 외면, 왜곡되거나, 서구의 길을 온전히 따르기 위해 사라져야 할 것들로 폄하된다. 설사 서구의 경험과 유사한 것들이 '발견'된다 하더라도 그것은 단지 서구가 오래 전에 경험한 것들의 아류(亞流)에 불과하게 되고, 그러한 사실을 자연스럽게 받아들이다. 예컨대 동학농민전쟁을 독일농민전쟁이나 영국혁명, 미국혁명, 프랑스혁명의 아류(亞流) 정도로 이해하면서 자랑스러워하거나, 세계 몇 대 혁명 등등의 표현으로 만족해하는 것도 이와 무관하지 않을 것이라 생각한다.[24]

23) Peet, Richard, "Social Theory, Postmodernism, and the Critique of Development", Edited by Georges Benko and Ulf Strohmayer, *Space and Social Theory: Interpreting Modernity and Postmodernity*, Oxford: Blackwell, 1997, pp.83~84.

24) 동학농민전쟁을 프랑스 혁명, 루터의 종교개혁, 영국의 청교도혁명(크롬웰의 정치개혁), 미국 혁명 등과 비교하는 연구는 1920년대부터 쏟아졌고(고광규, 「동학당과 갑오역」, 『학지광』 21, 1921.1, 56~57쪽; 황의돈, 「민중적 규호의 제1성인 갑오의 혁신운동」, 『개벽』 22, 1922.4, 17~18쪽; 김병준, 「동학군도원수 전봉준」, 『별건곤』 14, 1928.7, 13쪽 등 참조), 이러한 인식은 지금도 이어지고 있다. 또 북한에서도

이처럼 한국의 독자적 경험은 전근대사상을 구성할 때도 주변으로 밀려날 뿐만 아니라, 특히 근대 이후의 역사에 대해 발언할 자격을 가질 수 없게 된다. 때문에 창의적 사고, 독창적인 문제제기나 분석방법의 제시가 어렵게 되고, 결과적으로 자신들이 살고 있는 사회의 문제들에 대해서조차 자신들의 언어로 말하는 것이 어렵게 된다.[25] 조선사회의 정치, 경제, 사회 등에서 보이던 다양하고 복합적인 시간들은 서구중심적, 근대중심적 시간관으로는 설명이 불가능하다. 그러나 우리가 이에 대해 독자적인 이해를 하려는 시도도 거의 하지 않은 것은 바로 우리가 서구중심주의에 길들여져 우리의 역사와 사회에 대해 우리의 언어로 말해야 한다는 발상 자체가 없었기 때문이 아니라고 말할 수 있을까? 이러한 태도나 접근은 한국의 역사적 경험이 가진 개성적 측면을 몰각할 뿐만 아니라 인류 역사가 전개되어 온 과정, 나아가 앞으로 나아갈 인류사의 방향 등과 관련하여 사실상 아무런 의미도 가지지 못하는 결과를 초래하고 만다.

이 책에서는 바로 이점에 주목하여 유럽과 가장 두드러진 차이를 보였

"갑오농민전쟁은 비록 투쟁 강령에서의 제한성과 전략전술의 미숙성, 무장에서의 렬등성으로 하여 실패하였으나 인민의 반봉건, 반침략 투쟁과 나라의 근대화를 강력히 추동한 애국적, 진보적 성격으로 하여 조선력사 발전을 힘 있게 떠밀고 근대조선의 력사를 빛나게 장식한 거대한 사변으로 되었으며 중국의 〈태평천국〉농민전쟁, 인도의 시파이 폭동과 함께 아세아의 3대 항전으로 19세기 아세아 반제민족해방투쟁의 새벽종을 크게 울린 특기할 력사적사변으로 되었다."고 하여 중국과 인도의 역사적 대사건에 견주어 평가하기도 했다(허종호, 「갑오농민전쟁의 성격과 특징」, 원종규 외, 『갑오농민전쟁 100돌기념논문집』, 집문당, 1995(과학백과사전종합출판사 1994), 179쪽). 지금도 동학농민전쟁을 조선사회의 역사적 맥락 속에서 내재적으로 이해하거나, 또 그것이 가진 개성적 측면을 이해하기보다는 프랑스 혁명이나 독일농민전쟁 등의 아류로 이해하는 데 만족하는 인식이 지배적이다.

25) Alatas, Syed Farid, "On Indigenization of Academic Discourse", *Alternatives: Global, Local, Political*, 18:3, 1993, p.308.

던 조선시대의 토지소유구조나 매매관습, 중앙집권적 정치체제에 유의하여 19세기 민중운동과 그들의 지향이 가지는 성격과 의미를 새롭게 조명해 보고자 한다.

(3) 근대중심주의 비판

19세기 민중운동에 대한 그 동안의 연구가 발 딛고 있던 또 다른 중요한 역사인식은 근대중심주의이다. 곧 조선사회는 봉건사회였고, '봉건성'의 핵심은 지주제에 있었기 때문에 민중운동은 기본 생산관계였던 지주제를 해체함으로써 '근대'를 지향하였다는 것이다. 이러한 이해는 결국 근대를 추구하는 방법만 다를 뿐, 민중 역시 문명개화론자들과 마찬가지로 '근대'를 추구했고, 또 추구해야 하는 규범적 존재임이 전제되고 있다는 점에서 서구중심적일 뿐만 아니라 '근대중심적' 시각을 보여준다.

우선 19세기 민중운동이 '근대'를 지향했다는 점은 민중의 생각과 행동을 부르주아의 그것으로 전유하는 시각으로, 민중의식의 독자성을 외면하는 것이다. 이러한 민중사 인식은 기본적으로 서구의 경험을 준거로 삼고 있을 뿐만 아니라, 민중운동 역시 '근대'를 향해 달려 나가야 했다는 인식을 선험적으로 전제한 다음 '근대'와의 거리에 의해 민중운동의 의미와 성격을 규정하는 방식이다. 이러한 이해는 지금까지도 19세기 민중운동 연구의 주류를 차지하고 있다. 그러나 이는 서구적 문명화나 근대화가 비서구도 마땅히 추구해야 할 목표라는 점을 전제로 한 단선적 '발전론'이다. 이러한 인식은 서구와 근대에 특권적 지위를 부여하고, 서구=근대 : 비서구=전근대를 비대칭적인 이항대립의 관계로 편성한다. 이에 따라 비서구나 전근대의 경험들은 서구가 먼저 걸어간 근대를 향해 '발전'해 나가야 할 미숙하고 비정상적인 것으로 비하되며, 비서구나 전근대의 경험으로부터 근대와 서구를 질문할 수 있는 가능성도 당연히 봉쇄된다. 서구중심주의 뿐만 아니라 근대중심주의에 입각할 때도 한국사의 독자적 경험 내지 개성은 발언할 자격을 박탈당한다. 비서구 모두가 마찬가지이다. 전근대를 근대중심주의에 포획된 시간으로부터 해방시키는 것은 전근대로부터 혹은 전근대에 의해 근대를 새롭게 할 수 있는 가능성을 열어나가기 위해서도 반드시 요청되는 작업이다.

물론 19세기 민중운동 연구가 일률적으로 근대중심적 역사인식에 입각해 있었던 것은 아니었다. 예컨대 동학농민전쟁에 대해서는 농민군이 근대가 아니라 오히려 '반근대'를 지향했다는 연구들도 제출되어 왔다.[26] 일찍이 조경달은 동학농민전쟁에 대한 이해와 관련하여 근대지향의 민중상을 비판하며 민중의 지향이 '근대적'이라기보다 오히려 '반근대적'이었다고 주장하였다.[27] 이러한 인식은 한국 학계에도 수용되어, 일부 연구자들에 의해 농민전쟁이 "반봉건주의·반자본주의·반식민주의를 동시에 충족시키는 근대화"를 지향했다는 견해가 제시되기도 했다. 정창렬은 프랑스 혁명 당시 농민혁명에 대한 연구와 조경달의 견해 등을 수용하여 동학농민군이 내건 '척왜척화' 슬로건에는 근대민족으로의 결집으로 귀결되는 반식민지화·반개화의 의미가 내포되어 있었다고 하였다. 미약한 부르주아계급에 기반을 둔 농민군에게 개화당 정권의 '개화'는 자본주의화, 왜국화, 식민지화로 인식되었기 때문에, 농민군은 반봉건주의·반자본주의·반식민지화를 동시에 충족시키는 '근대화'를 추구하였다고 이해하였다.[28]

---

26) 이에 대한 자세한 내용은 배항섭, 앞의 글, 2010; 2015; 2022 참조.

27) 趙景達, 「甲午農民戰爭の指導者=全琫準の研究」, 『朝鮮史叢』 7, 1983.

28) 정창렬, 「동학농민전쟁과 프랑스 혁명의 한 비교」, 미셸 보벨, 민석홍 외 지음, 『프랑스 혁명과 한국』, 일월서각, 1992, 253~254쪽.

고석규 역시 프랑스 혁명 당시 농민혁명에 대한 연구들을 소개하면서 동학농민전쟁에서 자본주의 근대를 지향하는 이른바 '두 가지 길' 가운데 아래로부터의 길과는 다른 농민운동으로서의 고유한 성격을 찾고자 하였다. 그는 개항 이후 미곡의 일본 수출에 따라 양반지주의 토호경영이 강화되었기 때문에 양반토호나 상품화폐경제를 매개로 한 독점행위에 대한 민중의 저항은 종속적 자본주의화에 대한 반대의 성격을 지닌다고 보았다. 결국 농민군은 식민지화, 자본주의화가 아닌 반봉건주의·반자본주의적 속성을 지니는 '농민적 노선'에 의한 '근대화'를 추구했다고 이해하였다.[29)]

동학농민군의 지향이 부르주아적, 자본주의적 근대화와 달랐음을 지적한 이러한 연구들은 프랑스혁명 당시 농민혁명에 대한 이해처럼 부르주아 운동과 변별되는 농민운동의 자율성을 확인하였다는 점에서 연구사적 의의가 있고, 중요한 문제제기라고 생각한다. 또한 '반근대론' 혹은 '반자본주의론'은 농민군의 경제적 지향이 부르주아적, 자본주의적 근대화가 아니었음을 분명히 하고 있다. 이는 '전근대에서 근대로의 발전'이라는 도식에 전유된 민중을 구출해내고 새로운 민중상을 구축할 수 있는 단서를 제공한다는 점에서 의미가 크다.

그러나 반봉건주의·반자본주의·반식민지화를 동시에 충족시키는 '근대'의 내용이 어떤 것인지에 대해서는 구체적으로 밝히지 않았다. 동학농민군이 '반자본주의'를 추구하였다는 점에 대해서도 농민군의 요구조건이나 투쟁양상 분석 등 동학농민전쟁 내부로부터 접근하지 못하였다. 그보다는 자본주의 국가인 일본의 침략에 대한 저항이라는 우회로 내지 '확장된 사회경제적 배경'에 근거하여 반자본주의적 성격을 도출해내고 있어서 토대반

29) 고석규, 「1894년 농민전쟁과 '반봉건 근대화'」, 동학농민혁명기념사업회 편, 『동학농민혁명과 사회변동』, 한울, 1993, pp.13~26쪽.

영론적 시각이 이어지고 있음을 알 수 있다. 정창렬의 경우 집강소 시기 농민군이 새로운 국가구상의 구체적 프로그램과 새로운 생산력 구상을 가질 수 없었다는 점을 농민군의 취약성으로 문제 삼고 있다. 이는 동학농민군의 지향이 가진 독자적인 측면을 본격적으로 추구하기보다는 여전히 자본주의 근대라는 단선적 발전론에 입각한 인식에서 벗어나지 못했음을 보여주는 것이라 생각된다.[30)]

또한 동학농민전쟁이 근대를 지향했다는 연구들과 마찬가지로 '반근대지향론' 혹은 '반자본주의지향론' 역시 프랑스혁명 당시의 농민운동, 그를 수용한 일본 근대민중운동의 연구 성과에 의거하여 농민전쟁을 이해하고자 한 시도였다.[31)] 내재적 분석에 의한 귀납적 접근이 아니라 다른 나라의 경험을 준거로 제기되고 있다는 면에서는 여전히 문제적이며, 서구중심적 역사인식의 자장을 벗어난 것은 아니었다. 예컨대 조경달은 민중운동이 근대를 지향했다는 역사인식은 세계사적인 경험에 비추어보더라도 설득력이 없다고 주장하였다.

여기서 말하는 세계사적 경험은 주로 프랑스혁명 당시의 농민운동이나 일본의 '근대이행기' 민중운동에 대한 연구성과를 수용한 것이다. 그에 따

---

30) 정창렬, 앞의 글, 1992, 249~250쪽.

31) 특히 르페브르는 혁명 당시 농민운동이 부르주아운동에 포섭되지 않고 그와는 다른 발생·진행·위기·경향을 가지고 진행되었으며, 도시민중과 더불어 프랑스혁명에 개입함으로써 혁명의 진행이나 성격에 영향을 미친 독자적·자율적 사회운동이었다고 하였다. 이하 메이지유신기 일본 민중운동과 프랑스혁명 당시 농민운동에 대해서는 시바따 미찌오 지음, 이광주, 이은호 옮김, 『근대세계와 민중운동』, 한벗, 1984; 稻田雅洋, 『日本近代社會成立期の民衆運動』, 筑摩書房, 1990; 鶴卷孝雄, 『近代化と 傳統的 民衆世界』, 東京大出版會, 1991; 이세희, 「프랑스혁명기의 농민운동에 대한 연구사적 고찰」, 『부대사학』 10, 1986; 최갑수, 「프랑스혁명과 농민운동 논쟁에 대한 소고」, 『역사비평』 17, 1992 여름; 알베르 소불, 「아나똘리 아도의 논문에 대하여」, 『역사비평』 17, 1992 여름 참조.

르면 프랑스혁명 시기의 농민혁명이나 메이지유신 이후 일본의 민중운동은 기존의 질서·관행과 다른 새로운 근대적·자본주의적 법과 질서나 경제원리가 자신들의 일상생활에 타격을 주고 생존을 위협하자 그것을 반대하였다는 점에서 '반자본주의적'이었다고 한다.32) 그는 동학농민군도 '반근대성'를 지향했다고 주장하면서 그 근거로 든 것이 동학농민군의 '평균분작' 구상이다. 그는 근대적인 배타적 토지사유제를 추구했던 개화파와 달리 농민군은 농민적 토지소유를 요구했기 때문에 반근대적 지향을 드러낼 수밖에 없었고, 이것은 본원적 축적과정을 수반하는 근대가 농민들에게는 다른 한편 비참한 것이라는 점을 상기시킨다고 했다.33)

그러나 한국의 경우 1894년 당시에는 아직 '근대가 농민들에게 비참한 것이라는 점을 상기할 만한 본원적 축적과정'은 진행되지 않았다. 또한 토지소유관계나 매매관습을 통해 볼 때 한국에서는 이미 조선후기부터 근대적 소유구조나 '시장친화적' 매매관습이 법적, 제도적 장치들을 배경으로 강고하게 자리 잡고 있었다.34) 개항 이후에도 토지소유와 관련하여 새로운 자본주의적인 법이나 제도라고 특기할 만한 것이 없었다. 따라서 동학농민군이 토지제도와 관련하여 제시한 요구조건이나 개혁구상은 근대적, 자본주의적 제도와 법에 따라 '전통적', '관습적' 권리를 상실하게 된 일본이나 프랑스 민중이 '반근대적' 지향을 보였던 것과는 다를 수밖에 없었다. 실제로 동학농민군의 토지관련 요구나 구상은 근대지향, 혹은 반근대지향 어느 한쪽으로 특정하기 어려웠고, 굳이 표현한다면 '비근대적'라는 용어가 적절하였다.35)

32) 조경달 지음, 박맹수 옮김, 『이단의 민중반란』, 역사비평사, 2008, 26쪽.

33) 조경달 지음, 앞의 책, 338~339쪽.

34) 이에 대해서는 배항섭, 「조선후기 토지소유 및 매매관습에 대한 비교사적 검토」, 『한국사연구』 149, 2010 참조.

그러나 동학농민군의 토지제도 관련 요구나 구상을 민중의 일상, 일상을 규정하는 다양한 관습이나 전통, 지배이념과 체제 등과 연결하여 파악한 연구는 아직 매우 부족하다고 생각된다. 19세기 민중운동의 지향도 지배이념이나 정치체제, 관습이나 사회적 환경, 그와 관련 속에서 이루어지는 일상이 어떠하였는가에 따라 '근대' 혹은 '반근대'나 '비근대' 어느 쪽으로도 열려 있을 수 있다.[36] 더구나 동학농민군이 자본주의 근대가 아니라 반자본주의를 포괄하는 근대, 혹은 비자본주의나 비근대를 지향했음을 확인하는 것만으로는 근대를 성찰할 수 있는 계기가 되기 어렵고, 비판적 역사학으로서의 설득력 있는 현재성을 담보해주기도 어렵다.[37]

근대나 전근대를 불문하고 언제나 어느 시대 어느 사회에나 매우 다양

---

35) 배항섭, 앞의 글, 2010 참조.

36) 배항섭, 「동학농민전쟁에 대한 내재적 접근과 새로운 이해」, 역사문제연구소 민중사반, 아시아민중사연구회, 『민중경험과 마이너리티: 동아시아 민중사의 새로운 모색』, 경인문화사, 2017.

37) 르페브르는 복합혁명론을 제기하면서 농민혁명이 반자본주의적이었음에도 불구하고 이러한 반동은 새로운 질서, 곧 자본주의의 승리에 기여했다는 역설적 역할, 또는 "부르주아 혁명의 심화, 농업상의 평등주의의 추동에 의한 비록 느슨하게나마 사회민주주의라는 새로운 이념으로 연결되었다는 점"을 강조하고 있다[다다미 지즈까(遲塚忠躬), 「프랑스 혁명기의 농민운동과 농업상의 평등주의」, 미셸 보벨(Michel Vovelle), 민석홍 외 지음, 『프랑스 혁명과 한국: 프랑스혁명 200주년 기념총서 6』, 일월서각, 1991, 142~145, 155쪽). 이러한 설명은 결국 부르주아 혁명과는 달랐던 농민혁명의 독자성, 자율성을 인정하지만, 결국 그것이 가진 역사적 의미를 부르주아 혁명의 승리 혹은 사민주의 이념에 기여한 데서 찾고 있다. 이점에서 르페브르의 발상은 결국 근대중심적이다. '근대'가 회의되고 리콜(recall)이 선언되는 '21세기'임을 고려한다면, 민중운동이 단지 부르주아 혁명이나 사민주의에 기여했다는 정도의 이해보다는 더 진전된 이해가 필요하다고 생각한다. 근대 개념의 리콜(recall modernity)에 대해서는 Latour, Bruno, "the recall modernity", *Cultural Studies Review* 20:1, 2014, p.29 참조.

한 시간들, 지향성 내지 방향성을 가진 요소나 움직임들이 서로 경쟁·대립하거나, 때로는 거의 무관하게 존재한다. 역사의 전개과정은 그러한 무수하게 많은 요소와 움직임들이 서로 중층적, 복합적으로 얽혀 만들어 가는 것이다. 근대 역시 그러한 다양한 움직임들의 복합적 작용과 우연도 결부된 연쇄에 의해 이전과는 다른 새로운 시스템을 구축한 것일 따름이다. 문제는 그 과정에서 근대와는 어울리지 않는 무수한 요소나 움직임들이 근대에 의해 억압되고 배제되었다는 것이다. '근대중심주의'라는 개념을 사용하지는 않았지만, 톰슨(E. P. Thompson)이 지적했듯이 "산업혁명 이전의 사회가 본원적으로 산업혁명을 도모하고 있었다는 인식"이야말로 근대중심주의의 역사인식과 시간관을 잘 보여준다.[38]

근대중심주의에서는 역사적 시간이 근대를 향해 '발전'해나간다는 단선적발전론에 입각해 있다. 때문에 전근대의 제도나 사람들이 살아가는 방식과 생각 등에 대해서도 실재하는 '근대'가 아니라 단지 근대중심주의가 구성해놓은 '근대'에 얼마나 근접해 있는지를 기준으로 '역사적' 의미를 부여할 뿐이다. 전근대의 특정한 시공간에 존재하던 제도나 문화, 사상, 질서 등 다양한 요소가 어떠한 운영원리에 따라, 어떤 유기적 관계를 맺으면서 역사적 시간을 구성해나갔는지 등에 대한 질문이나 내재적 분석은 후순위로 밀려나거나, 거의 봉쇄되고 만다. 더구나 '전근대'의 경험 속에 내포되어 있을 수 있는 근대를 넘어설 수 있는 가능성에 대한 모색은 애초에 들어설 여지가 없게 된다. 그러나 톰바(Massimiliano Tomba)가 지적했듯이 자본주의적 근대는 역사적-지리적으로 아주 작은 파편에 불과하다. 수많은

38) E・P・トムスン(Edward Palmer Thompson)[著], 近藤 和彦[訳解説], 「一七九〇年以前のイギリスにおける社会運動」(社会史〈特集〉), 『思想』 663, 1979, pp.90~105 참조.

가능한 길 중에서 선택된 길일뿐이다. 단선적인 역사 철학, 공유 재산보다 사유 재산의 우월한 효율성, 강력한 경제적 및 경제 외적 폭력 덕분에 이 궤적은 스스로를 보편적이고 지배적인 것으로 주장해 왔을 따름이다.[39)]

근대중심적 역사인식이 초래하는 문제점에 대해서는 이미 적지 않은 연구자들이 지적해 왔다. 우선 두셀(Enrique Dussel)은 근대와 식민지적 계몽 과정에 의해 배제된 문화들, 곧 '근대성'이 "하찮고", "무의미하며", "미개한" 것으로 부정하며 무시했고, "야만적"이며 문명화되지 않고, 저개발되었으며, 열등한 것-"동방의 전제정"이거나 "아시아적 생산양식" 등-으로 평가했던 문화들이야말로 인류의 생존을 위해 필수적인 문화를 창조해나갈 수 있는 엄청난 역량을 지니고 있다고 주장하였다.[40)] 차르테지(Partha Chatterjee)는 근대 시민사회 바깥영역에 있는 나머지 사회를 "현(근)대/전통"이라는 이분법을 사용하여 개념화하는 것은 '전통'을 탈역사화하고 본질화하는 함정을 회피하기 어려우며, 전통 쪽으로 내몰리는 영역이 근대적 시민사회의 원칙들에 부합하지 않는 방식으로 근대와 맞설 수 있는 가능성을 부정하는 것임을 지적한 바 있다.[41)]

---

39) Tomba, Massimiliano, IN LIEU OF A CONCLUSION : Trajectories of Possession, *Insurgent Universality: An Alternative Legacy of Modernity*, Heretical Thought (New York, 2019; online edn, Oxford Academic, 20 June 2019), p.224. 또한 그는 지배적인 근대의 궤적 -국가, 자본주의적 생산양식, 사유재산에 대한 실험- 역시 무수한 길 가운데 하나였음을 분명히 지적하고 있다(*Ibid*, p.234).

40) 두셀은 또한 유럽중심적 사고는 근대와 식민지적 계몽 과정에 의해 배제된 문화들이 자율적이고, 창조적인 방식으로, 현재의 위기를 넘어, "유일한" 보편성을 주장하는 유럽-북미 근대성의 소멸 이후 단계에서 스스로의 "보편적" 문화들을 발전시킬 수도 있다는 점을 상상하지 못한다고 하였다. Dussel, Enrique, "World-System and "Trans"-Modernity," *Nepantla: Views from South*, Duke University Press, 3:2, 2002, pp.232~34.

41) 파르타 차르테지, 「탈식민지 민주 국가들에서의 시민사회와 정치사회」, 『문화과학』

필자 역시 근대를 상대화하기 위해서는 역사적 시간을 근대-전근대로 이분화한 후 근대의 시선으로 전근대를 억압하는 근대의 시간관에 대한 근본적 질문을 시작하여야 한다는 점을 강조하면서 '역사적 시간을 넘나드는(transhistorical)' 연구방법을 제안한 바 있다. 서구중심적·단선적 발전론과 결합된 자국중심적·일국사적 시각을 교정하기 위해 '국경을 넘나드는(transnational)' 접근이나, 비교사적 접근의 필요성이 제기되어 왔듯이 근대중심적 인식을 넘어서는 데는 '역사적 시간을 넘나드는' 접근, 그리고 전근대와 근대를 비교하거나 서로 연결하여 이해하는 접근이 유효하다고는 생각에서 나온 것이다.42)

20세기 후반 들어 서구의 역사적 경험이나 그들의 '근대'가 더 이상 추종의 대상만이 아님은 더욱 자명해지고 있다. 그것은 '근대'가 만들어 낸 대표적인 성취로 인식되어 온 '민주주의'조차43) 글로벌한 차원에서 심각한 위기에 처해 있을 뿐만 아니라, 이에 대한 근원적 회의가 제기되고 있다는

25, 문화과학사, 2001, 143쪽.

42) 배항섭, 「근대를 상대화하는 방법 : 민중사에서 바라보는 근대」, 『역사비평』 88, 2009 가을호; 「동아시아사 연구의 시각 : 서구·근대중심주의 비판과 극복」, 『역사비평』 109, 역사비평사, 2014 겨울호; 배항섭, 「'탈근대론'과 근대중심주의」, 『민족문학사연구』 62, 2016.

43) 중세를 상징하는 '봉건적' 공동체의 억압으로부터 해방된 자유로운 개인들 간의 자유로운 계약에 의해 만들어지는 시민사회에 근거하여 발달해 간 민주주의는 시장경제와 함께 '근대'를 이끌어간 양대 축이었다는 이해가 일반적이다. 민주주의는 (마치 컴퓨터 프로그램의 '초기값' 설정처럼) 모든 시대와 사회적 풍토에서, 일종의 일반적인 규칙처럼 존중받는 몇 안 되는 압도적 믿음 가운데 하나가 되었다. 그러나 민주주의와 그 잠재적 의미에 대해서는 간단한 또는 안정된 기표-기의 관계가 없다. 때문에 오히려 "민주주의는 엄청나게 풍성하고, 시사하는 바가 많고, 생각을 불러일으키는 정치적 용어이며, 이러한 사실이 어느 정도 민주주의를 잠재적인 정치적 무기로 만든다." 마이클 사워드, 강정인·이석희 옮김, 『민주주의란 무엇인가』, 까치, 2018, 39~40쪽, 56쪽.

데서도 확인된다. 민주주의의 위기는 대체로 경제적 불평등의 심화와 밀접한 관련이 있는 것으로 이해되고 있지만, 다른 한편 민주주의의 위기가 경제적 불평등을 심화시키기도 한다.[44]

웬디 브라운(Wendy Brown)은 법 앞의 평등이라는 극히 형식적인 의미 말고, 근대 민주주의가 평등을 내세운 적은 결코 없으며, 민주주의에는 불평등과 배제, 차별이 필연적로 내포되어 있다는 점을 지적하였다.[45] 이처럼 민주주의는 필연적으로 (국내적인) 불평등이나 차별을 내포하고 있을 뿐만 아니라,[46] "극소수 사람들만의 통치, 그리고 말하자면 인민 없는 통치만을 허용하는 체제를 정당화하는 계급적 이데올로기가 되어버렸다. (중략) 민주주의는 공적 삶의 끊임없는 사유화에 맞서는 투쟁의 이름으로서 재창조되어야 한다."는 비판도 제기되었다.[47] 또 "민주주의 역시 (중략) 거

44) 조지프 스티글리츠는 2008년 금융위기(Lehman Brothers 사태)를 계기로 터져 나온 미국 서민층의 "월가를 점령하라" 시위운동에 대해 다음과 같이 분석하였다. 그는 "월가를 점령하라"의 직접적인 계기는 경제시스템의 불공정, 불투명성 때문이지만, 정치 역시 사회의 나머지 구성원들을 희생시켜 상위계층에게 이득을 몰아주는 방향으로 시장에 영향을 미쳤다는 점을 동시에 지적하였다. 또 그는 자신들의 이득을 위해 나머지 구성원들을 희생시키는 법률체제를 지지하는 경제 엘리트들의 행태를 비판하면서 경제시스템의 불평등과 불공정이 가져온 위기는 민주주의 약화, 공정성과 정의 등의 가치 훼손, 국가적 정체성의 위기로 연결된다는 점을 경고하였다. 조지프 스티글리츠 지음, 이순희 옮김, 『불평등의 대가 : 분열된 사회는 왜 위험한가』, 열린책들, 2013, 36~41쪽.

45) 웬디 브라운, 「오늘날 우리는 모두 민주주의자이다」, 조르조 아감벤 외, 김상운 옮김, 『민주주의는 죽었는가 : 새로운 논쟁을 위하여』, 난장, 2010, pp.94~97.

46) 20세기 후반 자본주의가 인기를 누리게 된 근거였던 계층 상승의 약속은 너무나 높고 믿지 못할 것이 되어 버렸다. 재능이나 자신의 노력을 훨씬 넘어서서, 출신이란 요소가 어떤 개인이 사회적 소득과 재산 피라미드의 정상에 특별석을 차지할 수 있을지 없을지를 결정한다. 자라 바겐크네히트 지음, 장수한 옮김, 『풍요의 조건 : 자본주의로부터 우리를 구하는 법』, 제르미날, 2018, 23쪽.

대 다수의 수동화를 수반하는 의회주의적 형태에 의해 그 기초를 위협받는다."라거나,[48] "인민주권이 가진 의미들은 상실해버렸고",[49] "선거는 과두 계급의 순환지배를 세탁해주는 과정이다."고 하여 대의제 민주주의에 대한 근원적 비판이 제기되고 있다.[50]

또한 글로벌화에 따른 자본의 국제화와 다국적 기업의 확산은 민주주의의 적용 대상과 범위에 대해 문제를 제기한다.[51] 홉스봄(Eric Hobsbawm)은 "민주주의는 정부의 최악의 형태이다, 다만 다른 모든 형태는 우리가 이미 시도해봤을 뿐이다."라고 한 처칠의 지적에 일정한 동의를 표하면서 특히 국민국가의 영토 안에서만 작동할 수 있는 민주주의 시스템이 세계화와 초국적 기업에 의해 야기되는 지구적 환경문제 등 새로운 도전들을 해결하는 데 희망적이지 않다는 진단을 내리고 있다. 또한 그는 시장으로의 참여가 정치로의 참여를 대체하였고, 소비자가 시민의 자리를 대신하였다는 점을 지적하면서, 대의민주주의와 '대중의 뜻(people's will)'이 21세기의 문제들을 해결할 수 있을까 하며 민주주의와 대중에 대한 회의를 드러내기도 하였다.[52]

---

47) 크리스틴 로스, 「민주주의를 팝니다」, 조르조 아감벤 외, 앞의 책, 161~164쪽.

48) 슬라보예 지젝, 「민주주의에서 신의 폭력으로」, 조르조 아감벤 외, 앞의 책, 168쪽.

49) 조르조 아감벤, 「「민주주의라는 개념에 대한 권두 노트」, 위와 같음, 24쪽.

50) 자크 랑시에르 지음, 허경 옮김, 『민주주의는 왜 증오의 대상인가?』, 인간사랑, 2011.

51) "무엇이 민주적인 지배가 적용되기에 적절한 집단이나 공동체 또는 단위인가? 국민국가가 아니라면, 그것은 지방인가? 지역인가? 세계인가? 강력한 기업의 그객들인가?"(마이클 사워드, 강정인·이석희 옮김, 『민주주의란 무엇인가』, 까치, 2018, 161~162쪽). 낸시 프레이저 역시 같은 문제를 지적하고 있다(낸시 프레이저 지음, 김원식 옮김, 『지구화 시대의 정의』, 그린비, 2010).

52) Hobsbawm, Eric, Democracy can be bad for you, *New Statesman*, 5 March, 2001, pp.25~27.

세계화와 초국적 기업에 의해 야기되는 문제는 지구적 환경문제 뿐만 아니다. 오늘날 불평등과 부패 역시 글로벌한 차원의 복잡한 네트워크 속에서 이루어지고 있다. 예를 들면 1세계의 자본과 국가권력은 필요한 자원을 효과적으로 획득하기 위해 3세계 권력자들의 부패와 불평등에 눈감거나 공모하고 있다는 비판도 그런 면을 지적한 것이다. 이점에서 선진국 시민들의 안일과 욕망 충족은 제3세계의 부패와 환경 파괴를 대가로 한 것이기도 할 뿐만 아니라, 결과적으로 불평등과 환경파괴를 심화시키는 요인이 되기도 한다.[53)]

근대 서구 문명이 식민지와 식민지 착취에 기반을 두고 있다는 점은 주지하는 대로이다. 근대 인류의 역사를 살펴볼 때 가장 먼저 민주주의를 제도화한 유럽의 국가들은 대체로 제국주의의 길로 나아갔으며, "민주시민"들의 협조 속에 '문명'의 이름으로 스스로 '야만'으로 규정한 지역이나 국가에 대한 식민주의적 침략과 폭력, 그에 수반된 인간과 자연에 대한 약탈, 노예무역과 인종차별 등 '야만적' 행위를 무수하게 자행하였다. 자연과 인간에 대한 약탈을 대가로 서구의 '민주시민'들은 풍요와 안락, 복지를 누렸다. 이 점에서 국내의 "민주주의"와 식민 지배 및 제국주의 침략은 결코 분리되어 있지 않았다. 그러나 그에 대한 반성과 화해는 일부 국가들에서 이제 막 시작되었을 뿐이다. 많은 제국주의 침략 국가들은 여전히 외면하고 있다.[54)]

또한 네그리와 하트(Michael Hardt and Antonio Negri)는 '월가를 점령하

53) "부자 나라의 시민들은 저개발, 권위주의적 국가에 대한 약탈, 그에 따른 빈곤에 책임이 있음을 알아야 한다". Follesdal, Andreas & Pogge, Thomas, "Introduction". In: Follesdal A., Pogge T. (eds) *Real World Justice*. Springer:Dordrecht, p.8.

54) 좀 더 자세한 내용은 배항섭, 「한국 근대사 이해의 글로벌한 전환과 식민주의 비판 -기후변동과 역사 연구의 새로운 방향 모색-」, 『역사비평』 145, 2023 참조.

라(Occupy Wall Street)' 운동을 목도한 후 "민주주의가 경제 위기의 타격으로 비틀거리고 있으며, 다중(multitude)의 의지와 이익을 대변하는 데 무력하다면, 이제는 그러한 형태의 민주주의를 쓸모없는 것으로 간주해야 하지 않을까?"라고 하여 현재의 민주주의에 대해 근원적 의문을 던지면서, 새로운 민주적 헌법 제정의 필요성을 제기했다.[55)]

이 같이 민주주의는 국가 내부에서든 글로벌한 차원에서든 복잡하고 다양한 방식으로 제기되고 있는 문제들에 적절한 대응을 못하고 있다. 위기에 처한 것이다. 근대가 만들어낸 가장 훌륭한 시스템이자, 근대인들에 의해 "압도적 믿음" 가운데 하나라는 위상을 가지고 있던 민주주의조차도 이제는 새롭게 질문해야 할 과제가 되었다. 모두 '근대'에 대해 새로운 인식과 그 너머에 대한 상상과 고민을 요청하는 현실이라 생각된다. 여기에 수개월간 지속된 아마존 밀림의 화재가 상징하듯이 경제적 이득을 추구하는 기업, 개인들의 환경 파괴와 그에 공모하는 정치엘리트들의 모습이 더해지면 '근대' 너머에 대한 고민은 더욱 절실해 진다.[56)]

서구와 근대를 기준으로 삼아 발전을 추구하고 그에 맞추어 역사 전개 과정을 이해해온 역사인식과 서술방식은 더 이상 현재성을 가지기 어렵다. 앞서 언급했듯이 현재와는 다른 새로운 질서를 상상하고, 현재를 보다 근본적으로 변화시킬 수 있는 방법을 재발견하기 위해서는 역사연구에서도 새로운 인식과 새로운 접근이 요청된다.[57)] 서구가 걸었던 '근대이행' 과정

55) Hardt, Michael, and Antonio Negri, "The fight for 'real democracy'at the heart of Occupy Wall Street", *Foreign affairs* 11, October 2011.

56) 그래서 최근 생태학적 민주의의가 대두되고 있다. 여기서는 "인간이 아닌 자연의 이해관계에 대한 책임성(자연의 대리 대표제)", "세대를 가로지르는 책임성", "번영하는 공동체의 구체적 상황에 대한 헌법적 책임성(생태학적 제한에 대한 헌법적 규정)" 등을 주장한다(마이클 사워드, 앞의 책, 209~213쪽).

57) 예컨대 최근 피케티(Thomas Piketty) 역시 다음과 같이 단선적 발전론에 의한 역사

을 기준으로 상정하고 그에 합치하거나 근사한 '근대적' 혹은 '근대지향적'인 요소들을 부조적으로 강조해온 서구중심적·근대중심적 인식이나 접근은 반성되어야 한다. 오히려 그 과정에서 비근대적, 반근대적이라고 판단되어 배제되거나 왜곡되어 온 것들을 다시 들여다보고 그것이 내포하고 있는 다른 가능성, 근대를 넘어설 수 있는 가능성의 단서들을 재발견해내어야 할 것이다.

특히 대안적 질서에 대한 창의적 사고를 위해서는 서구중심적·근대중심적 역사 인식이 구성해놓은 단선적 발전론이 아니라, 역사 전개 과정을 복합적, 다층적, 다면적으로 바라볼 수 있는 새로운 인식을 만들어 가야 한다. 이는 근대중심적 역사인식에 의해 압살·왜곡된 다양한 가능성들을 새롭게 들여다볼 수 있는 여지를 열어두기 위해서도 요청된다.

인식을 비판하고 있다. "산업혁명을 거치면서 '봉건제'에서 '자본주의'로 기계적으로 이행한다는 이론은, 세계의 상이한 나라들과 지역들, 특히 식민본국과 식민지 사이를 비롯해 각각의 지역들 자체에서도 역시 관찰되는 역사적이며 정치적-이데올로기적인 궤도의 복잡성과 다양성들을 규명해 주지 못하며, 특히 이후 단계들을 위한 유용한 교훈들도 이끌어내지 못한다. 이러한 역사적 흐름을 반추해보면, 대안들은 언제나 있었고 언제나 있을 거라는 점이 확인된다. 발전의 매 단계에서 경제·사회·정치 체계를 구조화하고, 소유관계를 정의하며, 조세와 재정제도 또는 교육제도를 조직하고, 국가채무와 사적 채무 문제를 처리하는, 또한 여러 인류공동체 사이의 관계를 조율하는 다수의 방식이 있다. 과거의 다양한 역사적 궤도와 여러 미완의 분기들에 대한 연구는 엘리트주의적 보수주의와 바로 그날을 기다리는 혁명적 관망주의 둘 다에 잘 듣는 최상의 해독제이다"(토마 피케티, 안준범 옮김, 『자본과 이데올로기』, 문학동네, 2020, 21쪽).

2. 정치문화와 민중의식·민중운동

(1) 민중과 민중의식

20세기 말부터 한국 역사학에는 커다란 변화가 일어났다. 변화는 역사인식이나 연구 분야, 접근방법, 연구 대상의 시공간 등 실로 다방면에 걸쳐 진행되었다. 민중사 연구도 큰 변화를 요구받았다. 무엇보다 역사발전 단계론에 의거한 거대서사에 기초하여 성립된 진보와 해방으로서의 근대와 그러한 근대를 만들어가는 목적의식적 변혁주체로서의 민중상에 대한 비판들이 제시되었다. 특히 1980년대에 절정을 이룬 변혁주체론에 입각한 민중운동 연구를 구성하는 핵심 개념인 근대, 민족, 계급, 그리고 그 기반이 되었던 서구중심적, 근대중심적, 발전론적 역사인식에 대한 회의와 비판이 제기되었다. 또한 이러한 인식에 입각한 변혁주체론의 민중 개념은 민중 내부에 존재하는 다양한 정체성이나 목소리를 억압하고 외면한다는 점에 대한 비판과 관련한 다양한 목소리들이 대두되었다. 이러한 비판은 변혁주체론이 발 딛고 있던 목적론적 발전론, 근대중심주의, 내셔널리즘에 대한 비판과도 공명하는 것이기도 했다.

민중 개념과 민중사 연구에 대한 이러한 비판들을 넘어서기 위한 노력도 이루어졌다. 예컨대 앞서 언급했듯이 역사문제연구소 민중사반에서는 10여 년 전에 출간한 『민중사를 다시 말한다』에서[58] '새로운 민중사'를 제안하였다. 무엇보다 첫째, 민중 의식이 근대를 지향했다는 기왕의 연구들을 비판적으로 검토하고,[59] 둘째, 민중 구성의 다양성·다성성을 강조하고

58) 역사문제연구소 민중사반, 『민중사를 다시 말한다』(이하 『다시 말한다』), 역사비평사, 2013.

자 하였다.[60] 이러한 문제의식은 같은 책에서 이용기가 밝힌 바, '새로운 민중사'가 제시하는 민중개념에도 잘 표현되어 있다.

> 민중은 특정한 계급·계층으로 구성되어 분명한 외연과 내포를 갖는 사회학적 실체가 아니다. 민중은 (국가·자본·지식)권력의 지배에 종속된 피지배층 일반을 지시하지만, 그것은 고정된 범주와 경계를 갖는 실체가 아니라 특정한 권력의 배치와 작용 속에서 파생되는 존재이자, 특정한 국면과 상황에 따라 끊임없이 구성·재편되는 유동적 구성물이라고 본다. 또한 민중은 이질적인 정체성과 경험을 갖고 있는 다양한 주체들로 구성되기에 그 내부에는 다양한 균열과 갈등, 그리고 권력관계가 존재하지만, 다른 한편에서는 '차이들의 공동작용'에 의해 저항의 흐름을 형성하는 잠재력과 능동성을 갖고 있다.[61]

19세기의 민란이나 동학농민전쟁 등 대부분의 민중운동에서 보이는 참여자들은 신분, 계층, 직업 등의 면에서 매우 다양했다는 사실은 익히 알려져 있고, 기록에도 남아 있다.[62] 변혁주체론에서도 민중 구성의 다양성을

---

59) 『다시 말한다』에 실린 배항섭, 「근대이행기의 민중의식-'근대'와 '반근대'의 너머」; 허수, 「'민중사'와 '식민지 근대'를 넘어서」 참조.

60) 『다시 말한다』에 실린 허영란, 「민중사 이후의 민중사-민중사 연구의 현재와 새로운 모색」; 이용기, 「민중사학을 넘어선 민중사를 향하여」 참조.

61) 이용기, 「민중사학을 넘어선 민중사를 향하여」, 『민중사를 다시 말한다』, 역사비평, 2013, 63쪽.

62) 예컨대 동학농민전쟁의 전사를 이루는 교조신원운동의 참가자들에 대해 당시 선무사로 파견되어 신원운동 참가자들과 수차례에 걸쳐 대화를 나누었던 어윤중(魚允中)은 참가층을 11개의 부류로 분류하였다. 그에 따르면 "탐학이 횡행하는 것을 분하게 여겨 백성을 위해 생명을 내놓은 자", "외이(外夷)가 우리의 이원(利源)을 빼앗는 것을 통분으로 여기는 자"들로부터 "탐관오리의 침학지만, 호소할 길이 없는 자", "토호의 무단(武斷)에 위협받아 스스로 보전할 길이 없는 자", "죄를 짓고 살기 위해 도망한 자", "영읍(營邑)의 속리(屬吏)로서 의지할 곳이 없이 떠돌아다니는

전혀 외면한 것은 아니었다. 변혁주체론에 의한 19세기 민중운동 연구를 선도해간 한 정창렬은 민중을 역사적 과정에서 '형성'되는 존재로, 또 "여러 계급·계층의 연합된 운동체"이며, "하부구조의 변화에 따른 계급적 이해관계의 변화"에 의해 그 구성이 매우 '유동적'인 것으로 파악하였다.63) 동학농민전쟁에 대한 관심이 최고조에 달했던 1990년 초반 공동연구를 통해 나온 『1894년 농민전쟁연구』(전5권)에서도 농민전쟁의 주체를 빈농층을 중심으로 한 임노동층, 빈민층, 영세수공업자, 영세상인층 그리고 일부 부농층 등 "봉건적·민족적 모순"을 담지한 다양한 신분, 계층, 직업의 사람들의 광범위한 연합에서 찾고자 하였다.64)

사실 제임스 스코트(James C. Scott)가 말했듯이 "피지배집단의 정치적 삶 대부분은 권력자에 대한 공공연한 집단적 저항에 있지도 않고, 완전한 헤게모니적 순응에 있지도 않다. 대신에 그것은 이런 양극단 사이의 광대

자", "농사를 지어도 남는 곡식이 없는 자", "상업을 하여도 이익을 남기지 못하는 자", "우매한 자로 풍문으로 듣고 들어와 낙지(樂地)로 삼는 자", "상민과 천민으로서 신분을 벗어나기를 원하는 자" 등 다양한 계층과 신분, 직업의 사람들이 다양한 '목적'을 가지고 참가하고 있음을 알 수 있다(「聚語」, 『동학농민전쟁사료총서』 2, 66쪽).

63) 정창렬, 「책 머리에」,박현채·정창렬 편, 『한국민족주의론 III: 민중적민족주의』, 창작과비평사, 1985, 10쪽. 정창렬을 포함하여 변혁주체론의 민중 개념과 변화에 대한 최근의 논의로는 HUR, Youngran, "The Genealogy of Minjung History and Its New Paths in South Korea", Korea Journal 64:4 참조.

64) 이영호, 「1894년 농민전쟁의 사회경제적 배경과 변혁주체의 성장」, 한국역사연구회, 『1894년 농민전쟁연구』 1, 역사비평사, 1991. 1862년 민란 때도 민란의 준비과정 혹은 전개과정에서 양반 신분뿐만 아니라 노비들이 주도적인 역할을 한 사실도 확인되고 있다(배항섭, 앞의 글, 2013, 329~330쪽). 19세기에 국한된 것은 아니지만, 김성보는 변혁주체론의 민중 개념에 노동자와 농민, 민족모순에 직면해 있던 소시민·민족자본가·지식인 등 다양한 계층과 계급을 포괄되는 것으로 파악하였다(김성보, 「'민중사학' 아직도 유효한가」, 『역사비평』 14, 역사비평사, 1991, 49~50쪽).

한 영역에 걸쳐 존재한다."[65] 그러한 양극단 사이의 광범위한 영역에 사는 사람들의 정체성이나 의식도 어느 일방으로 규정하기에는 복합적이고 다층적일 수밖에 없었다. '민중'의 범주를 어떻게 규정하는가에 따라 달라지겠지만,[66] 다른 주체와 마찬가지로 내부적으로 충돌·대립하기까지 하는 다양한 정체성을 지닌 존재이다. 저항의 주체일 뿐만 아니라 상황에 따라서는 체제나 권력, 곧 억압하는 쪽에 가담하기도 한다.

어떤 집단이든 그 내부에는 무수하게 다양한 정체성이나 지향, 세계관을 가진 개인들로 구성되어 있다. 이는 지배이념이나 사회 구성 원리, 혹은 삶의 방식에 따라 차이가 있겠지만, 동서고금이 모두 그러했을 것이다. 뿐만 아니라 그 집단이나 계층에 포함된 개개인의 생각과 삶의 방식, 정체성도 매우 다층적, 다성적, 복합적일 수밖에 없다. 다양한 정체성이 하나의 집단 혹은 하나의 신체에 복합적으로 체현되어 있을 뿐 아니라, 그것은 고정불변의 것이 아니라 끊임없이 변화해 나가는 것이기도 하다. '피지배층' 혹은 '민중'뿐만 아니라 노동자, 학생, 지식인, 청년이나, 나아가 동학농민군과 같이 범위가 좀 더 좁거나 구성원을 구체적으로 특정할 수 있는 집단 내지 계층을 지시하는 집합 개념이라 할지라도 마찬가지이다.[67]

---

65) 제임스 C. 스콧, 전상인 옮김, 『지배, 그리고 저항의 예술 : 은닉 대본』, 후마니타스, 2020, 235쪽.

66) 한국에서 민중 개념이 형성되고 변화해나가는 전체적 흐름에 대해서는 강인철, 『민중, 저항하는 주체 : 민중의 개념사, 이론』, 성균관대학교출판부, 2023 참조.

67) 앞서 교조신원운동 당시 참가자들의 다양한 성격에 대해 언급했지만, 이러한 다양성, 다성성, 복합성은 동학농민군의 경우에도, 그것도 남접 혹은 이른바 '변혁지향세력'으로 범위를 좁히더라도 마찬가지였다. 예컨대 김개남은 스스로를 개남왕(開南王)으로 칭하였다거나(崔鳳吉, 「歲藏年錄」, 『총서』 2, 263쪽), 새로운 왕조를 건설하려 하였다는 풍설이 돌았다는 등(「大阪朝日新聞」, 明治 28年 1月 3日, 『총서』 23, 136쪽) 전봉준과 달리 왕조를 전복하려는 목적으로 가지고 있었던 것으로 보이며, 8월 말에는 전봉준과 김개남, 손화중 간에 노선 갈등이 일어나기도 했다(黃玹,

따라서 다양한 주체들의 다양한 계층적, 계급적 정체성이나 목소리를 드러낸다는 것은 간단한 문제가 아니다. 민중운동에 참여하는 다양한 사람들은 일상에서 다양한 정체성을 가지고 서로 같거나 다른 공간에서, 서로 같거나 다른 직업 및 신분적 지위를 가지고 살아간다. 그들은 일상 속에서도 공명하거나 연대감을 가질 수도 있지만, 상황에 따라서는 동일한 직업, 신분의 사람들도 서로 이질적이거나 심지어 적대적일 수 있다. 그러나 주로 권력을 가진 측의 불법 부당한 행위나 그들이 주도한 정책, 법이나 제도 등이 자신들의 생활과 생존을 곤경에 빠뜨리거나 위협할 때 공통의 이해관계를 가진 다양한 사람들이 '연대'하여 같은 목표를 향해 투쟁하기도 한다. 물론 특정한 민중운동에는 다양한 정체성을 가진 사람들이 참가한 만큼, 다양한 성격과 의미를 가지며, 투쟁하는 과정에서도 크고 작은 갈등이나 균열을 보여주기도 한다. 이점에서 집단이나 계층을 분석의 대상으로 삼는 것은 어떤 면에서는 무모하다고 할 수도 있다.

그러나 개념이란 근본적으로 그런 한계를 가지고 있다. 집합개념을 사용하여 어떤 대상을 분석·이해하고자 할 때 우리는 개념이 지시하는 구성원들의 일상이나 환경, 행동 가운데 그 개념으로 분석·이해하고자 하는 특정 측면을 중심으로 그 개념을 규정하고 접근할 수밖에 없다. 물론 집단을 지시하는 개념이 현실을 그대로 반영할 수 없지만, 그렇다 하여 단지 현실은 개념이 지시하는 것보다 훨씬 다양하거나 복잡하다는 점을 지적하는 데 그쳐서는 의미가 없다. 집합개념 속에 내포된 다양성, 다성성, 복합성을 인정하면서도 집합개념이 지시하는 어떤 집단이나 계층의 생각과 행동을 좀 더 분명히 이해하려는 노력과 그에 필요한 방법이나 시각을 고민하지 않는다면 역사나 사회 연구는 사실상 불가능할 것이다. 특히 민중운동의 경우 더

「梧下記聞」, 『총서』 1, 210~211쪽).

욱 그러할 수밖에 없다. 더구나 역사를 '전체'라는 맥락에서 접근하기 위해서는 인구의 압도적 다수를 차지한 광범위한 피지배층 혹은 '민중'의 생각과 행동에 대한 이해를 빼놓을 수는 없을 것이다.

민중운동사 연구는 무엇보다 역사를 고정된 것, 목적론적인 무엇으로 파악하는 것이 아니라 인간의 삶이 주체적으로 대응해 나가는 속에서 역사를 어떤 가능성으로 이해하려는 데 그 의의가 있다.[68] 민중의 일상도 그러하지만, 특히 민중운동을 이해할 때 단지 다양한 계층, 신분, 직업이 다양하거나 복합적인 배경과 목적으로 참가했다는 점을 나열하는 것은 별 의미가 없을 것이다. 오히려 그들이 함께 '연대'하여 참여한 민중운동의 성격이나 의미를 희석시키거나, 모호하게 만들어 버릴 수 있다.

따라서 민중 구성이나 민중운동의 다양성, 다성성, 복합성을 확인하는 것은 그 자체만으로도 의미가 있을 수 있지만, 무엇보다 왜, 그리고 어떤 방식으로 새롭게 조명하고 드러낼 것인가라는 문제가 관건일 것이다. 다양성, 다성성, 복합성에 대한 관심은 어떤 면에서 사후적인 것, 특히 현재성과 관련된 성찰의 표현이라고 할 수 있다. 다양성, 다성성, 복합성이 강조되는 것은 현재성이라는 맥락에서 특정한 민중운동이 일어나던 당시에는 존재했지만 묻혀버린 다양한 요소와 성격과 의미들, 또 특정한 시기의 민중운동 연구에서는 간과되었던 것들을 재조명하거나 새롭게 이해할 필요가 있기 때문이다. 그러한 현재성의 바탕이 되는 것들로는 경제적 불평등을 비롯한 다양한 불평등과 차별 문제, 젠더, 인종, 다양한 소수자 문제, 기후위기나 생태환경문제 등 매우 다양할 수 있을 것이지만, 이 책에서는 서구중심적, 근대중심적 이해를 넘어서는 역사인식과 관련하여 19세기 민중

68) 深谷克己, 「民衆運動史研究の今後」, 深谷克己 編, 『世界史のなかの民衆運動』 5, 東京: 青木書店, 2000, p.23.

운동의 다양하고 복합적인 성격과 의미를 재발견하는 데 중심을 두고자 한다.

특히 변혁주체론의 역사인식은 앞서 살펴보았듯이 서구중심주의 및 근대중심주의와 그것을 뒷받침하는 '민족', '발전' 개념을 선험적으로 전제하고 있었다. 나라마다 서로 달랐던 사회질서나 정치체지, 지배 이념과 무관하게, 또 나라 안에서는 엘리트든 민중이든 불문하고 '근대이행기'에는 모두 '민족국가'의 수립을 포함한 '근대'를 향해 나아가려는 지향을 가지고 있었음을 전제하고 있었다.[69] 따라서 민중의 정체성이나 의식 역시 대체로 주어진 과제, 곧 '계급모순', 그리고 '민족모순' 해결과 관련된 근대기획의 프레임 속에서 이해되었다.

그러나 앞서도 누차 강조했듯이 민중을 구성하는 다양한 사람들의 정체성이나 의식도 어느 일방으로 규정하기에는 복합적이고 다층적일 수밖에 없었다. 이는 전근대이든 근대이든 집합적으로든 개별적으로든 마찬가지였다고 생각한다. 이와 같이 상황에 따라 유동적으로 변하며 다양한 모습을 보이는 것이야말로 '민중'이 가진 특징이다. 이러한 특징은 한편으로는 그들의 생각이나 행동이 가지는 의미나 성격을 포착하기 어렵게 만들기도 하지만, 다른 한편 민중이 지배체제나 이데올로기에 전일적·일방적으로 회수되기 어렵게 만드는 요인이 되기도 한다. 또한 거기에는 무언가 불투명하고 불명확한 형태이기는 하지만, 전근대나 근대로 수렴되지 않거나 근대와 전근대로 규정하기 어려우며, 그런 점에서 오히려 그 너머의 질서에 대한 가능성이 잠복되어 있을 수 있다.

69) 물론 여기서 말하는 '서구중심주의'라는 표현에는 어폐가 있다. 서구 역사학계에서는 '근대이행기'의 민중은 부르주아들과 달리 오히려 반근대적이었다는 논의가 주류를 이룬 지 오래되었지만, 한국 역사학에서는 많은 경우 지금까지도 근대지향적인 민중상을 고수하고 있기 때문이다.

이런 점을 고려할 때 19세기 말, 혹은 20세기 전반에 걸친 긴 시간의 격동 속에서, 누적된 경험을 쌓아가는 동안 민중의식은 집단이나 계층, 개인에 따라 다양하고 복합적인 정체성을 가지며, 또 지향이나 의식의 역시 매우 복합적이고 다양한 방향으로 열려 있었다고 생각한다. 따라서 이 시기 민중운동의 지향을 '근대' 혹은 '반근대'라는 이분법으로 이해하는 것은 선험적이라는 혐의를 피하기 어렵다. 국가·지역이나 시대에 따라 지배 이념이나 정치체제, 관습이나 사회적 환경에는 크고 작은 차이가 있을 수밖에 없고, 거기에는 '근대적인 것'과 친화적인 것도 있고, 매우 이질적인 것도 있을 수 있다. 지배이념이나 정치체제, 관습이나 사회적 환경과 무관할 수 없는 민중의 생각이나 행동 역시 '근대' 혹은 '반근대' 양자 어느 일방으로만 설명하기에는 복합적, 다층적일 수밖에 없었음을 지적해둔다. 문제는 민중의식의 자율성 내지 독자성, 민중의 삶과 의식 속에 숨겨져 있는 가능성들을 경험적 연구를 통해 구체적으로 밝혀내는 일일 것이다. 이는 이 책의 핵심적 문제의식이기도 하다.

(2) 정치문화와 민중운동

19세기 민중운동과 민중의식에 대한 지금까지의 연구에서는 사회경제적 모순의 분석을 통해 계급 혹은 계층 간 대립 구도를 확인하고 그러한 모순의 대립 관계가 계급의식 내지 민중의식으로 연결된다는 점을 전제하고 이해하는 접근이 대부분이었다. 조선사회를 '봉건체제'로, '봉건체제'의 핵심을 이루는 생산관계는 지주-작인 관계로 받아들이고, 이를 토대로 '봉건적 모순'의 핵심인 지주-작인 관계에 대한 인식, 곧 지주제 철폐 여하를 중심에 두고 민중의식과 지향을 도출해내는 방식이다. 이는 경제적 모순, 대립

관계가 일상을 살아가는 민중 의식과 지향에도 그대로 반영된다는 전형적 '경제결정론' 내지 '토대반영론'적인 이해였다.70)

그러나 이러한 이해는 앞서 언급했듯이 민중을 비롯한 사람들의 삶의 방식, 생각과 행동, 정체성이 가진 복잡한 측면을 지나치게 단순화하는 접근이 아닐 수 없다. 이러한 시각에서는 민중운동이 사회경제적 모순의 표출에 지나지 않고, 민중의식은 객관적 모순에 규정되거나 그 반영에 불과한 것으로 민중의식의 형성과정이나 자율성은 외면될 수밖에 없다. 곧 민중의식이나 민중운동의 전개과정과 요구조건 등이 이른바 '내재적'으로 접근되고 분석되기보다는 생산력의 발전과 생산관계의 변화, 그와 맞물려 진행된 것으로 이해되는 신분제의 동요 등 사회경제적 변화가 곧바로 민중의식이나 민중운동의 요구와 지향 등에 그대로 투영되는 것으로 파악하는 방식이 대부분이었다.71)

그러나 이러한 접근은 민중운동의 '실상'과는 거리가 멀다. 예컨대 민중운동의 원인 가운데 가장 핵심적인 것은 바로 지주제에 있으며, 그러므로 민중운동이 지주제에 반대하는 것도 당연한 것임을 전제로 하지만, 현실적으로 민란의 요구조건에는 지주제에 대한 반대가 포함된 사례가 사실상 전무하다. 이 점에서 이러한 토대반영론에 의한 이해는 선험적, 기계적 접근이며, 오히려 민란의 원인과 전개과정, 요구조건 등을 내재적으로 분석함

70) 민중사상사를 연구하는 야스마루 요시오(安丸良夫)는 경제결정론적인 시각에 대해 다음과 같이 비판하였다. "적대하는 여러 계급이 경제사 분석에 의해 확실히 석출되었다고 해도, 그들이 명확히 변별할 수 있는 적대적 이데올로기를 갖고, 그것이 또 일상적 생활 의식의 장에서도 분명하게 형상화 되어 있을 것이라고 하는 무사태평한 사고방식을 가질 수 없다"(安丸良夫, 「五, 「民衆思想史」の立場」, 『安丸良夫集 1: 民衆思想史の立場』, 岩波書店, 2013, p.198).

71) 경제주의적·환원론적 이해에 대한 비판은 스튜어트 홀, 「문화연구에서 그람시의 적절성」, 『읽을꺼리』 6, 2000 참조.

으로써 민중의식을 '있는 그대로'의 모습으로 형상화하고 파악하는 데 방해가 되어 왔다.[72)]

민중운동과 민중의식을 단순히 사회경제적 변화의 반영으로만 설명하는 방식에 대한 비판은 이미 일찍부터 제기되었다.[73)] 또 민중의식에 대한 새로운 접근이 필요하다는 인식이 일부 연구자에 의해 시작되기도 했지만, 본격적으로 시도된 적은 없다. 예를 들면 정창렬은 일찍이 1862년의 임술민란에 대해 그것이 국가·국왕에게 민본이데올로기에 명실상부한 내용 실체를 담아줄 것을 요구한 운동이었다고 지적함으로써 민중의식을 새로운 시각에서 파악할 수 있는 단서를 제시하였다.[74)] 임술민란과 관련해서는 더 이상 진전된 연구를 제출하지 않았지만, 그러한 문제의식이 그 이후의 동학농민전쟁 연구도 이어졌다. 예를 들면 집강소 시기인 1894년 6월 순창에 있던 전봉준이 일본 낭인집단에게 보낸 글에서 "심하도다. 유교의 도가 행하여지지 않는 것이!"라는 한 구절에 대해 전봉준이 "민유방본 본고방녕(民惟邦本 本固邦寧)' 이념을 재차 강조하고 있다"고 지적하면서 농민군이 추구한 새로운 질서는 '유교의 본래적인 도(道)'가 행하여지는 세계를 의미하는 것이 아닌가 생각된다고 하였다.[75)] 그 이후에도 동학사상에 대한 글

72) 앞서 언급했듯이 '토대'에 대한 이해도 서구중심주의에 의해 이루어졌기 때문에 조선사회에 대한 내적 분석은 결여되어 있었다.

73) 토대반영론에 대해서는 이미 오래 전에 "경제사 연구에 종속된 채 진행됨으로써 농민항쟁을 단순히 경제구조의 반영으로만 설명하는 데 그치고 있어 농민항쟁에 가지는 역사발전의 추동적 역할을 약화시키는 경향을 낳기도 했다"(망원한국사연구실 19세기농민항쟁분과, 『1862년 농민항쟁』, 동녘, 1988, 27쪽)는 비판이 제기된 바 있다.

74) 정창렬, 「조선후기 농민 봉기의 정치의식」, 『한국인의 생활의식과 민중예술』, 1983; 정창렬, 「백성의식, 평민의식, 민중의식」, 한국신학연구소 편, 『한국민중론』, 1984.

75) 정창렬, 『갑오농민전쟁연구』, 선인, 2014, 256쪽.

등을 발표했지만, 농민군이 추구한 새로운 질서가 유학과 어떤 관련을 가지는 지에 대한 논의를 더 이상 진전시키지는 않았다.[76)]

이 책에서는 토대반영론적 혹은 경제결정론적 이해를 극복하고 민중문화 내지 정치문화라는 맥락에서 19세기 민중운동을 새롭게 접근해보고자 한다. 민중은 지배엘리트와는 구분되는 독자적인 문화 영역이나 의식세계를 가지고 있었다. 예컨대 홉스봄(Eric Hobsbawm)은 집단적인 요소를 빼놓고 "전통적" 농민을 인식한다는 것은 어려운 일이라고 하면서 경제적·사회적 상호관계가 이루어지는 민중의 "공동체" 혹은 "작은 세계"는 집단성을 가지며, 이것은 노동과정 혹은 공동의 사용을 위한 자원의 통제과정에서 협동이 요구되는 점과 관련이 있다고 하였다.[77)] 또 톰슨(E. P. Thompson)은 민중운동에 대해 조건반사적이거나 경제환원론으로 설명해온 경향에 반대하면서 18세기 영국의 거의 모든 군중행동에는 정당성(legitimation)이라는 개념이 있었고, 이들은 전통적인 권리나 관습을 방어한다는 신념으로 충만해 있었으며, 이것은 공동체 차원의 합의(consensus)에 의해 지지되었다고 하였다.[78)] 또한 관습은 생활과 노동의 물질적·사회적 실재에서 기원하며 사람들이 행동하는 맥락을 제공하고, 관습 공유자들의 지역 내에서 집단적 행동, 집단적 이해관계, 감정의 집단적 표현을 제공한다고 하였다.[79)] 민중의식은 이러한 "공동체"와 그를 바탕으로 한 일상생활 속에서 형성되며, 그것은 지배집단이나 엘리트들과는 다른 독자적 영역을 가진다.

---

76) 정창렬의 농민전쟁 연구에 대해서는 배항섭, 「정창렬의 동학농민전쟁 연구의 내용과 의의」, 『한국인물사연구』 70, 2016 참조.

77) 에릭 홉스봄 지음, 김동택 외 옮김, 『저항과 반역 그리고 재즈』, 영림카디널, 2003, 232~236쪽.

78) Thompson, E. P., "The Moral Economy of the English Crowd in the Eighteenth Century", *Past and Present* 50, Feb. 1971. pp.78~79.

79) Thompson, E. P., ibid., 1993, p.13.

이처럼 민중은 지배엘리트와 구분되는 독자적인 문화영역이나 의식세계를 가지고 있었지만, 그 역시 지배이념이나 체제에 대항하는 과정에서 형성된다는 점에서 그로부터 자유로운 것만은 아니었다.[80] 예를 들면 피터 버크(Peter Burke)는 민중문화가 자율성을 가지지만, 엘리트 문화와 민중문화 간의 엄밀한 구분이 어렵고, 양자는 상호침투하고 유동적인 경계를 가진 대항관계에 있음을 지적한 바 있다.[81] 민중의식이 공동체적 일상생활, 그리고 전통적인 권리나 관습과 관련이 깊다는 점을 강조한 톰슨도 평민문화는 자기 정의적이거나 외부적 영향에 무관한 것이 아니라 귀족 통치자의 통제와 강제에 대항하여 수동적으로 형성된다고 하였다.[82] 또한 민중의식이나 문화는 민중의 생활을 지탱해온 관습이나, 그들의 삶의 방식을 규정해온 법이나 제도 등과 밀접한 관련을 가지며 복합적인 성격을 띠는 것이다.[83] 나아가 민중운동은 지배체제나 이념뿐만 아니라, 공동체적 일상생활 속에서 형성된 관습이나 의식으로부터도 자유로울 수 없었다.[84]

따라서 세계사의 경험에 따르면 중세 말에 일어난 급진적 민중운동에서도 민중들은 대체로 지배이념을 전유(appropriation)하는 방식으로, 혹은 지배층이 알아들을 수 있는 그들의 언어로 자신들의 불만을 요구하거나 행동

80) 톰슨은, 평민문화는 자기 정의적이거나 외부적 영향에 무관한 것이 아니라 귀족 통치자의 통제와 강제에 대항하여 수동적으로 형성된다고 하였다(E. P. Thompson, *Customs in common*, Penguin Books, 1993, pp.6~7).

81) 피터 버크 지음, 조한욱 옮김, 『문화사란 무엇인가』, 도서출판 길, 2005, 56~58쪽.

82) Thompson, E. P., *Customs in common*, Penguin Books, 1993, pp.6~7.

83) 이 점에서 앞서 언급했듯이 19세기 조선사회에서 지주제가 중요한 모순이었고 민중의 삶을 억압했기 때문에 지주제에 반대하였다는 토대환원론적인 인식 역시 민중의식의 형성과정이나 특징이 지닌 복합성에 대한 고려를 배제하는 것이다.

84) 조오지 뤼데는 민중운동이 본래적 요인과 외래적 요인의 쌍방향으로부터 영향을 받아 일어난다고 하였지만(조오지 뤼데, 박영신·황창순 역, 『이데올로기와 민중의 저항』, 현상과 인식, 1993, 46~57쪽, 71쪽 참조).

을 정당화하는 것이 일반적이다.[85] 이는 근대에도 마찬가지였다.[86] 또한 '근대이행기'의 민중은 관습에 호소하는 방식으로 자신들의 요구를 정당화하는 것이 일반적이었고, '구법(舊法)'에 근거한 요구는 저항을 철저하게 급진적인 형태로 이끌기도 하였다.[87]

이는 19세기 민중운동에서 보이는 민중의 이상이나 현실인식 역시 당시 사회의 지배체제나 이념과 밀접한 관련을 가질 수밖에 없었음을 의미하며, 19세기 민중운동이나 민중의식을 이해하기 위해서는 관습이나 전통적 법

85) 유럽 중세 농민들은 새로운 정치적 혹은 도덕적 용어를 만들어 내기보다는 이미 존재했던, 노동의 존엄함이나 농민의 신에게 가까운 존재와 같은, "보편적" 관념이나 언어를 이용하였다. 또 관습에 호소하는 방식으로 자신들의 요구를 정당화하는 것이 일반적이었다. 예컨대 중세 유럽의 농민운동을 연구한 Freedman은 농민운동이 새로운 정치적 혹은 도덕적 용어를 만들어 내기보다는 "노동의 존엄함" 혹은 "시골뜨기들이 신에게 더 가깝다" 등 이미 존재하던 "상식적" 개념을 사용하였다고 하였고,독일농민전쟁에서도 농민들은 그들의 불만을 종교적인 언어로 표현하였다. 이들은 오직 신만이 정당하게 사람을 소유할 수 있고 신만이 유일한 주인이 된다고 말하며 수도원의 인신적 지배에 저항했다(Freedman, Paul H *Images of the Medieval Peasant*, Stanford University Press, 1999, pp.283~300). 또 신비주의운동도 그것이 정통파든 이단파든 항상 지배이념의 원천이었던 복음서나 교회의 설교에 정당성의 근거를 두었으며, 그런 점에서 그것은 혁명적 이데올로기는 아니었지만, 그에 입각하여 사유재산에 대한 단죄와 사도적 생활의 권장, 혹은 재산을 공동의 소유에 둘 것 등을 훈계하였다[M. モラ(Mollat, Michel), Ph. ヴォルフ(Wolff, Philippe) 著, 瀬原義生 譯, 『ヨ-ロッパ中世末期の民衆運動 : 青い爪, ジャック, そしてチオンピ』, ミネルヴァ書房, 1996, pp.317~319]. 일본 근세사회의 백성일규를 연구한 화이트도 엘리트들은 박애, 호혜주의, 그리고 공동체 복지, 검약, 겸손, 그리고 근면의 가치를 제안하였지만, 빈민들은 그것을 부유한 자들에 대한 공격을 정당화하는 기제로서 이용하였다고 하였다(White, James Wilson, *Ikki : Social Conflict and Political Protest in Early Modern Japan*, Cornell University Press, 1995, pp.112~121).

86) James C. Scott, *Weapons of the weak: everyday forms of peasant resistance*, Yale University Press, 1987, p.339.

87) Paul H. Freedman, *Op. cit*, p.298.

과 제도에 대한 고려가 불가결함을 시사한다. 또한 민중이 독자적 영역에서 고유한 문화나 의식을 형성하고 있었지만, 지배체제나 이념뿐만 아니라 그들의 삶을 지탱해온 관습이나 전통적 법과 제도에 따라 다양할 수 있었음을 시사하는 것이기도 하다.

이 점에서 주목되는 것이 '정치문화(political culture)'라는 개념이다. '정치문화'라는 개념은 정치학에서 먼저 사용된 것이다. 1980년대 후반 프랑스 혁명 200주년을 기념하여 영미권과 프랑스 연구자들이 공동으로 기획한 4권의 책 가운데 한 권을 책인 편집한 베이커(K. M. Baker)가 이 개념을 제시하면서 역사학 분야에서도 확산되어 나갔다.[88]

'정치 문화(political culture)'는 "특정한 공동체에서 개인이나 집단의 정치적 활동의 성격을 규정하는 정치적 담론과 실천에서 보이는 경향"을 말하며, 서로 제기하는 요구들의 내용, 그것을 공식화하는 제도적 절차, 압박하는 전략들을 규정할 뿐만 아니라, 요구들에 대한 해결, 경쟁하는 주장들에 대한 권위 있는 조정, 구속력 있는 결정들을 내릴 수 있는 절차와 행위의 성격과 권한 구성한다. 이러한 정치 문화는 역사의 창조물이며, 정치문화에 규정된 개인과 집단의 활동을 통해 끊임없이 발전하고 정교화한다. 새로운 요구가 연관되고 낡은 요구들이 변형되면서 새로운 정치문화가 형성된다.

물론 정치문화는 엄격하게 단일한 구조의 관점에서 이해되는 것은 아니

88) Baker, Keith Michael, et al., *The French Revolution and the creation of modern political culture v.1- The Political Culture of the Old* Regime, Oxford : Pergamon Press, 1987. 프랑스 혁명 200주년을 기념하여 출간된 이 책은 모두 4권으로 기획·출간된 책들 가운데 하나이다. 이 책들이 가진 의미와 여기서 보이는 전통적 해석과 수정적 해석 간의 경합 등에 대해서는 최갑수, 「프랑스혁명과 근대 정치문화의 창출」, 『프랑스사연구』 1, 1999 참조.

다. 이질적인 담론이 자주 겹치고, 변화하는 관행이 서로 중첩되어 일상생활이나 개인의 의식 속에서 공존하는 경우가 많다. 복잡한 사회에서는 다양한 개인과 집단 사이에서 경쟁적인 주장이 끊임없이 협상되고 재협상되며, 이러한 수많은 정치적 언어 게임은 종종 복잡한 방식으로 중첩되기 때문이다. 다만 '혁명적'이라고 생각할 수 있는 드문 상황에서는 마치 자석을 들이대면 철분을 함유한 수많은 작은 조각들이 일정한 패턴을 띠며 달라붙듯이 이질적인 주장과 복잡한 사회적 관행이 급격하게 단순화되고 사회의 많은 부분에서 공명하는 언어에 의해 정렬된다고 하였다.[89)]

베이커가 처음으로 제시한 '정치문화' 개념은 이후 톰슨 등이 민중문화나 모럴 이코노미(moral economy)의 다른 표현으로써 사용하면서 확산되어 갔다.[90)] '정치문화'를 활용한 연구는 민중운동이나 민중의식에 대해서도 다만 계급관계나 사회구성상의 모순이라는 측면에서 접근하기보다는 그들의 생각과 행동을 정당화할 수 있는 근거가 필요했다는 시각으로 접근한다. 말하자면 어떤 사회에서 살아가는 사람들의 정치적 생각과 행동 방식을 지배이념이나 체제와 관련된 문화적 규범이나 세계관 등의 맥락에서 민중의식이나 민중운동을 접근하기 때문에 토대반영론 내지 경제환원론에 의거한 억압-저항의 이항대립적 도식과는 다른 방식의 이해를 만들어 나갈 수 있다. 또 정치문화는 다양한 역사적 경험 속에서 끊임없이 새롭게 형성되고 변화해나간다는 점에서 민중운동이나 민중의식을 고정적, 본질적인 것이 아니라 변용되어가는 과정과 추이라는 맥락에서 접근하는 데도 유용하다.

---

89) Baker, Keith Michael, "Introduction", Baker, Keith Michael, et al., *Ibid*, pp.xi~xii.

90) 近藤和彦, 「政治文化 何がどう問題か」, 『國家像·社會相の變貌』, 靑木書店, 2003 참조.

이 점에서 정치문화론은 민중의식이나 민중운동에 대한 경제환원론적인 억압-저항의 이항대립적 도식에서 벗어나 그것을 보다 넓은 사회적 변화 속에서 파악할 수 있는 단서가 될 수 있다고 생각한다. 정치문화론적인 접근은 대립되는 계급이나 계층을 서로 완전히 다른 세계관이나 가치관을 가진 것으로 바라보지 않는다. 또 어느 일방이 아니라 지배층과 피지배층 양자 모두의 정치적 생각과 행동을 규정하고 거기에 정당성을 부여하는 기준이 되며, 나아가 양자를 연결해주는 통로역할을 했던 가치관이나 규범에 주목한다. 이는 다른 한편 지배층만이 아니라 민중의 생각이나 행동도 지배이념과 밀접한 관련이 있음을 시사한다.

이를 통해 민중운동이 어떤 논리에 의해 발발하고 전개되어 갔는지, 반대로 지배층은 이에 대응하면서 어떻게 지배논리를 확립해나갔는지를 파악하려는 것이다. 따라서 민중의식에 대한 접근도 권력-민중 간의 복합적인 상호작용이나 민중문화와 지배문화 사이의 교섭과 상호침투 과정 속에서 이해할 수 있다. 따라서 민중운동과 민중의식도 민중과 권력 간의 일상적 소통과 교섭이라는 맥락에서 접근되며, 민중은 국가권력이나 향촌지배층과의 일상적 관계 속에서 이루어지는 넓은 의미의 정치과정에 항상적으로 관여하는 존재로서 재발견될 수 있다. 특히 정치문화를 고정적·정태적인 것이 아니라 역사적 형성물로 파악하기 때문에, 민중의식을 사회경제적·정치적 질서의 변화에 연동된 다이나믹스(Dynamics, 동역학)이라는 맥락에서 이해하는 데도 유용한 접근방법이다. 이 점에서 '정치문화'는 그람시가 말하는 '상식(good sense)'과도 닿아있는 개념이다.[91]

---

91) 그람시는 대중들의 일상적인 의식이나 통속적 사고를 '상식(good sense)'이라고 불렀다. 상식은 '전통적인 지혜 혹은 시대의 진실'로서 스스로를 드러내지만, 실제로는 철저하게 역사의 산물이자 '역사적 과정의 일부'이며, 인민 대중의 실천적 의식이 실제로 형성되는 개념과 범주들의 지형, 혹은 이미 형성되어 있으며 '당연한 것

한편 '정치문화' 개념은 한국의 민중운동이나 민중의식을 이해하는 데 더욱 유용할 수 있다. 조선의 경우 국왕을 정점으로 한 중앙집권적 지배체체, 그리고 그 체체를 지탱하기 위해 마련된 지배이념으로서의 민본이념과 그것을 실천하기 위한 정치이념이라 할 수 있는 인정(仁政) 이념은 백성들의 일상생활과 생각에도 많은 영향을 미쳤다. 특히 국왕이라는 존재는 자명하게 받아들여졌고, 조선의 백성들은 기본적으로 국왕의 신하[王民]로서, 국왕의 토지[王土]를 밭 갈아 먹고 살기 때문에 국왕에게 세금, 곧 왕세(王稅)를 내는 것을 당연한 것으로 받아들이고 있었다. 민본과 인정이라는 지배이념 역시 특히 조선후기에 들어 중앙 정부에 의한 소원제도의 운용, 향촌질서의 변화, 교육경험의 확산 등의 영향으로 점차 백성들에게 널리 퍼져나갔고, 내면화해 나갔다.

또한 조선에서는 일찍부터 지배이념을 습득하여 관료들과 공유하고 있었으며, 예비관료 혹은 관직 경력자이기도 했던 재지 사족들이 평천민층과 같은 마을 혹은 이웃마을에서 생활하였다. 이는 엘리트층과 평민층, 혹은 천민집단의 주거지가 분리되어 있던 유럽 중세나 일본의 에도시대, 명말 이후의 중국과 비교해 볼 때 사족과 평천민층 간의 문화가 상호 침투하기에 용이하였음을 의미한다. 사족층에 의한 지배이념의 확산, 그리고 지배이념과 밀접한 관련 속에서 형성되어가는 '정치문화'의 형성에도 유리하였다.[92] 또 이러한 특징들에 따라 엘리트인 사족층과 평천민층 문화 간의 차이는 상대적으로 희석되어 갔을 것으로 보인다. 따라서 민중운동이나 민

으로 여겨지는' 지형이며, 고정되어 있고 비유동적인 것이 아니라, 일상의 삶으로 들어온 과학적 사고와 철학적 견해들로 풍부해지면서 지속적으로 스스로를 변형시킨다고 하였다(스튜어트 홀, 「문화연구에서 그람시의 적절성」, 『읽을꺼리』 6, 2000, 177~178쪽).

92) 이에 대한 좀 더 자세한 내용은 제3장, 4장에서 살펴보고자 한다.

중의식을 이해하는 데도 지배이념이나 체제를 토대로 형성되고 변화해나가는 '정치문화' 개념을 활용한 접근이 유용할 수 있다고 생각한다.

3. 이 책의 주요 내용

이상에서 살펴본 바와 같이 조선의 정치·경제체제와 이념 등의 면에서 유럽과 매우 달랐다. 특히 중앙집권적 정치체제, 그리고 그러한 체제를 뒷받침한 지배이념은 민중과 국가권력 간의 관계나 그에 대한 민중의식에 커다란 영향을 미칠 수밖에 없다. 또 토지소유구조나 매매관습과 관련하여 일찍부터 발달된 배타적 소유권과 매수자 우위의 자유로운 매매관습이 자리 잡고 있었다. 이 역시 민중의식이나 민중운동의 지향과 깊은 관계를 가질 수밖에 없었다. 이러한 특징들은 민중의식이나 민중운동의 면에서도 유럽과 달랐던 한국의 개성적 측면을 이해하는 데 매우 중요한 의미를 가질 수밖에 없다.

이 책에서는 바로 이점에 주목하여 19세기 민중운동을 조선사회의 지배이념이나 지배체제, 법적·제도적 장치들과 깊은 관련을 가지며 형성되고 변화해나간 '정치문화' 개념을 활용하여 접근해 보고자 한다.[93] 또 그러한

93) '정치문화' 개념을 수용하여 19세기말~20세기 한국의 민중운동과 민중의식을 접근한 대표적인 연구자는 조경달이다. 趙景達, 「政治文化の變容と民衆運動-朝鮮民衆運動史の立場から」, 『歷史學硏究』 859(增刊號), 2009; 조경달 지음, 허영란 옮김, 『민중과 유토피아』, 역사비평사, 2009; 趙景達, 『近代朝鮮の政治文化と民衆運動—日本との比較』, 東京:有志社, 2020 등 참조. 조경달의 글은 매우 신선한 문제제기이고 필자 역시 배운 바가 많다. 다만 여전히 서구중심적 인식을 보이고 있으며, 민중의식을 지나치게 본질주의적으로 이해하는 등의 문제를 남기고 있다. 조경달의 민중의식이나 정치문화 이해에 대한 비판으로는 배항섭, 「'등신대'의 민중상으로

정치문화에 입각하여 자신들의 행동을 정당화하고 자신들의 요구를 실현시키고자 한 민중이 아래로부터 만들어간 새로운 논의구조나 질서와 그 속에 내포된 가능성을 트랜스히스토리칼(transhistorical) 내지 트랜스템포럴(transtemporal)한 시각이라는 맥락에서 모색해보고자 한다.

이를 위해 모두 9개의 장으로 나누어 다음과 같은 내용을 살펴보고자 한다. 1~4장까지는 조선왕조의 지배이념과 지배이념이 민중에게 확산되어 과정, 그리고 그 과정에서 정치문화가 형성되고 변화되어 가는 모습을 그려보고자 하였다. 제1장에서는 지배이념으로서 민본과 인정의 내용과 의미에 대해 살펴볼 것이다. 제2~4장에서는 각기 소원제도를 중심으로 국가권력과 백성들이 관계를 맺는 방식과 그 속에서 형성·변화되는 정치문화, 평천민층이 아래로부터 '자발적'으로 교육 경험을 확대해가면서 지배이념을 내면화함으로써 변화되어가는 정치문화, 향촌질서의 변화와 그 속에서 엘리트인 사족과 평천민 간의 관계가 조정되어 가고 정치문화 역시 새로운 국면을 맞게 되는 과정을 살펴보고자 한다. 5~9장에서는 1~4장에서 살핀 정치문화의 형성과 변화를 기반으로 아래로부터 만들어간 새로운 공론 및 새로운 질서, 그리고 그것이 가진 가능성과 의미를 근대중심주의나 서구중심주의가 아닌 새로운 시각에서 살펴보고자 한다. 각 장에서 다루는 내용을 좀 더 구체적으로 소개하면 다음과 같다.

제1장에서는 조선왕조가 창건 당시에 지시했던 지배이념, 곧 민본이념과 민본을 실천하는 정치적 통치이념이라 할 수 있는 인정(人政) 이념에 대

본 동학농민전쟁—조경달, 『이단의 민중반란—동학과 갑오농민전쟁』」, 연세대학교 현대한국학연구소 편, 『해외한국학평론』 4, 2006; 앞의 글, 2009; 앞의 글, 2010; 앞의 글, 2015; 앞의 글, 2022 참조.

해 살펴본다. 이어 민본과 인정이 가지는 의미, 인정의 구체적인 내용, 인정 이념이 확산되어 가는 모습을 살펴보고자 한다. 또한 이 과정이 곧 민본과 인정 이념을 기초로 한 정치문화가 형성되어 가는 과정이었음을 확인해두고자 한다.

제2장에서는 정치문화가 성립되고 변화해나가는 모습을 국가권력 내지 국왕과 백성과의 관계를 통해 살펴보고자 한다. 민본과 인정 이념이 정치과정 속에서 확산되어 가는 모습, 무엇보다 신문고나 격쟁과 상언 등 국왕과 백성들을 바로 연결하는 직소제도의 추이와 변화를 통해 그것이 민중의식에 미친 영향 등을 살피고자 한다. 특히 민본 이념과 인정 이념의 확산과정에서 그를 토대로 한 정치문화가 형성되고, 변화해나가는 모습을 추적하고자 한다.

제3장에서는 민중의 교육 경험이 확대되어 가는 과정과 그 속에서 지배이념이 확산되는 과정, 또 정치문화가 변화되어 가는 모습을 살피고자 한다. 민본과 인정이념이 확산되고, 정치문화가 변화해나가는 모습을 평천민이 자발적으로 확대해 나간 교육 경험을 통해 확인해보려는 것이다. 특히 유교적 가르침에 대한 번역서 보급이나 향교·서당 교육의 확산, 그에 따른 중서층과 평천민층의 교육경험 확대가 중서층은 물론 평천민층에게까지 지배이념을 확산시키고 그것을 내면화해 나가는 과정, 그리고 그 과정에서 민중의식이나 정치문화 면에서 초래된 변화를 살펴보고자 한다.

제4장에서는 평천민층의 일상생활이 이루어지던 향촌사회에서 엘리트층인 사족과 평천민층 간의 관계 속에서 지배이념이 확산되고, 정치문화가

변화되어 가는 과정을 살펴보았다. 물론 조선은 국가권력의 침투 정도 내지 강도 면에서 조선과 마찬가지로 중앙집권 체제를 갖추고 있던 중국이나 베트남보다 더욱 강하였기 때문에 향촌사회 내부질서에도 관권이 강력히 침투하고 있었다. 따라서 조선에서 향촌사회의 일상을 이해하기 위해서는 사족-평천민층 간의 관계만으로 접근해서는 안 되지만, 여기서는 향촌사회 안에서 사족층과 평천민층 간의 관계 변화를 중심에 두고 지배이념의 확산과 정치문화의 변화에 대해 살피고자 한다. 이어 사족의 지위하락과 평천민층의 지위 상승이 가져온 변화에 대해 살펴보고자 한다. 18세기 중반 이후 관이 주도하는 향촌사회 통제정책이 시행되고, 19세기에는 수령과 이향이 중심이 된 새로운 향촌사회 지배체제가 확립되면서 향촌사회에서 차지하던 사족의 지배력은 현저히 떨어졌다. 이에 따라 동계 등에서 신향층을 비롯하여 평민층의 지위가 향상되어 갔다. 관권의 강화와 사족세력의 약화는 결국 향촌사회의 '정치'에서 사족의 조정이라는 기능을 크게 약화시켰음을 의미한다. 여기서는 사족층의 지위 하락이 가지는 의미를 향촌지배질서라는 면보다는 조선사회 전체 지배시스템 면에서 접근하면서 그 속에서 정치문화가 변화해나가는 모습을 살펴보고자 한다.

제5장에서는 18세기에 들어 부세부과와 수취와 관련하여 총액제와 공동납이라는 새로운 제도가 시행된 이후 그에 대한 향촌사회의 대응 과정에서 새로운 공론 내지 논의구조가 형성되고, 정치문화가 변화해가는 가는 모습을 살피고자 한다. 총액제와 공동납이 시행되면서 부세를 공동으로 부담하는 말단 단위였던 면이나 이(里)에서부터 새로운 논의구조와 공론이 형성되고, 특히 소민들은 부세문제를 둘러싼 자신들의 요구를 '향중공론'에 반영 내지 관철시키려는 과정에서 사족이 중심이 된 기왕의 '향중공론'과는

다른 '공론'을 형성해가는 과정을 살피고자 한다. 특히 사족 중심의 향회와 달리 신분의 차별 없이 부세수취와 관련된 이해당사자가 모두 참여하는 '민회'가 만들어지고, '민회'를 중심으로 사족이 주도한 기존의 '향중공론'과 대비되는 '민중공론'이라고도 할 만한 것이 만들어 지는 과정과 그것이 정치문화면에서 가지는 의미 등을 살펴보고자 한다.

제6장에서는 앞서 언급했듯이 19세기에 들어 수령-이향지배체제가 더욱 강력히 성립되면서 향촌 내부에서 분쟁과 갈등을 조정·완화해주던 사족들의 위세도 매우 낮아지고 있었다. 이에 따라 다양한 갈등이나 분쟁에 대한 조정과 해결은 온전히 국가권력과 수령의 부담으로 돌아갔다. 이는 곧 새로운 분쟁조정 방안과 능력을 권력 측에 요구하는 것이기도 했고, 어떤 면에서는 "법치적 질서"의 강화나 더욱 세련된 관료제, 아래로부터 분출되는 요구와 불만에 대한 폭넓은 수용방안의 모색 등을 추동하는 힘이 될 수도 있었으나, 통치 기강이 문란해지고 권력의 통제력이 약화되어 가던 당시로서는 기대 난망이었다. 무엇보다 민본과 인정 이념이 방기되고 있었기 때문이다. 이에 따라 군현이나 면리 단위에서 발생하는 갈등과 분쟁은 지방권력과 민중 간의 직접적인 충돌로 이어질 수밖에 없는 상황으로 치달아갔다. '민란의 시대'가 도래한 것이다. 여기서는 19세기 민란에서 작동되는 정치문화의 내용과 실상, 그리고 민란을 통해 형성되어 가는 새로운 질서나 새로운 질서의 가능성에 초점을 맞추고자 한다. 특히 생활과 생존을 위해 인정과 민본 이념을 회복하려는 집요한 노력 과정에서 아래로부터 만들어간 새로운 질서나 그 가능성에 주목하고자 한다.

7장에서는 동학농민전쟁의 사상적 기반을 민본과 인정 이념을 기반으로 한 정치문화라는 맥락에서 이해하고 농민전쟁 과정에서 만들어가는 새로운 질서 내지 체제의 가능성을 농민군의 정치적 체제 구상이나 토지개혁 구상을 중심으로 살펴보고자 한다. 여기서는 먼저 민본과 인정이라는 지배이념을 전제로 하여 형성되었고, 점차 민중에게도 내면화해간 정치문화가 교조신원운동과 동학농민전쟁 시기에 어떻게 표출되었는지에 대해 살펴보고자 한다. 이어 농민군의 정치문화나 의식이 유교 이념을 전제로 형성되었던 만큼 농민군이 지배체제나 지배이념을 부정한 것은 아니었다 하더라도 민본과 인정 이념을 회복시키려는 과정에서 만들어간 새로운 가능성에 대해 유념하고자 한다.

제8장에서는 조선후기 정치체제와 토지소유구조 등에서 보이는 특징, 그리고 동학농민전쟁에서 보이는 체제구상과 토지개혁구상을 트랜스히스토리칼(transhistorical) 내지 트랜스템포럴(transtemporal)한 시각이라는 맥락에서 재조명하고자 한다. 여기서는 먼저 19세기 민중운동에서 보이는 정치문화나 민중의식을 이해하기 위한 전제로서 조선왕조 국가의 정치체제나 지배이념, 토지소유구조와 매매 등에서 보이는 법과 제도, 관습 등을 간단히 살펴보고자 한다. 이어 조선왕조의 정치체제나 이념, 법과 제도와 깊은 관련 속에서 형성된 정치문화와 의식을 기반으로 일어났던 19세기 민중운동의 체제구상과 토지개혁 방안을 동학농민전쟁을 중심으로 검토하고자 한다. 특히 여기서는 조선후기의 정치·경제적 체제나 지배이념, 법과 제도, 관습, 그리고 19세기 민중운동이 추구한 체제나 질서에서 보이는 특징을 서구중심적·근대중심적 역사인식에 대한 비판이라는 맥락에서 접근해보고자 한다.

제9장에서는 민본과 인정 이념을 회복하겠다는 절실함 속에서 일어난 민란이나 동학농민전쟁 과정에서 아래로부터 형성되어간 트랜스히스토릭칼 내지 트랜스템포럴한 체제구상과 그것이 내포한 가능성이 서구적 근대를 추구하던 '개화파' 세력의 '근대적' 개혁에 의해 억압되어 가는 실상을 두 가지 측면으로 나누어 살펴보고자 한다. 먼저 정치적 측면이다. 갑오·을미개혁기의 〈향회론〉이나 독립협회의 〈의회설립론〉을 조선후기 이래 향촌사회 내부로부터 형성되어 가던 새로운 공론과 논의기구, 동학농민전쟁 시기 농민군이 만들어 가던 새로운 정치체제 구상과 비교함으로써 그것이 가진 의미를 새롭게 조명해보고자 한다. 다음으로 경제적 측면이다. 여기서는 근대적 자본주의적 소유를 추구해 나간 개화파에 의한 토지제도 구상이 가진 성격이나 의미를 동학농민군의 '평균분작' 구상과의 비교를 통해 확인하고자 한다. 이를 통해 특히 동학농민군이 조선후기의 정치, 경제적 체제를 극복하고 민본과 인정 이념을 회복하기 위해 분투하는 과정에서 만들어가던 트랜스히스토릭칼(transhistorical) 내지 트랜스템포럴(transtemporal)한 대안적 체제구상이 가진 가능성이 억압되어 가는 모습과 그 의미를 최근 들어 더욱 주목되고 있는 불평등 문제와 관련하여 접근해보고자 한다.

제1장

조선왕조의 지배이념과 정치문화 : 민본과 인정

어떤 체제가 장기적으로 지속하면서, 특히 피지배층들로부터 어려운 삶의 조건들을 인내하고 국역을 부담할 만큼의 "충성심"을 이끌어 내기 위해서는 그 사회의 구성원들을 설득하고 지배를 정당화할 수 있는 이념이 공유되어야 한다.[1] 그것이 반드시 근대적인 헌법이나 법령과 같이 전구성원의 합의를 전제로 하거나 명확하게 공표된 것은 아니었을지라도 말이나 문서 등에 의해 구성원들에게 하나의 약속으로서 제시되었다. 물론 피지배층에게 그것을 수용하고 납득할 수 있도록 만들기 위해서는 이를 정당화할 수 있는 현실적 정치행위가 뒤따라야 한다. 정치적 담론에만 머물고 실천이 뒷받침 되지 않을 경우 체제의 장기적 지속은 불가능할 것이다.

지배이념과 그에 입각한 정치적 실천이 누적되면서 구성원들에게도 그것이 수용되면서 어떤 "상식" 같은 것이 형성되면,[2] 그것은 거꾸로 지배이념과 괴리된 현실을 비판하거나 그에 대한 지배층의 책임을 물을 수 있는 근거로 전유되는 것이 일반적이었다.[3] 이러한 점은 자본주의 국가에서도

---

1) 서발턴(subaltern) 연구자 라나지트 구하(Ranajit Guha)가 "모든 상위의 계급들과 집단들의 권위는 농민이 그 존재조건(지배이념이 조장한)에 대해 체념하는 한에서만, 그리고 그런 동안에만 안전했다. 농민 폭동의 힘은 상당 부분 자신의 존재조건에 대한 바로 그 같은 농민의 각성에서 나왔다"고 한 것도 같은 맥락이라고 생각한다(라나지트 구하 지음, 김택현 옮김, 『서발턴과 봉기』, 박종철출판사, 2008, 37~38쪽).

2) 그람시는 대중들의 일상적인 의식이나 통속적 사고를 '상식(good sense)'이라고 불렀다. 정치문화와 유사한 개념이다. 상식은 역사의 산물이자 '역사적 과정의 일부'이며, 고정되어 있고 비유동적인 것이 아니라, 지속적으로 스스로를 변형시키는 것이라고 하였다(스튜어트 홀, 「문화연구에서 그람시의 적절성」, 『읽을꺼리』 6, 2000, 177~178쪽).

3) 유럽 중세에서도 농민들은 새로운 정치적 혹은 도덕적 용어를 만들어 내기보다는

마찬가지였다.[4] 이는 곧 피지배층의 의식이나 상식도 지배이념에 규정되지만, 지배이념이나 그에 입각한 정치적 행위도 지배이념을 전유한 피지배층의 의식이나 상식으로부터 자유로울 수 없었음을 의미한다. 이와 같이 지배이념과 그를 전유한 민중의식의 상호관계 속에서 형성된 것이 정치문화였다. 또 지배-피지배층 간의 상호관계야말로 중요한 정치 과정을 이루는 것이며, 지배-피지배의 관계나 지배-피지배층의 이념 내지 상식도 고정불변의 것이 아니라, 상호 교섭과 침투를 수반하는 정치과정에서 변화해나

이미 존재했던, 노동의 존엄함이나 농민의 신에게 가까운 존재와 같은, "보편적" 관념이나 언어를 이용하였다. 예컨대 독일농민전쟁에서도 농민들은 그들의 불만을 종교적인 언어로 표현하였다. 이들은 오직 신만이 정당하게 사람을 소유할 수 있고 신만이 유일한 주인이 된다고 말하며 수도원의 인신적 지배에 저항했다(Paul Freedman, *Images of the Medieval Peasant*, Stanford University Press, 1999, pp.283~300). 또 신비주의운동도 그것이 정통파든 이단파든 항상 지배이데올로기의 원천이었던 복음서나 교회의 설교에 근거를 두었으며, 그런 점에서 그것은 혁명적 이데올로기는 아니었지만, 그에 입각하여 사유재산에 대한 단죄와 사도적 생활의 권장, 혹은 재산을 공동의 소유에 둘 것 등을 훈계하였다[M.モラ(Mollat Michel), Ph.ヴォルフ(Philippe Wolff) 著, 瀨原義生 譯, 『ヨ-ロッパ中世末期の民衆運動: 青い爪, ジャック, そしてチオンピ』, ミネルヴァ書房, 1996, pp.317~319]. 일본 근세사회의 백성일규를 연구한 화이트도 엘리트들은 박애, 호혜주의, 그리고 공동체 복지, 검약, 겸손, 그리고 근면의 가치를 제안하였지만, 빈민들은 그것을 부유한 자들에 대한 공격을 정당화하는 기제로서 이용하였다고 하였다(James W. White, *Ikki: Social Conflict and Political Protest in Early Modern Japan*, Cornell Univ. Press, 1995, pp.112~121).

4) 제임스 스코트(James Scott)는 "현존하는 제도의 급진적인 비평이, 사실상 지배적 이데올로기를 마음으로 끌어안은 동시에 그 이데올로기의 절대적인 약속을 배반하고 무시한 현실을 통찰하는 하위 계급에서 발생한 것이라고 생각한다. 자본주의 국가에서도 사회적 질서에 대한 대부분의 비판은 넓게 말해서 지배이데올로기 그 자체로부터 나온다."고 하였다(Scott, James C., *Weapons of the weak: everyday forms of peasant resistance*, Yale University Press, 1987, p.339).

갈 수밖에 없었음을 의미한다.

국왕을 중심으로 한 중앙집권적 정치체제를 구상하고 있던 왕조 창건 세력들은 그를 뒷받침하는 지배이념으로 "백성이 나라의 근본이다[民惟邦本]"라는 이념, 곧 민본과 인정(仁政)을 지배이념으로 내세웠다.

민본과 인정 이념이 유교의 가르침으로부터 나온 것임은 물론이다. 예컨대 유교에서는 공자 이래로 '인(仁)'을 핵심적인 도덕 원리로써 강조해 왔다. 『論語』의 첫 장인 「學而」편에서는 인을 군자(君子)의 덕목으로 설명하면서 "孝(효)와 제(弟)라는 것은 인을 행하는 근본이다"라고 하였다. "백성은 나라의 근본이니, 근본이 견고해야 나라가 편안해진다[民惟邦本 本固邦寧]"이라 하여 민본 이념을 설파한 『서경』에는 "하늘은 우리 백성들의 눈을 통해서 보고, 하늘은 우리 백성들의 귀를 통해서 듣는다.[天視自我民視 天聽自我民聽]"라 하여 민과 천(天)을 상호관련성을 이해하였다.[5] 맹자는 "백성이 가장 귀중하고 사직이 그 다음이며 임금은 가벼운 것이다[民爲貴 社稷次之 君爲輕]"고 하였다.[6] 나아가 유가(儒家)에서 인은 "모든 사람의 생명 속에 내재해 있고, 또한 모든 가치의 근원이며, 도덕본심(道德本心)"으로 받아들여져 왔다.[7]

민본과 인을 중심으로 한 유교 이념은 조선왕조에도 그대로 수용되었다.[8] 우선 정도전이 지은 태조 이성계의 즉위 교서에도 '민심'은 곧 '천의

---

5) 《書經》, 〈泰誓 中〉

6) 《孟子》, 〈盡心 下〉

7) 천병돈, 「선진유가의 仁」, 『양명학』 12, 2007 참조.

8) 조선왕조 창건의 주역이었던 정도전은 "대개 임금은 나라에 의존하고 나라는 백성에 의존하는 것이니, 백성이란 나라의 근본이며 임금의 하늘인 것이다. 그러므로 《주례》에서는 인구수를 왕에게 바치면 왕은 절하면서 받았으니, 이것은 그 하늘을 존중하기 때문이었다, 인군이 된 사람이 이러한 뜻을 안다면 백성을 사랑함이 지극하지 아니할 수 없을 것이다."라고 하였다(『三峯集』 卷之七, 「朝鮮經國典」 上, 賦

(天意)'임이 언급되었다.[9] 민본 이념은 특히 매년 정월 초하루에 국왕이 내리는 권농 윤음에서 강조되었으며,[10] 이는 조선왕조 최말기까지도 변함없이 수용되었다.[11] 인정 내지 덕치(德治)는 민본·위민(爲民) 정신에 입각해서 백성에 대한 애정을 통치윤리 내지 통치수단으로 삼는 것으로,[12] 민본의 내용을 채우는 정치적 실천 행위라는 의미를 가진다. 백성들에게 세금과 부역(賦役)을 부과하고, 그에 대해 백성들이 응하는 것도 지배층이 약속한 민본이념과 인정을 전제로 성립할 수 있었다. 태조 이성계는 왕위에 등극한 직후 백관들에게 다음과 같이 인정을 강조하였다.

> 안으로는 도당(都堂)과 대성(臺省), 밖으로는 절제사(節制使)와 안렴사(按廉使)에서부터 주현의 관원에 이르기까지 모든 관원들이 한결같이 자애로운 마음으로 백성 돌보기를 힘쓰는 것이 바로 인정이다.[13]

인정의 핵심 내용을 '자애로운 마음으로 백성 돌보기'임을 강조한 것이다. 이듬해 2월에도 "정사(政事)를 발포하고 인정을 시행하는 데에 마땅히

典, 版籍).

9) 『태조실록』, 태조 1년 7월 28일.

10) 이 중 민본사상에 대해서는 이석규, 『조선 전기 민본사상과 민』, 국학자료원, 2020 참조.

11) 예를 들면 1876년 개항 이후에도 권농윤음에는 "『書經』에 이르기를, '백성은 나라의 근본이니 근본이 공고해야 나라가 편안하다[民惟邦本 本固邦寧]' 하였으니, 참으로 나라의 근본은 백성에게 있고 백성의 근본은 먹는 것에 있으며 먹는 것의 근본은 농사에 있기 때문이다. 옛날부터 聖帝와 明王이 나라를 다스리고 천하를 다스리던 道는 모두 농업에 힘쓰는 것을 우선하였다."라는 점이 강조되었다(『승정원일기』, 고종 23년 1월 1일).

12) 한영우, 「정도전의 정치개혁사상」, 『창작과비평』 26호, 1972, 790쪽.

13) 『태조실록』, 태조 1년 10월 11일.

백성을 근심하는 정치를 펴야 될 것이다."는 교지를 내렸다.[14] "백성들을 근심하는" 정사로서 인정을 강조한 것이다. 이와 같이 인정을 강조한 태조의 교지는 조선 왕조 후기까지도 이어져 태조가 위화도에서 회군한 것은 "폭정을 대신하여 인정"을 실현하기 위한 거사였던 것으로 기억되었다.[15]

덕정(德政)으로 표현되기도 한[16] 인정에 대해 논한 맹자는 인정의 구체적 내용으로 "생형벌, 곧 형벌을 줄이는 것[省刑罰]"과 "박세렴, 곧 세금을 적게 거두는 것[薄稅斂]"을 제시하였다.[17] 인정의 실현 방안으로서 '생형벌'과 '박세렴'은 조선왕조 전 시기에 걸쳐 일관되게 강조되었다. 그 외에도 백성들의 억울함을 풀어주는 것,[18] 융정(戎政)의 근본으로 평소에는 은택을 베풀고 유사시에는 상벌(賞罰)을 공평하게 하고 호령(號令)을 엄숙하게 하는 것,[19] "사(私)"가 아니라 오직 "공(公)"에 의해서만 온전해질 수 있는 것[20] 등으로 이해되었다.

인정은 소원제도와 휼형제도를 일층 정비하는 등 상대적으로 선정을 베풀었다고 평가되는 영·정조 연간에 더욱 강조되었다.[21] 천하를 인(仁)으로

---

14) 『태조실록』, 태조 2년 2월 15일.

15) 『영조실록』, 영조 25년 3월 13일.

16) 『영조실록』 부록, 영조 대왕 행장.

17) 『孟子』, '梁惠王 上' 태조 이성계의 즉위교서에서도 '薄稅斂'과 '省刑罰'은 구체적인 사례와 함께 여러 항목에서 강조되었다(『태조실록』, 태조 1년 7월 28일).

18) 『성종실록』, 성종 9년 11월 26일.

19) 『현종실록』, 현종 6년 12월 26일.

20) 『승정원일기』, 고종 14년 3월 4일.

21) 이러한 맥락에서 영·정조 시기를 살펴본 최근의 연구로는 박광용, 「조선의 18세기, 국가 운영 틀의 혁신」, 역사학회 편, 『정조와 18세기』, 푸른역사, 2013; 송양섭, 『18세기 조선의 공공성과 민본이념 : 손상익하의 정치학, 그 이상과 현실』, 태학사, 2015; 최주희, 『영·정조 대 국가운영과 왕실재정 : 정례를 통해 본 왕실과 나라의 살림』, 태학사, 2025 등 참조.

써 거느린 요와 순 임금을 배우고자 하였던[22] 영조는 "民惟邦本 本固邦寧"이라는 여덟 자를 써서 내려 팔도 각 읍에 새겨 걸어 놓고 항상 볼 수 있게 할 정도로[23] 민본 이념을 강조하였다. 다스림의 근본은 인(仁)에 있고,[24] 인정은 곧 왕도를 행하는 길이었고,[25] 정치의 근본이었다.[26] 난장으로 도둑을 다스리는 형정을 제거하는 것,[27] "기근이 들면 진휼하고, 인재 등용과 민막(民瘼) 조사, 요역(徭役)을 가볍게 하고 휼형(恤刑)을 베푸는 것"이었다.[28] 영조 때 좌의정(左議政) 민진원(閔鎭遠)은 상차(上箚)를 올려 "천지(天地)의 큰 덕을 생(生)이라 하였으니, 인군(人君)이 하늘을 몸 받아 인(仁)을 행함이 진실로 다스림의 근본"임을 제시하였고,[29] 정조의 총애를 받았던 정약용은 억강부약(抑强扶弱)이 곧 인정이라고도 했다.[30] 삼정문란이 극심해지는 19세기 후반의 고종도 "백성이 있고 난 뒤에 임금이 있는 것이니, 임금이 백성이 아니라면 누구와 더불어 나라를 다스리겠는가."라는 유교의 가르침을 거듭 되뇌었다.[31]

또 인정은 반드시 백성들의 항산(恒産)으로부터 시작된다는 점이 강조되었고,[32] 특히 "농사는 천하의 큰 근본이다[農者天下之大本]"라고 하였듯이 항산으로 농사가 가장 중요했다. 나라의 근본은 백성에게 있고[國之本在民]

22) 『승정원일기』, 영조 7년 2월 5일.
23) 『승정원일기』, 고종 16년 5월 22일; 李裕元, 『林下筆記』 第31卷, 旬一編, 戒石銘.
24) 『영조실록』, 영조 31년 4월 13일.
25) 『영조실록』, 영조 38년 4월 2일.
26) 『정조실록』, 정조 7년 3월 1일.
27) 『영조실록』, 영조 46년 6월 18일.
28) 『弘齋全書』, 제26권 綸音 1.
29) 『영조실록』, 영조 2년 1월 1일.
30) 『茶山詩文集』 第9卷, 疏, 擬嚴禁湖南諸邑佃夫輸租之俗箚.
31) 『승정원일기』, 고종 16년 5월 22일.
32) 『정조실록』, 정조 2년 윤 6월 23일.

백성들의 하늘은 먹을 것에 있기[民之天在食] 때문이었다.[33] 이것은 "먹을 것을 달게 여기고, 입을 것을 아름답게 여기며, 생업에 편안해 하고 풍속을 즐겁게 여기는 것은 다 같은 인정(人情)이다" 한 데서도[34] 확인되듯이 유교적 덕목에만 치우치지 않고 민이 가진 생활인으로서의 '감각'을 수용한 현실적 인식이었다. 왕조 정부에서 환곡을 비롯한 각종 진휼정책을 시행하고, 흉년이 들면 조세를 탕감(蕩減)해주는 것도 민들에게 그들의 하늘인 먹을 것을 안정적으로 생산하고 확보할 수 있는 기반을 유지해주려는 것이었다. 그러한 제도의 시행은 지배층이 스스로 자신들이 내세운 인정을 실현하기 위해 노력하고 있음을 알리기 위해서도 필요한 것이었다.

조선왕조에서 강조한 인정의 구체적인 내용 가운데 특히 주목되는 것은 맹자가 가장 이상적인 토제제도로 제시한 '정전(井田)' 같은 토지분급 방안이다. 우선 조선왕조를 개창할 때 토지개혁을 주도한 조준은 토지제도의 개혁이 인정의 핵심임을 다음과 같이 설파하였다.

> 나라를 통치하는 자는 마땅히 토지의 경계를 바로잡는 것을 인정의 시작으로 삼아야 하거늘, 어찌 겸병의 문로를 열어서 백성을 도탄에 빠뜨린단 말입니까. 토지란 본디 사람을 기르는 것인데, 사람을 해치는 데 꼭 알맞게 되었으니, 사전의 폐단이 이에 이르러 극에 달했습니다.[35]

토지의 겸병과 그에 따른 불평등의 폐해를 없애는 것이 인정의 핵심이라는 것이다.[36] 조선후기의 실학자 이긍익 역시 『연려실기술(燃藜室記述)』

---

33) 『영조실록』, 영조 7년 1월 5일.

34) 『일성록』, 철종 8년 1857년 5월 10일.

35) 趙浚, 「論田制第二疏二疏: 大司憲時」, 『松堂先生文集』 卷3. 조준의 경세론에 대해서는 김준태, 「현대 정책이론의 관점에서 본 조준의 경세론 연구」, 『유교사상문화연구』 36. 2009 참조.

에서 똑같이 지적하고 있으며,[37] 정조 연간에도 정전법은 인정을 펼치는 데 가장 이상적인 방안으로 인식되고 있었다.[38] 헌종, 철종, 고종 시대에 걸쳐 4차례나 영의정을 역임한 정원용도 정전제야말로 국왕 된 자가 인정을 베푸는 출발이고, 백성들을 이롭게 하고 삶을 윤택하게 하는 근본임을 강조하였다.[39] 이러한 토지개혁론은 동학농민군이 구상하고 있던 토지의 '평균분작', 그 이후 활빈당 등이 제기한 균전적 토지개혁 요구 등과 연결되는 것이기도 하다.

한편, 조선왕조를 개창한 명분이 "폭정"을 대신하여 "인정"을 베풀기 위해서라는 데서도 알 수 있듯이 인정의 반대는 학정(虐政) 내지 폭정이었으며,[40] 침학지정(侵虐之政), 탐학(貪虐), 침폭(侵暴), 도탐학렴(饕貪虐斂) 등으로도 표현되었다. 대표적인 학정은 정해진 조세 이외의 수탈이나 강압에 의한 수탈, 곧 가렴주구(苛斂誅求)였다.[41] 또 반정을 통해 인조가 왕위에 오른 다음에는 광해군의 정사가 폭정으로 규정되었고,[42] 중종반정 이후에는

36) 고종연간에도 태조의 토지개혁 방안이 "정전을 나누어 주는 제도"였으나, "좋아하지 않는 사람이 많아 성의(聖意)를 밝히지 못하였고 그 논의는 결국 중지되고 말아, 식자들이 한스럽게 여기고 있다."고 기억되었다(『승정원일기』, 고종 11년 5월 9일).

37) 『燃藜室記述』 別集 卷之十一, 政敎典故, 田制.

38) 『정조실록』, 정조 2년 6월 4일, 정조 2년 윤 6월 23일. 다만 이때는 이미 정전법은 물론 한전법이나 명전법 등을 시행하는 데는 현실적인 어려움이 많기 때문에 양전을 통해 균설(均稅)할 것을 주장하였다.

39) "井田者。王者仁政之始。而利民厚生之本也." 鄭元容, 『經山集』 卷十三: 東萊鄭元容善之, 雜著, 策題 二.

40) 삼정문란이 심화하고 이에 대한 백성들의 불만이 고조되어 가던 시기인 철종 연간에도 인정을 외면한 탐관오리들의 학정이 민심 이반의 핵심 원인이라고 지적하였다(『승정원일기』, 철종 5년 1월 25일).

41) 예컨대 『인조실록』, 인조 7년 윤4월 20일. 인조 25년 4월 5일; 『정조실록』, 정조 6년 4월 15일; 『고종실록』, 고종 17년 11월 11일 등 참조.

42) 『인조실록』, 인조 12년 7월 14일, 인조 7년 윤 4월 20일.

연산군의 정사가 폭정으로 규정되었다.[43]

물론 조선왕조의 통치행위가 민본이념이나 인정 혹은 덕치에 의해서만 이루어진 것은 아니었다. 맹자도 법치보다 덕치를 중요하게 생각하면서도 '선'만으로는 다스릴 수 없다고 하였듯이,[44] 조선왕조에서도 통치행위는 덕치에 의해서만 이루어진 것은 아니었다. 덕치와 함께 법치가 병행되었다.[45] 또한 모든 백성들, 특히 평천민층이 지배 이념, 곧 민본과 인정 이념을 충분히 납득하거나 그것을 수용하고 동조한 것도 아니었고, 그것이 그들의 생활 속에 항상 관철되었던 것도 아니었다.

그러나 민본과 인정 이념은 왕조의 건국 때부터 치자층이 가장 전면에 표방한 이념이었고, 조선왕조의 존립 근거가 되는 지배이념이었던 만큼 단순한 수사(修辭)나 허위의식에 그칠 수 없었다. 민본과 인정은 점차 관리들이 정사(政事)를 이끌어 가는 기본 준칙이 되어갔고, 모든 정사는 인정 여부를 기준으로 옳고 그름이 판단되었다. 또 지배층이 내세운 민본과 인정 이념이 피지배층에게 수용되기 위해서는 그것이 제도화되어야 했다. 그를 통해 피지배층을 설득할 수 있을 정도로 그 내용을 채워나가야 했고, 지배층 스스로 실천해나가는 모습을 보여야 했다. 조선왕조의 관료들은 사서(四書)를 비롯한 유교적 소양에 대한 시험을 통해 지배이념을 충분히 습득한 자들로 충원되었다. 다양한 청송(聽訟) 제도와 소원(訴冤) 제도를 마련하여 억울함을 풀어주고자 한 것도 인정을 실현하고자 하는 노력의 하나였음은 물론이다. 또한 각종 법규와 제도에서 인정을 실현하려는 의지를 드러

---

43) 『중종실록』, 중종 12년 10월 6일.

44) 여기에 대해서는 심재우, 「동양의 법사상의 재조명」, 『동아법학』 23, 1997 참조.

45) 조선왕조의 법치와 덕치에 대한 연구로는 이석규, 「조선초기 응지상소에 나타난 제도론」, 『조선시대사학보』 39, 2006; 최진덕, 「주자학적 예치의 이념과 그 현실」, 김상준 외, 『유교의 예치이념과 조선』, 2007, 청계 참조.

냈다.

조선왕조의 기본법전인 『경국대전』에 실린 사례 몇 가지를 보면 다음과 같다. 형편이 어려운 환과고독(鰥寡孤獨)에게는 관청에서 옷과 음식을 지급하고, 가난한 사람들이 병들었을 때는 관청에서 의원과 약을 주어 치료할 수 있게 하였다.[46] 환과고독에 대한 '인정'은 이미 태조의 즉위교서에서도 강조된 바 있다.[47] 또한 인정은 최하층 신분이었던 노비에게까지 미쳤다. "입역(入役)하는 비(婢)가 임신하였을 경우에는 해산 전에 한 달, 해산 후에 50일 휴가를 주고, 그 남편에게도 해산 후에 15일의 말미를 준다."는 규정이 있다.[48] 출산에 따른 휴가를 임산부만이 아니라 남편에게 허용했다는 점, 그것도 최하층 신분인 노비에게까지 이러한 규정을 적용했다는 점은 현대의 관련 법규가 만들어지고 적용되는 과정에 비추어볼 때 놀랄만한 사실이다. 또한 이러한 법규정은 지배층이 내건 민본과 인정이념이 결코 단순한 정치적 수사에 그치는 것이 아니었음을 대변한다.

반면에 폭정을 저지른 자들은 엄혹하게 처벌하고자 했다. 우선 탐관오리의 아들에게는 과거 응시 자격을 박탈하였다.[49] 또 조세를 받아들일 때 아전이 토색질을 하거나, 공납 과정에서 부정행위를 할 경우 밀고를 허용하고, 밀고자에게는 부정을 행한 아전의 재산으로 상을 준다는 규정이 들어 있다.[50] 여기에 더해 백성들이 조세나 공물로 바치는 쌀이나 곡식을 중간에 가로 챈 자에 대해서는 설사 본인이 사망한 다음이라 하더라도 그의 아

46) 『經國大典』 禮典, 惠恤.

47) "환과 고독은 왕정(王政)으로서 먼저 할 바이니 마땅히 불쌍히 여겨 구휼해야 될 것이다. 소재 관사(所在官司)에서는 그 굶주리고 곤궁한 사람을 진휼(賑恤)하고 그 부역을 면제해 줄 것이다"(『태조실록』, 태조 1년 7월 28일).

48) 『經國大典』 刑典, 公賤.

49) 『經國大典』 禮典, 諸科.

50) 『經國大典』 戶典, 雜令.

내와 자식에게서 변제(辨濟) 받을 수 있다고 규정하였다.[51]

또한 국왕과 관리들은 인정이 가진 지배이념으로의 중요성과 막중한 의미를 끊임없이 스스로에게 재심문하였고,[52] 양반 사대부들도 인정이 정사의 핵심임을 거듭 확인하였다. 예컨대 17세기 초 이원익이 목천 현감으로 부임하는 조카에게 수령으로서 지켜야 할 일을 훈계하며 보낸 편지의[53] 핵심 내용은 인정과 공평무사한 일처리에 대한 당부였다. 이러한 규범과 실천윤리는 사족들의 일상생활 속에서도 강조되었다. 17세기 중반 윤선도가 남긴 가훈에는 하층민에 대한 "어진 행위"가 제1의 급무로 지적되어 있다. 또 가난한 노비에게는 신공을 감해줄 것, 노비의 의식을 넉넉히 해 줄 것, 윗사람의 도는 오직 너그러움이 바탕이 되어야 한다는 점 등[54] "인정"의 또 다른 표현이라고 할 수 있는 "덕의(德義)"가 가(家) 차원의 실천윤리 내지 규범으로서 강조되고 있음을 알 수 있다.

17세기 후반의 이유태 역시 "다른 사람의 위급한 사정을 불쌍히 여기지 않고 (부채를) 잘 갚을 사람만 골라 빌려주는 것은 궁핍한 사람을 구휼하여 도와주는 도리가 아니다."는 정훈을 남겼다. 이유태는 또 곡식이 쌀 때 사두었다가 비쌀 때 내다 팔아 그 이윤으로 일용에 보태거나 밭을 사도 좋다고 하면서도, 그 한도를 지킬 것과 여유가 있더라도 다른 사람에게 빌려주어 이자를 받는 일은 절대로 해서는 안 된다는 점을 강조하였다. 의(義)

51) 『經國大典』 戶典, 徵債.

52) 『세조실록』, 세조 4년 11월 5일; 『영조실록』, 영조 47년 11월 13일.

53) 李元翼, 「李相國梧里戒其甥李德沂書」. 정구복, 『고문서와 양반사회』, 일조각, 2002, 122~127쪽에 번역문이 실려 있다.

54) 위와 같음, 128~133쪽. 이러한 〈정훈〉은 널리 퍼져 있었고, 19세기 후반까지도 이어졌던 것으로 보인다. 영남 유생 배찬(裵瓚, 1825~1898)은 집안의 노복이나 고아들을 은의(恩誼)와 대의(大義)로서 대하고, 음식도 그들과 같은 것을 먹어야 한다는 〈정훈〉을 남겼다[『錦溪先生文集』(경인문화사 영인본), 1995, 375쪽].

에 해가 되기 때문이라는 것이다.[55] 이와 같이 인정에 입각한 일련의 정치적 행위나 가훈의 실천은 민본과 인정, 덕의와 관련된 규범과 가치를 재생산하고 내면화해 나갔으며, 그것이 하나의 정치문화로 형성되어 가는 과정에 다름 아니었다.

그러나 민본과 인정이라는 지배이념, 그리고 그에 입각한 정치문화가 순조롭게 정착되고 형성되어 간 것만은 아니었다. 예컨대 조선시대 관인층은 민본이념을 내세우고 그 요체인 민을 곧 천(天)으로 인식하고 중시하는 언술을 구사하면서도 실제로는 천리나 도리를 아는 자와 그렇지 못한 자로 구분하여 민에 대해서 유교적 도리와 사리를 모르고 자신의 욕망에 따라 행동하는, 따라서 도덕적으로 열등한 존재로 규정하였다. 이러한 규정은 관인층이 민을 지배할 수 있는 명분이 되었다.[56] 지배층에게까지도 지배이념의 내면화 정도가 취약하였던 조선전기의 경우 국왕이나 왕실부터 민인들을 단지 수탈의 대상으로 여겼으며, 백성들도 관리들이나 사족층을 "백성들의 부모"가 아니라 오히려 원수로 여겼다.[57]

그러나 지배층이 민본과 인정을 내세운 이상, 그에 대한 외면이나 방기

55) 李惟泰, 「政訓」, 이해준 편저, 1998, 『초려 이유태의 향약과 정훈』, 신서원, 257쪽, 299쪽. 이러한 덕의의 규범은 대한제국기에 발간된 한 잡지에 실린 〈치부격언(致富格言)〉과 매우 대조적이다. 모두 18개조로 된 〈치부격언〉 가운데는 "무익한 일에는 결코 돈주머니[財囊]의 구(口)를 열지 말라", "재화로 하여금 주머니 속[囊底]에서 부패케 말라(운용하야 이익을 生케함이 제일이다)"는 내용이 들어 있다. 이는 이익추구를 최고로 여기는 가치관을 보여주며, 조선 후기 사대부가의 가훈과는 전혀 다른 것이다. 「致富格言」, 『商學界』 2, 1908년 2월, 14쪽 참조. 동일한 내용이 「致富格言」(『서북학회월보』 9, 1909년 2월)에도 실려 있다.

56) 이석규, 「조선초기 관인층의 민에 대한 인식」, 『역사학보』 151, 1996 참조.

57) 李瀷, 『星湖僿說』 8, 人事門 生財. 국왕, 왕실, 관리, 사족에 의한 수탈상에 대해서는 김태영, 「한국 중세사에서의 국가체제와 농민」, 『인문학연구』 1, 경희대 인문학연구소, 1996 참조.

는 피지배층의 원망과 항의로부터 자유로울 수 없었으며, 때로는 국가의 존립을 위태롭게 하기도 하였다. 그것은 특히 국가가 위기에 처했을 때 잘 드러났고, 누구보다 지배층 스스로가 잘 알고 있었다. 예컨대 임진왜란 당시 국왕이 왕자와 후궁들을 미리 피난시키려 하자 사헌부와 사간원이 합계를 올려 다음과 같이 비판하며 철회할 것을 요구하였다.

> 임금은 배와 같고 백성은 물과 같으니 백성을 어루만져 주면 임금이고 학대하면 원수가 되는 법입니다. 오늘날 임금된 도리를 다하지 못하고 백성 구제할 계책을 생각하지 않으신다면 백성들의 원수가 되는 것이 또한 당연하지 않겠습니까.[58]

민본과 인정 이념을 저버릴 경우 국왕과 치자층은 결국 백성들의 원수가 될 뿐이라는 비판을 국왕에게 직접 올린 것이다. 실제로 임진왜란 당시 치자층의 행태에 대한 백성들의 극심한 불신과 불만은 급기야 의병을 소모하기 위해 함경도로 들어간 왕자 2명을 백성들이 체포하여 일본군에게 넘기는 '반란'으로 연결되기도 했다.[59] 백성들이 다른 사람도 아닌 왕자들을 원수로 받아들였음을 보여준다.[60] 당시 함경도 백성들에게 체포된 두 명의

58) 『선조실록』, 선조 30년 8월 14일.

59) 『선조실록』, 선조 25년 9월 4일, 9월 25일, 26년 3월 11일. 김만호, 「임진왜란기 일본군의 함경도 점령과 지역민의 동향」, 『역사학연구』 38, 2010; 신명호, 「임진왜란 중 선조 직계가족의 피난과 항전」, 『군사』 81, 2011 참조.

60) 이 사건에 일어난 지 몇 년 후 사관(史官)은 다음과 같은 논평을 남겼다. "임진년의 변란 때에 시민(市民)으로서 창을 거꾸로 들이댄 자까지 있었고, 임진년 이후에는 반역하는 백성이 잇따라 일어났으니, 그 까닭이 무엇인가? 왕자와 제궁(諸宮)들이 민전(民田)을 빼앗아 차지하는 등 못하는 짓이 없으므로 소민이 생업을 잃고 불평하여 배반하기 때문이다. 이 때문에 광해군·순화군이 북지(北地)의 백성들에게 묶여서 적에게 보내졌으니, 극도로 사무친 원망이 아니면 어찌 이렇게 하였겠는가. 이

왕자 가운데 특히 임해군에 대해서는 백성들의 땅을 빼앗았다는 등 소문이 매우 좋지 않았다.[61]

민본과 인정 이념, 그리고 이를 토대로 형성되어 간 정치문화는 이 같이 국가가 위기에 빠졌을 때 더욱 중요하게 받아들여지고 거론되었다. 민중이 민본과 인정 이념의 회복을 주장하면서 민중운동을 일으켰음은 물론이지만, 지배층에서도 마찬가지였다. 1862년 농민항쟁이 발발하기 5년 전 당시의 우의정 조두순은 국왕에게 탐묵한 관리들을 징치할 것을 주청하면서 인정을 배반한 탐묵이 "마침내 민과 국을 둘로 나누어 서로 돕지 못하게 되면", 나라에 화가 되어 요원의 불길처럼 하늘을 뒤덮을 것임을 경고했다.[62] 여기서 지배층도 탐묵이 없는 정사, 곧 인정이 민과 국이 일체가 되고 민이 나라를 자신의 나라로 받아들이는 조건인 것으로 이해하고 있었음을 알 수 있다.[63] 이것은 또한 인정이 베풀어지는 한 피지배층도 지배를 거부하지 않을 것이라는 이해와 닿아 있는 것이기도 했다.

따라서 삼정의 문란을 비롯하여 통치체제가 극심하게 문란해짐에 따라

것을 징계하지 않으므로 난리가 겨우 진정되자 침탈이 그치지 않고, 침탈할 뿐만 아니라 사람을 초개처럼 죽이기도 하였다. 임해군·정원군·순화군의 궁이 나라 안에 함정을 만들어 백성이 이 나라가 어느 때에나 망할까 하는 원망을 갖게 하였으면서도 한번이라도 감히 말하는 자가 있으면 이토록 엄하게 꾸짖을 뿐, 자식을 의로운 방도로 사랑하는 교훈을 따른 적이 없었다. 이는 여러 왕자를 놓아 반적(叛賊)을 위하여 백성을 몰아주는 것이니, 참으로 통곡하고 눈물을 흘리며 길게 탄식할 일이라 하겠다"(『선조실록』, 선조 36년 8월 6일).

61) 『선조실록』, 선조 25년 10월 19일.

62) 『일성록』, 철종 8년 5월 10일.

63) 1894년 동학농민전쟁 직전 영의정 심순택(沈舜澤)이 난민들이 소란을 일으키는 것은 모두 관리와 백성이 서로 믿지 못하는 결과이며, 만일 탐오하는 관리를 엄하게 징계하지 않는다면 앞으로도 고을마다 소란이 그칠 날이 없을 것이라고 경고한 것도 마찬가지 맥락에서 이해된다(『고종실록』, 고종 31년 2월 30일).

이전 시기에 볼 수 없던 민중의 저항이 빈번하게 일어나는 19세기에 들어서도 핵심적인 통치이념·정치이념인 민본과 인정이 가진 의미는 중요하게 인식되었고, 그 의미가 거듭 표방되었다. 예컨대 "민생의 휴척(休戚)은 오로지 수령이 좋고 나쁜 것에 달려 있고,[64] 백성들의 휴척에 나라의 안위가 달려 있다는 인식,[65] 곧 백성의 휴척과 국가의 안위를 연결하여 바라보는 시각은[66] 19세기에 들어와서도 변함없이 강조되었다. 또 "탐관오리는 곧 백성과 나라의 원수입니다. 백성들을 죽게 만드는 자가 탐관오리이고 국가를 망하게 하는 자가 탐관오리입니다."라든가,[67] 송옥(訟獄)은 민생의 휴척이 매인 것으로 공평하게 행해지지 아니하면 아래에서 그 수족을 쓸 수가 없고 그 성명(性命)도 보전하지 못한다는 점 등이[68] 관리나 지식인들에 의해 꾸준히 지적되었다. 이는 19세기에 들어서도 그 이전과 마찬가지로, 혹은 불안정한 사회 정체에 따라 더욱 절실하게 '민유방본(民惟邦本)'과 인정이념이 강조되었음을 보여준다.

---

64) 『비변사등록』, 순조 11년 4월 13일, 34년 12월 18일, 헌종 9년 5월 11일, 철종 2년 3월 4일, 고종 7년 2월 16일, 고종 22년 11월 26일 등 참조.

65) 『비변사등록』, 철종 13년 1월 20일.

66) 『비변사등록』, 순조 24년 10월 27일.

67) 『비변사등록』, 순조 11년 10월 6일.

68) 『비변사등록』, 순조 34년 10월 21일.

제2장

조선시대 직소제도와 정치문화

1. 신문고 및 격쟁과 정치문화

(1) 신문고

"민본" 이념에 입각한 "인정"의 구현을 통치이념으로 제시한 조선 왕조는 초기부터 "인정"을 실현하기 위한 각종 제도를 마련하였다. 앞서 언급했듯이 『경국대전』에는 환과고독 같은 사회적 약자는 물론 최하층 신분인 노비들에게까지 인정이 미칠 수 있도록 다양한 법과 제도들이 반영되어 있었다. 그 가운데 대표적인 것이 신문고를 비롯하여 격쟁(擊錚)과 상언(上言) 등 소원(訴冤)제도였다. 여기에는 민인들 간에 발생하는 분쟁이나 원억(冤抑)에 대한 원활한 처리가 국역을 담당하는 백성들에게 체제의 정당성을 설득하고, 체제를 지탱하는 데 필요한 사회적 통합이나 질서유지를 위해 불가결하다는 인식이 전제되어 있었다.

대표적 소원제도인 '신문고(申聞鼓)'는 1401년(태종 1) 7월 안성(安城) 학장(學長) 윤조(尹慥)와 전 좌랑(前佐郎) 박전(朴甸)의 상소를 받아들여 설치되었다.[1] 신문고는 '하정(下情) 상달',[2] 곧 "서울과 외방의 고할 데 없는 백성이 원억(冤抑)한 일을 소재지의 관사(官司)에 고하여도, 소재지의 관사에서 이를 다스려 주지 않는 자"들의 억울함을 국왕에게 직접 호소할 수 있도록 대궐에 달아 놓았던 북을 말한다.[3] 처음에는 '등문고(登聞鼓)'로 명명

1) 『태종실록』, 태종 1년 7월 18일.

2) 『태종실록』, 태종 1년 7월 18일; 태종 4년 9월 19일. 혹은 '민정(民情) 상달'로 표현되기도 했다(『성종실록』, 성종 9년 3월 7일).

3) 『태종실록』, 태종 1년 8월 1일. 신문고를 두드리기 위해 조복(朝服)을 빌려 입고 들

하였으나,[4] 같은 해에 신문고(申聞鼓)로, 또 1434년(세종 16)에 승문고(升聞鼓)로, 1436년(세종 18)에는 다시 신문고로 개칭되었다.[5] 1419년(세종 1) 대소군사(大小軍士)들의 억울한 실정을 풀어주기 위해 상왕인 태종이 기거하던 수강궁(壽康宮, 성종 14년 창경궁으로 개칭)에도 '승문고'가 걸렸다.[6]

물론 '신문고'라는 소원제도가 제도화되기 이전에도 국왕에게 억울함이나 불만 등을 직접 호소하려는 사람들이 존재했다. 이 때 사용된 대표적인

어가야 했다는 등의 사례들을 볼 때 신문고는 일단 대궐문을 들어간 다음 문루로 올라가야 격고(擊鼓)할 수 있었을 것으로 보이지만, 『경국대전』에는 신문고가 신문고는 의금부 당직청(當直廳)에 설치되어 있다고 하였다(『經國大典』, 刑典, 訴冤, "鼓在義禁府當直廳"). 그러나 신문고가 대궐 안에 설치되어 있기 때문에 사람들이 난입할 수 없어 거둥하는 길에 격쟁하는 경우가 외람되게도 많다며, 대궐 밖에다 설치하자는 주장(『비변사등록』, 정조 6년 6월 5일; 『승정원일기』, 순조 10년 4월 15일), "북이 대궐 안에 있어서 闇禁이 엄했다"는 정약용의 말(『經世遺表』 2卷, 秋官刑曹, 刑官之屬), "신문고를 궐내에 특별히 설치했다"(『일성록』, 정조 5년 12월 15일) 등의 기록을 미루어 볼 때도 신문고는 대궐 안에 있었음을 알 수 있다.

4) 순조는 태종이 신문고를 설치한 것은 백성의 마음이 위로 통할 수 있게 하여 융성한 다스림을 이루기 위해서 인 것으로 기억하였다(『승정원일기』, 순조 18년 9월 13일).

5) 1401년에 시작된 신문고는 등문고(登聞鼓)라고 했으나(『태종실록』, 태종 1년 7월 18일) 곧바로 신문고로 개칭하였다(『태종실록』, 태종 1년 8월 1일). 세종 16년에는 다시 신문고를 승문고(升聞鼓)로 개칭하였다(『세종실록』 세종 16년 1월 24일). 이 때 개칭한 이유에 대해 "'신(申)'자는 신하들끼리 서로 상대방을 높여서 쓰는 말이며, 군상(君上)에게 계달(啓達)하는 데 쓰는 말이 아니기 때문에, 앞서 이 '신'자로 쓰던 것을 모두 개칭하고 유독 이 신문고만을 아직 고치지 않고 있었는데, 이제 드디어 개칭한 것이었다."라고 하였다. 세종 1년에도 이미 '승문고'라는 명칭이 실록에 등장하기도 했고(『세종실록』, 세종 1년 9월 23), 승문고로 개칭한 2년 뒤에는 다시 신문고라는 명칭이 등장하였으며(『세종실록』, 세종 18년 4월 7일), 숙종과 영조 연간에는 등문고라는 명칭이 사용되기도 했다(『숙종실록』, 숙종 42년 5월 16일; 『영조실록』, 영조 17년 3월 1일). 3개의 명칭이 혼용되었지만, 특히 등문고와 신문고라는 명칭이 많이 사용되었던 것으로 보인다.

6) 『세종실록』, 세종 1년 9월 23일.

수단은 국왕 행차 시에 가전(駕前)에서 직소(直訴)하는 행위였다. 국왕 행차 시에 직소하는 행위는 왕조 건국 직후인 1393년(태조 2)부터 보인다.[7] 신문고를 설치한 후에도 가전 직소가 이어졌다.[8] 가전 직소는 대체로 글을 올리는[上書] 방식이었던 것으로 보이며,[9] 직소를 행하는 계층도 양반층이 많았을 것으로 보인다. 사헌부의 금지 요청이 있었지만, 국왕은 받아들이지 않았던 것으로 보인다. 예를 들면 8년 뒤인 1414년(태종 14)에는 특히 노비 변정 문제와 관련된 사안이 많았기 때문으로 보이지만, 단 한 차례의 짧은 거둥에도 가전 직소 건수가 수십 건에 달하기도 했다.

> 임금이 인덕궁(仁德宮)에 가서 주연과 격구(擊毬)를 즐기고 환궁할 때 가전(駕前)에서 신정(申呈)한 것이 60여 건이나 되었으며, 모두 변정(辨正)하여 이미 판결한 사건이었다.[10]

---

7) 최이돈, 「조선초기 수령 고소 관행의 형성과정」, 『한국사연구』 82, 1993, 69쪽. 양민임을 호소하는 사람 50여 명이 어가(御駕) 앞에서 호소하였으나, 태조는 순군옥(巡軍獄)에 명하여 장소를 어긴 죄[越所之罪]를 국문(鞫問)하고, 괴수 3인에게 곤장을 치게 하였다(『태조실록』, 태조 2년 1월 15일). '杖魁三人'을 "괴수 3인에게 곤장을 치게 하였다"라고 번역되어 있으나, 조윤선의 연구에 따르면, '곤장'이 아니라 '장'으로 번역하는 게 타당하다. 임진왜란 이전에는 곤장이 없었고, 임진왜란 때 중국의 곤을 경험하고 무구(武具)로 쓰다가 형구(刑具)로 발전하게 된 것은 인조대 이후이다(조윤선, 「정조대 《御定欽恤典則》 분석-棍制節目을 중심으로」, 『한국사학보』 99, 2025 참조).

8) "근자에 대소 신민이 무릇 억울함을 송사할 일이 있으면, 행행(行幸)하는 날을 엿보아 문득 가전(駕前)에서 직접 글을 올리니, 이미 격고(擊鼓)의 법에도 어긋나고 진퇴가 격식에 맞지 아니하며, 간혹 어마(御馬)까지 놀라게 합니다. 이제부터 억울함을 송사할 자가 있으면 법에 따라 격고하게 하고, 가전에서 난잡하게 직정(直呈)하는 자는 판지(判旨)를 좇지 않은 것으로 논죄하소서"(『태종실록』, 태종 6년 12월 20일).

9) 가전에서 '상서(上書)'한 사실은 그 이전에도 보인다(『태종실록』, 태종 4년 8월 11일).

10) 『태종실록』, 태종 14년 11월 12일.

태종이 가전 신정(駕前申呈)을 일체 금지한 것은 신문고를 설치하고 13년 뒤인 1414년(태종 14)이었다.[11] 금지 지시에도 불구하고 가전 직소는 없어지지 않았으며,[12] 세조 연간에도 금지 명령이 이어졌다.[13]

한편 신문고가 처음 설치되었을 때는 격고(擊鼓)할 수 있는 사안이나 등에 대한 엄격한 제한이 없었던 것으로 보인다. 1402년(태종 2년)에 내린 신문고 설치에 따른 교서는 다음과 같다.

> 내 부덕한 사람으로 대통[丕緖]을 이어받았으니, 밤낮으로 두려워하면서 태평에 이르기를 기약하여 쉴 겨를도 없었다. 그러나 이목(耳目)이 샅샅이 미치지 못하여 옹폐(壅蔽)의 환(患)에 이르지 않을까 두려워하여 이제 옛법을 상고하여 신문고를 설치한다. 온갖 정치의 득실과 민생(民生)의 휴척(休戚)을 아뢰고자 하는 자는, 의정부에 글을 올려도 위에 아뢰지 않는 경우, 즉시 와서 북을 쳐라. 말이 쓸 만하면 바로 채택하여 받아들이고, 비록 말이 맞지 않는다 하더라도 또한 용서하여 주리라. 대체로 억울함을 펴지 못하여 호소하고자 하는 사람으로, 서울 안에서는 주무 관청에, 외방에서는 수령·감사에게 글을 올리되, 따져서 다스리지 아니하면 사헌부에 올리고, 사헌부에서도 따져 다스리지 아니한다면, 바로 와서 북을 치라. 원통하고 억울함이 명확하게 밝혀질 것이다. 상항(上項)의 관사(官司)에서 따져 다스리지 아니한 자는 율(律)에 따라 죄를 줄 것이요, 월소(越訴)한 자도 또한 율에 따라 논죄할 것이다. 혹시 반역을 은밀히 도모하여 나라[社稷]를 위태롭게 하거나, 종친(宗親)과 훈구(勳舊)를 모해(謀害)하여 화란(禍亂)의 계제(階梯)를 만드는 자가 있다면 여러 사람이 직접 와서 북치는 것을 허용한다. 말한 바가 사실이면 토지 2백 결과 노비 20명을 상으로 주고 유직자는 3등을 뛰어 올려 녹용(錄用)하고, 무직자는 곧 6품직에 임명

11) 『태종실록』, 태종 14년 12월 14일.

12) 『태종실록』, 태종 17년 7월 1일; 『문종실록』, 문종 1년 9월 8일, 문종 2년 2월 17일 등 참조.

13) 『세조실록』, 세조 1년 8월 7일.

할 것이며, 공사 천구(公私 賤口)도 양민이 되게 하는 동시에 곧 7품직에 임명하고, 따라서 범인의 집과 재물과 종과 우마(牛馬)를 주되 다소를 관계하지 않을 것이며, 무고(誣告)한 자가 있다면 반좌(反坐)의 율로써 죄줄 것이다. 아! 아랫사람의 정(情)을 상달(上達)케 하고자 함에 금조(禁條)를 마련한 것은 범죄가 없기를 기약함이니, 오직 중외(中外)의 대소 신료와 군민(軍民)들은 더욱 조심하여 함께 태평한 즐거움을 누리게 하라."[14)]

여기에는 개인 및 집단이 격고할 수 있는 사안과 절차, 격고의 내용이 진위에 따른 상벌 등이 제시되어 있다. 주목되는 점은 자기 원억뿐만 아니라, 정치의 득실(得失)과 민생(民生)의 휴척(休戚), 곧 정책과 관련된 사안에 대해서도 격고를 허용했다는 점이다. 또 "반역을 도모하여 나라를 위태롭게 하거나, 종친과 훈구를 모해하여 화란의 계제를 만드는 자"에 대해서는 집단적 격고를 허용했다. 정치의 득실내지 정책에 대한 사안으로 격고한 사례는 거의 안 보이지만, 집단적 격고는 적지 않았던 것으로 보인다. 신동훈의 연구에 따르면 태종 때부터 승려, 군영의 색장(色掌), 사직(司直), 갑사(甲士) 등이 많게는 수백명이 모여 집단으로 신문고를 치고 원억을 호소하기도 했다.[15)] 그 사안도 태종의 교서에 제시된 종사에 대한 위협이나 종친·훈구에 대한 모해와는 전혀 관계가 없는 것들이었다. 교서에 제시된 사안의 범위를 넘어서는 다양한 집단적 원억에 대한 격고가 사실상 열려 있었음을 보여준다.

이러한 기조는 적어도 태종 연간에는 지속되었던 것으로 보인다. 신문고를 설치한 태종은 1415년(태종 15) 신문고를 두드리는 사안이 노비변정(奴婢辨定) 문제에 편중되어 있음을[16)] 지적하면서 다음과 같이 하교하였다.

14) 『태종실록』, 태종 2년 1월 26일.

15) 신동훈, 「조선 전기 訴冤제도의 변화 -물리적 북치기에서 문서 행정 체계로-」, 『백산학보』 126, 2023, 156~157쪽.

> 근년에 격고(擊鼓)하고 신정(申呈)하는 것이 모두 다 노비에 대한 일이고, 그밖에 불법적으로 죄를 받은 것[非法受罪], 강포(强暴)로써 침핍(侵逼) 받은 것[强暴侵逼], 원통하고 억울한 것을 펴지 못한 것[冤抑未伸] 등의 일은 아울러 신정하지 않으니, 법을 세운 뜻에 어그러짐이 있어 화기(和氣)를 상하게 된다. 중외(中外) 대소 인민이 만일 원통하고 억울함을 펴지 못하는 등의 일이 있거든 한결같이 육전(六典)에 의하여 시행하라.17)

격고할 수 있는 사안이 '불법적으로 죄를 받은 것, 강포로써 침핍 받은 것, 원통하고 억울한 것을 펴지 못한 것' 등 사실상 매우 광범위하게 열려 있었고, 수령으로부터 받은 원억을 배제시킨다거나 반드시 자기 문제에 국한된다는 규정도 없었던 것으로 보인다.

이에 따라 토호나 품관들에 의한 수령 고소는 물론 하층민에 의한 수령 고소도 점차 많아졌다. 자기 원억이 아닌 수령의 부정과 불법에 대한 고소, 나아가 수령을 음해하는 고소들까지 빈발하자 조정에서는 특히 수령에 대한 고소 허용여부와 고소된 수령에 대한 처벌 여부 등을 둘러싼 다양한 논의들이 이어졌다.

그 결과 일단 1420년(세종 2)에는 〈부민고소금지법(部民告訴禁止法)〉이 만들어지면서 논의의 가닥이 잡혀갔다. 그 내용은 관아 소속의 서기나 이서배(吏胥輩), 그리고 지역의 품관·향리·백성 등이 관찰사나 수령을 고발할 경우 종사(宗社)의 안위나 비법적 살인[非法殺人]에 관계된 사안이 아니면 받아들여지지 않고 오히려 장 100대에 3년 유배의 처벌을 받도록 한 것이었다.

---

16) 최이돈은 양천변정(良賤辨正)에 따른 원억을 해결하려는 것이 신문고 설치의 가장 중요한 목적이었다고 이해하였다(최이돈, 앞의 글, 71~72쪽).

17) 『태종실록』, 태종 15년 7월 8일.

> 속관[府史]이나 아전의 무리[胥徒]로서 그 관리를 고발하거나, 품관(品官)·향리·백성으로서 그 고을의 수령과 감사를 고발하는 자가 있으면, 그것이 사실이라 하더라도 종사(宗社)의 안위나 비법으로 살인[非法殺人]에 관계된 것이 아니라면, 위에 있는 사람을 논할 것도 없고, 만약에 사실이 아니라면, 아래에 있는 자의 받는 죄는 보통 사람의 죄보다 더 중하게 하여야 할 것.[18)]

이후 거듭된 논의 과정을 거쳤지만, 쉽사리 결론이 나지 않았다. 세종 때 국왕과 신료들 사이에 이루어진 논의 과정은 부민 고소를 둘러싼 쟁점이나 찬반 측의 입장이 잘 드러나 있다. 예컨대 공조판서 정초(鄭招)가 "부모를 욕보이거나, 직첩(職牒)을 뺏거나, 함부로 요역에 보내거나, 백성들의 토지를 침해 강탈하는 등의 일"에 대해서는 부민(部民)들의 수령 고소가 가능하다는 의견을 펼쳤다. 그러나 세종은 백성과 수령 간에는 비록 대소(大小)의 분별이 있지만, 군신간의 의리가 있다는 점을 거론하면서 '임금이 비록 그의 부모를 죄 없이 억울하게 죽였더라도 신하로서 그 원한을 속에 품을 수 없다.'는 고사를 빌려 반대하였다. 이에 따라 세종은 부민들의 수령고소가 가능한 사안을 토지나 노비와 관련된 잘못된 판결로 국한하였다.[19)]

이후 1433년(세종 15)에는 종사의 안위나 불법적 살인 이외에도 자기 원억에 대한 수령 고소를 허용하였다. 다만 여기에는 고소된 수령을 처벌하지 않는다는 조건이 전제되었다.[20)] 자기의 원억에 대해 수령을 고소할 수

18) 『세종실록』, 세종 2년 9월 13일. 1413년(태종 13) 편찬된 『속육전(續六典)』에는 "불궤(不軌)를 음모하여 사직을 위태롭게 하려는 자가 있으면 사람들로 하여금 직접 와서 격고(擊鼓) 하도록 허락하고, 그 말이 사실이면 전(田) 1백 결, 노비 10구(口)를 상으로 주고 벼슬이 있는 자는 3등을 뛰어 올려 錄用)하도록 하였다(『태종실록』, 태종 13년 2월 30일).

19) 『세종실록』, 세종 13년 3월 12일.

20) 『세종실록』, 세종 15년 10월 24일.

있도록 허용하는 규정은 『경국대전』에도 실렸다. 또 『경국대전』에서는 격고할 수 있는 절차에 대해서는 원통하고 억울한 일을 호소하려는 사람은 먼저 서울에서는 주장관(主掌官)에게, 지방에서는 수령·관찰사에게 올려서 호소하여야 했다. 그렇게 한 뒤에도 억울한 일이 해소되지 않으면 사헌부에 고하고, 사헌부에서도 해결되지 않았을 경우에만 신문고를 두드릴 수 있도록 하였다.21)

이는 앞서 언급한 『경제육전』에 실린 태종 때의 규정을 사실상 그대로 수용한 것이다. 그러나 이러한 절차는 잘 지켜지지 않았던 것으로 보인다. 다음은 1474년(성종 5) 대사헌 등이 주청한 신문고의 규정과 관련된 말들이다.

> 등문고를 설치한 까닭은 억울한 일을 申聞할 수 있게 하려는 것인데, 근래 陳訴하는 자는 꺼리는 것이 없어서 위에 저촉되는 말을 내기까지 하니, 죄주지 않을 수 없습니다. (중략) 전에는 상언하는 자가 반드시 해사(該司)로 부터 퇴장(退狀) 을 받고 나서야 본부(本府)에 정고(呈告) 하였는데, 지금은 청리(聽理)하는 사람이 곧바로 본부에 정고하여 예(例)대로 모두 인퇴(印退)하므로, 이 때문에 상언하는 자가 외람되게 많아졌습니다. (중략) 전에 제도(帝都)에 있을 때에 보니, 천자(天子)가 시조(視朝) 할 때에 아뢰는 일이 매우 간편하여 옥체(玉體)를 피로하게 하지 않았습니다. 청컨대 외람함을 무릅쓰고 상언하는 자를 금하여 성청(聖聽)을 번거롭게 하지 말게 하소서.22)

21) "訴冤抑者, 京, 則呈主掌官, 外, 則呈觀察使. 猶有冤抑, 告司憲府, 又有冤抑, 則擊申聞鼓。鼓在義禁府當直廳. 凡上言, 當直員考司憲府退狀受啓. 義禁府·司憲府所理, 不考退狀. 凡上言, 啓下五日內回啓. 如或過限, 具不卽回啓辭緣以啓, 關係宗社及非法殺人外, 吏典·僕隷告其官員者, 品官·吏民告其觀察使·守令者, 竝勿受, 杖一百徒三年.品官·吏民, 則黜鄕. 陰嗾他人發狀者, 罪亦如之. 其自己訴冤者, 竝聽理 誣告者, 杖一百流三千里. 品官·吏民, 則亦黜鄕."(『經國大典』, 刑典, 訴冤)

등문고 제도와 관련된 절차를 무시하고 규정 이외의 사안으로 격고하는 자들이 많아졌다는 점을 지적한 것이다. 또 하나 『경국대전』의 규정 가운데 흥미로운 점은 접수되어 국왕에게 보고한 뒤 국왕이 처리할 것을 허준한 상언에 대해서는 5일 이내에 국왕에게 그 결과를 회계(回啓)하도록 하였으며, 만약 5일 이내에 회계하지 못할 경우 그 이유를 자세히 적어 보고하여야 했다는 점이다. 백성들의 원억에 대한 신속한 해소를 추구한 것으로 역시 민본과 인정 이념의 표현으로 볼 수 있을 것이다. 또한 신문고를 통한 원억의 직소가 사실상 국왕이나 관료들에게 즉각적인 응답을 요구하는 '정치적' 행위였음을 시사한다.

한편 1433년(세종 15)에 자기 원억에 대한 수령 고소가 허용되었으나, 사실상 잘못된 재판에 대한 재심청구권에 지나지 않았다. 그것은 앞서 언급했듯이 1431년부터 세종이 가지고 있던 인식의 표현이었다. 이는 신문고가 처음 만들어진 태종 때에 비해 격고할 수 있는 사안 면에서 많이 까다롭고 좁아졌음을 의미한다. 앞서 살펴보았듯이 1415년(태종 15)에 태종은 격고할 수 있는 사안을 양천변정(良賤辨定)과 '불법적으로 죄를 받은 것, 강포로써 침핍 받은 것, 원통하고 억울한 것을 펴지 못한 것' 등으로 매우 광범위하게 열어두고 있었다. 세종은 어떤 국왕보다 더 민본과 인정을 펼치기 위해 노력한 국왕이었지만, 부민고소와 관련하여서는 민본이나 인정이념의 실현보다 군신이나 관민 간의 위계질서를 더욱 강조하고 있음을 볼 수 있다.[23)]

그러나 수령의 부정부패 문제는 재판의 오결이나 개인 차원의 문제에

22) 『성종실록』, 성종 5년 7월 29일.

23) 이는 한편으로는 국왕이나 신료들이 아직 인정과 민본에 대한 깊이 있는 이해와 실천의지가 상대적으로 충실히 못했기 때문이라고 생각하지만, 다른 한편으로 지방통치체제의 안정적 수립이라는 면 등과 관련한 고민의 반영이라고 생각한다.

그치는 것이 아니었다. 특히 부세문제와 관련된 수령의 부정불법 행위는 대부분의 지역 주민들의 생활과 생존에 직접적인 영향을 미치는 문제였다. 따라서 인정의 주체인 국왕이나 관료들 입장에서도 수령에 대한 고소 금지를 간단히 받아들이기 어려웠고, 반대로 수령에 대한 고소가 남용되거나 수령을 음해하는 수단으로 악용될 수 있다는 점에서 곤혹스러운 문제였다. 1437년(세종 19) 사헌부의 상소는 그러한 사정을 잘 보여준다.

> 백성이 수령을 고소하는 일을 금하는 법은 『(경제)육전』에 실려 있으니, (중략) 그러나 민심의 억울함과 수령의 탐혹(貪酷)함이 이로 말미암아 더하였다고 아니할 수도 없으니, 풍속의 아름다움을 구하려고 하였으되, 도리어 백성에게 폐단을 이루게 되어 진실로 전에 이르는 말과 같을 것입니다.(중략) 이로 말미암아 부역이 고르지 못하고 형벌이 공평하지 못하며, 만일 백성이 고통을 견디지 못하여 억지로 고소하고자 하면 매질하고 곤장을 쳐서 묶어 가두고는 말하기를, '나를 고소하기를 즐기느냐.'고 하니, 그 법을 믿고 마음대로 하기를 이와 같이하니, 어찌 그 법이 옳겠나이까. 대저 인심이 예전과 같지는 않기 때문이지만, 백성이 고소하는 것을 허락하고자 하면 풍속이 날마다 박하여 수령이 그 벼슬에 편하지 못할 것이고, 백성의 고소를 금하고자 하면 수령이 두려워하고 꺼리는 마음이 없어서 탐혹을 방자히 행할 것이오니, 신 등은 항상 이를 생각하고 되풀이하여 이를 헤아리옵니다.[24)]

이러한 문제를 둘러싸고 국왕과 신료들 간에는 논의가 거듭되었지만, 만족할만한 해답을 찾지는 못한 가운데 격고(擊鼓)하는 사람들이 이어졌다. 뿐만 아니라 법을 어기면서 신문고를 두드리는 사람들도 끊이지 않자 국왕에 따라 제한 규정을 한층 명확히 하기도 했고,[25)] 때로는 그 반대의 의견

24) 『세종실록』, 세종 19년 6월 1일.

25) 세종도 함부로 격고하는 일을 금지하지 말라고 하였지만, 이듬해에 "지금부터 두

도 제시되었지만, 자신과 관계된 원억 이외의 사안으로 수령을 고소하는 것은 여전히 금지되었다.

이에 따라 수령에 대한 무장 습격까지 등장하는 등 민인들의 저항이 다양한 방법으로 전개되었고, 민의 고소에 대응하는 수령들의 대응도 매우 심각해졌다. 이후 세종과 세조를 거치며 수령 고소를 둘러싼 논란이 지속되었다.[26] 세조는 1468년(세조 14) 관리의 불법과 수령의 탐오(貪汚)와 학민(虐民)에 대한 부민들의 고소를 허용하였다.[27] 이에 따라 의영고(義盈庫)·장원서(掌苑署) 관리들이 모두 고소를 당하였고, 조사 결과 고소 사실이 증명되자 세조는 불법한 관리를 죄주고 고발한 자에게 상을 주었다. 그러나 이것이 계기가 되어 고소하는 것이 봉기(蜂起)하여 여러 관사의 노복(奴僕)이 한 가지라도 뜻에 맞지 않음이 있으면, 문득 허위를 꾸며 만들어서 관리를 모함하였지만 조사해보면 사실이 아닌 것이 많자 국왕이 이를 증지시키기도 했다.[28]

예종 연간인 1469년(예종 1년)에 다시 『경국대전』의 부민고소금지 규정이 강조되어 "종사에 관계되는 일과 비법살인(非法殺人), 자기의 원통한 일"에 대해서만 수령 고소를 허용하였다.[29] 이런 과정을 거쳐 여전히 제도

번씩이나 함부로 고소하고 격고하는 자는 1등을 감하여 죄를 다스리게 하라"고 지시하기도 했다(『세종실록』, 세종 13년 10월 28일).

26) 세종에서 성종 대에 걸쳐 부민에 의한 수령 고소를 둘러싸고 전개된 논의의 전말에 대해서는 최이돈, 앞의 글 참조.

27) 『세조실록』, 세조 14년 6월 18일.

28) 『세조실록』, 세조 14년 5월 16일.

29) 『예종실록』, 예종 1년 2월 5일. 그러나 같은 해 양성지는 자기 원억(冤抑)과 탐포(貪暴)하고 불법한 일 이외에는 수령 고소를 받아들이지 말라는 상소를 올렸다. 당시 이미 수령의 탐포(貪暴)와 불법에 대해서는 고소를 허용하고 있었던 것으로 이해된다(『예종실록』, 예종 1년 6월 29일). 수령 고소를 둘러싼 득실 문제는 여전히 논란 속에 있었음을 보여준다.

화된 것은 아니었지만, 성종 초반에는 자기 원억뿐만 아니라 향촌의 문제에 집단적으로 대응하는 일이 사실상 받아들여지기도 하였다. 예컨대 성종대에 부민들의 고소가 많아서 수령들이 정사를 수행하지 못할 지경에 이르렀던 것도 그러한 사정을 시사한다. 그것은 1473년(성종 4)에 성종이 사헌부에 내린 다음과 같은 전지(傳旨)를 통해 확인할 수 있다.

> 수령이 법을 범하면 마땅히 죄를 주어야 하는데, 그 부민(部民)들이 수령의 과실을 몰래 알고는 공갈하고 협박하여 손을 쓸 수 없도록 함으로써 관리들이 감히 수하(誰何) 할 수 없게 되며, 부렴(賦斂)과 요역을 모두 부과하지 못할 뿐만 아니라 마침내는 도리어 회뢰(賄賂)하는 자까지 있는데, 제읍(諸邑)에 모두 이러한 자들이 있을 것이니, 제도의 관찰사로 하여금 모두 다 쇄출(刷出)하여 전가(全家)를 멀리 보내고 앞으로는 부민 가운데 수령을 고소하는 자는 다만 그 자신의 원억(冤抑)한 사실을 묻고 나머지는 모두 묻지 말게 하라.[30]

백성들의 수령고소가 자기 원억에 국한되지 않고 부세나 요역 등 고을 차원의 집단적 문제로까지 확장되어가며 빈번해지자 조정에서 수령 고소의 조건이 자기 원억에 국한된다는 점을 다시 한번 확인해 주는 국왕의 전지이다. 또한 '자신 원억'의 내용은 1420년(세종 2년)의 부민고소금지법이나 『경국대전』의 규정에 비해서는 확대되었지만, 1415년(태종 15)보다는 범위가 좁혀지고 구체화되었던 것으로 보인다. 1493년(성종 24) 성종은 승정원에 절실하지 않은 일로 신문고를 두드리는 자들이 많다며 신문고를 폐지하는 것이 어떤가는 의견을 물은 다음, 상언(上言)과 관련하여 다음과 같이 질문하였다.

---

30) 『성종실록』, 성종 4년 8월 1일.

> 무릇 상언하는 자가 지면에 제목을 표시하기를, 혹은 부자, 적첩, 양천을 분간하는 것과 혹은 형륙(刑戮)이 스스로에게 미치는 등의 일인데, 그 고소장의 내용을 상고하면 표제와 같지 아니한 것은 죄를 논하는 것이 어떠하겠는가?[31)]

상언의 겉표지에는 부자, 적첩, 양천을 분간하는 것과 형륙급신 등으로 적어놓았지만, 내용이 그와 다른 경우 그 죄를 어떻게 논할 것인지에 대한 질문이다. 신문고 격고 후 담당 관리에게 글을 올리는 행위가 상언인 만큼[32)] 『경국대전』에는 '원억'의 구체적 내용이 규정되어 있지 않지만, 이미 성종 연간부터 부자, 적첩(嫡妾), 양천(良賤分揀)을 분간하는 것과 형륙급신 등의 4가지 사안[四件事]이 격고(擊鼓)와 상언의 중요한 사안들이었고 그러한 것들이 허용되고 있었음을 알 수 있다. 다만 태종 15년(1415) 당시에는 '불법적으로 죄를 받은 것, 강포로써 침핍 받은 것, 원통하고 억울한 것을 펴지 못한 것' 등 광범위한 사안들에 대한 격고가 허용되었고, 사실상 수령으로부터 받은 원억을 배제시킨다거나 반드시 자기 문제에 국한되어야 한다는 규정도 없었다. 이로 미루어 볼 때 격고가 허용된 사안들이 한층 구체화되고 좁아지고 있었음을 알 수 있다.

그러나 법에 규정된 사안 이외의 사유로 신문고를 두드리는 사람들은 그치지 않고 이어졌다.[33)] 아무리 태평성대라 하더라도 민인들의 일상에는

---

31) 『성종실록』, 성종 24년 7월 6일.

32) 등문고와 상언을 사실상 같은 제도로 혼용하기도 했다. "大抵嘉石肺石之法美矣。今只有上言一條路, 而卽其遺意也。德重曰, 嘉石肺石之法, 欲下情之無壅也。人君尊居九重, 上下遼絶, 草莽小民, 卽無異於螻蟻之微也。雖有冤枉, 其可以上達乎? 卽今登聞鼓一條路, 有冤者可得伸暴"(『승정원일기』 영조 14년 12월 20일).

33) 문종 연간에도 김종서는 "신문고를 쳐서 원통한 사정을 호소하는 자가 매우 많다"면서 "금후에는 큰 사건이 아니고는 신문고를 치지 못하게 하고 망령되게 호소해 온 자는 법률에 의하여 죄주게 할 것"을 주청하였다. 이 주청은 받아들여지지 않았

원억과 불만이 없을 수 없었고, 탐관오리나 치자층의 학정과 억압이 많을 때는 원억과 불만도 그 만큼 많아질 수밖에 없었기 때문이다. 예를 들면 세종 연간에는 조정에서 공법(貢法)을 시행하려 하자 경향(京鄕)에서 이에 불만을 품은 자들이 신문고를 치면서 상언하는 일이 일어났다.[34] 심지어 경상도 주민 1천여 명이 집단으로 상경, 격고하여 공법의 불편함을 호소한 데서 알 수 있듯이[35] 규정 외의 격고도 빈발하였다.

또 신문고가 철폐되거나 당직하던 관리가 격고를 못하게 할 경우, 종루 종각이나 부어교(鮒魚橋)의 종각 등의 종을 쳐서 억울함을 호소하였고, 종이 울리면 종을 담당하던 자에게 이를 의금부에 전달하도록 하기도 했다.[36] 힘없는 백성들의 일상에는 언제나 억울한 일이 넘쳐났고, 어떤 방법으로든 이를 해소하고자 하는 백성들의 원망(願望) 역시 경직된 제도나 법규로 통제하기 어려웠음을 보여준다. 이에 따라 어느 국왕 못지않게 인정을 추구하던 세종은 1422(세종 4)에 '신문고를 함부로 치는 자에게는 죄를 주라'고 명했던 것을[37] 거두어들이며 1430년(세종 12) 함부로 격고한 자들에게도 벌을 주지 말도록 지시하였다. 벌을 주게 되면 "품은 생각이 있어 아뢰고 싶은 사람도 법을 두려워하여 말하지 못할 것이요, 또 어리석은 사

지만, 규정 외의 격고가 많았음을 시사한다(『문종실록』, 문종 1년 9월 8일).

34) 『세종실록』, 세종 19년 8월 27일.

35) 『세종실록』, 세종 22년 9월 3일.

36) 『세종실록』, 세종 10년 5월 24일. 신문고 격고를 막은 의금부 당직원에 대해서는 "신문고를 설치한 것은 사람들이 마음대로 칠 수 있게 하여, 아래 백성들의 사정이 위에 통할 수 있게 하려는 것"임을 강조하면서 파면하였다. 또 정조 연간에는 부어교 종각의 종을 두드린 일이 있었으며(『정조실록』, 정조 11년 8월 26일). 또 고종 연간에는 경상도 순흥의 이병필이 억울한 일이 있다면서 경복궁 안으로 들어와 영화문(永化門) 동편 오정고(午正鼓)와 행각의 기둥을 치는 일이 일어나기도 했다(『승정원일기』, 고종 31년 2월 26일).

37) 『세종실록』, 세종 4년 1월 21일.

람은 벌 받을 것을 모른 채 여전히 치게 될 것"이라는 이유 때문이었다.[38]

이후에도 신문고 운영이 순탄하게 흘러간 것은 아니었다. 격고할 수 있는 조건을 엄격하게 제한하자는 신료들의 요구가 거듭되었고, 때로는 제도 자체가 폐지되기도 했다. 제한규정을 강화하는 데는 자신들의 치부가 드러날 것을 꺼린 관리들이 앞장섰고, 제도를 폐지한 것은 대체로 정통성이 없거나 실정을 일삼는 국왕들이었다. 민들이 국왕에게 직소(直訴)하는 제도는 "관리가 백성의 송사를 결단함에 있어 상총(上聰)에 아뢸까 두려워하여 마음을 다해 정찰(精察)하기 때문에", 백성들에게는 "실로 자손 만세의 좋은 법"이었지만,[39] 수령을 비롯한 관리들에게는 자신이 베푼 정사의 득실이 국왕에게 직소될 수 있다는 점에서 성가시기 짝이 없는 제도였다. 이에 따라 관리들은 일찍부터 직소에 대해 반대해 왔다. 특히 부민들의 수령 고소에 대해서는 노골적으로 불만을 드러내기도 했다.

예컨대 신문고뿐만 아니라 이미 격쟁과 상언까지 빈발하게 된 성종대(1481년, 성종 12)에는 신료들이 "지금 부민(部民)들이 수령과 관리를 고소하는 것을 허락하니, 수령과 관리들은 수족을 움직일 수가 없다."고 하며 수령에 대한 고소에 대한 불만을 표하였다. 이에 대해 성종은 "만약 백성들이 고소하는 것을 허락하지 않는다면 수령의 불법을 어떻게 알겠는가?"라며 거부하였다. 또 불법한 수령에 대해서는 출척(黜陟)의 권한을 가진 감사가 파출(罷黜)시키면 된다고 하자, '감사의 전최(殿最) 또한 어떻게 모두 믿을 수 있겠는가?"라고 하면서 부민들의 수령 고소를 유지하였다.[40]

그러나 신문고 제도는 사실상 폐지되는 기간이 많았고, 특히 격쟁이나

38) 『세종실록』, 세종 12년 10월 29일.
39) 『태종실록』, 태종 1년 11월 16일.
40) 『성종실록』, 성종 12년 9월 20일.

상언이 활성화된 다음부터는 거의 활용되지 않았던 것으로 보인다. 우선 1457년(세조 3)에도 세조는 형조와 사헌부에 "금후에는 월소(越訴) 및 신문고를 함부로 치는 자는 먼저 율문을 인증하여 논단(論斷)하고, 신문하는 일을 거론하지 말도록 하라."는 전교를 내렸다.[41] 신문고가 폐지된 것은 아님을 보여준다. 그러나 세조대에(1468년, 세조 14년 이후) 어떤 사람이 잘못 격고한 것을 빌미로 금지시킨 적이 있다.[42] 이후 신문고는 한 동안 사라지고 의금부의 당직(當直)을 통해 억울한 일을 호소하도록 하였지만, 이는 매우 번거로운 일이었고 시간이 오래 걸리기 때문에 괴로움을 주었다. 이에 따라 1470년(성종 1) 성종은 신료들에게 신문고를 다시 설치하는 일에 대한 의견을 물었다.

> 옛날에 등문고(登聞鼓)가 있었는데, 지금은 원통하고 억울함이 있는 자가 반드시 해당 관사(官司)에 고하여 소장을 반려 받은[退狀] 받은 다음에 의금부(義禁府)의 당직(當直)에게 고하여 승정원(承政院)에 전해서 고하고, 이에 아뢰니, 그 전전(轉轉)하여 고하고 보고하는 사이에 양식을 허비하고, 엄류(淹留)하는 등 그 괴로움이 적지 아니할 것이요, 또 반드시 그 정상(情狀)을 다하지 못하는 자도 있을 것이다. 지금 등문고(登聞鼓)를 설치하고자 하는데, 그것을 원상(院相) 등에게 의논하라.[43]

신숙주 등 신료들은 "지금은 당직(當直)이 있으니, 곧 옛날의 등문고의 법"이며, 신문고를 설치하면 "피해 당사자가 아닌 사람이 고소하는 풍속을 열게 되어 장차 그 폐단은 이루 말할 수 없을 것"이라며 반대하였다. 1471년(성종 2년)에 다시 신문고의 복설을 지시하였고,[44] 1474년(성종 5)에도

41) 『세조실록』, 세조 3년 2월 8일.
42) 『성종실록』, 성종 2년 12월 15일.
43) 『성종실록』, 성종 1년 6월 24일.

"한재(旱災)가 심하므로 등문고를 설치하여 민원을 펴고자 하는 뜻"을 내걸어 복설할 뜻을 비쳤으나 신료들의 반대로 무산된 바 있다.[45] 그러다가 1474년 7월에는 신문고가 다시 설치되었던 것으로 보인다. 그것은 경연(經筵) 자리에서 영사(領事) 정창손(鄭昌孫)이 "등문고를 설치한 까닭은 억울한 일을 신문(申聞)할 수 있게 하려는 것인데, 근래 진소(陳訴)하는 자는 꺼리는 것이 없어서 위에 저촉되는 말을 내기까지 하니, 죄주지 않을 수 없습니다."라고 한데서 미루어 짐작할 수 있다.[46]

이어 신문고 격고 사실을 알리는 기사가 이어지고 있다.[47] 그러나 이후에도 신문고를 울리는 사람에게 죄를 다스리는 등 관리들에 의한 방해는 지속되었던 것으로 보인다. 예컨대 1490년(성종 21)에 성종은 승정원에 전교하여 "등문고를 치는 자에게 해사(該司)에서 예사로 모두 죄를 다스리기를 청하고 있지만, 앞으로는 그러지 말 것"을 지시하였다.[48] 그러나 1493년(성종 24)에는 수차례에 걸쳐 신료들에게 신문고 설치를 주장했던 성종이 오히려 "비록 절실하지 않은 것이라도 모두 등문고를 치니, 진실로 적당하지 못하다"라고 하며. 승정원에 등문고를 금하는 것이 어떠냐는 의견을 제시할 정도로 신문고를 격고하는 사람이 많아졌다.[49]

---

44) 『성종실록』, 성종 2년 12월 15일.

45) 『성종실록』, 성종 5년 윤 6월 14일. 격고(擊鼓)를 허락하면 송사하는 자가 조금이라도 뜻에 맞지 않으면 곧 북을 쳐서 호소할 것이니, 소요(騷擾)하는 폐단이 없지 않을 것입니다.

46) 『성종실록』, 성종 5년 7월 29일.

47) 『성종실록』, 성종 9년 3월 7일, 21년 6월 22일, 21년 7월 23일, 23년 1월 6일 등 참조.

48) 『성종실록』, 성종 21년 7월 23일. 격쟁인에 대해서 형조에서 일단 체포하여 예형(例刑)을 가한 후 조사하도록 규정되어 있었으나, 예형의 정도가 심해져서 격쟁인이 사망하는 사례까지 나오게 된다. 이러한 사정은 모두 원억을 풀려는 백성들의 직소를 방해하는 행위가 아닐 수 없었다.

그러나 인정을 베풀기는커녕 가혹한 형률을 자행한 연산군대에는 상소·상언·격고 등의 일을 일체 금지하였으나,[50] 역시 반정 이후 중종 재위 시기인 1520년(중종 15)에는 다시 부활하자는 논의가 일어났다.[51] 그러나 중종 연간에는 결국 신문고가 복설되지 못하였던 것으로 보인다.[52] 나아가 인조 대에는 국왕의 행행도 거의 폐지되면서 어가 앞으로 나가서 격쟁·상언하는 직소까지 사실상 사라졌다. 다만 형벌을 각오하고 대궐 앞에서 징을 쳐서 직소하는 방법만 유지되었던 것으로 보인다.[53] 그 이후 오래 동안

---

49) 『성종실록』, 성종 24년 7월 6일.

50) 『연산군일기』, 연산 2년 2월 21일; 『중종실록』, 중종 1년 9월 2일. 사신(史臣)은 이에 이어 연산군이 "형벌 씀이 극히 참혹하여, 낙신(烙訊, 단근질로 신문하는 것)·촌참(寸斬, 마디마디 잘라 죽이는 것)·부관참시(剖棺斬屍, 관을 쪼개서 시체의 목을 베는 것)·쇄골표풍(碎骨飄風, 뼈를 빻아 바람에 날리는 것)을 상전(常典)으로 삼았다"고 비판하였다.

51) 『중종실록』, 중종 15년 8월 30일. 이 무렵 가전(駕前)에서 정소(呈訴)가 지나치게 많아지고 정소를 위해 국왕의 어가(御駕) 따라오며 시끄럽게 외치는 상황이 초래되자 집의(執義) 남세준(南世準)은 '신문고 두는 법'을 다시 쓰고 가전에서 정소하는 것을 금지할 것을 주청하였다. 다만 반정 직후인 "등문고를 쳐서 호소한 바가 사실이 아닌 것 이외에 징[錚]을 친 자는 죄를 다스리자 말라"거나(『중종실록』, 중종 1년 10월 25일), 또 1509년(중종 4)에는 "지평(持平) 허지(許遲)가 어가(御駕) 앞에서 정소한 것 및 등문고(登聞鼓)를 격고하는 것은 월소가 아니므로 처벌하지 말 것을 주청하였다."(『중종실록』, 중종 4년 윤 9월 7일)라는 기사를 볼 때 중종 초기에는 신문고가 활용되었던 것으로 보인다. 그러나 이후에는 신문고 격고와 관련한 기록이 보이지 않다가 1520년(중종 15)에 앞서 언급한 바, '신문고 두는 법'을 다시 쓰자는 남세준의 주청이 나온다. 이는 반정 직후에 신문고를 다시 두려는 시도가 있었음을 보여주지만, 다시 설치된 사실이 확인되지는 않는다.

52) "지금은 특별히 등문고를 설치하는 것도 보지 못했고 또 북을 치는 사람이 있다는 것도 듣지 못했"다는 사관(士官)의 지적을 통해 짐작할 수 있다(『중종실록』, 중종 38년 2월 20일). 1532년(중종 27)에 "신문고를 치지 않고 비정상적인 다른 방법으로 원통함을 호소하는 자는 혹 요행한 은혜를 바라는 것"이라는 기사가 보이지만(『중종실록』, 중종 27년 5월 18일), 신문고 복설을 확인시켜주는 것은 아니다.

신문고 내지 등문고는 사실상 폐지되거나 활용되지 않았던 것으로 보인다. 1658년(효종 9) 8월 "'옛날'에 대궐 안에다 등문고를 달아 놓고, 관청을 설치하고 관원을 두어 억울한 사람의 하소연을 알리도록 하였는데, 우리나라의 격쟁(擊錚)하는 법은 곧 옛날 등문고의 뜻입니다."라고 한 승정원의 보고는[54] 등문고가 이미 '옛날' 일로 기억될 정도로 오래전부터 사실상 없어졌거나 전혀 활용되지 않았고 그 자리를 격쟁이 대신하고 있음을 보여준다.

또 1731년(영조 7)에는 야대(夜對) 자리에서 영조가 "이른바 신문고라는 것은 예전부터 있던 것인가, 그 당시 처음 만든 것인가?"라고 하문하였다. 신문고가 사실상 오래 동안 사용되지 않았음을 시사한다. 이에 대해 시독관(侍讀官) 윤휘정(尹彙貞)이 "송나라 때에 등문고가 있었고 국초(國初)에도 (등문)고가 있은 듯합니다. 언제부터 꽹과리[錚]가 있었는지는 모르겠지만 당초에는 북이 있은 듯합니다."라고 답변하였다.[55] 앞서 언급했듯이 1658년(효종 9)에 이미 등문고가 이미 '옛날' 일로 기억되고 있었던 사실로 미루어볼 때, 이 무렵이면 '국초에도 등문고가 있은 듯하다'고 할 정도로 등문고가 오래 동안 활용되지 않아서 거의 잊혀지고 있었음을 의미하며, 신문고 대신 격쟁이 그 역할을 대신하고 있었음을 알 수 있다. 이러한 사정은 1746년(영조 22)에 편찬한 『속대전(續大典)』에도 신문고를 격고할 수 있는 사안을 규정해놓은 다음 "신문고는 지금 없다. 원통함을 호소하는 자는 차비문(金差備門) 밖에서 금(金)을 치는 것을 허락하였는데, 그것을 격쟁(擊錚)이라고 한다."라고 한 데서도 확인된다.[56]

---

53) 『인조실록』, 인조 21년 5월 14일.

54) 『효종실록』, 효종 9년 8월 26일.

55) 『승정원일기』, 영조 7년 2월 5일, 영조 51년 5월 13일.

56) 『續大典』 刑典 訴冤, "申聞鼓 今無之 訴冤者 許擊金于差備門外 謂之擊錚."

신문고를 복설한 지 4년이 지난 1775년(영조 51)에도 영조는 "신문고가 언제 시작되었고, 어느 해에 폐지되었는지"에 대해 상세히 고찰하여 보고하도록 지시하였다. 이에 대해 교리(校理) 정경인(鄭景仁)은 『문헌비고』를 통해 "신문고는 태종조에 창설되었는데 그 뒤에 담당자가 가로막았기 때문에 원통함을 품은 자가 인정(人定)을 쳐서 보고하자, 국왕이 성상의 귀를 가린 죄로 담당자를 벌하였고, 그 뒤에 이어 격쟁을 허락했다."고 신문고의 전말을 보고했다. 수찬 안대제(安大濟)는 "비록 상고할 만한 문적(文蹟)은 없지만, 신문고는 임진란 이후에 폐지된 듯합니다."라고 보고하였다.[57]

그러나 1738년(영조 14)이 되면 시독관 이덕중(李德重)은 대체로 아랫사람의 마음을 소통시킨 뒤에야 나랏일을 도모할 수 있지만, "지금은 신문고 하나의 길로"만 원통함을 펼 수 있다고 하였다. 이는 신문고[상언]가 원억해소의 수단으로 활용되고 있었음을 시사하지만,[58] 영조가 신문고를 복설한 것은 1771년(영조 47)이다. 때문에 여기서 말하는 신문고 혹은 상언은[59] 신문고를 대신하여 차비문 밖에서 치던 격쟁을 말하는 것으로 보인다. 그러나 다른 한편 중종 연간에 일시적으로 신문고가 활용되었던 이후 숙종 연간, 그리고 신문고를 복설하기 이전의 영조 연간에도 신문고를 두드렸다는 기록이 간간이 나오고 있다. 『숙종실록』과 『영조실록』에서 영조가 신문고를 복설하기 이전 신문고를 격고한 사례들을 정리하면 다음과 같다.

> 『숙종실록』, 숙종 12년 9월 21일 : 윤계의 아들 윤세기(尹世紀)가 자기 아버지를 위하여 고(鼓)를 치고 억울함을 호소하였다[擊鼓訟冤].

---

57) 『승정원일기』, 영조 51년 5월 13일.

58) 『승정원일기』 영조 14년 12월 20일.

59) 영조와 이덕중의 대화에서는 신문고와 상언이 같은 것을 지시하는 용어로 혼용되고 있다(『승정원일기』 영조 14년 12월 20일).

『숙종실록』, 숙종 25년 윤7월 8일 : 1699년(숙종 25)에도 회양 부사(淮陽府使) 유신일(兪信一)의 아들 유입(兪岦)이 아버지의 억울한 옥사를 호소하며 신문고를 두드렸다[擊登聞鼓].

『숙종실록』, 숙종 29년 12월 3일 : 손지의 아들이 고(鼓)를 쳐서 원통함을 호소하였다[擊鼓訟冤]

『숙종실록』, 숙종 30년 4월 22일 : 태안 백성들이 태복시(太僕寺)에서 고목장(古牧場)이라 칭하여 대대로 전해온 전토를 횡탈하자 고(鼓)를 치며 원통함을 호소하였다[擊鼓訟冤].

『숙종실록』, 숙종 36년 7월 11일 : 박세당(朴世堂)의 손자 박필기(朴弼基)가 등문고를 두드려[擊鼓登聞] 그의 숙부 박태한(朴泰翰)과 함께 앉아 공사(供辭)하기를 청하였다.

『숙종실록』, 숙종 36년 7월 22일 : 여주의 유학 심일녕(沈一寧)이 그의 누이동생이 그녀의 지아비에게 피살된 일로 등문고를 쳤다[擊登聞鼓].

『숙종실록』, 숙종 42년 5월 16일 : 사헌부에서 김춘택과 그 형제 김운택·김보택을 모두 파직하도록 청하자, 전 지평(持平) 김운택(金雲澤)이 조의(朝衣) 차림으로 갈도(喝道)를[60] 거느리고 대궐에 들어와 드디어 등문고[登聞之鼓]를 쳤다.

『숙종실록』, 숙종 43년 9월 2일 : 이세덕이 자신의 스승인 윤증(尹拯) 부자를 추탈(追奪)한 일 때문에 등문고를 쳐서 억울함을 호소하였다[撾登聞鼓訟冤].

『영조실록』, 영조 17년 3월 1일 : 유학 목천운(睦天運)의 자식이 멋대로 대궐에 들어와 등문고를 두드리며[擊登聞鼓] 그 아비의 원통함을 호소하였다.

『영조실록』, 영조 20년 11월 4일 : 윤득화의 아들 윤재동(尹在東)이 신문고를 치고 그 아비의 억울함을 호소하였다[擊鼓訟其父之冤].

『영조실록』, 영조 21년 1월 15일 : 윤득화(尹得和)의 아들 윤현동(尹顯東)이 또 고(鼓)를 쳐서 그 아비의 원통함을 호소하였다[擊鼓訟其父冤].

---

60) 높은 벼슬아치가 다닐 때 앞에서 소리를 질러 행인들을 비키게 하는 일을 맡은 하인(下人).

『영조실록』, 영조 28년 4월 19일 : 1743년(영조 19)에 이경명의 어미가 고(鼓)를 치고[擊皷] 파양을 청하였다.

『영조실록』, 영조 25년 5월 16일 : 해주의 선비 유태오(柳泰五)의 처 강씨가 남편의 원통함을 호소하며 등문고를 두드려 진달하였다[擊登聞鼓達].

이러한 기사에 나오는 등문고 혹은 고(鼓)가 신문고를 의미하는 지, 아니면 격쟁한 일을 관성적으로 격고(擊皷) 혹은 격등문고(擊登聞皷) 등으로 표현한 것인지는 알 수 없다.[61] 영조가 신문고를 복설한 이후 정조 연간에는 신문고 격고가 꾸준히 이어졌다. 사건사(四件事)에 관계되지 않는 일로 격고한 사람은 호남의 연해에 충군시킨다고 하였지만, 사건사 이외의 일로 신문고를 울리는 일은 사라지지 않았다.[62]

그러나 19세기에 들어서는 신문고가 치폐를 거듭하였다. 예컨대 1806년(순조 6년) 전 참의 신재선이 푸른 직령을 입고 단봉문으로 들어와 신문고

61) 전자일 경우 신문고 복설 이전에도 신문고를 없애버리지는 않았고, 가끔씩 대궐에 들어와 격고하는 일이 있었던 것으로 볼 수도 있게 한다. 다만 앞서 언급한 바 1738년(영조 14) 시독관 이덕중(李德重)이 쟁(錚)과 신문고를 혼돈하여 사용하고 있는 것과 1760년(영조 36) 형조판서 홍상한(洪象漢)이 금구 현령 정심(鄭杺)의 동생 정삼(鄭橚)이 격쟁한 공사(供辭)에 관해 국왕과 대화하던 중 국왕이 정삼의 격쟁에 대해 "등문고를 방자하게 친 일[擊登聞皷放恣事]"이라고 한 것은 등문고와 격쟁을 같은 것으로 혼돈하기도 하였음을 보여준다(『영조실록』, 영조 36년 11월 23일). 특히 신문고를 복설한 이후의 영조 연간에 이러한 사례들이 많아 보인다. 이는 위에 인용한 기사에 나오는 '격고' 혹은 '격등문고' 등이 격쟁을 의미할 수 있음을 의미한다. 또한 앞서 언급했듯이 영조가 신문고 복설 이전과 이후 2차례에 걸쳐 신문고의 연혁에 대해 물어볼 정도로 신문고에 대해 잘 알지 못했다는 사실은 신문고의 실재에 의문이 들게 한다는 점을 지적해둔다.

62) 이에 따라 영조도 신문고를 복설한 지 한 달여 만에 철폐를 명령했다가, 지시를 거두어 들였다(『영조실록』, 영조 47년 12월 25일).

를 친 사례가 있지만,[63] 810(순조 10)에는 수찬(修撰) 윤일규(尹日逵)의 상소에 답하면서 "신문고를 다시 설치하는 일은 중대한 일이니, 묘당에서 상의하여 품지하도록 하겠다"고 하는 신문고 복설 논의가 있었다.[64] 그 이전 언젠가 신문고가 없어졌거나 활용할 수 없게 되었음을 의미한다. 그러다가 1816년(순조16)과[65] 1827년(순조 27)에는[66] 신문고를 격고한 사례가 기록되고 있어서 순조 10년 이후 언젠가 신문고가 복설되었던 것으로 보인다. 헌종 연간에도 신문고 관련 기사가 잘 보이지 않으며, 철종 연간에도 격고한 사례가 있었으나, 원정(原情)이 받아들여지는 것이 아니라, 포승으로 묶여 형조로 이감되어 처벌받았다.[67] 그러다가 고종 연간에 들어서는 신문고가 다시 활발하게 활용된 듯하다. 예를 들면 1874년(고종 11)에는 대궐문에 함부로 들어와 신문고를 치는 사람이 꼬리를 물었으며,[68] 신문고를 치는 사람들이 없는 달이 거의 없을 정도였다.[69] 그러나 격고한 원정이 받아들여지기 보다는 대궐로 들어오는 절차나 통로가 잘못되었다는 이유로 처벌되거나, 혹은 제대로 방비하지 못한 수문장까지 처벌하는 방식으로 귀결되기 일쑤였다.[70]

이처럼 관리들의 반발과 번거로움을 회피한 국왕들, 그리고 격쟁의 대두와 활성화 등에 다라 점차 활용도가 떨어져 갔으며, 연산군 이후에는 오래

63) 『일성록』, 순조 6년 10월 28일.
64) 『비변사등록』, 순조 10년 4월 15일.
65) 『승정원일기』, 순조 16년 2월 18일.
66) 『순조실록』, 순조 27년 8월 4일.
67) 『승정원일기』, 철종 12년 10월 25일.
68) 『고종실록』, 고종 11년 6월 9일.
69) 『고종실록』, 고종 11년 6월 25일.
70) 조윤선, 「18·19세기 擊錚·上言·擊鼓의 제도사적 고찰과 童蒙擊錚」, 『고전번역연구』 14, 2023, 참조.

동안 사실상 폐지되기도 했다. 신문고는 설치 초기를 제외하면 격고는 서류 접수 후에 가능한 것으로, 신문고를 쳤다는 것은 자신의 원억이 왕에게 접수되었다는 것을 알리는 상징적인 행위가 되어갔기 때문에,[71] 아무리 억울한 일이 있다 하더라도 『경국대전』에 제시된 사안과 절차를 위반한 원억에 대한 소원은 사실상 불가능하게 되었다.

그럼에도 불구하고 연산군 때 폐지된 이후 신문고 복설이 꾸준히 시도되었고, 다시 설치되기도 하였다. 특히 신문고 내지 등문고라는 이름은 신문고가 폐지되었을 때도 지속적으로 사용되었다. 그것은 신문고로 대표되는 소원제도가 바로 인정의 실현이라는 통치이념과 직결되는 문제였기 때문이었다.[72] 신문고는 힘없는 백성들이 자신들의 억울함을 국왕에게 직소할 수 있다는 점에서 매력적인 제도였다. 또 국왕에게는 관리들의 행동을 감시하고 왕권을 강화할 수 있는 통로로 활용될 수도 있었기 때문이다. 그러나 역시 신문고가 궁궐 안에 설치되어 있다는 점, 점차 까다로운 규정과 절차를 거쳐 서류를 사전에 접수한 다음에야 격고할 수 있는 방식으로 바뀌어나감에 따라 백성들이 생활 속에서 초래되는 다양한 원억을 해소하기에는 너무 멀고도 좁은 통로가 되어 갔다. 따라서 신문고는 대부분 서울에 거주하는 문무관료들이 청원, 상소(上訴)의 도구로 활용하였으며, 원래의 취지와 달리 일반 민서(民庶)나 복례(僕隷), 지방의 관민들이 활용하기는 어려운 제도였다.[73] 더구나 앞서 살펴보았듯이 신문고는 수시로 폐지되기도

71) 신동훈, 앞의 글, 167쪽.

72) 지금 중외의 유사(攸司)가 각기 사송을 청단하고 또 격고의 법을 설치하여 원통하고 억울한 일을 풀도록 하고, 문폐사(問弊使)를 보내어 탐학한 것을 규찰하도록 하는 것은, 임금의 덕화를 베풀고 백성의 사정을 상달하는 것이라고 말할 수가 있겠습니다(『세조실록』, 세조 12년 11월 2일).

73) 한상권, 앞의 책, 18쪽. 좌의정 홍낙성(洪樂性)이나 수찬(修撰) 윤일규(尹日逵)는 신문고의 설치는 억울함을 풀어주려는 덕의에서 나왔는데 대궐 안에 설치되어 있기

했고, 중종 연간 이후 영조가 복설할 때까지 오랜 기간 동안 신문고가 거의 활용되지 못하거나 폐지되었던 것으로 보인다.

이에 따라 백성들은 자신들의 원억을 해결하기 위해 "그림 속의 떡" 같았던 신문고가 아닌 새로운 방법을 적극 모색하고 활용해나가기 시작했다.

(2) 격쟁

백성들이 자신들의 원억을 해결하기 위해 찾은 새로운 방법 가운데 가장 대표적인 것이 격쟁(擊錚)과 상언(上言)이다. 격쟁은 궁궐에 난입하거나 국왕이 동가(動駕)할 때 징이나 꽹과리를 쳐서 이목을 집중시킨 다음 국왕에게 원억을 직소(直訴)하는 것이고,[74] 상언 역시 국왕에게 직소하는 것이지만, 글로 써서 올리는 것을 말한다. 격쟁은 말로 억울함이나 불만을 호소하는 발괄[白活]과 연결되기도 했지만, 상언이 뒤따르기도 했고,[75] 상언은

때문에 사람들이 난입할 수 없어 거둥하는 길에 격쟁하는 경우가 외람되게도 많은 것은 이 때문이라고 하며, 신문고를 대궐 밖에다 설치할 것을 주장하기도 했다(『비변사등록』, 정조 6년 6월 5일; 『승정원일기』, 순조 10년 4월 15일). 정약용도 "북이 대궐 안에 있어서 혼금(閽禁)이 지극히 엄했다. 그러므로 오직 서울 진신(搢紳) 집 사람이 임시로 조복을 입고 들어가서 치게 된다. 먼 지방 천한 백성들이야 그 북을 한 번 만져볼 길도 없는데, 하물며 감히 치는 것이겠는가?"라고 하여 하층민들이나 지방 사람들에게는 활용하기가 매우 어려웠음을 지적하였다(『經世遺表』 2卷, 秋官刑曹, 刑官之屬).

74) 격쟁은 국왕을 대상으로만 일어난 것이 아니라, 언제부터인지는 확인할 수 없지만 지방에서도 일어났다(『승정원일기』 정조 6년 1월 22일). 정조는 지방에서 일어난 격쟁과 상언에 대해서도 지체 없이 보고하도록 지시하였다.

75) 상언은 문서로 올리는 청원방식, 격쟁은 구두로 하소연하는 방식으로 이해되어왔지만, 최근 조윤선은 18세기 후반, 19세기 사료에서는 "擊鼓之不足 又復上言"이나 "旣是上言 又爲擊錚"과 같이 격쟁이나 상언을 한 다음 다시 상언이나 격쟁을 추가

신문고를 격고한 다음 혹은 격쟁에 뒤이어 이루어지기도 했다. 이 가운데 양반은 상언을, 양인 백성들은 격쟁과 발괄을 주로 이용하였을 것으로 보인다.[76] 격쟁을 하게 되면 형조에서 격쟁인을 일단 체포하여 예형(例刑)을 가한 후 진위와 사안의 적절성을 조사하여 국왕에게 보고하였다.

앞서 언급하였듯이 국왕 행차 시에 직소하는 행위는 왕조 건국 직후인 1393년(태조 2)부터 보인다.[77] 초기에 직소의 주체는 양반 사대부가 다수를 점하였고, 국왕의 가전(駕前)으로 나아가서 억울함을 호소하며 글을 올리는[上書] 방법이 주를 이루었던 것으로 보이며,[78] 단 한 차례의 짧은 거둥에도 가전 직소 건수가 수십 건에 달하기도 했다. 신문고를 설치한 후에도 가전 직소가 이어졌으며, 1414년(태종 14)에는 가전 신정(駕前申呈)을 일체 금지시켰음에도 불구하고 가전 직소는 없어지지 않았다.[79] 나아가 "항

로 한다는 표현이 아니라, "擊錚上言(격쟁하여 상언하다)", "擊鼓上言(격고하여 상언하다)" 등과 같이 격쟁과 상언이 동시에 이루어지는 사례가 등장하기도 하는 등 격쟁과 상언을 명확하게 구분하여 쓰지 않은 경우가 많다고 하였다. 이는 원정 내용의 정확한 전달 등의 이유 때문에 격쟁 원정을 구두가 아닌 문서로 바치는 방향으로 변화해나가면서 두 가지 소원방식의 경계가 모호해졌기 때문이다(조윤선, 앞의 글, 2023, 286~291쪽 참조). 이는 앞서 언급한바, 영조대에 '등(신)문고'와 '상언'이 혼용된 듯한 것과도 상통하는 현상으로 보인다(『승정원일기』 영조 14년 12월 20일).

76) 조선시대 상언·격쟁에 대한 자세한 분석은 한상권, 앞의 책, 참조.

77) 최이돈, 앞의 글, 69쪽. 양민임을 호소하는 사람 50여 명이 어가 앞에서 호소하였으나, 태조는 순군옥(巡軍獄)에 명하여 장소를 어긴 죄[越所之罪]를 국문(鞫問)하고, 괴수 3인에게 곤장을 치게 하였다(『태조실록』, 태조 2년 1월 15일).

78) 『태종실록』, 태종 4년 8월 11일, 태종 6년 12월 20일; 『세종실록』, 세종 25년 4월 27일 등 참조.

79) 『세조실록』, 세조 1년 8월 7일. 이 같이 국왕의 명으로 거듭 금지했던 가전 직소가 이어진 것은 무엇보다 신문고를 울리는 데는 그 내용이나 절차 면에서 많은 제한이 있었다는 점, 그리고 신문고가 서울의 대궐에 설치되어 있었기 때문에 지방민이나

상 백성들이 관리의 침학에 곤핍해지는 것을 불쌍히 여긴다."라고 하며, 만일 수령이 침포(侵暴)하는 일이 있으면 곧장 자기에게 와서 알리라던[80] 세조 연간에도 가전 직소는 활발하게 이어졌다. 세조는 국왕이 탄 가마 곁으로까지 들어와서 상소(上疏)하는 행위는 금지하였지만, 의장(儀仗) 밖에 있는 자는 쫓아내지 말라고 하여 가전 직소를 사실상 받아들였던 것으로 보인다.[81] 또 세조가 온양에 거둥하였을 때도 특별히 원한을 호소할 민인들을 모두 표기(標旗) 아래로 모이게 하였는데, 모인 사람은 숲 같이 많았다고 하였다.[82] 1482년(성종 13년)에는 어가(御駕)가 행차할 때 소장을 들고 길을 막으면서 분운(紛紜)하게 진소(陳訴)를 하여 의장(儀仗)과 충돌하기까지 한다고 할 정도로 가전 직소가 활발했다.[83]

직소가 격쟁을 동반하며 빈발하는 것은 성종대인 15세기 말부터였던 것으로 보이며, 처음에는 대궐 근처에서 격쟁이 이루어졌다. 1479년(성종 10)에 이미 국왕은 "근일에 후원의 담 밖에서 격쟁하며 원통함을 호소하는 사람이 많다"고 하였다. 성종은 이에 대해 "근일에 후원(後苑)에서 격쟁하며

평천민층이 이용하는 데는 한계가 있었다는 점과도 관련이 있었을 것으로 보인다. 또 국왕들의 인정과 휼민 정신과도 관련이 있었던 것으로 보인다. 예컨대 문종 때 김종서가 신문고를 쳐서 원통한 사정을 호소하는 자가 매우 많다면서, 큰 사건이 아닌 일에 신문고를 치지 못하도록 건의하자, 문종은 "작은 일을 가지고 신문고를 치는 것은 또한 금할 수가 없다. 비록 망령되게 호소한 자에게 죄를 가하는 법이 있긴 하나, 만약 무지한 소민(小民)이면 어찌 차마 죄를 주겠는가?", "가전(駕前)에 와서 직접 호소하는 자는 시비를 논하지 않고 죄준다는 법도 있지만, 이렇게 하는 자는 거의가 무지한 사람이기 때문에 차마 죄를 줄 수 없다"라며 받아들이지 않았다(『문종실록』, 문종 1년 9월 8일).

80) 『세조실록』, 세조 2년 11월 23일.

81) 『세조실록』, 세조 3년 8월 24일.

82) 『성종실록』, 성종 12년 8월 18일.

83) 『성종실록』, 성종 13년 8월 3일.

호소하는 것이 모두 긴요하지 않은 것이니, 어떻게 하면 좋겠는가?"라고 하여 폐단을 지적하면서도[84] 격쟁하는 사람을 탓하기보다 관리들이 송사를 불공정하게 처리하기 때문에 격쟁이 빈발하다고 지적하였다.[85] 이후 신료들의 지속적인 주청을 받아들여 격쟁하는 사람이 꾸며서 속이거나 사안이 절박한 일이 아닐 때는 형률(刑律)에 2등(等)을 더하여 논죄하도록 하였다.[86] 실제로 1481년(성종 12)년 9월 정병(正兵) 김수의(金守義)가 남장문(南墻門) 밖 나무꼭대기에 올라가 격쟁하였다가 장 1백 대를 맞고 변방 고을의 종으로 예속시키라는 중형을 받은[87] 이후 성종 연간에는 더 이상 격쟁한 사례가 기록되지 않고 있다.

이후 연산군 시기에 모든 직소가 금지되었음은 이미 언급한 바 있다. 중종반정 이후 신문고는 여전히 거의 활용되지 않았지만, 격쟁은 다시 시작되었다. 그러나 격쟁을 통한 직소 역시 순탄하지만은 않았다. 1508년(중종 3년) 6월에는 앞으로 격쟁을 하는 사람은 모두 죄를 다스리라고 하였다는 기사가 나온다.[88] 1507년(중종 3) 4월에는 "격쟁한 사람은 허실을 막론하고 장(杖) 80으로 처결하라"는 전교를 내리기도 했지만,[89] 실제 이러한 지시가 그대로 이행된 것은 아니었고, 백성들의 일상에서 원억이 사라지지 않는 한 그럴 수도 없었다.

여전히 대궐 안팎에서 격쟁하는 사람들이 이어졌다.[90] 성종 때까지만

---

84) 『성종실록』, 성종 10년 11월 11일.

85) 『성종실록』, 성종 10년 11월 7일, 성종 20년 11월 7일.

86) 『성종실록』, 성종 10년 11월 16일. 그러나 상언이나 격쟁에 대해 『경국대전』의 규정 이상의 벌을 주는 것에 대해서는 반대하였다(『성종실록』, 성종 12년 9월 20일).

87) 『성종실록』, 성종 12년 9월 21일.

88) 『중종실록』, 중종 3년 6월 5일.

89) 『중종실록』, 중종 3년 6월 5일.

90) 『중종실록』, 중종 4년 1월 15일, 중종 4년 1월 17일, 중종 9년 2월 1일, 중종 30년

하여도 궁궐 안으로 들어가서 격쟁한 사례는 없었지만, 중종 때는 대궐 담장을 넘어 들어와 대궐 뜰 안에서 격쟁하는 사례도 적지 않았다. 1514년(중종 9)에는 심지어 조회 시간에 대궐의 뜰에까지 들어와 격쟁을 하는 사태가 벌어지기도 했다.[91] 대궐 안으로 들어와서 격쟁하는 일은 명종 대에도 활발하게 이어졌다. 1551년(명종 6)에도 "격쟁의 소리가 끊이지 않는다."고 하였고,[92] 1553년(명종 8)에도 궐 안으로 들어와 대전(大殿) 매우 가까운 곳에서 격쟁하는 일이 잇따라서 사람들도 괴이하게 여기지 않을 지경에 이르렀다.[93] 그러나 이에 대해 국왕은 그것을 벌하기보다는 격쟁하는 사람들의 원억 해소를 더 중요하게 판단하였다. 예컨대 "사헌부가 억울함을 풀지 못하게 하였기 때문"이라거나,[94] "관리들이 그 원통함을 호소하는 일을 극진히 다스리지 못하였기 때문",[95] 혹은 "백성들의 원통하고 답답한 일"이나 "원망이 많이 쌓여 있"지만 하소연할 다른 길이 없었기 때문인 것으로 인식하여 처벌하지 말도록 하였다.[96]

3월 17일 등. 때로는 처벌을 받기도 했지만, 전혀 처벌을 받지 않기도 했다.

91) 『중종실록』, 중종 9년 2월 1일.

92) 『명종실록』, 명종 6년 7월 27일.

93) 『명종실록』 명종 8년 6월 11일.

94) 『명종실록』, 명종 6년 7월 27일.

95) 『명종실록』 명종 8년 6월 11일.

96) 『명종실록』, 명종 14년 4월 9일, 명종 15년 5월 2일, 명종 19년 1월 15일. 이러한 모습은 궁궐 담장 위에 오르기만 해도 처형되었고, 황제의 행차 시 북경 시가지에서는 행차 관람조차 불법이었던 중국과도 다른 것임은 물론, 사실상 쇼군(將軍)과 다이묘(大名)의 성 안으로 들어가는 것 자체가 불가능하였고, 그들의 행차를 앞둔 길거리에는 개나 고양이 같은 동물도 못 다니게 하였고, 행차가 지나가는 길가의 2층을 모두 폐쇄하였던 일본과도 매우 다른 것이다. 직소 제도와 관행을 통해 볼 때 최고 권력자와 백성 간의 관계 면에서 조선은 중국이나 일본에 비해 훨씬 '친밀'한 정치문화가 형성되어 있었다. 이에 대해서는 배항섭, 「'근세' 동아시아의 直訴와 정치문화」, 『역사비평』 117, 2016 참조.

물론 때로는 대궐 안에서 격쟁하는 행위를 금지하기도 했다. 예를 들면 1560년(명종 15) 승정원에서 "요즈음 대궐 안에서 격쟁하는 소리가 끊이지 않으며", "상이 배표(拜表)하고 여가(輿駕)에 오르려는데 지척(咫尺)에서 격쟁하는" 놀라운 변괴가 있으므로 "지금부터 대궐에서 격쟁하는 자는 그 정상을 묻지 말고 법에 따라 치죄" 할 것을 주청하였고 국왕도 받아들였다. 그러나 대궐 안으로 들어와서 감행하는 격쟁조차도 그것을 금지하는 일이 간단한 문제가 아니었다. 1560년의 금지 조치에 대해 사신(史臣)은 "격쟁하는 폐단은 비록 막아야 하나 백성의 원통함도 살펴야 한다."고 하면서 궐내의 격쟁을 금지하는 것은 "백성에게 자신들의 억울한 사정을 다 말하게 하는 도"와 다른 것이며, "필부필부(匹夫匹婦)가 자신들의 억울한 사정을 끝까지 다 호소할 수 없게 한다면 임금은 더불어 공을 이룰 수 없다"고 지적하였다.97)

명종 14년 4월에도 충청도 유신(維新)에 사는 김유(金紐)가 근정전의 뜰에까지 들어와 격쟁을 하자 대궐에 들어와 함부로 격쟁하는 일을 치죄하도록 지시하였다. 그러나 이에 대해 사관은 다음과 같이 비판하였다.

> 임금의 직책은 백성을 다스리는 데에 있다. 백성을 다스리는 도리는 원통함을 풀어주어서 한 사람이라도 자기의 살 곳을 얻지 못함이 없게 하는 것뿐이다. 박한종(朴漢宗)이 내수사 제조(提調)가 된 뒤부터 사대부(士大夫)의 전민(田民)을 겁탈, 조금도 꺼리는 점이 없어서 내수사는 주인을 배반하고 세금을 포탈한 자의 소굴이 되었다. 이런 백성의 원통함은 상(上)으로부터 이루어진 것이니, 또 어떻게 심리하겠는가. 감사·법관은 아첨하고 순종하여 잠자코 있으면서 변리(辨理)하지 못하니 잘못이 아닌가.98)

97) 『명종실록』, 명종 15년 5월 2일.
98) 『명종실록』, 명종 14년 4월 9일.

대궐 안팎의 격쟁에 대해 상대적으로 관대한 태도를 유지하였던 이유도 이러한 사관들의 지적이나 비판을 통해 엿볼 수 있을 것이다.[99] 격쟁은 무엇보다 백성의 원통함을 들어주고 그것을 풀어주어야 한다는 국왕으로서의 도리, 곧 민본과 인정 이념의 표현이었기 때문이다. 예컨대 중종에게 올린 대간들의 상소에서 "인정(仁政)을 행하고자 하시면 백성을 병들게 하는 근원을 남겨두어서는 안 된다"고 하였듯이 민과의 소통, 원억의 해소는 민본 이념과 인정을 실현하는 데 핵심 요소였다.[100]

1658년(효종 9)에도 승정원에서 격쟁하는 사람들에게 너무 심하게 형문하고 있다는 점을 비판하면서 다음과 같이 진언하였다.

> 더러 사소한 일로 지나치게 시끄럽게 하는 자는 진실로 가증스럽지만, 혹 자제가 부형의 억울함을 만났거나 서민이 세력가의 침탈을 당하였을 때 이 길이 있지 않으면 어디다가 하소연할 수 있겠습니까. 만일 한갓 망령된 하소연이 가증스러워서 엄히 금지한다면 실로 아래의 사정을 통하고 억울한 백성을 다스리는 도리가 아닙니다[非通下情理冤民之道].[101]

억울한 일을 당한 백성들과의 소통과 그들의 원정을 듣고 해소해주는 것이 민본과 인정 이념의 실현에 기본이 된다는 점을 지적한 것이다.

따라서 이러한 엄벌 방침은 백성들의 원정을 외면하는 것이자 민본과 인정에 배치되는 곤란한 일이었다. 더구나 연산군이 상소·상언·격고 등의 일을 일체 금지한 이후 중종, 인종, 명종을 거쳐 사실상 영조가 신문고를

99) 정조 연간에 "옛날에는 궐문 안에서도 격쟁할 수 있도록 한 규례가 있었다."(『일성록』, 정조 5년 12월 15일)는 기억도 대궐 안 격쟁이 사실상 허용되고 있던 이러한 경험에서 비롯된 것으로 보인다.

100) 『중종실록』, 중종 4년 7월 4일.

101) 『효종실록』, 효종 9년 8월 26일.

복설할 때까지 격쟁은 백성의 유일한 직소 수단이었다. 따라서 민본과 인정 이념의 실현이라는 면에서 격쟁이 가지는 의미는 더욱 중요할 수밖에 없었을 것으로 보인다. 반정으로 중종이 왕위에 오르면서 격쟁과 상언은 다시 허용되었지만, 신문고는 여전히 제대로 활용되지 않고 있었기 때문이다.[102)]

앞서 살펴보았듯이 중종 연간 언젠가부터 신문고는 사실상 폐지되어 인조 연간까지 이어졌고, 인조 대에는 국왕의 행행도 거의 폐지되면서 어가 앞으로 나가서 격쟁·상언하는 직소까지 사실상 사라졌다.[103)] 다만 형벌을 각오하고 대궐 앞에서 징을 쳐서 직소하는 방법만 유지되었던 것으로 보인다.[104)] 그 이후 오래 동안 신문고 내지 등문고는 사실상 폐지되거나 활용되지 않았고 그 자리를 격쟁이 대신한 것으로 보인다. 1658년(효종 9) 8월 다음과 같은 승정원의 보고는 그러한 사정을 잘 보여준다.

> '옛날'에 대궐 안에다 등문고를 달아 놓고, 관청을 설치하고 관원을 두어 억울한 사람의 하소연을 알리도록 하였는데, 우리나라의 격쟁(擊錚)하는 법은 곧 옛날 등문고의 뜻입니다.[105)]

이를 통해 등문고는 이미 '옛날' 일로 기억될 정도로 오래전부터 사실상

102) 자세한 내용은 각주 51), 52) 참조.

103) 『인조실록』, 인조 21년 5월 14일. 인조대에 행행시 상언도 전혀 없지는 않았다. 현재 인조가 거둥할 때 상언을 접수한 사례로는 3회가 확인된다(김지영, 「조선후기 국왕 행차에 대한 연구」, 서울대 박사학위논문, 2005, 214쪽).

104) 인조대에 일어난 대궐 안팎의 격쟁 사례로는 『인조실록』, 인조 4년 윤 6월 6일, 인조 9년 8월 11일, 인조 15년 5월 21일, 인조 16년 3월 11일, 인조 26년 8월 13일, 인조 27년 3월 20일 참조.

105) 『효종실록』, 효종 9년 8월 26일.

없어졌거나나 전혀 활용되지 않았다는 사실, 그리고 "격쟁(擊錚)이 곧 등문고"라는 데서 격쟁이 신문고를 대신하고 있음을 알 수 있다. 격쟁은 연산군 이후 신문고가 복설되는 1771년(영조 47)까지 백성들이 억울함을 국왕에게 직접 호소할 수 있는 거의 유일한 기회였던 것이다.

따라서 상황에 따라 특히 대궐 안 격쟁에 대해서는 처벌하기도 했지만, 1560년(명종 15) 대궐 내 격쟁에 대한 처벌에 대한 사관의 비판처럼 "격쟁하는 폐단은 비록 막아야 하나 백성의 원통함도 살펴야"하는 국왕의 '도리'를 외면할 수는 없었다. 1564년(명종 19) 대궐 담장을 넘어와서 격쟁하는 일이 빈번해지자 궐내에서 격쟁하는 행위에 대한 처벌을 명령하면서도 "서울은 육조·한성부·장례원이, 지방은 각도(各道)의 수령이 밝게 판결하지 못한 일이 많아서 백성의 억울함을 이루었기에 격쟁하는 사람이 끊이지 않는 것"이라고 밝힌 것은 그러한 딜레마를 보여준다.[106]

한편 중종 연간에는 국왕 행차 시에 이루어지는 가전 직소가 절정에 이르렀던 것으로 보인다. 1509년(중종 4)에는 "행행(幸行) 때에 거가(車駕) 앞에서 정소한 자가 100여 명이 넘었고",[107] 1513년(중종 8년) 1월에는 거가가 환궁할 때 백성들의 정소를 모두 받도록 한 것에 대해 사관이 다음과 같은 우려를 표하였다.

> 억울한 일을 호소하려는 백성들이 소장(訴狀)을 나무 끝에 매달고 휘두르고 부르짖으며 거가 앞으로 나와 금할 수 없게 되므로, 상이 모두 받도록 명하였다. 모두 폐조(廢朝)를 거치면서 인심이 예와 같지 않아 방리(坊里)의 세미한 일까지도 일체 가전(駕前)에 정소(呈訴)하였으므로 식자들이 우려했다.[108]

106) 『명종실록』, 명종 19년 1월 15일.
107) 『중종실록』, 중종 4년 윤 9월 7일.

이처럼 가전 직소가 활발해지자 이를 규제하려는 논의도 이어졌다. 1513년 (중종 8년) 병조판서 신윤무(辛允武) 등이 "행행(行幸) 때에 가전(駕前)에서 정소(呈訴)하는 사람들이 시끄럽게 떠들며 나대는 것"을 지적하면서 "멀리서 꿇어앉아 정소하는 사람은 금하지 말고, 달려드는 사람은 잡아 가두어 목에 칼을 씌우며[鎖項], 뇌물을 받고 소매에 간직했다 바치는 사람은 매우 다스릴 것"을 주청하였다.109)

특히 1520년(중종 15)에는 국왕이 동교(東郊)에서 관가(觀稼)할 때에 가전)에서 정소(呈訴)한 사람이 많아서 4백여 장이나 되었다. 국왕은 이에 대해 "모두 참으로 억울한 일이 않을지라도 모두 억울하지 않은 일이라고 할 수 없을 것이니, 유사는 신원(伸冤)에 힘써야 한다."고 지시하였다. 그러나 집의(執義) 남세준(南世準)은 "이전에는 가전에서 정소하면 사람들이 듣고서 놀라워하였는데, 이제는 하찮은 일일지라도 예사로 생각"하게 된 현실을 지적하면서 정소한 것이 부실한 자는 죄줄 것을 주청하였고, 나아가 직소를 위해 어가(御駕) 따라오며 시끄럽게 외치는 '한심한'을 사태를 방지하기 위해 '신문고 두는 법'을 다시 쓰고 가전에서 정소하는 것을 금지할 것을 주청하였다.110) 그러나 가전 정소 금지 주청은 받아들여지지 않았다.

한편 격쟁을 남발을 방지하려는 노력은 거의 모든 국왕이 관심을 가졌다. 1635년(인조 13)에는 차비문(差備門) 밖에서 하등 중요치 않은 일로 하

---

108) 『중종실록』, 중종 8년 1월 29일. 이때 흥미로운 사실은 특진관 조계상(曺繼商)은 "가전에서 정소하는 일이 근래 더욱 심해져서 부녀자 중에도 친히 정소하는 자가 있"다고 하면서 고한 것이 부실하면 죄줄 것을 주청하였지만, 국왕은 "부녀자가 친히 정소하는 것은 본디 그 법이 있으므로, 일체 논죄(論罪)하면 안 된다."고 하였다는 점이다. 물론 그 이전에도 자식을 위해, 혹은 남편을 위해 정소하는 여성이 없지 않았지만, 이 무렵에는 그러한 일이 더욱 잦았기 때문인 것으로 보인다.

109) 『중종실록』, 중종 8년 2월 10일.

110) 『중종실록』, 중종 15년 8월 30일.

루에도 여러 번 격쟁이 일어난다고 하였고,[111] 1658년(효종 9)에도 격쟁이 점차 번다해져서, 심지어 민항중(閔恒重)이라는 자는 몇 달 사이에 4~5 차례의 격쟁을 남발하였을 뿐만 아니라, 그가 진술한 내용[供辭] 가운데는 국왕의 범하는 말이 많았다고 하면서 역시 통제의 필요성을 제기하였다.[112] 그 밖에도 사건사 이외의 격쟁이 많다는 비판이 이어졌다.[113] 또 때로는 효종 때의 고령 사람 배순룡(裵順龍)이나 영조 때의 윤봉일(尹鳳逸)처럼 격쟁한 사람이 형조에 체포되어 예형을 받는 과정에서 장에 맞아 죽는 사례도 있었다.[114] 그러나 격쟁을 통한 직소는 단속을 거듭하면서도 말기까지 지속되었다.

다만 이 시기에 국왕의 행차 시에 이루어진 상언 내지 정소는 그 수가 많았고, 1576년(선조 9)의 사례에서 보이듯이 정소할 사람들이 열을 지어 집단적으로 올리기도 하였다.[115] 원억을 직소하려는 사람이 많아서 인지 국왕 행차 시의 정소, 상언에서 격쟁을 수반하는 하는 모습은 거의 보이지 않는다. 16세기 후반까지만 하여도 국왕 행차 시의 직소는 격쟁을 수반하지 않고, 국왕이 탄 가마 앞으로 뛰쳐나오거나,[116] "소장을 나무 끝에 매달고, 휘두르고 부르짖는" 등 시끄러운 소리를 질러 주목을 끈 다음 직소하

111) 『승정원일기』, 인조 13년 1월 23일.

112) 『승정원일기』, 효종 9년 4월 12일.

113) 『승정원일기』, 현종 5년 11월 6일, 현종 6년 7월 29일; 『승정원일기』, 숙종 4년 11월 5일 등 참조.

114) 『효종실록』, 효종 9년 8월 26일; 『승정원일기』 영조 즉위년 11월 1일; 『旺齋遺稿』, 제45권 行狀 "吏曹判書松谷趙公行狀" 을묘년(1675, 숙종1) 등 참조.

115) 1576년(선조 9년)에도 가전에서 정소할 때 열을 지어 꿇어앉아 올리도록 한 사실을 미루어 볼 때 가전 직소는 꾸준히 이어졌던 것으로 보인다(『선조실록』, 선조 9년 7월 11일).

116) 『세종실록』, 세종 21년 윤 2월 1일.

는 것이 일반적이었다.[117)]

국왕이 도성 내외에 행차할 때 격쟁을 수반하는 직소가 일어나는 사례는 조선후기에 들어서 보이기 시작한다.[118)] 1610년(광해군 2)에 국왕이 교외에 거둥할 때 격쟁하며 정소하는 사람들에 대해 "멀리 피해 있게 하여 말을 놀라게 하는 걱정이 없게끔 하라."고 지시하고 있다.[119)] 국왕 행차 시에 격쟁을 수반하는 직소가 적지 않았음을 시사한다. 1625년(인조 3)에는 국왕이 탄 가마가 환궁할 때 광통교(廣通橋) 근처에서 김은복(金隱福)이, 삼간병문(三間屛門) 근처에서 김치중(金致中)이라는 자가, 종루 근처에서는 이천립(李千立)이라는 자가 가전격쟁(駕前擊錚)을 하였으나, 원정은 받아들여지지 않았고 가두어 처벌하도록 하였다.[120)]

1727년(영조 3)에는 역시 환궁하는 어가 앞에서 맹인인 배완(裵浣)이 격쟁하였으나, 받아들여지지 않고 수감되어 처벌을 받았다.[121)] 1740년(영조 16)에는 4명이 가전격쟁을 하였으며, 이 가운데 오언유(吳彦儒)는 조관(朝官)으로서 의금부로 옮겨졌고, 이창순(李昌淳), 심국현(沈國賢), 오언부(吳彦傅) 등을 형조에서 추문(推問)하였다.[122)] 1746년(영조 22)에도 숙천의 임노랑금(林老郞金)이 가전격쟁을 한 적이 있으며,[123)] 747년(영조 23)에는 국왕

117) 『세조실록』, 세조 1년 8월 7일; 『중종실록』, 중종 8년 1월 29일; 헨드릭 하멜 지음, 이병도 역주, 『역주 하멜표류기』, 한국학술정보, 2012, 96쪽.

118) 1560년(명종 15)에도 국왕이 행차를 위해 여가(輿駕)에 오르려 할 때 바로 곁에서 격쟁한 사례가 있었으나, 국왕이 아직 궁궐 안에 있을 때였다(『명종실록』, 명종 15년 5월 2일).

119) 『광해군일기』, 광해군 2년 9월 15일.

120) 『승정원일기』, 인조 3년 8월 29일.

121) 『승정원일기』, 영조 3년 2월 3일.

122) 『승정원일기』, 영조 16년 9월 6일, 9월 9일, 9월 10일.

123) 『승정원일기』, 영조 22년 1월 11일.

이 종묘에 행차했을 때 종묘 대문에서 시위(侍衛)하던 악공(樂工)이 격쟁을 하는 보기 드문 일이 일어나기도 했다.[124)]

이와 같이 격쟁은 신문고가 사실상 폐지되었거나 제 기능을 수행하지 못하면서 백성들이 국왕에게 자신들의 억울함을 직소할 수 있는 거의 유일한 통로였지만, 그 과정이 순탄한 것은 아니었다. 중앙 각사와 지방에서는 격쟁하여 상언한 것들을 보고하지 않고 오랫동안 방치하기도 했으며,[125)] 격쟁을 통한 직소는 의례적인 형추 엄벌을 동반하였기 때문에 효종 때의 배순룡(裵順龍)이나 영조 때의 윤봉일(尹鳳逸)의 사례처럼 죽음에 이르는 일도 적지 않았던 것으로 보인다.[126)]

그러나 앞서 언급했듯이 백성들의 일상은 수많은 원억과 불만으로 가득찬 세계였다. 격쟁이나 상언은 그러한 원억과 불만을 해소해주는 목적을 가진 제도라는 점에서 민본과 인정 이념과 뗄 수 없는 관계였다. 국왕이나 시대적 상황에 따라 제도가 치폐되거나 제한규정과 법 위반에 대한 제재가 강화되기도 했지만, 아래로부터 제기되는 다양한 원억이나 요구는 민본과 인정 이념을 내세우고 성립한 조선왕조의 국왕을 비롯한 관료들에게 압력으로 작용하였다. 민본 이념과 인정 실현에 적극적인 국왕일수록 백성들의 원억과 요구를 좀 더 많이 수용하는 방향으로 격쟁과 상언 제도를 개선하려 한 것은 당연한 일이었다.

---

124) 『승정원일기』, 영조 23년 7월 18일.

125) 『숙종실록』, 숙종 45년 8월 24일.

126) 『효종실록』, 효종 9년 8월 26일; 『승정원일기』 영조 즉위년 11월 1일.

2. 18세기 소원제도의 활성화와 새로운 정치문화의 형성

(1) 영·정조 연간 소원 통로의 확장

앞서 살펴보았듯이 연산군 이래 신문고가 복설되는 1771년(영조 47)까지 격쟁은 사실상 국왕에게 직접 원억을 호소할 수 있는 유일한 수단이었다. 격쟁에 대해 관리들은 금지 내지 통제할 것을 수시로 주청하였고, 국왕도 격쟁 남발을 통제하기도 했다. 그러나 격쟁은 끈질기게 이어졌고, 규정 외의 방법도 불사하였으며 직소의 사안도 다양해졌다. 그것은 "비록 원통한 일을 펴주는 법이 있지만, 먼 외방의 어리석은 백성들이 어찌 하나하나 스스로 알 수 있겠습니까? 만일 스스로 펴려고 하는 사람이 있으면 그만 부민 고소라는 법[部民告訴禁止法]으로 몰아붙이기 때문에 원통한 마음을 품고 있는 사람들이 돌아갈 데가 없었"기 때문이었다.[127]

사정이 이러하였기 때문에 격쟁을 금지시키기 어려웠던 국왕이나 지배층은 격쟁에 관한 법규를 제정하여 격쟁을 통제하고자 하였다. 우선 1557년(명종 12) 격쟁, 상언할 수 있는 사안을 형륙급신(刑戮及身)·부자분간(父子分揀)·적첩분간(嫡妾分揀)·양천분간(良賤分揀) 등 사건사(四件事)로 한정하였다.[128] 『경국대전』에는 단지 '자기 원억(冤抑)'으로만 제시되어 있고 원

127) 『성종실록』, 성종 20년 11월 7일.

128) 『승정원일기』, 현종 6년 7월 29일; 『受教輯錄』, 刑典 告訴. "擊登聞鼓上言, 刑戮及身·父子分揀·嫡妾分揀·良賤分揀事外, 勿許捧入." 연산군 이래 신문고는 사실상 폐치되고 격쟁, 상언이 그것을 대신한 것으로 알려져 있지만, 1557년(명종 12)에도 '등문고'라는 용어가 사용되고 있다. 앞서 언급했듯이 "격쟁하는 법은 곧 옛날 등문고의 뜻"이라는 효종 때의 인식(『효종실록』, 효종 9년 8월 26일)과 통하는 것이다.

억의 대상이 되는 사건에 대한 규정이 없었다. 1557년에 원억의 대상이 되는 사안을 '사건사'에 국한하여 규정한 것은 격쟁, 상언의 남발을 방지하려는 의도에서 나온 것으로 보인다. 또 앞서 살펴보았듯이 이 '사건사'는 사실 성종 연간인 1493년(성종 24)에도 이미 신문고 격고의 핵심적 원정(原情) 사안으로 거론되었던 것들이다.[129)]

격쟁·상언과 관련한 법규정은 조선후기에 들어 다시 몇 차례의 변화를 겪게 된다. 그것은 격쟁할 수 있는 사안이나 주체의 범위가 확대되는 방향이었다. 우선 1666년(현종 7) 아버지가 형벌을 받아 죽은 사건에 대해 자손이 격쟁할 경우 '부민고소금지법(部民告訴禁止法)'으로 처벌하지 말도록 하였다. 이때 담양(潭陽) 사람 이운정(李雲挺)이 자기 아비가 형벌을 받고 죽자 격쟁하여 원통함을 호소하였다가, '부민고소금지법'의 적용을 받아 전가사변(全家徙邊)의 죄를 받았다. 이에 대해 집의(執義) 이익(李翊) 등이 인정과 법으로 볼 때 용서해 줄 수 있는 일이므로 석방시키자는 계언을 올리자 받아들였다.[130)] 이는 '자기 원억'에 대해서만 격쟁을 허용한 『경국대전』의 규정에 비추어 볼 때 의미 있는 변화였다.

현종대에 이어[131)] 숙종 대에도 격쟁에 관한 전교를 내지 않은 날이 없다고 할 정도로 격쟁이 빈발하였다. 따라서 숙종 연간에도 격쟁과 관련한 중

---

129) 이때 성종은 "무릇 상언하는 자가 지면에 제목을 표시하기를, 혹은 부자, 적첩, 양천을 분간하는 것과 혹은 형륙(刑戮)이 스스로에게 미치는 등의 일인데, 그 고소장의 내용을 상고하면 표제와 같지 아니한 것은 죄를 논하는 것이 어떠하겠는가?"라고 하여(『성종실록』, 성종 24년 7월 6일) "부자, 적첩(嫡妾), 양천(良賤分揀)을 분간하는 것과 형륙급신"의 네 가지 사안에 대한 상언이 허용하고 있었음을 알 수 있다.

130) 『현종실록』, 현종 7년 12월 16일; 『受教輯錄』, 刑典 告訴, "其父受刑致死, 擊錚訟冤, 此非部民告訴之比, 參以情法, 容有可恕."

131) 『승정원일기』, 현종 6년 7월 29일.

요한 법규가 새로 마련되었다. 이에 숙종은 1704년(숙종 30) 격쟁할 수 있는 사안과 격쟁할 수 있는 주체를 크게 확대하였다. 우선 격쟁할 수 있는 사안에 대해서는 여전히 '사건사' 곧 형륙급신(刑戮及身)·부자분간(父子分揀)·적첩분간(嫡妾分揀)·양천분간(良賤分揀) 등 4개의 건이 핵심이었지만, 여기에 더해 이 밖의 '지극히 원통한 일(至冤極痛)'에 대해서 격쟁할 경우 엄형을 가하지 말라고 하여 사실상 격쟁할 수 있는 사안을 확대하였다. 또 1557년(명종 12)의 격쟁 관련 규정에는 오로지 자기 자신의 문제에 한하여 격쟁할 수 있었지만, 1704년에는 사건사에 대한 소원 주체를 확장하였다. 무엇보다 '손자가 조부모님을 위하여(孫爲祖父母)', '자식이 부모를 위하여(子爲父母)', '부인이 남편을 위하여(妻爲夫)', '동생이 형을 위하여(弟爲兄)' 억울함을 호소하는 것을 사실상 허용하였다.[132] 1666년(현종 7)에는 형벌로 죽은 아비를 위해 자식이 격쟁하는 것만 허용되었으나, 이번에는 그 범위가 대폭 늘어난 것이다.

이러한 변화에는 우선 남발되는 격쟁을 통제하려는 의도도 있었던 것으로 보인다. 사소한 일로 격쟁하는 자들이 많아지는 상황에 대한 우려는 그 이전부터 제기되어 왔지만, 숙종 때는 격쟁하는 사람이 점차 많아져서 전답, 노비 소송이나 산송(山訟), 그리고 수령의 원류(願留) 같이 매우 사소한 문제까지 대궐에 들어와 격쟁하여 놀라게 한다는 점을 다시 한번 강조하고 있다. 역시 격쟁의 남발을 방지하려는 의도가 읽힌다. 그러나 격쟁할 수 있는 주체의 범위 확대, 그리고 사건사 외에 '지극히 원통한 일(至冤極痛)'에 대해서도 격쟁을 허용한 것은 결국 아래로부터 분출되어 나오는 수많은 원

132) 『숙종실록』, 숙종 30년 3월 9일. "今後孫爲祖父母, 子爲父母, 妻爲夫, 弟爲兄悤冤, 及此外有至冤極痛而擊皷者, 勿爲嚴刑, 以微細猥越事, 闌入闕庭, 驚動天聽者, 依戊午受敎嚴刑。如非理好訟, 構誣訟官, 越訴濫僞之流, 回啓後考律定罪, 以懲其習, 請諭示中外."

억과 불만들에 대한 제한적이지만, 어쩔 수 없는 수용이라는 의미를 가진다고 생각한다. 또한 미세(微細)한 문제라는 이유로 퇴각(退却)할 경우 역시 폐단이 없을 수 없으므로 '비사건사(非四件事)'라 하더라도 일단 받아들인 다음 형관(刑官)이 그 원정(原情)을 살펴서 베풀 수 있는 것은 베풀고, 베풀 수 없는 것은 폐기하라고 하여 직소를 통한 백성들과의 소통을 통해, 인정을 완전히 외면하지는 않으려 했다.[133] 이는 "격쟁이 분운(紛紜)한 것은 반드시 방백과 수령이 사정(私情)에 끌리고 형세에 구애되어 잘못된 줄을 알면서 그릇 판결한 소치(所致)에 말미암아 백성들이 원통하기 때문"이라는 판단에 따른 것으로, 역시 민본과 휼민 정신에 근거하고 있었다.[134]

격쟁과 관련한 숙종대의 새로운 규정 가운데 '손자가 조부모님을 위하여', '자식이 부모를 위하여'라는 두 조항은 '자손이 부조(父祖)를 위하여'라는 하나의 조항으로 합쳐지고, 거기에 '노비가 주인을 위하여'라는 조항이 더해져서 새로운 사건사 규정이 성립되었다. 이는 18세기 중엽 편찬된 『속대전』에 수록되었다.[135]

물론 조선전기로부터 격쟁 주체와 사안이 확대되는 1704년(숙종 30) 이전 사이에도 '자손이 부조(父祖)를 위하여', '부인이 남편을 위하여', '동생이 형을 위하여', '노비가 주인을 위하여' 하는 격고나 격쟁·상언 뿐만 아니라, 아비가 자식을 위해, 형이 동생을 위해 격고, 격쟁한 사례도 적지 않

133) 『승정원일기』, 숙종 30년 3월 9일. 현종 연간에도 이와 유사한 지시를 내린 바 있다. "法典四條外, 不許捧入, 則亦不無抱冤未伸之患, 今後濫雜之類, 議處時詳察, 然後以勿施之意"(『승정원일기』, 현종 6년 7월 29일).

134) 『숙종실록』, 숙종 대왕 행장.

135) 『續大典』, 刑典 訴冤. "[擊申聞鼓者]擊申聞鼓者, 刑戮及身·父子分揀·嫡妾分揀·良賤分揀等項四件事, 及子孫爲父祖·妻爲夫·弟爲兄·奴爲主, 其他至冤極痛事情, 則例刑取招. 此外, 竝嚴刑. 啓達, 勿施. 申聞鼓, 今無之. 訴冤者, 許擊金于差備門外, 謂之擊錚." 한상권, 앞의 책, 32~33쪽.

게 보인다. 또 앞서도 살펴보았듯이 신문고가 설치된 초기의 경우 종사의 위기나 종친에 대한 모해와 상관없는 다양한 사안들에 대해서까지 집단으로 격고하는 사례가 적지 않았다. 모두 '자기 원억'에 국한다는 『경국대전』의 규정을 위반한 것이지만, 대체로 원정이 받아들여지는 경우가 많았다.[136] 이런 점에 비추어 볼 때 16세기부터 18세기에 걸친 직소 관련 법제의 정비는 양면적 성격을 가진다고 본다. 한편으로 민본과 인정 이념에 의거하여 아래로부터의 요구를 수용했다는 의미도 있다. 또 다른 한편으로는 격쟁의 남발을 방지하려는 의도에서 오히려 격쟁 가능한 사안의 범위를 축소했다는 혐의가 없지 않다.

상언이나 격쟁 등 소원제도가 가장 활발하게 시행된 것은 "민본"과 "인정"을 강조하면서 왕권강화를 추구한 영조, 특히 정조 연간이었다. 소원제도와 관련된 규정이 조금씩 완화되고 격고 할 수 있는 사안이 확대되어 갔다. 영조와 정조 연간에는 다양한 목민서들과 법률지침서들도 많이 편찬되었다. 민정(民政) 및 법률지침서의 적극적인 편찬은 한편으로 지방사회 운영에 대한 중요성이 강조되고, 지방사회를 효과적으로 통제하려는 목적 때문이었다.[137] 그러나 대부분의 〈목민서(牧民書)〉들이 소농 혹은 소민들의 보호를 강조하고 있었다는 데서도 알 수 있듯이 거기에는 소농·소민들의

---

136) 몇 가지 예를 들면 다음과 같다. 효령 대군의 종 동백이 신문고를 울린 일(『세종실록』, 세종 9년 6월 23일), 부인이 남편의 억울함을 후소하며 신문고를 울린 일(『세종실록』, 세종 15년 6월 28일, 세종 26년 10월 29일), 자식이 아비를 우하여 울린 일(『세종실록』, 세종 19년 6월 21일), 외손이 외조부를 위하여 울린 일(『문종실록』, 문종 2년 4월 11일), 동생이 형을 위하여 격쟁한 일(『현종실록』 현종 3년 6월 16일), 반대로 형이 동생을 위하여 격쟁한 일(『현종실록』 현종 6년 2월 20일), 동생이 형. 자식이 아비를 위해 격쟁한 일(『현종실록』 현종 5년 윤 6월 3일), 아비가 자식을 위해 격쟁한 일(『현종실록』 현종 8년 11월 3일).

137) 심재우, 「조선후기 목민서의 편찬과 수령의 형정운영」, 『규장각』 21, 1998, 89~91쪽.

사회적 성장이 반영되어 있다고 생각한다.[138)]

예를 들면 영조 연간(1771년)에 편찬된 『동국문헌비고(東國文獻備考)』 중 「전부고(田賦考)」의 내용 분석을 통해 사회경제 정책의 이념에 대해 검토한 송양섭에 따르면, 내용의 주종을 이루는 것은 부세감면 및 균등화 조치, 농업 및 농민보호에 있었다. 이는 중간수탈을 배제하고 민에 대한 부담을 줄여주고자 한 당시의 각종 시책과도 관련이 있다고 하였다.[139)] 이 역시 이 시기의 소농의 성장과 그에 대한 보호정책이라는 맥락에서 이해할 수 있을 것이다. 영조와 정조는 인정이 곧 왕도를 행하는 길이고,[140)] 정치의 근본임을 강조하였다.[141)] 이들이 행한 구체적인 인정은 난장으로 도둑을 다스리는 형정을 제거하는 것,[142)] "기근이 들면 진휼하고, 인재 등용과 민막(民瘼) 조사, 요역을 가볍게 하고 휼형(恤刑)을 베푸는 것" 등이었다.[143)]

---

138) 갑술양전(1634)에서 경자양전(1720) 사이의 토지소유규모 변화영상을 분석한 최근의 사례들에 의하면 이 기간 사이에 대토지 소유는 소유자의 수나 규모 면에서 줄어드는 반면 소토지 소유는 소유자 수나 총소유 규모 면에서 증가한다는 결론을 내리고 있다(이영훈, 「한국사에 있어서 근대로의 이행과 특질」, 『경제사학』 21, 1996; 김건태, 「17~18 세기 전답소유규모의 영세화와 양반층의 대응」, 『한국사학보』 9, 2000; 미야지마 히로시, 「유교의 제민사상과 소농사회론」, 『국학연구』 14, 2009).

139) 송양섭, 「『東國文獻備考』 「田賦考」에 나타난 사회경제정책과 이념」, 『진단학보』 106, 2008.

140) 『영조실록』, 영조 38년 4월 2일.

141) 『정조실록』, 정조 7년 3월 1일.

142) 『영조실록』, 영조 46년 6월 18일. 이에 대해 조윤선은 영조대 남형과 혹형의 폐지는 왕의 개인적 흠휼의 덕에 의한 것이라기보다는 신임옥사와 무신란을 비롯한 수많은 정치적 사건의 경험과 혹형을 지양하는 시대적 당위성의 산물로 볼 것을 제안하였다(조윤선, 「영조대 남형·혹형 폐지 과정의 실태와 欽恤策에 대한 평가」, 『조선시대사학보』 48, 2009).

143) 『弘齋全書』, 제26권 綸音 1.

영조는 즉위 초부터 민폐를 덜기 위해 원릉(園陵)에 행행할 때 도로와 교량을 수리하지 말도록 하였고,[144] 흉년이 들었을 때는 탄일(誕日)·동지(冬至)에 올리는 각도(各道)의 방물(方物)과 물선(物膳)을 특별히 권감(權減)하여 진휼에 보태도록 하는 등[145] 인정을 베풀기 위해 노력하였다. 또 영조 47년(1771) 11월 창덕궁의 진선문(進善門)과 경희궁 시어소(時御所)의 건명문(建明門) 남쪽 두 곳에 신문고를 복설하였다. 경복궁 문루 1곳에 설치되었던 것을 창덕궁과 경희궁 2곳으로 늘려 설치한 것이다.[146]

이때 영조는 "전면과 후면에 '신문고(申聞鼓)'라고 세 글자를 써서 우부우부(愚夫愚婦)로 하여금 모두 알게"하였다. 다음날에는 신문고를 친 사람에게 예형(例刑)을 가하는 규정을 없애도록 하였다. "국초(國初)에 없던 것이고 신문고를 설치한 뜻이 아니"었기 때문이다.[147] 언제부터인가 격쟁을 하게 되면 형조에서 격쟁한 사람을 일단 잡아 가두고 예형(例刑)을 가한 후 조사하는 것이 관례로 되어 있었던 것으로 보이며, 앞에서도 살펴봤듯이 과도한 형장으로 사망하는 사례가 나오기도 했다. 형추하는 규정을 없앤 것은 그러한 불상사를 막겠다는 의지도 있지만, 무엇보다 백성들이 억울함이나 불만을 좀 더 자유롭게 직소할 수 있도록 한 것으로 인정의 핵심인 애민, 휼형과도 연결되는 발상이었다고 생각한다.

그러나 영조는 1771년(영조 47) 신문고를 복설하면서 사건사에 관계되는 사안에 한하여 신문고 격고를 허용하였고, 격쟁에 대해서는 전면적으로 금지시켰다. 격쟁은 성종 무렵부터 신문고와 함께 활발하게 활용되어 왔다.

---

144) 『영조실록』, 영조 3년 1월 5일.

145) 『영조실록』, 영조 8년 8월 18일.

146) 창덕궁의 진선문(進善門)과 경희궁의 건명문(建明門) 두 곳에 설치한 것이며, 창덕궁과 경희궁 숙종과 영조 연간에 동궐과 서궐이었다(조윤선, 앞의 글, 303쪽).

147) 『영조실록』, 영조 47년 11월 24일.

그러다가 연산군대에는 신문고와 격쟁 등 모든 직소가 금지되었지만, 중종 때부터는 격쟁이 다시 허용되었고 이후 영조가 신문고를 복설할 때까지 백성들이 국왕에게 원억을 직소할 수 있는 사실상 유일한 수단이었다. 영조는 신문고를 복설하면서 그런 격쟁을 금지한 것이다. 나아가 그 동안 원억을 호소하려는 백성들이 격쟁을 치기 위해 주로 이용하던 장소였던 차비문(差備門) 밖은 물론 길거리에서 징을 칠 경우 비록 사건사(四件事)에 관계된다 하더라도 결장(決杖)하도록 하였다. 또 사건사에 관계되지 않는 일로 격고한 사람은 호남의 연해에 충군(充軍)시키도록 하였다.148) 격정이 온전 금지되었다는 점, 사건사 이외의 격쟁은 물론 격고(擊鼓)에 대해 충군이라는 엄중한 처벌이 가해졌다는 점, 신문고가 허용되었다하더라도 궁궐 안에 설치되었다는 점 등을 고려할 때 의도여부와는 무관하게 직소의 통로가 좁고 험해진 결과를 낳았다고 볼 수 있다.

예컨대 영조는 신문고를 복설한 3년 뒤인 1774년(영조 50) 궐문(闕門)에서 북을 울리고 가전격쟁을 하는 일들에 대한 엄격한 조사와 엄벌 의지를 다시 한번 확인하였다.149) 사건사가 아닌 사안에 대해서도 엄벌에 처했다. 신문고를 복설한 다음해인 1772년(영조 48) 건명문의 신문고를 격고한 연

148) 『영조실록』, 영조 47년 11월 23일. 이에 대해 정조 연간에는 다음과 같이 기록해두고 있다. "『문헌비고(文獻備考)』를 편집한 이후에 특별히 명하여 쟁(錚)을 고(鼓)로 대신하였다. 그리하여 옛날 협양문(協陽門)·광달문(廣達門) 밖에서 치던 쟁을 치우고, 지금은 진선문(進善門)·건명문(建明門)에 북으로 대신 설치하였다" (『정조실록』, 정조 22년 3월 8일). 이때부터 가로(街路)에서 격정하는 행위에 대해서는 사건사(四件事)의 여부를 막론하고 모두 결장하고 먼 곳에 정배시켜 왔다(『정조실록』, 정조 1년 6월 10일). 『추관지(秋官志』)』에는 신문고에 대한 간단한 연혁과 함께 이 신문고 복설 사실을 기록해두고 있다. 『秋官志』 卷6, 考律部, 定制, 申聞鼓.

149) 『승정원일기』, 영조 50년 5월 30일.

인손(延仁孫)을 가삽 삼잡(假揷三匝) 후에 영종진(永宗鎭)에 충군(充軍)하도록 하였다.[150] 같은 날 가전격쟁을 한 양주(楊州) 유학(幼學) 구익겸(具益謙)에 대해서는 영남의 연해(沿海)에 정배하는데 그치게 할 수는 없다며, 섬으로 정배하도록 하자는 사간(司諫) 김서응(金瑞應)의 계언을 받아들였다.[151] 물론 구익겸의 경우 이례적으로 매우 가혹한 처벌을 내렸는데, 그것은 영조에게 매우 민감한 무신란(戊申亂)과 관련된 사안으로 격쟁을 하였기 때문이다.

그렇다 하여 영조가 모든 직소에 대해 이렇게 엄벌을 내린 것은 아니었다. 신문고를 복설하고 격쟁을 금한 이후에도 국왕에게 직소한 것뿐만 아니라 지방관에게 직소한 원정까지 일단 받아서 그 내용을 보고하게 하였고, 내용을 살핀 다음 그 사안을 들어줄 것인지의 여부를 결정하는 사례도 적지 않았기 때문이다.[152] 이처럼 신문고 복설과 격쟁의 금지에도 불구하고 격쟁은 이어졌고, 사건사(四件事) 이외의 일로 신문고를 울리는 일도 사라지지 않았다.[153]

정조는 한편으로는 "민본"과 "인정"을 강조하면서 다른 한편으로는 왕권강화를 추구하였다. 왕권강화를 위해 수령권을 강화해 나간 정조는 한편

150) 『영조실록』, 영조 48년 5월 26일.

151) 『승정원일기』, 영조 50년 5월 28일, 5월 29일, 5월 30일; 『영조실록』, 영조 50년 5월 30일.

152) 『승정원일기』, 영조 48년 11월 28일, 영조 49년 2월 19일, 영조 50년 3월 6일, 영조 50년 3월 7일, 영조 50년 4월 13일, 영조 50년 5월 24일, 영조 50년 6월 1일, 영조 50년 8월 28일, 영조 51년 8월 25일, 영조 52년 1월 2일 등 참조. 다만 경우에 따라 격고와 격쟁이 혼용되기도 했기 때문에 여기에 제시된 사례 가운데도 '격쟁'이 아닌 '격고'도 있을 수 있다는 점을 밝혀둔다.

153) 이에 따라 영조도 신문고를 복설한 지 한 달여 만에 철폐를 명령했다가, 지시를 거두어 들였다(『영조실록』, 영조 47년 12월 25일).

으로는 능행 등을 통해 재지유생들의 사기를 진작시키기도 했으며,[154] 다른 한편 그 동안 상언·격쟁의 대상에서 제외해 왔던 민은(民隱)까지 받아들였고, 장리(贓吏)에 대한 처벌 강화, 비변사 팔도구관당상제(八道句管堂上制)의 강화, 어사 파견과 권한 강화 등의 조치를 취하였다.[155] 여기서는 정조 때 변화된 직소제도 가운데 민본 이념이나 인정과 직결되는 두 가지 문제 곧 가전격쟁(駕前擊錚) 혹은 위외격쟁(衛外擊錚)을 허용한 일, 그리고 그 동안 금지되어왔던 민은에 관한 격쟁과 상언을 허용한 획기적인 조처에 대해 살펴보고자 한다.[156]

정조는 신문고를 복설한 뒤 영조가 정해놓은 규정들, 곧 격쟁을 완전히 금지하고 그것을 어길 때는 곤장으로 다스리며, 사건사에 관계되지 않는 일로 격고한 사람은 연해에 충군시킨다는 규정을 완화하고자 하였다 정조가 위외격쟁, 곧 가전격쟁을[157] 허용하려 한 배후에는 무엇보다 원억의 해

154) 김문식, 『정조의 제왕학』, 태학사, 2007, 290~293쪽.

155) 이에 대한 자세한 내용은 한상권, 앞의 책 참조.

156) 『大典會通』 刑典, 訴冤.

157) 격쟁은 조선전기의 경우 거의 대부분 궁궐 내외에서 일어났다. 앞서 살펴보았듯이 국왕 행차시에 격쟁이 일어나는 것은 광해군 대에 처음으로 보인다. 후기에는 궁궐 내외의 격쟁은 주로 임금이 평소 거처하는 편전(便殿)의 앞문인 차비문 밖에서 행해졌고, 일부는 궁궐 밖에서도 일어났다. 조윤선은 전자를 차비격쟁(差備擊錚), 후자를 위외격쟁(衛外擊錚)=가전격쟁(駕前擊錚)으로 구분했다(조윤선, 앞의 글, 2023, 294~295쪽). 한상권은 전자를 대체로 궐내격쟁(闕內擊錚)으로 불렀고, 후자는 국왕이 도성내 동가(動駕)나, 교외에 동가할 때 의장(義仗) 안으로 뛰어들어 행하는 격쟁을 위내격쟁(衛內擊錚), 의장 밖에서 행하는 위외격쟁(衛外擊錚)으로 나누었다. 그러나 위내격쟁은 사실상 불가능하였기 때문에 가전격쟁은 대부분 위외격쟁일 수밖에 없었다고 하였다(한상권, 앞의 책, 57~59쪽). 조선전기의 경우 궐내격쟁은 중종 때부터 사례가 보이기 시작한다는 점, 위내격쟁이든 위외격쟁이든 모두 가전격쟁이라 부를 수 있다는 점 등을 고려할 때 조선시대의 격쟁은 궁궐격쟁과 가전격쟁으로 나누는 것이 적절할 듯하다. 한편 1810년(순조 10)에 수찬(修

소와 휼형을 중심으로 한 인정 실현의 의지가 자리 잡고 있었다. 격쟁을 가능하게 하고 그 통로를 넓히려는 정조의 노력은 즉위 초부터 시작되었다. 그러나 영조의 규정을 바꾸는 과정이 부담스러울 수밖에 없었고, 또 신료들의 이견도 있었기 때문에 그 과정에 굴곡이 없지 않았다.

즉위 초반에는 영조가 신문고를 복설하며 정해놓은 신문고 및 격쟁 관련 규정을 지키는 모습을 보이기도 했다. 1776년(정조 즉위년) 8월에는 가전격쟁은 비록 고례(古例)가 있지만, "사람들이 법을 두려워하지 않는 때에는 결코 한결같이 외람되고 난잡한 일을 엄격하게 통제해야한다"는 하교를 내렸다.[158] 같은 해 10월에는 신문고를 두드려 억울함을 호소한 김이우(金履禹)에 대해 사건사 이외의 일로 격쟁하였으므로 장 1백에 함경도 부령부(富寧府)로 유배를 보내자는 형조의 계언을 받아들였고,[159] 11월에도 이종윤(李宗胤)을 마찬가지 죄명으로 전라도 흥양으로 유배하였다.[160] 1777년(정조 1)에도 가전(駕前)에서 격쟁한 자를 정식에 따라 곧바로 처벌하도록 분부하였다.[161] 이외에도 정조 즉위 초반에는 사건사가 아닌 사안에 대한 격쟁에 대해서 영조의 수교대로 처벌하는 사례가 많이 보인다.[162] 또 일부

撰) 윤일규(尹日逵)는 가전격쟁이 이전의 역사에 없었고, 유독 우리나라에만 있는 제도인데 이는 선대 왕들이[祖宗朝] 백성의 고통을 구휼하기 위한 특별한 은혜[恤民隱之特恩]에서 내놓은 것이라고 한 바 있다(『승정원일기』, 순조 10년 4월 15일). 중국의 명청대나 일본의 에도 막부 시기에도 가전격쟁 내지 가전 상언이 전혀 없었던 것은 아니나, 조선의 경우가 압도적으로 많았다(배항섭, 「'근세' 동아시아의 直訴와 정치문화」, 『역사비평』 117, 2016 참조).

158) 『승정원일기』, 정조 즉위년 8월 22일.

159) 『승정원일기』, 정조 즉위년 10월 5일.

160) 『승정원일기』, 정조 즉위년 11월 9일.

161) 『승정원일기』, 정조 1년 2월 24일.

162) 『승정원일기』, 정조 1년 3월 11일, 정조 1년 3월 15일, 정조 1년 7월 24일, 정조 2년 1월 5일.

사건에 따라서는 여전히 충군법을 적용하기도 하였다.[163]

그러나 다른 한편 즉위 초반부터 영조가 정해 놓은 격쟁 금지법과 처벌 규정을 극복하려는 노력이 기울여졌다.[164] 앞서 언급했듯이 1776년 8월 사건사 이외의 사안으로 격쟁한 사람들을 장 100에 유배하도록 하는 한편, 어가 앞에서 격쟁한 죄인과 상언(上言) 한 죄인을 풀어 주라는 상반된 지시를 동시에 내렸다. 같은 날 1776년(정조 즉위년) 8월에는 도승지 홍국영(洪國榮) 등에게 이번 행차에 가전격쟁한 건수가 몇 장인가를 자세히 확인하여 보고하도록 하였다.[165] 이는 가전격쟁을 허용하겠다는 잠재적 의사 표현이었다고 생각된다.

이어 1777년(정조 1) 2월에는 영조의 격쟁 금지에 대해 독특한 해석을 내놓았다. 곧, 대궐에서는 차비문 밖에서 격쟁하고 동가(動駕)할 때는 호위 밖에서 격쟁하는 것이 옛 제도라고 하였다. 격쟁을 허용하기 위해 국왕 행차시의 격쟁이 예부터 있었던 것임을 지적한 것이다. 그런 다음 영조가 신문고를 다시 설치한 뒤에 격쟁을 금한 것은 특별히 궐내에서 행하는 격쟁을 금한 것인데, 그 뒤 교외에서 모두 금지하고 심지어 잡아 가두기까지 하는 것은 '괴이하다'고 하였다. 이번에 자기가 동가(動駕) 할 때에도 격쟁을 금지하라는 지시를 내리지 않았음에도 금지한 것은 담당 관리가 격쟁과 관련한 이런 사정을 몰랐기 때문이라고 하였다. 그래서 앞으로는 신문고가 복설되어 있는 궐내에서는 격쟁이 필요 없겠지만, 행차시에 위외격쟁(衛外

163) 『승정원일기』, 정조 2년 9월 15일.

164) 정조 스스로도 즉위년간 재위 1년차인 병신(丙申, 1776)·정유(丁酉, 1777) 연간에 특별히 위외격쟁(衛外擊錚)을 금지하지 말 것을 명령한 것으로 기억하였다. 그것은 이미 궐내에 함부로 들어오는 것이 금지되었고, 궐외에서는 격쟁할 수 있는 길이 막혔기 때문에 하정(下情)이 상달되지 못할 것을 두려워했기 때문이라고 밝혔다(『승정원일기』, 정조 7년 7월 12일).

165) 『승정원일기』, 정조 즉위년 8월 22일.

擊錚)을 한 사람은 고례(古例)에 따라 형조에 넘겨 추문(推問)하여 계문(啓聞)하도록 하였다. 같은 날 격쟁으로 잡혀 미결수로 갇혀 있는 죄수를 풀어주라고 하였다.[166] 사실상 위외격쟁을 허용하고자 하였음을 보여준다.

또 정조 1년(1777) 6월 형조판서가 격쟁하는 자는 사건사(四件事)의 여부를 막론하고 모두 결장(決杖)하여 먼 곳에 정배시킨다는 영조 때의 규정에 따라 가전격쟁을 한 고령(高靈)의 여인을 구례(舊例)에 의하여 처벌할 것을 주청하였다. 그러자 정조는 "문금(門禁)이 엄중하여 대궐에 들어와서 신문고를 두드릴 길이 없으므로 하정이 상달될 수 없다. 그러므로 이후로는 사건사(四件事)에 대하여는 으레 형문(刑問)하여 공초를 받고 사건사가 아니면 형추(刑推)한 뒤 (원정한 사안을-필자) 시행하지 말게 하라."고 하였다.[167]

사건사와 관련된 사안에 대한 격쟁을 허용하겠다는 것이고, 비사건사에 대해서도 원정 내용을 시행하지는 말더라도 조사는 할 것을 지시한 것이다. 사건사와 관계된 사안으로 격쟁을 한 사람에게도 장형을 내렸고, 사건사와 관계없을 경우 장 100에 충군(充軍)한다는 영조의 규정을 사실상 폐기한 것이다. 이 가운데 사건사에 대해서는 결장하지 않고 석방하라는 정조의 지시는 바로 적용되었던 것으로 보인다. 1778년(정조 2) 6월 출신(出身) 유한익(劉漢翼)이 산송(山訟) 관련 문제로 위외격쟁을 하였지만, 사건사와 관계되는 사안이라는 이유로 석방되었다.[168]

사건사 이외의 사안으로 격쟁한 사람에 대한 충군법을 완화하거나 폐지하려는 노력도 이어졌다. 우선 1778년(정조 2)부터 '비사건사(非四件事)'이지만, 민막(民瘼) 혹은 민은과 관계되는 사안으로 격쟁한 경우에는 바로 석

---

166) 『승정원일기』, 정조 1년 2월 20일.
167) 『정조실록』, 정조 1년 6월 10일.
168) 『승정원일기』, 정조 2년 6월 19일.

방하도록 하였다.[169] 민은에 대한 격쟁 허용에 한 번 더 다가간 것이다. 1778년(정조 2) 4월 무렵부터는 비사건사(非四件事)에 관한 격쟁을 한 경우에도 충군하지 말고 단지 결장한 후 석방하도록 하였다.[170] 이때의 논리는 무엇보다 "충군을 하는 것은 과도한 처벌"이라는 것이었다.[171] 또 1778년(정조 2) 정조는 "사건사가 아니라는 이유로 유배된 자들이 많으므로 비사건사로 격쟁한 자를 석방하라고 하였을 뿐만 아니라, 같은 죄목으로 유배된 자들도 모두 풀어주라고 지시하였다.[172]

1780년(정조 4)에도 같은 이유에서 사건사 이외의 사안으로 격쟁한 사람들을 석방하도록 지시하였다. 흥미로운 것은 충군 내지 연해에 유배하라는 지시를 번복하고 석방해주라고 한 이유로 "근래에 유배되는 자들이 많아 참으로 열읍(列邑)의 고질적인 폐단이고, 잠깐 정배했다가 곧바로 용서해주는 것도 그저 무익하다."는 점을 들고 있다는 사실이다.[173] 사건사 외의 격쟁에 대해 결장한 후 충군하도록 한 영조의 교시를 거스르는 조치를 취하면서도 매우 곤란해 하는 모습을 엿볼 수 있다.

이러한 정조의 노력, 비사건사에 대해 충군하지 말라는 지시 등이 곧바로 법제화되거나 모든 사안에 적용된 것은 아니었고, 신료들의 반발도 있었던 것으로 보인다. 비사건사로 격쟁한 사람들에 대해 유배를 보내지 말고, 이미 정배된 자들도 모두 석방하라는 지시가 있었지만, 1780년(정조 4) 4월에는 또 다시 비사건사로 격쟁한 자들에 대해 충군하자는 형조의 계언

169) 『승정원일기』, 정조 3년 2월 12일, 정조 4년 1월 10일.

170) 『승정원일기』, 정조 2년 4월 10일, 정조 3년 8월 13일, 정조 3년 8월 13일, 정조 4년 2월 11일, 정조 4년 9월 6일.

171) 『승정원일기』, 정조 4년 9월 6일.

172) 『승정원일기』, 정조 2년 9월 27일.

173) 『승정원일기』, 정조 4년 9월 7일.

이 있었다. 이때 형조에서는 장이주(張以柱)·최춘덕(崔春德)·최담(崔曇)·위기복(魏起復)·사노 여가와 응금(私奴 盧加·應金) 등이 가전격쟁하며 호소하였으나 모두 사건사에 해당하는 사안이 아니었기 때문에 영조가 규정해 놓은 법규정에 따라 결장(決杖)한 후 충군(充軍)하도록 하자고 계언을 올렸다. 정조는 이때도 결장만 하고 충군은 하지 말 것을 지시했다.[174] 또 1781년(정조 5) 7월에도 가전격쟁한 사람은 모두 여섯 명이었는데, 네 사람은 사건사(四件事) 이외의 사안이었다. 그 중 한 사람은 어영청의 상번군(上番軍)으로 복장을 평민처럼 위장하고 격쟁하였기에, 곤장 50대의 처벌을 받았고, 그의 직속상관인 어영대장 이창운(李昌運)은 파직되었다.[175] 다만 어영청 상번군을 포함하여 사건사 이외의 사안으로 격쟁한 사람들을 충군시켰다는 내용은 없다.

정조는 이제 격쟁에 관련한 새로운 규정을 좀 더 분명히 하고자 하였다. 영조가 신문고를 복설한 다음 궐내는 물론 가로의 격쟁까지 전면 금지시킨 것은 분명한 사실이었던 만큼 정조는 가전격쟁을 허용하고 신문고를 격고할 수 있는 사안을 확장하기 위한 설득력 있는 논리들을 만들어 나갔다.

격쟁을 허용하려는 정조의 인식과 논리는 1781년(정조 5) 7월 16일 정조가 영의정 서명선(徐命善)을 비롯하여, 형조판서 김로진(金魯鎭), 예조판서 정민시(鄭民始) 등과 나눈 대화 속에서 한층 진전된 모습으로 제시되었다. 영의정 등은 앞서 정조가 사실상 위외격쟁을 허용한 뒤로 "연로(輦路)의 격쟁은 외람스러운 것이 많고", "기강이 풀리고 백성의 습성이 어리석고 완악하여 거가(車駕) 앞에서 격쟁하는 일을 예사로 여긴다."고 하여 가전격쟁이 증가하고 있는 현실에 우려를 표명하였다. 이어 "성내의 거둥시 위외격

174) 『승정원일기』, 정조 4년 2월 11일.

175) 『승정원일기』, 정조 5년 7월 16일; 『비변사등록』, 정조 5년 7월 18일.

쟁"은 규정에 없는 것이므로 사건사 이외의 격쟁을 한 사람에게 충군법(充軍法)을 적용할 것을 주청하였다. 이때도 정조는 "한번 충군되면 끝내 사전(赦典)에 들지 못하니, 이것이 어찌 형벌을 신중히 하는 도리이겠는가?"라며 반대 의사를 표했다 그러면서 위외격쟁, 곧 가전격쟁의 필요성을 다음과 같이 피력하였다.

> 옛날에는 혼금(閽禁)이 엄하지 않아서 격쟁하는 사람들이 연영문(延英門) 밖에서 마음대로 격쟁하였는데, 그럴 경우 중금(中禁)이 그 쟁(錚)을 빼앗고 그 사람은 해조(該曹)에 출부(出付)시켰었다. 선조(先朝) 때 진선문(進善門)에 북을 처음 설치하고서부터 격쟁법이 드디어 폐기되었다. 근래에는 혼금이 조금 엄하여져 마음대로 들어와서 격고(擊鼓)할 수가 없다. 그래서 위외격쟁(衛外擊錚)하는 사람을 금하지 않고 있는데, 이는 실로 하정(下情)이 (위로) 통하게 되는 도리이다.176)

혼금이 엄격한 지금으로서는, 사실상 민본 이념과 인정 실현을 위한 기초적 전제가 되는 하정 상달을 위해 위외격쟁 혹은 가전격쟁을 금해서는 안 된다는 점을 강조한 것이다. 영조가 가전격쟁을 금지하지 않았다는 사실에 대한 단순한 지적이 아니라, 하정 상달의 도리, 곧 태종 이래 신문고 등 직소제도를 마련한 기본정신을 들고 와서 가전격쟁의 필요성을 역설한 것이다. 또한 충군법에 대해서도 맹자가 제시한 대표적인 인정의 내용인 '형벌을 줄이는 것[省刑罰]'이라는 맥락에서 그 가혹함을 지적하고 있다. 정조는 이와 거의 동일한 말을 같은 해 12월에도 2차례나 설파하였다. 먼저 12월 15일 격쟁을 허용해야 한다는 논리를 다음과 같이 제시하였다.

---

176) 『정조실록』, 정조 5년 7월 16일.

> 옛날에는 궐문 안에서 격쟁(擊錚) 한 규례가 있었다. 선조(영조)께서 궐내에 특별히 신문고를 설치하고 무릇 사건사(四件事)에 관계되는 사안들에 대해서는 모두 호소할 수 있게 하였다. 근일에는 문금(門禁) 극히 엄중하여 난입할 길이 없다. 호소할 길이 동가(動駕)할 때 외에는 없어서 가전 격쟁이 이렇게 분운(紛紜)한 것이다. 내가 격쟁하는 사람을 죄주지 않는 것은 (중략) 지금 일절 막아버리면 민간의 모든 시름과 답답한 마음, 억울함과 괴로움[愁鬱冤苦]을 무엇을 통해 국왕에게 알릴 수 있겠는가? 비록 '사건사(四件事)'가 아니더라도 마땅히 지나치게 외람(猥濫)된 것들만 금해야 한다. 사건사의 경우에는 등문(登聞)하도록 허락하는 것이 이미 법전에 실려 있는데, 더욱 어찌 경솔하다는 핑계로 곧바로 충군할 수 있겠는가. 그렇다면 실로 아랫사람의 사정을 알아주는 도리[通下情之道]가 아니다.[177)]

그로부터 5일 뒤인 정조 5년 12월 20일에는 격쟁 금지 및 그것을 어길 시 처벌한다는 영조의 규정이 폐지되고 새로운 율문이 정해졌다.[178)]

> 선조(先朝) 때에 북을 두고 격쟁을 금지한 뜻은 궐문에 들어오게 하여 원통함을 호소하게 하려는 데에서 나온 것이다. 1776년 이후로는 대궐문에 난입할 수 없어 원통함을 호소하는 길이 오직 동가(動駕) 할 때뿐인데, 만약 격쟁을 금지한다면 백성들의 질고(疾苦)를 상달할 길이 없기 때문에 쟁쟁을 하도록 허락하였다. 이미 허락하였다면 충군하는 형률을 시행할 수 없으니, 형조 판서가 아뢴 대로 본율(本律)로 시행하는 것이 좋겠다.[179)]

이에 따라 격쟁 금지와 금지령을 어겼을 경우 충군한다는 영조 시기의

177) 『승정원일기』, 정조 5년 12월 15일.

178) 그러나 이 이후에도 격쟁에 대한 금지와 신문고의 궐외 설치 등을 주청하는 관료 지식인들의 요구가 사라지지 않았다. 예컨대 정조 7년 7월 전 도헌(前都憲) 정호인(鄭好仁)의 상소 등 참조(『승정원일기』, 정조 7년 7월 12일).

179) 『승정원일기』, 정조 5년 12월 20일.

규정은 사실상 폐지되었다. 다만 격쟁하여 상언한 내용이 허위일 경우는 장 100에 유배 3년의 처벌을 명하였다.[180)]

또한 1789년(정조 13)에는 사건사 이외의 사안으로 격쟁한 사람들이 대해서도 결장(決杖)하고 유배를 보내는 것이 아니라, 원정 내용을 시행하지는 말되, 공초(供招) 한 것을 가져다가 그 개략적인 내용을 모아 후록(後錄)하여 보고하도록 하였다.[181)] 즉 정조 초반 이후 도성 안이나 혹은 왕이 동가할 때뿐만 아니라, 지방에서 격쟁한 사안도 누락, 지연 없이 형조로 올리도록 하여 국왕이 검토할 수 있게 되었고, 또 관찬 기록에도 남게 되었으며, 나아가 외람(猥濫)한 내용의 격쟁 원정이라도 모두 '후록(後錄)하여 보고'하도록 함으로써 민인들의 생활 현장에서 당면하는 다양한 원억이나 불만들에 대해 살필 수 있게 되었다.[182)] 이 뒤로 외람된 격쟁에 대해서도 후록하는 것이 관례가 되었으며,[183)] 이는 순조 연간에도 이어졌다.[184)]

(2) 민은에 대한 격쟁 허용과 집단적 격쟁의 증가

한편 민은에 대해 격쟁을 허용하게 된 단서는 영조 때부터 다련되고 있

---

180) 『승정원일기』, 정조 5년 12월 20일. 예컨대 1782년(정조 6년)에는 사건사와 관계되는 사안을 격쟁한 경우 석방한다는 새로운 규정이 신료들에 의해서도 받아들여졌고, 그것은 영조의 수교(受敎)에 의거한 것으로 설명되었다(『승정원일기』, 정조 6년 5월 23일. "李時秀, 以刑曹言啓曰, 今日動駕時, 衛外擊錚人等依近例除刑推捧供草記以入而事係四件者依先朝受教竝放送之意, 敢啓, 傳曰, 知道").

181) 『승정원일기』, 정조 13년 2월 17일.

182) 조윤선, 앞의 글, 2023, 293~294쪽.

183) 『승정원일기』, 정조 17년 1월 16일.

184) 『비변사등록』, 순조 11년 5월 4일. "5월 2일 동가(動駕)하실 때에 외람되이 격쟁한 사람의 원정(原情)은 선조(先朝)의 수교에 따라 후록(後錄)하였습니다."

었다. 영조는 여전히 민은에 대한 격쟁을 허용하지는 않았지만, 조금씩 그 단서를 만들어 갔던 것으로 보인다. 농민들이나 상인들을 수시로 불러들여 정책의 편부나, 농사의 형편, 그때마다의 어려움 등을 물어보던 영조는[185] 1758년(영조 34) 8월 숭문당에서 수해를 만나 어려움을 겪는 동교(東郊)·서교(西郊)의 백성들을 소견하였다. 또 우승지 등에게 명하여 동교와 서교 민인들이 올린 민폐(民弊) 상언을 읽게 하였다. 그러면서 영조는 민폐 상언과 관련하여 '서울과 외방의 민폐를 상언하면 가져다가 아뢰라는 명은 바로 지난해 내린 덕음(德音)을 우러러 몸 받는 뜻이다.'라고 하여 민은에 대한 지역 주민들의 집단적 상언을 사실상 허용하는 모습을 보였다.[186] 민은에 대한 상언은 이후 수교에 기록되었으며, 정조가 훗날 민은에 관해서도 격쟁을 허용하는 단서가 되었다.[187]

정조는 앞서 언급했듯이 1779년(정조 3)부터 '비사건사(非四件事)'이지만, 민막(民瘼) 혹은 민은과 관계되는 사안으로 격쟁한 경우에는 바로 석방하도록 한 바 있다.[188] 이러한 노력은 1785년(정조 9) 9월에 새로운 정식으로 완성되었다. 이때 정조는 이봉재(李鳳才)·김종억(金宗億) 등이 상언한 내용들을 조사하는 가운데 다음과 같이 민은에 대한 격쟁과 관련한 중요한 전교를 내렸다.

> 이봉재(李鳳才)·황심(黃深)·장일생(張日生)·김유성(金有聲)·김종억(金宗億) 등 5인이 호소한 것은 비록 사건사(四件事)에 해당하는 것이 아니

185) 『영조실록』, 영조 26년 7월 3일, 영조 34년 6월 6일, 영조 34년 7월 13일, 영조 37년 8월 9일, 영조 50년 4월 29일 등 참조

186) 『승정원일기』, 영조 34년 8월 1일, 영조 34년 8월 6일; 『영조실록』, 영조 34년 8월 6일.

187) 한상권, 앞의 책, 73~77쪽.

188) 『승정원일기』, 정조 3년 2월 12일, 정조 4년 1월 10일.

> 지만, 법전[대전통편]에서 '매우 절실한 민폐(民弊)와 관련되는 것은 사건사 이외의 사안이더라도 청리(聽理)와 명원(鳴冤)을 허용하라는 (영조의-필자) 수교(受敎)가 있다는 것을 이번에 '통편[대전통편]을 편찬할 때 처음으로 알았다. 이후에는 돈을 받고 함부로 호소하는[斂貨猥籲] 자가 아니라면, 민폐와 관계되는 일에 대해서는 곧바로 외람률(猥濫律)로 청(請)하지 말 것을 형조에 분부하고 정식으로 시행하라.[189]

사건사 이외의 사안이라 하더라도 민폐와 관련된 상언은 허용하라는 영조의 수교를 근거로 이후 민폐와 관련된 격쟁에 대해서는 외람률(猥濫律)로 처벌할 수 없게 한 것이다.

부부세 문제를 비롯한 민은에 관한 격쟁은 곧 수령이나 관리들의 부정이나 불법행위에 대한 고발로 연결되기 때문에 그 동안 관리들이 국왕에 대한 직소제도를 반대해온 가장 큰 이유였다. 정조가 민은에 대한 격쟁과 상언을 전면 허용하자 대신을 비롯한 관료들은 이에 크게 반발하였고, 격쟁 원정을 공정히 처리하지 않았을 뿐만 아니라, 격쟁한 사람에 대한 보복을 일삼았다.[190]

그러나 거듭되는 대신과 관료들의 반대에 따라 결국 정조는 격쟁에 대한 규제를 강화해나갔던 것으로 보인다. 1788년에는 성내 격쟁을 금지시켰고, 1791년(정조 15)에는 성내외 동가시에 사소한 일로 격쟁하는 것을 금지시켰다. 각사에서 원정 내용을 왜곡하거나 은폐하는 사례가 속출하자 정조는 또 다시 민폐에 관한 격쟁은 네 가지 사안이 아닐지라도 허용하도록 신

189) 『승정원일기』, 정조 9년 9월 24일.

190) 이는 "도신들은 읍의 폐막에 관계되는 상문(上聞)에 대해서는 오로지 방색(防塞)만 일삼는다"(『일성록』, 정조 6년 4월 11일). "대저 근래 민은이 국왕에 전달되지 못하고 관장된 자들이 왕법착결(枉法錯決)하니 어찌 한심하지 않겠는가?"(『일성록』, 정조 22년 3월 24일)라고 한 데서도 확인된다.

칙하였으며, 성내 동가시에는 통운교 등 세 곳을 정해 격쟁할 수 있도록 허용하였다. 그러나 1788년과 1791년 등에서 보인 정조의 후퇴는 1791년 이후 격쟁이 급감하는 결과를 초래하기도 하였다.

한편 한상권의 연구에 따르면 정조연간에 일어난 상언은 3,092건, 격쟁은 1,335건이었다. 이 가운데 민은에 관한 상언이나 격쟁을 신분별로 보면 전체 762건 중 양인 45.5%, 양반 35.7%, 천민 10.7%, 중인 8.7%였다. 양반이 주체가 된 상언·격쟁의 총 건수가(2,694) 양인(783건)의 세배 이상이었다는 점을 고려할 때 민은과 관련된 상언·격쟁의 경우 양인 쪽이 훨씬 더 우세하였음을 알 수 있다. 또 민은에 관한 전체 상언·격쟁 중 등소형태가 28.4%(91건)였고, 등소 가운데는 민은 관련이 86건(94%)에 이르렀다.[191] 양반층보다는 양인층이 격쟁을 선호하였고, 격쟁을 통한 등소가 대부분 민은과 관련된 것이라는 사실 역시 민은과 관련된 양인층의 절박한 사정과 그 해결을 위한 집요한 노력을 보여준다는 점에서 주목된다.

소원제도의 활성화는 정치문화의 면에서 중요한 의미를 가진다. 신문고를 비롯한 다양한 소원제도의 시행과 활성화는 "인정"의 실현이나 왕권을 강화하려는 국왕이나 지배층의 의도에서 나온 것이다. 그러나 그 제도를 실현하는 것은 백성들이었으며, 제도의 실현과정에서 예기치 못한 결과를 낳기도 했다. 예컨대 조선전기부터도 표지에는 부자, 적첩(嫡妾), 양천을 분간하는 것, 혹은 형륙급신(刑戮及身) 등의 일인 것처럼 썼지만, 그 내용은 그와 관련 없는 상언이 적지 않아서 국왕이 그에 대한 처리를 고민하기도 했다.[192] 국왕조차 속이면서까지 국왕에게 직소해야 할 사정들이 적지 않았음을 의미하지만, 다른 한편 거기에는 "위에 저촉되는 말"이 들어 있는

191) 한상권, 앞의 책, 102쪽, 172쪽, 229쪽.
192) 『성종실록』, 성종 24년 7월 6일.

등 국왕까지도 그 자장 안에 들어오게 될 수 있었음을 의미 한다.[193] 더구나 문서로 된 상언이 아니라 격쟁의 경우 그 주체가 제한이 없었고, 발괄[白活]을 하는 과정에서 돌출적인 발언이 나올 수도 있었다.

한편 민인들의 입장에서 볼 때는 여전히 미흡하였을 것이지만, 다른 국왕들에 비해 상대적으로 민본과 인정 이념의 실현에 적극적이었던 것으로 이해되는 영조와 정조 시대의 직소제도와 소원(訴冤)의 활성화는 정치문화의 면에서 특히 중요한 의미를 가진다. 우선 관리들의 부정부패에 대해서뿐만 아니라 관리와 직접 관련이 없는 분쟁의 해결을 요구하는 소지(所志)나 등장(等狀)도 권력에 대해 일정한 행위를 구하는 의사표시였다는 점에서 정치적 의미를 가진다. 실제로 다양한 방법에 의한 민인들의 인정요구와 행동은 지배층의 의도 여부와 관계없이 정치적 영향력을 행사하며, 정치에 구체적으로 개입하는 상황을 초래하였다. 그 대표적인 모습이 직소에 의한 수령의 처벌이었다.

이미 이전부터도 정책이나 제도, 관리들에 불만을 품은 주민들이 집단으로 상경하여 격고하는 일이 있었고,[194] 영조 때도 집단으로 격정하여 수령

---

193) 이미 성종 때부터 "등문고를 설치한 까닭은 억울한 일을 신문(申聞)할 수 있게 하려는 것인데, 근래 진소(陳訴)하는 자는 꺼리는 것이 없어서 위에 저촉되는 말을 내기까지 하니, 죄주지 않을 수 없습니다.", "전에는 상언(上言)하는 자가 반드시 해사(該司)로 부터 퇴장(退狀)을 받고 나서야 본부(本府)에 정고(呈告)하였는데, 지금은 청리(聽理)하는 사람이 곧바로 본부에 정고하여 예(例)대로 모두 인퇴(印退)하므로, 이 때문에 상언(上言)하는 자가 외람되게 많아졌습니다"(『성종실록』, 성종 5년 7월 29일)라는 지적이 나왔다. 영조 10년에도 격고나 상언과 관련하여 법규에는 원통한 일이 있을 경우 먼저 사헌부에 고하고 그래도 억울한 일이 있은 연후에야 비로소 격고하여 상언하도록 하였습니다. 그런데 지금은 사헌부를 경유하는 일이 없어서 격쟁이나 상언의 내용에 외람됨을 이루 말할 수 없다고 하였다(『승정원일기』, 영조 10년 1월 9일).

194) 『세종실록』, 세종 22년 9월 3일; 『숙종실록』, 숙종 30년 4월 22일; 『만기요람』 재

의 교체를 요구하기도 하였다.[195] 그러나 이제는 직소가 활성화하는 속에서, 심지어 규정 외의 문제를 가지고 대궐 앞에서 소란을 피우더라도 수령들이 파직 처분되거나 유배형에 처해지는 새로운 경험을 하게 되었다.

예컨대 민은에 대한 상언 격쟁을 허용하기 이전인 영조 연간(1761년, 영조 37)에도 임피인 17인, 전주인 3인, 옥구인 2인 등이 상경하여 경복궁 숭현문(崇賢門) 앞에서 시끄럽게 호소하자 국왕이 직접 숭현문으로 가서 그 가운데 임피인 2명을 직접 불러 사유를 물었다. 하나는 종실 후예인 이세섬(李世詹)이었고, 다른 하나는 사족인 김계후(金啓垕)였다. 이들은 흉년이 들어 살기 어려운데다, 신구 포흠에 대한 징납과 군포 때문에 고통을 받던 임피 백성들을 대표하여 전곡을 거두어 상경한 장두(狀頭)들이었다. 이들은 법외의 일로 대궐 앞에서 소란을 피운 죄로 곤장(棍杖) 60대에 유배형을 받았지만, 임피 현령 김치량(金致良)은 흉년에 백성들을 구제하지 못하였고, 향품(鄕品)과 토호들의 민간 수탈을 막지 못한 죄를 물어 삼년의 유배형을 받았고, 감사 박도원(朴道源)은 덕화를 펴진 못한 죄로 파직 처분을 당했다.[196]

이러한 사정 속에서 민인들은 관리의 불법과 수탈이 단지 국왕에게 직소하는 것만으로도 해결되는 과정을 체험하게 되었다. 1771년(영조 47) 10월 영조가 시소(試所)에 친림하였을 때 상주의 여인 김조이(金召史)가 뛰어들어 격고(擊鼓)하며 감사에게 억울하게 죽임을 당한 아비의 억울함을 호소하였다.[197] 이때 김조이는 남복(男服)을 꾸며 입고 손가락을 잘라 혈서로

용편 4, 粮餉廳 屯土.

195) 『영조실록』, 영조 46년 9월 10일, 영조 48년 3월 20일.

196) 『승정원일기』, 영조 37년 11월 14일; 『비변사등록』 영조 37년 11월 14일; 『영조실록』, 영조 37년 11월 14일.

197) 김조이의 사건과 관련하여 '격고'라고 하였으나, 이 사건으로 경상감사를 파직한 기사에는 김조이가 '격쟁'한 일 때문이라고 하였다. 신문고가 복설된 것은 김조이의 '격고' 사건으로부터 한 달 정도 뒤인 11월 23일이다. 따라서 '격고'가 아니라

원정을 썼다.[198] 조사 결과 경상감사는 파직되었고,[199] 상주 목사는 금고 3년에 전형(典刑)하도록 하였다.[200]

이와 같이 직소가 관장까지 교체하는 결과를 초래하자 관료들은 이에 대해 크게 반발하였다.[201] 그러나 위의 사례들은 이제 지방관의 정사는 물론 국왕의 인사권까지도 현실 정치과정에서 민인들의 의사를 반영하는 방식으로 변용되어 가고 있었음을 시사한다. 백성들 입장에서는 직소 당사자나 대표들의 처벌이 수반되기도 했지만, 국왕에 대한 직소에 의해 백성들에게 고통을 주던 지방관들의 부정과 불법행위가 일거에 해결되는 '덕정' 혹은 '인정'이 실감되었던 것이다.

백성들의 직소에 의한 지방관의 파면은 전제왕권 체제 하에서 심상히 넘길 문제가 아니었다. 그것은 16세기 후반 명종 연간에는 주민 집단이 선정을 베푼 군수의 유임을 원하자 그들의 소원(訴願)을 들어준 사실에 대해서도 사신(史臣)이 깊은 우려를 표명한 데서도 확인할 수 있다. 1560년(명종 20) 재령 주민 이걸(李傑)이 궐내에 들어와 격쟁하였다. 내용은 재령 군수(郡守) 이즙(李楫)이 "학교를 일으키고 농사일에 힘썼으며 형벌을 줄이고 부세를 적게 거두었으며 백성 보기를 자식같이 하고 힘을 다하여 빈민을 구휼하니 백성들이 모두 부모처럼 여긴다."고 하며 사직한 군수의 유임을 호소하였다. 또 군민(郡民)들도 같은 사안으로 국왕의 어가 앞에서 상언(上言)하였다. 이러한 격쟁과 상언에 대해 국왕은 "민심(民心)이 지성으로 유

'격쟁'이 타당한 표현일 것이다. 다만 격고와 격쟁도 신문고와 등문고처럼 서로 혼용되기도 했던 것으로 보인다(『승정원일기』, 영조 47년 10월 27일).

198) 『영조실록』, 영조 47년 10월 27일; 『승정원일기』, 영조 47년 10월 27일.

199) 『영조실록』, 영조 47년 11월 10일.

200) 『영조실록』, 영조 47년 11월 1일.

201) 『영조실록』 영조 48년 3월 20일.

임을 원하니 특별히 1등급을 가자(加資)하여 선정을 권면하고 또 본직에 그대로 유임시켜 백성들을 위로하라."고 하였다. 주민 이걸이 사건사 이외의 사안인 군수의 유임을 호수하며 격쟁한 일, 군민들이 집단으로 역시 사건사와 관계없는 사안을 상언한 일은 모두 특기할만하지만, 가장 주목되는 것은 이에 대한 사신(史臣)의 논평이다. 사신은 이에 대해 다음과 같이 논평하였다.

> 이즙은 드러난 선정이 있지 않다. 그런데도 군민의 호소로 인하여 중한 가자를 주었으니 이는 작상(爵賞)하는 권한이 지방 소민의 손에서 나온 것이다. 또 어떻게 거짓의 조짐을 금할 수 있겠는가? 아, 당시에 이목(耳目)의 임무를 맡은 자가 어찌 그런 폐단을 몰랐겠는가? 그러나 입을 다물고 말 한 마디가 없었으니 권간(權奸)의 기세를 두려워함이 이와 같다.[202]

주민들의 격쟁이나 상언이 군수와 협잡 등에 의한 허위일 가능성을 우려하기도 했지만, 무엇보다 "작상하는 권한이 지방 소민의 손에서 나온 것"에 우려를 표하고 있음을 알 수 있다. 직소에 의한 수령의 교체 역시 일부 관료나 지식인들에게는 국왕의 인사권 침해 내지 전제왕권에 대한 도전으로 받아들여졌을 수도 있을 것이다.[203] 나아가 민인들로서는 국왕과의

202) 『명종실록』, 명종 15년 4월 23일.

203) 직소가 아니라 주민들이 직접 떠나는 군수를 붙잡아 둔 경우에도 마찬가지의 문제가 제기되었다. 1862년(철종 13) 4월 전주 판관(全州判官)으로 전임된 황해도 배천(白川) 군수 김우현(金禹鉉)이 송도까지 왔는데도 배천 군민들이 뒤쫓아 와서 도로를 막은 다음 군수를 메고 배천으로 돌아갔다. 이에 대해 황해감사가 군수가 잘 다스렸기 때문에 백성들이 떠나가는 것을 안타까워하여 그런 것이므로 그대로 배천 군수를 맡게 해줄 것을 요청하였다. 그러나 비변사에서는 국왕에게 계를 올려 백 리 가까운 다른 지역으로까지 넘어와서 메고 간 것은 협박한 것이지 머물러 있게 하는 것이 아니며, 더구나 만류해서 될 일이라면 그 폐단으로 보면 축출 또

직접적 소통을 통해 자신들의 손으로 탐관오리들을 쫓아낼 수 있다는 새로운 가능성에 눈을 뜨게 만들었을 것으로 보인다.

또한 영조가 서울 근교의 농민들이나 상인들을 소견하는 자리에서 처음 시도되고, 정조연간에 전면 허용된 민은에 대한 격쟁, 상언은 정치문화와 관련하여 또 다른 국면을 열어나갔다. 민은 혹은 민폐에 대한 집단적 격쟁이 일어나고 사실상 허용되어 간 것이다. 1735년(영조 11) 대동전세(大同田稅)를 순목(純木)으로만 바치도록 한 조정의 정책에 불편을 겪게 된 공인과 도성 백성들이 격쟁하여 원통함을 호소하는 일이 일어났다. 개인이든 집단이든 사건사 이외의 격쟁은 기본적으로 받아들여지지 않았기 때문에 영조도 이에 대해 "소민의 등문(登聞)이 비록 민울(悶鬱)의 극치에서 나왔다고 해도 외람됨도 극치"라고 규정하면서 엄중히 처벌하도록 하였다. 중요한 것은 그러면서 "나라는 백성의 부모인데, 호소하지 않고서 장차 어디로 하겠는가?"라는 휼민정신 내지 인정 이념에 근거하여 "대동전세는 이전대로 돈과 무명[錢木]을 반씩 섞어서 상납하게 하고", "군포·신포는 한결같이 백성의 소원"을 수용할 것을 지시하였다.[204]

이렇게 격쟁·상언의 경험이 쌓여가는 과정에서 민인들과 국왕 혹은 관료 집단 양자 간에는 인정을 매개로 한 정치문화가 형성되어 간 것이다. 이것은 동시에 격쟁 같은 직소제도를 통해 민인들의 소원 행위가 정치과정

한 가능한 것이 된다는 점을 지적하였다. 이어 "수령의 떠나거나 머무르거나 하는 것이 장차 백성에게 달려있는 것이고 조정에 달려있는 것이 아니니, 그래도 되겠습니까?"라고 반문하며 이번 사태에 앞장 선 두민(頭民)을 엄형하고, 백성들의 요구를 물리치지 않고 배천으로 돌아간 배천 군수 역시 나처(拿處)하여 문책하고, 감사까지 감봉하도록 주청하였고, 국왕은 윤허하였다(『비변사등록』, 철종 13년 1862년 4월 26일).

204) 『비변사등록』, 영조 11년 12월 13일.

에 작용하게 되었음을 의미한다. 평천민층은 기본적으로 여전히 정치의 객체였지만, 이들은 지배층과 상호 교섭, 대응하는 경험이 누적되는 과정에서 소원만으로도 정치 과정을 밑으로부터 제어해나갈 수 있는 회로를 발견하였고, 그것이 일정하게 실현될 수 있었기 때문이다. 물론 그 회로는 항상 그런 것은 아니었지만, 백성들의 삶 속에 인정을 되돌려주기도 했다.

그 빈도가 가장 높았던 시대가 정조연간이었다. 소원제도가 확대되고 이전에 비해 충실히 시행되면서 민인들은 구체적인 정사에서 이전 시기와 다른 인정을 경험할 수 있었다. 격쟁·상언을 통해 지방관들의 정사에 대한 자신들의 불만과 이의를 제기하면, 그에 대해 국왕이 이전에 비해 충실하게 응답하는 정사를 실감할 수 있었다. 소원제도를 통해 국왕과 민 사이의 소통이 다른 시기에 비해 충실히 이루어지고 있었던 것이다.

이러한 정치 과정이 제도적으로 정착되거나 명문화된 것은 아니었지만, 이제 지배층이나 많은 피지배층에게 받아들여지는 하나의 "정치문화"로 성립되어 있었던 것이다. 민본과 인정 이념은 구체적인 정치 과정 속에서 한층 뚜렷한 모습으로 받아들여질 수 있었다. 피지배층에 의한 이의제기와 그에 대한 권력의 응답, 곧 지배층이 표방한 민본과 인정 이념과 그에 의거한 피지배층의 요구와 권력의 응답은 이제 지배층이나 피지배층 모두에게 널리 확산되고 수용되면서 정치 과정을 제어하는 하나의 중요한 "정치문화"로 성립될 수 있었던 것이다. 정조대에 활성화된 소원제도가 가지는 민중사적 의의는 바로 여기에 있다.

이러한 노력과 장치는 시기에 따라 차이가 있었지만, 19세기 이전까지 체제를 위협하는 대규모 반란이 일어나지 않았다는 데서도 미루어 짐작할 수 있듯이 적어도 소민들의 불만이 물리적인 저항으로까지 나아가지 않을 정도로 통제하는 스팀 벨브(steam valve) 역할을 수행하였다고 생각한다.

그러나 소원제도의 활성화가 반드시 왕권의 강화로만 연결되는 것은 아니었다. 그것이 널리 알려지고 활발해 질수록 하나의 정치적 행의로서 구조화되면서 국가권력에 대한 압력으로 변화했기 때문이다. 소원이 제대로 해결되지 않거나 제도가 약화될 경우 그에 대한 불만도 고조되었다. 특히 민은에 대한 집단적 직소까지 당연하게 인식하게 되면서 소송 결과에 대해 불만을 품는 사람들의 범위도 넓어 졌다. 결과가 미흡하거나 기대를 배반할 때, 저항성을 띤 모람(冒濫)을 범한 격쟁과 상언 가운데 민은과 관련된 모람의 비중이 가장 높았다는 데서도 보이듯이[205] 소원에 대한 집착이 더 강해지고, 민은의 해결을 위해 집단적으로 새로운 방법을 추구하게 될 것이기 때문이다. 더 중요한 것은 그 과정에서 새로운 질서의 가능성들이 만들어지고 있었다는 점이다.

여기서는 정조연간에 민은을 호소하며 일어난 집단적 격쟁 사건 몇 가지 사례를 통해 살펴보고자 한다. 우선 1782년(정조 6) 5월 황해도 장연에 사는 유학 김정록(金貞祿) 등이 정조의 동가시 위외격쟁을 하였다. 내용을 간추리면 장연현 동나면(冬羅面)에 바닷가에 주인이 없는 땅이 있어서 주민들이 스스로 물력(物力)을 내어 안과 밖에 둑을 쌓은 다음 그곳을 논으로 만들었는데, 2~3명의 유식자들이 나타나서 주민들이 쌓아놓은 둑과 만들어 놓은 논을 빼앗아 다른 사람에게 주어서 억울하니 바로잡아달라는 것이었다. 형조에서는 전답의 소송 문제는 사건사도 아니거니와 영읍(營邑)에서 처리해도 되는데 감히 이렇게 외람된 짓을 하였으므로 원정(原情)을 시행하지 말고, 장두(狀頭)는 율문에 따라 엄벌할 것을 주청하였고 국왕이 윤허하였다.[206]

205) 한상권, 앞의 책, 240~241쪽.

206) 『승정원일기』, 정조 6년 5월 24일.

1784년(정조 8)에는 원춘도(原春道) 간성(杆城)에 사는 임오동(林五同) 등이 가전격쟁을 하였다. 간성은 공삼(貢蔘)을 부담하고 있는 데 최근 삼 가격이 올라서 그것을 부담하느라 피해가 이웃과 친척에게까지 미치니 바로잡아 달라, 또 민호는 적은데 군총(軍摠)이 많아 첩역(疊役)의 어려움이 백골징포(白骨之徵)나 황구첨정(黃口之簽)보다 심하고, 환곡도 지나치게 많아 부담이 너무 크다는 것 등이었다. 형조에서는 이들을 "향곡간민배(鄕曲奸民輩)"로 규정하고 엄벌을 주청하였으나, 국왕은 백성들의 간절한 마음이 여기에 있으니, 외월(猥越)로 논해서는 안 된다고 하며 폐단을 바로잡게 한 뒤에 장계로 보고하고, 격쟁한 사람을 본도로 내려 보내 조사하여 처리하게 하라고 지시하였다.[207)]

1783년(정조 7) 8월에는 전도헌(前都憲) 정호인(鄭好仁)이 다음과 같은 상소를 올렸다.

> 위외격쟁이 외람되기가 근래와 같은 적이 없습니다. 심지어 먼 지방의 간사한 무리[遐方奸細之徒]가 감히 관가에 고발할 마음을 먹지 못하는 사안을 숭엄(崇嚴)에 우러러 아뢰기 위해 돈을 거두어 상경하여 머물면서 기회를 엿보다가 성안에 동가(動駕) 할 때 격쟁한 자가 거의 상속하고 있습니다.[208)]

'지방의 간사한 무리'들이 감히 관가에 고발할 마음을 먹지 못하는 사안을 국왕에게 직소하기 위해 돈을 거두어 상경하여 격쟁을 하는 일이 잇따르고 있다는 것이다.

이와 유사한 일들이 적지 않았지만, 위에 제시한 몇 가지 사례들에서 공

207) 『승정원일기』, 정조 8년 8월 20일.
208) 『승정원일기』, 정조 7년 7월 12일.

통점은 사건사와 관계없는 일종의 집단적 민원 혹은 민은을 해결하기 위해 서울로 올라와 국왕의 어가 앞에서 격쟁을 감행했다는 것이다. 민은에 대한 격쟁 허용이 점차 다양한 분쟁에 대한 집단적 직소로 확산되어 가고 있음을 알 수 있다. 또 "감히 관가에 고발할 마음을 먹지 못하는 사안"을 국왕에게 직소하려 한다고 비판하였지만, 그 배후에는 지방관들에게 거듭되는 소원 내지 정소에도 불구하고 납득할만한 해결책이 나오지 않았거나 기대하기 어려웠다는 사정이 있었을 것으로 보인다. 그러나 여기서 주목하고 싶은 것은 이 사례들에는 새로운 질서의 가능성이 내포되어 있다는 점이다. 우선 서울에 올라 온 것은 분쟁 혹은 민원 당사자 가운데 장두 등 대표 몇 명이었다는 점이다.

특히 마지막 사례에서는 민원이나 분쟁의 직접적 당사자가 아닌 사람일 수도 있다는 인상을 준다. 이들 대표에 대해, '향곡간민배(鄕曲奸民輩)', '하방간세지도(遐方奸細之徒)' 등으로 표현했지만, 몇 가지 점에서 다른 이해가 가능하다. 마지막 사례에서 제시되었듯이 '대표'들은 돈을 거두어 상경한다는 표현이 나온다. 대표를 선정하고 돈을 염출하는 절차나 방법이 뒤따를 수밖에 없는 문제들이다. 어떤 식으로든 이해 당사자들의 집단적 논의를 통해 장두 등 대표를 선발하고, 비용을 염출하여 서울로 파견한 것은 분명할 것이다. 지역 주민들이 자신들의 문제를 해결하려는 분투 과정에서 대표를 선발하고 자신들의 원억을 그들에게 위임하여 해결하려 했다는 점에서 새로운 질서의 가능성을 엿볼 수 있다.[209]

직소를 활성화시킨 정조연간에도 즉위 초부터 관료들에 의해 그에 대한 반대가 제기되었다.[210] 정조 또한 이 제도를 충분히 정착시키지 못한 채

209) 『승정원일기』, 정조 6년 5월 24일.

210) 시독관(侍讀官) 이재학(李在學)은 정조에게 '조가(朝家)'와 법사(法司)에서 시행하

훙거하고 말았다. 따라서 국왕에 의한 강력한 추진력도 사라졌고, 직소제도는 약화될 수밖에 없었다. 19세기 세도정권의 성립은 직소제도의 전개과정에서 그런 의미를 가진다. 소원제도에 대한 대안이 성립되거나, 원억을 해소해주는 정사가 베풀어지지 않는다면 특히 정조 연간을 거치며 잔뜩 고양된 인정에 대한 향유의식은 그에 대한 민인들의 반발을 초래 할 수밖에 없었다. 상대적으로 인정을 베푼 것으로 알려진 영·정조 연간에도 민란과 유사한 사건이 없지 않았다.

예컨대 영조대에는 경상도의 거창과 개령 백성들이 결당하여 관창(官倉)에 돌입하여 환곡의 출납부를 불태운 사건이 있었다.[211] 정조 연간에도 북청의 부사 고익경이 환곡 납부를 거절하는 주민 한 사람을 잡아다 태형을 가하려 하자, 수십 명의 주민들이 관아에 침입하여 곤장을 빼앗고 결박을 풀어주고, 수령에게 머리를 쳐들고 꾸짖으며 욕을 한 일이 있었다.[212] 실록에 기록된 이러한 일들은 빙산의 일각에 지나지 않았다고 생각한다.

오히려 영조와 정조가 국왕중심의 정국운영을 추구하면서 강화해 간 수령권은 세도 정권의 성립과 함께 시작된 소수 벌열 가문의 권력 독점과 맞물리면서 지방 사족의 소외와 수령권 강화를 더욱 부채질하여 정치질서의 불균형을 초래하였다. 이에 따라 지방관과 향리층의 불법과 탐학은 도를 넘어섰고, 민들의 불만도 고조되었다. 결과에 대한 불만은 특히 서로 양보하기 어려운 사안, 곧 조세문제와 관련될 때 더욱 심해질 수밖에 없다. 가

는 억강부약(抑强扶弱) 정책이 너무 지나쳐서 빈궁한 사족들이 상천(常賤)들에게 능멸과 모욕을 당하고, 시정(市井)의 무뢰배들도 재상(宰相)의 이름을 마구 부르며, 여항(閭巷) 하천(下賤)들의 복식이 분수에 넘치는 등의 폐단이 생겼다.'고 하여 직소의 활성화를 간접적으로 비판하였다(『정조실록』, 정조 즉위년 11월 19일).

211) 『영조실록』, 영조 31년 12월 25일.

212) 『정조실록』, 정조 8년 3월 27일.

장 많은 민인들의 이해가 걸려있었고, 전 주민에게 매우 심각한 영향을 미쳤기 때문이다. 국왕이 아무리 "인정"을 베풀었다 하더라도 민인들의 입장에서는 여전히 불만이 남을 수밖에 없기 때문이다. 더구나 그것이 명백히 부당한 것이거나 혹은 타당한 근거 없이 강요될 때 민인들은 쉽사리 받아들이려 하지 않았다. 19세기는 바로 그러한 시기였다. 출구 없는 민중의 불만은 폭발을 준비하고 있었다.

3. 19세기 소원제도 : 세도정권의 성립과 인정의 방기

상언이나 격쟁 등 직소가 가장 활발하게 일어난 것은 "민본"과 "인정"을 강조하면서 왕권강화를 추구한 영조·정조 연간이었지만, 이러한 추세는 기본적으로 19세기에도 이어졌다.

〈표〉 정조 및 19세기 격쟁/상언의 추이

	정조(1776~1800)	순조(1801~34)	헌종(1835~49)	철종(1850~63)	고종(1864~1899)
격쟁(연평균)	1,335(55.6)	2,563(77.7)	1,026(73.3)	2,277(175.2)	2,465(70.4)
상언(연평균)	3,092(128.8)	1,203(36.5)	48(3.4)	438(33.7)	398(11.4)
계(연평균)	4,427(184.5)	3,766(114.1)	1,074(76.7)	2,715(208.8)	2,863(81.8)

* 출처: 한상권, 「19세기 민소의 양상과 추이」, 박충석 외, 『국가이념과 대외인식』, 아연출판부, 2002, 83쪽 〈표 1〉 참조.
* ( )안은 연평균 횟수이다.

〈표〉에서 확인되듯이 19세기에는 정조 연간에 비해 양반들이 선호하는 직소의 방법인 상언이 대폭 줄어든 반면, 평민 이하가 선호하던 격쟁은 크게 늘어났다. 직소를 하는 주체의 신분도 양반에 대비한 평천민의 비중이 높아졌다. 그리하여 〈표〉에서 알 수 있듯이 철종 때는 정조 때의 3배가 훌쩍 넘는 연 평균 175회의 격쟁이 발생하였고, 고종 연간에도 1회의 행차에 많게는 200명 이상의 격쟁이 일어날 정도로 직소가 폭주하다시피 하였다.[213] 1807년(순조 7)에는 심지어 가전격쟁을 하는 자가 고훤 나장(考喧羅將)을 때리기까지 하는 사태가 벌어지기도 했다.[214] 사태가 이러하자 수찬(修撰) 윤일규(尹日逵)는 신문고가 대궐 안에 있어서 '보통' 사람들은 격고는 물론 구경도 하기 어려워 유명무실하게 되었기 때문에 격쟁하는 것을 도저히 막을 수 없다고 하였다. 그러면서 그는 신문고를 궐 밖에 내보내 설치하면 실로 공적으로나 사적으로나 양쪽 다 편리한 방도가 될 것이라고 주장하기도 했다.[215]

이처럼 격쟁과 상언이 19세기에 들어서도 꾸준히 이어진 데는 신문고가 폐지되거나 제대로 활동되지 않았다는 사정도 있었을 것으로 보이지만,[216] 1874년(고종 11)의 경우 신문고를 치는 사람이 꼬리를 물고 이어질 정도로 많았다고 하였기 때문에 반드시 그렇게 보기도 어렵다.[217] 그러나 19세기의 격쟁과 상언은 그 양상 면에서 정조 시기와 커다란 차이를 보인다. 가장 뚜렷한 차이는 격쟁이 상언에 비해 압도적으로 많아진다는 점이다. 순조, 헌종, 철종, 고종(1863~1894)의 재위 기간 중 격쟁(8,331건)은 상언보다 4배 이상 많았다(2,087건). 또 평·천민의 비중이 높아져서 정조 연간에는 양반이 3배 이상(68:20) 많았지만, 19세기에는 2배 조금 넘는 정도로(65:28)

---

213) 『승정원일기』, 고종 23년 9월 29일.

214) 『승정원일기』, 순조 7년 3월 17일.

215) 『승정원일기』, 순조 10년 4월 15일.

216) 순조 연간에도 신문고 복설 논의가 있었고(『비변사등록』, 순조 10년 4월 15일, 철종 연간에는 신문고가 폐지된 상태였다(『비변사등록』, 철종 9년 8월 18일).

217) 『고종실록』, 고종 11년 6월 9일.

격차가 줄어들었다. 특히 민은의 비중이 정조 연간(21.4%)의 1/3이하(6.1%)로 급격히 줄어들고, 격쟁과 상언이 가지는 정치사회적 영향력도 현저히 약화되었다. 이는 무엇보다 1809년에 민은을 호소하는 격쟁과 상언은 받아들이지 말도록 지시하면서 정조대에 인정되었던 민은(民隱)과 관련된 격쟁과 상언을 금지하였기 때문이다.[218] 이러한 태도는 순조 이후에도 이어져 철종 연간(1858)과 고종 연간(1889)에도 거듭 확인되었다.[219]

물론 19세기에 들어서도 민은에 대한 격쟁이 전혀 수용되지 않은 것은 아니다. 예컨대 1878년(고종 15)의 사례를 보면 격쟁을 한 사람 가운데 상전의 살인 사건에 대한 노비의 진정서, 자신의 형이나 아버지의 살인 사건에 대해 원통함을 호소한 사건 외에도 안주의 유학 안경흡이 간악한 향리들로부터 늑탈당한 곡식을 다시 찾기 위해 격쟁하여 호소한 사안에 대해서 수용하였다.[220] 그러나 기본적으로는 민은에 관한 사안을 격쟁을 통해 진정하더라도 그 원정(原情)은 받아들여지지 않았고 오히려 격쟁한 사람을 처벌하는 것이 관례였다. 1868년(고종 5) 4월에는 경주 유학 정세우가 그가 살고 있는 동해면에 추가로 징수된 화복(火卜)을 탕감해 달라는 일로 격쟁하자, 감히 세금 징수에 대한 일로 무엄하게 격쟁하였다고 하며 원정을 시행하지 말고, 외람되게 격쟁한 죄에 대해여 법에 따라 처벌하도록 하였다.[221] 같은 해 8월 경상도 연해의 포구에 사는 백성 이덕화 등이 어염세와 선세를 지나치게 거두는 폐단을 금단시켜 달라고 격쟁을 하자 역시 원정을 모두 시행하지 않고 엄하게 신칙한 다음 풀어 주도록 하였다.[222]

218) 한상권, 앞의 글, 2002, 89쪽, 109~114쪽.
219) 『일성록』, 철종 9년 8월 18일; 『승정원일기』, 고종 26년 6월 20일.
220) 『승정원일기』 고종 15년 2월 1일.
221) 『승정원일기』 고종 5년 4월 10일.
222) 『승정원일기』, 고종 5년 8월 16일.

앞서 언급했듯이 19세기에는 정조 연간에 시행되었던 형사제도의 개선이나 수령에 대한 통제, 상언·격쟁에 대한 처리 절차 등에서도 후퇴하였음은 물론이다. 중종대의 한 사관의 말처럼 격쟁은 임금이 계신 구중궁궐 안으로 민정을 통하게 하고 그들의 원통하고 억울함을 풀어주려는 목적에서 설치된 것이다. 격쟁이 폐지되지는 않았지만, 사실상 제 역할을 못하였고, 각급 소송제도가 제 기능을 다 하지 못한다는 것은 "원통한 마음을 품고 있는 사람들이 돌아갈 데가 없는" 상황이 되어버렸음을 뜻한다.[223]

그렇다 하여 국왕이나 중앙지배층이 민본과 인정 이념을 완전히 외면한 것은 물론 아니었다. 1809년에도 각도의 모든 백성들의 고통, 곧 민은(民隱)을 기록하여 보고하도록 지시하였으며,[224] 1811년 3월에는 팔도 백성의 폐단에 대해 알아보도록 하교하였고,[225] 같은 해 4월에는 봄 가뭄이 극심하자 재해를 당한 각도의 백성들에게 윤음을 내리면서, "황천(皇天)이 재앙을 소자(小子)에게 내려 국가에 염려할 일이 많고 백성들이 편안하지 않다. 오로지 그 연유를 캐어보면 실로 나 자신에게 있"으며, "나의 허물이다"라고 하여 자연재해까지도 자신의 부덕의 소치임을 거듭 밝히고 있었다. 나아가 "백료(百僚)들이 맡은 바 업무를 게을리하고 작은 일이나 큰 일에 구습을 벗어나지 못하고 머뭇거려 온 것" 역시 국왕 자신의 잘못으로 돌리고 있었다. 백성을 돌보고 인정을 베풀어야 할 주체인 국왕의 자기 인식이며 이전 시기의 정치문화가 이어지고 있음을 알 수 있다.[226]

홍경래란이 일어나기 몇 달 전에도 순조는 《서경(書經)》에 나오는 '백성은 나라의 근본이니 근본이 튼튼하면 나라가 편안하다.'는 구절을 강조하

---

223) 『중종실록』, 중종 38년 2월 20일.
224) 『순조실록』, 순조 11년 3월 1일.
225) 『순조실록』, 순조 11년 3월 13일, 3월 21일.
226) 『순조실록』, 순조 11년 4월 19일.

면서 "묘당에서는 실제로 이 뜻을 알고 각 관사에 엄중히 경계하여 관장하는 직무를 가다듬어 거행하게 해서 거듭 알리는 뜻에 답하도록 하라"고 지시하였다.[227] 이후에도 인정의 핵심 내용인 '형벌을 줄이고[省刑罰], 세금을 적게 거두는[薄稅斂]' 일이 왕정 혹은 인정의 대본으로 강조되었고,[228] 민본과 인정이념이나 그에 입각한 소민 보호에 대해서는 거듭 천명되었다. 예컨대 이외에도 국왕들은 민본이나 인정 이념의 중요성에 대해 수시로 강조하였다. 연초에 내리는 권농윤음에는 의례적으로 들어갔고, 그 외에도 수시로 천명되었다. 몇 가지만 예를 들어 보면 다음과 같다.

> 백성과 나라는 일체이니, 백성에게 해롭게 하지 않는 것이 또한 나라를 해롭게 하지 않는 것이다. 이것이 이른바 공평한 정치이니 이런 뜻으로 먼저 관문으로 신칙하는 것이 좋겠다.[229]

> 내가 연석에서 대신들에게 하유한 바가 있다. 백성은 나라의 근본인데, 근본이 공고하지 않고서 나라가 잘 다스려진다는 것을 나는 아직 듣지 못하였다. 백성들로 하여금 생업을 편안하게 하고 삶을 즐겁게 하도록 하는 것이 곧 목하의 급선무인 것이다.[230]

> 옛말에 이르기를, '백성들이 넉넉하면 나라도 부유해진다.'고 하였다. 만일 백성들이 넉넉하지 못하다면 나라는 누구와 더불어 넉넉해지겠는가? (중략) 백성들에게 비축이 없는데 나라에 남은 비축이 있다면 이것이 어찌 백성들을 위한 도리이겠는가?[231]

---

227) 『순조실록』, 순조 11년 4월 28일.
228) 예컨대 『승정원일기』, 순조 18년 11월 8일; 『승정원일기』, 헌종 4년 10월 29일; 『승정원일기』, 고종 17년 9월 4일 등 참조.
229) 『비변사등록』, 철종 9년 8월 18일.
230) 『철종실록』, 철종 10년 2월 25일.

국왕들은 19세기에 들어서도 여전히 이상과 같이 민본 이념과 소민보호를 천명하고 있었다. 그러나 민본 이념과 소민보호를 실현하기 위해 요구되는 인정이라는 정치적 실천 행위는 19세기에 들어 점차 퇴행되고 있었다. 이에 따라 관과 민 사이의 소통 역시 퇴조되었고, 탐관오리들의 폭정과 수탈을 당하면서도 그것을 호소할 길마저 없게 된 백성들의 원억이 재해를 불러올 정도로 쌓여가고 있다는 진단까지 내려지고 있었다.

> 백성은 나라의 근본인데 곤궁함이 이 지경에 이르러 호소할 곳이 없으니, 원통하고 억울한 기운이 화기(和氣)를 범하여 재앙을 초래하기에 충분하니, 이번에 천둥과 번개가 치는 것이 여기에서 말미암지 않는다고 어찌 장담하겠습니까.[232)]

> 유망(流亡)하거나 절호(絶戶)가 되어 징수할 곳이 없는 경우에는 인척(姻戚)이나 동리에서 징수하지 않을 수 없다. 이동(里洞)에서 거두는 것은 무릇 독납(督納)할 때에 포악한 아전이나 사나운 장교가 거의 저승사자나 다름없으니, 백성이 먹을 것과 입을 것을 빼앗고, 소를 헐값에 후려쳐서 가져가고 솥을 빼앗아 가더라도 백성들이 하소연할 데가 없어 죽으려 해도 죽을 수가 없으니 이런 횡액이 어디 있는가?[233)]

이 역시 세도정권의 성립에 따른 매관매직 등 통치 질서의 문란에서 초래된 것임은 말할 나위도 없다. 이미 세도정권 초기인 1822년(순조 22) 장령(掌令) 정원선(鄭元善)의 상소에는 이와 관련한 내용이 잘 드러나 있다.

> 과거는 사(私)에 파괴되어 유능한 사람이 등용되지 못하고 전선(銓選)은

231) 『고종실록』, 고종 10년 7월 10일.
232) 『승정원일기』, 순조 21년 10월 19일.
233) 『승정원일기』, 순조 22년 1월 8일.

> 사에 파괴되어 대부분 관직이 사람과 걸맞지 않습니다. (중략) 문벌이 석권하자 백성들이 무엇을 의지하는지 몰라 거만하게 대하니 민정을 어찌게 살피겠으며, 쓸데없는 군사는 고을 관장에게 먹여 주기만 바라고 있어 그들을 살리고자 백성을 못살게 구니 백성이 어떻게 지탱할 수 있겠습니까?
> (중략) 그러므로 헌장(憲章)은 날로 문란해지고 백성은 날로 찌들어 가는데, 고을마다 두루 탐욕이 성행하여 수탈의 정사가 아닌 것이 없고, 간사하고 교활한 것들이 향곡(鄕曲)에 횡행하여 모두가 침탈할 생각만 하는가 하면, 놀고먹는 자는 날로 늘어나 쇠잔한 백성에게 부역(賦役)이 집중되고, 도망간 자가 날로 많아져 가난한 백성만 징수 당하므로, 팔도의 백성들이 항상 마음 졸이며 조석을 보전하지 못할 형세에 놓여 있습니다.[234)]

세도정권의 성립과 매관매직의 성행은 결국 권력과 지방관으로 하여금 인정을 외면하게 만들고 관과 민간의 소통을 외면하게 하였음을 알 수 있다. 앞에서 살펴봤듯이 소원제도의 후퇴 내지 폐색에 따라 치자와 피치자 간의 소통 통로는 점차 협소해져갔다. 이는 19세기에 들어 민란이 빈발하게 되는 핵심 원인으로 지적되기도 한다.[235)] 일리 있는 지적이라 생각된다. 소통 통로가 좁아진 점은 영조, 정조시기에 비해 민본과 인정 이념이 취약해졌음을 의미하고, 이는 무엇보다 백성들 스스로가 일상 속에서 실감하였을 것으로 보인다.[236)]

---

234) 『순조실록』, 순조 22년 9월 12일.

235) 한상권도 민란의 한 요인으로 백성들이 억울함을 국왕에게 직접 호소할 수 있는 소원제도가 폐색된 데서 찾았다. 예컨대 19세기에 들어 격쟁·상언의 횟수가 현저히 감소하였으며, 특히 정조대에는 인정되었던 민은(民隱)과 관련된 격쟁과 상언이 금지되었다는 점을 지적하였다. 이에 대해서는 한상권, 「19세기 민소의 양상과 추이」, 박충석, 와타나베 히로시 외 지음, 『국가이념과 대외인식』, 아연출판부, 2002 참조.

236) 물론 19세기에 들어 인정이 완전히 사라졌다는 것은 아니다. 예컨대 형정(刑政)의 경우 19세기 중엽의 사회적 혼란에도 불구하고 인정에 기반한 정조대의 형사정책

탐관오리들의 부정부패나 탐학상이 알려지거나, 그로 인해 민란이 일어나면 국왕부터 탐묵한 관리들을 처벌하고, 부당한 부세수취를 바로잡아서 민심에 사과 내지 사죄할 것을 누누이 강조하였지만, 현실에서는 탐관오리에 대한 준엄한 처벌은커녕 소민들의 원망과는 반대로 학정을 저지른 탐관오리를 선치를 베푼 청백리(淸白吏)나 충신으로 둔갑시키기 일쑤였다. 1875년(고종 12) 전 장령(掌令) 이동영(李東榮)은 이와 관련하여 다음과 같은 상소를 올렸다.

> 상주 전 목사(尙州前牧使) 조병로(趙秉老)는 잡기와 음행(淫行)으로 죄안을 만들어 부민(富民) 40여 호에서 몇 만 금을 강제로 빼앗았습니다. 그런데 지금 선치(善治)했다고 청주로 이임하였고 암행어사도 포계(褒啓)를 하였으니, 선치하는 자는 과연 탐학을 장기(長技)로 삼는 것입니까? 냉혹하게 잘 살피소서.[237)]

또 충청도 아산의 유생 이범석(李範奭)은 1871년 영해에서 일어난 이필제란(李弼濟亂)에 대한 조정의 사후처리 과정에서 탐관오리가 충신으로 탈바꿈되는 모습을 다음과 같이 비난하였다.

> 세상에 담론하는 자가 다음과 같이 평한다. 영해부사 이정은 바로 유현(儒賢)의 후손이며 대대로 벼슬살이를 한 명문가 출신이다. 당연히 지조를 지키고 염치를 숭상하며 근면하게 백성을 다스려야 하는데, 도리어 백성을 학대하고 탐욕을 일삼아 민요까지 발생하여 살해를 당하였으니, 화란

을 모범으로 삼았기 때문에 인정이 어느 정도 실현되었다는 견해가 있다. 그러나 역시 18세기에 비해 후퇴하였음을 점을 부인하지는 않고 있다(타나까 토시미쯔(田中俊光), 「『秋曹審理案』을 통해 본 19세기 중엽 조선의 형사정책」, 『법사학연구』 35, 2007 참조).

237) 『고종실록』, 고종 12년 8월 12일.

> 을 실로 자초한 것이다. 그런데 조정에서는 탐관오리를 충신으로 삼고, 탐관오리의 비명횡사를 절의를 지키다가 죽은 것으로 여겨 아름다운 시호(諡號)로 포양하고 그 자손에게 녹(祿)을 내려주니 참으로 선악의 구분이 없다고 할 수 있겠다. 세상을 다스리는 정령이 어찌 이처럼 잘못될 수 있단 말인가?[238)]

모두 지배층이 소민들의 원망과 불만을 외면하는 현실, 곧 치지와 피치자 간의 소통회로가 막혀버린 현실을 통렬히 지적하고 있다. 소통의 부재는 지방수령들의 정사에서도 마찬가지였다. 향중공론 혹은 '민중공론'은 억압·왜곡되거나 허구화하였고, 이는 19세기 후반 민란 발발의 주요한 원인이 되었다.

조선시대에는 소송을 제기하거나 소지, 등소를 제출하는 일은 일종의 청원으로 여겨졌고, 수령의 지배를 받는 사람이라면 누구나 소지를 내는 것이 가능하였다. 신분이나 성별 제한도 없었고, 노비가 상전을 상대로 소지를 내어 승소하기도 했다.[239)] 또 등장(等狀)이라 하여 집단적으로 소지를

---

238) 李範奭, 「經亂錄」, 『동학농민전쟁사료총서』(이하 『총서』) 2, 299쪽. 그는 동학농민전쟁의 발발 원인과 관련해서도 마찬가지의 지적을 하였다. "전라도 고부군수 조병갑, 장흥부사 이용태, 전운사(轉運使) 조필영, 전라감사 김문현 등이 탐욕스럽게 백성을 학대하였기 때문에 민란이 일어났다. 그럼에도 조정은 탐관오리를 죄주지 않고 난민만 치죄하여 백성들이 모두 동학으로 들어갔다. 그 우두머리 전봉준이란 자가 난민을 모아 당을 만들어 호남 전 지역에서 창궐하였다."(李範奭, 「經亂錄」, 『총서』 2, 313쪽)

239) 조선후기, 특히 19세기 소지 등 민장에 대한 연구로는 김인걸, 「민장을 통해 본 19세기 전반 향촌 사회문제」, 『한국사론』 23, 1990; 김선경, 「민장치부책을 통해서 본 조선시대의 재판제도」, 『역사연구』 1, 여강출판사, 1992; 박명규, 「19세기 후반 향촌사회의 갈등구조—영광지방의 민장내용 분석—」, 『한국문화』 14, 1993; 정승진, 「영광 『민장치부책』의 분석」, 『동방학지』 113, 2001; 조윤선, 『조선후기 소송연구』, 국학자료원, 2002; 심재우, 「조선후기 소송을 통해 본 법과 사회」, 『동

제출할 수 있었다.[240] 소지를 비롯한 다양한 민장에 대한 처리는 수령이 일상적으로 처리해야할 가장 중요한 업무 가운데 하나였으며, 지역과 시기에 따라 차이가 있었다. 19세기 중후반 9개 지역 민장을 분석한 심재우에 따르면 한 달 동안 접수된 민장은 월 평균 150건을 상회하였다.[241] 나아가 19세기 말 경상도와 전라도 각 지역에서 수령을 역임한 오횡묵은 자신이 재직했던 경상도 자인, 함안, 고성의 경우 부임 초에는 소송문서가 하루에도 100여장을 내려가지 않았다고 하였다.[242] 이러한 수치는 중국에 비해 많은 것으로 조선 민인들의 호송(好訟)적 성향을 보여주는 것으로 이해하기도 한다.[243]

양사학연구』 123, 2013; 심재우, 「조선후기 충청도 연기지역의 민장과 갈등양상—1858년 『사송록』 분석을 중심으로—」, 『정신문화연구』 37-1, 2014; 문준영, 「19세기 후반 지방사회에서 민소(民訴)와 청송(聽訟)실무- 전라도 영광군 민장치부책의 분석-」, 『법학연구』 60-1, 2019; 이유진, 「19세기 말 김산군 백성들의 삶과 갈등-1896년 민장치부책 분석-」, 『법사학연구』 65, 2022; 한상권, 「갑오개혁(1894) 이후 民狀의 양식과 성격-1897년 경상북도 김산군 민장을 중심으로-」, 『고전번역연구』 14, 2023.

240) 김선경, 「민장치부책을 통해 본 조선시대 재판제도」, 『역사연구』 1, 1992 참조.

241) 심재우, 앞의 글, 2013, 65쪽.

242) 오횡묵 저, 김정섭·김형만 역, 『智島郡叢瑣錄』, 신안문화원, 2008, 105쪽.

243) 심재우, 앞의 글, 2013. 문준영은 한국의 영광군을 중국의 파현과 비교하여 소송사건에 관여한 호수의 비율이나 인구 10만명 당 소송사건의 수 등의 면에서 영광쪽이 10배 정도 많았음을 지적하고 있다(문준영, 앞의 글, 2019). 물론 문준영이 몇 가지 단서를 달았듯이 단순한 수치의 비교는 양국의 '법문화'와 관련된 특징을 이해하는 데 한계가 있을 수밖에 없을 것이다. 여기서는 국가나 지역에 따라 분쟁을 둘러싼 주민들의 의식이나 분쟁을 해결하는 관습 등의 면에서 적이 않은 차이가 있었음을 지적해 둔다. 예컨대 일본 근세에는 소송을 회피하고 분쟁을 원만하게 수습하려는 사회의식이 전통적으로 존재했으며, 대표적인 관습이 나이사이(內濟 : 私和=示談)였다. 이것은 소송으로 가기 전에 촌의 유력자등에 의해 조정적인 중재가 이루어지는 것으로 재판관이 흑백을 결정하는 소송은 당시 사회의식에는

이처럼 상대적으로 많은 민장은 민인들이 일상에서 체험하는 불만이나 원억이 그 만큼 많았음을 의미한다. 그러나 상대적으로 많은 민장이 제출되었다 하여 그것만으로 민인들의 욕구를 충족시킬 수는 없었다. 생활 속에서 일어나는 원억과 불만은 끝없이 이어졌지만, 그것을 해소해줄 제도는 턱없이 불비했고 그마저 소지류의 민장을 관청에 제출하는 것도 자유롭지 못하였기 때문이다. 향촌사회 내부로부터의 소지 제출이나 소송 제기에 대한 규제도 있었고, 관아에 들어가는 것 자체가 고통이었다. 또한 조선시대에는 행정과 사법이 분리되지 않고 있었으며, 수령은 행정과 군사, 재판에 관해서까지 광범위한 권한을 가지고 있었다.

따라서 수령이나 관속들의 부당한 행위나 행정 조치가 민인들의 생활에 심각한 타격을 준다하더라도 관속들의 부당하거나 부정한 행위에 대해서는 소지를 올리거나 바로잡기 어려웠다. 그러나 일차적으로 호소해야 할 곳은 그러한 부당행위를 저지른 장본인인 수령이었다. 그것이 얼마나 불합리한 일인가는 민인들도 잘 알고 있었고, 국왕 역시 인식하고 있었다. 법외의 격고나 격쟁이 그토록 빈번하게 발생한 것은 바로 이 때문이었다. 특히 19세기에 들어오면서 더욱 커다란 불만을 야기했다. 가장 큰 민원의 대상이던 이서배들이 그 민원에 대해 조사하는 납득할 수 없는 일이 비일비재했기 때문이다.

적합하지 않았다고 지적하였다(平川新, 『紛争と世論-近世民衆の政治参加』, 東京大学出版会, 1996, 3~5쪽). 조선시대 역시 소송이 제기될 경우 향리 등으로부터 온 마을 사람들이 고초를 겪어야 했기 때문에 마을에서 조정하여 해결하고[私和] 소송을 억지 하려는 경향이 강하였지만(심재우, 앞의 글, 2013, 53~56쪽), 대다수 평천민층의 일상생활이 이루어지는 촌 혹은 촌락의 '공동체'적 성격 면에서 일본이 조선보다 훨씬 강하였다. 중국 역시 분쟁을 향촌 내브에서 해결하려는 관행이 강하였다. 분쟁 해결 방법, 곧 향촌 내부의 조정과 화해, 혹은 소송과 재판이라는 방법의 차이는 향촌 내부의 자율성과 관련이 깊은 것으로 보인다.

> 수령이 된 자는 성질이 번거로움을 싫어하고 일에 밝지도 못하여 일단 소장을 접하기만 하면 모두 사품(査稟) 두 글자를 가지고서 급한 일을 때우는 방편으로 삼아 혹은 향청에 맡기고 혹은 담당 아전에게 맡기며 혹은 향감에게 맡기거나 전감(田監)에게 맡긴다. 백성들이 하소연하고자 하는 바가 모두 이 무리들의 농간으로 말미암아 이 같이 어지러이 얽힌 줄 모르는 것이다. (중략) 이제 도리어 이 무리들로 하여금 그 일을 조사해서 처리하라고 하니 이는 또한 억울하지 않은가.244)

납득이 가능하기 위해서는 공정한 절차와 심리 등에 의해 적절한 조치가 취해졌다는 믿음이 전제되어야 한다. 소송이나 상언·격쟁 등의 소원제도가 활발했다는 점은 거꾸로 그를 통한 결과가 어느 정도 납득되었음을 의미한다. 납득되지 않을 때 그 제도는 더 이상 원래의 기능을 수행할 수 없게 되는 것이다. 납득 여부는 지배자와 피지배자의 계급적 사회·정치적 지위를 넘어 어느 정도 공유 내지 공감하는 가치나 세계관, 곧 당시의 정치문화에 의해 정해졌다.

이 점에서 민본 이념, 특히 인정(仁政)도 마찬가지였다. 정치문화로서의 인정의 구체적인 내용과 감각은 시대에 따라 특정 제도나 법의 운용에 따라 달라지는 것이다. 인정이 지배이념으로서 수용되고, 또 그것이 지배를 정당화하는 데에 유효한 의미를 지니기 위해서도 인정을 표방하는 "정치"에 대한 납득이 필요했다. 지배층이 부패하거나 인정을 위해 설치된 제도나 법규가 제대로 작동되지 않을 때, 지배층과 피지배층의 거리는 멀어진다. 지배이념을 내면화한 피지배층은 그것을 자신들의 경험 속에서 독자적인 방식으로 전유하고, 전유한 이념으로 지배층의 행태를 관찰하고 거기에

244) 『목민심서』 刑典, 恤囚. 수령들에 의한 송사의 불공정성에 대해서는 박병호, 「공정성의 개념과 실천」, 한국정신문화연구원 편, 『조선양반의 생활세계』, 백산서당, 2004, 464~466쪽 참조.

이의를 제기한다.[245] 그것이 누적될 때 위기의 국면이 도래하는 것이다. 지배-피지층 간의 거리를 좁히고, 공유된 정치문화에 입각하여 "정치"를 납득시키려고 노력한 대표적인 인물이 정조였다. 그 이후 19세기 들어서는 그러한 노력이 크게 약화된 것이다.

개별적·집단적 소원에는 백성들이 일상 속에서 직면해 있던 여러 문제가 담겨있다. 이를 통해 지역의 사회상이나 사회관계, 생활상이나 체제나 질서에 대한 의식의 일단을 파악할 수 있다. 지역에서 이루어지는 등장들은 부세와 관련된 것이 많았고, 수령에게 자신들의 어려움을 정중하게 호소하고 그 해결을 청원하는 것이지만, 그것은 결국 당시 시행되던 지방 차원의 정사(政事)에 대한 백성들의 시정요구였다. 정소나 상언·격쟁은 자신들이 처한 위기를 스스로의 힘으로 해결하려는 노력 속에서 나온 것이며, 또 그것은 민중에 의한 정치적 의견의 표명이자 정치에 대한 개입이라는 의미가 내포되어 있다. 실제로 또 거듭되는 직소와 소원을 통한 요구는 당국의 정책에 크고 작은 변화를 가져오기도 하였다. 이 점에서 직소제도의 법제화와 엄격한 규정은 한편으로는 무분별한 소원과 성가신 고발을 억압하려는 의도를 가지고 있지만, 다른 한편 권력과 피치자가 서로 교섭하고 소통하는 통로로서의 의미도 가지고 있었다. 그 통로는 또한 정치문화가 작동하는 공간이기도 했다.

245) 예컨대 1880년 전 정언(前正言) 허원식(許元栻)이 올린 상소에는 "전부(田賦)를 10분의 1로 받는 것은 백성과 나라가 모두 만족해지는 법인데 근래에 거둬들이는 신하가 제멋대로 가결(加結)하거나 작전(作錢)하는 그릇된 규례를 만들어서 1결의 값을 3, 4십냥으로 함부로 징수하기까지 하였고, 진주에서 100여 냥을 거두는 것 또한 더욱 심한 학정"이라고 하였다(『고종실록』, 고종 17년 11월 11일). 법에 의해 규정된 바, 생산물의 10분의 1을 내는 것은 지배층과 피지배층이 모두 만족은 아니더라도 서로 양해하는 수준이었다고 생각된다.

그러나 앞서 살펴보았듯이 지배이념의 내면화가 반드시 지배층이 원하는 결과를 가져온 것은 아니었다. 오히려 지배이념의 내면화와 그에 따른 인정의 정치문화는 민중이 국왕과 지배층에게 민본이념과 그에 기초한 인정의 실현을 요구하거나, 지배층들이 보이는 행위의 당부(當否)를 물을 수 있는 준거가 되었다.

이상에서 살펴보았듯이 19세기에 들어서도 직소, 특히 평천민층이 많이 활용하는 격쟁이 폭주하였다. 이는 결국 새로운 정치문화에 의한 새로운 지배-피지배 시스템과 제도적 변화를 요구하는 아래로부터의 압력이기도 했었다. 그러나 정조대에 비해 직소의 내용을 수용하여 심리하는 비율이 낮아졌다. 특히 사회문제를 근본적으로 해결하려는 노력이 약화되면서 탐관오리에 대한 처벌도 소극적으로 바뀌었다.[246] 격쟁이 증가한 것은 한편으로는 매우 사소한 문제까지 국왕에 직소하여 해결하려는 백성들이 많았기 때문이지만, 뇌물과 청탁이라는 기강문란과도 밀접한 관련이 있었다.[247]

그러나 무엇보다 새로운 정치문화의 형성이라는 점을 지적하지 않을 수 없다. 직소는 조선후기에 들어 확대되었고, 영조와 정조 때 가장 활발하게 이루어졌다. 그 과정에서 직소를 통한 민중의 요구와 그에 대한 지배 측의 대응이라는 경험이 누적되면서 새로운 정치문화가 형성되어 갔다. 이를 바탕으로 하여 19세기에 들어 민중에 의한 아래로부터의 요구는 더욱 다양하고 거세졌지만, 지배층은 이에 대한 적절한 대응을 못하고 있었다. 당시의 관료시스템이나 관료들의 정사가 그들의 원억을 해소해주지 못했음을 반영하는 것이다. 18세기 후반에 형성된 새로운 정치문화에 입각해 민중은

246) 한상권, 앞의 글, 2002, 112쪽.

247) 尹愭, 『無名子集』, 文稿 제12책, '峽裏閒話' 二十四.

지배-피지배 관계를 비롯한 새로운 정치질서와 그를 위한 제도적 장치의 마련을 요구하고 있었지만, 경직되고 부패해가던 19세기 정치현실에서는 기대 난망이었다.

제3장

민중교육의 확대와 지배이념의 확산

1. 조선 왕조의 교육정책과 지배이념의 확산

앞장에서도 언급했듯이 조선 왕조를 개창한 주체세력이 내세운 지배이념은 민본이념이었다. 이러한 민본과 인정이념은 피지배층에 의해 자각적으로 수용되거나, 피지배층의 생활 속에 항상 관철되었던 것은 물론 아니지만, 단지 정치적 수사(修辭)로만 그치는 것도 아니었다. 조선왕조 체제가 유지되어 나가기 위해서는 피지배층을 설득할 수 있어야 했고, 그를 위해서는 그들의 삶 속에서 일정하게 구현되어 나가야 했기 때문이다. 민본 이념에 입각하여 인정을 펼치기 위해서는 제도적 장치의 마련 등 노력이 뒤따라야 했다. 이에 따라 노비에게까지 출산휴가를 주는 조항을 비롯한『경국대전』의 다양한 조항들, 신문고를 비롯한 소원제도 등 민본과 인정 이념을 추구하는 여러 가지의 법과 제도, 기구들이 마련되었음은 앞에서 살핀 바와 같다. 슐츠(Edward J. Shultz)의 지적처럼 유럽의 절대군주정에 비한다면 농민을 중시하고 그들의 요구에 응답하려는 노력도 조선에서 훨씬 적극적이었다.[1] 왕조 정부가 추진한 교육과 다양한 제도적 장치들을 통해 민본과 인정 이념은, 시기별로 굴곡을 겪으면서도 점차 지배층에게 윤리적 강제를 수반하는 중요한 규범이 되어갔고 점차 평천민층에게도 확산되어 갔다.

우선 조선왕조는 창건 이후 백성들을 유교이념과 그에 입각한 지배체제

1) 슐츠에 따르면 1443년에 국왕 세종이 엘리트들의 문자인 중국의 한자와 달리 일반 백성들도 쉽게 글을 익힐 수 있는 한글을 창제한 것도 그러한 노력의 결과였다. 에드워드슐츠(Edward J. Shultz),「한국사의 특수한 면모들 -외부로부터의 관측-」,『영남학』 9, 2006, 413~414쪽.

에 순응케 하려는 목적에서 교화를 강조하였다. 유교적 소양을 갖춘 신민을 양성하는 것이 '교화(敎化)'의 핵심이기 때문에 선초부터 백성들을 교화시키기 위한 정책과 제도를 마련하였다. 유교적 규범과 실천윤리를 확산시키는 데 가장 중요한 역할을 한 것은 조선 초기부터 이른바 교화의 논리에 따라 체계적으로 설립된 중앙과 지방의 관학들이었다. 조선왕조의 기본법전인 『경국대전』에도 지방관에 대한 고과의 핵심인 〈수령칠사(守令七事)〉 가운데 하나로 "흥학교(興學校)" 조항을 두어 교화를 강조하였다.[2] 세종때 훈민정음을 창제한 것도 그러한 목적과 밀접한 관련이 있었다. 그것은 "내가 만일 언문으로 『삼강행실(三綱行實)』을 번역하여 민간에 반포하면 어리석은 남녀가 모두 쉽게 깨달아서 충신·효자·열녀가 반드시 무리로 나올 것이다."라는 세종의 말에서도 확인할 수 있다.[3]

교화를 위한 한글 교서가 처음 등장한 것은 성종 3년(1472)으로 보인다. 의금부에서 "아래로는 궁벽한 곳에 사는 작은 백성들에 이르기까지 성상께서 백성을 인도하는 지극한 뜻을 알지 아니함이 없게"하도록 하자는 주청을 올리자 이에 대해 국왕은 "한글[諺字]로 번역하고 인출(印出)해서 중외(中外)에 반포하여 부인과 아이들[小子]들까지도 두루 알지 아니함이 없도록 하라고 명하였다.[4] 이러한 정책에 따라 『경국대전』에도 "삼강행실을 언문으로 번역하여 서울과 지방의 사족의 가장(家長)·부로(父老) 혹은 교수(敎授)·훈도(訓導) 등으로 하여금 부녀자·어린이들을 가르쳐 이해하게 하라"는 규정이 실렸다.[5]

쉬운 언문으로 번역을 하여 아이들뿐만 아니라 부녀자들에게까지 유교

---

2) 『經國大典』, 吏典 考課.
3) 『세종실록』, 세종 26년 2월 20일.
4) 『성종실록』, 성종 3년 9월 7일.
5) 『經國大典』, 禮典, 奬勵.

적 덕목을 가르치려 했음을 알 수 있다. 또 『천자문』에 한글로 음과 훈을 달아 사용했고 『동몽선습』, 『소학』 등도 한글로 번역되어 사용되었다. 대부분의 서당 훈장이 주석서와 한글 언해본을 참고하며 경서의 뜻을 해독하는 수준이었다는 점도 이러한 사실을 뒷받침 해 주고 있다.[6] 중종 대에 홍문관으로 하여금 특수한 일을 다룬 『삼강행실』보다는 일상사를 다룬 『소학』이나 『열녀전』 등을 언문으로 번역·반포하여 백성들을 교화하게 한 데서도 그러한 사정을 잘 보여준다.[7] 또한 이러한 사실은 조선왕조실록에 나타나는 언해와 관련된 기사내용 총 273건 가운데 교화에 해당하는 기사가 218건으로 80%에 달한다는 데서도 확인할 수 있다.[8]

정부의 공식적인 문서들은 한자로 쓰였으나, 1592년에 일어난 임진왜란 당시에 국왕 선조는 처음으로 한글로 된 국왕의 교지를 발표하였다.[9] 또 17세기부터는 백성들이 정부에 올리는 소지도 한글로 작성하는 것이 허용되었다.[10] 조선후기에는 국왕의 교지를 비롯하여 정부에서 백성들에게 알리는 중요한 고지문(告知文)은 한자로 된 것과 한글로 번역된 것이 동시에 전국에 고시되었다.[11]

---

6) 김호동, 「여말선초 향교교육의 강화와 그 경제적 기반의 확보과정」, 『대구사학』 61, 2000, 1~31쪽.

7) 『중종실록』, 중종 12년 6월 27일.

8) 김슬옹, 『조선시대 언문의 제도적 사용 연구』, 한국문화사, 2005, 64쪽; 시정곤, 「훈민정음의 보급과 교육에 대하여」, 『우리어문연구』 28, 2007, 39~40쪽.

9) Haboush, JaHyun Kim. "Royal Edicts: Constructing an Ethnopolitical Community", Haboush, JaHyun Kim, ed. *Epistolary Korea: Letters in the Communicative Space of the Choson, 1392~1910*. Columbia University Press, 2009, p.18

10) Kim, Jisoo, "Iidividual Petitions: Petitions by Women in the Chosŏn", Haboush, JaHyun Kim. ed. *Ibid*, pp.68~69.

11) 지방관들은 이러한 문서를 자기 관할 하의 말단의 공식기구에까지 전달할 책임이 있었으며, 문서를 마지막으로 받은 관리는 그 문서를 지방관에게 되돌려 올려 보냄

뿐만 아니라 정부에서는 유교이념을 백성들에게 널리 알리고자 하였다. 그것은 백성들을 지배이념인 유교로 교화하여 그들을 원활하게 통치하기 위해서였지만,[12] 조선의 경우 다음과 같은 몇 가지 정치적 사회적 특징 때문에라도 지배이념에 의한 백성들의 교화와 "헤게모니적 지배"가 더욱 절실하였다. 우선 조선왕조의 경우 유럽이나 일본, 이란 등과 달리 전사는 특권을 가진 신분이 아니었으며, 전사와 농민이 분리되어 있었던 것이 아니라 병농일치적이었다.[13] 오히려 조선에서는 기본적으로 군사적 의무를 수행하던 계층은 평민이었던 반면 엘리트인 양반은 오히려 군사적 임무를 수치로 여겨 그로부터 점차 벗어났다. 이점은 철저한 병농분리에 따라 군사적 임무는 엘리트인 사무라이층이 전담한 반면 백성층의 무기 소지나 휴대를 금지하였던 했던 도쿠가와 시대의 일본과 뚜렷한 차이를 보이는 것이

으로써 문서가 모든 관할 지역에 회람(回覽)되었음을 확인하였다(부산광역시사편찬위원회, 『萊府日記·多大鎭公文日錄』, 부산시청, 1995, 152쪽, 229~231쪽).

12) 그러나 지배층에게는 유교이념과 그것의 일상적 실천이라 할 수 있는 주자가례 같은 의례의 확산은 단지 환영할 일만은 아니었다. 그것은 양면성을 가지고 있었으며, 지배층을 일종의 딜레마에 빠뜨리기도 했다 예컨대 "존귀한 천자이든 미천한 서인이든 누구에게나 부모가 있으니, 모두 자식 된 마음이 있고 모두 부모에 대한 상복을 입는 것"이기 때문에 "상복을 입는 데에도 길고 짧은 기간의 차이가 없는 것 " 이었고, "삼년상은 사람이 지켜야 할 큰 법이고 왕정(王政)의 중대한 임무"였다. 그러나 "교활하게 온갖 수단을 써서 삼년상의 명분을 빌어서 군역을 모면하고자 하는 자들"이 있으면, 정해진 군총(軍摠)을 채울 수 없을 것을 염려해서 "선왕이 비록 백성을 교화시키는 데 간절하였지만", 군졸과 하층민에게는 부득이 100일상을 행하게 했다는 16세기 한 지식인의 글에서 확인할 수 있다(이정섭 역, 『국역 東策精粹』. 국립중앙도서관, 2006, 4~7쪽, 304~308쪽). 국역 운영이라는 '현실'과 지배이념의 실현 내지 실천이라는 '이상'이라는 양면성이 가져오는 딜레마와 그것을 절충해 나가는 '고뇌' 같은 것을 읽을 수 있다.

13) 러쉬튼 굴본 편저, 김동순 옮김, 『봉건제의 이해』, 민음사, 1996; 조르주 뒤비 지음, 최생열 옮김, 『전사와 농민』, 동문선, 1999.

다. 또 군사적 임무의 수행이 엘리트층의 특권으로 여겨져서 귀족들이 군사적 임무를 직접 담당하였고, 19세기에 들어서야 '국민군대'가 만들어지는 유럽과도 다른 것이다.

또 양반층도 토지소유와 관련한 특권이 부재했기 때문에[14] 평민층과 마찬가지로 토지소유에 따른 세금부담으로 자유로울 수 없었다. 또한 엘리트와 평민층 간에 거주지가 분리되어 있던 서구나 일본의 '중세' 혹은 '근세'와 달리 향촌에 거주하는 엘리트인 재지 사족들은 평천민들과 같은 마을 혹은 이웃마을에서 생활하였다. 이 점은 명·청시대를 거치며 엘리트와 지주들이 점차 거주지를 도시로 옮긴 중국과도 다른 점이다. 명·청의 왕조교체의 혼란과 도적집단들의 잦은 반란, 그리고 상업화의 진행에 따라 중국의 엘리트층인 향신(鄕紳)들의 도시 이주는 명·청대에 걸쳐 꾸준히 이어졌다. 청나라 초·중기를 거치며 상업화와 도시화가 더욱 진행되면서 이러한 추세는 강화되었다.[15]

이에 반해 상업을 천하게 여기고 억제하였던 조선에서는 도시의 발달이 중국에 비해 미약하였다. 따라서 현직 관료나 원래의 거주지가 서울이 아닌 대부분의 엘리트들은 시골에서 살았다. 전국 각 군현에 흩어져 살던 양반들은 군현에서도 지방관청이 있는 읍치(邑治)지역을 회피하고 관아와 멀리 떨어진 시골마을을 택해 모여 살았다. 이 처럼 특별한 군사적 특권을

---

14) 미야지마 히로시는 조선이나 중국에서는 정치적 특권층이었던 양반이나 사대부가 토지소유와 관련하여 원칙적으로 특권을 가지지 못했다고 했다(宮嶋博史, 「東アジア小農社會の形成」, 『長期社會變動-アジアから考える(6)』, 東京大學出版會, 1994; 「동아시아 소농사회론의 사상사 연구」, 『한국실학연구』 5, 2003 참조).

15) Bernhardt, Kathryn, Rents, *Taxes, and Peasant Resistance: The Lower Yargzi River, 1840~1950*, Stanford University Press, 1992, p.124; 오금성, 『국법과 관행: 명청시대 사회경제사연구』, 지식산업사, 2007, 239~240쪽.

가지지 않은 채 평천민들과 같은 마을 혹은 이웃마을에서 거주하며 생활해 가던 사족층이 평천민층을 '지배'하기 위해 필요한 것은 무위(武威)를 통한 억압이나 강압적 통치가 아니라 지배이념에 의한 백성들의 '교화'와 '헤게모니적' 지배가 더욱 절실하였음을 시사하는 것이다.[16)]

이에 따라 재지 사족들은 향촌사회 내에서 자신들의 입지를 강화하고, 평천민층과 자신들을 차별하고, 그들을 교화할 수 있는 문화적 장치가 더욱 필요했다. 그것은 서원건립, 향약의 시행, 동계나 동약의 실시, 성현에 대한 봉사활동, 유교적 윤리나 규범 관한 저술활동과 실천, 구휼사업, 서당의 건립 등을 들 수 있다. 또 재지사족들은 특히 임진왜란 이후인 17세기부터 향촌 백성들에 대한 적극적인 교화와 통제를 본격적으로 강구하기 시작했다. 그 결과 조선은 동아시아의 다른 어느 나라보다 유교이념의 지배력과 영향력이 강한 나라로 되어갔다.

예를 들면 18세기 무렵 인구가 7~800만이었던 조선은 600개가 넘는 서원을 가지고 있었다. 이는 같은 시기 중국이 가진 서원의 1/3에 불과하였지만, 조선의 인구가 중국의 1/30에 불과하였다는 점을 고려하면 인구대비 서원의 밀도는 조선이 오히려 10배정도 높았다.[17)] 국토면적의 차이나 총인구에서 차지하는 엘리트의 비중이라는 점에 비추어 볼 때 유교이념의 확산과 교화의 수월성 면에서 조선은 중국에 비해 유리하였음을 알 수 있다.[18)] 이

16) 조선왕조에서 군사력을 담당한 것은-비록 병역 부담의 실역(實役)이 형해화되었고, 대체로 군포를 납부하는 부담에 그쳤지만-사족이 아니라 오히려 피지배층인 농민들이었다는 사실은 농민에 대한 "헤게모니적" 지배가 없이는 불가능한 일이었다.

17) 알렉산더 우드사이드 지음, 민병희 옮김, 『잃어버린 근대성들』, 너머북스, 2012, 65~67쪽.

18) 엘리트의 범위를 어떻게 정할지 등의 난제가 있지만, 중국 신사의 경우 태평천국 이전에는 110만명 정도였고, 가족 구성원을 모두 포함할 경우 거의 550만명에 달했는데, 이는 총 인구의 1.3%에 달하는 규모이다. 신사층이 급증하는 태평천국 이후

러한 환경의 형성과 더불어 조선은 중국보다 더 유교이념의 지배력이 강한 "유교의 나라"가 되어 갔다.

한편 지방의 관학교육 기관은 향교였다. 조선시대의 지방 공교육 기관인 향교는 처음부터 양반과 서류·평민이 함께 교육받았다. 물론 학생들의 기숙사는 각기 양반 자제와 비양반 자제가 기숙하는 동재(東齋)와 서재로 엄격히 구분되어 있었던 데서도 알 수 있듯이 신분에 따른 차별이 있었을 것으로 보이지만,[19] 양반과 비양반의 자제들이 같은 공간에서 함께 생활하며

에는 신사층이 145만명 정도에 달하게 되며, 총 인구 대비 비중도 1.9%로 증가하였다(Chang, Chung-Li, *The Chinese Gentry: Studies on Their Role in Nineteenth Century Chinese Society*, Seatle: University of Washington Press, 1955, pp.139~141; 張仲禮 著, 金漢植, 鄭誠一, 金鐘健 공역, 『中國의 紳士』, 신서원, 2006). 이에 반해 조선 양반의 경우 정확한 규모는 확인할 수 없지만, 호적(戶籍)으로만 파악할 때는 19세기에 들어 60~70%까지 비중이 올라간다. 물론 최근의 연구들에 의해 19세기 호적 자료는 믿기 어렵다는 사실이 분명해지고 있다. 그러나 호적상의 신분 표기가 비교적 현실을 그대로 반영하던 18세기 초반에도 양반의 비중은 이미 10%를 상회한다(이준구, 「18·19세기 신분제 변동 추세와 신분 지속성의 경향」, 『한국문화』 19, 서울대학교 한국문화연구소, 1997 참조). 정조 연간 대사성 유성의 상소에는 사족 명색이 인구의 40%나 된다고 하였다(『정조실록』, 정조 2년 윤 6월 23일). 조선의 엘리트 비중이 중국에 비해 이토록 높았던 이유는 여러 가지 면에서 접근되어야 할 것이지만, 중국과 달리 과거시험을 볼 수 있는 자격과 군역 면제 이외에는 중국 엘리트층이 누리고 있던 우면권(優免權) 같은 경제적 특권을 가지지 못했다는 점이 중요한 배경이 되었을 것으로 보인다.

19) 양반(靑衿案, 유생안 등)과 비양반 교생(校生案, 西齋案 등) 명단도 별도로 작성되었다. 전경목, 「조선후기 교생의 신분에 대한 검토」, 『송준호교수 정년기념논총』, 지식산업사, 1987; 윤희면, 『조선후기 향교연구』, 일조각, 1990, 7~17쪽 참조. 이러한 차별은 양반 자제의 대부분이 향교 교육을 기피하던 조선후기까지도 이어졌다. 안동에서는 영조 49년(1773)에 향리들이 자신들도 동재에 입재(入齋)할 수 있도록 허용하고 자신들의 명단도 청금안에 입록시켜 줄 것을 요청하기도 했지만, 실패하였다는 데서도 확인할 수 있다(이훈상, 『조선후기의 향리』, 일조각, 1990, 92쪽; 미야지마 히로시 지음, 노영구 옮김, 『양반』, 너머북스, 2014, 208쪽 참조). 일본에서

교육을 받았다는 사실은 유교 이념이나 정치문화의 확산과 형성과정에 적지 않은 영향을 미쳤을 것으로 보인다.

물론 임진왜란 이전부터 사족층 사이에는 교관의 무능이나 교육의 비능률성, 중서층이나 평민층과 섞여서 교육을 받는다는 점 등을 꺼려 향교 교생으로 들어가는 것을 기피하는 경향이 확산되고 있었다.[20] 이에 대해 중종 연간의 집의(執義) 정만종은 당시 향교의 실태에 대해 다음과 같이 지적하였다.

> 외방의 유생들은 전혀 학교에 다니지 않습니다. 신이 젊을 적에 보니 큰 고을은 사족의 자제라도 향교에 많이 다녔습니다. 그런데 근래에는 누구든 학교에 다니는 것을 욕되게 여기고 전혀 다니지 않고 있습니다. 지금의 유생들은 다 군역을 피하는 자들입니다. 사족 자제는 명칭은 유업(儒業)을 한다고 하면서도 향교에는 다니지 않습니다. 그것은 향교는 하류들이 모인 곳이라 하여 들어가기를 수치로 여기기 때문입니다. 신이 젊었을 때에 보니 사족 자제들은 다 사학(四學)에 다녔습니다. 그런데 지금은 사학이 도리어 향교와 마찬가지입니다. 중학 같은 데는 입학하는 자들이 모두 통사(通事) 등 하류의 자식들이므로 사람들이 모두 천하게 여기고 함께 대오가 되는 것을 수치로 여겨 다니지 않습니다.[21]

이에 따라 향교 교생의 신분은 지역마다 차이가 있었고, 또 그에 대한

는 조선과 달리 평민과 무사 계급의 교육기관이 분리되어 있었다. 일본에서는 평민들은 테라코야(寺子屋)에서 교육받았지만, 무사층은 다른 기관에서 다른 교육체제 속에서 교육을 받았다(朴來鳳, 『書堂教育と寺子屋教育の比較研究』, 『日本學報』 10, 1982, 293쪽) 이러한 차이는 양국 간에 정치문화의 형성과정이나 내용, 작동 논리 면에서 적지 않은 차이를 낳았을 것으로 생각된다.

20) 윤희면에 따르면 이러한 현상이 본격적으로 시작되는 시기는 조선후기 인조, 효종대부터였다고 한다(윤희면, 앞의 책, 17~20쪽).

21) 『중종실록』, 중종 31년 1월 11일.

의견도 분분하지만, 대체로 정규 교생인 액내교생(額內校生)의 자리에는 양반들을 대신하여 양인·서얼들이 입학하였다. 이는 지배이념을 확산하는 데 중요한 의미를 가진다. 물론 이 무렵 사대부들조차 유교 이념을 배우고 그것을 실천하지 않는 사람이 많았다. 16세기의 지식인 기준(奇遵)은 이에 대해 다음과 같이 말하고 있다.

> 신진의 젊은 선비는 학식과 덕망이 깊고 나이 많은 선비의 말을 듣지 않고 (중략) 사화(詞華)를 잘 하며 영리추구를 일삼거나 문장을 잘 하여 세속을 놀라게 하는 것을 뜻으로 삼는 자들이 있습니다. 어느 한 사람 시서의 바른 이치를 탐구하고 성현의 사업을 따르는 사람이 없어 (중략) 심한 자는 배우지 않을 뿐 아니라, 여염을 제멋대로 돌아다니고 관부에 출입하면서 천유(穿窬)의 마음만 있고 염치의 단서는 없습니다. (성의·정심으로 학문하려는 사람은) 향당에서 배척당해 용납되지 못하고 학궁(學宮)에서 물리쳐서 대열에 들지 못하여 바른 사람과 군자로 하여금 의지할 곳이 없어 외롭게 홀로 서게 하니, 참으로 통곡하고 눈물을 흘리며 길게 탄식할 만한 것입니다.[22]

사대부들조차 학문보다는 영리에 관심이 있거나, 학문하는 사람은 오히려 배척받는 풍조를 탄식한 글이다. 또한 향교에 들어간 양인·서얼들도 학문을 수양하기 위해 향교에 입학하였다기보다는 국역을 면제받는 수단으로 향교를 활용하고 있었다. 이들은 향교의 수직(守直)이나 각종 제례시의 집사 등 임역(任役)을 담당하며 서재(西齋)에 머물렀다. 군역을 면제받는 대신 60세까지 각종 임무를 담당해야 하는 일종의 역담당자였다.[23]

22) 이정섭 역, 앞의 책, 19~25쪽, 272~284쪽.

23) 윤희면, 『조선후기 향교연구』, 일조각, 1990, 46~91쪽. 17세기 말 단성호적과 대구호적을 통해 분석한 결과에 따르면, 양인 1/3, 서족 1/3, 양반1/3 정도였으며, 양반교생도 사족이 아니라 납속양반이었다(윤희면, 위의 책, 67~74쪽). 단성의 사례를 통

그러나 향교에서 고강(考講)하는 과목은 소학, 사서, 통감, 사략, 효경 등 유교적 규범과 가치를 익히는 데 필수적인 것들이었다. 교생은 18세기에 들어 점차 그 지위가 상승하여 잡역면제의 혜택을 받았으며, 나아가 그 가족들까지 같은 혜택을 받게 되었다. 또 경상도 영천군의 한 사례에 따르면 교생들은 향약 약회를 실시할 때도 상·중·하청 가운데 서얼들과 함께 중청(中廳)을 차지하게 되었고, 스스로를 중인으로 여기게 되었으며, 점차 유학으로 신분을 상승시켜 가는 사례가 적지 않았다.[24] 이 역시 문자를 해득하고 향교교육을 통해 사족의 문화와 지배이념을 내면화해나가는 계층이 점차 증가하고 있었음을 시사한다.

그러나 조선후기 들어 향교의 교육기능은 점점 퇴락해갔다. 이에 따라 조정에서는 관학을 재흥시키기 위해 노력하였다. 특히 영·정조 대에는 「권학절목(勸學節目)」을 수차례 반포하는 등 관학진흥 정책을 시행하였다. 이 때도 사족만이 아니라 중서층(中庶層)도 교육대상으로 삼았으며,[25] 19세기에는 지방관들에 의해 그 대상이 평천민층에게까지 확산되었다. 예컨대 1850년 단성현감은 25개조의 〈강회절목(講會節目)〉을 만들어 각 동리에 배포하고 강회를 열었는데 여기에는 사족만이 아니라 소민들도 참여대상으로 포함시켰다.[26] 수령들이 홍학을 강조하면서 그 대상으로 사족뿐만 아니라 소민층까지 포함시킨 것은 그들을 교화시켜 기존의 신분체제에 순응케 할 목적 때문이었지만, 지배이념과 유교적 규범이 확산되는 계기가 되었음

해 볼 때 18세기가 되면 양인의 비율이 현격히 높아지고(34~87.8%), 서얼의 경우는 급감하였으며(29.8~7.3%), 비록 납속양반이 대부분이었지만 양반은 거의 사라졌다 (윤희면, 위의 책, 82쪽).

24) 윤희면, 위의 책, 83~91쪽, 140~141쪽.

25) 윤희면, 위의 책, 191쪽.

26) 김준형, 『조선후기 단성사족층 연구: 사회변화와 사족층의 대응양상을 중심으로』, 아세아문화사, 2000, 195쪽.

은 물론이다.

2. 18세기 후반 평민서당의 대두와 지배이념의 확산

임진왜란 무렵까지만 하여도 평천민에 대한 유교 지식인들의 교육관은 매우 부정적이었다. 예컨대 이수광(1563~1628)은 "종놈이 글자를 알게 되면 반드시 잘못을 저지르게 되는 것", 교육을 받지 않은 어리석은 "하등 사람은 부려먹기가 쉽기 때문"이라는 등의 이유로 하층민의 교육을 부정하였다.[27] 18세기 중반이 되면 성인의 법은 사(士)들만 아니라, 농·공·상도 사대부의 행실을 한결같이 닦는 것이 마땅하다고 한 이중환의 말에서 미루어 짐작할 수 있듯이 평천민에 대한 교육도 확산되어 갔다.[28]

특히 평천민층의 교육 경험이 확대되어 간 사정은 18세기 후반에 전국적으로 확산된 서당을 통해 확대되었다. 물론 이 시기의 서당에는 설립이나 운영 주체 등에 따라 다양한 종류가 있었으며,[29] 모든 서당이 평천민 교육을 위한 것은 아니었다. 그러나 서당의 확산은 중서층을 비롯하여 평민층까지 포함하여 광범위하게 퍼져가던 신분 상승 욕구와 밀접한 관련이 있었다. 양반이 된다는 것은 사회적으로 특권적 지위를 획득한다는 것이다.

주자학은 원리적으로 신분적 차이를 부정하고 "배우기"의 차이에 따라

27) 정순우, 『서당의 사회사: 서당으로 읽는 조선 교육의 흐름』, 태학사, 2013, 258쪽.

28) 이중환, 『택리지』 四民總論. 이익은 천인이라 하여도 과거에 응시할 수 있도록 허락하여야 한다고 하여 사실상 천민들에게 교육 기회를 주고자 하였으며, 홍대용 역시 하층민에 대한 교육을 긍정적으로 받아들이고 있었다(정순우, 위의 책, 260~261쪽)

29) 송찬섭은 서당의 종류를 훈장자영서당, 유지조합서당, 마을공영서당, 문중공영서당, 관립서당 등으로 구분하였다(송찬섭, 『서당, 전통과 근대의 갈림길에서』, 서해문집, 2018, 43~52쪽).

사회질서를 부여한다는 점에서 귀족적인 체제를 부정하는 사상이었다.[30] 물론 현실적으로는 혈통을 비롯한 다양한 사회적 관습과 관행에 따라 뚜렷한 차이가 있었기 때문에 신분 이동이 쉽지 않았다.[31] 그러나 혈통이나 관습, 관행을 하루아침에 바꿀 수는 없었다. 때문에 신분상승을 위해, 또 그것을 사회적으로 인정받기 위해서 가장 중요한 일은 호적의 직역 상승이나 족보 취득 외에는 일상생활 속에서 유교적 가르침을 배우고 배운 바의 유교적 의례나 규범을 실천해나가는 것이 될 수밖에 없었다.[32]

이에 따라 향촌사회 내에서 지위를 상승시켜간 평천민층은 자신들의 발언권을 강화해 나가는 한편, 유교적 가르침을 배우려는 열망을 키워나갔다. 특히 18세기 후반이 되면 서당계 등이 고안되면서 민중이 대거 서당을 운영할 수 있는 기틀이 마련되었다.[33] 또한 「천자문」을 배우고 난 다음 단계에서 가르치던 교재로 서당교육에 커다란 영향을 미쳤던 「동몽선습」의 언해본의 출간을 비롯하여[34] 초심자인 평천민층이 상대적으로 쉽게 접할

---

30) 宮嶋博史, 「동아시아 소농사회론의 사상사 연구」, 『한국실학연구』 5, 2003, 126쪽.

31) 이에 대해서는 송준호, 「조선의 양반제를 어떻게 이해할 것인가」, 『전라문화논총』 1, 1986; 김성우, 「18~19세기 "지배양반" 되기의 다양한 조건들」, 『대동문화연구』 49, 2005 참조.

32) 향교의 교생에 모록이 많았고, 조정에서 서당을 만들 수 없도록 한 지역에까지 서당이 들어서고 이를 거듭 고치도록 했음에도 불구하고 시정되지 않은 것도 단순히 군역회피라기 보다 거기에는 사회적 지위상승을 위해 향교나 서당에 다니는 "학업"하는 사람이라는 이미지-그 내실 여부를 떠나-획득을 위한 의도도 내재해 있었다고 생각한다. 식민지 시기에도 전통적 사족이 아니라 전통적 권위질서에서 주변적인 위치에 있던 인물들이, 군역회피는 물론 경제적으로 아무런 이점이 없을 뿐만 아니라 오히려 각종 비용이 들어갔던 향교를 중심으로 한 전통적 권위의 네트워크에 참여하려 했던 것도 그러한 사정을 잘 보여준다(이용기, 「일제시기 지역사회에서 전통적 권위질서의 지속과 변용」, 『역사문제연구』 21, 2009).

33) 권오석, 「서당교재에 관한 서지적 연구」, 『서지학연구』 10, 1994, 941쪽.

34) 권오석, 앞의 글, 945쪽, 961~965쪽.

수 있는 교재가 본격적으로 간행되고 직업적 고용훈장이 등장하는 등 서당 교육에 일대혁신이 시작된 것도 이 무렵이었다. 「동몽선습」의 내용은 오륜의 요점을 간략하게 기술하고, 총론에서는 오륜이란 인리(人理)의 자연적인 전칙(典則)으로서 사람의 모든 행실이 이에 벗어날 수 없다는 점, 그리고 효는 백행(百行)의 근원이 된다는 점을 강조하면서 사친(事親)의 도(道)와 절차를 설명하고 있다.[35]

18세기에 들어 서당이 확산된 것은 다음과 같은 몇 가지 사례에서도 확인된다. 이미 18세기 중반(1756년, 영조 32)이면, 조정에서 서당 교육을 금지하고 있던 관서지방에까지 서당이 확산되고 있었으며, 국왕은 그것을 없애도록 지시하였다.[36] 그러나 이러한 지시에도 불구하고 오히려 관서지역의 서당은 늘어났던 것으로 보인다. 1778년(정조 2) 평안감사를 마치고 돌아 온 전 평안감사 이명식은 의주는 압록강변의 직로(直路)에 위치한 7개 읍 가운데 가장 중요한 지역이어서 "오로지 무력만을 숭상하기 때문에 일찍이 서재(書齋)에 관한 금령이 있었는데, 세월이 오래되면서 점차 해이해져서 지금은 거의 매 동리마다 서재가 없는 곳이 없어 그 폐해가 매우 크다"고 하였다. 글을 배우게 되면서 어려서부터 호미를 잡지 않으며, 어른이 되어서는 활을 잡지 않고, 그저 방랑하는 사람이 된다는 이유였다.[37] 정조 역시 "의주부 한 고을 안에 서당이라 이름 하는 것이 수십 개나 되니, 문이 성하면 무가 쇠하는 것은 필연적인 형세이다."라는 이유로 이에 동의하였

35) 정순우, 「18세기 서당연구」, 한국정신문화연구원대학원 박사학위논문, 1985, 147~150쪽, 190쪽.

36) "서북 지방에 문교(文敎)를 펼치는 것은 조정의 뜻이 아니다. 듣자니 관서 지방에 서당(書堂)이 많다 하는데, 반드시 없애도록 하라"(『영조실록』, 영조 32년 10월 4일).

37) 『일성록』, 정조 2년 8월 24일, 9월 5일.

다.[38] 그러나 관서지방의 서당 난립문제는 쉽사리 해결되지 않았던 것으로 보인다. 처음 문제가 제기된 지 9년이 지난 다음에도 재론되고 있기 때문이다.[39]

관서지방에도 양반 지향의 문화가 '관서=무(武)'라는 정부의 정책까지 부정할 정도로 널리 확산되어있었음을 보여준다. 정부에서는 다만 변방의 군사 담당역을 회피하려는 의도 때문에 서당이 난립한 것으로 받아들이고 있다. 그러나 여기에는 "문교를 펼치지 않고 오직 무만 숭상"하도록 한 조정의 정책과 달리 자신들도 유교문화의 호혜자가 될 수 있고, 사족과 같은 문화를 누릴 수 있다는 관서 민인들의 자각이 전제되어 있었다고 생각한다.

한편 18세기 후반 무렵에는 도망 노비가 향리직으로 진출하거나, 평천민층이 향임은 물론 관권과 관계없는 서원의 직임에까지 진출하기도 했다. 뿐만 아니라 평민 가운데서도 미천한 신분인 망건상이 유학을 공부하여 일정한 실력을 쌓은 다음에 동몽을 가르치는 것을 업으로 삼는 사례도 보이며, 사족들도 오히려 이를 권장했다.[40] 훈장은 물론 향리나 서원의 직임도 일정한 교육 경험을 전제로 하지 않으면 불가능하다는 점을 고려할 때 평천민층의 이러한 진출은 그 만큼 교육이 확산되고 있었음을 반증하는 것이다. 이에 따라 중서층은 물론 평천민층에게까지도 사족층의 일상생활을 모방하는 현상 역시 확산되어 갔다.[41]

---

38) 『정조실록』 정조 5년 11월 2일.

39) "양서의 풍속이 무예를 숭상하는 것은 예로부터 그러하였다. 그런데 근래에 취향이 돌변하여 활을 쏘고 말을 타던 사람들이 선비들이 입는 도포를 입고, 수렵을 하던 장소가 도리어 거문고를 타며 시를 읊는 처소가 되었다. 서당과 향사(鄕祠)가 없는 읍이 없어서 폐단이 갖가지로 생겨나 백성들이 곤욕을 겪는다"(『일성록』, 정조 11년 4월 16일).

40) 김준형, 앞의 책, 145~146쪽.

서당은 19세기에 들어 더욱 확산되었다. 전국 곳곳에서 훈장이 중인층의 자제들만 모아서 교육하는 서당이 설립되기도 했고, 학도가 모두 이족(吏族)의 자제만으로 구성된 서당이나 부유한 평천민이나 도시의 상공인 자제들을 전문적으로 가르치는 학숙(學塾)이 나타났다. 나아가 중인 신분으로 후학 양성이 나서 문도 100여명을 양성하는 학자가 나오기도 했다.[42] 서울에는 심지어 성균관의 노비가 운영하는 전문적인 서당도 출현하기도 하였다.[43] 사족들 가운데 평민들을 위해 서재를 짓고 직접 교육하는 사례도 나타나고, 곡식을 거두고 계를 조직하여 훈장을 모셔서 교육하기도 하였다.[44] 19세기 탐관오리의 부정부패를 고발하는 정편 가사인 「거창가」에는 다음과 같이 당시 서당의 실태를 묘사하였다.

> 여리에도 모두 서당을 두어 십실잔동(十室殘洞)이라도 오히려 현송(弦誦)을 들을 수 있습니다. 일곱 살 배기 아이도 오히려 공맹을 외우니 그 애친충군의 마음은 조야를 구분할 필요가 없으며, 아울러 예에도 통달해 있습니다.[45]

과장된 표현이겠지만, 유교의 충효사상과 예학이 조야, 노소를 구분할 것 없이 확산되고 내면화해나가고 있었음을 엿볼 수 있다. "유교의 대중

---

41) 이와 관련하여 18세기말 한 신료는 다음과 같이 말하였다. "농·공·상은 천민이 아닐 경우 하지 않게 되고, 사족으로서 이를 하면 천하게 여기므로 문사(文士)도 아니고 무사도 아니면서 편안히 앉아서 먹고 살기를 바라고 있고, 천민인 경우도 조금이나마 보리 10석만 있게 되면 사족들의 하는 일을 본받아 스스로 좋아하고 있습니다"(『정조실록』, 정조 2년 윤 6월 23일).

42) 정순우, 『서당의 사회사: 서당으로 읽는 조선 교육의 흐름』, 태학사, 2013, 482~483쪽.

43) 정순우, 위의 책, 362~363쪽.

44) 김준형, 『조선후기 단성사족층 연구』, 아세아문화사, 2000, 215쪽.

45) 조규익, 『거창가-봉건시대 민중의 저항과 고발문학』, 월인, 2000, 191쪽.

화"라고 할 만한 시대상으로 읽힌다.[46]

실제로 관직 등요에 신분 차별이 없어진(1882) 다음이기는 했지만, 1887년 비교적 사족의 지배력이 약했던 강원도 정선 군수로 부인한 오횡묵이 조사 한 바에 따르면, 정선 읍내 상동(44호), 중동(51호), 하동(44호) 3개동에는 모두 6개의 서당이 설치되어 있었다. 이 가운데 상동은 각 서당별로 20명, 6명(훈장이 없었기 때문에 당시 현장이 있던 학동 수만 파악), 중동은 30명, 40명, 하동은 10명, 30명 등 모두 136명의 학동이 수학 중이었다.[47] 학동수가 정확치 않은 상동을 제외할 경우 95호의 마을에 서당은 4개, 학동수는 110명에 달하는 수치이다. 1호당 1명 이상의 학동이 서당에서 교육을 받고 있었음을 알 수 있다. 또 정순우에 따르면 19세기말 구례군 토지면의 경우 32개 리 가운데 서당이 있는 마을이 6개였으며, 서당이 없는 26개 마을은 10여호 내외의 작은 마을이었다. 약 115호마다 서당이 1개 설립되어 있을 정도로 교육열이 대단하였다고 한다.[48]

이에 따라 19세기 초반에 정약용도 군현에는 면마다 수십 개의 마을이 있고, 대략 네댓 개 마을에 반드시 하나의 서당이 있어서 자격이 없는 훈장도 많다고 할 정도였다. 자격이 없는 훈장이 직접 서당을 경영하는 경우도 적지 않았다.[49]

46) 김상준은 이와 유사한 맥락에서 "유교적 평등화"라는 표현을 사용하였다(김상준, 「온 나라가 양반 되기」, 『사회와 역사』 63, 2003).

47) 정선문화원 편, 『국역 정선총쇄록』, 경인문화사, 2002, 67쪽, 97~99쪽.

48) 정순우, 앞의 책, 2013, 433~434쪽.

49) 송찬섭, 『서당, 전통과 근대의 갈림길에서』, 서해문집, 2018, 40쪽, 57쪽.

3. 19세기 서당교재와 지배이념의 확산

한편 특히 18세기 후반 이후 서당이 확산되면서 서당교재의 발간도 활발해졌다. 이에 따라 평민들을 위해 한글로 번역한 유교교재들이 본격적으로 출간되었다.[50] 유학자들에 의해 소학이 대중적으로 보급되었고 동몽서의 편찬도 활발해졌다. 서당교육의 교학이념은 무엇보다 『주자가례』와 『소학』이 제시하는 예교(禮敎)를 향촌사회에서 실현하는 것이었다.[51] 서당의 교재는 「춘추」나 「예기」, 「근사록」 등 고급 경전류보다는 주로 「천자문」, 「동몽선습」, 「통감」, 「소학」 등 유학을 접근하기 위한 초보적 교재나 초급적인 계몽서였다.[52]

초학 교재는 크게 천자문류의 문자교재와 소학류의 교양교재로 나눌 수 있다. 문자교재로는 천자문류와 유합(類合)·자회류(字會類), 양자가 혼합된 교재류 등을 들 수 있고, 교양교재로는 대표적 교재인 『소학』 외에 『효경』, 『동몽선습』, 『명심보감』 등을 들 수 있다. 앞서 언급했듯이 평민서당이 확산되는 18세기 후반 무렵부터는 교육환경에 맞는 새로운 초학 교재들이 편찬되기 시작한다. 이 가운데 주목할 만한 책은 장혼의 『아희원람(兒戲原覽)』, 1786년에 간행된 황덕길의 『동현학칙(東賢學則)』, 그리고 1884년에 간행된 박재형(朴在馨)의 『해동속소학(海東續小學)』 등을 들 수 있다.

이들 교재류는 유교적 전범으로 존숭되었던 『소학(小學)』류의 형태와 내용을 계승하면서도, 한편으로는 그것을 그대로 답습하지 않고 민족의 정감과 현실에 맞게 새로 편찬한 것이라는 점에서 이전 소학류 교재와는 다른 지향과 내용을 보여주고 있다.

---

50) 권오석, 앞의 글, 945쪽, 961~965쪽.

51) 정순우, 앞의 박사학위논문, 1985, 12쪽.

52) 이만규, 『조선교육사』, 을류문화사, 1947, 250쪽.

우선 중인계층이었던 장혼(1759~1828)이 지은 『아희원람』은 설화를 인용하거나 동화적이고 우화적인 비유를 통해 아동들에게 글의 재미를 일깨우는 동시에 평민들의 삶을 긍정하고 있었다. 나아가 인간의 존비귀천도 태생적인 신분이 아니라 문장에 의해 결정된다는 점을 지적하고 있다. 이는 당시의 폐쇄적인 신분관을 간접적으로 비판하는 의미를 담고 있다.[53] 또한 정순우는 『아희원람』을 비롯하여 18세기 후반부터 출간된 아동교재들이 기존의 교재인 『소학』과는 매우 다른 특징을 보여준다고 한다. 18세기 말부터 편찬된 교재는 『소학』의 3대 강령이자 조선시대 모든 교재의 가장 중요한 골격을 이루고 있던 명륜, 경신(敬身), 입교(立敎)의 원칙과 근본적으로 다른 편찬방식·의도에 의해 만들어졌다고 한다. 정순우는 그 특징을 탈명륜적, 탈이념적이라고 규정하였다.[54]

또한 황덕길이 쓴 『동현학칙(東賢學則)』은 체제와 내용 면에서도 소학의 내편[立敎, 明倫, 敬身, 稽古]이 완전히 생략된 채, 외편[嘉言, 善行]에 해당하는 부분으로만 구성되어 있다.[55] 『동현학칙』의 저자 황덕길은 순암 안정복을 사사하였고, 관직에는 진출하지 않은 채 제자들을 길러 그 문하에 성재 허전과 같은 학자를 배출했다. 그의 학통은 퇴계(이황) - 한강(정구) - 미수(허목) - 성호(이익) -순암(안정복) - 하려(황덕길)- 성재(허전)로 이어지는 남인 계열이며, 『동현학칙』 서문에는 책을 편찬한 취지에 대해 "옛날 양문공은 초학자들에게 날마다 옛 일을 기록함에 반드시 효제를 먼저하고, 충신(忠信)을 주로 하며, 예의염치로 잇도록 하였다. 주자께서 이에 소학 입

53) 정순우, 앞의 책, 2013, 378쪽.

54) 정순우, 위의 책, 10~11쪽, 366쪽, 372쪽, 378쪽 참조.

55) 『동현학칙』은 1884년에 편찬된 19세기의 대표적 초학교재인 『海東續小學』에 깊은 영향을 준 책이다. 이하 『동현학칙』에 대해서는 김연신, 「18세기 초학교재 《東賢學則》 연구」, 성균관대 석사논문, 2003 참조.

교의 조목을 갖추어 몽사(蒙士)에게 가르치니 이것이 '학칙'을 편찬한 이유이다."라고 밝히고 있다. 황덕길은 책 이름을 『동현학칙』이라고 한 이유로 "동방에서 시작해야 된다" 점을 들고 있어서 시대적·문화적으로 동떨어진 중국의 고사들 보다는 역사적·문화적·지리적인 동질성을 공유한 우리 선현들의 고사를 배우는 것이 초학자들게 훨씬 쉽고 빠르고 간절하게 닿을 수 있다는 점을 강조하고 있다. 실제로 『동현학칙』 전편 743장에는 모두 우리 선현들의 글을 싣고 있다.[56)]

『동현학칙』에서 보이는 두드러진 특징 가운데 하나는 『소학』의 3대 강령이자 조선시대 모든 교재의 가장 중요한 골격을 이루고 있던 명륜, 경신, 입교 가운데 〈명륜〉이 약 58%를 차지하는 『소학』과 달리 『동현학칙』에는 〈경신(敬身)〉이 약 56%로 가장 많은 부분을 차지한다는 점이다. 또한 『소학』의 〈명륜〉에서는 부자·군신·장유 등 인간관계에서 상하관계를 규정하는 부분이 뚜렷이 우위를 점하고 있는데 반해 『동현학칙』에서는 오륜의 인간관계 모두가 비교적 고르게 기재되어 있다. 특히 『소학』에서 가장 비중 있게 다루고 있는 부자관계는 크게 약화되고, 상대적으로 『소학』에서 가장 소홀하게 다루고 있는 붕우관계가 가장 강조되었다. 또 『소학』에서는 〈경신〉이 차지하는 비율은 약 31%(전체 내용 386장 중 119장)이고, 『동현학칙』에서 〈경신〉이 차지하는 비율은 약 56%(전체 716장 중401장)이다.[57)]

이와 같이 『동현학칙』은 『소학』이 〈명륜〉을 가장 강조한 것과 달리 정심(正心)·성의(誠意)·수신 등 위기지학(爲己之學)에 관한 내용 곧 〈경신〉을 매우 강조하고 있다는 특징을 보여주고 있다. 마찬가지 맥락에서 『동현학

56) 『下廬文集』 卷之十, 「東賢學則序」; 김연신, 앞의 논문, 24~26쪽.

57) 郭成基, 「조선조 소학의 교육적 연구」, 원광대 석사논문. 1988, 50쪽; 김연신, 앞의 글, 34쪽.

칙』의 '심술지요(心術之要)'에 실린 내용은 평상시 마음가짐과 학문에 관한 내용이 풍부한 반면 경(敬) 존중 사상이나 예법에 관한 면은 크게 축소되어 실생활에 보다 가깝고 따라서 실천이 용이하도록 편찬되어 있다. 이런 점에서 『소학』은 〈명륜〉에 해당하는 내용이 압도적으로 많은 '윤리지침서'적인 성격이 강한 것으로, 『동현학칙』은 〈경신〉에 해당하는 내용이 압도적으로 많아(56%) '수신서'적 성격이 강한 교재였다고 할 수 있다.[58] 이상과 같은 『동현학칙』의 내용에 대해 김영신은 상하 권위주의적 인간관계에 초점은 맞춘 『소학』과 달리 『동현학칙』은 부부, 붕우의 관계에도 관심을 가졌다는 점에서 전통 윤리의식과는 사뭇 달라진 저자의 윤리의식을 엿볼 수 있다고 하였다.[59]

19세기 후반으로 오면 서당 교재에 대외적 위기의식과 관련된 사회분위기가 반영되기도 하였다. 이 가운데 이후 민중운동에서 보이는 민중의식과 관련하여 주목되는 것은 1884년에 편찬된 박재형의 『해동속소학(海東續小學)』이다. 박재형은 유치명을 통해 영남남인의 학통을 이어받았으며, 허전의 제자로서 근기남인의 학통으로도 연결되는 인물이다. 근기남인 가운데 주요한 아동교재를 남긴 인물은 『하학지남』을 쓴 안정복, 『동현학칙』을 편찬한 황덕길이 있다. 박재형의 『해동속소학』은 『동현학칙』의 영향을 받아 『해동속소학』 411장 가운데 60정도가 『동현학칙』의 내용과 중복된다.

---

58) 김연신, 앞의 글, 58~65쪽.

59) 김연신, 앞의 글, 38쪽. 이러한 변화는 이옥(1760~1813)이 쓴 「필영장사(必英狀辭)」에서도 확인할 수 있다. 이 글에는 먼 시골의 학동들이 소지(所志)를 교재로 쓰고 있었다는 사실이 기록되어 있다. 그 소지의 내용이 다름 아닌 행실이 어그러진 규방 처녀의 송사에 관한 것이라는 사실이 충격을 준다. 다분히 비윤리적인 행태를 버젓이 교재로 쓸 정도로 평민들의 풍속은 변하고 있었던 것이다. 실시학사 고전문학연구회 역주, 『이옥전집』 제2권, 소명출판사, 2001(정순우, 앞의 책, 364쪽에서 인용).

그러나 『해동속소학』은 『동현학칙』을 계승하면서도 새로운 체제를 취하고 있으며, 더욱 폭넓게 자료를 망라하고 종합하여 구체적인 내용과 서술형식에서도 차이를 보이고 있다.[60] 『해동속소학』에서 가장 두드러진 점은 효에 중점을 둔 『소학』과 달리 군신관계와 충에 중점을 두었다는 점이다. 특히 관리의 도리로서 절의를 지키면서 국왕을 바르게 이끌 수 있는 강직한 기상을 중시하였다. 아울러 사뿐만 아니라 백성, 노비의 선행에 대해서도 언급하여 모든 신분의 사람이 사의 윤리를 보편윤리로 체득하는 것을 목표로 하고 있었음을 보여준다.[61]

또한 대외적 위기가 한편으로는 교육의 내용을 효보다 충을 우선시하고, 신분적 차별이나 경제적 차이를 해소하는 쪽으로 향하게 했음을 시사한다. 이와 더불어 19세기 후반에 들어 주로 척사론적 입장에 있던 유학자들은 보통교육론을 제기하면서 서구사상의 위협을 유교적 교화를 통해 막으려는 의도에서 귀천에 구분 없이 유교적 소양을 가르치고자 하였다. 이들은 학교와 향교를 중심으로 한 향약공동체, 대동적인 사회를 건설하려 하였다. 이를 위해 노비신분도 당대에 한해야 한다거나, 토지가 백성들에게 분배되어 온 역사적 전통을 분명히 하고, 사회적 지위는 귀천으로 나누어지는 것이 아니라 덕(德)에 의해 나누어진다는 점을 역설하였다.[62]

이러한 과정을 통해 가례나 충효 등 유교적 규범과 가치가 확산되었고, 이를 통해 평·천민들에게도 유교적 규범과 실천윤리가 내면화되어 갔을

60) 구희진, 「19세기 중반 유자들의 보통교육론과 동몽서 편찬」, 『역사교육』 92, 2004, 186쪽.

61) 구희진, 앞의 글, 172쪽, 184쪽, 189~190쪽.

62) 노관범, 「19세기 후반 청도지역 남인학자의 학문과 『소학의』 대중화」, 『한국학보』 104, 2001; 구희진, 앞의 글, 2004. 이러한 모습은 대외적 위기가 신분제나 토지 소유를 둘러싼 사회질서 등에 큰 영향을 미치고 있음을 잘 보여주는 현상으로 주목된다.

것으로 보인다. 서당교육과 관련하여 많은 성과를 남기고 있는 정순우는 최근의 연구에서 18세기 이후 서당교육이 확산되어 갔음에도 불구하고 향촌사회에서는 사회적 모순의 심화와 관료조직의 비리 등으로 인해 오히려 유교적 덕목에 대한 내면화가 약화되었다고 주장하였다.[63] 관리나 향촌 지배층이 이전 시기에 비해 유교적 덕목과 배치되는 언행을 더욱 일삼게 되었다는 점을 지적한 것으로 보인다. 이런 점에 주목할 때 타당한 지적이라 볼 수 있다.

그러나 다른 한편 특히 평민들에게까지 확산되어간 서당 교육이 지배이념에 대한 평민층의 이해를 제고시키고 그에 따라 향촌사회 내부에도 새로운 정치문화가 형성되어 가는 데 적지 않은 영향을 미쳤을 것으로 생각된다. 더구나 서당의 생활 지도 역시 언행과 용의 등 몸가짐으로부터 부모에 대한 효 및 면학, 관혼상제에 이르기까지 생활 전반에 걸쳐 이루어졌다.[64] 이러한 사실 역시 서당교육이 민본과 인정 등 지배층이 내세운 지배 이념에 대해 좀 더 구체적으로 알게 해주었을 뿐만 아니라, 유교적 가르침인 효행과 언행 등을 일상생활 속에서 조금씩 실천해나도록 했을 것으로 보인다. 이러한 과정은 평천민들도 지배이념을 일정하게 내면화하면서 그것을 전유해나가는 데 중요한 계기가 되었음을 시사한다.[65]

---

63) 정순우는 "『삼강행실도』 등의 교재를 반행하고, 또 서당교육을 통해 지속적으로 강상윤리에 대한 사회교육을 시행하였음에도 불구하고 향촌사회 내부에서는 유교적 덕목에 대한 자발적인 내면화가 차츰 약화되는 모습을 나타내기 시작하였다. 즉 백성의 충효행위에 대한 장려, 증직, 제직, 복호, 면역, 면천 등의 보상체계가 조선후기가 지니고 있던 내부적인 모순으로 인하여 18세기에 이르러서는 그 실효성이 상실되고 있었다. 당시의 문란한 사회신분제의 혼란 및 관료 조직의 비리는 유교적 명분의 정착을 기대하면서 시행하였던 보상정책을 오히려 명분을 파괴하는 제도로 전락하게 만들었다."(정순우, 앞의 책, 2013, 351~352쪽)고 하였다.

64) 장윤수, 「조선시대 서당교육의 教學理念」, 『초등도덕교육』 9, 2002 참조.

4. 서당교육의 확대와 정치문화의 변화

이상과 같은 유교적 가르침에 대한 번역서 보급이나 향교·서당 교육의 확산, 그에 따른 중서층과 평천민층의 교육경험 확대는 향리를 비롯한 중인층은 물론 평천민층의 의식이나 정치문화 면에서도 큰 변화를 초래했다.[66] 우선 앞서 언급하였듯이 『삼강행실도』 등을 언문으로 보급하려는 노력과 『소학』 같은 중요한 서당 교재의 번역·보급 등 왕조정부의 정책에 따라 문자해득률이 점차 높아졌을 것으로 추정된다. 특히 18세기 말부터 확산된 서당교육은 평천민층에서도 문자를 해득할 수 있는 인구를 증대시켰으며, 이는 조선사회의 정치, 사회면에서 몇 가지 중요한 변화를 가져왔다.

먼저 지적해야 할 점은 "전통적" 유교 이념, 혹은 조선 초기부터 국가권력이 교화시키고자 한 내용과 효과가 그대로 피교육자인 평천민층에게 나타나지는 않았다는 것이다. 또 평천민층이 지배이념을 내면화한다고 하더

---

65) 서당관련 논저는 역사학뿐만 아니라 교육학 분야에서도 많이 축적되어 있으며, 필자가 조사한 바로는 수십 편에 달한다. 그러나 대부분의 연구는 서당의 확산을 유교이념의 확산이라는 점과 연결하기보다는 오히려 그 반대 방향에서 이해하고 있다. 곧 18~19세기 서당과 서당교재에 대한 연구들은 주로 새로운 경향들, 곧 그것이 유교적 이념을 극복해나가고 있다는 점, 전통적으로 사용해오던 중국의 교재들과 달리 조선의 독자성을 가진 교재들이 출판된다는 점 등을 강조하고 있다. 이러한 연구들은 대체적으로 18세기 말 이후의 서당확산과 서당교재의 성격을 근대지향적, 민족주의적이라는 맥락에서 이해하고 있다는 점에서 근대중심적 역사인식을 강하게 전제하고 있음을 알 수 있다. 이러한 성격을 잘 보여주는 최근의 연구로는 최종찬, 「19세기 초학교재에 나타난 아동교육관의 특징」, 공주대학교 대학원 박사학위논문, 2013, 26쪽 참조.

66) 조선후기 유교문화의 전층적 확산 양상과 역사적 의미에 관한 간단한 소개는 미야지마 히로시 지음, 노영구 옮김, 『양반』, 너머북스, 2014, 204~225쪽 참조.

라도 지배층의 그것과 동일할 수는 없었다고 생각한다. 예컨대 셰플러(Sheffler, David)는 여성과 가난한 자들에 대한 교육경험 확대의 결과 문해(文解) 공중의 현저한 대두는 현존하는 정치적 종교적 체제를 강화기도 하지만, 다른 한편 그에 대한 도전도 초래한다고 하였다.67)

이러한 논의들에 유념하면서 여기서는 서당교육의 확산에 따라 유교적 이념이 평천민층에게도 확산되어 갔지만, 그것이 지배층이 의도한 결과를 가져온 것이 아니라, 수용되면서 그들 나름대로의 생활감각에 맞게 전유되어 갔다는 점, 나아가 그것이 19세기 민중운동 발발 당시 자신들의 행위를 정당화하는 기반으로 작동되고 있다는 점을 주목하고자 한다. 이를 위해 먼저 18세기 이래 서당이 확산되는 과정에서 이루어진 평천민층의 교육경험과 그를 통해 형성되는 새로운 정치문화의 가능성이라는 점에 초점을 맞추어 논의를 전개하고자 한다.

우선 눈에 띠는 현상은 과거에 응하는 사람들의 수를 격증시켰고, 그 가운데는 천민이나 평민들도 적지 않았기 때문에 조정에서도 문제를 삼을 정도였다는 점이다.

> 특별 지시가 내린 것을 보니, '요즘 과장(科場)이 혼잡스럽기 그지없어 심지어 상인(常人)과 천인들까지 무난하게 함부로 응시하니 명분과 규율이 어찌 이 지경에까지 이르렀는가. 묘당에서 옛 규정을 다시 강조하고 헤아려 지시를 받아 처리하도록 하라.'라고 했습니다. (중략) 귀한 사람은 귀한 사람답게 천한 사람은 천한 사람답게 처신해야 한다는 것은 원래 옛 법에 있는 만큼 성균관에서 다시 강조하게 하고 이제부터 상인이나 천한 사람이 함부로 응시하여 합격자 명단에 끼는 경우에는 적발해 간단한 제의서를 올려 곧장 빼 버릴 것을 청하게 해야 합니다. 그리고 만일 그대로 두었다가 발로되어 조사해 내는 경우에는 그

67) Sheffler, David, "Late Medieval Education: Continuity and Change," *History Compass*, 8, 2010, pp.1067~1082.

때의 대사성(大司成)에 대해 되도록 중하게 잘못을 경계해야 합니다. 그리고 또한 승정원에서도 꼭 같이 살피며 신칙하게 하는 것이 어떨까 합니다.[68]

이 전과 달리 평민은 물론 천민까지도 과거에 응시하는 사람이 많아졌고, 문맥으로 볼 때 그 가운데는 신분을 속인 채 과거에 합격하는 사례도 있었던 것으로 보인다. 주지하다시피 과거 시험의 과목은 무엇보다 유교적 교양과 지식을 요구하는 것이다. 이 점에서 평천민 출신으로서 과거에 응시하는 자들이 증가하였다는 것은 평천민 가운데도 유교적 교양을 일정 수준 이상으로 습득한 사람들이 그 만큼 많아졌음을 의미한다.

앞서 언급했던 정선군수 오횡묵이 1880년대 말 백일장 개최했을 때, 정선과 인근 군에서 모인 유생의 수가 2,400~2,500명, 시지에 압인하고 명단을 제출한 사람이 1,900명이었다. 당시 정선의 호수가 1,750호에 불과하였음을 고려하면 오횡묵의 표현대로 "호구가 적은 고을의 처지에서 미어터질 것만 같은" 성황을 이루었고,[69] 향리 등 읍내에서 요족(饒足)한 집에는 140명에 이를 정도로 많은 사람이 숙식하였다.[70] 이 역시 확산된 평민서당과 평천민층의 교육경험이 확대됨에 따라 문해 인구가 그만큼 많아졌음을 보여주며, 이러한 현상은 결국 유교이념의 확산 내지 "유교의 대중화"와 결코 무관하지 않았을 것으로 보인다.

또한 영국 출신의 여성여행가 이사벨라 버드 비숍(Isabella Bird Bishop, 1831~1904)은 『조선과 그 이웃나라들』에서 한강 유역에 사는 많은 수의 하층민들이 한글을 읽을 수 있다는 사실을 알고 놀랐다고 기록하였다. 그녀는 조선 북부지역을 여행했던 러시아군 장교가 북부 조선의 마을마다 서당

---

68) 『고종실록』, 고종 27년 12월 21일.
69) 『국역정선총쇄록』, 윤 4월 20일, 6월 20일, 137쪽, 168쪽.
70) 『국역정선총쇄록』, 6월 27일, 161~162쪽.

이 있고 글을 읽고 쓰지 못하는 조선인을 만나는 것은 드물었다고 증언한 내용도 싣고 있다.[71]

또한 캐나다에서 온 선교사 게일은 1898년에 쓴 『전환기의 조선』이라는 책에서 "중국이나 인도에서는 1000명 가운데 한 명이 읽을 수 있는데 비하여 조선에서의 읽기는 거의 보편적이다"고 기록하고 있다.[72] 구체적인 문자해득률을 확인하기는 어렵지만, 이러한 관찰기를 통해 19세기 말기에는 하층민들 가운데도 문자 해득력을 갖춘 사람들이 적지 않았음을 확인할 수 있다. 이는 18세기 후반 이래 확산된 평민서당과 그를 통한 평천민층의 교육경험이 확대된 결과일 것으로 추측된다.

한편 교육경험의 확대와 병행하여 평천민들의 신분상승도 이루어졌다. 이들은 족보 위조나 호적대장 상 직역을 상위 신분으로 바꾸는 등 다양한 경로를 통해 신분을 상승시켜 나갔다. 평민의 경우 신분상승을 하더라도 18세기 말까지는 대개 중인층에 머물러 있다가 19세기에 들어오면서 유학 등의 호칭으로 직역을 바꾸면서 호적상 양반 신분으로 상승해나가는 것이 일반적이었다. 물론 호적상 직역이 양반신분으로 바뀐 것만으로 향촌사회에서 사족으로 대접받을 수 있는 것은 아니었다. 사회적으로 온전한 대접을 받기 위해서는 양반들의 사회생활이나 관습의 체득, 문중과 동성촌락의 구성 등 다양한 조건들이 구비될 필요가 있었기 때문이다.[73] 따라서 호적상 유학이 되었다 하더라도 동계에는 노비와 함께 「서민적(庶民籍)」에 기재되는 등 여전히 향촌사회에서의 위세는 취약하였다.[74] 그러나 신분을 상

71) 이사벨라 버드 비숍 지음, 이인화 옮김, 『한국과 그 이웃 나라들』, 살림, 1994, 102쪽.
72) 제임스 게일 저, 장문평 역, 『코리언 스케치』, 현암사, 1971, 89, 90쪽(정연태, 「19세기 후반 20세기초 서양인의 한국관」, 『역사와 현실』 34, 1999, 166쪽에서 재인용).
73) 김성우, 「18~19세기 '지배양반' 되기의 다양한 조건들」, 『대동문화연구』 49, 2005 참조.

승시켜간 평민층은 중서층과 함께 이른바 신향층을 형성하면서 구래의 사족들의 권위에 도전해 나갔고, 향촌사회에서 지위도 점차 공고해져 갔다. 그 때문에라도 이들은 일상생활 속에서 양반층의 생활문화를 체현해 나가야 했다.

뿐만 아니라 19세기가 되면 호적상 유학으로 신분상승을 하지 않았던 평민층이나 노비들까지도 양반층의 가족문화를 수용해나가는 현상이 나타났다. 최근 경상도 단성지역을 분석한 권내현의 연구에 따르면, 16세기부터 입양의 흔적이 발견되지만, 입양이 보편화되는 것은 유력양반의 경우에도 종법질서에 입각한 가족제도가 형성되기 시작한 17세기, 여타 양반층은 18세기를 기다려야 했다. 이러한 변화는 곧이어 서계(庶系)나 경제적으로 여유가 있는 중인층으로 파급되었고, 18세기 후반 이후 경제적으로 성장한 일부 평천민들도 가계계승을 위한 입양을 수용해 갔으며, 19세기와 근대시기를 거치며 부계 중심의 가족질서는 더욱 확산되어 갔다.[75]

노비의 경우에도 19세기 전반이 되면 가계계승을 위해 입양하는 사례가 나타나며,[76] 사실상 노비가 사라지는 1920년 단계가 되면 노비출신들의 가계 계승욕구나 상례 관습도 양반들의 그것에 근접하게 된다.[77] 이러한 사정은 늦어도 19세기 이후에는 노비들 가운데도 양반의 가례를 모방하는 경향이 확산되고 있었음을 보여준다. 이미 18세기 후반에 "여항(閭巷) 하천(下賤)들의 복식이 분수에 넘치는 등의 폐단이 생겼다"는 말이 나왔다.[78] 19세

74) 김준형, 앞의 책, 133쪽.

75) 권내현, 「조선후기 입양의 확산 추이와 수용 양상」, 『역사와 현실』 73, 2009 참조.

76) 이영훈, 「18·19세기 대저리의 신분구성과 자치질서」, 안병직·이영훈 편저, 『맛질의 농민들』, 일조각, 2001, 267~268쪽; 권내현, 『노비에서 양반으로, 그 머나먼 여정 : 어느 노비 가계 2백년의 기록』, 역사비평사, 2014, 177~190쪽.

77) 김필동, 「한말-일제하까지 촌락의 신분관계의 변화-전남 구례군 오미동 류씨가의 사례-」, 김귀옥 외, 『한국사회사연구』, 나남출판, 2003, 163~164쪽.

기 후반이 되면 "관혼상제에 상하의 구별이 없고, 복식과 저택에도 귀천의 법도가 없어졌"으며, "천한 자가 귀한 자를 능멸하며 종이 주인을 능멸하고 아전이 관장을 능멸한다"는[79] 개탄이 나오는 것은 바로 그러한 시대상을 표현한 것이었다.

서당을 통한 유교교육의 확산과 가례의 생활화, 양반 생활문화의 확산은 곧 조선왕조가 유교적 통치이념을 표방한 유교적 규범과 실천윤리가 그만큼 보편화하고 있었음을 보여준다. 그러나 유교윤리의 내면화는 단지 지배층의 의도, 곧 평천민을 교화시켜 기존의 지배체제에 순응케 한다는 의도대로만 귀결된 것은 아니었다. 앞서 언급했듯이 그것은 피지배층이 지배이념을 전유함으로써 지배층의 사회적·정치적 행동을 심문할 수 있는 계기가 될 수도 있기 때문이다.

이러한 모습은 우선 19세기 상인 출신의 유학자 심대윤(沈大允, 1806~1872)을 통해 엿볼 수 있다. 안성 읍내에서 상업·목공·약방 등을 경영하면서도 사서 등을 읽으며 학문을 병행하여 스스로 사(士) 의식을 강화해나가며, 유교가 '통속화'하는 과정의 일단을 보여주는 것으로 이해되는 인물이다.[80] 심대윤이 보여주는 사에 대한 인식은 '통속화' 해나간 유교가 평민들에 의해 전유되는 모습을 잘 보여준다. 그는 당시 사의 문제점을 다음과 같이 지적하였다. "1. 고지식하고 진부하여 물정을 모른다. 2. 성(性)이 나면서부터 귀해서 사람을 멸시한다. 3. 말이 경박하고 번지르르하고 허황하여 신의가 없다. 4. 체면치레와 자잘한 절차가 까다롭고 엄해서 민(民)들이 가까이 하지 않는다. 5. 근골이 나약하여 추위와 더위, 기갈과 비바람을 참지

78) 『정조실록』, 정조 즉위년 11월 19일.
79) 『승정원일기』, 고종 14년 3월 4일.
80) 김문용, 「심대윤의 복리사상과 유학의 세속화」, 『시대와 철학』 21-3, 2010.

못한다. 6. 사물에 대해 잘 알지도 못하고 기예도 없어서 어디에도 쓸 데가 없다. 7. 평소에 민에게 원망을 사서 민이 보복하려 한다."[81] 사에 대한 심대윤의 평가에서 강조해 두고 싶은 점은 사가 사로서 마땅히 갖추어야 할 덕목을 가지지 못한 현실을 사의식을 갖춘 평민이 준엄하게 비판하고 있다는 것이다.

또 19세기에 들어 평민인 화가나 아전 등이 편집한 『호산외기(壺山外記)』, 『이향견문록(里鄕見聞錄)』, 『희조질사(熙祖軼事)』 등도 이러한 시대적 배경에서 나온 것이다. 이러한 책들에는 사대부에 비해 전혀 손색이 없거나 오히려 뛰어난 평천민들의 학행·덕행·충효나 지모(智謀), 문학, 그리고 열녀, 청렴·신의·의리를 지닌 호걸, 문예와 의학, 복술(卜術)에 뛰어난 인물 등이 소개되어 있다. 『이향견문록』은 대체로 천성 면에서 평민과 사족 간의 차이가 없음을 지적하는 내용이다.[82] 그러나 여기에는 사족이 아니지만 사의 품격과 덕목을 갖춘 평천민들의 존재를 전제로 하여, 그들의 시선으로 士답지 못한 사족을 비판한다는 의식도 개재되어 있었다고 생각한다.

이와 같이 서당 교육을 비롯한 다양한 통로를 통해 가례나 충효 등 유교적 규범과 가치가 확산되었고,[83] 평천민들에게도 유교적 규범과 실천윤리

81) 「白雲文抄」 自警文, 『沈大允全集』(1), 27쪽. 심대윤과 그의 문집 내용에 대한 소개는 임형택, 「심대윤전집 해제」, 『沈大允全集』(1), 성균관대 대동문화연구원, 2005 참조.

82) 허진경 편역, 『평민열전』, (주)웅진북스, 2002; 유재건 지음, 실시학사 고전문학회 옮김, 『이향견문록』, 글항아리, 2008. 『이향견문록』의 내용과 그에 소개된 인물들의 군상에 대해서는 정병호, 「〈里鄕見聞錄〉을 통해 본 조선시대 閭巷人의 형상」, 『동방한문학』 12, 1996 참조.

83) 김상준은 이를 '유교적 평등화 과정'이라고 했으며, 나아가 동학 역시 유교적 평등화의 산물로서 서얼, 아전, 참봉, 농민, 상인, 몰락 양반이 주도하는 '대중유교'였다고 하였다(김상준, 「대중유교로서의 동학」, 『사회와 역사』 68, 2005).

가 내면화되어 갔다. 이같이 평민층으로까지 확산되어간 교육경험은 조선을 동아시아의 다른 어느 나라보다 유교이념의 지배력이 강한 나라로 만들었을 뿐만 아니라, 치자-피치자의 간에도 새로운 정치문화가 만들어져 가는 단서가 되었다. 이런 점에서 동학사상의 평등주의까지도 유교적 포퓰리즘과 평등주의적 경향으로부터 유래한다는 마크 세튼(Mark Setton)의 지적은 설득력이 있다.84)

조선에서는 정치적, 경제적, 사회적, 그리고 대외적 위기가 최고조로 달했을 때, 그러한 위기를 극복하고 새로운 세상을 만들겠다는 것을 목적으로 발생한 민간 '종교'와 그것을 기반으로 일어난 대규모 '반란'조차도 유교의 자장(磁場)을 벗어날 수 없었다. 유교의 지배가 그 만큼 강력하였다. 이는 조선과 마찬가지로 유교를 지배이념으로 하고 있었으면서도 기독교를 중요한 사상적 기반으로 일어난 중국의 태평천국운동과 비교되는 것이다.85)

지배이념이 피지배층에 의해 지배층을 비판하는 무기로 전유된 가장 극적인 사례는 동학농민전쟁을 알리는 〈무장포고문〉을 통해 엿볼 수 있다.86) 조선왕조 말기인 1894년에 발발한 동학농민전쟁은 동학교도들이 중심이

84) Setton, Mark, "Confucian Populism and Egalitarian Tendencies in Tonghak Thought," *East Asian History* 20(December 2000), pp.121~144.

85) 태평천국운동을 일으킨 배상제교(拜上帝教)가 특히 초기에는 기독교 요소의 영향을 강하게 받았으며, 태평천국의 지도자 홍수전(洪秀全)은 신(God)의 아들이자 예수의 동생을 자처하였다.(이와 관련한 대표적 연구로는 Jonathan D. Spence, *God's Chinese son: the Taiping Heavenly Kingdom of Hong Xiuquan*, New York :W. W. Norton & Company Ltd., 1996). 이것은 유교이념의 지배력이 매우 강하였던 조선에서는 상상하기 어려운 일이다.

86) 「隨錄」 茂長縣謄上東學人布告文, 『동학농민전쟁사료총서』(이하 『총서』) 5, 157~ 159쪽; 「茂長布告文」, 『東學亂記錄』 上, 142~143쪽; 「梧下記聞」, 『총서』 1, 52~54쪽.

되어 일어났음에도 불구하고 〈포고문〉을 비롯하여 동학농민군의 다양한 격문이나 요구조건에 동학사상이나 동학교단과 관련된 내용이 극히 드문 반면, 유교적 언어로 가득한 것도 그러한 점이 중요한 요인으로 작용하였다.[87] 〈포고문〉의 내용은 1896년에 일어난 의병의 격문과 구별이 불가능할 정도로 유교적 언어로 가득 차 있다. 그 첫머리는 "사람이 세상에서 가장 귀한 것은 사람에게 인륜이 있기 때문이다. 군신(君臣)과 부자(父子)의 관계는 가장 큰 인륜이다. 임금이 어질고 신하가 충직하며, 아버지가 자애롭고 자식이 효성스러운 뒤에야 가국(家國)이 이루어지고 끝없는 복이 미칠 수 있다."라는 구절로 시작한다. 이 구절은 『동몽선습(童蒙先習)』의 서문에 나오는 글귀와 매우 유사하다. 『동몽선습』 서문의 첫 문장은 "천지 사이에 있는 만물의 무리 중에서 오직 사람이 가장 귀하니 사람이 귀한 까닭은 오륜(五倫)이 있기 때문이다. (중략) 그러므로 어버이는 인자하고 자식은 효성스러우며, 임금은 의롭고 신하는 충성스러우며, 남편은 온화하고 아내는 순하며, 형은 사랑하고 아우는 공경하며, 친구는 보인(輔仁)한 연후에야 바야흐로 사람이라 할 수 있다."로 되어 있다.

다만 포고문에는 부부, 형제, 붕우에 대한 윤리가 빠져 있고, 군신, 부자 간의 의리에 대해서만 명시하되, 그 순서가 『동몽선습』과 달리 군신 간의 의리와 부자 간 의리의 순서가 바뀌어 군신 간의 의리가 부자 간의 의리에 앞서 언급되고 있는 점에서 차이가 있다. 지배체제의 문란에 따른 총체적 위기상황이 군신 관계를 핵심요소로 하는 국가라는 공동체에 대한 관심을 증대시키고 있었음을 엿볼 수 있다.[88] 이는 농민군들의 거의(擧義)가 국가

---

87) 동학이 창도되는(1860년) 초창기부터 동학이 서학(西學)과는 다르며, 유학과 유사하다는 점을 누누이 강조하는 방식으로 포교활동을 펼칠 수 있었던 것도 유교이념의 지배력과 깊은 관련이 있을 것으로 보인다.

88) 이는 농민군들의 거의(擧義)가 국가의 존망과 관련된 일이었기 때문인 것으로 생각

의 존망과 관련된 일이었기 때문인 것으로 생각되지만, 앞서 언급한 『해동속소학』과 마찬가지로 대외적 위기의식이 반영된 것으로 보인다. 역시 평천민층이 지배이념을 수용하면서도 자신들의 시국에 대한 감각과 이해에 따라 전유하고 있었음을 시사한다.

앞서 언급했듯이 『동몽선습』은 천자문을 익힌 학동들이 바로 다음 단계로 배우던 교재이다. 일설에 의하면 전봉준 역시 고부에서 학동들을 모아 「동몽선습」을 비롯한 초보적 교재를 가르치기도 했다.[89] 「포고문」의 앞머리에서 유교적 교양에 초보적인 인물들에게도 매우 익숙한, "상식"화하여 있던 구절을 내세운 것은 자신들이 거의한 정당성을 유교적 이념에 입각하여 명확히, 또 널리 알리려는 의도에서 나온 것으로 보인다. 운동의 지도층은 그들의 연설이나 명령이 다수 민중의 심성에 합치하고 있을 때 비로소 그들을 동원할 수 있으며, 그들로부터 권위를 부여받을 수 있다는 것을 인식하고 있었기 때문이다.

따라서 지도부에서 작성하고 발포한 문건일지라도 거기에는 다만 지도부의 생각만이 아니라, 많은 사람들의 이해를 고려한 요구조건이나 목표가 제시되었으리라는 점은 쉽게 추측이 간다. 〈포고문〉 발포 이후 농민군의 수가 지속적으로 증가한 점 역시 〈포고문〉이 민중의 의식을 외면하지 않았음을 의미한다. 르페브르가 말한 심적 상호작용과 유사한 이러한 과정을 통해 〈포고문〉은 개개의 민중들에게 운동의 목표를 선명히 하고 의식을 공유하는 데 영향을 미쳤을 것으로 생각된다.[90] 이러한 사정은 유학의 초심

되지만, 앞서 언급한 『海東續小學』과 마찬가지로 대외적 위기의식이 반영된 것으로 보인다. 농민군들이 지배이념을 수용하면서도 자신들의 시국에 대한 감각과 이해에 따라 전유하고 있었음을 보여준다.

89) 菊池謙讓, 『近代朝鮮史』, 鷄鳴社, 1939; 역사문제연구소 동학농민전쟁백주년기념사업추진위원회, 『동학농민전쟁연구자료집』(1), 여강출판사, 1991, 171쪽.

자들이 익히는 『동몽선습』 정도의 유학적 소양은 이미 적지 않은 하층민들에게도 하나의 "상식"으로 정착되어 있었고, 농민군은 그 상식에 의지하여 지배층을 비판하고 인정을 회복하려는 자신들의 행동을 정당화해 나가고 있었음을 의미한다.

---

90) 르페브르는 혁명적 심성의 집합적 특징은 "심적상호작용"에서 발생하며, "심적상호작용"은 개개의 농민들에게 의식의 평준화를 이루어준다고 하였다. 즉 개개인이 특별한 사정으로 짊어졌을지도 모를 불만들이 모두 영주의 책임으로 간주되고, 더욱이 그것이 모든 영주의 속성으로 간주된다는 것이다(G. 르페브르, 『혁명적 군중』, 한그루, 1983, 45쪽).

제4장

조선후기 향촌 질서의 변화와 민중의식

1. 조선 후기 향촌 질서의 변화

지배이념의 실현을 지역사회에서 담당한 공식적인 기구는 수령이었지만, 사족(士族)들도 그에 못지않은 역할을 수행한 것이 조선사회였다. 사족은 국가의 체제와 이념을 적극 수용하는 한편, 국가로부터 신분적 혜택을 향유한다는 점에서 국가의 대리인적 성격을 가진다. 또한 어떤 면에서는 국가권력으로부터 공동체적 자치를 일부 허용 받는 대신 국가를 대신해서 평천민 등 지역 주민들을 다스리는 것으로 볼 수 있다. 동시에 사족층은 관권이나 향리들과 경쟁, 타협하는 한편, 주민들을 대신해서 국가에 대응하는 이중적 혹은 중개자적 위치를 확보하고 재생산하기 위한 문화적 장치를 개발하게 된다.[1)]

이러한 중간세력은 한국뿐만 아니라 다른 나라에서도 발견된다. 예컨대 중국의 신사(紳士),[2)] 일본의 무라야쿠닌(村役人),[3)] 이슬람 문화권의 울라마(Ulama)도[4)] 이와 유사한 존재였다. 그러나 조선의 경우 지배층인 사족들이 서구의 귀족이나 일본의 사무라이와 비교할 때 중요한 특징을 가진다. 조선의 경우 군사적 임무이자 특권을 엘리트층이 담당하였던 우럽이나 일본과 달리 엘리트인 양반층은 오히려 군사적 의무를 수치로 여겨 그로부터

1) 김광억, 「관계의 망과 문화공동체」, 한국정신문화연구원 편, 『조선양반의 생활세계』, 백산서당, 2004, 268~269쪽.

2) 오금성, 「명·청시대의 국가권력과 신사」, 『강좌 중국사』(VI), 지식산업사, 1989.

3) 藪田貫, 「國訴と郡中議定」, 『日本史硏究』 289, 1986.

4) 栗田禎子, 「中東における民衆運動と政治文化」, 『國家像·社會相の變貌』, 青木書店, 2003.

벗어났던 반면, 평민들이 군사적 의무를 부여받았다. 더구나 재지 사족들은 이처럼 특별한 군사적 특권을 가지 않은 채 대부분 읍치(邑治) 지역을 회피하고 시골마을을 택해 세거지를 형성하여 평천민들과 같은 마을 혹은 이웃마을에서 생활하였다.[5] 이에 따라 사족들에게는 향촌사회 내에서 자신들의 입지를 강화하기 위해서도 평천민층과 자신들을 차별할 수 있는 문화적 장치가 더욱 필요했다는 점에 대해서는 앞장에서 살펴본 바 있다. 이들은 특히 임진왜란 이후인 17세기부터 향촌 백성들에 대한 적극적인 교화와 통제를 본격적으로 강구하기 시작했다. 그 결과 조선은 중국보다 더 유교이념의 지배력이 강한 "유교의 나라"가 되어 갔다.

여기서는 사족들의 활동 가운데 특히 임진왜란 이후 본격적으로 조직되기 시작한 상하합계(上下合契)에 의한 동계(洞契)를 통해 18세기 향촌사회 질서의 재편이 가진 의미를 살펴보고자 한다. 무엇보다 동계는 다른 문화적 장치들과 달리 사족들이 평천민층과 함께 조직하고 운영해나간 기구였던 만큼 향촌사회 내에서 지배층과 피지배층 간의 문화적 교섭이나 정치문화의 형성과정을 살피는 데 유용하기 때문이다.

---

5) 사족과 평천민층이 독립된 가호를 이루고 같은 마을 혹은 이웃 마을에 혼거(混居)하였다는 사실은 엘리트층과 평민층, 혹은 천민집단의 주거지가 분리되어 있던 유럽이나 일본, 명말 이후의 중국과 비교해 볼 때 매우 특징적이다. 이러한 특징 역시 정치문화나 민중의식에 적지 않은 영향을 미쳤다고 생각한다. 그러나 엘리트층과 평천민층의 혼거는 양면적 성격을 가지고 있었다. 첫째, 신분면의 차별, 사적 소유의 발달에 따라 토지소유의 불균등이 심해지면서 더욱 두드러지게 된 차별적 경제조건, 또 공유지가 취약한 점이나 상이한 국역 부담 등은 구성원들 간에 국가권력이나 관권, 사회경제 질서 등에 대한 이해 면에서 큰 차이를 보였으며, '공동체적' 유대감과 결속이라는 면에서 부정적 영향을 끼쳤다. 둘째, 거주지가 완전히 구별되어 있던 일본이나 유럽과 달리 양자 간의 문화적 삼투 작용이 활발하게 일어났고, 이에 따라 특히 사족층에 의한 지배이념의 확산, 그리고 지배이념과 밀접한 관련 속에서 주조되어가는 정치문화의 형성에 유리하였다.

재지적 기반을 다지고 자치적인 향촌질서를 구축하려던 사족들의 노력은 이미 15세기인 성종대에 유향소 복립운동으로 나타났다.[6] 16세기에는 성리학에 대한 이해가 심화됨에 따라 향청운영과 향리에 대한 통제, 부세운영 등의 면에서 상대적으로 자율성을 가지면서 향약 보급운동을 전개하기도 했다.[7] 이러한 노력은 사족들이 스스로를 지역 질서의 자율적 운영주체로 규정하고 위치 지우려는 노력이었다.

사족들은 향안과 향소를 중심으로 향천권(鄕薦權), 향리에 대한 규찰권, 나아가 향촌사회에 대한 부세권까지 장악하거나 깊숙이 개입하면서 관권으로부터 상대적으로 자율적인 향촌질서를 유지해 나갈 수 있었다. 그러나 사족의 지위는 16세기 말부터 그 싹을 보이다가 17세기 말까지는 확연해지는 유향분기(儒鄕分岐)를 거치면서 약화되기 시작했다. 유향분기는 경재소의 혁파(1603)에 따른 향소의 중요한 권력적 기반 상실, 17세기 중반 〈영장사목〉의 반포에 따라 좌수 별감이 육조·수조(陸·水操)를 비롯한 군무의 책임을 겸하게 되면서 사족들에 의해 천역으로 받아들여지게 된 사정과 깊은 관련이 있었다.[8]

이에 따라 평소 사족들에 의해 "예의와 염치가 없고", "불학무식(不學無識)"하다고 비판받던 향인들이 점차 사족들을 대신하여 향임을 담당하면서 사족과 향족 사이를 둘러싼 지위와 질서에 변화가 일어난 것이다. 심지어 상한과 서리를 좌수로 선임하기도 하였기 때문에,[9] 향소 아래에 있는 면리단위의 하급 임장자리를 사족들이 기피한 것은 말할 필요도 없었다.

---

6) 이태진, 「사림파의 유향소 부립운동」(상, 하), 『진단학보』 34·35, 1972·1973 참조.
7) 이태진, 「조선전기의 향촌질서」, 『동아문화』 13, 1976 참조.
8) 김현영, 『조선시대의 양반과 향촌사회』, 집문당, 1999.
9) 고석규, 「19세기 농민항쟁의 전개와 변혁주체의 성장」, 한국역사연구회 편, 『1894년 농민전쟁연구』 1, 역사비평사, 1991, 336쪽.

> 각 마을의 임장(任掌)은 반드시 가려서 뽑아야 하고, 존위(尊位)에 이르러서는 옛날에는 모두 이름 있는 양반이었는데 근래에는 본관(本官)이 관임(官任)처럼 여겨 번번이 침책(侵責)을 가하기 때문에 모두 그 자리를 싫어하여 피합니다. 그래서 비천한 무리에게 돌아가고 이로 말미암아 전혀 기강이 없게 되었습니다. 마땅히 상존위(上尊位)와 부존위를 정하되, 반드시 그 마을에서 드러난 양반을 상존위로 삼고 한정(閑丁)의 망보(望報)에 대한 한 가지 일만은 전적으로 부존위 이하에게 위임하여 상존위로 하여금 검찰하고 신칙하게 해야 할 뿐입니다.[10]

'유향분기'라고도 표현되는 이러한 변화는 향촌 사회 지배층 간의 계층 분화, 구분이 심화되어 나가는 과정이기도 했지만, 향임과 향리들이 결탁하여 향사를 무롱(舞弄)하게 되면서 사족층이 기왕에 누리고 있던 향권으로부터 서서히 배제되어 가는 계기가 되기도 했다.

한편 16세기만 하더라도 사족들 사이에도 민본(民本)이나 인정(仁政)과 같은 지배이념이 충분히 내면화되어 있지 못하였다. 그것은 사족들에게 주자가례가 일반화되는 것이 16세기 말에서 17세기에 걸쳐 종법적 가족제도가 확립되고 난 뒤였다는 데서도[11] 미루어 짐작할 수 있지만, 향촌사회에

---

10) 『비변사등록』, 숙종 37년 12월 26일. 1675년(숙종 1) 〈오가통사목(五家統事目)〉에서도 "소위 이정(里正)이란 자에 있어서도 또 번번이 서얼(庶孽)과 천류(賤類)로서 임명하므로 수령이 선택하여 결정하려면 사람들이 대부분 기피한다. 앞으로는 이정 및 면윤을 반드시 모두 한 고을에서 지위와 명망이 있는 자로 할 것이며, 비록 일찍이 문·무·음직을 지낸 자라도 차출하여 모든 통을 관장하도록 한다. 만약 기피하는 자가 있으면 도배율(徒配律)을 적용하되 결단코 관용하지 않는다."라고 하였다. 사족이 면리임을 기피하는 현상을 지적한 것이다(『비변사등록』, 숙종 1년 9월 26일).

11) 정긍식, 「종법적 제사승계와 가족의 변화」, 김귀옥 외, 『한국사회사연구』, 나남출판, 2003 참조. 16세기까지만 하여도 사족들의 각종 제례에는 고려의 불교적 祖先의식에 유교적 의식이 혼합되어 있었다(김현영, 「호남지방 고문서를 통해 본 조선시대의 가족과 친족」, 『호남지방 고문서 기초연구』, 정신문화연구원, 1999, 251쪽).

서 사족과 평천민층과의 관계를 통해서도 엿볼 수 있다.

16세기에 시도된 향약보급 노력이 대부분 실패하고 만 중요한 원인은 그것이 평천민층에 대한 통제와 교화라는 측면보다는 정치운동의 성격이 강하였다는 데서 찾을 수 있지만,[12] 평천민층에 대한 사족들의 인식과 행동이 아직까지는 지배이념인 민본이념과는 거리가 멀었기 때문이기도 하다. 평천민층에 대한 원활한 통제를 위해서는 사족 스스로의 규율화나 자기 통제가 불가결하다. 그러나 사족들 간의 이해가 합치하지 않았을 뿐만 아니라, 사족들에 의한 소농침탈과 토지와 인민에 대한 병점은 지속되었다. 이에 따라 농장이 확대되었고, 노비인구도 증대해 나갔다.[13]

청주목사로 재임할 때 서원향약을 시행하고자 하였으나 실패한 경험을 가지고 있던 이이가[14] 교민보다는 양민이 우선이라는 이유를 달면서 향약 실시에 대해 시기상조라고 한 것도[15] 이와 무관하지 않을 것이다. 역시 사족들에게 소민층에 대한 보호 인식이나 절제에 대한 자기 통제가 부족했다는 것이며, 이는 곧 아직까지 사족들 간에서조차도 인정과 덕의를 바탕으로 한 정치문화가 확립되지 못하였음을 의미한다.

---

12) 한상권, 「16·17세기 향약의 구조와 성격, 『진단학보』 58. 1984, 20~27쪽.

13) 정진영, 「16세기 향촌문제와 재지사족의 대응」, 『민족문화논총』 4, 1986, 106~111쪽; 김성우. 「사회경제사의 측면에서 본 조선중기」, 『대구사학』 46, 1993. 이는 고려 말의 유자들이 유교를 받아들이면서도 그것이 등장했던 배경이나 추구했던 궁극적 지향점에 대한 이해까지 도달하지 못한 채, 왕권강화의 논리로만 받아들이고 수기(修己)의 이념으로까지 확장시키지 못하였고, "민유방본(民惟邦本)"을 말하면서도 구체적인 정책으로 연결되지 못함으로써 결국 민생 파탄을 초래한 결과도 상통하는 현실이었다(이석규, 「여말선초 신흥유신의 민에 대한 인식」, 『조선시대사학보』 31, 2004 참조).

14) 박경하, 「18세기 주현향약의 성격」, 김호일 편저, 『한국 근현대이행기 사회연구』, 신서원, 2000, 78쪽, 83쪽.

15) 김용덕, 「金圻鄕約 연구」, 향촌사회사연구회, 『조선후기 향약연구』, 1990, 99~100쪽.

더구나 17세기 이전까지는 사족과 평천민층 간에 본격적인 교류도 부족하였던 것으로 보인다. 유력 성씨들이 집거지를 기반으로 촌락지배와 결속을 도모하는 추세가 일반화되는 것은 17세기에 들어 온 이후였다. 그 이전에는 아직 평천민층과 사족 간에는 거주지나 생활문화 면에서도 차이가 컸다.[16] 하층민들은 대체로 사족들만으로 구성되거나 운영되던 향약, 향규와 달리 향도(香徒)나 촌계(村契), 소계(小契), 각계(各契), 하계(下契), 사계(私契) 등으로 불리는 다양한 생활공동체를 조직해서 호혜적 생활문화를 형성해 나가고 있었다.[17]

이 점에서 17세기부터 사족들이 중심이 되어 조직되기 시작한 상하합계 형태의 동계는 주목된다. 이는 물론 신분적 지배질서를 유지하고자 하는 의도에서 추진된 것이지만, 정치문화의 형성과 관련하여 중요한 의미를 가진다. 물론 사족은 여전히 "일반 백성들이란 사족의 그림자나 메아리"로 여겼고, "군역을 피하기를 죽음을 피하듯이" 하였다. 또 양반에게도 군포를 거두려 하자 "민심을 잃을 수는 있지만, 사심(士心)을 일어서는 안 된다"거나 "수천의 병정을 얻는 대신 거국(擧國)의 인심을 잃게 된다면 임금님께서는 어느 쪽이 이롭다고 생각하십니까?"라는 논리를 펴고 있었던 데서 알 수 있듯이 양민들과 철저히 구분하면서 스스로를 "거국"으로 인식하고 있었다.[18]

---

16) 이해준, 「조선후기 동계·동약과 촌락공동체 조직의 성격」, 『조선후기 향약연구』, 1990, 132쪽. 경상도 단성지역에서도 사족들이 산간지역으로 들어가 세거지를 형성하는 것은 17세기에 시작되었다. 그 이전에는 산간지역에는 사는 양반들이 매우 적었고, 평천민층과 사족의 생활상에도 확연히 차이가 있었다(김준형, 『조선후기 단성 사족층연구: 사회변화와 사족층의 대응양상을 중심으로』, 아시아문화사, 2000, 82~84쪽).

17) 이해준, 앞의 글, 1990, 126~137쪽 참조.

18) 장유(1587~1638), 『谿谷集』, '論軍籍擬上箚.'

그러나 사족들은 양란 이후 과거와 같은 사족들만의 향안·향규·향약이 아니라 상하합계 형태의 동계를 운영하면서 촌락민과의 유대 속에서 지배 질서를 유지해 나가려 했다.[19] 상하합계는 임진왜란이라는 비상한 사태를 겪은 후 "인심이 날로 효박해져 형장태벌(刑杖笞罰)로는 권징(勸懲)하기가 불가능"해진 향촌질서의 동요에 대처하여 상하명분을 바로잡고 지배질서를 유지하려는 목적에서 추진된 것임은 분명하다. 그러나 그 바탕에는 다른 한편 사족 이외에도 중서층이나 양인은 물론, 가호를 구성한 노비들까지도 "건부곤모(乾父坤母)에서 함께 나온 동포"이고, "명분은 다르지만 똑같이 천명을 받은" 존재라는 인식이 있었다. 또한 이때 내세운 바, 귀천을 헤아리지 않고 합하여 일계로 만들어서 근심과 즐거움을 같이 나눈다는 논리는 "귀천을 나누어 원수보듯이 하던" 임란 이전의 향촌사회의 질서인식과 크게 다른 것이다.[20]

이러한 인식 변화는 임진왜란 막바지인 1598년 이황의 제자 금란수가 예안 부포동에서 실시한 향약에서 처음으로 보인다. 사족층의 인식이 바뀐 배경에 대해 김용덕은 난후 복구를 위한 상하 협동의 필요성과 임란 당시에 하층민도 의병활동에 가담하였다는 사실을 지적하였다.[21] 또 거기에는 임란 이후의 폐허 속에서 직면하고 있던 생존위기를 극복하기 위해 상호 결속하고자 하는 집단적 생존윤리도 작용하고 있었다.[22] 또한 동계는 상층

19) 박경하, 「왜란 직후의 향약에 대한 연구」, 『중앙사론』 5, 1987; 이해준, 「조선후기 동계·동약과 촌락공동체 조직의 성격」, 『조선후기 향약연구』, 1990.

20) 최호, 「조선시대 영남사족의 향촌지배」, 김호일 편, 『한국근현대이행기 사회연구』, 신서원, 2000, 61~75쪽. 1736년 단성 구인동에서도 이전의 동계를 복구하였는데, 여기에는 양반뿐만 아니라 노비호까지 포함되었으며, 1778년에 복구된 내원당동 동계도 마찬가지였다(김준형, 앞의 책, 208~209쪽).

21) 김용덕, 앞의 글, 113쪽.

22) 정승진, 「나주초동동계의 장기지속과 변화, 1602~2001」, 『대동문화연구』 54, 2006,

민의 사회경제적 지위가 하층민으로부터 도전받고 있었음을 보여주는 증좌이기도 하지만,[23] 기층민의 조직해 있던 호혜적 생활공동체인 향도나 촌계류의 전통을 이어 받았으면서, 기층민과 지배계층이 공통의 생활기반에서 구체적으로 만나는 계기를 마련한 것이기도 하다.[24] 그러나 정치문화라는 면에서 접근할 때 그것은 무엇보다 평천민층에게까지 지배이념인 유교의 가치관과 생활규범이 확산되는 계기가 되었다는 점에서 의미가 크다.[25]

사족들 스스로가 소민보호와 빈민 구휼 등 사회적 의무를 강조해 나가게 되면서[26] 18세기에 들어서는 상하합계의 규정이나 운영 면에서 보이던 신분차별도 점차 희석되어 갔다. 16세기에 만들어진 대부분의 향약이나 동약은 신분질서의 유지를 위해 상하명분을 강조하였고, 모임시의 자리 배치, 상을 당했을 때의 예우, 과실에 대한 처벌 등에서 차별을 두었다. 예컨대 이이가 해주 야두촌을 대상으로 시행한 사창계 약속에는 70여종의 과실행위에 대한 벌칙을 각기 상벌, 차상벌, 중벌, 차중벌, 하벌 등 5가지 유형으로 분류해 놓고 있다. 이 가운데 큰 잘못을 범해 상벌을 받을 때 사류는 뜰에 벌을 세우고, 나이든 사람은 모든 사람들이 보는 앞에서 면책을 하고,

---

313~316쪽.

23) 김인걸, 「조선후기 향촌통제책의 위기」, 『진단학보』 58, 1984 ;한상권, 앞의 글, 1984 참조.

24) 이에 대해서는 이해준, 앞의 글, 1990 참조.

25) 동계 참여는 의무는 아니었지만, 사실상 강요되었던 것으로 보인다. 17세기 중반에 시행된 〈목천동내입의(木川洞內立議)〉에는 혹시 참가지 않는 자가 있으면 농역(農役)이나 환난시에 서로 돕지 않고, 대면하여 깨닫게 하여 가입시키고, 끝내 따르지 않으면 매질을 하고 그래도 따르지 않으면 마을에서 쫓아낸다고 하여 사실상 가입을 강제하였음을 알 수 있다[「木川洞內立議」, 김인걸·한상권 편, 『조선시대사회사연구사료총서(이하 『사료총서』 2), 403쪽].

26) 한도현, 「예치공동체의 폐쇄성과 개방성」, 김상준 외, 『유교의 예치이념과 조선』, 청계, 2007; 최진덕, 「주자학적 예치의 이념과 그 현실」, 김상준 외, 같은 책 참조.

하인에게는 태 40을 치는 식으로 차별이 있었다.27)

차별이 없어지는 첫 번째 대상은 서얼층이었다. 17세기 중반에 시행된 〈목천동내입의(木川洞內立議)〉 가운데는 "서얼은 이미 양반이 되었으니 그들 간에 서로 싸운 벌은 양반의 예를 따른다"고 규정하여 양반과 서얼 간의 차별이 사실상 사라지고 있었음을 보여준다. 또한 상하분별을 강조하면서도 동시에 양반도 하인들에게 도로써 대할 것을 명시하였다. 여기에는 강제로 제압하려 할 경우 오히려 하인이 양반을 능멸하는 사태가 초래될 수 있다는 경고가 부기되어 있었다.28) 이는 "근래 풍속이 퇴패하여 양반을 능욕하는 자가 드물지 않고, 심지어 구격(毆擊)하는 자도 있다"고 한 데서29) 알 수 있듯이 평천민층의 성장에 따라 평천민층과 사족 간의 일방적 차별이 현실적으로 적용되기 어려운 사정에서 비롯된 것이지만, 평천민층에 대한 사족의 인식이 이전 시기에 비해 한 걸음 진전되고 있음을 보여준다.

또 18세기(1739) 부인동 동약에 따르면30) 〈강사절목(講舍節目)〉에 사류가 아니면 동약존(洞約尊)이 될 수 없다고 규정되어 있고, "하층민[下人]"들에게만 적용되는 별도의 규정이 마련되어 있는 등 신분 차별이 상존하지만,31) 상례에 대한 예우나 처벌 규정 등에서 차별이 거의 사라지고 있다.

---

27) 「社倉契約束」, 『사료총서』 2, 보경문화사, 1986, 393쪽.

28) 「木川洞內立議」, 『사료총서』 2, 402~406쪽.

29) 「洞中立議」, 『사료총서』 2, 489쪽; 「木川洞內立議」, 『사료총서』 2, 404쪽.

30) 「부인동동약」에 대한 자세한 분석은 정진영, 「18, 19세기 사족의 촌락지배와 그 해체과정」, 『조선후기 향약연구』 민음사, 1990; 「백불암 최흥원의 학문과 향약」, 『한국의 철학』 29, 2001 참조.

31) 하인들에게만 적용되는 규정 가운데 "양반능욕자"는 처벌한다는 조항이 있으며, 거기에는 "양반이 비리 때문에 욕을 먹었더라도 역시 논벌(論罰)한다"는 단서가 붙어 있다. 양반들이 평천민층과 시비를 가리는 갈등이 잦아졌으며, 그에 따라 욕을 당하

그에 반해 "소민을 침포하고 사가(私家)에서 형장(刑杖)을 쓰는 자"에 대해 극벌로 규정하고 있다. 이는 〈사창계 약속〉에서 "(소민에게) 매질을 할 때 부주의한 자[撻人時不用意者]"는 중벌로 규정한다고 하여[32] 하인들에 대한 사족의 사사로운 매질에 대해 상대적으로 관대하였던 점과 비교된다.

외형상 소민에 대한 보호를 강조하는 것이기는 하지만, 역시 향촌내부에서 소민 혹은 평천민층의 지위가 상승되어 가던 분위기를 반영하는 것이기도 하다.[33] 또한 정확한 시행시기를 알 수는 없지만, 조선후기에 시행된 「동헌조약(洞憲條約)」에는 '젊은 사람이 나이 많은 사람을 업신여기는[以少凌長]' 잘못이 '신분이 낮은 사람이 신분이 높은 사람을 업신여기는[以下凌上]과 동일한 벌칙으로 규정되어 있다. 나아가 처벌 내용에서도 신분적 차별이 사라졌으며, 상례시의 예우 면에서도 신분적 차별이 사라지고 없다.[34]

18세기가 되면 평천민층에 대한 처벌 면에서도 이전까지 체벌을 위주로 하던 규례에도 변화가 일어났다. 여전히 체벌 조항을 유지하는 동계도 있었지만,[35] 체벌과 함께 곡물 등으로 대신하는 사례가 나타나기 시작하였

는 사례가 적지 않았음을 시사한다.

32) 「社倉契約束」, 『사료총서』 2, 394쪽.

33) 이외에도 "향장능욕자(鄕長凌辱者)"라는 조항이 극벌로 규정되어 있는데, 평천민층이 향장을 능욕하는 경우는 거의 없을 것으로 보이기 때문에 이는 당시 사족들과 신향(新鄕) 간의 갈등과 대립상을 반영하는 것으로 보인다(「夫仁洞洞約」, 『사료총서』 2, 420~425쪽).

34) 「洞憲條約」, 『사료총서』 2, 486쪽.

35) 「裳谷八里考稧鄕約節目」, 『사료총서』 2, 470~471쪽; 「洞契案」, 『사료총서』 2, 477쪽. 또 1838년에 중수된 장홍 〈어서동안(語西洞案)〉에는 "이하범상자(以下犯上者)"와 상한남녀(常漢男女)가 상하(上下)의 명분을 범하거나 언어가 불순할 경우에게는 태벌(笞罰)을 가하도록 규정하고 있다. 그러나 〈어서동안〉에서도 양반가 부인이 급수를 위해 출입시 회피하지 않는 자, 마을에서 후주(酗酒), 투홍(鬪鬨), 욕설, 희학

다. 17세기 초에 작성된 〈양정동약수계(養靜洞約修契)〉에는 계원 가운데 공의(公議)를 따르지 않는 자에게는 태(笞) 20대를 때린다고 규정되어 있다.[36] 17세기 중반에 시행된 〈목천동내입의〉에서도 끝내 동약에 가입하지 않으면 매질하여 강요한다고 하였다.[37]

이러한 물리적 제재는 시간이 지나면서 약화되었다. 18세기 초 전라도 광주에서 실시된 〈생림동약속(生林洞約束)〉에는 하인과 양반은 비록 존비가 서로 다르지만, 타고난 천성은 동일하므로 가장 선한 곳으로 동귀(同歸)해야 하며, 약법(約法)은 양반이 먼저 행해야 한다는 점을 강조하였다. 그러면서도 상례와 장례시에 양반과 중인, 백성, 사천으로 차별하여 부조하도록 하였지만, 16세기의 향약에서 보이던 체벌 조항과 대부분의 처벌에서 보이던 신분간 차별도 더 이상 명시되어 있지 않다.[38] 또 앞서 언급한 〈동헌조약〉과 역시 시기가 불명한 〈동막리대동계안(東幕里大同稧案)〉에는 체벌과 함께 쌀이나 돈으로 대신하는 처벌 규정이 병기되어 있다.[39]

한편 앞서 언급한 18세기 초의 〈생림동약속〉에는 춘추로 강신(講信)을 할 때 양반과 품관, 중서(中胥), 하층민[下人]이 각기 차별화된 자리에 배정되었으나, 하인의 경우 남녀가 함께 앉았다. 또 약법과 화목지도(和睦之道)를 언문으로 강독하여 알아듣지 못하는 사람이 하나도 없도록 하였다. 특히 하층민의 경우 비록 남성은 좌측, 여성은 우측으로 나누어 앉도록 했고

(戱謔)한 자, 추화체전자(秋禾遞錢者), 주모가어상가(酒母家魚商家)에서 부채도물(負債盜物)한 자 등에 대해서는 반상을 물론 하고 동일한 처벌을 받도록 규정하고 있다(이용기, 「19세기 후반 반촌 동계의 기능과 성격변화」, 『사학연구』 91, 2008, 274쪽 각주 28 참조).

36) 「養靜洞約修契」, 『사료총서』 2, 401쪽.

37) 「木川洞內立議」, 『사료총서』 2, 앞의 책, 403쪽.

38) 「生林洞約束」, 『사료총서』 2, 416~418쪽.

39) 「洞憲條約」, 『사료총서』 2, 487쪽; 「東幕里大同稧案」, 『사료총서』 2, 512쪽.

또 그것이 얼마나 일반적이었는지 알 수 없지만, 강신회에 남녀를 함께 참석하도록 한 조항은 평천민층 여성의 사회적 지위 변화와 관련하여 주목된다.[40]

요컨대 17세기에 들어 와서 조직되기 시작한 상하합계는 양면적 성격을 가지고 있었다. 동계는 사족들이 평천민층을 통제하는 기반이 되기도 했지만, 기층민과 지배계층이 공통의 생활기반에서 구체적으로 만나는 계기를 마련한 것이었다.[41] 사족이 향촌자치기구에 평천민층을 구성원으로 받아들였다는 사실은 하층민에 대한 신분적 차별의식이 약화되어 가고 있었음을 보여준다. 이 점에서 상하합계 형태의 동계 조직은 향촌사회에서 사족과 평천민층의 문화가 본격적 교섭하기 시작했음을 의미하며, 새로운 향촌사회질서와 정치문화가 형성될 수 있는 중요한 전환점이 되었음을 의미한다.

우선 사족들도 동일한 조직의 구성원이 됨으로써-처벌 기준 등에 차별이 있었지만-동일한 규약에 규제되었고 그 규약을 지키지 않을 경우 상민에 비해 약했지만, 상민들도 보는 앞에서 면책(面責), 입정(立庭) 등의 처벌을 받아야 했다. 평천민층은 한편으로는 사족의 규제에 좀 더 긴밀하게 통제되었지만, 다른 한편으로는 적어도 규약이 규정한 범위 안에서 사족들의 행위를 비판할 수 있는 계기나 가능성을 얻은 것이었다. 또한 조선사회의

---

40) 「生林洞約束」, 『사료총서』 2, 419쪽.

41) 박현순에 따르면 17세기 후반 이후 향약 혹은 동계에서 보이는 상층민과 하인층의 상호 부조 방식이 사족층이 동답·동곡(洞畓·洞穀) 등 현물을 제공하고 하인층이 노동력을 제공하는 방식, 곧 사족층의 현물과 하인층의 노동력 교환으로 귀결되었다고 하였다. 동계의 성격이 납세공동체로 전환하는 시점과 겹치는 이러한 변화는 사족층의 노비 노동력 감소가 주요 계기가 되었지만, 상하간의 사회적 관계는 보다 밀착되어 간 것으로 이해하였다(박현순, 「17~18세기 향약의 班常間 부조에 대한 고찰 - 사족층과 하인층의 결합 양상을 중심으로」, 『조선시대사학보』 82, 2017).

경우 국가의 대리인으로서 성격을 가지던 사족들이 피치자인 평천민층과 같은 촌락에서 혼거하였다는 점에서 향촌사회의 일상은 한편으로 사족층의 문화와 평천민층의 문화가 상호 교섭·삼투하는 공간이었다. 특히 대부분의 동약에는 효행에 대한 시상 등을 통해 장려하였고, "부모, 자신, 처, 처남 없는 처부모의 상례에 부조를 한다"는 등의 유교적 가례에 입각한 규정이 마련되어 있었다. 또 주기적인 강회(講會)를 통해 유교적 덕목이 계원들에게 교육되었다. 이에 따라 지배이념과 그를 규범화하는 기제인 의례들도 확산되어 갔을 것으로 보인다. 이는 결국 동계가 사족층의 문화나 지배이념이 평천민층에게 내면화하는 하나의 통로서의 역할을 하였음을 의미하며, 지배층과 피지배층이 공유할 수 있는 어떤 "정치문화"가 형성되어 가는 과정에 다름 아니었다.

2. 18세기 이후 사족층의 퇴조와 새로운 향촌질서

18세기의 동계에서 보이는 변화의 추세, 곧 상층민과 하층민의 신분적 격차가 완화되어 가는 흐름은 19세기에도 이어졌다. 이러한 변화에 더불어 관이 주도하는 향촌통제 정책이 강화되고, 19세기에 들어서는 이른바 〈수령-이향지배체제〉가 형성되면서 향촌 사회의 질서도 크게 동요하게 되었다.

1831년에 작성된 〈운전동동내입의(雲田洞洞內立議)〉에는 약규를 범하는 하층민에 대한 모든 처벌을 체벌이 아니라 조(租)나 택미 등을 벌금 형식으로 내도록 규정하고 있다.[42] 이 역시 향촌 내에서 하인들의 지위가 상대적으로 높아졌음을 시사하는 것이다. 19세기 초반부터는 동계에서도 중서

42) 「雲田洞洞內立議」, 『사료총서』 2, 465쪽.

층(中庶層)이 양반과 대등한 자리에 앉을 수 있는 〈승청(昇廳)〉이 이루어지기 시작했고, 19세기 후반에는 평민층을 포함한 전신분층에게 확대되어 나갔다.[43)]

동계는 18세기에 들어 사족의 향촌지배력이나 하민통제력이 취약해지면서 사실상 해체되는 지역도 다수 있었다. 18, 19세기가 되면 하층민의 도전과 이탈, 관주도의 향촌통제책 등으로 양반신분의 전유물이 되거나,[44)] 19세기 후반이 되면 동약 소속의 재산, 재물도 거의 소진되었고, 동약을 복구하려 하였지만 결속과 영향력은 더욱 취약해짐으로써 거의 문중계 정도로 위축되어 갔기 때문이다.[45)] 그러나 지역마다 사정에 차이가 있었고, 변화에 대한 사족의 대응력이 강한 경우 19세기까지도 동계가 존속하기도 하거나,[46)] 지역 사정에 따라 18세기 후반 이후 재결성된 곳도 있었다. 그러나 이때의 동계는 그 이전과 다른 성격이었다. 사족층의 향촌지배기구나 신분

---

43) 정진영, 「향촌사회에서 본 조선후기 신분과 신분변화」, 『역사와 현실』 48, 2003.

44) 김인걸, 「조선후기 향촌통제책의 위기」, 『진단학보』 58, 1984.

45) 김준형, 앞의 책, 208~209쪽.

46) 그러나 이러한 동계도 대부분은 19세기에 들어 약화되거나 해체되었다. 이영훈의 연구에 따르면, 경상도 예천 대저리의 경우 향촌 내 신분질서는 19세기 중반을 거치며 무너지기 시작하여 하민들에 대한 통제가 어려워지기 시작하였고, 동계는 물론 각종 계형태의 양반들의 연합도 해체되어 나가기 시작했다(이영훈, 「18·19세기 대저리의 신분구성과 자치질서」, 안병직·이영훈 편저, 『맛질의 농민들』, 일조각, 2001, 283~289쪽). 또 종답, 동답, 계답 등 다양한 단체의 공동답 거래를 보면 18세기에는 개인답이 공동답으로 이전되는 경우가 많았으나, 19세기로 넘어오면서 이와 반대 현상이 발생한다. 동답이나 계답 등이 개인 소유로 이전되는 것이다. 이는 18세기까지는 동계나 족계 등 촌락민이나 문중의 결속을 다지는 경제기반이 공고화된데 반하여 19세기에는 그 조직이 와해되고 있었다는 사실의 반증이다(전성호, 「18~19세기 토지거래 관행 및 가격추이」, 『제40회 전국역사학대회 발표요지』, 1997, 538쪽; 김건태, 「17~18 세기 전답소유규모의 영세화와 양반층의 대응」, 『한국사학보』 9, 2000).

적 지배조직으로서의 성격을 벗어나 촌락 단위의 생활공동체적 성격으로 전환하거나,[47] 부세부담에 대응하여 잡다하고 부담이 컸던 각종 동역의 평균분정을 목적으로 하는 등 성격 면에서 그 이전과 크게 다른 것이었다.[48]

19세기 동계에서도 동역의 분정과 비납과정에서 신분적 차별이 여전히 존재하였으나 처벌 규정에서 반상 사이의 차별이 더욱 완화되었고, 점차 하민들의 입지가 강화되었다. 또 동계운영에서도 "양반과 하층민의 뜻을 널리 모아", "대민과 소민이 함께 논의하여" 등의 표현에서 미루어 짐작할 수 있듯이 대민뿐만 아니라 하층민의 의견도 동시에 중시되었다. 19세기 중반 이후에는 동임의 신분이 양반이 아닌 사람으로 대체되는 사례가 보이기도 하며, 동내 문제를 관에 호소하는 등장을 올릴 때도 화민(化民)과 소민으로 구분되고 있지만, 소민이 대민과 동일한 구성원으로서 등장을 발의하였다.[49]

1838년에 중수된 장흥 〈어서동안〉의 경우 생활공동체적 결속을 강화하면서 동리 단위의 공동납에 대응하여 조세부담의 분배와 수취과정을 동계가 주도하였다. 소민층은 신분적 차별을 받고 있었지만, 동계의 전유사로 활발하게 참여하고 있어서 이미 동계가 신분 면에서 상당히 개방적으로 변화해가고 있었음을 보여준다. 또 좌목의 인명 표기 방식에서도 19세기 후반이 되면 적서간의 명시적 차별이 사실상 사라지고, 하안(下案)에 등재되었던 양인층 가운데 일부가 상안(上案)으로 올라가는 등 향촌질서 내에서도 하민들의 신분상승이 이루어지고 있었다.[50]

동학농민전쟁 직후인 1895년 충청도 옥천에서 송근수가 주도하여 만든

47) 이용기, 앞의 글, 2008 참조.

48) 이규대, 「19세기 동계와 동역」, 김호일 편저, 앞의 책, 100쪽.

49) 이규대, 위와 같음, 106~114쪽.

50) 이용기, 앞의 글, 285쪽, 294~303쪽.

〈향약절목〉에서도 상하명분을 강조하고는 있지만, 구체적으로 신분 차별을 두는 규정은 사실상 사라지고 없다. 회집일의 자리 배치도 약중(約中) 직임을 맡은 사람들을 제외하고는 모두 나이순으로 좌정했다. 회원 모두 가입을 원하는 사람만 참여시킨다는 서문 내용은 이미 사족들이 향촌민들을 대표하기 어렵게 되었음을 반영하는 것이다. 가입이 자유의사에 따랐던 만큼 향규를 범한 자에 대한 최고 수준의 처벌도 출약(黜約)에 그쳤고, 심할 경우 관에 고발하여 징치할 따름이었다. 여기서 가장 주목되는 점은 덕업상권 조항에 국용(國用)이 탕갈되어 관리들에게 녹봉을 지급할 길조차 없음을 지적하면서 봉공(奉公), 그리고 세금을 빨리 내는 것이 민의 도리임을 강조한 조항이다.[51] 위기의 시기를 맞아 국가에 대한 민의 도리가 강조되고 있는 데서 유교의 충(忠)의 논리에 입각한 것이지만, 향촌사회에서도 국가주의적 이념이 강화되어 갔음을 알 수 있다.

한편 18세기에 들어 강화되어 가던 관 주도의 향촌사회 통제책은 19세기에는 수령-이향지배체제라는 향촌사회 지배체제로 진전되었다.[52] 18세기부터 수령이 향청의 수장인 좌수를 자의로 임명하는 사례가 일반화되었지만, 19세기에 들면 더욱 심화되고 심지어 향안의 자손이 아닌 자를 임명하는 경우까지 나왔다.[53] 사족의 지위가 그 만큼 하락한 것이다.[54] 사족들

51) 「鄕約節目」, 『호서문화연구』 6, 1987에 차용걸의 해제와 함께 원문이 실려 있다.

52) 이에 대해서는 김인걸, 「조선후기 향촌통제책의 위기」, 『진단학보』 58, 1984; 「19세기 전반 관주도 향촌통제책의 위기」, 『국사관논총』 6, 1989; 고석규, 「19세기 전반 향촌사회 지배구조의 성격」, 『외대사학』 2, 1989; 「19세기 농민항쟁의 전개와 변혁주체의 성장」, 한국역사연구회 편, 『1894년 농민전쟁연구』 1, 역사비평사, 1991 참조.

53) 김준형, 앞의 책, 192~193쪽.

54) 사족의 영향력이 약화되어 갔다고 하더라도 그 위세가 쉽게 퇴조하지 않았고, 지역에 따라서는 여전한 위세를 가지기도 했다. 이런 맥락에서 정진영은 "수령-이향수

의 향촌 지배력은 현저히 떨어졌으며, 사족이 향촌질서를 유지해나가는 핵심 기구의 하나였던 향청의 직임은 오히려 비천한 직의로 전락하였다.[55)]

이에 따라 향중공론을 주도하며 관-향촌민 간의 중재역할을 담당하던 사족들의 영향력이 퇴조하였고, 관권에 대한 견제 역할이 중요한 기능 가운데 하나였던 향회도 점차 수령의 부세정책 집행을 뒷받침해주는 기구로 전락하였다. 19세기 후반에 오면 수령은 향회를 수령권 행사의 매개역할을 해주는 기구로 인식하고 있었다.[56)] 심지어 좌수가 되기 위해 뇌물을 바쳤

탈체제"라기 보다는 "벌열-이향수탈구조"라는 표현이 더 어울린다고 하였다. 그는 19세기의 지배구조와 관련하여 감사도 대체로 벌열가문출신일 것이며, 수령의 경우 벌열가문이거나 그렇지 않을 경우 이향의 통제를 받는 존재일 수밖에 없는 현실이었다고 하였다. 때문에서 수령-이향체제라는 표현은 벌열의 수탈구조라는 면보다 수령이라는 제도적 직임의 기능을 강조하는 표현이므로 수탈체제의 핵심인 벌열 혹은 벌열화한 정치체제를 드러내지 못하는 한계가 있다고 지적하였다(정진영, 『조선시대 향촌사회사』, 한길사, 1998, 542쪽). 또한 '양반'의 가진 사회적 위세나 그들의 문화가 가진 사회적 영향력은 쉽사리 사라지지 않았다. 일제시기에도 근본적으로 약화되거나 소멸되기보다는 다른 방식으로 변용되어 지역사회의 저류에서 흐르는 구체적인 힘으로 작동했다. 구래의 사족들은 향교나 이전 동약의 재건 등을 통해 영향력과 통합력을 행사하면서 전통적 권위를 유지해 나갔다. 물론 이 과정은 과거의 사족들만이 아니라 그 외곽에 있던 평민들까지 끌어들이는 방식이었다. 경제적으로 상승해 가던 평민들 역시 사족들이 중심이 되어 이끌어 가던 구래의 권위적 질서를 배척한 것이 아니라 그에 참여함으로써 향촌사회 내에서 자신들의 지위를 상승해가려는 욕구가 있었기 때문이다. 그 만큼 유교문화는 여전히 지역사회에서는 권위를 상징으로 영향력을 행사하고 있었던 것이다(이영훈, 앞의 글, 2001; 이용기, 「일제시기 지역사회에서 전통적 권위질서의 지속과 변용」, 『역사문제연구』 21, 2009 참조). 그러나 19세기에 들어 향촌사회의 사족은 변화된 국가의 지배정책에 대한 능동적 대응이나 지배적 지위 유지에 성공했다고 보기 어렵다(김인걸, 「조선후기 향촌사회에서 유교적 전통의 지속과 단절 -향촌 사족의 거향관 변화를 중심으로-」, 『한국사론』 50, 서울대국사학과, 2004 참조).

55) 고석규, 앞의 글, 1989, 98~99쪽.

56) 장동표, 「19세기 말 함안향회의 기능과 성격」, 『지역과 역사』 2, 1996, 46~48쪽.

을 뿐만 아니라, 뇌물을 바치고 된 좌수 자리에서 체임(遞任) 되자 이에 유감을 품고 민란에 적극 가담하는 사례도 있었다.57)

이와 같이 사족이 주도하던 향회의 위상이 전락한 원인은 사족에게도 책임이 있었다. 앞 장에서 언급한 심대윤의 지적처럼 사족이 사로서의 본분을 다하지 못하고 있었기 때문이다. 또 우인수가 지적했듯이 1791년 경상도 지례 현감 이채는 사족이 천한 자에게 능욕을 당하는 현실을 개탄하면서도 한편으로는 사족들도 그 원인을 제공하였음을 지적하였다, 효도, 충성 등의 도리를 "알면서도 행하지 않으니, 소민 역시 보고 느끼지 못하기 때문이다"는 것이다.58) 수령권을 강화한 정조가 국왕중심의 국정운영을 구상하는 데도 기본적으로 사족에 대한 부정적인 인식이 자리 잡고 있었다.59) 나아가 정조는 사족층을 대표하는 산림(山林)에 대해서도 붕당을 양

---

57) 「영천 안핵계초」, 『동학농민혁명 신국역총서』 12, 106쪽, 112쪽, 118쪽, 183쪽, 187쪽, 188쪽. 1894년 9월에 발발한 영천민란 당시의 사례이다. 전 좌수 이승연은 좌수로 임명될 때 관아에 350냥을 빌려서 납부하였으나, 몇 개월 동안 이자가 붙어서 700여 냥에 이르렀고 채주(債主)가 날마다 세 번씩 찾아와 괴롭게 독촉하자 이래도 죽고 저래도 죽는다는 생각에 민란에 가담하여 수령을 끌어내는 자리에도 동참하였다.

58) 『華泉集』. 卷10, 雜著 「諭知禮鄉校儒」(윤희면, 앞의 책, 194쪽에서 재인용).

59) 여기에는 소농의 성장과 그들을 보호하려는 국왕들의 의지도 반영되어 있었다. 18세기에는 다양한 목민서들과 법률지침서들도 많이 편찬되었다. 민정(民政) 및 법률지침서의 적극적인 편찬은 한편으로 지방사회 운영에 대한 중요성이 강조되고, 지방사회를 효과적으로 통제하려는 목적 때문이었다(심재우, 「조선후기 목민서의 편찬과 수령의 형정운영」, 『규장각』 21, 1998, 89~91쪽). 그러나 대부분의 〈목민서(牧民書)〉들이 소농보호를 강조하고 있었다는 데서도 알 수 있듯이 거기에는 소농들의 사회적 성장이 반영되어 있다고 생각한다. 또 영조연간(1771년)에 편찬된 『동국문헌비고』의 「전부고(田賦考)」를 분석한 송양섭에 따르면, 내용의 주종은 부세감면 및 균등화 조치, 농업 및 농민보호에 있었으며, 이는 중간수탈을 배제하고 민에 대한 부담을 줄여주고자 한 당시의 각종 시책과 관련이 있다고 하였다(송양섭, 앞

성하여 쓸데없는 분란만 야기하는 존재로 인식하고 있었으며, 사족에 대해 국가를 함께 이끌어 갈 주체로 생각하기보다는 오히려 국가운영의 방해자로 인식하고 있었다.[60]

이러한 변화 속에서 사족이라 하더라도 중앙권력을 장악한 핵심세력의 지원 없이는 관직도 별의미가 없었다. 중앙권력에 배경이 없는 지방관은 부임과 교체가 잦았고, 관직 없이 지내는 기간이 길었다. 향리층도 이들에 대해 농간을 부리기 쉬운 존재로 받아들여졌으며, 그 때문에 쫓겨나는 사태도 적지 않았던 것으로 보인다.[61] 19세기에는 이보다 더 심했다. 암행어사가 행차했을 때 쫓겨난 수령의 태반은 세력이 없는 음관(蔭官)들이고, 명망이 있는 집안 출신 수령은 열에 한두 명도 없는 실정이었다.[62]

예컨대 단성의 김인섭은 1844년(20세) 문과에 급제하여 별검, 전적, 정언, 지평 등 중앙의 요직을 거쳤으나, 안동 김씨 세도권력이 전횡을 일삼던 19세기 중반 남인 출신의 그에게 관직은 별의미가 없었다. 출사는 잠시였고 대부분은 상경과 귀향을 반복하는 삶이었다. 오히려 서울에서 관직 생활을 하는 동안 그는 재산을 잠식하였다. 이에 그는 1858년 관직을 버리고 귀향하고 만다. 이후 그가 단성민란을 주도한 사실은 잘 알려져 있다.[53]

이에 반해 향리를 비롯한 지방관아의 이교층은 수령권에 기대어 사족의

의 글, 2008).

60) 우인수, 「18~19세기 산림의 기능 약화와 성격 변화」, 『대구사학』 55, 1998.

61) 18세기 후반 한미한 관리의 불안정했던 관직생활에 대해서는 노혜경, 『조선후기 수령 행정의 실제』, 혜안, 2006 참조.

62) 『순조실록』, 순조 2년 7월 6일. 이러한 실정에 대해 대왕대비는 "어찌 현달한 벌족들은 모두가 양리(良吏)이고 미약한 음관(蔭官)들은 전부 잘못 다스리는 관원이겠는가"라고 개탄하였다.

63) 정진영, 「19~20세기전반 한 몰락양반가의 중소지주로의 성장」, 『대동문화연구』 52, 2005 참조.

통제를 벗어났을 뿐만 아니라 향청보다 우위에 서기도 했다.[64] 그 결과 19세기가 되면 "탐관오리의 착취와 약탈로 부민은 떠돌아 흩어지지 않는 이가 없고 잔민(殘民)은 지탱하여 보존할 수 없"다고 한 데서도 알 수 있듯이[65] 부자나 가난한 사람 모두 탐관오리의 수탈로 생활과 생존이 어려울 지경에 이르렀다.[66]

탐관오리들에 의한 이러한 학정은 군현의 관리들에서 그치는 것이 아니라, 감사와 조정까지 결탁 내지 연계되어 있었으며, 결국 민란은 물론 동학농민전쟁 같은 거대한 '반란'으로 이어졌다. 농민전쟁 초기 고종의 교시는 그러한 사정을 잘 보여준다.

> 하지만 수령들이 잔인하고 포학하게 구는데도 감사가 조사하여 내쫓지 않았고, 감사가 자기 직책을 제대로 수행하지 못하는데도 잘못을 따져 바로잡는 논의를 전혀 들을 수 없었다. 다만 자기 배만 채우려고 거의 꺼리는 것이 없고 백성을 혹독하게 등쳐먹은 결과, 가난한 사람이나 부유한 사람이나 다 같이 쪼들리고 살던 곳을 떠나 갈팡질팡하며 어디를 가도 즐겁게 살 곳이 없게 되었다. 그러니 무리로 모여 소란을 일으킨 것은 역시 관리들에게 분풀이를 하여 그 원한을 한번 풀어 보려는 것이었다. 그런데 일

64) 김용덕, 『향청연구』, 한국연구원, 1978, 123~124쪽.

65) 『철종실록』, 철종 11년 8월 29일, "而今爲貪吏墨倅之所剝割攘奪, 富民無不蕩析, 殘民莫可支保, 控訴無所, 惟是塗炭溝壑而已." 물론 이미 18세기 말에도 백지징세(白地徵稅)나 인징, 족징 등에 의해 "가난한 자와 부유한 자가 함께 곤궁해져서" 사방으로 흩어져 가게 될 것이라는 점이 지적되고 있었지만(徐榮輔, 『竹石館遺集』 六, '啓'), 세도정권이 성립되고 수령체제가 강화된 19세기에 들어 사정이 더욱 악화되었을 것으로 보인다.

66) 『승정원일기』, 순조 5년 6월 10일, 순조 6년 11월 25일; 『승정원일기』, 헌종 3년 7월 13일; 『승정원일기』, 철종 1년 4월 15일, 철종 3년 12월 23일, 철종 8년 12월 26일, 철종 12년 1월 29일, 철종 14년 7월 14일; 『승정원일기』, 고종 24년 윤 4월 3일.

을 조사하여 처리하는 사람들이 또다시 주제넘고 용렬하여 공평하고 타당하게 하지 못한 결과, 점점 더 격하게 만들어 구덩이에 밀어 넣어서 스스로 나오지 못하게 하였다. 그리하여 마침내 농사짓는 백성들로 하여금 도적의 무리 속에서 날뛰게 만든 것이다. 생각이 여기에 미치니 너무도 통탄스럽다.[67]

이처럼 빈부구곤(貧富俱困)한 현실 속에서 사족들 역시 가중되는 부세부담으로부터 자유로울 수 없었다.

물론 권세 있는 사족들이나 부민들은 뇌물을 바치고 면역(免役)도 거나, 다른 사람을 사서 고립(雇立)시키기도 하였으며, 양호(養戶) 및 방결(防結)[68] 혹은 관과 결탁하여 계방(契房)을 만들거나 사모속(私募屬) 등의 방법으로 국역을 헐하게 부담하기도 했다.[69] 그러나 점차 부민들은 수탈의 표적이 되어 갔고,[70] 많은 사족들에게도 부세부담이 가중되었으며, 심지어 향리들의 독촉에 토지를 팔아 급전을 마련하기도 했다. 장교나 군졸들이 세족이나 사대부 집에 들이닥쳐 의관을 부수거나 구타하였으며, 내정까지 들이닥쳐 부녀자를 놀라게 하였다. 면임들이 횡행하면서 대도(大盜)보다 더 한 위세를 떨치는 광경이 연출되었다.[71]

이러한 사정에 대해 정약용은 "백년 이래로 작록이 변두리 지방까지 주어지지 않아서 옛 사대부의 자손들이 몰락하고 가산이 없어져서 모양을 이

67) 『승정원일기』, 고종 31년 5월 12일.

68) 『정조실록』, 정조 즉위년 12월 25일, 정조 5년 11월 1일, 정조 7년 10월 29일.

69) 김갑주, 「조선후기의 양호(상·하)」, 『역사학보』 85·86, 1980; 김우철, 「균역법 시행 전후의 私募屬 연구」, 『충북사학』 4, 1991; 김형기, 「조선후기 契房의 운영과 부세수취」, 『한국사연구』 82, 1993; 송양섭, 「조선후기 지방재정과 계방의 출현 : 제역 및 제역촌과 관련하여」, 『역사와 담론』 59, 2011 등 참조.

70) 『고종실록』, 고종 12년 8월 12일.

71) 김준형, 앞의 책, 164~165쪽, 259쪽, 269쪽.

룰 수 없게 되자 토족이 실권을 잡아서 갖가지 꾀로 이들을 모함하고 박해하여 여러 대로 억눌려 살던 수치를 보복한다"고 표현하였다.[72] 이에 따라 사족들 가운데는 부패한 수령에 대해 "적괴(賊魁)"라는 극단적 표현을 쓸 정도로 적대시하는 분위기도 형성되었다. 민란을 일으킨 후 수령이 도주하자 향회를 개최하고 자신들이 직접 좌수와 향임, 이방 호장 등을 향회에서 뽑아 감영에 알린 것도[73] 수령-이향체제 성립 이후 자신들을 업신여긴 수령과 이향층에 대한 적대감의 표현이었다.

향촌 사회 내에서도 사족의 지위는 크게 위축되었다. 경제력에 기초하여 신반(新班)으로 진출한 평민들은 경제력이 필요한 향내의 공적 사업 등을 지원하며 영향력을 행사했으며, 구향이 자신들을 양반으로 인정하지 않으면 자신들도 불손하게 대하여 결국 싸움으로 이어졌다. 사족들은 신반과 향리층으로부터 업신여김이나 모멸을 당하기 일쑤였다.[74] 사족들은 평민들로부터는 물론 노비들로부터도 그 권위를 도전받았다. 예컨대 상민 간에는 물론이고, 노비들과도 산송문제 등으로 분쟁을 하여야 했고, 관비와 분쟁이 일어났을 때는 오히려 관비를 보호하려는 수령 때문에 불이익을 당하기도 했다.[75] 또한 이들은 집권세력을 등에 업은 서얼과 산송을 벌이다가 이겼던 산송이 뒤집어지는 수모를 당하기도 했다.[76] 사족의 지위 하락과

---

72) 『牧民心書』, 禮典 辨等.

73) 김준형, 앞의 책, 276~278쪽.

74) 신영우, 「19세기 영남 김산의 양반지주층과 향내 사정」, 『동방학지』 70, 1991, 45~47쪽.

75) 박병호, 「공정성의 개념과 실천」, 한국정신문화연구원 편, 『조선양반의 생활세계』, 백산서당, 2004. 조선후기에는 평천민들도 사회의식이 성장하여 소송을 통하여 자신의 권리를 찾으려 하였기 때문에 관아마다 소송이 답지하였다(전경목, 「산송을 통해서 본 조선후기 사법제도 운용실태와 그 특징」, 『법사학연구』 18, 1997).

76) 김경숙, 조선후기 산송과 상언·격쟁」, 『고문서연구』 33, 2008, 269~270쪽.

이에 따른 경제적 어려움은 사족 간의 공동적 자구노력마저 와해되어가던 19세기 후반에 이르러 머슴과도 2인계를 맺으며 각자도생(各自圖生)의 길을 찾고 있었던 데서도 확인된다.[77]

다양한 사정으로 양반 내부의 계층분화가 일어나고, 노비들도 도망 내지 격감하였기 때문에 양반 가운데는 직접 나무를 작벌(斫伐)하거나 부자가 함께 농사를 지어야 했고, 양반집 부녀자들도 직접 직조하거나 물을 길어야 하는 형편으로 전락하기도 했다. 몰락한 사족 가운데는 다른 곳으로 이사해 가서 어렵게 살면서 언행이 상민과 같아졌고, 이에 따라 상민에게 능욕 당하기 일쑤였다. 도망한 노비나 양처 소생이 다른 지역으로 가서 양반 행세를 한 사례가 다반사였던 시대 분위기를[78] 함께 고려할 때 사족의 사회적·경제적 지위 하락은 더욱 실감이 간다. 사족들은 문중계 등을 조직하여 이러한 변화에 대처하고자 하였으나,[79] 19세기 들어 사족들이 가졌던 부세운영상의 특권은 점차 사라지고, 각종 잡역을 부담하게 되었다. 또 향촌 내에서 위세가 약했던 사족들의 경우 향리층에게는 물론 평민들로부터 침해를 받는 일이 적지 않게 일어나기도 했다.[80]

---

77) 이에 대해서는 이영훈 앞의 글, 2001 참조.

78) 지승종·김준형, 「사회변동과 양반가문의 대응」, 『근대사회변동과 양반』, 아세아문화사, 2000, 73~74쪽; 김준형, 앞의 책, 112~119쪽.

79) 해남 윤씨가의 사례 연구에 의하면 다수의 문중계가 19세기에 만들어 지며, 19세기 후반에는 소농층의 성장과 종손가의 영세화가 문중조직의 활성화를 가져온 것으로 파악하였다(김현영, 「호남지방 고문서를 통해 본 조선시대의 가족과 친족」, 『호남지방 고문서 기초연구』, 한국정신문화연구원, 1999, 270~272쪽). 단성 상산 김씨의 경우에도 1870연대 말부터 문중 소유 토지가 많이 늘어나고 있었다(김준형, 앞의 책, 231~232쪽).

80) 이해준, 「고문서를 통해 본 호남지방의 촌락」, 『호남지방 고문서 기초연구』, 한국정신문화연구원, 1999, 222~233쪽; 최주희, 「19세기 재지사족층의 친족결집 노력과 내적 균열 양상」, 『한국사학보』 38, 2010, 138~147쪽.

3. 향촌질서의 변화와 새로운 정치문화의 형성

이와 같은 향촌 지배질서의 변모와 그에 따른 사족층의 지위 하락과 평천민층의 지위 상승은 또 다른 문제를 야기하였다. 그것은 사족과 평천민의 관계, 관과 평천민과의 관계, 그에 따른 평천민이나 사족의 권력관에도 변화를 가져왔으며, 향촌사회에 대한 관권의 정치행위에도 변화를 요구하였다.

이규대가 분석한 강원도 삼척군 도하면의 동계의 사례는 그러한 사정을 잘 보여준다. 주지하다시피 18세기 이후 새로운 부세운영체계로 정착된 총액제 아래서 부세는 우선 각도-군현 단위로 그 할당량이 배정되고, 각 군현에서는 면 단위로 부과하였으며, 면에서는 다시 동 단위로 분담시켰다. 삼척은 18세기 중엽 이래 12개면으로 편제되었고, 도하면에는 송정, 지홍, 천곡, 용정, 시변, 하평 등 6개의 동(理)이 있었다. 전 3자는 대리(大里)였고, 후 3자는 소리였다. 1796년 무렵 이 동들은 부세부담의 균등을 위해 대리인 3개의 동이 소리인 3개 동을 각기 하나씩 끌어안는 방식으로 하여 3개의 동계가 구성되어 있었다.

동계 단위로 부과되는 부세액은 각 동 내의 마을들이 가진 세력에 따라 불균등하게 배정될 소지가 다분하였고, 도하면에도 19세기 중반까지는 예외가 아니었다. 각 동계 안에서는 각종 동역이 사족 중심의 대리와 하층민 중심의 소리 간에 차등적으로 운영되고 있었고, 특히 하리에 편중되어 있던 동별 별역(別役)은 분정 대상이 아니었다. 말하자면 동계 내부의 대소리 간에 갈등의 소지가 여전히 남겨져 있었던 것이다. 대소리 간에 잠재해 있던 갈등은 결국 19세기 중반 이후 본격적으로 터져 나오기 시작했다. 우선 소리에서는 대리가 사양산(私養山)의 땔나무[樵薪] 채취를 막자 이것을 허가해달라 것, 또 여전히 불균등하게 배정되던 잡역이나 별역 등 동역부담을 대리, 혹은 일면 전체와 분정할 것을 요구하는 등장(等狀)이나 서독(書目), 품목(稟目) 등을 수령에게 제출하였고, 분동을 요구하기도 하였다.

이러한 요구의 배후에는 적어도 국역부담 면에서는 신분에 무관하게 균등해야 한다는 '대동지역(大同之役)'이라는 의식이 자리 잡고 있었다. 이러한 과정을 거치며, 동역분담이 동별로 균등하게 조정되거나, 호역에서 결역으로, 곧 담세능력을 기준으로 변하기도 했다.[81] 이에 대해 관에서도 완전히 배척하지 않고 일정하게 수용하였다는 점은 주목된다. 적어도 국가에 대한 부세 부담 면에서는 사족이나 평민이나 평등해야 한다는 균세의 논리가 관-민 사이에 하나의 정치문화로 형성되어 가고 있었음을 보여준다. 여기에 대해 사족들은 쉽게 수긍하지 않았고, 그것은 결국 분동요구나 분동으로 귀결되기도 했다. 이는 17세기에 들어 사족 중심으로 하계를 흡수하여 만들었던 상하합계로 상징되는 향촌질서와는 매우 다른 모습이다. 물론 소민들의 성장을 반영하는 것이지만, 여기에는 정치문화라는 면에서 또 다른 중요한 의미가 내포되어 있었다.

더구나 19세기가 되면 향촌사회에서 평민의 지위도 상승하였다. 더구나 19세기가 되면 향촌사회에서 평민의 지위도 상승하였다. 권내현은 단성 지역 사례를 통해 평민 동성이 19세기에 본격적으로 발달하였고, 특정 촌락 구성원이나 가계와 통혼 관계도 형성되고 있었음을 밝혔다. 19세기 들어 민촌의 유학호 비중도 서서히 증가하는 등 평민 동성촌락 구성원의 사회적 지위가 향상되어갔다. 시키기 위한 노력도 꾸준하게 진행되었다 호적에서 확인할 수 있는 내용은 무엇보다도 그들의 직역상승 과정이다 하천민들은 신분제와 이와 연관된 군역 운영에 끊임없이 저항하면서 자신들의 직역을

81) 삼척 도하면의 사례에 대해서는 이규대, 「19세기 동계와 동역」, 김호일 편저, 『한국 근현대이행기 사회연구』, 신서원, 2000 참조.

상승시켜 나갔다. 18세기 중엽 동약의 실시 과정에서 평민 촌락의 특정 성관들이 잠재적인 성장의 가능성을 보였고, 이들의 일부가 19세기 전반에는 중층, 그 가운데 일부는 19세기 후반 다시 상층으로 성장하면서 촌락 내 강력한 영향력을 행사할 수 있게 되었다고 하였다.82)

또한 원래 사족이 주도했던 동계에도 신분에 관계없이 다수의 동민이 참여하였고, 사족중심적 동계의 핵심적 특징 가운데 하나인 하민에 대한 통제 기능은 크게 약화되어나갔고 19세기 후반에는 거의 소멸되었다. 앞서 언급했듯이 향촌통제 내지 지배기구로서의 성격을 가지던 동계가 생활공동체로 활성화되던 촌락자치조직으로 변화하였고, 부세에 대한 대응 조직으로서의 기능과 관련하여 결속이 강화되고 있었다. 19세기 중엽 공주지역 사례연구에 따르면 동계가 사족 간의 결사체적 성격조차 제대로 가지지 못했을 뿐만 아니라 계원인 사족 상호간의 분쟁조차 철저히 관권에 의존할 정도로 자율성을 상실하고 동리내의 하층민들에게 행사할 수 있는 영향력을 상실해갔다.83) 하층민들로서는 그 동안 사족들에게 위임해두었던 각급 정소, 반탐학 소원이나 운동을 이제 그들 스스로가 해결해나가야 해야 했다. 물론 단성 김인섭의 사례에서 알 수 있듯이 모든 사족들이 향촌문제에서 완전히 손을 뗀 것은 아니었지만, 부세를 비롯한 관권과의 문제나 동리간 문제, 동리 내부의 문제 등을 더 이상 사족이나 대리(大里)에게만 맡겨둘 수 없게 된 것은 분명하다.

사족의 몰락과 사족 중심의 향촌자치질서의 파탄, 그에 따른 동계간의 자율적 조정 능력의 상실은 모든 갈등 해결의 책임을 관으로 전가시키는

82) 권내현, 「조선후기 평민 동성촌락의 성장」, 『민족문화연구』 52, 2010 참조.
83) 임선빈, 「조선후기 동계조직과 촌락사회의 변화-공주 浮田大洞契를 중심으로」, 『동방학지』 80, 1993, 42~46쪽.

결과를 초래했다. 그동안 관과의 갈등은 대체로 반촌인 대리, 혹은 대리가 중심이 된 동계가 관권과 교섭을 통해 조정해 왔다. 사족은 한편으로는 국가를 대신하여 지역의 평천민층을 통제하고 관리하는 역할을 수행하기도 했지만, 다른 한편으로는 지역 주민들의 원망을 체현하고 대변하는 역할을 담당하는 중간적 사회세력이었다.[84] 사족들은 농민들과 함께 향촌사회에서 거주하며, 동계 등 촌락운영을 함께 해나가는 과정에서 일종의 '모럴 이코노미(moral economy)' 내지 정치문화를 공유하고 있었다. 단성의 김인섭의 사례에서 확인되듯이 사족들은 수령이나 감사를 대상으로 환폐 등에 대해 개인적 서신을 발송하거나 등장을 써서 대표를 파견한 행위, 직접 정소활동을 벌이는 등 향촌 주민들을 대표하여 관과 교섭하고 그를 통해 향촌과 관권 사이의 문제를 해결해 나가는 역할을 담당하기도 했다. 그 과정에서 수령으로부터 각 촌마다 찬반여부의 여론조사를 수행하여 정책을 결정하자는 양보나 합의를 이끌어 내기도 했다.[85]

이러한 모습은 사족이 관과 향촌사회 간의 조정이라는 "정치"를 수행해 나가고 있었던 저간의 사정을 보여준다. 수령-이향지배체제의 성립과 사족의 몰락은 결국 이러한 기능을 크게 위축시켰다. 사족세력의 후퇴에 따라 이제 관권은 사족이라는 중간세력의 조정을 받을 수 없는 속에서 하층민과 직접 대면해야 했다. 뿐만 아니라 대리와 소리 간의 갈등도 직접 조정해야 하는 입장이 된 것이다. 더구나 대리와 소리 간에는 갈등에도 불구하고 부당한 수취나 이서배의 중간수탈에 대해서는 동계 차원이나 수개 면이 집단적으로 등소를 하는 등 연합적인 대응 내지 저항이 여전히 활발하게 전개

84) 김광억, 「관계의 망과 문화공동체」, 한국정신문화연구원 편, 앞의 책, 2004, 268~269쪽.

85) 김준형, 『조선후기 단성 사족층연구: 사회변화와 사족층의 대응양상을 중심으로』, 아시아문화사, 2000, 271~272쪽.

되었다. 그 만큼 관권의 부담이 커진 것이다.

중간자로서의 자율성을 상실한 사족들은 이후 관권과 결탁하여 힘없는 향촌민들을 수탈하는 위치에 서는 것이 일반적이었지만, 때로는 개인적 이해에 근거하여 수령과 대립하기도 하였고,[86] 일부는 억압, 수탈 받는 주민들 편에 서서 관권에 저항하는 입장을 취하기도 했다.[87] 전자의 사례는 이미 일찍부터 보인다. 17세기 후반 관직에 있다가 평안도 영변에 유배 중이던 이유태는 "그 나라에 살면서 그 나라의 대부를 비방하지 않는다."는 정자(程子)의 말을 인용하며, 고을 수령이 비록 학정을 한다고 해도 절대로 입 밖에 내서는 안 되며, 이웃고을 수령의 득실에 대해서도 다른 사람과 어울려 평가하고 논해서는 안 된다는 정훈(庭訓)을 남겨 자손들을 경계하였다.[88] 이러한 사족의 태도는 그들의 지위가 위축되면서 더욱 심해졌다. 기본적으로 "스스로 해결할 수 있는 능력이 없으면 나서지 말라."는 태도를 보이던 19세기 사족들의 거향관(居鄕觀)은[89] 그러한 사정을 대변한다.

86) 예컨대, 1864년 해미현에서는 향회를 열어 양군(良軍)에게는 매명당 2냥 5전씩, 사노군(私奴軍)에게는 매명당 7전씩을 걷기로 결정 하였는데, 이현구(李鉉九)라는 양반은 자기의 사노 중 19명이 군안에 입록되어 돈을 바치게 되자 이를 거부하였다. 이후 군전(軍錢)을 걷기 위해 면주인, 풍헌, 읍교 등이 수차례 찾아왔으나, 모두 이현구의 노비들에게 수차례 구타당하여 끝까지 돈을 받지 못하였다. 이에 수령이 감영에 보고하여 이현구를 붙잡으려고 했으나, 그가 서울로 도망가서 감영과 읍에 청촉을 하여 무사하게 되었다(고동환, 「19세기 부세운영의 변화와 정소운동」, 『국사관논총』 43, 1993, 256쪽).

87) 물론 이러한 입장 차이가 전혀 별개의 것은 아니었고, 많은 경우 동일한 사족이 상황에 따라 다양한 2~3 가지의 입장을 넘나들기도 했을 것으로 보인다. 예컨대 단성 사족 김인섭은 민란을 주도하였다가 유배를 가기도 했지만, 이후 향촌 사람들을 동원하여 대규모 보를 수축하기 위해 향촌사람들을 동원하기도 했다. 민란을 주도할 정도로 그의 인망이 널리 수용되었기에 가능한 것으로 볼 수도 있지만, 역시 토호적 성격을 배제하기 어려울 것이다(정진영, 앞의 글, 2005 참조).

88) 李惟泰, 「庭訓」, 이해준 편저, 『초려 이유태의 향약과 정훈』, 신서원, 1998, 268쪽.

예컨대 경상도 성주의 유명한 유학자인 이진상은 일생 동안 조정의 득실(得失)은 물론 관정(官政)의 이해(利害)에 대해서도 말하지 않았을 뿐만 아니라, 향회에도 간여하지 않았고, 공식적인 일이 아니면 수령을 만나지 않았다.[90] 또 1862년 1월 공주 부전동 주민들이 웅진포구에서 행패를 부리는 사령들을 단속해달라는 소지를 관찰사에게 올릴 때 부전동 사족들은 여기에 참여하지 않았다.[91] 사족들의 지위가 위축됨에 따라 하민들의 고통을 덜어주기 위해 사족들이 할 수 있는 여지가 축소되고 있었음을 보여준다.

앞서 언급한 김인섭이 단성민란을 주도한 것은 후자의 전형적인 모습이었다. 앞서 언급했듯이 관직에서 물러나 귀향한 김인섭은 사족층의 위축과 그에 따른 수령-이향층의 발호를 체감하는 한편, 그를 시정하려는 노력을 전개했다. 사로서의 본분을 버리지 않고 있었던 것이다. 김인섭은 1859년 6월에는 관정에 들어가 수령의 불법탐학을 성토하였고, 1861년에는 현감 임병묵이 포흠곡(逋欠穀)을 일소한다는 명목으로 탐학을 자행하자 향민과 더불어 의정부에 진정하기도 하였다. 1862년에는 민란을 주도하였다가 그의 아버지 김령은 1년간 유배생활을 하였고, 김인섭은 의금부에 구금되어 형장을 당하기도 했다.[92] 장흥에서는 군수를 역임한 고제환이 민란을 주도하였다.[93] 역시 후자의 전형을 보여준다고 생각한다.

이 점에서 수령-이향체제의 성립은 곧 관권과 향촌사회의 중간에 서서 중재역할을 하던 중간적 존재였던 사족이 그 기능을 잃어가는 과정에 다름

89) 김인걸, 「조선후기 재지사족의 거향관 변화」, 『역사와 현실』 11, 1994, 174쪽.

90) 李承熙, 「行錄」, 『寒洲先生文集 附錄』 卷之二.

91) 임선빈, 「조선후기 동계조직과 촌락사회의 변화-공주 浮田大洞契를 중심으로」, 『동방학지』 80, 1993 참조.

92) 정진영, 앞의 글, 2005, 참조..

93) 『승정원일기』, 철종 13년 5월 25일.

아니었다. 나아가 사족이 중재자로서의 역할을 포기하고 오히려 민란의 주도자가 되어 관권에 저항했다는 사실은 조선사회를 지탱해오던 지배시스템의 중요한 한 축이 붕괴되었음을 의미한다. 동일한 이념을 공유하고 함께 체제를 이끌어 가던 국가권력과 지방사족 간에 심각한 균열이 일어난 것이다. 또한 수령-이향의 향촌사회에 대한 불법적 수탈을 완충해줄 사족층의 몰락은 소민들과 관권 간의 마찰이 그 만큼 격화될 가능성을 열어 놓는 것이기도 했다. 수령-이향지배체제로 대변되는 향촌사회의 질서 변화가 가지는 지배시스템 면에서 가장 중요한 의미는 바로 여기에 있었다.

향촌질서의 변화는 다른 한편 국가권력과 수령권에 대한 압박을 초래하였다. 민간으로부터 제기되는 분쟁을 조정하며 함께 대처해나갔던 사족이 쇠락하면서 대부분의 갈등이 국가권력과 수령에게 그 조정과 해결을 의뢰하는 상황이 되지 않을 수 없었기 때문이다. 이와 같이 수령권 강화와 사족 지배력의 약화, 소민층의 성장에 따른 새로운 향촌질서의 형성은 그에 따른 새로운 분쟁조정 방안과 능력을 권력에 요구하고 있었으며, 그것은 곧 새로운 정치문화가 예비되어 가는 과정이기도 했다.

이러한 변화는 "법치적 질서"의 강화나 더욱 정교한 관료제 운영 등을 추동하는 힘이 될 수도 있었으나, 권력의 통제력이 약화되어 있던 당시로서는 기대 난망이었다. 무엇보다 그 영·정조시기에 비해 인정이 방기 내지 외면되고 있었기 때문이다. 그것은 무엇보다 소원제도의 폐색을 통해 확인할 수 있지만, 여기서는 18세기 영·정조 연간에 이루어졌던 형정(刑政)과 상언·격쟁에 대한 처리 절차, 암행어사 제도 등이 19세기에 들어 후퇴한 점에 대해 간단히 언급해 두고자 한다.[94]

94) 심재우, 「18세기 獄訟의 성격과 형정운영의 변화」, 『한국사론』 34, 1995; 심재우, 앞의 글; 김경숙, 앞의 글; 한상권, 앞의 책, 301~337쪽 참조.

왕조 정부에서는 민인들과 직접 대면하여 정사를 펼치는 지방관의 비리와 부정행위를 경계하는 한편 그들의 효율적인 업무수행을 도와주기 위해 다양한 방안을 강구하여 왔다. 이미 16세기 후반(1585)에는 수령의 재판업무에 필요한 각종 법조문을 모아서 정리한 사송유취(詞訟類聚)가 간행되어 수령들의 소송 업무에 도움을 주고 있었다. 특히 18세기 이후에는 조정에서 다양한 목민서들과 법률지침서를 편찬하였다. 민정서(民政書) 및 법률지침서의 적극적인 편찬은 한편으로 지방사회 운영에 대한 중요성이 강조되면서 지방사회에 대한 효과적인 통제가 필요했기 때문이지만,[95] 대부분의 목민서들이 소농보호를 강조하고 있었다는 데서도 알 수 있듯이 여기에는 수령권을 통제하려는 의도도 있었다고 생각한다. 이외에도 정조는 형사제도에 대한 개선과 수령에 대한 통제를 통해 민의 법적 지위를 개선해 나갔다. 그러나 이러한 정책 역시 19세기에는 이어지지 못하였다. 지방사회에 대한 통제력은 상실되었고, 가혹한 남형(濫刑)과 남장(濫杖)이 여전히 인민을 괴롭혔다.[96]

이와 다른 맥락이지만, 사족 세력의 위축과 방관자적인 태도는 그렇지 않아도 다툼을 중재하는 적절한 제도나 관습의 불비로 소송이 빈발하였고 또 불공정하였던 수령의 송사 문제에도[97] 영향을 미쳤을 것으로 보인다. 그에 따라 결과에 대한 납득과 수용을 생명으로 하는 소송 제도도 그 기능을 상실해 갔을 것임은 쉽게 추측이 간다. 또 상언·격쟁에 대한 처리 절차에서도 후퇴가 있었다. 상언·격쟁이 들어올 경우, 중앙에서 사관을 파견하여 직접 조사를 하기도 했다. 이는 소송인에게 원억을 해소할 수 있는 유

95) 심재우, 「조선후기 목민서의 편찬과 수령의 형정운영」, 『규장각』 21, 1998, 89~91쪽.
96) 심재우, 위의 글, 1998, 100~101쪽.
97) 박병호, 앞의 글, 2004, 464~466쪽.

리한 방식이었지만, 소송 담당관에게는 자율성을 제약하는 측면이 있었기 때문에 관료들은 이에 반발하였다. 사관 파견은 영조대까지 확인되지만, 이후로는 지방관에게 의존 비중이 커져갔으며, 19세기 초반에는 이미 지방관에 의존하는 형태가 관행화하였다.[98)]

이것은 특히 정조 연간에 국왕 중심의 국정운영을 위해 수령권을 강화하는 한편 지방관들의 비리와 불법을 감시하고 민은(民隱)을 파악하기 위해 암행어사를 자주 파견한 것에서도 보인다.[99)] 이처럼 정조 대에는 암행어사의 권한 강화와 잦은 파견을 통해 수령권을 일정하게 통제할 수 있었다. 그러나 19세기에 들어 이러한 암행어사 제도는 그 기능을 제대로 수행하지 못하고 있었다. 안락하게 지내면서 재물이나 탐하고 몸조심이나 하는 풍조가 관리들에게 만연해지면서 암행어사도 "잘 다스리지 못하는[不治]" 지방관이 있더라도 조정에 보고조차 하지 않았기 때문에, 조정에서 폐단만 일으키는 암행어사는 차라리 보내지 않는 것이 낫겠다는 의견이 개진될 정도였다.[100)] 조정에서도 이에 대해 질책하지 않았고, 설사 어사가 실상을 조사해 보고하더라도 잘못을 저지른 지방관에 대한 징계도 없었다.[101)]

19세기의 세도정권 하에서 왕권이 약화되고 중앙권력에 의한 지방관 통제가 느슨해지자 강화된 수령권은 향촌통제로서의 의미는 잃어버리고 수령권 남용이란 현상으로 왜곡되어 나간 저간의 사정을 엿볼 수 있다. 이에 따라 '수령-이향지배체제'가 전면에 드러나고 무절제한 수탈행위가 거리낌

98) 김경숙, 「조선후기 산송과 상언·격쟁」, 『고문서연구』 33, 274~275쪽.

99) 한상권, 앞의 책, 301~337쪽 참조.

100) 『비변사등록』, 철종 10년 4월 18일.

101) 『순조실록』, 순조 2년 7월 6일. 이는 앞서 인용했듯이 동학농민전쟁의 발발 원인에 대해 군현의 수령과 감사는 물론 조정까지도 만연하는 탐관오리의 학정에 결탁 내지 연계되어 있기 때문이라는 고종의 판단과 동일한 인식이다(『승정원일기』, 고종 31년 5월 12일 기사 참조).

없이 자행되었다. 그리하여 '수령-이향지배체제'는 항상적 비리를 재생산하는 봉건지배체제로서 자리 잡아 갔던 것이다.[102] 정약용은 "탐학하는 풍조가 점차 커지고 아전의 습속이 그에 따라 타락하여 수십 년 전부터 날로 심해져서 오늘날에는 지극한 지경에 이르렀다"고 하였다.[103] 사족의 몰락과 '수령-이향지배체제'의 본격적 정착에 따라 대체로 18세기 말에서 19세기 초부터 부정부패의 다양한 양상들이 집중적으로 나타나기 시작하였음을 보여준다.

결국 인정은 더욱 방기되었고, 증폭된 민-관의 갈등은 물리적 충돌을 예고하게 된 것이다. 정약용은 "(환곡이) 부렴이지 어찌 진대라 할 수 있는가? 늑탈이지 어찌 부세라 할 수 있는가?"라고 하였다.[104] 이는 수령-이서배의 수탈이 정치, 재정상 구조적 문제와 결부되면서 진휼 기능을 가지고 있던 환곡을 부세화하고 나아가 늑탈의 수단으로 변질되고 있음을 고발한 것이지만,[105] 인정 실현을 위한 제도였던 환곡이 수탈의 수단으로 전락하고 있다는 데서 인정이 방기되고 있는 시대상을 읽을 수 있다. 이런 점에서 국왕 중심의 국정운영과 이에 따른 수령권 강화와 사족지배체제의 약화가 다만 중앙권력의 지배력 강화로만 이어지지는 않았음을 보여준다. 사족이라는 중간적 조정세력이 몰락 내지 약화된 속에서 중앙권력의 부패와 관료에 대한 장악력의 약화는 오히려 지방관의 발호를 조장할 수 있었기 때문이다.

그에 따른 불만은 다시 관권을 향해 그 해결을 요구하는 악순환이 반복

---

102) 고석규, 「19세기 전반 향촌사회 지배구조의 성격」, 『외대사학』 2, 1989.

103) 『牧民心書』, 吏典 束吏.

104) 『牧民心書』, 戶典 穀簿.

105) 19세기 전반까지도 진휼 기능을 수행하던 환곡이 부새로 변해간 사정에 대해서는 문용식, 『朝鮮後期 賑政과 還穀運營』, 경인문화사, 2001 참조.

되었으며, 그 불만의 최종 귀착지는 조정이 될 수밖에 없었다. "조종께서 만들어 놓은 제도와 법인데 간사하고 교활한 자들이 무너뜨리도록 내버려 두고, 조정에서 불쌍히 여겨 구휼해야 할 바인데 탐오하고 잔악한 자들이 마음대로 하도록 내버려 두어, 이익은 아랫것들에게 돌아가고 원망은 위에서 받는" 현실이 된 것이다.[106] "수령들이 횡포를 부리는데도 조정에서는 묻지 않고, 서리들이 마구 긁어 들이는데도 수령들은 묻지 않"아서, 탐관오리들이 "일신의 뇌물을 탐내는 것은 버려두고 논하지 않"아서, 결국 "조정에 오욕을 끼치는" 상황이 되었던 것이다.

이러한 인식의 밑바탕에는 무엇보다 "民惟邦本 本固邦寧"이라는 유학의 가르침과 왕도(王道)의 완성을 위해서는 인정을 펼쳐야 한다는 이념이 자리 잡고 있었다.[107] 민본과 인정이라는 지배이념의 소재를 새삼 환기한 것이다. 그러나 인정은 끝내 방기되었다. 그것은 무엇보다 제2장에서 확인한 바와 같이 소원제도의 폐색을 통해 확인할 수 있다.

106) 『순조실록』, 순조 8년 12월 17일.
107) 『승정원일기』, 고종 14년 3월 4일.

제5장

부세제도의 변화와 '민중공론'의 대두

1. 조선후기 향촌질서의 변화와 '향중공론'의 향방

중요한 정책들을 '공론(公論)'에 따라 결정해 나간다는 '공론정치'는 조선시대 정치의 중요한 특징으로 이해되고 있다. 시대에 따른 부침이 있었지만, 공론정치는 중앙의 삼사를 중심으로 한 언관제도, 유향소, 서원, 향회를 중심으로 한 지방 사족들의 자치 내지 관권에 대한 견제 등 다양한 방식으로 전개되었다. 조선시대 공론정치를 적극적으로 평가한 김용직은 이를 위르겐 하버마스(Jürgen Habermas)의 공공영역과 유비하여 "16세기부터 중앙의 언관들의 공론이 사실상 재야 '사림들의 공론'에 의거하여 논의된 것은 조선의 공론이 17세기말과 18세기초 서구의 부르주아 공중의 정치적 공공영역과 유사한 의미를 띠게 된 것"이라는 의미를 부여하면서 공론정치에서 한국 민주주의의 원형을 발견하고자 했다.[1)]

그러나 하버마스 스스로가 "부르주아 공론장"은 시대유형적 범주이기 때문에 "유럽 중세 전성기에 출현한 독특한 발전사로부터 분리될 수 없으며, 이념형으로 일반화하여 임의의 역사적 상황의 형식적으로 동일한 형세에 적용시킬 수 없다"고 밝히고 있다.[2)] 따라서 서구의 특수한 역사적·문화적 조건 속에서 만들어진 "공론장" 혹은 공론 개념을 정치체제나 이념, 사회질서 등의 면에서 전혀 달랐던 조선시대의 '공론'이나 '공론정치'에 그대로 대입하여 분석하는 것에 대해서는 회의적일 수밖에 없다.[3)] 그렇다 하여

1) 김용직, 「한국정치와 공론성(1) : 유교적 공론정치와 공공영역」, 『국제정치논총』 38, 1998, 74쪽.

2) 위르겐 하버마스 지음, 한승완 역, 『공론장의 구조변동 : 부르주아 사회의 한 범주에 관한 연구』, 나남, 2001, 57~58쪽.

양자 간의 비교나 교섭 가능성을 완전히 배제하자는 것은 아니다. 이 글에서는 '공론'의 논의 대상, '공론장'에 참여 가능한 신분이나 계층 등의 변화 과정에 주목하여 조선시대 공론의 추이와 변용, 그것이 가지는 성격과 의미 등에 대해 접근해보고자 한다.

조선의 "공론정치"에서 공론의 대상이 된 것은 중앙차원의 정책이나 인사문제를 비롯하여 외교, 예제 등 정치와 이념에 관한 문제 등 다양한 방면에 걸쳐 있었다. 또 중앙정치 무대에서 이루어지는 언관들의 간쟁도 재지사족들의 공론을 수렴하는 형태를 띠고 있었다는 점에서 사림들의 영향이 적지 않았다. 조선시대에 사용된 '공론'은 주자학에서 일반적으로 사용하는 "天下萬口一辭之公論", 곧 천하의 모든 사람들이 하나같이 하는 말을 뜻하였다. 특히 많이 언급되는 것이 율곡 이이의 규정이다. 그는 공론과 국시(國是)에 대해 다음과 같이 논급하였다.

> 인심이 함께 옳다 하는 것[人心之所同然者]을 공론이라 하고, 공론이 있는 곳은 국시라고 하니, 국시라는 것은 온 나라 사람이 꾀하지 않고도 함께 옳다 하는 것이니, 이익으로 유혹하는 것도 아니며, 위엄으로 무섭게 하는 것도 아니면서 삼척동자(三尺童子)도 그 옳은 것을 아는 것이 국시입니다.[4]

---

3) 예컨대 최갑수는 하버마스의 '공공영역'에 대해 18세기라는 특정 시기에 유럽이 근대성을 획득해 가는 과정에서 등장했던 독특한 역사적 현상이지, 유사한 역사적 발전과정이 나타나는 모든 곳에서 일어남직한 보편적 현상은 아님을 지적하고 있다(최갑수, 2003, 「서양에서 공공성과 공공영역」『진보평론』 9). 하버마스의 공공영역 개념을 적용하여 조선 사회를 분석한 송호근의 연구에 대한 비판은 배항섭, 「서구중심주의와 근대중심주의, 역사인식의 天網인가-송호근, 『시민의 탄생』(민음사, 2013)에 부쳐-」, 『개념과 소통』 14, 2014 참조.

4) 「辭大司諫兼陳洗滌東西疏」『栗谷先生全書』 卷之七, 疏箚 五, "人心之所同然者 謂之公論 公論之所在 謂之國是 國是者 一國之人 不謀而同是者也 非誘以利 非怵

그러나 공론, 사림공론(士林公論) 등으로 표현되던 조선시대의 공론을 형성하고 거기에 참여하는 주체는 어디까지나 사(士)였다. 때문에 여성들은 물론 평천민층 내지 소민들의 의사도 구조적으로 배제될 수밖에 없었다. 이는 공론정치를 주도하는 사림들이나 지배층이 가지고 있던 국가와 민에 대한 인식과 궤를 같이하는 것이었다.

앞서도 언급했듯이 조선시대 지배층은 '민유방본(民惟邦本)'이라는 통치이념을 제시하고 '민은 곧 천(天)'이라는 언술을 구사하였지만, 현실적으로는 "무지한 민서(民庶), 식리(識理)의 사대"라거나,5) 천리나 도리를 아는 치자와 그렇지 못한 피치자로 구분하였다. 이는 관인층이 민을 지배할 수 있는 명분이 되었으며,6) 관인이나 엘리트층에게 평천민층은 다만 통치의 대상에 불과한 것으로 인식되었음을 의미한다. 이러한 인식을 바탕으로 조선의 관인층을 비롯한 엘리트층은 자신들과 백성 및 소민(小民)을 차별하여 인식하였다. 관인 및 엘리트층에 대해서는 "한 나라에 임금과 신하가 있은 연후에 백성이 있는 것이다. 모두 백성에게만 편하게 하려고 하면, 조사(朝士)에게는 반드시 넉넉지 못한 폐단이 있을 것이다.", "소인이 없으면 군자(君子)를 먹여 살릴 수가 없다."고 인식하였다.7)

반면 평천민층에게는 국정에 대한 발언이나 정치에 개입하는 언행이 금지되어 있었다. 15세기까지만 하여도 일반 백성은 물론 유생들이 국정에 대해 발언하는 것도 부정적으로 인식되었다. 국정에 대한 발언권은 관료, 특히 언관에게 있다고 여겼기 때문이다.8) 물론 사(士)의 국정에 대한 발언

以威 而三尺童子 亦知其是者 此乃國是也."

5) 『세종실록』, 세종 7년 6월 23일.

6) 이석규, 「조선 초기 관인층의 민에 대한 인식」, 『역사학보』 151, 1996 참조.

7) 『태종실록』, 태종 17년 10월 23일.

8) 김훈식, 「15세기 민본이데올로기와 그 변화」, 『역사와 현실』 1, 1989, 201쪽.

은 사림의 진출과 함께 허용되었지만, 소민들의 국정에 대한 발언에 대해서는 여전히 부정적이었다. 따라서 앞서 '공론'과 관련하여 언급한 '천하만구(天下萬口)'나 '인심'에서 지시하는 '만구'나 '인'은 어디까지나 사대부, 곧 소수 엘리트에 국한되어 있었다.

따라서 조선시대의 정치를 '공론' 정치로 규정하는 기왕의 방식은 '공론'이 특정한 계층에 독점되고, 그 보다 '열등한' 하위 계층에 의해 형성되는 '공공권' 혹은 '공론'을 억압·배제하고 있었다는 사실을 은폐하는 결과가 된다. 또한 하버마스가 애초에 제시한 '시민적 공공성' 개념이 가지고 있던 문제점, 곧 공론장 내지 공공적 공간 역시 권력의 비대칭성과 다양한 주체들 간의 경쟁과 대립 혹은 항쟁의 계기를 내포한 다의적 공간이라는 점을 은폐, 제거해 버림으로써 공론장을 탈정치화하는 것이기도 하다.[9)]

17세기까지만 하여도 사족들은 여전히 "사족이 곧 나라이다"라고 생각할 정도로 자신들이야말로 '공론'의 주체라는 인식을 강고하게 고집하고 있었다. 예컨대 우계(牛溪) 성혼(成婚)은 임진왜란 당시에도 사족의 중요성을 다음과 같이 말하였다.

> 우리나라 사족(士族)들은 평소에는 수족을 움직이지 않고 놀고먹어서 국가에 큰 관계가 없는 듯하나 오늘날 변란이 일어난 상황에서 국가가 의뢰할 수 있는 것은 진실로 이들 사족이니, 만일 사족이 아니었다면 백성들이 모두 왜적에게 사역당했을 것입니다.[10)]

또 이들은 군역부담과 관련된 논의가 일어났을 때도 "군역 피하기를 죽음을 피하듯이" 하며, "민심을 잃을 수는 있지만, 사심(士心)을 잃어서는 안

---

9) 사이토 준이치 지음, 윤대석 외 옮김, 2009, 『민주적 공공성』, 이음, 51~52쪽.
10) 『牛溪集』, 우계연보보유 제1권, 出處.

된다"거나, "수천의 병정을 얻는 대신 거국(擧國)의 인심을 잃게 된다면 임금님께서는 어느 쪽이 이롭다고 생각하십니까"라는 논리를 펴고 있었다.[11] 사족들은 평천민들과 자신들을 철저히 구분하면서 스스로를 "거국"으로 인식하는 특권의식이 매우 강고하였고, 그것을 당연시하였음을 알 수 있다.

평천민에 대한 인식이 이러하였기 때문에 평천민들은 공식적인 '공론'이나 공론정치에서 배제될 수밖에 없었다. 그러나 평천민층이 일상생활을 영위해가던 향촌사회에서 '향중정치'를 논의하는 '향중공론' 혹은 "일향지공론(一鄕之公論)", "향중공의(鄕中公議)"의 경우 '국정'에 관련된 일들을 논의하는 '사림공론'과 사정이 달랐다.[12] '향중공론'은 특히 임진왜란 이후 사

11) 張維, 『谿谷集』, 論軍籍擬上箚.

12) 지금도 '전근대' 혹은 조선시대에 정치의 주체는 엘리트층 혹은 사족에 국한되고, 평천민들은 오로지 정치의 대상일 뿐이었다는 이해가 지배적이다. 그러나 이는 정치의 주체라는 의미를 관직에 진출할 수 있는 신분적 특권, 상소 등 공식적 제도를 통해 정치적 발언을 할 수 있는 권리를 가진 자 정도로 매우 협애하게 이해한 결과이거나, 주권재민이라는 '근대'의 정치원리를 지나치게 낭만적으로 이해한 반면 전근대의 정치에 대해서는 폄하하는 근대중심적 발상에 근거한 것이라 생각된다. 소지 등을 통한 민원과 불만의 제기나 집단적 의사표현인 등소를 비롯한 다양한 방법의 소원행위, 나아가 민란 같이 물리적 폭력까지 수반하는 청원 행위 등을 통해서도 알 수 있듯이 백성들의 '공론'은 이러한 치자층의 인식이나 태도와 무관하게 끊임없이 정치과정에 개입하고 있었다. 특히 중앙집권적 체제였던 조선에서 조세문제나 관리들의 부정부패에 대한 민중의 이의제기와 다양한 형태의 요구와 행동은 그 자체로 매우 정치적인 것이었고, 국왕이나 관료들의 정치적 대응을 요구하는 것이었다. 그 결과 때로는 국왕으로 하여금 지방관을 해직시키지 않을 수 없게 하거나, 정책을 철회 혹은 조정하도록 하였고, 국왕 스스로 민인들에게 '사죄'하지 않을 수 없도록 하였다. 적어도 백성들의 소원 행위는 그러한 가능성을 충분히 내장한 것이었다는 점에서 소민을 비롯한 향촌주민들의 정치참여는 일상화되어 있었다고 생각한다. 이에 대해서는 제2장에서 살펴본 바 있다.

족들이 과거와 달리 사족들만의 향안·향규·향약이 아니라 상민층까지 포괄하는 상하합계 형태의 동계(洞契)를 만들어 운영하기 시작하면서 더욱 분명히 변화해갔다. 이러한 변화는 임진왜란 이후 사족층이 향촌이나 촌락의 평천민들을 적극적으로 통제하는 속에서 지배질서를 유지해 나가려는 의도에서 시작된 것이지만,[13] 이는 기존의 '공론'에 균열과 변용을 가져오는 계기가 되었다. 향회를 중심으로 논의되고 형성되던 향중공론의 경우에도 원래는 '국정'과 관련된 문제들을 논의하던 사림공론과 마찬가지로 사족들만 참여할 수 있었다.

그러나 조선후기에 들어 점차 중서층(中庶層)이나 평민층의 참여가 확대되어 가면서 신분적 제약이 더욱 완화되어갔다. 물론 그것을 주도하는 것은 재지사족 내지 향반 등 엘리트들이었지만, 특히 18세기 중반 이후 사족층의 지위 하락과 더불어 관과 민 사이의 중재 기능도 담당하던 향회의 위상이 약화되었고, 사족층이 주도하던 향중공론의 형성과정에도 변화가 나타났다. 무엇보다 평민층의 향촌 내 지위가 상승되는 경향과 짝하여 향중공론의 형성 과정에도 이전에 비해 더 복잡한 경쟁과 갈등이 수반될 수밖에 없었다.[14]

---

13) 이에 대해서는 박경하, 「왜란 직후의 향약에 대한 연구」, 『중앙사론』 5, 1987; 이해준, 「조선 후기 동계·동약과 촌락공동체 조직의 성격」, 향촌사회사연구회 편, 『조선후기 향약연구』, 민음사, 1990 참조.

14) 이와 같이 조선시대의 공론은 특정한 계층에 독점되고, 그 보다 열등한 '공공권' 혹은 '공론'을 억압·배제하고 있었으며, 평천민층 내지 민중의 '공론'과 갈등·대립하고 있었다는 점에서 부르주아 공론과 공통적 요소를 가지고 있다. 따라서 19세기 조선시대 공론에 대한 연구는 서구의 부르주아 공론과 충분히 비교될 수 있으며, 그러한 비교를 통해 양자의 공론이 가진 공통점이나 독자성도 한층 분명히 드러날 수 있을 것이다. 그러나 공론장이나 공공성과 밀접한 관련이 있는 공·사(公·私) 개념부터, 전혀 다른 정치사상과 정치문화가 지배하던 조선과 서구의 공론 사이에는 적지 않은 차이가 있었을 것으로 여겨진다. 조선시대의 공개념과 서구의 공개념을

앞 장에서 살펴보았듯이 18세기 이후 진행된 향촌 내외의 변화가 향촌사회의 질서에 중요한 변동을 초래하였다는 점에 대해서는 잘 알려져 있다. 그 내용을 여기서 간단히 다시 정리해 보면 다음과 같다. 18세기 중반 이후 관주도의 향촌 통제책이나 '수령-이향지배체제'가 성립하기 이전에는 사족들이 향중공론을 주도하였다. 그렇다 하여 사족들이 반드시 자신들의 이해를 관철하기 위해 소민들의 이해를 일방적으로 무시하기만 하는, 따라서 소민과 대립하기만 한 존재는 아니었다. 그들 가운데는 관권과 향촌사회의 중간에 서서 중재역할을 하던 중간적 존재로서의 위상을 동시에 가지는 부류도 적지 않았다. 때문에 민란 당시에도 소민들은 향촌사회에서 명망이 있거나, 특히 조관을 지낸 경력이 있는 사족들이 장두(狀頭)로 나설 경우 생원이나 진사 정도의 대민들이 나서는 것보다 자신들의 요구가 더 쉽게 관철될 수 있을 것으로 기대하고 있었다.[15] 성주나 상주 등지에서 농민들이 자신들의 봉기를 은폐 내지 정당화하고 요구 관철을 용이하게 하기 위해 전직 고관을 끌어들였고,[16] 단성에서는 사간원 정언(正言)을 역임한 김인섭(金麟燮)이 그의 아버지 김령(金欞)과 함께 민란을 주도하기도 했다.[17]

비교한 연구로는 박영은, 「한국에서의 근대적 공개념의 형성과 성격」, 한국사회사연구회 편, 『사회사연구의 이념과 실제』, 문학과 지성사, 1990 참조.

15) 『日省錄』, 哲宗 13年 6月 24日. "小民以爲若朝官兩班爲狀頭則與官家議定尤易於生進大民故小民等果請金承旨爲狀頭."

16) 이윤갑, 「19세기 후반 慶尙道 星州地方의 농민운동」, 『孫寶基博士停年紀念 韓國史學論叢』, 1988, 658쪽; 고석규, 「19세기 농민항쟁의 전개와 변혁주체의 성장」, 한국역사연구회 편, 『1894년 농민전쟁연구』(1), 역사비평사, 1991, 345쪽; 김인걸, 「민중의 사회적 결속」, 『조선 후기 민중사회의 성장: 신편 한국사 36』, 국사편찬위원회, 2002, 74쪽; 조경달, 『민중과 유토피아』, 27~28쪽, 61쪽, 106쪽, 114쪽, 120쪽.

17) 『壬戌錄』, '嶺湖民變日記', 40~41쪽; 『철종실록』, 철종 13년 6월 2일 등 참조.

사족은 한편으로는 국가를 대신하여 평천민층을 통제하고 관리하는 역할을 수행하기도 했지만, 다른 한편으로는 평천민층이나 지역주민들의 원망을 체현하고 대변하는 역할을 담당하는 중간적 사회세력이었다. 단성민란을 주도한 김인섭의 사례에서 확인되듯이 사족들은 수령이나 감사를 대상으로 환폐 등에 대해 개인적 서신을 발송하거나, 직접 정소활동을 벌이는 등 향촌 주민들을 대표하여 관과 교섭하고 그를 통해 향촌과 관권 사이의 문제를 조정·중재하는 역할을 담당하기도 했다. 이러한 모습은 사족이 관과 향촌사회 간의 조정이라는 '정치'를 수행해 나가고 있었던 저간의 사정을 보여준다.

그러나 18세기 중반 이후 관권강화와 더불어 관이 주도하는 향촌사회 통제정책이 시행되고, 19세기에는 수령과 이향이 중심이 된 새로운 향촌사회 지배체제가 확립되면서 향촌사회에서 차지하던 사족의 지배력은 현저히 떨어졌다.[18] 이러한 변화에는 18세기에 들어 국왕들이 왕권강화를 도모하여 수령권을 강화한 반면 사족층에 대한 견제를 강화하고자 한 태도도 중요한 영향을 미쳤다. 이처럼 사족들의 위세하락에 따라 동계 등에서 신향층을 비롯하여 평민층의 지위가 향상되어 갔다.[19] 관권의 강화와 사족세력의 약화는 결국 향촌사회의 '정치'에서 사족의 조정이라는 기능을 크게 약화시켰음을 의미한다. 관권의 강화와 사족층의 지위 하락, 그에 따른 사

18) 김인걸, 「조선후기 향촌통제책의 위기」, 『진단학보』 58, 1984; 19세기 전반 관주도 향촌통제책의 위기」, 『국사관논총』 6, 1989; 고석규, 「19세기 전반 향촌사회 지배구조의 성격」, 『외대사학』 2, 1989; 19세기 농민항쟁의 전개와 변혁주체의 성장」, 한국역사연구회 편, 『1894년 농민전쟁연구』(1), 역사비평사, 1991 참조.

19) 이규대, 「19세기 동계와 동역」, 김호일 편저, 『한국 근현대이행기 사회연구』, 신서원, 2000, 106~114쪽; 이용기, 「19세기 후반 반촌 동계의 기능과 성격변화」, 『사학연구』 91, 2008 참조.

족층의 조정·중재 기능의 약화로 요약되는 향촌 지배질서의 변모는 관권에 대한 향촌사회의 자율성이 그 만큼 손상되었음을 의미하는 것이며, 또 다른 문제를 야기하였다.[20] 민간으로부터 제기되는 갈등과 분쟁에 대한 조정·해결이 사족들의 중재·조정이라는 여과지를 거치지 않고 직접 수령에게 요구되는 상황이 초래되지 않을 수 없었기 때문이다.[21] 이제 관은 하층민과 직접 대면해야 했을 뿐만 아니라 대리와 소리, 대민과 소민 간의 분쟁 등 향촌사회에서 야기되는 모든 갈등을 직접 감당하여 해결해야 하는 입장이 된 것이다.

사족들이 관권과 향촌 사이에서 이해를 조정하던 정치적 중재자로서의 기능을 상실한 것은 지방관과 국가권력에 대한 민의 압력이 증대되었음을 의미한다. 이러한 상황은 지방관과 국가권력에 대해 새로운 대응방안을 요구하는 것이었지만, 권력의 통제력이 약화되어 있던 당시로서는 기대 난망이었다. 이에 따라 인정은 더욱 방기되었고, 결국 민인들의 불만은 '민란'

20) 물론 향촌사회에서 사족의 우월한 지위는 이어졌고, 관과 지역 주민 간의 갈등이나 대립에서 중요한 역할을 담당하는 사례 역시 지속적으로 보인다. 예컨대 1888년 경상도 영해부에서 호구 비정과 관련한 수령-이향의 부정행위를 둘러싸고 주민들의 등소운동이 일어났을 때도 대표적 반촌인 괴시리의 영양 남씨 일족이 주도하여 사실상 전주민들의 결집을 이끌어내었다(송양섭, 「1888년 영해부 호구분쟁에 나타난 戶政運營의 일단-호적색 윤일찬의 '捧賂減戶'에 대한 마을민의 등소 사례-」, 『조선시대사학보』 82, 2017). 그러나 대표적인 사족 집안이 앞장서서 감사에게까지 등소운동을 벌였지만, 일개 호적색의 농간과 부정행위를 제어하기 어려웠다는 사실은 사족들의 지위가 그 만큼 추락해 있었음을 보여준다.

21) 예컨대 앞장에서 살펴본 삼척 도하면의 경우 동일한 면 내에서도 사족 중심의 대리(大里)와 하층민 중심의 소리 간에 잡역을 비롯한 동역 부담이 불균등하게 배정되던 관행을 둘러싸고 대민과 소민 간의 대립과 갈등이 불거졌다. 이전 같으면 사족들이 나서서 중재를 하거나 배부적인 조정이 어느 정도 가능할 수 있었겠지만, 사족의 힘이 퇴락하면서 모든 갈등은 고스란히 수령에게 전가되는 모습을 잘 보여준다(이규대, 앞의 글 참조).

으로 '폭발'할 수밖에 없었다. 여기에 더하여 역시 18세기 중반 이후 본격적으로 시행되기 시작한 총액제와 공동납은 향촌사회의 질서나 향중공론에 큰 변화를 가져왔다.[22] 국가의 부세제도는 원래 대소민인들을 포괄하는 모든 향촌민들의 관심사였고, 그들의 삶에 가장 큰 의미를 가지는 제도였다. 특히 총액제와 공동납에는 부세 관련 당사자들의 이해관계를 둘러싼 치열한 논의가 따를 수밖에 없었다. 이러한 이해관계와 그것을 조정하기 위한 논의는 향촌 내부에서 새로운 논의구조나 새로운 향중공론을 만들어 갔다.

이점에서 조선의 공론정치에 대한 기왕의 연구들은 중요한 점을 놓치고 있다. 공론정치를 주도한 사림들 가운데 적지 않은 사람들은 자신들이 펼치는 '공론'이나 '공론정치'가 민본과 인정이라는 지배이념에 입각하여 국정이나 질서를 올바른 방향으로 이끌어 가고, "나라의 근본[邦本]"인 백성들의 어려움을 헤아리거나 해소해주는 데 도움을 줄 것이라는 인식을 전제로 하고 있었을 것이다. 그러나 지금까지의 연구들은 대체로 '공론'을 주도하는 지배엘리트들에 국한하여 접근되어 왔다고 생각한다. 따라서 지배엘리트층의 이른바 '공론'이나 '공론정치'가 평천민 내지 소민들의 '민의'를 어떻게 생각하고 어떤 식으로 대응했는지, 또 거기에 어떤 영향을 미쳤는지 혹은 소민들의 '공론'을 수렴·반영하였거나 그로부터 영향을 받았는지 등에 대한 관심은 취약하였다. 무엇보다 지금까지의 '공론' 연구에서는 향

---

22) 총액제에 대해서는 김용섭, 「조선후기의 부세제도 이정책」, 『한국근대농업사연구』(증보판), 일조각, 1988; 고동환, 「19세기 부세운영의 변화와 그 성격」, 『1894년 농민전쟁연구』 1, 역사비평사, 1991; 이철성, 「18세기 田稅 比摠制의 實施와 그 성격」, 『한국사연구』 81, 1993; 손병규, 「조선후기 比摠制的 재정 체계의 형성과 그 정치성」, 『역사와 현실』 81, 한국역사연구회, 2011; 송양섭, 「18세기 比摠制의 적용과 齊民政策의 추진」, 『한국사학보』 53, 2013 참조.

촌의 면이나 동리 차원에서 형성되는 소민들의 '공론'이 기왕의 향중공론, 나아가 새로운 정치질서와 관련하여 어떠한 의미를 가지고 어떤 영향을 미쳤는지에 대한 관심이 없었다.

한편 19세기 민중운동이 향회나 동계 같은 촌락조직과 밀접한 관련이 있음을 밝힌 연구들은 적지 않았지만,[23] 민중운동을 공론이라는 면에서 본격적으로 접근한 것은 아니었다. 다만 2000년대에 들어 제출된 몇 가지 연구가 주목된다. 김선경은 19세기 후반의 민란을 "농민저항의 정치"라는 맥락에서 이해하여 민란은 민이 사회적 발언의 주체로 등장하는 과정이었고, 이는 사회에 충격을 주어 사회 제계층의 정치적 움직임을 촉발하며 정치적 장을 만들어 내었다고 주장하였다.[24]

---

23) 안병욱, 「19세기 임술민란에 있어서의 '향회'와 '요호'」, 『한국사론』(서울대 국사학과) 14, 1986a; 「조선후기 자치와 저항조직으로서의 향회」, 『성심여대론문집』 18, 1986b; 김인걸, 「조선후기 촌락조직의 변모와 1862년 농민항쟁의 조직기반」, 『진단학보』 67, 1989; 안병욱, 「19세기 민중의식의 성장」, 한국역사연구회 편, 『1894년 농민전쟁연구 3』, 역사비평사, 1993; 김용민, 「1860년대 농민봉기의 조직기반과 민회」, 『사총』 43, 1994; 김인걸, 「민중의 사회적 결속」, 『조선 후기 민중사회의 성장: 신편 한국사 36』, 국사편찬위원회, 2002.

24) 김선경, 「19세기 농민저항의 정치」, 『역사연구』 16, 2006 또한 동학농민전쟁에 대해서도 농민군들이 사족 중심의 기존의 공적영역을 무력화하고 자신들의 힘을 바탕으로 자신들을 주체로 하는 공적 영역을 확보하거나, 새로운 공적영역을 만들어 나갔음을 지적하였다(김선경, 「갑오농민전쟁과 민중의식의 성장」, 『사회와 역사』 64, 2003). 다만 "정치의 장을 만들어 내었다"는 표현보다는 "정치의 장을 확대하였다"거나, "격화시켰다"는 표현이 더 적절할 듯하다. "만들어내었다"는 표현은 이전에는 민들의 사회적 발언이나 사회 여러 계층에 대한 정치적 영향이 없었다거나, 민중의 행위가 정치적 의미를 가지지 못했음을 전제로 하고 있기 때문이다. 그 이전에도 민중의 목소리나 움직임은 치자층의 의사와 무관하게, 심지어 민중 자신의 의지와도 무관하게 끊임없이 '정치 과정'에 영향을 미치고 있었다는 점에 대해서는 앞에서 살핀 바와 같다.

조경달은 민란이 스스로 사(士)의식으로 무장해 나간 민중들이 인정-수탈 사이의 붕괴된 균형의 복원과 이전 정치문화로의 회귀를 요구한 것이라고 하였다.[25] 김선경과 조경달의 연구는 직접적으로 공론을 다룬 것은 아니었고, 또 그것이 새로운 질서 형성이라는 면과 관련하여 가지는 의미와 가능성에 대해 더 밀고 나가지는 않았다. 그러나 법 담론을 중심으로 민중이 민과 관의 관계를 질문하여 새로운 관민관계의 구축을 추구하였다거나, 민중이 공적 영역으로 진출하고 새로운 공적 영역을 창출하였다는 지적은 19세기의 공론을 이해하는 데 한 걸음 더 나아간 연구라고 생각한다.

배항섭과 송찬섭은 공동납이나 총액제의 시행 이후, 특히 19세기에 빈발한 민란 전후 시기 동리나 면, 군현 차원에서 사족 중심의 기존 향회와 다른 '민회'류의 새로운 논의구조가 만들어지고, 그것을 통해 아래로부터 형성되어 간 새로운 공론에 주목하였다. 향촌 차원에서 형성되는 새로운 공론이 가지는 의미와 가능성을 새로운 시각에서 이해하고자 한 글이다.[26] 또 김인걸은 공론정치에 대한 기왕의 연구들이 중앙의 공론정치만 다루어 온 것과 달리 18, 19세기 '향회'와 '민회'를 중심으로 향촌사회에서 이루어진 '공론'도 포괄하여 공론정치가 전개되어 나가는 모습을 새롭게 조명하고 있다.[27] '공론'과 '공론정치'의 시야를 넓히고 새로운 시각을 제시한 연구이다. 여기서는 이러한 연구 성과들을 전제로 19세기에 들어 민중운동이

25) 趙景達, 「政治文化の變容と民衆運動-朝鮮民衆運動史の立場から」, 『歷史學硏究』 859(增刊號), 2009.

26) 배항섭, 「19세기 후반 민중운동과 公論」, 『한국사연구』 161, 2013; 배항섭, 「19세기 향촌사회질서의 변화와 새로운 공론의 대두-아래로부터 형성되는 새로운 정치질서-」, 『조선시대사학보』 71, 2014; 송찬섭, 「1862년 농민항쟁 과정의 공론의 형성 : 향회와 민회를 중심으로」, 『역사연구』 47, 2023 참조.

27) 김인걸, 『조선후기 공론정치의 새로운 전개 : 18, 19세기 향회, 민회를 중심으로』, 서울대학교출판문화원, 2017 참조.

빈발하고, 그것이 동학농민전쟁으로 진전되어 가는 과정에서 아래로부터 형성된 새로운 모습의 공론이 사림공론이나 기왕의 향중공론과 어떤 면에서 달라지는지를 살펴보고자 한다. 이를 위해 여기서는 총액제와 공동납의 시행에 따른 '향중공론'의 참가층이나 주도층, 절차 등에서 보이는 변화과정을 주목하고자 한다. 이 장에서는 무엇보다 그것이 기존의 '향중공론'은 물론 사림공론과도 대립·경합해 나가며 조선의 정치문화나 '공론정치'에 어떠한 변화를 만들어 갔는지, 나아가 거기에는 '새로운 질서'와 관련하여 어떤 가능성이 내포되어 있었는지를 검토해보고자 한다.

2. 18·19세기 부세제도의 변화와 새로운 공론의 형성

(1) 총액제·공동납의 시행과 향촌의 대응

18·19세기 향촌질서의 변화와 향중공론의 성격 변화에 직접적인 영향을 미친 핵심적 요인으로 빼놓을 수 없는 또 하나의 사실은 부세제도의 변화이다. 그 가운데 가장 중요한 것은 18세기 중엽 이후부터 부세수취가 점차 총액제와 공동납의 방식으로 운영되기 시작하였다는 점이다.[28] 18세기 이전 시기의 부세와 역역(力役) 수취는 팔결작부(八結作夫) 또는 팔결작통(八結作統)을 통해 이루어졌다. 8결을 단위로 하나의 호(주비)를 구성하고, 이를 공물·요역·잡물 등의 부세 운영 단위로 활용하였다. 호를 구성하는 경작자 중에서 요실(饒實), 근간자(勤幹者)를 택하여 호수(戶首)로 정하고 그 8

28) 김용섭, 「조선후기의 부세제도 이정책-18세기 중엽~19세기 중엽-」, 『한국근대농업사연구(상)』(증보판), 1988.

결에 대한 납세의 역을 호수에게 맡기는 방식이었다.[29] 요역의 경우 성종 2년(1471)에 내려진 역민식(役民式)에 규정되어 있다.

> 역민식을 호조에 내렸다. "일체 수조전(收租田)은 매 8결에서 1부(夫)를 내게 하되, 관찰사가 공역(功役)의 다소를 헤아려 순환 조발(調發)하게 하며, 만약 일이 커서 부득이 조발하기를 더하는 경우에는 6결에서 1부를 내게 하고, 모름지기 계문하고서 시행하라.[30]

공물의 경우 성종 5년에 통납(統納)을 시행함에 따라 8결의 토지를 단위로 작부 혹은 작통하여 인정(人丁)을 차출할 수 있는 계기가 마련되었다. 물론 8결의 납세 단위(편제호)는 토지 전결 규모가 기준이었지만, 역역(力役)의 종류나 사정에 따라 그 내부의 인정의 수가 기준이 되기도 했다.[31] 주목되는 것은 토지 소유규모가 각 편제호별 부담의 기준이었다는 사실이다. 자연호 단위로 자납하는 것에 비해 편제호 단위로 공동성이 강화되었을 것이지만, 중요한 것은 8결로 편제된(주비) 납세 단위(편제호) 내부에는 여러 자연호가 있었으며, 각 편제호에 부과된 공납이나 요역이 편제호 내의 각호가 소유한 토지 결수나 인정에 따라 다시 분정될 수밖에 없었다는 것이다. 더구나 공물에서 보이는 바와 같이 호에 부과되는 역역이 달랐다는 점을 고려할 때[32] 부세문제를 둘러싼 공동성이 매우 취약할 수밖에 없

29) 이영훈, 「조선후기 팔결작부제에 대한 연구」, 『한국사연구』 29, 1980, 81~82쪽; 강제훈, 「조선초기 요역제에 대한 개점토-요역의 종목구분과 역민규정을 중심으로」, 『역사학보』 145, 1995; 이정철, 「조선시대 공물분정 방식의 변화와 대동의 어의」, 『한국사학보』 34, 2009; 소순규, 「조선전기 요역의 종목 구분과 차정 방식에 대한 검토」, 『사총』 96, 2019.

30) 『성종실록』, 성종 2년 3월 19일.

31) 김동진, 「16세기 성주 지방의 부세 수취에서 주비와 주빗기」, 『지방사와 지방문화』 15(1), 2012, 172~173쪽, 177쪽.

었으며, 공동논의 과정 역시 매우 약하거나 불필요하였을 것으로 추정된다. 조선 전기부터 18세기 중반까지 요역을 비롯한 국역이나 부세의 부과 및 수취 단위에 대해서는 그것을 분명히 알려주는 자료가 없기 때문에 여전히 논란 중이지만, 면이나 동·리는 중요한 단위가 아니었던 것으로 이해되고 있다

면리가 부세수취의 중요 단위가 되어가고 또 그 과정에서 '향중공론'에 대한 소민층의 발언권이 강화되어가는 모습을 잘 보여주는 것이 숙종 연간에 시행된 이정법이다. 1675년(숙종 1)에 반포된 〈오가통사목(五家統事目)〉에 따라[33] 군정(軍丁)의 궐액(闕額)은 그 동리 자체 내에서 존위(尊位) 이하의 이임(里任)들이 모여서 공론에 따라 "마을에서 근착(根着)한 사람 중 국역을 담당하지 않는 자" 가운데서 선정하여 관에 보고하도록 하는 등의 정책을 통해 이(里)의 독자적인 기능이 강화되기 시작했다. 또 숙종은 면리기구 운영층인 면임·이임을 향촌사회의 지배층인 양반층에게 부여해서 향촌질서를 안정시키려 했지만, 양반층은 이를 기피하였고 그 대신 새로운 계층이 면리운영에 참여하게 되었다. 이는 향촌 내 소민들의 지위가 강화되는 계기가 되기도 했다. 자연촌락을 단위로 형성되는 "이중공론(里中公論 혹은 里中公議)"도 양반이 거주하고 있거나 영향력이 있는 경우에는 당연히 양반들에 의해 주도되어 가는 것이 상례였지만, 거기에도 소민층의 입장이 상당히 반영되어 갔을 것으로 보인다. 이정법 이후부터 소민층만으로 구성되어서 독자적인 공론을 형성해가는 민촌이 상당히 존재하고 있었고, 또한 양반이 있는 동리에도 소민층이 사창의 운영자로서 참가하고 있을 뿐

32) 이성임, 「16세기 지방 군현의 공물분정과 수취 -경상도 성주를 대상으로-」, 『역사와 현실』 72, 2009, 53~54쪽.

33) 『비변사등록』, 숙종 원년 9월 26일.

만 아니라 흉년 등의 문제가 발생했을 때는 "한 마을의 상하 주민이 공의(公議)에 따라 완급을 구별하라."라고 한 데서도 알 수 있듯이 소민층도 공론 형성에 참여하는 기회의 폭이 넓어지고 있었다.[34)]

18세기 후반부터 시행된 총액제는 국가가 토지와 민인을 일일이 파악하지 않고, 호구의 증감이나 풍흉에 관계없이 미리 정해진 수취총액을 도-군현-면리 단위로 공동부담하게 하는 제도였다. 총액제가 실시되면서 향촌사회의 부세납부방식도 공동납으로 바뀌어 갔다. 총액제와 공동납은 도→군현→면→동리 단위로 세금을 부과하고 연대책임을 지우는 부세제도였다. 도→군현→면→동리를 단위로 하는 공동납이 시작되면서 면·리는 국가권력과 농민을 매개하는 하나의 '(담세)공동체'로서 그 이전과 대비되는 중요성을 가지게 되었다. 총액제는 납세 단위별로 할당받은 부세의 총액을 결 혹은 호구를 기준으로 분정하고 그 총액을 모아 납부하는 방식으로 운영되었다.

부세수취 제도가 총액제와 공동납으로 변하면서 동·리가 최말단의 행정단위, 납세단위로 굳어지면서 면리를 비롯한 향촌사회의 조직과 질서에 커다란 변화가 초래되었다.[35)] 18세기 중반 이후 부세수취제도의 변화는 향촌

34) 이상 숙종 대의 이정법에 대해서는 김준형, 「18세기 이정법의 전개」, 『진단학보』 58, 1984 참조.

35) 향촌질서의 변화에 대해서는 다음의 논저가 참조된다. 김인걸, 「조선후기 향권의 추이와 지배층동향」, 『한국문화』 2, 1981; 「19세기 전반 관주도향촌통제책의 위기」, 『국사관논총』 6, 1989; 고석규, 「19세기 전반 향촌사회 세력간 대립의 추이-경상도 영양현을 중심으로」, 『국사관논총』 8, 1989: 고석규, 「19세기 전반 향촌사회지배구조의 성격-〈수령-이·향 수탈구조〉를 중심으로-」, 『외대사학』 2, 1989; 안병욱, 「19세기 부세의 도결화와 봉건적 수취체제의 해체」, 『국사관논총』 7, 1989; 김선경, 「'1862년 농민항쟁'의 도결혁파요구에 관한 연구」, 『이재룡박사환력기념 한국사학논총』, 1990(이 글은 「1862년 농민항쟁의 반봉건적 지향-도결혁파요구를 중심으로-」, 『망원한국사연구실회보』 2호, 1987을 토대로 작성한 것이다); 고석규, 「19세기 농

사회로부터 새로운 대응 방안을 요구했으며, 그것은 다른 한편 기왕의 향촌질서에도 변화를 만들어갔고 그 과정에서 새로운 질서의 가능성도 싹터 갔다.[36] 특히 변화와 새로운 질서의 가능성은 할당된 부세의 총액을 공동으로 담당해야할 납세 단위 차원, 특히 가장 말단 단위였던 면리 차원에서 부세의 부과 및 분정의 기준 내지 원칙을 둘러싼 논의 과정에서 단서가 마련되기 시작했다.

한주(寒洲) 이진상(李震相)이 "국가의 안위는 생민의 휴척(休戚)에 달려있고, 생민의 휴척은 부세의 경중에 달려있다"라고 하였듯이 부세는 생민의 휴척은 물론 국가 안위와 직결된 중대한 문제였다.[37] 총액제와 공동납제도 아래서 부세의 부과와 수취의 원활한 운영을 위해 향촌사회 차원에서 요구되는 가장 중요한 문제는 군현이나 면리단위로 부과된 세금을 주민들에 분정(分定)하는 기준이나 원칙이었다. 면리 단위의 분정과 납세가 원활하게 이루어지기 위해서는 무엇보다 내부 구성원들의 납득이 필요했고, 이를 위해서 가장 먼저 해결되어야 하는 문제는 기준과 원칙에 대한 구성원들 간의 '합의'에 의한 '공정성'이 담보되어야 했다.

그러나 총액제와 공동납은 어쩔 수 없는 현실 속에서 국가재정의 안전적 확보를 위해 편의적으로 시행하기 시작한 것이었기 때문에 향촌사회 구성원들 간의 '합의'나 '공정'한 절차를 위한 제도적 장치가 갖추어지지 않은 채 향촌사회의 공동책임으로 떠넘겨졌다. 따라서 향촌 내부에도 적절한

민항쟁의 전개와 변혁주체의 성장」, 『1894년 농민전쟁연구』 1, 1991.

36) 이하 19세기에 형성되어 간 새로운 질서의 가능성에 대해서는 배항섭, 앞의 글, 2013; 앞의 글, 2014 참조.

37) 『寒州先生文集』 권4, 擬陳時弊仍進畝忠錄疏; 우인수, 「『畝忠錄』을 통해 본 寒州 李震相의 國政改革論」, 『퇴계학과 유교문화』 38, 2006, 110쪽; 이윤갑, 「경상도 성주의 1862년 농민항쟁과 사회변동」, 『대구사학』 115, 2014, 140쪽.

대응 방안이 준비되어 있기를 기대할 수는 없었고, 향촌 내부, 특히 면·리 단위에서는 부세부담의 불균등을 둘러싸고 다양한 갈등이 제기되었다.[38]

핵심 문제는 사족 내지 대민들이 향중공론을 주도하면서 그들에게 유리한 방식으로 분정 기준이나 원칙을 정하는데서 발생하였다. 물론 이러한 문제는 총액제와 공동납 때문만은 아니었다. 그러나 총액제와 공동납은 향촌 내부에 존재하던 기왕의 갈등을 증폭하는 중요한 계기가 되었다. 총액제와 공동납의 시행은 한편으로는 평민들과 마찬가지로 수탈의 대상으로 전락해가던 사족들과 소민들이 부세문제에 대해 공동으로 대처하게 하는 계기가 되기도 했지만, 다른 한편으로는 19세기에 들어 확대된 도결(都結)과 함께 향촌사회 내부에서 부세를 둘러싼 다양한 갈등을 유발하였다.

도결은 19세기 초반에 들어와 처음으로 나타나는 부세수취의 새로운 관행으로 도봉(都捧), 방결(防結), 관양호(官養戶)라고도 하였다. 도결은 기본적인 토지세인 전세·대동세 외에 도망 등으로 부족해진 군역세나 포탈된 환곡, 그리고 각종 부가세를 토지를 대상으로 부가하는 제도,[39] 혹은 도호(都戶) 내지는 관도호(官都戶)의 다른 표현으로 기존의 응세조직인 작부제(作夫制)를 통하지 않고 수령이 직접 조세부담자로부터 세를 거두어들이는 전결세(田結稅) 수취의 새로운 방식으로 조세의 화폐납이 그 전제조건이 되는 제도 등으로 이해되고 있다.[40] 이러한 도결은 향리들의 포흠과 잡비를 충당하기 위한 '편리한' 수단으로 활용되면서[41] "농민들에게 골수에 사무

38) 김인걸, 「조선후기 향촌통제책의 위기」, 『진단학보』 58, 1984; 김선경, 앞의 글, 1990, 638~641쪽; 송양섭, 「19세기 양역수취법의 변화-동포제의 성립과 관련하여-」, 『한국사연구』 89, 1995 참조.

39) 안병욱, 앞의 글, 『국사관논총』 7, 1989.

40) 김선경, 앞의 글, 1990.

41) 『승정원일기』, 고종 29년 6월 29일, 경상도 암행어사 김사철 별단, "민고(民庫)의 필요치 않은 잡비와 아전들이 축낸 부당한 돈을 걸핏하면 향회라는 것을 핑계 대고

치는 폐해"가 되었기 때문에[42] 통환(統還)과 함께 일찍부터 민란의 중요한 원인으로 지적되어 왔다.[43] 향촌 사회 내부에서는 이러한 문제를 해소 내지 완화하기 위한 다양한 대응 방안이 모색되었고, 그 과정에서 향촌질서에서 중요한 변화가 일어났다.

예컨대 앞장에서 살펴본 삼척 도하면의 사례처럼 부세 분정에 불만을 품은 소리(小里)들이 대리들과 분동(分洞)을 요구하기도 하였다. 이러한 과정을 거치며 동역 분담이 동별로 균등하게 조정되거나, 부과방식이 호역(戶役)에서 결역(結役)으로, 곧 빈부 구별 없이 가호마다 일률적으로 부과하는 것이 아니라 실질적 담세능력을 보여주는 경작 규모를 기준으로 변화기도 했다.[44] 그러나 이러한 변화에도 불구하고 향중공론 형성에서 대민들의 영향력이 사라진 것은 물론 아니었다. 지역에 따라서는 사족 중심의 향회가 수령의 결정에 대해 저항하는 경우도 있었다. 그러나 그와 반대로 관의 의도를 관철시키거나 부호나 양반 지주 등 대민들의 이해만 대변하는 기구로 바뀌면서, 오히려 소민들과 대립하는 기구로 변질되어 가는 경우가 적지 않았다. 이 경우 '향중공론'은 여전히 관이 주도한 향회를 통해 이루어지는 것은 당연한 일이었다. 향회는 단지 수령과 이서배들의 이해 관철을

서 결가(結價)에다 넘기고, 예목(禮木)과 필채(筆債) 등의 돈을 혼잡하게 기록한 장부를 만들어 과외(科外)로 거두는 것이 도리어 정공(正供)보다 무겁다."

42) 『비변사등록』, 철종 3년 8월 29일.

43) 김석형, 「1862년 진주농민폭동과 각지 농민들의 봉기」, 박시형·홍희유·김석형, 『봉건지배계급에 반대한 농민들의 투쟁-이조편-(여기서는 같은 책, 서울, 열사람, 1989 재간행본을 활용하였다), 1963, 145쪽; 정창렬, 「조선후기 농민 봉기의 정치의식」, 『한국인의 생활의식과 민중예술』, 성균관대학교 대동문화연구원, 1984, 50쪽.

44) 삼척 도하면의 사례에 대해서는 이규대, 「19세기 동계와 동역」, 김호일 편저, 『한국근현대이행기 사회연구』, 신서원, 2000 참조. 부세운영의 불균등과 차별에 반대하여 분동을 요구한 또 다른 사례로는 정진영, 「18,19세기 사족의 촌락지배와 그 해체과정」, 『조선후기 향약연구』, 민음사, 1990 참조.

위한 수단으로 전락하거나 그들의 회유·협박 하에, 혹은 관과 유착한 몇몇 사족이나 두민 등에 의해 조작되기 일쑤였다.[45)]

이 경우 소민들은 부세문제를 비롯하여 공론의 대상이 되는 사안과 관련한 당사자였지만, 공론 형성과정에서는 배제되어 발언권을 가지지 못했다. 뿐만 아니라 '향중공론'은 '공론'이라는 이름하에 사적 이해를 추구하는 수령, 그리고 수령의 입장에 동조하면서 다른 한편 자신들의 이해를 지키고자 하는 대민들의 행위를 정당화해주는 명분으로 활용되고 있었다. 예컨대 정선, 함안, 고성 등의 수령으로 재직하며 비교적 선정을 베푼 것으로 알려진 오횡묵도 함안군수로 재직할 때 중앙정부의 독촉을 받고, 그 동안 누적되어 온 포흠곡을 채워 넣기 위해 향회를 이용하였다. 오횡묵은 밤중에 향원 50여명을 향청에 모은 뒤 술과 안주를 마련하여 대접하면서 직접 찾아가서 방안을 찾도록 요청하여, 포흠곡을 토지에 배정하여 채워 넣는 방법에 동의를 얻었다.[46)] 또 1892년 경상도 암행어사 김사철(金思轍)의 별단(別單)에는 당면한 민폐 가운데 하나로 다음과 같은 점들을 지적하고 있다.

> 토지세를 납부하는 데에는 원래 세법(稅法)이 있습니다. 민고(民庫)의 필요치 않은 잡비와 아전들이 축낸 부당한 돈을 걸핏하면 향회(鄕會)라는 것을 핑계 대고서 결가(結價)에다 넘기고, 예목(禮木)과 필채(筆債) 등의 돈을 혼잡하게 기록한 장부를 만들어 과외(科外)로 거두는 것이 도리어 정공(正供)보다 무겁다.[47)]

45) 이에 대해서는 망원한국사연구실, 앞의 책, 73~74쪽; 김인걸, 앞의 글, 1989, 62쪽; 김용민, 앞의 글, 1994, 50~61쪽; 장동표, 「19세기 말 함안향회의 기능과 성격」, 『지역과 역사』 2, 1996, 49쪽 참조.

46) 『경상도함안군총쇄록』, 1889년 12월 1일.

47) 『승정원일기』, 고종 29년 6월 29일.

부당한 잡세와 이포(吏逋)를 민간에 배정하여 추가로 늑징하는 수단으로 향회가 활용되고 있음을 지적한 것이다.

또 수령 측은 특히 조관 출신 같이 명망이 있는 인물을 참여시켜 결정과 정이 합리적이었던 것처럼 꾸미고자 하였다.[48] 이처럼 조작된 향회를 통해 작위적으로 마련된 '향중공론'은 사안과 관계되는 당사자들의 참여나 그들의 의사가 사실상 배제되거나 억압된 채, 강요된 절차에 따라 관권의 강제에 의해 조작된 "향중공론"이었으며, 거기서 배제된 대부분의 향촌 구성원들에게 그것은 오히려 "피맺힌 원통함[血冤]"에 다름 아니었다. 이는 1862년 진주민란의 원인에 대한 경상우병영(慶尙右兵營)의 다음과 같은 기록에서도 확인된다.

> 그 동안 쌓여온 이포(吏逋)와 관포(官逋)를 가렴(加斂)한 것이 지난 10여 년간 이미 12만 5천여 냥이나 되었지만, 지난 겨울에 10만여 냥을 도결이라 칭하면서 향회에 모인 수십 명에 불과한 민인들로부터 강제로 동의를 받아 거두었고, 올해 1월에도 영포(營逋) 6만여 냥을 통호(統戶)이 가렴하기 위해 향회를 강요하여 마침내 수십 인이 이청(吏廳)에 도여 있었는데[相持留連], 거기에 공급된 것(음식 등-필자)이 8백 냥에 달하였다. 이청에서는 그것을 계산해주지 않고 포흠으로 처리하려 하여 마침내 수십 인에게서 강제로 동의를 받았다. 이는 곧 온 고을의 혈원(血冤)이다. 어찌 온 고을이 동의한 것이겠는가?[49]

위의 인용문은 지방관들이 향회를 활용하거나 강요하여 포흠분을 받아내는 전형적인 모습을 보여준다. 이처럼 향회가 수령이나 이향 측의 이해

48) 송찬섭, 「1862년 농민항쟁 과정의 공론의 형성 : 향회와 민회를 중심으로」, 『역사연구』 47, 2023, 183쪽.

49) 慶尙右兵營, 『矗營錄草』

를 관철하거나,[50] 대민들의 이해를 정당화해주는 명분으로서만 활용되던 모습은 19세기 후반까지 여전히 많은 지역에서 이어졌고, 민란의 중요한 원인이 되었던 것이다.

이에 따라 19세기 최말기에 일어난 민란에서 관이나 대민들이 주도하는 향회를 폐지하자는 주장은 중요한 요구 조건 가운데 하나로 제기되기도 했다. 1880년대에 들어 전라도 나주에서는 "나주 민란 10년[羅擾十年]"[51] 혹은 "나주 민란 3년[羅擾三年]"이라고 표현될 정도로 민란이 잦았고,[52] 1889년부터는 3년 동안 계속하여 민란이 일어나서[53] 해마다 빠짐없이 민란이 일어나는 것을 당연하게 여길 정도로 민란이 이어졌다.[54] 1891년 민란 당시 나주민들은 38개 면의 풍헌을 영원히 없애고, 1년 4회 열리는 향회를 혁파할 것을 요구하였다.[55] 또 1894년 8월에 일어난 경상도 고성민란에서도 관과 민이 함께 〈사실소〉라는 일종의 감사기구를 만들고 지난 6년간의 부당한 부세수취에 대해 조사하였고, 29개조 민막 관련 개혁안을 제출하였는데 그 가운데 하나가 "향회라는 명색을 영원히 혁파할 것"이었다.[56]

이는 물론 수령이나 대민층이 자신들의 이해를 관철하기 위해 향회를

50) 향회는 부세문제 뿐만 아니라 수령이 자신의 사감을 푸는 데도 활용되었다.『일성록』, 정조 12년 9월 8일 병인, "康胤構罪時 持淳欲使一鄕士民證之 捉致鄕中知名之士三四人 牢囚數日忽然放釋 傳令一鄕使之齊會各其里書堂 輪回杖康胤限死爲度云云 鄕中士民 不肯聽令 則迫令鄕會 勒定罰目 遂以此報營 移囚于豊基郡."

51)「湖南繡啓草冊」,『各司謄錄』54, 130쪽.

52)「湖南別單草」,『各司謄錄』54, 137쪽.

53)「湖南肅啓草」,『各司謄錄』54, 99쪽, 113쪽.

54)「湖南繡啓草冊」,『各司謄錄』54, 129쪽;「湖南別單草」,『各司謄錄』54, 136쪽.

55)「湖南書別啓草」,『各司謄錄』54, 99쪽;「湖南繡啓草冊」,『各司謄錄』54, 113쪽. 나주민란의 개략적인 개요에 대해서는 배항섭,「1896년 나주 향리층의 의병 주도와 그 배경」,『대동문화연구』51, 2005 참조.

56)「固城府叢瑣錄」, 1894년 8월 4일,『총서』4, 2002쪽.

활용하여 '향중공론'을 조작·왜곡하는 모습을 보여주는 것이다. 그러나 다른 한편 특히 부세문제 같이 고을 사람 대부분의 이해와 관계가 있는 사안들에 대해서는 관권에 의한 일방적 결정이 아니라, 거수기 역할에 그치는 향회일지라도 '공론'에 의한 논의와 결정에 따라야 했음을 보여준다는 점에서 주목된다. 면리 단위의 논의, 특히 반촌이 아니라 민촌의 이회나 동회가 활성화되고 더욱 힘을 받게 될 경우, 부세 부담을 둘러싼 기준이나 원칙을 정하는 '공론', '공의' 과정에서 소민들을 포함하여 부세를 부담해야 할 당사자들이 이해가 더욱 충실히 반영되고 관철될 가능성이 내포되어 있기 때문이다. 실제로 부세의 공동납 방식은 그런 가능성을 어느 정도 현실화해나가고 있었다.

(2) 향촌사회의 대응과 '민중공론'의 대두

공동납이나 총액제는 무엇보다 국가권력이 안정적 세수 확보를 위해 고안한 부세 운영방안이었다. 따라서 각 지역의 민고(民庫) 운영에서 확인되듯이 '종잣돈' 혹은 초기 자금을 관에서 지급하는 등 관의 개입이 매우 강하게 작용하였다.[57] 최근 김건태가 다시 한번 확인해주고 있듯이 각 군현은 계를 활용해 민고를 운영했는데, 군현에서 먼저 화포계, 망결계 등 민고

57) 민고에 대해서는 김용섭, 「조선후기의 민고와 민고전」, 『동방학지』 23·24합집, 1980; 장동표, 「조선 후기 민고 운영의 성격과 운영권」, 『벽사이우성교수정년기념논총: 민족사의 전개와 그 문화(상)』, 창작과비평사, 1990; 김덕진, 「조선 후기 지방관청의 민고 설립과 운영」, 『역사학보』 133, 1992; 송양섭, 「18~19세기 공주목의 재정구조와 민역청의 운영」, 『동방학지』 154, 2011. 송양섭은 민고가 대동유치미로 감당하지 못한 각종 관수품(官需品)과 노동력을 조달하기 위해 만들어졌으며, 중앙의 선혜청에 비견되는 군현 차원의 방납기구(防納機構)라는 성격을 가진다고 하였다.

이름을[58] 딴 계를 설립한 다음 호수(戶數)를 참작, 계전[민고전]을 각 면에 분배하여 면 단위 계를 창설하도록 했고, 개별 면은 다시 그 계전을 예하의 각동에 분배하여 동에서도 계를 창설하도록 했다는 것이다. 각 동의 민고계에서는 매년 분배금[원금]의 30~60%에 해당하는 이자를 부세명목으로 면에 상납하고, 면은 그 돈을 모아 군현에 상납했다고 한다.[59] 이처럼 민고는 관권의 추동에 의해 성립되었고, 고리(高利)의 식리활동에 의거해 운영되었음을 알 수 있다.[60]

---

58) 정약용은 정조 때 우의정까지 역임했던 정만석(鄭晩錫)이 연일 현감(延日縣監)으로 있을 때 올린 응지상소(應旨上疏)를 인용하여 민고의 종류와 폐단에 대해 다음과 같이 말하였다. "시탄가(柴炭價)·빙정가(氷丁價)·과실가(果實價)·면주가(綿紬價)·전관각가(傳關脚價)·조보가(朝報價) 등 각항(各項) 가미(價米)·첨가(添價)와 각영문 복정잡물 첨가(各營門卜定雜物添價)·각영문 정채(各營門情債)·경상납 정채(京上納情債)·각주인역가(各主人役價)·각사구청가(各司求請價)·전선개조첨가(戰船改造添價)·화세부족첨가(火稅不足添價) 등이 있으며, (중략) 71개 고을이 각기 다르니 혹은 결(結)에 부과하기도 하고 혹은 호(戶)에 부과하기도 하며, 혹은 곡식으로 거두기도 하고 혹은 돈으로 거두기도 하며, 혹은 많이 거두기도 하고 혹은 적게 거두기도 하며, 혹은 거두기도 하고 안 거두기도 하는 등 본래 일정한 규례가 없습니다. 그러므로 탐욕 많은 수령은 이것을 빙자해서 더욱 거두어들이고 고식적인 수령은 그렁저렁 잘못된 전철을 밟으며, 나약한 수령은 간활한 아전들에게 속임을 당하여 거두어들인 것이 새나가는 폐단이 없지 않습니다. 이런 때문에 부극(掊克)이 더욱 심하고 생령(生靈)들이 점점 곤궁해 집니다"[『목민심서』 호전 6조, 제5조 평부(平賦)].

59) 김건태, 「민고 계 그리고 왕토사상」, 『대동문화연구』 121, 2023.

60) 이점에서 환곡 운영이나 송나라 왕안석(王安石)의 청묘법(靑苗法)과도 유사한 점이 있었다. 그러나 이러한 관권에 의한 식리 활동은 비판의 대상이었다. 영조 때 영의정 이광좌(李光佐)와 우의정 심수현(沈壽賢) 등은 부자들이 가난한 백성들에게 빚을 내어주고 갑리(甲利) 정도가 아니라 원금의 거의 3~4배에 달하는 이자를 받기 때문에 가난한 백성이 재산을 탕진한다고 하면서, 이러한 행태를 수령들이 본받아 관곡(官穀)을 많이 내어 모리(牟利)를 일삼는데 남도(南道)의 수령들이 더욱 심하다고 하였다(『비변사등록』, 영조 3년 11월 17일).

또 최근 송양섭이 발표한 거제 구조라리(舊助羅里)의 사례에서 보이듯이 자연 상태로 흩어져 있는 촌락을 인위적으로 묶어 세목을 공동으로 부담하도록 하는 것도 관권에 의한 것이었다. 그 과정에서 향약이나 촌계·동계 등의 조직·결사는 제한적으로만 확인되며, 일부 확인되는 경우에도 관의 입김이 강하게 스며들어 있었다.[61] 또한 김건태가 지적했듯이 19세기에 들어 공동납에 대응하는 과정에서 높은 수준의 마을 자치의 실현되었지만, 자치는 오직 부세와 관련한 관권의 요구에 대비하기 위한 것일 쁜, 일본의 무라(村)와 달리 구성원이나 마을의 생산과 관련된 논의는 없었다고 하였다.[62] 군현이나 마을 단위에서 보이는 상대적으로 취약한 '공동체적' 자율성은 역시 중앙집권성이라는 정치체제와 뗄 수 없는 현상이라고 생각된다.

그러나 공동납과 총액제에 대응하는 과정에서 향촌 구성원들의 의견을 널리 수렴하려는 새로운 움직임이 일어났고, 이전까지 부세를 비롯하여 다양한 관의 요구에 대한 향촌사회의 대응을 주도하던 사족 세력이 점차 위축되어 갔다. 우선 총액제와 공동납 시행 이후 향촌사회 내부에서는 이전부터 존재하던 갈등에 더하여 이전에 없던 새로운 갈등 양상이 나타났지만, 다양한 갈등을 해소하려는 노력도 동시에 시작되었다. 향촌 사회와 구성원들의 삶을 망가뜨리던 갈등과 분쟁들을 언제까지나 방치할 수는 없었기 때문이다. 어떤 식으로든, 혹은 어떤 계층에 의해서건 그러한 갈등과 분쟁을 해결하려는 노력이 이루어졌다. 이러한 변화와 관련하여 주목되는 것은 새로운 향중공론의 등장이다.

---

61) 송양섭, '19세기 중엽 진잠현의 군역 운영: 이계 결성과 도결의 적용', 성균한국인문학협의회 주최 학술대회 발표문 〈인문학, 다시 '경제'를 사유하다〉(2025. 5. 23~24일) 참조.

62) 김건태, 「19세기 공동납과 마을자치」, 『한국문화』 95, 서울대학교 규장각한국학연구원, 2021.

그것은 무엇보다 부세제도가 총액제와 공동납으로 변하면서 면과 동리가 부세납부와 관련하여 중요한 단위가 되었고, 부세납부와 관련한 면·리 내부의 논의가 활발해진 데서 찾을 수 있다.[63] 부세 납부의 최종 책임은 면리 단위에서 공동으로 감당하여야 했고, 이는 면리 차원의 공동대응을 불가피하게 요구하였다. 이에 대응하여 강화된 면·리 단위의 공론은 군현 단위의 향중공론 형성 과정에서도 점점 더 중요한 의미를 가지게 되었다.[64] 이 과정에서 특히 눈여겨 볼 대목은 '향중공론' 형성에 참여하는 계층이 이전과 달라지기 시작했다는 점이다. 조정에서도 군정수괄 등 부세와 관련한 행정업무를 수행할 때 신분을 구분하지 않고 상하노소가 모두 참가하여 논의한 후 공론에 따르도록 하였다. 부세문제 뿐만 아니라 군현이나 면리 주민들 대부분의 이해와 관련이 있는 사안들에 대해서도 "상하민들의 뜻을 들어[採上下之志]", "대소민들이 한 자리에 모여[大小民齊會]"서,[65] "대소민인을 초치(招致)하여 세액을 가정(加定)하는 것의 편부(便否)를 순문(詢問)"하거나,[66] "한 고을의 대소민인이 함께 모여 논의"하였으며,[67] "대소민인에게 물어"보거나,[68] "대소민인이 모여서 폐단을 바로잡을 방안을 논의하는"[69] 등 상하, 곧 사족과 하층민의 뜻을 모두 채택하거나 함께 상

---

63) 이에 대해서는 김용민, 「19세기 면의 운영층 강화와 면임의 역할」, 『한국사학보』 3·4, 1998 참조. 총액제적 과세방식에 대한 지방 군현들의 대응 방안 가운데 하나로 등장한 군포계 역시 면단위로 운영되었다. 이에 대해서는 김경란, 「임술민란 전후 全羅道의 軍政운영과 殖利문제」, 『한국사학보』 49, 2012 참조.

64) 1862년 민란에서도 면리를 표시하는 깃발이 등장하기도 했다(『龍湖閒錄』 3, 73쪽).

65) 안병욱, 앞의 글, 1886a; 앞의 글, 1986b 참조.

66) 『일성록』, 정조 19년 6월 23일.

67) 『비변사등록』, 헌종 2년 9월 6일.

68) 『비변사등록』, 정조 13년 7월 23일.

69) 『비변사등록』, 정조 22년 9월 30일.

의할 것이 강조되었고, 또 그렇게 하는 사례들이 확산되어갔던 것으로 보인다.[70]

예컨대 도결의 결가(結價)를 정할 때는 "겨울마다 한 고을의 양반과 상민이 일제히 모여[一邑班常齊會] 충분히 상의하여" 정하도록 하였다.[71] 부세와 관련된 마을 공론에는 반상을 막론하고 당사자들이 모두 함께 참여하여 논의하도록 한 것이다. 각 지방의 수령들도 이러한 조정의 지침을 받아 제반 정책을 결정해거나 그것을 집행해 나가는 과정에서 향중공론을 더욱 중시하게 되었다. 특히 향촌사회 구성원 대부분이 관계되는 부세의 부과 기준이나 액수의 결정은 매우 민감한 문제였기 때문에 향촌민이 납득할 수 있는 최소한의 정당성을 확보하기 위해서라도 일정한 절차를 거칠 필요가 있었다. 이에 따라 면과 동리가 부세납부와 관련하여 중요한 단위가 되면서 부세납부를 위한 면·리 단위의 내부 논의가 활발해졌고, 향회 차원에서도 요호부민들이 동포(洞布) 보역전(補役錢)을 비롯하여 무망결(無望結) 등을 요호부민들에게만, 혹은 대부분을 부호들에게 분배하여 거두기도 했다.[72]

이러한 모습은 군현이나 면리 내부에서만 보이는 것이 아니라, 관과 군현 혹은 면리 간의 '협의' 과정에서도 보인다. 머리말에서도 지적하였듯이 조선은 분권적이었던 유럽과 달리 왕조 창건 초기부터 중앙집권적 정치체제를 갖추고 있었다. 정치체제의 이러한 특징은 국가 권력 내지 국왕과 '백성'들 간의 관계에도 큰 영향을 미쳤다. 중세 말기가 되어서야 국가권력과 '협상'의 통로를 열어가던 유럽과 달리[73] 조선에서는 왕조 초기부터 국왕

---

70) 이미 숙종 대에 시행된 〈양역변통절목〉에서도 "聚會商議, 從公論"할 것을 강조하고 있다(『비변사등록』, 숙종 37년 12월 26일).

71) 『승정원일기』, 철종 3년 11월 25일.

72) 기행현 저, 배종옥 외 역, 『홍재일기 (상, 1866~1894)』, 1889년 5월 27일, 전북대 이재연구소, 2022, 545쪽; 1992년 5월 23일, 650~651쪽.

이나 국가권력과 '백성'들 간에는 다양한 소원제도 등을 통해 백성 측의 소원(訴冤) 내지 이의제기와 그에 대한 국가권력 혹은 국왕의 응답이라는 형태의 소통이나 협의가 상시적으로 이루어지고 있었다.

공동납의 시행은 이러한 권력과 백성, 관과 민 사이의 소통과 협상이 더욱 긴밀하게 이루어지는 계기가 되었다. 예컨대 전라도 부안군에서는 1872년 10월 12일 향원들이 향회 일로 현감과 만나 읍구폐전(邑捄弊錢), 사령청전(使令廳錢) 등을 주민들에게 분급하고 이자를 취식하고자 하였으나, 민원(民怨)이 너무 많으므로 철회하고 다른 방식을 찾아야 한다고 보고하였다. 이에 대해 현감은 답주에게서 결두전(結頭錢) 1결당 5냥씩을 거두고, 면세창방언전(面稅倉坊堰錢)도 1결당 1전 3푼씩 거두어 바치라고 하였다. 1872년 11월 10일에는 대동선 1척이 인근 비양도에서 전복되어 건진 쌀을 개색해야 하는 문제에 대해 현감이 향원들을 불러 직접 만나서 논의하기도 했다. 1887년 7월 17일 하동면에서는 면회를 개최하여 집호(執戶)와 관련한 일로 수령에게 등장을 올리기로 결정하였다.[74] 또 재결(災結) 문제로 수령에게 정소하고 감영에 의송을 보내거나, 심지어 인근읍과 연대하여 복합(伏閤) 상소를 올리자는 통문이 돌기도 했다.[75]

73) 시드니 태로우(Sidney Tarrow)나 찰스 틸리(Charles Tilly)를 비롯한 대부분의 사회운동 이론가들에 따르면 유럽에서 중앙집권화가 시작되는 초기에는 대부분의 시위대가 중앙집권 국가와 같은 외부 세력 혹은 새로 대두되는 세력으로부터 참여자의 전통적인 권리와 생존을 보호하기 위해 '반작용적(reactive)'으로 저항했지만, 이후 근대 유럽 초기(1600~1800년경)에 중앙집권적 국민국가와 시장 자본주의가 진행되고 돌이킬 수 없는 것처럼 보이자 국가에 대한 단순한 저항이 아니라 사전 대비적으로(proactively) 국가를 개입시키는 방향으로 전환했다(Hung, Ho-fung, *Protest with Chinese characteristics: demonstrations, riots, and petitions in the Mid-Qing Dynasty*, Columbia University Press, 2011, pp.3~16).

74) 기행현 저, 위의 책, 242~244쪽, 486쪽.

75) 기행현 저, 위의 책, 1887년 8월 25~27일; 9월 7일; 10월 25일; 11월 13일; 11월

최근 19세기 중반 충청도 진잠현이 군역 운영 방식을 조정해나가는 과정을 살핀 송양섭의 글에서도 그 일단을 확인할 수 있다. 흉년과 재해의 여파로 진잠은 부과된 군포부담액을 채워내기 버거울 정도로 호총(戶摠)과 구총(口摠)이 줄어든 상태였다. 이 때 쟁점이 된 것은 '결호취잉(結戶取剩)', 즉 도결(都結)의 적용 여부였다. 이 같은 쟁점을 둘러싸고 중앙정부·감사·수령과 지역민의 입장에는 크고 작은 차이가 있었고, 이에 대한 타협·절충이야말로 문제 해결의 관건이었다. 이 때 작성된 『진잠현군폐이혁절목책(鎭岑縣軍弊釐革節目冊)』(1843)을 비롯한 각종 문서에는 암행어사의 지침을 계기로 지역 차원에서 관민이 서로 협의를 통해 군역 문제에 대한 해결책을 찾아가는 과정이 고스란히 담겨 있다. 면민들 간에도 논의가 있었지만, 특히 현감과 5개 면민들 사이에 꾸준히 물밑 협상이 진행되었다. 그 결과 군정대정(軍丁代定)·군전납부(軍錢納付)와 도결[結戶取剩]을 모두 자연촌을 편제한 이계(里稧)의 부담으로 만들어 공동납의 완결성을 높이고 민고를 통해 보완함으로써 안정적 군역운영을 기할 수 있도록 한다는 합의가 이루어졌다. 이 과정에서 주목되는 점은 지역민의 여론과 동의의 절차가 중요한 요소였다는 것이다. 이계(里稧)의 운영에 결호취잉(結戶取剩)을 결합시켜 군전(軍錢)에 보태는 방안이었다. 이는 현감으로서도 지역민의 요구와 정부의 방침 사이에서 타협점을 찾아가는 것 외에 다른 선택지는 없었음을 보여준다.[76)]

총액제와 공동납 제도가 시행된 후 점차 부세수취와 관련된 사안에 대해서는 "향중공론", 무엇보다 부세를 공동으로 부담하는 말단 단위였던 면이나 리에서부터 공론이나 공의를 수렴하는 절차를 거쳐야 한다는 것이 하

25일, 490~491쪽, 496~499쪽.

76) 송양섭, 앞의 발표문, 2025 참조.

나의 상식 내지 정치문화로 자리 잡아 갔다. 이 과정에서 더욱 중요한 변화는 새로운 '향중공론'에는 점차 대소민인, 내지 반상의 구별 없이 부세수취와 관련한 이해 당사자들이라면 누구나 참여할 수 있게 되었고, 이러한 논의 구조가 하나의 관행으로 자리 잡아 갔다는 점이다. 사족이 주도한 기존의 '향중공론'과 대비할 때 '민중공론'이라고도 할 만한 새로운 공론이었다. 특히 19세기에 들어가면 양역만이 아니라 모든 국역수취를 공의(公議)에 의해 처리하도록 하는 경향이 나타났다.[77] 예컨대 1890년 무렵이기는 하지만, 오횡묵(吳宖默)도 함안수령 당시 특히 결렴(結斂)에 대해서는 향론에 따르거나, 널리 민론(民論)을 받아들여 의견이 일치한 다음에 처리할 것을 강조하고 있었다.[78]

특히 수령-이향층의 수탈에 따라 대민이나 소민, 부자나 가난한 자 모두 곤궁함을 벗어나기 어렵게 되면서 이에 대응하기 위해서라도 대민과 소민은 함께 논의하지 않을 수 없게 되어갔다. 19세기에 들어 증가하는 포흠과 과외의 잡세 부담에 의해 부과되는 부세의 절대량이 증대되면서 인징이나 족징 등의 폐단이 뒤따랐고, 또 유리걸식하는 자들이 많아짐에 따라 남아 있는 사람들에게 부담이 가중되면서 "가난한 자와 부자 모두 곤궁해"지는 폐단은 더욱 심각해졌다.[79] 물론 군현 단위의 향회뿐만 아니라 면회까지도 여전히 사족들이 주도하는 사례가 많았고,[80] 관과 결탁한 일부의 사족이나

---

77) 김선경, 「조선후기의 조세수취와 面里운영」, 연세대학교 석사학위논문, 1984; 송양섭, 앞의 글, 1995. 19세기 중엽까지 향회에서 논의되었던 내용들은 매우 다양하다. 수령에 대한 인사 문제를 제외하고는 거의 모든 읍정을 향회에서 주관하는 것처럼 보일 정도였다는 연구도 있다(안병욱, 앞의 글, 1986b, 113쪽).

78) 『경상도함안군총쇄록』, 1890년 1월 21일.

79) 『정조실록』, 정조 14년 3월 14일; 정조 16년 4월 14일; 『승정원일기』, 정조 18년 3월 11일; 정조 22년 4월 10일; 정조 22년 10월 13일; 徐榮輔, 『竹石館遺集』 六, 「啓」; 『일성록』, 철종 8년 12월 26일; 『철종실록』, 철종 11년 8월 29일.

요호부민은 부세부담에서 빠지거나 부담을 경감할 수 있었다. 그러나 사족들이나 부유층이 온갖 방법을 동원하여 일시적으로 조세부담에서 벗어났다고 하더라도 이는 결국 그 만큼 더 많은 부담을 떠안게 된 빈농층을 비롯한 다른 농민들의 도산과 유리·도망으로 이어졌고, 유리·도산한 농민층의 부세 부담은 다시 사족이나 부유층에게 미치는 악순환을 초래하였다. 순조 때 장령 정원선이 올린 상소문에는 이러한 사정이 잘 드러나 있다.

> 고을마다 두루 탐욕이 성행하여 수탈의 정사가 아닌 것이 없고, 간사하고 교활한 것들이 향곡(鄕曲)에 횡행하여 모두가 침탈할 생각만 하는가 하면, 놀고먹는 자는 날로 늘어나 쇠잔한 백성에게 부역(賦役)이 갑중되고, 도망간 자가 날로 많아져 가난한 백성만 징수당하므로, 팔도의 백성들이 항상 마음졸이며 조석을 보전하지 못할 형세에 놓여 있습니다. 지금 편호(編戶)의 백성들은 체력을 소모해 가며 몸은 땀에 젖고 발에는 진흙을 묻힌 채 해가 다 가도록 죽어라 일을 합니다. 그러나 얻은 것은 항아리 하나의 저축에 불과한데, 억지로 준 환곡을 어떻게 갚겠으며 근거도 없이 징수하는 군포(軍布)를 어떻게 낼 수 있겠습니까? 나물만 가지고 어떻게 연명할 수 있으며 삼실만 가지고 어떻게 추위를 막을 수 있겠습니까? 한 번 관리만 보아도 가슴이 떨리고 담이 흔들리며, 한 번 관령(官令)만 들어도 머리를 앓고 이마를 찌푸립니다. 집을 팔고 세간을 팔아도 부족하면 아이를 안고 가족을 이끌고 사방으로 흩어지므로, 이웃과 일가붙이에게 징수하느라 마을이 시끄럽습니다. 한 집이 도망가면 열 집이 그 해를 입고, 열 집이 도망가면 백 집이 견디어내지 못합니다.[81]

이는 사족이나 부민으로부터 무전의 빈농에 이르기까지 모든 읍민들이

80) 면회에서 향교 중수와 관련하여 유학성책(儒學成冊)을 한 사례는 그러한 사정을 잘 보여준다(기행현 저, 위의 글, 1881년 9월 27일, 302쪽).

81) 『순조실록』, 순조 22년 9월 12일.

한층 강화된 공동의 이해관계를 가지게 되는 계기가 되었고, 조세수탈에 대해 부농과 빈농이 함께 투쟁할 수 있는 조건을 만들었다.[82]

물론 여전히 관에서 주도하거나 관과 대민이 결탁하여 주도하는 향회가 많았을 것이다. 또 소민들의 참여가 허용되는 곳에서도 그들의 의사가 공론에 반영되는 데 많은 제약이 따랐을 것이라는 점은 쉽게 추측이 간다. 따라서 앞서 언급한 "반상이 함께 모여 논의하는" 향회 역시 관이나 대민들이 주도하여 동원하는 향회일 수 있었다.[83] 그러나 점차 당사자의 참여가 배제된 '공론', 곧 세목에 따라서는 담세부담이 편중되던 소민층의 의사가 사실상 배제되거나 억압된 채, 관권의 강제에 의해 조작된 "향중공론"은 공론으로서의 의미를 가지기 어렵게 되었다. 예컨대 1890년 경상도 함안에서는 대민들이 주도한 향회의 논의와 '공론'에 대해 수령 오횡묵조차 공론이 아니라 오히려 제대로 된 '공론'을 배척하는 옳지 않은 논의인 것으로 비난하였다.[84]

소민들은 조세문제를 둘러싼 자신들의 요구를 '향중공론'에 반영 내지 관철시키려는 과정에서 사족이 중심이 된 기왕의 '향중공론'과는 다른 새로운 공론을 만들어 갔다. 우선 부세제도와 운영에 대응하기 위해 기존의 향회와는 다른 논의기구들이 자리 잡기 시작했다. 기존의 향회라 하더라도 사족들만 참여하는 것이 아니라 참여층이 확장된 '대향회'가 개최되기도 했다.[85] 특히 부세부담의 말단 책임단위인 면리의 중요성이 강화되었고,

---

82) 망원한국사연구실, 『1862년 농민항쟁』, 동녘, 1988, 42쪽, 50쪽.

83) 고석규, 「19세기 전반 향촌사회세력간 대립의 추이」, 『국사관논총』 8, 1989, 139쪽.

84) 『경상도함안군총쇄록』, 1889년 4월 23일.

85) 예컨대, 송찬섭은 예천에서는 1860년부터 환곡과 관련하여 향회가 활발하게 열렸고, 3월 26일 환곡의 일로 대향회가 열렸다고 하는데, 이는 기존의 향원을 넘어서는 모임이었던 것으로 보인다고 하였다(송찬섭, 앞의 글, 2023, 180쪽).

부세문제를 논의하고 대응하기 위해 마을 사람 모두가 참여하는 이회(里會)나 동회(洞會)는 점차 상시적인 논의기구로 자리 잡아 갔다. 이회와 동회는 권농, 훈장과 이임, 좌상, 두민들, 혹은 대소민인이 모두 모여 마을 차원의 민의를 수렴하는 기구였으며, 면임까지만 관에서 차첩(差帖)을 주던 19세기 상황에서 동임은 이회에서 결정되었다. 또한 양반이 주도하는 동계가 활발한 곳을 제외하고는 마을 주민들 전체를 대변할 수 있는 사람이 이임이나 동임으로 선출되었다.86)

대소민이 함께 참여하여 논의하는 이회, 동회는 대민이나 관이 주도한 향회에서 결정되기 일쑤였던 기왕의 '향중공론'과 그에 따른 부세부과 방식이나 기준이 가진 공정성·정당성이 회의되고, 새로운 기준이 새로운 원칙에 의해 "합리적"으로 마련되어 가는 과정이었다. 이 점에서 일종의 '공동의 정치적 학습의 장'이기도 했고, 나아가 수령-민, 대민-소민 간의 권력관계에 대한 새로운 의식이 싹트는 계기가 되었다고 생각한다.87)

'민중공론'이라고 할 만한 새로운 공론은 군현 단위, 혹은 면이나 동리 단위에서 만들어졌지만, 대체로 동리 단위에서 시작되어 군현 단위로 확대되어 간 것으로 보인다.88) 그 과정에서 조세문제 등 당면한 현안에 대한

86) 김용민, 「1860년대 농민봉기의 조직기반과 민회」, 『사총』 43, 1994, 64~65쪽.

87) 배항섭, 앞의 글, 2013 참조.

88) 함창농민항쟁을 분석한 송찬섭에 따르면, 민란의 발단은 관남지라는 못의 준설에 주민들을 부역으로 동원하면서 시작되었다. 양반들을 비롯하여 많은 주민들이 시작부터 반반하여 부역을 회피하였으며, 동원된 농민들을 사역하던 사령들이 심하게 닦달하면서 농민들의 불만도 고조되었다. 이때 관남지 준설에 반대하는 등장을 올리자는 논의는 문창리에서 처음으로 이루어졌으나(里會), 문창리 주민 수십 명이 등소를 위해 관아로 가는 도중 준설작업을 마치고 돌아오던 주민들이 주막에서 합류하면서 가담 지역이 확대되었으며(面會), 논의 내용도 준설문제뿐만 아니라, 결세의 추가부담 문제로까지 확대되었고, 여기서 통문을 작성하여 각 면 각 동에 보냄으로써 함창군 전체 주민이 가담하는 민란으로 비화하였다(송찬섭, 「1890년 함창농

다양한 논의가 이루어졌고, 논의를 통해 집약된 요구는 수령에게 전달되었다. 수령은 주민들의 요구를 수용할 것인지 아닌지, 혹은 부분적으로만 수용할 것인지에 대해 즉각적으로 응답하여야 했다. 수령의 응답이 주민들의 기대치에 미치지 못할 경우 이번에는 주민들과 관권 사이에 갈등이 지속·확대될 수밖에 없었다. 그 결과는 주민들이 민란을 일으키거나, 더 상급 기관인 감영에 의송을 보내기도 했지만, 나아가 개별 혹은 집단적으로 상경하여 격쟁이나 상언, 신문고 등을 통해 국왕에게 직소(直訴)하기도 했다.

일찍부터 중앙집권적 체제를 구축하고 있던 조선사회는 동리→면→군현→도→중앙으로 이어지는 동심원적 구조의 정치과정을 준비해두고 있었던 것이다. 이는 동리 차원에서 일어나는 주민들의 작은 움직임도 언제든지 중앙 정부 차원의 '전국적' 문제로 연결될 수 있었음을 시사한다.[89] 또 이는 동리나 면, 혹은 군현 단위에서 행사되는 향촌사회 주민들의 '정치 참여', 혹은 자율적 공론과 논의기구의 형성이 가지는 의미나 영향이 마을이나 군현 단위에 국한된 것이 아니라, 중앙 정부로까지 확대될 수 있는 구조였음을 의미한다.[90] 동리 단위에 국한된 원억이나 불만이라 하더라도 특히 그것이 중앙정부 차원에서 정해진 부세제도나 수세정책과 연동된 문제일 경우 언제든지 중앙정부 차원의 대응을 요구하는 사안으로 연결될 가능성을 내포하고 있었다.

결국 동리→면→군현→도→중앙정부로 이어지는 동심원적 행정시스

민항쟁의 성격」, 정만조 외, 『조선의 정치와 사회』, 집문당, 2002, 861~862쪽).

89) 재정 문제와 관련하여 "(지방의 중간 횡령 등) 사욕에 의한 것이든 재정 운영상의 실패로 인한 것이든 재정 적자가 발생하면 그것은 곧바로 중앙 재정 수입의 불안정을 초래했고 지역 납세자인의 부담으로 되돌아왔다."는 손병규의 지적도 이러한 사정을 잘 보여준다(손병규, 「'삼정문란'과 '지방 재정 위기'에 대한 재인식」, 『역사비평』 101, 2012, 258쪽).

90) 이에 대해서는 배항섭, 앞의 글, 2010 참조.

템과 정치과정을 가지고 있던 중앙집권적 체제에서 면리나 군현 단위에서 일어나는 문제제기, 혹은 새로운 공공적 기능, 새로운 질서는 향촌주민들의 의도 여부와 관계없이 국가권력에 대한 이의제기로 연결되기 십상이었으며, 중앙 정부 차원으로 확장될 수 있는 계기를 내장하고 있었던 것이다. 또 지방관이라는 매개를 거친다 하더라도 결국 국가권력과의 교섭, 협상이 이루어질 수밖에 없었음을 의미한다.

이와 같이 향촌 차원에서 논의되고 형성되어 간 새로운 공공적 기능, 새로운 질서는 중앙집권적 정치체제를 구축하고 있던 조선사회의 특징 속에서 향촌주민들의 의도 여부와는 관계없이 중앙 정부 차원으로 확장될 수 있는 계기를 내장하고 있었던 것이다. 이는 1862년 전국 70여개 고을 이상에서 민란이 일어났을 때 각 고을 민중은 고을 차원에 국한된 문제들을 제기하였지만, 이 문제들을 해결하기 위해 중앙정부에서 〈삼정이정청〉을 설치한 데서도 확인된다. 또 동학농민전쟁에서는 부세문제 등에 대한 시정 요구를 고을 단위의 문제제기에 그친 것이 아니라, 중앙정부 차원에서 제도와 정책에 대한 근원적 개혁을 단행할 것을 요구하였다. 이는 동리→면→군현→도→중앙정부로 이어지는 동심원적 행정시스템과 정치과정에 대한 자각에 근거하여 결국 중앙정부 차원에서 제도나 정책을 수정하지 않으면 해결될 수 없다고 판단하였기 때문이다. 이에 대해서는 뒤에서 자세히 다루기로 한다.

(3) 부세 대응과 새로운 향촌질서의 대두 : 거제부 구조라리(舊助羅里)의 사례

향촌 사회 내부의 갈등과 분쟁을 해결하려는 과정에서 형성된 새로운 향중공론 혹은 논의구조의 필요성에 대한 자각, 그에 따른 새로운 '향중공론'의 대두는 향촌사회에 새로운 정치질서를 형성해 가고 있었다. 우선 19세기 이후 향촌통제 내지 지배기구로서의 성격을 가지던 동계가 생활공동체 내지 촌락자치조직으로 변화하였고, 부세에 대한 대응 조직으로서의 기능과 관련하여 결속이 강화되고 있었다.91)

송양섭은 19세기 중엽 거제도 동남단에 위치한 촌들의 사례를 통해 '삼정'을 비롯한 갖가지 세역 부과가 세목별로 담당하는 마을이 하나의 그룹으로 묶였으며, 하나의 마을이 하나의 세목만 담당하기도 했지만, 여러 개의 세목을 담당하기도 했음을 밝혔다. 이에 따라 마을 간에는 담당하는 세목에 따라 서로의 이해관계가 복잡하게 얽혀 있었다. 예를 들면 어떤 세목에 대해서는 A마을이 B, C마을과 공동으로 부담하였고, 다른 세목에 대해서는 A마을이 C, D, E 마을과 공동 부담하는 등 같은 마을이라도 부세항목에 따라 다른 그룹에 중복하여 포함될 수 있었다. 부세부과와 수취를 둘러싼 이러한 사정은 분정의 기준이나 원칙 등을 조정하기 위한 마을 간의 논의(기구)를 필연적으로 요청하였다.

그에 따라 예컨대 진상 표고를 담당하던 '산저 12동'과 같이 '함께 모여 공적으로 논의하여[咸會公議]' 분정 및 수취의 기준과 원칙을 정하는 등 각 그룹에 소속된 마을들은 공동의 이해를 바탕으로 '공의' 내지 '공론'을 모아 세역에 대응하고 있었다. 이와 같이 거제도 동남단의 다수의 의견을 따르는 방식으로 갈등을 해소하고 있음을 볼 수 있다. '향중공론'은 관의 입김이 미치지 않는 자율적인 영역에서 마을 공동의 이해를 바탕으로 일정한 조정을 거쳐 이루어졌던 것이다.92) 물론 그 과정에서 관권 역시 빼놓을 수 없을 만큼 중요한 역할을 하였지만, 생활을 지키고 생존을 이어가려는 주

91) 이용기, 「19세기 후반 반촌 동계의 기능과 성격 변화」, 『사학연구』, 91, 2008.
92) 송양섭, 「19세기 부세 운영과 '향중공론'의 대두」, 『역사비평』, 2016 참조.

민집단에 의한 분투는 부세나 역역에 대한 공동 부담과 공동 대응 속에서 새로운 공론과 논의기구들을 만들어 가고 있었다.

이는 향촌사회의 질서나 운영원리 면에서도 변화를 예고하는 것이었다. 역시 경상도 거제부 구조라리(舊助羅里)의 사례를 통해 확인해보자. 구조라리에는 18세기 말~20세기 초에 작성된 184건의 고문서가 남아있다. 구조라리 고문서는 문서의 작성주체가 마을의 거주민이거나 문서의 직·간접적인 관계자가 마을의 거주민이었던 '마을 고문서'라는 특징이 있다. 마을고문서는 마을이 행정의 기능을 수행하는 과정에서, 또 거주민의 생활과 연동되어 생산되었기 때문에 마을 생활의 일단을 확인하는 데 중요한 의미를 가진다. 특히 문서 가운데는 마을 주민들의 생활과 밀접한 관련이 있는 여객주인(旅客主人)이나 어조(漁條)와 관련된 문제, 그리고 구조라리에 부담된 진상과 해세(海稅)의 공동납 실태를 파악할 수 있는 여러 건의 완문(完文)·완의(完議) 등이 남아있다.[93]

전민영은 여객주인·어조와 관련된 완의와 등장(等狀)을 분석하여 마을 내의 갈등과 분쟁이 구성원 간 합의를 통해 조정이 되고 관의 인증을 받아 확정되는 일련의 과정을 밝히고 있다. 여객주인은 여객에 대한 주인(主人)으로서 여객이 위탁하는 상품의 매매 등을 수행하는 존재였다. 구조라리의 경우에는 여객 주인을 동의 대표인 존위와 공사원에게 일임하고, 존위와 공사원은 관원이 행차할 때 접대를 수행하는 역(役) 등 공적인 업무를 수행

93) 구조라리 문서를 분석한 연구로는 송양섭, 위의 글, 2016; 전민영, 「18세기말~19세기 해촌의 공동납운영방식」, 『고문서연구』 48, 2016; 전민영, 「19세기 舊助羅里 마을 고문서와 공동생활 방식-旅客主人·漁條를 둘러싼 문제를 중심으로」, 『고문서연구』 51, 2017; 김혁, 「조선후기 '완의' 문서의 특성과 그 사회적 기능-거제부 구조라리의 사회적 의미를 중심으로」, 『역사와 실학』 63, 2017; 송양섭, 「19세기 거제 구조라리의 부세운영과 촌락사회의 동향」, 『대동문화연구』 114, 2021 등 참조.

하게 하였다. 마을 전체와 관련된 업무를 처리하는 방식에 대한 내부의 합의가 이루어지면 '완의'라는 문서를 작성하고, 또 관에 '등장'을 올려 완의의 내용이 더욱 튼튼하게 지켜질 수 있도록 관의 인증을 받았다. 어조는 물고기가 다니는 길에 배를 세워 두고서 그물을 설치해서 물고기를 잡는 방식 또는 그 구역을 말한다. 구조라리의 어조는 관이나 민들의 사적 소유가 아닌 마을이 관할하는 '면동조(面洞條)'였다. 문제는 등장이 작성되기 이전까지 구조라리에는 선주가 30명이었는데 어조는 13곳에 불과하여 항상 갈등과 분쟁이 있었다는 데 있다.

주민들이 처음에 합의한 어조 배분 방식은 '집주(執籌)', 곧 제비뽑기 방식을 선택했지만, 역시 분란이 생기고 어조가(漁條價)가 급등하는 일이 발생하였다. 제비뽑기의 방식은 운에 따라 매년 어조를 배정받는 사람이 있는 반면 연속하여 배제되는 사람이 나올 수 있었기 때문이다. 이에 따라 주민들은 또 다시 논의를 통해 어조를 윤회하는 배정받는 방식으로 변경한 것이다.

김혁은 이와 관련하여 구조라의 동중(洞中) 완의의 문서 및 소통체계를 통해 동중이 국가부담에 대해 수행하는 기능을 살피는 한편 갈등과 분쟁 해결을 위한 공의(公議)가 형성되는 과정에서 구성원 간에 일정한 '평등성'과 '공정성'의 원리가 관철되고 있었다고 주장하였다. 그에 따르면 첫째, 공의 형성의 절차인 동중회의(洞中會議)에는 노(奴) 신분까지 포함하여 각호의 대표자인 남자 어른이 모두 참여하여 결정하는 방식을 취하였다. 둘째, 마을 주민 간에 비교적 대등한 상호 존중을 통해 공의 형성이 가능하였던 것은 이 마을의 산업형태나 혈연조직에 영향 받은 주민 간의 사회관계에서 연유한다. 이 마을은 배를 소유한 30여명의 선주를 중심으로 선인(船人)인 주민들이 결합된 마을이었다. 선주들 사이에는 호수성(互酬性)의

원리가, 그리고 어업이 갖는 특성상 선인은 선주에게 결코 대체 가능하지 않은 구성원이었기 때문에 마을 주민 간에는 상호존중하지 않을 수 없는 조건이 형성되어 있었다.

또 주도적인 선주들 간의 통혼(通婚)은 마을의 공의 형성과 질서를 안정화하는 데 도움이 되었다. 지역 주민들은 자율적 협의와 조정에 의해 완의를 마련한 뒤, 최종적으로 관으로부터 '공식적' 인정을 받는 절차를 밟았다. 완의의 마련 과정은 참여 주민들 간의 자율성을 전제하고 있지만 사실상 그 본질은 국가 권력에 기반하고 있었다. 이는 내부 구성원들 간의 신뢰와 자율성이 취약하였음을 시사하지만, 당사자들이 모두 참여하여 '완의'라는 합의문을 채택하였다는 사실은 향촌질서의 변화 면에서 중요한 의미를 지닌다. 특히 김혁은 구조라리의 '공론'이 마을 구성원 간의 신분적 경제적 차이를 거의 배제하고 상호존중과 상대적 평등성, 공정성 속에서 협의, 조정되고 만장일치에 가까운 동의를 바탕으로 마련되었음을 강조하고 있다.[94]

---

94) 김혁, 앞의 글, 121~124쪽. 다만 김혁은 주민들의 협의에 의해 만들어진 완의가 근대에서 이상시하는 주체 간의 자유로운 계약에 의한 것은 결코 아니었으며, 이 같은 문서를 통한 합의, 또는 그로부터 보장되는 효력은 불가침의 권리를 의미하는 것이 아니라, 외부의 권력에 의해 언제든지 침해될 수 있었다고 하였다. 또 '완의'는 국가의 수직적인 행정체계 아래에서 극히 제한적으로 주어지는 국부적인 자율성을 의미하며, 그런 점에서 사족층의 향중 완의나 문중 완의와는 근본적으로 다르다고 하였다. 사족들은 국가로부터 부여받은, 혹은 그로부터 그 지역에서 형성한 신분을 기반으로 한 권리, 다시 말해 국가로부터 명분 없이 빼앗기지 않을 권리를 기반으로 하고 있었다고 하였다(김혁, 앞의 글, 114쪽). 사족들의 완의가 국가로부터 부여받은 권리를 기반으로 하였다는 점, 구조라리 주민들의 완의가 사족 층의 완의와 근본적으로 다르다는 점에 대해서는 구체적인 설명이 필요한 것으로 보인다. 상대적인 차이는 없지 않았겠지만, 어느 쪽이나 법제화 되어 있는 것은 아니었고, 국가권력에 의해 언제든지 파괴될 수 있는 것이기도 했다. 머리말에서도 언급했듯이

이상과 같이 총액제와 공동납이 시작된 이후 향회나 향중공론에 참여하는 자격 면에서 점차 신분적 차별이 더욱 약해지면서 대소민인이 함께하는 논의기구가 발전해갔다. 물론 19세기 말에도 여전히 잔민(殘民)들에 대한 호민(豪民)들의 침학이 자행되는 사례가 적지 않았던 것으로 보이며, 수령이 아랫사람이 윗사람을 능멸하는 것을 젊은 사람이 어른을 능멸하는 죄와 동일하다고 하여 신분적 상하 간의 차별을 강조하는 〈규약〉을 정하여 각 면리에 내리기도 했다.[95] 또 반촌인지 민촌인지, 혹은 사족의 위세가 어느 정도였는지 등의 조건에 따라 지역 간에도 다양한 편차가 있었지만, '향중공론'에 소민들의 의사가 점차 더 많이 반영되어 갈 수밖에 없었다.

특히 경제적으로 더욱 절박한 위치에 처해 있던 소민 내지 하민들의 노력은 이회나 동회, 면회, 혹은 민회, 읍회 등 기왕의 사족 중심 향회와는 다른 논의구조가 형성되기 시작했다. 이는 한편으로는 동리로부터 면이나 군현 단위의 주민들이 향촌 차원에서 새로운 공공적 기능이 필요하다는 점을 자각해 나가는 과정이었다. 나아가 신분적·경제적 차별이 약화되면서 점점 더 평등성, 공정성이 확대되는 속에서 서로 협의하고 의견을 조정해 나갈 수 있었다. 마을 주민들이 이러한 과정을 통해 합의된 '공론'을 형성해나갔다는 사실은 향촌사회에서 새로운 공공적 기능이나 새로운 질서의 형성과 관련하여 중요한 의미를 가진다는 점을 지적해 둔다.[96]

특히 조선의 경우 유럽이나 일본은 물론 같은 중앙집권적 체제였던 중국이나 베트남에 비해서도 중앙 권력의 직접적 침투력이 강하였다. 향촌사회의 자율성이 그 만큼 취약하였음을 의미한다. 사족층 역시 예외일 수 없었다. 특히 사족층의 위세가 약화되기 시작하는 18세기 후반 이후에는 향촌 내부의 갈등과 분쟁에 대한 적절한 개입과 조정 역할조차 어려워졌다는 점에 대해서는 앞장에서 살펴본바 있다. 이는 19세기에 들어 더욱 강해져간 중국의 향신층이나 종족집단이 가지고 있던 '자율성'과 대비되는 점이다.

95) 오횡묵 저, 김정섭·김형만 역, 『智島郡叢瑣錄』, 신안문화원, 2008, 79~97쪽 참조.

한편 이러한 과정을 통해 형성된 공론이 군현 혹은 면리 차원에서 관권이나 대민들에 의해 받아들여지지 않거나, 부세와 역역을 담당해야 하는

---

96) 아마티아 센(Amartya Sen)의 지적처럼 공개적인 토론의 전통은 전세계 어디에서나 볼 수 있는 인류 공통의 유산이었다. 뿐만 아니라 센은 여론 수렴 과정과 민주주의 간의 긴밀한 관련성을 강조하면서 거기에는 시민들이 정치 토론에 참여하고 공적인 선택에 영향을 행사할 수 있도록 기회를 제공하는 일도 포함된다는 점을 지적하였다(아마티아 센 지음, 이경남 옮김, 『살아 있는 인도』, 청림출판, 2008, 31~34쪽). 스티븐 멀버거(Steven Muhlberger)와 필 페인(Phil Paine)의 주장은 더욱 흥미롭다. 이들은 우선 지금까지 민주주의에 대해 "민주주적 사고들은 유럽에만 특유한 독창적 것"으로, 혹은 "다른 지역에서 발견되는 민주적인 생각이나 행동은 무의미하고 예외적인 것이거나, 아니면 기껏해야 유럽의 영향을 증명하는 것이라고 반쯤 무의식적으로 가정"해 왔다는 점을 비판하고 있다. 이들은 이러한 문제의식에 기초하여 비유럽 세계에서 보이는 몇 가지 준민주적(quasi-democratic) 제도들을 -그것들은 모두 각 지역을 다루는 전문연구자들에게는 매우 익숙하지만, 대개는 (민주주의)와 별개의 것으로 간주되어 온 것들- 추적하여 이러한 가정에 도전하고 있다. 멀버거와 페인에 따르면 인류는 토론에 의한 통치와 관련한 오래된 역사를 가지고 있고, 공통의 이해관계를 공유하는 사람들의 집단은 토론과 협의, 그리고 매우 자주 투표라는 것을 통해 그들의 삶에 영향을 주는 의사결정을 해 나아갔다. 세계 곳곳에서 거의 모든 마을들은 마을 회의체를 가지고 있었으며(스칸디나비아, 말레이시아, 미국, 영국, 버마, 중부 유럽, 동부 아프리카, 인디아 등등), 자발적 자조적 집단 역시 아주 흔하였고, 의견 일치나 논의를 통한 그들 내부의 의사 결정은 필수적인 일이었다. 물론 이러한 경험들 가운데 20세기의 민주적 관행의 기준에 부합하는 것은- 특히 대부분이 모든 여성과 많은 남성들을 배제해 왔다는 점에서- 거의 없을 것이다. 또 의사결정 절차는 종종 엄밀하지 못했고 원로들이나 부유층 같은 권력 핵심 세력들에게 조종되기 쉬웠지만, 이러한 경험들은 현재의 민주주의와 관련 있다고 주장한다(Muhlberger, Steven & Phil Paine, "Democracy's Place in World History." Journal of World History 4, 1993, pp.26~32). 구조라리의 '공론'의 형성 과정에서 각 호의 대표들이(남성) 신분적 경제적 차별 없이 참여하였고, 상호존중과 상대적 평등성, 공정성 속에서 상호 협의하고 의견을 조정하였다는 점은 아마티아 센이나 멀버거와 페인의 주장에 비추어볼 때 '민주적' 질서의 형성이라는 점에서 특기할만한 사실임이 분명하다.

당사자들의 이해와 반하는 공론이 관권이나 대민들에 의해 만들어지고 강요될 때 이를 바로잡기 위해 동원되는 최후의 수단이 민란이었다. 그런 점에서 민란은 소민들이 자신들의 공론으로 '그들', 곧 관권과 대민들에 의해 조작되고 왜곡된 공론이 가진 허구성을 폭로하는 행위이기도 했다. 물론 여기에는 앞서 살펴본 정치문화의 변화나 총액제의 시행에 따른 소민들의 상시적 논의기구의 성장 등의 요인이 결부되어 있었다.

다음 장에서는 19세기 후반 민란, 특히 오횡묵이 남긴 〈총쇄록〉에 기록된 함안 및 고성민란에서 보이는 몇 가지 사례를 통해 향촌 차원에서 민중에 의해 아래로부터 형성되어 간 새로운 정치질서의 가능성에 대해 좀 더 구체적으로 살펴보고자 한다.

제6장

19세기 민란과 정치문화

19세기에 민란이 빈발한 핵심 원인은 민본 이념과 인정을 배반한 탐관오리들의 가혹한 수탈과 학정에 있었다. 또 하나 지적해야 할 원인으로는 치자와 피치자 간의 소통의 약화 내지 부재를 들 수 있을 것이다. 특히 피치자 측이 일상적으로 겪게 되는 원억(冤抑)과 불만에 대해 국왕이나 권력에 호소할 수 있는 통로가 막혀 출구 없는 원억과 불만이 쌓여 가고 있었던 데서 찾을 수 있다. 원억을 국왕에게 직소할 수 있는 통로는 특히 연산군 시기 이후 많이 약화되었지만, 이후 굴곡을 겪으면서도 일정하게 확대되어 갔고, 왕권강화와 인정 실현을 추구한 영조와 정조 때 가장 활발하게 이루어졌다. 이러한 소원제도의 활성화에 따라 형성된 새로운 정치문화는 권력에 대한 또 다른 부담이 되었다. 소원제도가 널리 알려지고 활성화될수록 민인들이 불만이나 원억을 제기하면 국왕이나 권력이 그에 응답한다는 정치문화가 자리 잡아 갔다. 이에 따라 민본과 인정 이념을 기초로 한 이러한 정치문화와 그에 의한 정치적 행위가 하나의 중요한 정치과정이 되어갔고, 이것은 국가권력에 대한 정치적 압박으로서의 의미를 내포하고 있었기 때문이다.

여기에 더해 19세기에 들어 수령-이향체제가 더욱 강력히 성립되면서 향촌 내부에서 분쟁과 갈등을 조정·완화해주던 사족들의 위세도 매우 낮아지고 있었다. 이에 따라 다양한 갈등·분쟁에 대한 조정과 해결은 온전히 국가권력과 수령의 부담으로 돌아갔다. 이는 곧 새로운 분쟁조정 방안과 능력을 권력 측에 요구하는 것이기도 했다. 어떤 면에서는 "법치적 질서"의 강화나 더욱 세련된 관료제, 아래로부터 분출되는 요구와 불만에 대한 폭넓은 수용방안의 모색 등을 추동하는 힘이 될 수도 있었으나, 통치 기강이 문란해지고 권력의 통제력이 약화되어 가던 당시로서는 기대 난망이었다. 무엇보다 인정이 방기되고 있었기 때문이다. 이에 따라 군현이나 면리 단위에서 발생하는 갈등과 분쟁은 지방권력과 민중 간의 직접적인 충돌로 이어질 수밖에 없는 상황으로 치달아 갔다. '민란의 시대'가 도래한 것이다.

19세기에 빈발한 민란에서 드러나는 정치문화의 저변에는 지배이념, 곧 민본과 인정 이념이 자리하고 있었다. 이러한 정치문화는 '민요(民擾)', '민뇨(民鬧)', '민변(民變)' 등으로도 불린 민란에서 가장 분명하게 드러나지만, 대규모 살상행위를 동반한 민중운동, 심지어 역모나 왕조를 부정하는 변란에서도 '반란'을 일으킨 쪽과 진압하는 국가권력 쪽 양자 모두의 입장이나 태도에도 강하게 혹은 약하게 자리 잡고 있었다. 또한 생활과 생존을 위해 인정과 민본 이념을 회복하려는 집요한 노력은 그 과정에서 아래로부터 새로운 질서를 만들어가고 있었다.

1. 민란과 정치문화 : 인정 원망(仁政原望)과 왕민의식(王民意識)

(1) 홍경래란(洪景來亂)과 변란의 정치문화

민본과 인정을 바탕으로 한 정치문화는 역모의 성격을 띠는 1728년의 무신란(戊申亂, 李麟佐의 亂), 왕조를 부정하는 변란의 성격을 가지는 1811년의 홍경래란이나 1869년의 광양란, 1871년의 이필제란, 일반적인 민란에 비할 수 없을 정도로 많은 인명 살상 행위가 일어난 1901년의 '이재수(李在守)의 난' 등에서도 보인다.

먼저 무신란의 경우 왕조를 부정하는 것은 아니었지만, 권력에서 소외된 소론과 남인 일파가 영조를 쫓아내고 소현세자(昭顯世子)의 증손 밀풍군(密豊君) 이탄(李坦)을 새 임금으로 앉히고자 했다. 당시 반군 측은 세력을 키워나가는 과정에서 "살인하지 않으며 재물을 빼앗지 않는다."라거나, "군역과 신역을 제감한다."는 등의 대민 약속을 제시하기도 했다. 또 민심을 회유하기 위하여 전곡과 포목을 나누어 주었으며, 관노비들에게 상급을 내리고 환곡을 분급해주었다. 이에 따라 민의 자발적인 참여가 매우 광범위하게 일어났다. 당시 공주에 살고 있던 한 양반은 일반 행인이나 상인 등이 기꺼이 참여하는 모습을 보고 "밭을 가는 자에게 애휼을 베풀고 행인을 죽이지 않으니 사란(思亂)의 백성과 원국(怨國)의 무리가 모두 홍이 나서 용감하게 적진에 들어갔다(『戊亂錄』, 3월 22일)."고 기록하였다.[1] 인정의 요체인 "세금을 적게 거두는 것[박세렴, 薄稅斂]"을 비롯한 휼민정책 등 인정을 베풀겠다는 약속을 내세웠고, 관노비들에게도 상급을 내리고 환곡을 분급해주는 정책으로 민인들의 자발적인 참여를 유도하였다. 물론 이러한 약속들은 더 많은 민들을 끌어들이기 위한 것이었지만, 그것이 인정 이념을 바탕으로 제시되었다는 점을 지적해 둔다.

한편 19세기 민중운동에는 가장 대표적인 '민란' 외에도 일부의 '저항적 지식인'이 중심이 되어 기도한 각종 '변란'이 있었다.[2] 변란은 의식이나 조

1) 이종범, 「3. 여러 지역의 항쟁과 '무신란'」, 『한국사 36 : 조선후기 민중사회의 성장』, 국사편찬위원회, 1997. 201쪽. 또 호남에서 금위영과 어영청으로 번상하기 위해 도성으로 가던 5초(哨)에 달하는 군병이 반군에 들었는데 그를 만류하는 양반에게 "진사(進士) 같이 국가의 은혜를 입고 국가의 양육을 받으면 국가가 이렇게 되었을 때 힘을 다하겠지만 우리 옷 우리가 입고 우리 음식 우리가 먹는 우리 '꾼'(軍)에게 국가는 무엇이겠습니까?"라고(『戊申勘亂日記』 권1, 3월 18일) 항변하였다 한다(이종범, 위와 같음).

2) 이하 변란에 대한 내용 가운데 특별한 전거가 없는 내용에 대해서는 배항섭, 「19세기 후반 '변란'의 추이와 성격」, 『1894년 농민전쟁연구』 2, 역사비평사, 1992; 「변

직면에서 민란과 차이가 매우 컸다. 변란은 무엇보다 읍폐(邑弊)의 개혁이나 수령과 이서배를 징치하는 것을 목표로 하였던 민란과 달리 조선 왕조의 전복과 새로운 왕조의 창건을 목표로 삼고 있었다. 주로 한유(寒儒) 혹은 빈사(貧士)들로 이루어진 주도층이나 참여층이 특정 고을에 국한되는 것이 아니라, 고을 단위를 벗어나 여러 고을 출신의 인물들이 연계하고 동모하여 변란을 모의하고 일으켰다.[3] 변란은 이전 시기에도 없지 않았지만, 특히 1860년을 전후한 시기부터 빈발하며 그 대표적인 사례로는 광양란(光陽亂, 1869)과 이필제란(李弼濟亂, 1871)을 들 수 있다. 여기서는 변란적 성격을 강하게 띠는 홍경래란부터 살펴보기로 한다.

1811년에 일어난 홍경래(洪景來, 1771~1812)의 난은 변란적 성격을 강하게 드러내고 있다. 주도층은 처음부터 조선왕조를 부정하였으며, 역시 왕조의 멸망을 예언하는 '정감록'이라는 '천년왕국적' 사상을 끌어들여 자신들의 행위를 정당화하였다.[4] 그들은 '나면서부터 신령함을 지닌' '제세(濟世)의 성인'을 내세워 새로운 왕조의 개창을 기도하였으나, 그들이 추구한 새로운 질서가 무엇이었는지는 정확히 확인하기 어렵다. 오히려 당시 지도부의 노선이나 강령은 당시 민중의식에 비추어 볼 때 지나치게 과도하거나

란의 추이와 성격」, 『신편 한국사 36』, 국사편찬위원회, 1997 등 참조.

3) 동일한 인물이나 주도층이 일회적인 거사에 그치는 것이 아니라 수 년, 혹은 수십 년에 걸쳐 여러 차례의 변란을 연속적으로 시도하기도 하였다. 또한 이 시기 변란의 발생은 '서세동점'에 따른 대외적 위기의식을 중요한 토양으로 삼았던 만큼 상대적으로 일찍부터 '반외세'와 관련된 생각을 드러내기도 했다.

4) 홍경래란의 사상적 기반과 의미에 대해서는 Kim, Sun Joo, *Marginality and Subversion in Korea: The Hong Kyongnae Rebellion of 1812*, Seattle: University of Washington Press, 2007, pp.89~104; Anders Karlsson, Challenging the Dynasty-Popular Protest, Chŏnggamnok and the Ideology of the Hong Kyŏngnae Rebellion, *International Journal of Korean History* Vol. 2, 2001. 12, pp.253~277 참조.

적절하지 않은 점이 많았다.

각 지역을 점령한 뒤 그곳을 다스리기 위해 둔 유진장(留陣將)은 지역사회에 미치는 정치사회적 영향력이 큰 토호적 기반을 갖는 향임이나 군고층으로 구성되어 있었다. 기왕의 수령권만 배제했을 뿐, 향촌지배질서는 그대로 유지되었다. 이 점은 홍경래란이 '반봉건성'이라는 계급대립의 측면보다는 읍권 등 지방권력을 둘러싼 대립이라는 차원에 머무르고 있었음을 보여주는 것이기도 하다. 이들 주도층은 어디까지나 관권에 의한 부당한 부민수탈에 반대하였을 뿐, 빈민층의 이익까지도 포괄하는 '반봉건' 개혁을 추구하지는 않았다. 토지개혁이나 삼정개혁 등 빈농이나 하층민을 위한 아무런 개혁조치도 취하지 않았고, 광범한 농민대중의 자발적 참여도 이끌어내지 못하였다.[5] 변란과 마찬가지로 그들이 추구한 새로운 왕국이나 새로운 질서는 민중 현실에 착근하지 못한 채 구상되었고, 조선 왕조 체제와 다른 새로운 질서의 가능성을 보여주지도 못하였다.

다만 홍경래란을 준비하는 과정에서 난이 성공하면 "우리의 땅, 우리의 옷이 어디라고 없겠는가?"라고 하여 이상사회에 대한 구상의 일단을 내보이기도 하였다. 또 가산에서 고시한 격문에서는 부정부패한 권신들을 제거하고 재해와 기근으로 고통 받는 백성들을 구제한다는 의지를 내세우기도 했다. 또 이들은 관서지방이 "기자의 옛 성이 있고 단군의 옛 터전이어서 훌륭한 인재가 많이 났고 문물이 빛났"음을 강조하고, 선우협(鮮于浹) 같은 관서 출신 주자학자를 높이 평가하였다. 이런 점에 비추어 볼 때 결국 홍경래란은 학정 대신 인정이 실현되고, 재해와 기근으로부터 해방된 사회를

5) 정창렬, 「조선후기 농민봉기의 정치의식」, 『한국인의 생활의식과 민중예술』, 성균관대학교 대동문화연구원, 1984, 19~24쪽; 고동환, 「1811~1812년 평안도 농민전쟁」, 『한국사 10 : 중세사회의 해체 2』, 한길사, 1994; 고석규, 「1. 서북지방의 민중항쟁」, 『한국사 36 : 조선후기의 민중운동』, 국사편찬위원회, 1997 참조.

이상적 사회로 삼고 있었던 것으로 보인다. 홍경래란이 추구한 세상은 정감록에도 자주 묘사되는 환상적 유토피아와 유사한 것이지만, 격문에는 민본과 인정이라는 이념과 그에 입각한 바람직한 치자상이나 치자-피치자의 관계 등을 규정하는 정치문화가 담겨있었다.[6)]

한편 홍경래가 이끄는 반란군은 점령 지역의 지방관이 항복할 경우 살려주었지만, 저항하는 지방관의 경우 당사자는 물론 그의 가족, 군사지휘관이나 포교 등을 거침없이 살해하기도 하였다.[7)] 홍경래의 난은 조선왕조를 부정했던 만큼 정부의 대응도 무자비했다. 반란은 4개월 정도 지속되었으며, 마지막까지 정주성에서 저항하던 반란군과 성안에 남아 있던 주민 총 2,983명 가운데 10세 이하의 남아 224명과 여자 842명을 제외한 1,917명

---

6) 이러한 점이 고려되어야 홍경래란이 민중 현실을 충실히 반영하지 못하였고, 정감록류의 환상적 유토피아를 추구하고 있었음에도 불구하고 일반 민중이 대거 가담한 배경을 이해할 수 있다고 생각한다. 제3장에서 살펴보았듯이 18세기 후반이 되면 평안도 일대에도 한 고을에도 여러 개의 서당이 앞다투어 들어서면서 '유교의 대중화'라 할 만한 현상이 일어나고 있었다. 그 만큼 지배이념이 확산되었고, 그것을 점차 내면화해나가는 주민들이 많아 졌음을 의미한다. 정주성에 들어 간 주도층과 지역 주민들은 수개월 간 완강하게 저항하였다. 결국 관군은 성 밑에 굴을 파서 폭약을 장치해 성벽을 파괴함으로써 드디어 4월 19일 정주성을 함락시킬 수 있었다. 당시 관군에 사로잡힌 "난민"과 지역 주민은 총 2,983명이었다. 이 가운데 10세 이하의 남아 224명과 여아 842명을 제외한 1,917명은 4월 23일 한 사람도 예외 없이 모두 처형당했다.

7) 홍경래란에 대한 대표적 연구 성과로는 정석종, 「「홍경래란」의 성격」, 『한국사연구』 7, 1972; 고동환, 「1811~1812년 평안도 농민전쟁」, 『한국사 10: 중세사회의 해체 2』, 한길사, 1994; 고석규, 「서북지방의 민중항쟁」, 『한국사 36: 조선 후기 민중사회의 성장』, 국사편찬위원회, 1997; 오수창, 『조선후기 평안도 사회발전 연구』, 일조각, 2002; 박현모, 「홍경래난을 통해서 본 19세기 조선정치」, 『한국동양정치사상사연구』 4-2, 2005. 홍경래란의 주요한 쟁점을 검토한 최근의 연구로는 권내현의 「'홍경래난' 연구의 쟁점」, 『한국인물사연구』 11, 2009 참조.

은 모두 처형되었다.[8] 홍경래가 이끄는 반란군이 국왕이 임명한 지방관이나 관리들을 쉽게 죽일 수 있었던 것은 반란을 정당화하는 사상적 기반이 '천년왕국적'인 것이었고, 처음부터 왕조를 부정하였다는 점과 관련이 있을 것으로 보인다.

왕조를 부정하는 반란이었던 만큼 조정에서도 마지막까지 정주성에 남아 저항하던 2천여 명에 가까운 사람들을 처형하는 등 강경하게 대응하였지만, 다른 한편 민본과 인정 이념, 혹은 '호생지덕(好生之德)'에 입각하여 대응하고 수습해나가는 모습을 보이고 있었다. 예컨대 국왕은 홍경래군이 정주성을 점령하고 저항을 그치지 않고 있을 때도 "특별히 호생지덕(好生之德)을 베풀어 거괴(巨魁)로서 반드시 죽일 자를 제외하고 협력하여 따른 무리들은 함부로 죽이지 말라"고 경계하였다.[9] 난이 평정된 다음에도 "천지의 큰 덕은 반드시 살리기를 좋아하는 인애(仁愛)를 앞세운다."《춘추(春秋)》의 가르침을 거론하며 "실수로 적에게 붙은 자는 모두 그냥 두고 묻지 말라."고 하였다.[10] 난이 끝나고 4년이 지난 다음에도 홍경래란 당시 환곡 관련 장부가 거의 산실된 정원현(定原縣)의 옛날 환곡을 탕감해 주었다. '왕도의 정치'를 행하기 위해서였다.[11]

1869년 3월 23일 밤에 발발한 광양란(光陽亂)은 "진주민란을 본받아 읍폐를 교구(矯捄)"하려 하였으며, 반왕조적 구호를 구체적으로 제기하지 않았다는 점에서 민란적 성격도 강하게 띠고 있었다.[12] 그러나 일반 민란이 탐

8) 정석종, 앞의 글, 199쪽.
9) 『순조실록』, 순조 12년 4월 15일.
10) 『순조실록』, 순조 12년 4월 28일.
11) 『순조실록』, 순조 16년 10월 1일.
12) 광양란에 대해서는 한우근, 『동학란기인에 관한 연구』, 서울대학교출판부, 1971, 66~68쪽; 박광성, 「고종조의 민란연구」, 『전통시대의 민중운동』 하, 풀빛, 1881; 배항섭, 「변란의 추이와 성격」, 『신편 한국사 36 :조선후기 민중사회의 성장』, 1997,

관오리의 가혹한 수탈 등 해당 읍의 다양한 민폐가 원인이 되어 일어나고, 주도층이나 참가층도 해당 지역 주민들로 구성되어 있었던 데 비해 광양란에서는 태인, 남원, 강진 등 다른 지역 출신의 인물들이 동모하여 일으켰고, 광양 지역의 민폐나 탐묵 등에 대한 요구도 분명하게 제시되지 않았다. 핵심 주모자 민회행(閔晦行)은 광양출신으로 천문지리에 무불통지한 인물로 이미 20여 년 전부터 '반역의 뜻[異圖]'를 품고 영남과 호남 일대를 편행하며 동지를 규합했고, 1년 전에도 강진에서 '변란'을 기도한 바 있다. 전라도 태인 출신인 전찬문(田贊文) 역시 전국을 돌아다니며 세력을 규합해온 인물이고, 또 다른 주모자인 남원 출신의 권학녀(權鶴汝)도 음양(陰陽)·복서(卜筮)에 능통하였다. 또한 이들은 장차 난리가 날 것이라는 소문을 퍼뜨려 동모자를 규합했으며, "이번 거사에 8도가 모두 호응하여 한번 방포하면 경각에 수만 명이 모일 것이며, 또한 영남에서 70여명이 오도록 되어 있다"고 하였다. 주모자들이 일반적인 민란과는 달리 전국적인 규모의 거사를 기도하였음을 알 수 있다.

광양란 당일 머리에 흰 두건을 쓰고 손에 죽창을 든 이들은 군부(軍簿)를 점열(點閱)하고 편오작대(編伍作隊)한 이들은 관아를 공격하여, 군기고를 열고 활·총과 기계를 끄집어내어 무장하고 일부는 갑옷을 입기도 했다.[13] 이들은 광양란을 준비하면서 미리 총과 화약을 마련하고 무기를 제조하였고, 관군을 마구 죽이기까지 하였다는 기록도 있다.[14] 병기로 무장한 집단행동을 '반(叛)'과 '난(亂)'으로 규정하던[15] 당대의 인식에 비추어 볼 때 총과

국사편찬위원회, 350~351쪽; 『조선후기 민중운동과 동학농민전쟁의 발발』, 경인문화사, 2002 제2, 3장 참조.

13) 『推案及鞫案』 29권, 逆賊晦行等鞫案, 234~238쪽; 「全羅左水營啓錄」 3, 『各司謄錄』 20, 고종 6년 3월 26일; 『日省錄』, 高宗 6年 4月 5日; 『龍湖閒錄』 4, 217쪽.

14) 『승정원일기』, 고종 6년 6월 6일.

활, 화약 등으로 무장한 점은 매우 이례적이며 일반 민란과 근본적으로 다른 모습이다.[16] 이에 따라 광양란에서는 일반 민란에 비해 훨씬 많은 주모자들이 처형되었다. 70여명의 참여자 가운데 민회행을 비롯한 핵심 주모자 6명과 나머지 주도자 43명은 참형을 받았고, 1명은 수감 중 물고(物故)되었다.[17]

이들이 민막(民瘼)과 관련된 구체적 요구를 내건 것으로 보이지는 않지만, 민회행 등 주도층은 창고를 열어 가난한 주민들을 진휼하였다.

> 사창(社倉)을 깨부수고 그 안에 쌓아 놓은 쌀을 꺼내 놓은 다음 백성을 불러 쌀을 받아가라고 하니, 우매한 백성과 촌락의 여자들이 경각간에 뜰 안에 가득 찼습니다. 두목이 말하기를, "궁한 촌락에 굶주린 백성을 진휼

---

15) 민요가 일어났을 때 난민들이 병기를 가지면 반(叛)과 란(亂)으로 인식하여 그렇지 않은 민란에 비해 엄중하게 대응하였다(『승정원일기』, 순조 8년 4월 1일).

16) 무기로 무장하였는지는 불분명하나 군기고의 무기를 털어간 사례로 1811년의 곡산 민란을 들 수 있다. 난민들은 짧은 몽둥이로 무장하고 관아를 공격하였으나, 관아를 점령한 다음에는 창고를 열고 군기(軍器)를 가져갔다고 한다.(『일성록』, 순조 11년 3월 8일). 물론 이들이 무기를 사용하여 수령이나 이서배 등을 공격한 모습은 확인되지 않는다. 그럼에도 불구하고 부민과 관속들이 주도하여 탐학한 수령을 축출한 곡산민란에서는 일반 민란에 비해 훨씬 많은 37명의 주모자가 처형되었고, 43명이 유배되었다(한상권, 「1811년 황해도 곡산 지방의 농민항쟁」, 『역사와 현실』 5, 1991 참조). 곡산민란은 일반 민란을 지칭하는 민요나 민란이 아니라 "관북의 국경인(鞠景仁)이 명리(命吏)를 살해하고 해서(海西)의 임꺽정(林巨正)이 관군에 저항한 일"과 비슷한 '작변(作變)'으로 명명되었다(『일성록』, 순조 11년 3월 8일; 『승정원일기』, 순조 11년 4월 1일). 관아를 점령한 다음 군기고를 털어 무기를 빼내간 사실을 심각하게 받아들였기 때문인 것으로 보인다.

17) 『고종실록』, 고종 6년 6월 6일; 『승정원일기』, 고종 6년 6월 6일; 「全羅左水營啓錄」 3, 『各司謄錄』 20, 고종 6년 3월 26일. 전주 중진영(中鎭營)에 수감되어 있던 죄수 6명 중에 김운제(金云濟)는 이달 초10일에 혈리(血痢)를 앓아가 사망하였다고 하였으나, 혈리로 사망하였다고 한 것으로 보아, 고문으로 물고(物故)되었을 가연성도 배제할 수 없다(『승정원일기』, 고종 6년 6월 6일).

> (賑恤)하지 않을 수 없다."고 하며 혹은 한 사람에게 3승(升)을 주기도 하고 혹은 4승을 주기도 하였는데, 쌀을 받아간 자들이 다시 오는 것을 보고 몇 석의 쌀을 꺼내어 짊어지고 관정(官庭)으로 들여 놓은 다음 도로 창고의 문을 봉하였습니다.[18]

아마도 주민들이 부당하게 수탈당한 것으로 여겼을, 사창의 관곡을 털어 가난한 주민들을 진휼하는 '인정'을 베푼 것이다. 또한 "혹시 백성을 살해하거나 백성의 재물을 약탈하면 반드시 중벌이 있을 것이다."라는 방문을 내걸어 '적도(賊徒)'들을 규율하였기 때문에 일반 주민들 가운데 살해된 사람은 전혀 없었다. 또 이들은 건장한 사람들을 협박하여 군정(軍丁)으로 편입시키기도 했지만, 노약자와 여자는 어루만져 안심시켜 놀라지 않게 하였다.[19]

1871년 경상도 영해에서 변란을 일으킨 이필제(李弼濟, 1825~1871)는 조선왕조를 부정하고 새로운 왕조의 개창을 추구하였으며,[20] '정감록(鄭鑑

---

18) 「全羅左水營啓錄」 3, 『各司謄錄』 20, 고종 6년 3월 26일.

19) 「全羅左水營啓錄」 3, 『各司謄錄』 20, 고종 6년 3월 26일; 『日省錄』, 高宗 6年 4月 5日; 『推案及鞫案』, 29권, 逆賊晦行等鞫案, 244쪽.

20) 이필제란에 대해서는 다음의 논저 참조. 벤자민 B. 윔스 저, 홍정식 역, 『개혁·반란 그리고 天道』, 신명문화사, 1966; 김의환, 「신미년(1871) 이필제란」, 『전통시대의 민중운동』 하, 풀빛, 1981; 박맹수, 「해월 최시형의 초기행적과 사상」, 『청계사학』 3, 1986; 「해월 최시형의 초기행적과 사상」, 『청계사학』 3, 1986; 윤대원, 「이필제란 연구」, 『한국사론』(서울대학교 국사학과), 16, 1987, 166쪽; 장영민, 「1871년 영해 동학란」, 『한국학보』 47, 일지사, 1987, 124쪽; 우윤, 「19세기 민중운동과 민중사상」, 『역사비평』 1988년 봄호; 박맹수, 「嶠南公蹟 解題」, 『한국사학』 10, 한국정신문화연구원, 1989; 鶴園裕, 「朝鮮後期 民衆運動の二三の特質について」, 『朝鮮史研究會論』 27, 1990; 배항섭, 「19세기 후반 '변란'의 추이와 성격」, 『1894년 농민전쟁연구』 2, 역사비평사, 1992; 앞의 책, 2002; 연갑수, 「이필제 연구」, 『동학학보』 6, 2003.

錄)'이라는 '천년왕국적' 사상을 끌어들여 자신의 반란을 정당화하였다. 이미 충청도 진천과 경상도 남해·진주 일대에서 변란을 도모하였으나 실패한 이필제는 1870년 10월 경부터 영해로 가서 또 다른 변란을 준비하였다. 영해란은 사전에 발각되어 실패한 앞의 변란과 달리 수백 명의 동모자를 모아 변란을 일으키고 영해 관아를 점령하는 데 성공하였다.[21] 이들은 "세상이 어지러워 곧 난리가 날 것이니 의병을 불러 모은 연후에야 살 수 있을 것이다", "왜선 수천 척이 쳐들어 올 것이다"라며 대외적 위기의식을 조장하며 민심을 동요시켰다. 그리고 "동해의 섬에 있는 정진인(鄭眞人)" 혹은 이인(理人)이라는 말로 사람을 끌어들였고, 거사에 성공하면 관직을 주겠다는 말로 군량조달을 기도하기도 했다.

변란은 1871년 3월 10일 밤에 일어났다. 이필제는 3월 10일 함께 주모한 박영관의 집에 100~150여명의 동참자들이 모이자, 이들은 도록(都錄)을 만들어 중군(中軍), 별무사(別武士), 집사(執事) 등의 직책을 정한 다음 황혼 무렵 산에 올라 산제(山祭)를 지냈으며, 밤 10시쯤 조총과 칼, 죽창 등으로 무장하고 관아에 쳐들어갔다.[22] 이때 이들의 무리는 500~600명 정도로 불어나 있었다.[23] 이들은 우선 군기고를 습격하여 군기를 탈취하고 영해 부사 이정(李炡)의 목을 단칼에 베어버렸다. 국왕이 임명한 지방관을 단칼에 베어 죽인 사실은 이들이 조선왕조를 부정했기 때문에 가능한 행동이었고, 이는 민란과 가장 분명한 차이를 보이는 점이기도 하다.

이필제는 1871년 8월 문경의 정기현(鄭岐鉉)과 동모하여 네 번째의 변란인 조령작변(鳥嶺作變)을 시도하였다. 이필제는 "동정서벌(東征西伐)하여 제

21) 이하 특별한 전거 표시가 없는 내용은 배항섭, 앞의 책, 2002, 69~82쪽 참조.
22) 『寧海府賊變文軸』, 4월 22일 서군직, 이병권, 장성진 경추, 4월 23일 박기준 경추.
23) 『辛未衙變時日記』; 『교남공적』 4월 26일 정창학 경추.

세안민(濟世安民)한다"는[24] 기치를 내거는 한편, 이미 진천작변 때부터 알고 지내던 정기현에게는 "서호주인(西湖主人)은 정(鄭)가로서 바야흐로 조선을 경영하고 동산주인(東山主人)은 권(權)가로서 남경(南京)을 도모한다."고 했으며,[25] 조선은 정기현에게 맡기고 산동반도 옆에 있는 전횡도(田橫島)를 거쳐 등주(登州)와 채주(蔡州)로 들어가 중원(中原)을 취하려는 계획이라고 밝히며 동모자들을 규합했다.[26]

한편 이들은 거사에 성공하기 위해서는 지역 주민들과의 결합이나 그들을 끌어들일 필요가 있었음을 잘 알고 있었다. 그것은 우선 1870년 2월 진주에서 변란을 도모할 때 이필제와 동모자들이 거사의 성공을 위해 제시한 다양한 방안들을 통해서도 미루어 짐작할 수 있다. 진주작변의 동모자 중 한 명인 선산의 생원 심영택(沈永澤)은 "만약 거사를 기약한다면 먼저 대의(大義)를 팔방에 포고하여 인의지사(仁義之師)를 행하여 민심을 어루만지고 불쌍히 여긴 뒤에야 이루어질 것이다."고 주장하였다.[27] 거사의 성공에는 무엇보다 지역 주민들의 지지가 필수적이었음을 깨닫고 있었기 때문이다. 그러나 이필제난의 주모자들은 민중과의 결합을 적극적으로 고려하지는 않았다. 동모자 중 하나인 고령의 출신(出身) 정만식(鄭晩植)은 "주성칠이 진주를 장차 먼저 도륙(屠戮)내겠다"고 하자 "진주는 사람이 많고 땅이 크며 민심이 편안하여 다른 곳과 다르니 가볍게 침범할 수 없다."고 하였다.[28] 민중들과 결합하여야 거사에 성공할 수 있다는 판단을 하고 있었지

24) 『捕盜廳謄錄』 下, 辛未 8月, 鄭岐鉉李弼濟鳥嶺逆謀事, 567쪽.

25) 「忠淸道監營狀啓謄錄」 6, 『各司謄錄』 7, 申未 8월 16일, 190쪽.

26) 『捕盜廳謄錄』 下, 앞과 같음, 569쪽; 朴周大, 『羅巖隨錄』 鳥嶺賊魁等巡營招辭, 104쪽.

27) 「慶尙監營啓錄」 3, 『各司謄錄』 11, 209쪽. "若期於擧事 則先以大義 布告八方 行仁義之師 撫恤民心 然後有濟云."

28) 「慶尙監營啓錄」 3, 187쪽.

만, 그들과 결합할 수 있는 구호나 성공 이후의 질서나 체제에 대한 전망 등은 전혀 제시하지 않았다. 또한 지역 주민들과의 직접적인 결합보다는 일단 거사를 일으키면 민중이 가담할 것으로 막연히 희망하는 수준에 그치고 있었으며,29) 그들 스스로가 농민들을 결집해 내기 보다는 불만과 불평이 팽배한 분위기에 편승하려는 수준에 머무르고 있었다.

예를 들면 진주작변에 동참한 거창의 유학 최봉의(崔鳳儀)는 "임금의 자리를 찬탈하려는 반역할 마음"이 있었다면 지난해에 통영민란 때 뛰어들어 거사를 도모했어야 한다고 주장하였다.30) 역시 동모자였던 성하첨(成夏瞻)은 통영에서 겨우 민요를 겪었고, 운수를 미리 헤아려 보니, 지운(地運)도 합당합니다. 이때 아전과 장교를 잘 결합하여 인심을 잡아 돌리면 일을 성공할 수 있습니다."라고 주장하였다.31)

이미 존재하거나 발발한 민란 같은 것을 이용하여 목적을 달성하려는 이러한 면은 1871년의 영해란에서도 마찬가지였다. 역시 이필제와 주모자들은 영해 지역 주민들이 일상에서 체감하는 폐해[민막, 民瘼]나 불만을 제기하지 않았다. 대신 그들은 영해 지역에 많이 거주하던 동학교도들을 이용하여 변란을 도모하고자 하였다. 이필제를 동학교도로 파악하기도 하나, 이필제가 동학교도라는 사실을 밝혀주는 기록은 취약하다. 영해란에 참가한 사람들도 이필제를 동학괴수로 지목하고 있으나, 이 역시 소문을 들은

---

29) 이는 주모자 중 하나인 거창의 양영렬(楊永烈)이 "지금의 시세가 창의격문을 군현에 전한다면 비록 장구대진(長驅大進)하더라드 반드시 모두 향응할 것이니 일이 어찌 성공되지 않겠습니까?"라고 말한 데서도 짐작할 수 있다(「慶尙監營啓錄」 3, 199~200쪽).

30) 「慶尙監營啓錄」 3, 『各司謄錄』 11, 고종 7년 5월 12일, 崔鳳儀 供招. 정만식 역시 통영의 민요(民擾)를 듣고 "기회를 놓친 것이 한스럽다."라고 하였다(「慶尙監營啓錄」 3, 『各司謄錄』 11, 고종 7년 4월 21일, 成夏瞻 供招).

31) 「慶尙監營啓錄」 3, 『各司謄錄』 11, 고종 7년 6월 14일, 楊永烈 供招.

데 불과하다. 또 이필제는 4차례에 걸친 변란을 기도하였지만 영해를 제외한 어디에서도 동학에 대해 언급한 적이 없다. 영해란에서도 난을 일으킨 다음에는 '교조신원(教祖伸寃)' 등 동학과 관련한 어떠한 주장이나 행동도 취한 바가 없다. 이필제가 최시형을 처음 만났을 때 교조신원에 대해서도 말했지만, "자신은 천명을 받은 사람이다", "천운이 왔다", "내가 뜻을 두는 것은 중국에 창업하는 것"이라는 등 변란을 기도하는 듯한 말로 최시형을 설득하고자 하였다. 이런 표현은 그의 목적이 어디까지나 변란을 도모하려는 데 있었음을 보여준다. 영해란은 기본적으로 이필제가 이러한 뜻을 펴기 위한 의도에서 최시형을 비롯한 동학교도들을 끌어들여 일으킨 변란이었다.[32]

변란 주도층은 사회적 불안을 배경으로 민간에 널리 퍼져 있던 정감록류의 비기와 이단사상을 이념적 무기로 받아들이고, 빈민·유랑민이나 특정한 세력 등을 동원하여 병란(兵亂)을 기도하였다. 그러나 이필제란을 비롯한 변란에서 주도층이 추구한 이상적 사회상을 구체적으로 확인하기는 어렵다. 주모자들은 '왕조타도'라는 목표를 내걸고, 삼공육경(三公六卿)을 미리 정해두기도 할 정도로 강한 엽관적 성향을 보이고 있었다. 그러나 이러한 구상은 실현 가능성이 거의 없었을 뿐만 아니라, 소수의 주모자들만 공유하였다. 참가자들을 모을 때는 이러한 목적을 숨긴 채, 다른 일을 핑계로 일당을 주는 방식으로 접근하였다. 많은 경우 참가자들이 주모자들의 원래 목적을 알게 되어 관에 고발하면서 변란 기도는 모의단계에서 실패하고 만다.

또한 변란 주도층이 사상적 무기로 활용한 정감록류의 현실도피적인 사상 속에는 조선 사회의 모순에 대한 비판의식이 일정하게 결합되어 있었

32) 배항섭, 앞의 책, 2002, 76~78쪽 참조.

다. 그러나 변란 주도층은 일상생활 속에서 체감하던 사회적 모순의 타파라는 민중의 열망, 민중의 현실을 수용하거나 대변하지 못하였다. 빈민·유랑민 등을 끌어들일 때도 왕도 전복이라는 원래의 목표는 숨기고 다른 명분에 가탁(假託)하여 돈을 주고 고용하는 방식을 취하였으며, 민중이 일상에서 체감하는 민폐나 관리들의 부정부패 등을 거의 언급하지 않았다. 그들에게는 모순에 찬 현실에 대한 적극적인 대처보다 그로부터의 도피와 새로운 세상의 도래에 대한 숙명적 기다림이 준비되어 있을 뿐이었다. 사회적 모순이나 전란, 역질, 자연재해 등은 조선왕조가 끝나고 새로운 왕조가 도래하기 위해서는 거쳐야 할 전조(前兆)로만 파악되었다. 따라서 새로운 질서에 대한 구상은 없었다. 새로운 왕조의 도래와 역병, 전란, 자연재해, 기근으로부터의 해방은 당시 모든 민중들이 막연하게나마 품고 있던 일종의 환상적 유토피아였다고 생각된다. 그러나 노만 콘(Norman Cohn)의 지적처럼 이상사회에 대한 환상은 비참한 현실로부터의 도피처를 제공하주는 등 감성적 보상을 해주지만, 그 자체가 곧장 현실의 변화를 추구하는 역동적인 사회운동으로 연결되는 것은 아니었다.[33]

그러나 변란 주모자들의 생각과 행동이 인정과 민본 등 지배이념과 전혀 무관한 것은 아니었다. 무엇보다 변란 주모자들 가운데 일부가 조선왕조 건국 초기부터 인정의 요체 가운데 하나로 거론하고 있던 정전제(井田制)와 같은 토지개혁을 구상하고 있었던 데서 확인할 수 있다. 1804년 황해도에서 변란을 모의한 이달우(李達宇)는 "주(周)의 정전법이나, 당의 균전제"를 본받아 토지제도를 개혁할 것을 주장했고,[34] 1869년 경상도 진주 일

---

33) 노만 콘 지음, 김승환 옮김, 『천년왕국운동사』, 한국신학연구소, 1993, 274~275쪽, 386쪽.

34) 『推案及鞫案』(亞細亞文化社 영인본) 26권, 甲子罪人達宇義綱等推案, 597쪽.

대에서 변란을 기도한 양영렬(楊永烈)은 둔전법(屯田法)을 구상하였다고 진술한 바 있다.[35] 유학자들이나 변란 주도층이 주장한 토지개혁론은 모두 왕토사상에 근거한 것이었다. 1851년 구월산 일대를 무대로 변란을 모의한 기동흡(奇東洽=奇德佑)은 일찍이 고을의 삼정문란을 해결하기 위해 격쟁을 한 바 있다. 1853년 서울에서 변란을 기도한 최봉주도 민생이 곤궁한 것을 보고 제세(濟世)의 뜻을 펴기 위해 변란을 기도하였으며,[36] 앞서 언급했듯이 1869년 광양란의 민회행은 진주민란을 본받아 읍폐를 뜯어고치려 했다.

또한 변란을 일으키는 데 성공했을 때 보여준 주모자들의 행동에도 당시의 지배이념, 그리고 그와 관련하여 형성된 정치문화가 관철되고 있었다. 이필제란에서도 마찬가지였다. 우선 영해란 당시 군기고를 습격하여 군기를 탈취하고 부사를 죽인 다음 격문을 내걸었다. 격문에는 "우리들의 거사는 다만 본관(本官, 영해부사)의 탐학이 비할 바 없이 극심하기에 그 죄를 성토하려는 것이고, 읍민들을 해칠 마음은 전혀 없다"고 썼다.[37] 학정에 대한 처벌과 인정의 회복을 약속한 것이다. 조령작변에서도 역시 "세상일이 크게 변하여 생민의 고통이 오늘과 같은 적이 없다"는 점이 강조되었다.[38] 진주작변 당시 동참자들을 포섭하는 과정에서 토호무단(土豪武斷) 같은 지역 사회의 민폐에 대해 거론한 것도 같은 맥락에서 이해할 수 있을 것이다.[39]

---

35) 「慶尙監營啓錄 3」, 『各司謄錄 11』, 高宗 7年 6月 14日 양영렬 공초.

36) 『捕盜廳謄錄』 下, 辛亥 9月 海西獄事, 186~187, 195~198쪽.

37) 『寧海府賊變文軸』, 4월 22일 장성진 경추. 박주대, 『나암수록』, '영해적변일기', 87쪽에는 군민들에게 돈을 나누어 주고 술 3동이를 먹이며 말로써 위무한 것으로 기록되어 있다.

38) 「忠淸道監營狀啓謄錄」 6, 『各司謄錄』 7, 고종 8년 8月 16日, 정기원 공초.

39) 진주작변에 가담하였던 진주의 유학 장경로(張景老)에 따르면 권씨와 서씨 성을 가진 두 명이 찾아와 자신들이 "순무어사(巡撫御史)를 따르는 사람들이고 이 지역에

이필제는 영해를 떠나 영양으로 가는 도중에도 인근의 동민들을 모아놓고 위로하는 글을 써 보이거나, 격문과 함께 탈취한 돈 150냥을 다섯 동네의 두민(頭民)들을 통해 동민들에게 나누어주도록 하며 민심을 위무(慰撫)하였다.[40] 또 주변의 주민들을 잡아다가 병사로 삼자는 주장에도 반대하며 절대로 주민들을 동요시키지 말라고 하기도 했고, 민가에 방화한 부하들을 처벌하기도 했다.[41] 이러한 행동은 이미 몇 차례에 걸쳐 시도한 변란의 경험에 대한 반성을 통해 주민들의 호응을 얻어내려는 의도에서 나온 것이지만, 체제를 전복하려는 변란의 주모자들조차도 민본과 인정 이념을 기초로 형성된 당대의 정치문화로부터 자유롭지 않았음을 보여준다.

한편 1901년 제주에서 일어난 '이재수(李在守)의 난'은 정당성의 기반을 유교가 아닌 다른 사상이나 종교에서 찾은 것은 아니었지만, 인명살상이라는 면에서 매우 예외적이다.[42] 이재수란의 발단은 무엇보다 왕실에서 파견

토호가 백성을 침해하는 것"을 거론하며 동참을 설득하였다고 한다(「慶尙監營啓錄」 3, 『各司謄錄』 11, 고종 7년 5월 16일, 張景老 供招).

40) 『嶠南公蹟』, 4월 22일 장성진 경추, 4쪽, 4월 25일 한상엽 경추, 17쪽. 『寧海府賊變文軸』 3월 21일 권영화 공초에서는 3백냥을 촌민들에게 나누어 주었다고 한다. 그러나 그 후에 돈을 받은 5개 동의 두민들이 잡히는 것을 볼 때 두민들을 통해 읍민들에게 돈을 분급한 것으로 보인다(『寧海府賊變文軸』, 3월 28일 報 巡營). 박주대의 『나암수록』 '영해적변일기', 87쪽에는 군민들에게 돈을 나누어 주고 술 3동이를 먹이며 말로써 위무한 것으로 기록되어 있다.

41) 『嶠南公蹟』, 4월 26일 정창학 경추, 19쪽; 『嶠南公蹟』, 4월 26일 김창복 경추, 21쪽.

42) 이재수란에 대해서는 김옥희, 『제주도신축년교난사』, 천주교제주교구, 1980; 박광성, 「1901년 제주도 민란의 원인에 대하여-신축 천주교 박해 사건」, 『인천교육대논문집』 2, 1967; 정진각, 「1901년 제주민란에 관한 일고-소위 신축교난의 발생 원인을 중심으로」, 『한국학논집』 3, 1983; 김양식, 「1901년 제주민란의 재검토」, 『제주도연구』 6, 1989; 박찬식, 「한말 제주지역의 천주교회와 '濟州教案'」, 『한국근현대사연구』 4, 1996; 현광호, 「프랑스의 시각에서 본 1901년 제주민란」, 『한국민족운동사연구』 83, 2015 참조.

된 징세관 강봉헌의 가혹한 징세 때문이었지만, 당시 교세를 확장해 가던 천주교도들의 부당한 도민 침탈에 따른 제주도민들의 분노가 결부되어 있었다.[43] 관노(官奴) 출신 이재수를 포함한 지도부가 이끈 난은 1901년 4월에 발발하여 약 4개월간 지속되었으며, 비록 천주교도들이 먼저 공격했지만 관청의 무기고를 부수고 총과 포, 칼, 화약 등으로 무장한 반란군은 천주교도 600명 정도를 죽였다. 인명을 600명 정도 살해한 것은 조선의 민중운동에서 극히 이례적인 것이다.

이처럼 일반 민란에서는 상상할 수 없을 정도로 많은 인명 살상 행위가 일어났음에도 불구하고 난민들의 의식이나 난민들에 대한 왕조 정부의 태도 모두 민본과 인정 이념으로부터 벗어나 있지 않았다. 난이 진행 중이던 1901년 4월 20일 왕조 정부에서는 궁내부 특진관 황기연을 찰리사(察理使)로 임명하면서 "백성들을 고통스럽게 하는 고질적인 폐단을 철저히 조사하도록 하고 바로잡고 조처할 방도를 강구하여 백성들을 안주시킴으로써 '보살피고 돌보아 주는 조정의 지극한 뜻[朝家懷綏撫恤]'을 보이도록 하였다.[44] 이에 대한 '민당(民黨)'의 반응도 같은 맥락에서 이해할 수 있다. 제주 목사가 직접 대정에 있던 민회소에 가서 효유하자 장두(狀頭)는 다음과 같이 말하였다.

> 군의 사또는 백성들의 부모인데, 여러 차례 간곡한 효유가 있었으니 어찌 황감(惶感)하지 않겠습니까? 이러한 뜻으로 여러 백성에게 두루 알리

---

43) 이재수의 난은 1898년 2월 제주 목사의 학정과 가혹한 징세에 반발하여 일어난 방성칠의 난과 연속된 성격이 강하였다. 방성칠의 난에 대해서는 조성윤, 「남학당의 활동과 방성칠란」, 『제주도연구』 3, 1986; 오세창, 「1898년 제주 방성칠란고」, 『한국민족운동사연구』 21, 1999 참조.

44) 『승정원일기』, 고종 38년 4월 20일.

니 여러 백성들 중에서 눈물을 흘리는 자가 많았습니다.[45)]

'백성의 부모[民之父母]'라는 표현은 "백성들이 좋아하는 것을 좋아하고, 백성들이 싫어하는 것을 싫어하는 것을 '백성의 부모'라고 한다."라그 한 맹자의 말을 가져온 것이다.[46)] 역시 민본 이념이나 인정과 직결되는 표현이다. 이재수의 난은 다른 민란과 달리 수백 명이 살상되는 엄청난 사건이었음에도 불구하고 교형을 받은 자는 대정(大靜)의 향장(鄕長)으로서 장두로 활동하였던 오대현(吳大鉉)과 또 다른 주도자인 이재수와 강우백(姜遇伯) 등 3명에 불과하였다.[47)] 또 다른 주도층인 김남혁(金南赫)과 조사성(趙士成)이 태(笞) 100에 징역 15년을, 고영수(高永守)와 이원방(李元方)이 태 100에 징역 10년의 처벌을 받는 데 그쳤다.[48)]

이러한 결과는 이재수의 난이 무엇보다 종교적 갈등이 깊이 개입된 사건이었다는 점과 관련이 있을 것으로 보인다. '반란군'은 유교를 수용하고 국왕의 신민으로서 정체성을 지녔던 반면, 상대방은 불과 십 수 년 전까지만 해도 조선왕조로부터 사학(邪學)으로 규정되어 극단적인 탄압을 받던 천주교도였기 때문이다.[49)] 이 점에서 이재수의 난은 지배체제나 이념에 대한 도전이라기보다는 오히려 그 반대로 지배체제와 이념을 수호한다는 성격이 있었다.[50)] 난이 진압된 후 이재수를 포함하여 난의 지도자 3명이 처

45) 金允植, 『續陰晴史』(下), 光武 5년 5월 21일, 565쪽.

46) 《孟子》, 〈梁惠王 下〉

47) 『고종실록』, 고종 38년 10월 9일.

48) 『司法稟報(乙)』 30, '제주 대정현 작변 죄인 김남혁 등 처벌에 관한 문의', 光武 5年(1901) 10月 9日[https://db.history.go.kr/id/mk_035_0300_1000(accessed 2025. 09. 01)]

49) 당시 조선에서는 천주교도에 대한 폭력을 당연시하였다(W. E. 그리피스 지음, 신복룡 역주, 『은자의 나라 한국』, 집문당, 1999, 496쪽).

50) 이재수의 난에서 반란군이 이재수의 난에 대한 기억이 전승되고 변화해온 과정을

형되었지만, 인명살상 규모에 비하면 처형된 사람이 매우 적었던 것도 이런 맥락에서 이해할 수 있을 것이다.[51]

(2) 민란의 정치문화: 민본과 인정 이념의 회복

1) 19세기 이전의 집단행동과 정치문화

민란은 특정한 고을의 농민들이 주로 부세의 과다한 징수나 부세와 관련된 관리들의 부정에 항의하여 일어난 민중운동으로 그 범위는 군현의 경계를 넘지 않았다. 부세문제와 관련하여 불만이 있을 때 주민 가운데 일부가 먼저 모여서 주도적으로 의견을 교환한 다음 더 많은 주민의 의견을 모으기 위한 집회를 개최하였다. 집회는 주로 사람들이 많이 모이는 장날 장터에서 열렸으며, 사전에 통문을 돌려 그 사실을 주민들에게 알렸다. 집회에서는 지방관에게 청원할 요구사항이 정해지고, 관청에 가서 탄원서를 올릴 대표자들이 선임되었다. 대표들은 관청에 가서 탄원서를 올리지만, 대부분의 수령들은 그 내용을 받아들이지 않았다. 오히려 대표자들에게 태형을 가하고 수감하거나 쫓아냈다.[52] 민란은 이와 같이 주민 가운데 일부 주도자들이 중심이 되어 주민들의 의견을 수렴해 청원서를 작성하고, 청원서

추적한 왈라번Boudewijn Walraven은 "이재수는 스스로를 국가의 적들과 싸우는 '의병'으로 생각하는 듯하였다"라고 하였다(Walraven, Boudewijn, "Cheju Island 1901: Records, Memories and Current Concerns", *Korean Histories,* Vol. 1.1(www.koreanhistories.org), 2009, p.13.). 이러한 면이 국가의 적인 '이교도' 천주교도들에 대한 대량 학살로 나타났다고 볼 수 있다.

51) 예컨대 1862년에 일어난 전형적 민란이라 할 수 있는 진주민란에서도 효수된 주모자들이 10명에 이르렀다(『철종실록』, 철종 13년 5월 23일).

52) 19세기의 대표적 민란인 1862년 민란에 대해서는 망원한국사연구실 19세기농민항쟁분과, 『1862년 농민항쟁』, 동녘, 1988 참조.

를 수령에게 올렸으나, 그것이 받아들여지지 않았을 때 일어났다.[53)]

물론 19세기 이전에도 민란까지 진행되지 않았을 뿐, 지방관 등 탐관오리에 대한 불만을 표출하는 행동이 없지는 않았다. 이 가운데는 향촌 주민들이 억울하거나 부당하다고 판단되는 일이 발생했을 때 집단으로 관아로 몰려가 '관아 문 앞에서 함께 우는 행동', 곧 '관문회곡(官門會哭)'을 하거나, 억울하거나 불만이 있는 사안을 글로 써서 집단적으로 올리는 행동[等訴, 呈訴]도 있었다. 또 수령이나 관리, 관아 등을 직접 공격하는 행위도 적지 않았지만, 민란과 같이 많은 주민들이 '공론'을 통해 논의하고 자발적으로 혹은 동원 강제에 의해 집단적으로 참여하여 관아를 점령하고 수령을 쫓아내거나, 부민들이나 이향층의 집, 나아가 관아의 건물까지 불태우는 사례는 거의 없었다.[54)]

몇 가지 예를 들면 1695년(숙종 21) 충청도 옥천에서 민인들이 관아의 대문에 모여 곡을 한[會哭官門] 것을 비롯하여[55)] 숙종, 경종, 영조 연간에도

53) 물론 모든 집단적 불만이 민란으로 연결된 것은 아니다. 특히 주민들이 등장(等狀)을 올리거나 다른 방식으로 집단적 민원을 제기할 때 수령이 그것을 수용하여 바로잡으려는 의지를 보일 경우 민란으로 연결되지는 않았다. 1888년(고종 25) 북청 백성들이 남병사 이용익(李容翊)의 탐도불법(貪饕不法)에 반대하며 거화(擧火)하였으나, 자신들의 요구가 받아들여지지 않자 읍민들은 다시 연명으로 등장(呈狀)을 올렸다. 이에 조정에서는 이용익을 파직함으로써 민란으로 이어지는 사태가 방지되었다(『비변사등록』, 고종 25년 7월 8일). 뒤에서 살피겠지만, 1893년 오횡묵이 고성부사로 부임하였을 때 주민들로부터 부당하게 납부한 세금을 조사하여 바로잡아 달라는 등장을 받고 그 자리에서 주민들의 요구를 받아들여 조사를 하였고, 그 결과 부당한 징수로 판명된 3,350냥 정도를 돌려줌으로써 역시 민란이 미연에 방지되었다(『고성부총쇄록』, 1893년 3월 10일, 17일, 18일). 물론 이러한 조치에 대해 주민들의 불만이 완전히 해소된 것은 아니었기 때문에 이듬해에 결국 고성민란이 발발하였다.

54) 망원한국사연구실, 앞의 책, 15~22쪽; 한상권, 「18세기 중·후반의 농민항쟁」, 『1894년 농민전쟁연구 2 : 18·19세기의 농민항쟁』, 역사비평사, 1992.

관문회곡은 이어졌다.[56] 또 1745년(영조 21) 제주도에서는 기병과 보병에게 백랍(白蠟)과 표고(蔈古) 등의 물건을 바치도록 독촉하는 조정의 명령에 반발한 유품(儒品) 무리가 날마다 거칠게 호소하다가 깊은 밤에 객사의 전패(殿牌)를 봉안하는 곳에서 회곡하는 일이 일어나기도 했다.[57] 관문에 모여 곡을 하는 집단행동이 잇따르자 이를 금지하는 법을 만들었고, 이를 1746년(영조 22) 편찬된 『속대전』에 수록하였다. 내용은 "수령에게 발악하며 성묘(聖廟) 혹은 관문(官門) 밖에 회곡(會哭)하는 자는 장 1백에 3천리 유배형"에 처한다는 것이다.[58] 매우 엄중한 처벌을 규정하고 있었지만, 그 이후에도 관문회곡은 순조연간까지 기록이 남아있다.[59]

'회곡관문' 이외에도 수령에 대한 좀 더 직접적인 공격이 일어나기도 했다. 1721년(경종 1년)에는 석성(石城)의 수령이 돌팔매질로 곤액(困厄)을 당하였고, 회인(懷仁)에서는 소송에 불만을 품은 주민에게 수령이 움켜잡혀 질질 끌려 다니는 모욕을 당했으며, 낙안(樂安)에서는 향색(鄕色)이 관장을 구타한 일이 일어났다.[60] 수령을 직접적으로 공격한 이상의 사례들은 매우 개별적 불만이나 복수를 위해 일어난 것으로 보이지만, 좀 더 집단성을 띠는 사례들도 없지 않았다.

55) 『비변사등록』, 숙종 21년 11월 8일. 수령에 불만을 표시하는 회곡 행위는 관아의 문밖에서 하는 경우가 대부분이었지만, 향교에서 행하기도 했던 것으로 보인다(『경종실록』,경종 1년 5월 3일).

56) 『승정원일기』, 숙종 22년 2월 14일; 『경종실록』, 경종 1년 4월 30일, 경종 1년 5월 3일; 『승정원일기』, 영조 8년 3월 12일.

57) 『승정원일기』, 영조 21년 5월 12일.

58) 『續大典』, 刑典, 推斷[儒生發惡於土主]. "儒生發惡於土主, 會哭聖廟或官門外者, 杖一百流三千里. 只參通文者, 徒配"

59) 『승정원일기』, 영조 22년 3월 28일; 『승정원일기』, 순조 8년 6월 23일; 黃海監營狀啓謄錄 9, 『各司謄錄』 22, 718쪽.

60) 『경종실록』, 경종 1년 4월 30일, 경종 1년 5월 3일; 경종 1년 윤 6월 13일.

1721년(경종 1) 청주에서 사인(士人) 박세명(朴世命), 이순장(李舜章), 이후근(李後近), 노 사담(士潭) 등이 금성(金城)과 오근(梧近) 두 곳의 창고에 마음대로 들어가 환곡미를 가지고 나온 일이 있어나자 이들을 효수할지의 여부를 둘러싸고 논란이 일어나기도 했다.[61] 그 직후 청산에서도 사인 신항(申恒)이 양반 10명과 평민 12명을 창솔(倡率)하고 관아의 창고를 멋대로 열고 들어가 저장해 둔 국곡(國穀)을 나누어 사용하였다.[62] 창고를 털어 국곡을 훔쳐간 사건은 모두 작변(作變)으로 규정되어 효수할 것을 둘러싸고 논란이 일어날 정도로 심각하게 받아들여졌다. 다만 특정 개인이나 몇 사람의 주도로 모여 일으킨 행위였지만, 어떤 배경과 목적에서 일어난 것인지 분명치 않으며, 지역 주민들과의 논의나 공론을 모으는 과정이 전혀 보이지 않는다는 점에서 일반적 민란과는 다르다.

이러한 '작변'과 달리 주민들 간의 논의나 '공론'을 모으는 과정을 거쳤을 것으로 보이는 등소나, 민란과 유사한 집단행동이 일어나기도 했다. 예컨대 제2장에서도 언급했듯이 영조대에는 경상도의 거창과 개령 백성들이 결당하여 관창(官倉)에 돌입하여 환곡의 출납부를 불태운 사건이 있었고,[63] 정조 연간에는 북청 부사 고익경(高益擎)이 환곡납부를 거절한 주민을 잡아 태형을 가하려 하자, 수십 명의 주민들이 관아에 침입하여 곤장을 빼앗고 결박을 풀어주었으며, 수령에게도 욕을 한 일이 있었다.[64]

관찬기록에는 보이지 않지만, 곡산민의 집단행동에 대해 정약용(丁若鏞)은 다음과 같은 흥미로운 기록을 남기고 있다. 1797년(정조 21)에 정약용이

---

61) 『승정원일기』, 경종 1년 6월 29일, 경종 1년 윤 6월 7일, 경종 1년 윤 6월 8일 경종 1년 윤 6월 20일; 『경종실록』, 경종 1년 6월 29일.

62) 『승정원일기』, 경종 1년 윤 6월 8일.

63) 『영조실록』, 영조 31년 12월 25일.

64) 『정조실록』, 정조 8년 3월 27일.

곡산부사로 부임하기 전에 전임 부사가 포수보(砲手保) 면포 1필을 돈 9백 전으로 대징(代徵)하자 이에 불만을 품은 이계심(李啓心)이 소민 1천여 명을 이끌고 관아로 들어가 소란을 피우는 일이 있었다. 정약용이 부임하는 행차가 곡산 경내에 들어섰을 때 이계심이 나타나 민막 12개조를 열거한 소첩(訴牒)을 올렸다. 다산은 이계심을 처벌하기는커녕 석방하면서 "수령이 밝지 못한 이유는 백성들이 제 몸을 돌보는 데 민감해서 폐막을 들어 수령에게 대들지 않기 때문이다. 너와 같은 사람은 관에서 마땅히 천냥을 주고 사야 한다."고 하였다.[65] 또 정조 연간에는 "먼 지방의 간사한 무리[遐方奸細之徒]"가 돈을 거두어 상경하여 머물면서 기회를 엿보다가 성안에 동가(動駕)할 때 격쟁하는 일,[66] 향곡(鄉曲) 간민배(奸民輩)들이 민막(民瘼)을 핑계대고 상언하고 혹은 격쟁하는 일이 이어지고 있었다.[67]

특히 지역 주민들의 집단적 항의나 저항에는 앞서 언급한 바, 상대적으로 '개별적' 성격이 강하였고, 분명한 원인도 불분명한 사례들과 달리 확실히 인정을 배반하는 지방관에 대한 저항의 성격이 뚜렷하였다, 정약용이 이계심을 석방한 것 역시 '난민'들의 집단행동이 무엇보다 탐관오리에 의해 짓밟힌 인정을 회복하려는 데 있었음을 잘 알고 있었기 때문이라 생각된다. 이러한 사례들은 모두 민란의 시대를 예고하는 현상들이었다.

민란은 19세기 중반부터 이전 시기에 비할 수 없을 만큼 자주 일어나기 시작하였다. 전국 70여 개 이상의 고을에서 일어난 1862년의 임술민란이 가장 대표적이다.[68] 민란을 일으킨 민중은 일부 죽창으로 무장한 사례도

---

65) 정약용, 「自撰墓誌銘」(박석무 역주, 『茶山散文選』 31~32쪽).

66) 『승정원일기』, 정조 7년 7월 12일.

67) 『승정원일기』, 정조 8년 8월 20일.

68) 최근 송찬섭은 1862년 농민항쟁 발발 지역을 첫째 감사를 통해 직접 중앙에 보고된 사례, 둘째 파견 관리들이 보고한 사례, 셋째 중앙에 전혀 보고되지 않은 사례로 나

있었다고 알려지기도 하지만, 대체로 몽둥이로 무장하였으며,[69] 수백 명 내지 수천 명이 가담한 것으로 기록되어 있다. 그러나 특정 군현의 범위를 넘어 다른 군현과 합세하는 사례는 없었고,[70] 왕조 정부에서 국왕이 보낸

누어 살펴보았으며, 사건의 규모와 관계없이 1862년 한 해 동안 70여개 이상의 지역에서 다양한 형태의 저항과 갈등이 일어났고, 이는 큰 틀에서 농민항쟁의 양상으로 파악할 수 있다고 하였다(송찬섭, 「1862년 농민항쟁의 발발지역 검토」, 『역사연구』 42, 2021). 물론 관찬자료 등에 기록된 것보다는 훨씬 많은 사건들이 있었을 것으로 보인다. 19세기 이전이나 19세기를 막론하고 각 지역에서 일어난 민란 가운데 관련 기록이 전혀 없는 경우나 발발 사실만 알려주는 경우도 적지 않았을 것으로 보인다. 예컨대 1890년 8월 무렵 남원에서 민란이 크게 일어났다는 기록이 있으나, 현재로서는 관찬기록은 물론 다른 어느 기록에서도 이와 관련된 사실이 확인되지 않는다(기행현 저, 배종옥 외 역, 『홍재일기』 1890년 8월 26일, 전북대 이재연구소, 2022, 578쪽).

69) 1862년 민란에서 죽창이 등장하는 것으로 보고된 것은 함평민란이 유일하다(『龍湖閒錄』 3, 57~58쪽; 『壬戌錄』, 66쪽). 민란에 무기가 거의 등장하지 않는 점은 동학농민전쟁(1894)은 물론 광양란(1868) 등 변란에서 처음부터 죽창이 무기로 사용되었고, 총포까지 사용되었다는 점과 크게 대조되는 모습이다.

70) 충청도 은진현 주민 '수천 명'이 전라도 여산부를 습격하여 민가를 불태운 일이 있었다. 이에 대해 조정에서는 "다른 도나 다른 고을에서 관계되지 않는 일로 심지어 인가를 불태운 일"이라는 점을 특별히 지적하며 의아해 하고 있었다(『승정원일기』, 철종 13년 5월 21일, 5월 22일). 이는 은진의 강경포와 여산의 나암포 사이의 상권 쟁탈 문제와 관련되었을 것으로 추측되기도 하지만(망원한국사연구실, 앞의 책, 359쪽), 분명한 이유에 대해서 구체적으로 전하지 않고 있으며, 은진과 여산 주민들이 공모한 것은 아니었던 것으로 보인다. 또 익산민란에 서울과 영남에 거주하는 인물이 주도층에 포함된 사례(『龍湖閒錄』 3, 64쪽), 공주민란에 서울에 사는 진유완(陳有完)과 영남에 사는 서정호(徐正浩)가 참여한 사례 등이 있지만(『龍湖閒錄』 3, 77쪽), 개별적 차원에서 참여한 것으로 보이며, 지역 주민들 간의 연대가 이루어진 것은 아니었다. 이는 '민요(民擾)가 지경(地境)을 넘으면 반란이 된다'는[張奉善, 「全琫準實記」 『井邑郡誌』(『동학농민전쟁연구자료집』 1, 여강출판사, 1991에 재수록), 353쪽] 당시의 인식에 규정된 바가 컸을 것으로 보인다. 한편 경상도 함양에서는 17세의 총각이 50여명의 함양 주민을 거느리고 정씨들이 사는 마을에 들어가 민

안핵사(按覈使)가 오면 해산하는 것이 일반적이었다. 민란이 지속된 기간은 길어야 1개월 전후가 대부분이었고, 어느 민란에서도 왕조체제를 부정하려는 흔적은 없었다. 국왕은 여전히 존숭의 대상이었고, 부정부패와 혼란을 바로잡아줄 구원자였다. 이러한 민란의 양상은 1894년 동학농민전쟁이 일어날 때까지는 물론, 그 이후 20세기에 들어서도 이어졌다.

민란의 원인은 지역 주민의 신분적 구성이나 부세부담의 구체적 내용, 수령의 선치와 폭정의 여부나 정도 등에 따라 조금씩 차이가 있었지만, 가장 중요한 원인은 민본과 인정 이념을 배반한 지방관과 이서배의 탐묵과 가혹한 수탈 때문이었다. 난민들이 요구하는 핵심도 민본과 인정 이념의 회복이었다. 민란이라는 비일상적 혼란이 극단으로 치닫지 않고 곧 수습되어 사회적 통합과 질서를 회복하게 되는 것도 인정을 베풀겠다는 국왕의 약속에 의해서였다. 국왕은 인정을 제대로 펼치지 못하였거나 방기한 점에 대해 백성들에게 '사과'하고, 인정회복을 약속함으로써 질서를 회복하고 체제를 유지해나갈 수 있었다.

2) 19세기 민란의 발발과 정치문화

지역에 따라서는 대민과 소민 간의 갈등, 곧 신분이나 경제적 불평등에

가를 부수고 방화하였으며, 읍내로 들어와 관속들의 집을 부수고 이서배 3명과 주민 2명을 살해했다. 이들은 둔취해 있으며, 전라도 장수현에 통문을 보내 장수민들에게 원통한 일이 있으면 바로 장수로 가겠다고 하였다. 남원에도 통기(通奇)하여 악질적 이서배 7명을 타살한 뒤 답신을 보내라고 하며, 만약 자기들의 명을 따르지 않으면 가서 때려죽이겠다고 하였다. 인근 여러 읍에 진주 여당(餘黨)들이 산재(散在)하며 상응하였는데, 임실, 금구, 거창 등지에도 이러한 통지가 있었다고 한다(『龍湖閒錄』 3, 51~52쪽). 그러나 이러한 지역 간 통문이나 호응 등에 관한 내용은 소문으로 전해들은 것을 기록한 것으로 실재 여부를 확인할 수는 없으며, 이와 관련된 더 이상의 기록도 남아 있지 않다.

따른 갈등이 할당된 세역을 분정하는 기준이나 원칙 등을 둘러싸고 예각화하면서 민란의 주요한 원인이 되기도 하였다. 예컨대 "민들이 관리들에 대해 원수처럼 원한이 쌓였지만, 대민이 소민을 침해하는 것은 더욱 감당하기 어려운 것이다"는 표현은[71] 그러한 사정을 대변한다. 물론 이러한 표현에는 민란의 주요 원인을 대민들 탓으로 돌리려는 관측의 의도 내지 인식이 짙게 배어있을 수 있고, 대민과 소민의 갈등을 더욱 민감하게 한 근본 원인은 관권으로부터 내려오는 부당하고 과도한 부세 투과였지만, 대·소민간의 갈등이 심각하였음도 분명하다.

예컨대 1862년에 일어난 상주민란에서 대민들은 포흠된 환곡 4만석의 모곡 4천여 석에 대해 수식(受食) 여부에 관계없이 모든 민호에 균배(均配)하여 해결하자고 하였다. 그러나 소민들은 기본적으로 이서배들이 포흠한 것을 백성들에게서 거두어 메워 넣는 것을 반대하였고, 만약 향민들에게 균배한다면, 호구를 기준으로 하는 것이 아니라 7,000여 결에 이르는 토지에 결당 2냥씩 배정하여 마련하자고 주장하였다.[72] 1890년 함창민란에서도 당시 관이나 대민 측에서는 부세 부담 방식을 "대소민인들이 모두 모인" 향회를 통해 결정했다고 주장하였지만, 거기에 모인 사람은 관권과 결탁하거나 그 하수인에 불과한 사족 몇 명을 비롯하여 역시 관권의 통제 하에 있던 면임, 동임들이었고, 소민들은 바로 면임, 동임을 지칭한 것이었다. 향중공론은 관권의 강요를 받은 수십 인에게 억지로 동의를 받아내는 형식적 절차를 통해 조작된 것이었다.[73] 이러한 대립 구도와 그에 따른 불만은

71) 『壬戌錄』, 224쪽.

72) 『壬戌錄』, 205쪽.

73) 송찬섭, 『농민이 난을 생각하다』, 서해문집, 2004, 43쪽. 송찬섭에 따르면 함창농민항쟁에서 이방 김규목은 자신이 포흠한 공곡을 메우기 위해 강압적으로 향민들을 모은 다음 "대소민인"이 모두 모여 민인들이 자원하여 조세를 추가 납부하려 한 것

민란 당시 난민들의 행동에서도 표출되었다. 임술민란 당시 상주와 선산 등지에서는 민요를 일으킨 주민들이 불을 지른 것은 오로지 양반 호수[班戶首]의 집이었다. 그것은 양반 토호들이 평소에 저지른 작폐에 대한 소민들의 분노가 쌓여 있었기 때문이다.[74]

『함안군총쇄록』에는 소수의 대민들이 향중공론을 좌지우지하고, 수령까지 축출할 정도로 위세를 과시하며 소민들을 침탈하고 있는 실상이 잘 나타나 있다. 1889년 함안 백성들이 올린 등장 내용을 보면, 대민들이 "남당과 북당으로 나누어 아전과 향임들을 서로 자기 측 인물을 내세우기 위해 대립하면서 수시로 향회를 열었으며, 모임 때 술과 음식을 지나치게 소비하여 그 비용 1,600냥을 향회에서 각 면에 분배하여 징수하기로 결정"하기도 했고,[75] "혹은 향회라 칭하고 혹은 개인적인 일로 향교에 무상으로 출입하면서 술과 음식을 허비하여 향교의 재산을 거덜"내기도 했다.[76]

또한 진사 이수영은 일읍의 요부(饒富)이면서도 마음이 어질지[仁] 못해, 수시로 관아를 출입하며 고을 백성들을 모함하였으며, 남의 무덤 3곳을 파내게 하고 그 자리에 자기 아내의 무덤을 쓰거나, 자기의 전답을 사사로이 재결로 처리하여 관에 보고하는 행태를 보이고 있었다.[77] 특히 북당의 영

으로 포장하려 하였다. 그러나 그 자리에 모인 사람들은 주로 면임, 동임 등이 중심이 되었고, 나아가 향리들은 반대의견을 제시하는 사람들에게 잡아들여 형추하겠다고 협박하는 등의 방법으로 '공론'을 조작하였다(송찬섭, 「1890년 함창농민항쟁의 성격」, 정만조 외, 『조선의 정치와 사회』, 집문당, 2002, 857~858쪽).

74) 『일성록』, 철종 13년 7월 8일; 『승정원일기』, 철종 13년 7월 8일; 『龍湖閒錄』 3, 74쪽, 90쪽.

75) 『경상도함안군총쇄록』, 1889년 5월 6일.

76) 『경상도함안군총쇄록』, 1889년 5월 4일.

77) 『경상도함안군총쇄록』, 1889년 5월 6일. 이러한 토호들의 행태에 대해 정약용은 "7월 초순에 비로소 서원청(書員廳)을 개설하는데, 소와 돼지를 잡고 오얏과 외를 물에 띄우며, 계로주(桂露酒)·죽력주(竹瀝酒)는 향기가 강렬한데 기생과 광대는 가장

수 조윤수는 함안의 대표적 이족인 조영환과 결탁하여 전임군수를 쫓아낼 정도로 향권을 행사하고 있었다.[78] 그러다가 돈(아마도 앞서 언급한 1,500냥을 말하는 듯함-필자)을 거둔 죄목으로 감영의 감사를 받고 감영 옥사에 갇히게 되었으나, 한 달 쯤 뒤 신병으로 빠져 나와 서류상으로만 갇혀 있었을 뿐, 향회에도 참석하여 여전히 '향중공론'을 주도하고 있었다.[79] 소수의 대민들이 향권을 장악하고 자기들의 이권에 방해가 될 경우 수령까지 축출할 정도로 전횡하고 있었음을 보여준다.

이에 따라 적지 않은 지역에서 대민과 소민 간의 갈등도 민란 발생의 중요한 하나의 요인으로 작용하였지만, 민란이 발생하는 핵심 원인은 인정을 배반한 탐관오리들의 가혹한 학정에 있었다.[80] 탐관오리의 학정과 탐묵의 전형은 19세기 최초의 민란이라고도 볼 수 있는 1808년 3월 단천민란에서 확인할 수 있다. 당시 향인(鄕人) 김형대(金亨大) 등은 좌수를 쫓아내고 관문에 들어간 다음 몽둥이를 가지고 관아에 올라가서 부사 김석형(金錫衡)을 쫓아냈다.[81] 단천 부사 김석형의 탐학과 불법행위는 그 뒤로 더욱 구체적으로 밝혀졌으며, 그 적나라한 탐학상은 관찬자료에서도 거듭 확인되고 있었다.

하고 술상이 어지럽게 흩어진다. 그들이 들판에 나가서 가을 농사를 크게 볼 때엔 먼저 부유한 백성의 잘 여문 전지를 택해서 거짓 재상[僞災]을 미리 팔아, 현령과 감사가 비록 서너 차례 삭제해도 진짜 재상[眞災]이 삭감을 당할지언정 거짓 재상은 요지부동이니, 그 죄악이 이와 같다"고 지적하였다(『經世遺表』 권7. 地官修制, 田制 7).

78) 『경상도함안군총쇄록』, 1890년 7월 12일.

79) 『경상도함안군총쇄록』, 1889년 4월 23일.

80) 물론 지역에 따라서는 1862년의 상주민란이나 선산민란처럼 대민과 소민 간의 갈등이 중요한 원인이 된 곳도 있었다.

81) 『순조실록』, 순조 8년 3월 30일.

김석형이 고을에 있을 때 끝없는 탐욕을 부려 백성의 재물을 빼앗고, 무고한 사람을 무함하고, 뇌물의 문을 크게 열었으며 혹은 불효불목(不孝不睦)이라 칭하고, 혹은 과부를 겁탈하고 양녀와 사통했다고 하고, 혹은 금송(禁松)을 몰래 베어 사상(私商)에게 밀매했다고 하고, 혹은 승려가 환속했다고 하고, 혹은 승려가 촌부녀를 간음했다고 하는 등 온갖 명색으로 죄목을 만들어 공갈협박하고 뇌물을 요구하였습니다. 또 자리를 판 것은 좌수(座首)·향소(鄕所)·창감(倉監)·중군(中軍)·천총(千摠)·파총(把摠)·초관(哨官)까지 아침에 임명하고 저녁에 갈아치우며, 어제 교체하고 오늘 유임시키면서 각기 정해진 값을 받았고, 또 공명첩을 모든 집에 주고 협박하여 은자(銀子)를 수봉하고, 자리의 높낮이에 따라 값의 다소를 논하였습니다. 또 진(津)과 포구의 선박에 모두 장표(掌標)가 있는데 상세(商稅)라 하면서 과외(科外)로 중복 징수하였습니다. 본읍의 은점(銀店)에는 본래 공세(公稅)가 있는데도 불구하고 새로 판 굴을 조사한다거나 몰래 채굴한 것은 공(公)에 속한다는 핑계로 광산의 은을 강제로 빼앗았고, 병 없는 친기위(親騎衛)를 병이 있다고 하고 죄가 없는데도 있다고 하여 번번이 제거하고 다른 사람으로 임명하였으며, 뇌물을 받고 세역 부담에서 빠지는 것을 허용하고, 읍민의 가자첩(加資帖)을 위조라고 하면서 트집을 잡아 돈을 바치게 하고, 하리(下吏)의 방장(房掌)을 풍박(豐薄)으로 분배하여 돈을 요구하기를 마치 수봉해야 할 것처럼 하였고, 각 진의 어물(魚物)을 혹은 일용(日用)이라고 하고 혹은 별수(別需)라고 하고 혹은 수세(水稅)라고 하여 7진(津)의 어부에게 강제로 수봉하였습니다. 심지어는 춘추로 조련하는 군관에게 거두고, 살인사건과 민간의 사송(詞訟)을 조종하여 뇌물을 받고, 이 밖의 수많은 명목을 일일이 들기도 어렵습니다. 생령은 도탄에 빠지고 닭과 개까지 편치 못합니다. 농민과 상인이 생업을 잃고 부녀자와 어린 아이가 살 곳을 잃었으며, 술집 주인이나 가게의 백성, 군졸과 승려가 소란스럽기가 난리를 만난 듯하여 속을 썩이고 골치를 앓으면서 하늘에 호소하려 해도 길이 없습니다[籲天無階].[82]

82) 『비변사등록』, 순조 9년 6월 17일, 순조 12년 6월 11일.

농민과 상인, 술집 주인이나 가게의 백성, 군졸과 승려 등 실로 다양한 직군의 백성을 대상으로 상상조차 하기 어려울 정도의 다양한 방법으로 가혹한 수탈과 폭정을 자행하였음을 알 수 있다. 이처럼 한량없는 탐묵과 수탈을 자행하는 탐관오리에 대해 '민국(民國)의 원수'로 규정하기도 했지만,[83] 탐관오리에 대한 처벌은 그들이 저지른 가혹한 수탈과 탐묵행의에 비해 약하였다. 조정에서는 엄히 처벌할 것을 지시했지만, 가벼운 처벌에 그치거나, 유배 등 무거운 처벌을 받더라도 얼마 지나지 않아 사면되거나 영전하는 사례도 적지 않았다.

이어지는 수탈과 학정에 따른 원억과 분노는 결국 1862년 삼남 일대 전역을 뒤흔든 임술민란으로 폭발하였다. 국왕은 삼정이정청 설치를 지시하면서 민란의 원인을 다음과 같이 지적하였다.

> 요즈음 삼남에서 백성들의 소요가 일어났는데 거의 읍마다 그렇지 않은 곳이 없으니, 이것이 참으로 어떠한 변괴인가. (중략) 탐욕스런 수령들이 침학하고 간사한 향임과 교활한 서리들이 주구(誅求)하니, 뼈에 사무치는 원통함과 살갗을 벗기는 듯한 고통은 죽을 수도 살 수도 없기에 스스로 분수와 기강을 범하는 데로 돌아감을 깨닫지 못한 것이므로 그 실정을 따져보면 또한 슬프다고 할 수 있다.[84]

한편으로는 탐묵한 관리에 대한 처벌과 부당한 부세운영의 시정 등을 통해 민중에게 사과할 것을 강조하였지만, 통치기강의 문란 속에서 탐관오리의 부정부패와 학정은 돌이키기 어려운 상황을 향해 치닫고 있었다. 동학농민전쟁을 얼마 앞둔 1890년 경주 영장 유봉준(兪鳳濬)의 탐학상은 이

---

83) 金載瓚, 『海石日錄』 4, 순조 8년 5월 22일.

84) 『철종실록』, 철종 13년 5월 25일.

시대 탐관오리의 전형을 보여준다.

> 부임하는 길에 따라가는 사람이 너무 많았고 불법으로 말을 타고 멋대로 토색하여 거의 한정이 없었으니, 지나가는 역참마다 피해가 미치지 않은 곳이 없었습니다. (중략) 불량배들과 체결하여 무고한 백성들을 함부로 잡아 혹 효도하지 않았다〔不孝〕거나 화목하지 않았다〔不睦〕는 것으로 얽어 소[牛]로 대속(代贖)하거나 소나무로 대속하는 함정에 빠뜨렸습니다. 침색(侵索)하는 것이 비할 데가 없고 탐내고 욕심을 부리는 것이 더욱 방자하여 평민을 속여 잡아 적도(賊徒)라 뒤섞어 부르고, 거짓으로 보고했다고 주리를 트는 형벌을 가하여 뇌물을 봐가면서 조종(操縱)하며, 샅샅이 조사하여 조금이라도 여유가 있으면 하나도 남겨 둠이 없었으니, 그 가산을 기울어 탕진하는 사람이 거의 수백 명이었고 타향으로 떠도는 사람도 손을 꼽아 헤아릴 수가 없었습니다. 사대부의 집을 함부로 침탈하는 일까지 있자, 능(陵)과 전(殿)을 맡아서 관리하던 하인들이 뿔뿔이 흩어졌으며 전후하여 억지로 탈취한 돈의 수량이 2만여 냥이나 된다고 호소하는 문서가 분분하고 원성(怨聲)이 자자하여 특별히 채탐(採探)하니 소문과 똑같았습니다.[85]

신분과 방법을 불문한 가혹한 수탈과 끔찍한 토색 행위의 실상을 잘 보여준다. 특히 불효와 불목으로 몰아 돈을 뜯어내는 모습은 1893년 1월에 일어난 고부봉기 당시 고부 주민들이 제시한 군수 조병갑의 탐학상과 흡사하다. 이러한 탐학상은 그칠 줄 모르고 이어졌으며,[86] 국왕이나 치자층은

85) 「慶尙監營啓錄」 6, 『各司謄錄 11』, 고종 27년 8월 18일.

86) 농민전쟁 발발 직전인 1894년 2월 청주 연제(蓮堤)에서 민란이 일어났는데, 원인은 병마절도사 이정규의 부정부패 때문이었다. 충청 병사 이정규(李廷珪)의 무단(武斷) 행위 역시 가히 일일이 거론하기조차 어려울 정도로 다양하였는데, 불법적으로 빼앗은 돈이 3만 7천 850냥이나 되었으며, 이 외에도 미조(米租), 염포(鹽苞), 우마(牛馬), 전답(田畓), 가사(家舍), 산록(山麓), 시장(柴場), 재목(材木), 고초(藁草), 어

고부봉기나 동학농민전쟁의 원인 역시 수령들의 탐묵과[87] 잔학하고 탐도(貪饕)한 관리들 때문에 일어난 민요를 '동학당'이 이용하여 세력을 합치는 바람에 발발한 것으로 이해하였다.[88]

이서배들의 수탈과 탐학도 다를 바 없었다. 예컨대 경상도 함안에서는 아전과 군교들이 고을의 요민(饒民)들에게 곡식을 많이 쌓아두었다, '화목하지 않다', '논을 샀다', '몰래 장사를 했다', '채금(採金)을 했다', '잡기를 했다'는 등의 죄목을 날조하여 잡아들였다. 나아가 체포된 이들에게 칼을 씌운 뒤 2천 700냥을 바치라며 태형과 장형을 가하고 주리를 틀어 죽는 사람이 나오기도 했다. 또 간악한 향소의 임원이 포리(逋吏)들과 공모하여 향회에서 재물을 억지로 거두었으며, 심지어 무리를 지어 감영에 글을 올리기도 하고, 몰래 방문을 붙이기도 하는 등 수령조차 무시하는 행동을 서슴지 않았다.[89]

이서배들이 농간을 부려 백성들이 살아남기 어려운 상황에 처했지만, 수령들은 "안으로 기방(妓房)에서 미혹되고, 밖으로 간특한 아전들에게 일을 맡기며, 송사는 뇌물에 따라서 결정되고, 직책은 돈을 보고 임명"하며 학정을 일삼았다.[90] 감사들도 수령들의 위법행위를 처벌하지 않을 뿐만 아니

망(漁網), 선척(船隻) 등의 할 수 있는 모든 재물을 약탈하였고, 나아가 사람을 죽이고 상하게 만든 허다한 학정을 자행하였다. 그의 탐욕스럽고 잔인한 행동[貪殘之行]이 온 경내의 백성들을 불안하게 만들어 결국 고통에 시달리던 백성들이 폭발하여 소요를 일으키게 되었다는 것이다(『승정원일기』, 고종 31년 2월 4일, 2월 15일, 4월 11일). 이때 흥미로운 것은 주민들이 이정규의 탐학상을 열거한 민장(民狀)을 올렸는데, "중민(衆民)들이 모두 한 마음으로 자기가 장두(狀頭)라고 하였다"는 사실이다. 주민들 간의 분노와 결의가 충분히 공감되고 있었음을 보여준다.

87) 『승정원일기』, 고종 31년 2월 30일.

88) 『승정원일기』, 고종 31년 4월 4일.

89) 『경상도함안군총쇄록』, 1889년 5월 6일.

90) 1854년(철종 5년) 경상좌도 암행어사 朴珪壽의 書啓(『일성록』, 철종 5년 11월 28일).

라, 심지어 민란이 일어나도 보고조차 않는 실정이었다.[91] 조정도 수령들의 학정 때문에 민란이 일어나도 백성들만 처벌하고 수령을 징벌하지 않음으로써 스스로 공정한 정사[平允之政]를 외면하고 있다는 비판을 받았다.[92] 정약용의 표현대로 "법이 있어도 시행되지 않아 법이 없는 것과 같은 세상"이었다.[93] 따라서 민인들은 살아남기 위해 자구책을 모색하지 않을 수 없었다. 등장(等狀)이나 민란은 그 표현이었다. 그것은 지배층이 민본과 인정 이념을 외면하는 현실 속에서 '향촌사회'가 자율적으로, 혹은 사회적 관계의

91) 『고종실록』, 고종 30년 10월 28일; 『고종실록』, 27년 7월 5일. 앞서 언급했듯이 경상도 함안에서 "간악한 향소의 임원이 포리(逋吏)들과 공모하여" "무리를 지어 감영에 글을 올리기도 하고, 몰래 방문을 붙이기도 하"였다거나(『함안군총쇄록』, 1889년 5월 6일), 이방과 결탁한 토호가 감영에 갇혔다가 한 달 만에 서류상으로만 갇혀있고 빠져나와 향회에까지 참석한 사실(『함안군총쇄록』, 1889년 4월 23일), 그리고 고성민란이 발발하여 민회소의 조사결과 향리들에게 불리한 상황이 일어나자 곧장 감영에 이를 알리려 한 태도도 향리들이 영리나 감사와 결탁해 있었음을 시사한다(『고성부총쇄록』, 1894년 8월 5일). 이러한 실정은 "지금의 향리는 재상과 결탁하고 감사와 연통해 있어서 위로는 수령을 업수이 보고 아래로는 생민을 수탈하니, 능히 여기에 굴하지 않을 수 있는 자는 훌륭한 수령이다"라고 한 다산 정약용의 말에서도 잘 드러난다(『역주목민심서』 Ⅱ, 이전 속리조, 91쪽). 또한 다산은 이러한 결탁이 이루어진 배경, 그리고 그 시점이 19세기 전후인 것으로 파악하였다(『經世遺表』 권7, 地官修制, 田制 7). 향리와 영리의 결탁에 대한 보성지역 사례로는 정진영, 「19세기 향촌사회의 지배구조와 대립관계」, 한국역사연구회 편, 『1894년 농민전쟁연구』(1), 역사비평사, 1991, 295~296쪽 참조.

92) 『고종실록』, 고종 30년 11월 6일. 이러한 실정에 대해 동학농민군은 "聖明在上 生民塗炭何者 民弊之本由於吏逋 吏逋之根由於貪官 貪官之所犯 由於執權之貪婪"이라고 하여 그 부패의 사슬구조를 정확히 인식하고 있었다(「東匪討錄」, 『총서』 6, 320~321쪽; 『駐韓日本公使館記錄』 1, 20쪽).

93) 『經世遺表』 권7, 地官修制, 田制 7, "법은 이와 같으나 백성이 상납하는 것은 저와 같으니, 법인들 장차 어찌 믿겠는가? 법이란 시행하는 것인데, 법이 있어도 시행되지 않으면 법은 없는 것과 같으니, 탄식하고 눈물 흘릴 일이라고 할 만하다."

변화 속에서 위기에 대응하기 위한 노력의 소산이라 할 수 있을 것이다.

한편 탐관오리들의 가혹한 수탈에 더해 소원제도의 후퇴는 민중의 삶을 더욱 어렵게 만들고 있었다. 제2장에서 살펴봤듯이 정조대에 활성화된 소원제도가 가지는 민중사적 의의는 지배층이 표방한 민본과 인정 이념을 내면화한 피지배층이 일상 속에서 체감하는 원억을 제기하면, 그에 대해 권력이 응답하는 정치과정이 하나의 "정치문화"로 성립되었다는 데서 찾을 수 있다.

그러나 세도정권의 성립과 매관매직의 성행은 결국 권력과 지방관으로 하여금 민본과 인정 이념을 방기하고 관과 민간의 소통을 외면하게 하였다. 특히 소원제도의 후퇴 내지 폐색은 아래로부터 올라오는 원억(冤抑)과 불만을 해소할 수 있는 스팀밸브(steam valve)의 기능이 그 만큼 약해졌음을 의미한다. 출구 없이 축적되어만 간 불만과 원억은 분노가 되어 폭발될 수밖에 없었다. 19세기에 민란이 빈발한 중요한 이유 가운데 하나도 바로 여기에 있었다.

충청도 유생 이단석도 1862년 발생한 "임술민요(壬戌民擾)"를 동학농민전쟁으로 이어지는 "난리"의 시발점으로 규정하면서 민란의 원인을 수령의 탐욕이나 토호들의 무단과 함께 백성들이 억울함을 호소할 통로가 사라진 데서 찾았다.

> 이렇게 된 연유는 수령의 탐욕과 지역 토호들의 무단(武斷)으로 인하여 백성들이 도탄에 빠지게 되었기 때문이었다. 백성들은 환란을 견디지 못해 제아무리 하소연하더라도 신원(伸冤)할 곳이 없었으니, 차라리 한 번 죽더라도 원통한 심정을 드러내려는 뜻이 있었다.[94]

94) 李丹石, 「時聞記」, 『동학농민전쟁사료총서』(이하 『총서』) 2, 사운연구소, 1996, 161쪽.

관료나 지식인들도 관과 민 사이의 소통 부재, 특히 백성들이 원억을 호소할 통로가 막힌 것이 민심이반과 민란의 주요 원인이 되고 있음을 잘 알고 있었다. 임술민란이 일어나기 직전인 1860년에도 국왕은 "탐오한 관리와 탐욕스러운 수령이 긁어모아 빼앗고, 부유한 백성은 모두 뿔뿔이 흩어져서 잔약한 백성들이 지탱할 수 없고 호소할 곳이 없"다고 하여 탐관오리의 탐묵과 수탈에 시달리면서도 그것을 호소할 길조차 없는 백성들의 억울하고 고통스런 현실을 지적한 바 있다. 그러면서 상공(常貢)과 정세(正稅) 이외에 함부로 징수하는 자는 크게 징치함으로써 원통함을 호소하는 우리 백성에게 사과하여야 할 것을 하교하였다.[95] 그럼에도 불구하고 2년 후에는 전대미문의 민란이 빈발한 것이다. 방치되고 외면된 민본과 인정 이념의 회복이 사실상 불가능해질 정도로 통치기강이 문란해진 현실을 잘 보여준다. 이러한 사정은 임술민란을 겪은 다음에도 마찬가지였다.

1866년(고종 3) 동돈녕(同敦寧) 기정진(奇正鎭)이 비판했듯이 "민중들이 억울한 마음을 하소연할 곳이 없어 삶에 대한 의욕을 잃고 나라를 사랑하는 마음이 없어져 버린" 현실은 지속되었다.[96] 거듭되는 민란에도 불구하고 인정이 회복되기는커녕, 인정을 배반하는 탐관오리들의 가렴주구가 더욱 심해지자 1881년(고종 18) 출신(出身) 황재현(黃載顯)은 다음과 같은 상소를 올렸다.

> 지금 위에서는 신뢰가 없고 아래에서는 법을 지키지 않아서 백성들의 마음이 흩어진 지 오래되었습니다. 대체로 백성들의 정상은 언제나 다스리는 사람이 어떻게 하는가에 달려 있는데 팔도의 감사로부터 360개 고을의 수령에 이르기까지 모두가 선치(善治)와 인정(仁政)을 모르고 오직 백

95) 『철종실록』, 철종 11년 8월 29일.
96) 『승정원일기』, 고종 3년 11월 15일.

> 성들에게서 빼앗지 않고는 만족할 줄 모르는 가정(苛政)으로 서로 백성에게서 빼앗으려고만 하니, 온 나라의 백성들이 모조리 물과 불 속에 빠지고 말았습니다. '저 해는 언제나 없어지려나? 내 차라리 저 해와 함께 죽겠다[是日曷喪及予偕亡].'라는 말이 오히려 헐후(歇后)한 말이 되었으니, 곤궁해도 호소할 데 없는 그들의 심정은 차마 말로 표현할 수 없습니다.[97]

이 상소문에서 황재현은 사실상 모든 고을의 수령들이 만족할 줄 모르는 가혹한 수탈을 자행하고 있다는 점, 이러한 고통을 받으면서도 그것을 호소할 통로마저 없었기 때문에 차라리 세상이 망해버렸으면 좋겠다고 할 정도로 절망에 빠진 백성들의 심정을 잘 보여주고 있다.[98] 1862년 이래 한동안 덜 일어났던 민란이 다시 빈발한 이후인 1889년 영부사(領府事) 송근수(宋近洙) 역시 민란이 발발하는 원인을 설명하는 가운데 수령들이 민은을 생각하지 않고 박할(剝割)과 후렴(厚斂)·횡징(橫徵)만 일삼는다는 점과 함께 족징을 당해 가산을 탕진하고도 국왕에게 호소할 길도 없다는 점을 지적하였다.[99]

이와 같이 민본과 인정 이념을 외면하고 배반한 탐관오리들의 탐묵과 가혹한 수탈에 더해 국왕과 백성, 관리와 백성들 간 소통이 폐색된 것은 치자층에 대한 피치자층의 불신을 더욱 강화하였다.[100] 이에 따라 탐관오

---

97) 『승정원일기』, 고종 18년 3월 23일.

98) 농민전쟁이 일어난 뒤 조선인들의 심리상태에 대해 일본공사 오토리(大鳥圭介)는 하층사회 사람들 가운데 "일이 터졌으면 좋겠다고 생각하는 무리들은 더 없이 유쾌한 기분으로 보인다"라고 하였다(『駐韓日本公使館記錄』 3, 18쪽). 역시 같은 맥락에서 나온 진단으로 보인다.

99) 『고종실록』, 고종 27년 10월 2일.

100) 1894년 4월 김해민란이 일어나자 우부승지 이중하(李重夏)는 민란의 원인에 대해 "첫째도 관리와 백성이 서로 믿지 못해 그런 것이며, 둘째도 관리와 백성이 서로 믿지 못해 그리된 것"이라고 지적하였다(『승정원일기』, 고종 31년 4월 9일, 4월

리의 학정으로 인해 "죽을 수도 살 수도 없는" 극심한 고통에 시달리던 민중은 자신과 가족의 생활과 생존을 지키기 위해 "차라리 한 번 죽더라도 원통한 심정을 드러내려는" 심정에서 민란을 일으킨 것이다. 치자와 피치자 간의 소통 통로가 이전에 비해 좁아지고 막힌 것 역시 민란의 발발의 한 원인이 되었음을 보여준다.

(3) '난민(亂民)'의 행동 및 조정의 대응과 정치문화

1) 수령 '파면' 및 '회곡객사(會哭客舍)'와 정치문화: 인정의 '대집행(代執行)'[101]

앞서 살펴보았듯이 민란이 일어나는 원인은 무엇보다 민본 이념과 인정을 배반한 탐관오리들의 가렴주구와 폭정이었다. 물론 그것은 중앙집권적 체제 아래서 중앙 정부의 재정운용이나 부세정책 등과 깊숙이 연관될 수밖에 없었고, 중앙정부 차원에서 백성들이 원억을 소원할 수 있는 통로가 좁아졌다는 점 역시 민란의 중요한 원인이 되었던 만큼 민란이 반드시 지방관들만의 잘못 때문이라고 할 수는 없을 것이다. 그러나 재정운용 방식과 부세정책에 따른 부세의 부과와 수세를 담당해야 하는 것은 지방관이었고,

---

10일). 그러나 서로에 대한 불신이 아니라, 탐욕에 포획되어 최소한의 인정마저 외면한 수령들에 대한 주민집단의 불신 때문이라고 보아야 할 것이다.

101) 민란 '난민'들의 행동을 '대집행'이라는 개념으로 접근한 최초의 연구는 조경달의 『민중과 유토피아』이다. 그는 "수령 추방이라는 민중의 과격한 행동은 어디까지나 국왕을 대신해서 대리집행 식으로 '가렴주구'를 일삼은 수령을 파면하는 것이었으며, 거기에는 본래 민본의 입장에 있는 국왕의 의지에 부합하는 것이라는 논리가 작동하고 있는 것 같다"라고 하였다(조경달 지음, 허영란, 옮김, 『민중과 유토피아』, 역사비평사, 2009, 69쪽).

여기에 지방관 역시 백성과의 소통을 외면한 핵심 당사자 중 하나였다. 또한 여기에 더해 지방관과 이서배들의 탐묵과 농간이 자행되었기 때문에 더 이상 견딜 수 없는 주민 집단이 탐관오리를 폭력적으로 징치하고 향촌 차원에서 국왕을 대신하여 스스로의 힘으로 민본과 인정 이념을 회복하기 위해 일어난 것이 민란이었다. 민란이 민본과 인정을 배반한 지방관 및 지방 관아의 이서배들을 징치하기 위해 일어난 만큼 '난민'들의 행동 역시 민본과 인정을 기초로 한 정치문화의 자장 속에서 이루어졌다.

예컨대 상주에서는 난민들이 민가뿐만 아니라, 속오청(束伍廳)·서초청(歲抄廳)을 방화하고 군안(軍案)과 환곡장부[糴簿]·살옥문안(殺獄文案) 등을 불태웠다.[102] 난민들이 방화하고 불태운 것들은 모두 맹자가 거론한 인정의 핵심적 내용인 '세금을 적게 거두는 것[薄稅斂]'이나 '형벌을 줄이는 것[省刑罰]'과 관련이 있는 기구와 문건들이었다. 익산민란에서는 주도자 임치수(林致洙)가 관아를 점령한 다음 결잉(結剩)을 찾아내어 각리에 분급할 것을 지휘하였다.[103] 역시 '박세렴'에 대한 원망의 표현이었다. 이 처럼 '난민'들의 행동은 무엇보다 치자층 스스로 제시하였던 바, 민본 이념에 입각하여 인정을 베풀겠다는 약속을 배반한 데 대한 원억과 분노의 표현이었고, 민본과 인정 이념에 입각한 '올바른 정치'를 요구한 것이었음을 알 수 있다.

민란 당시에 제시된 각 지역의 다양한 요구들 역시 모두 가혹한 수탈, 부당하고 불법적인 부세 징수 등을 바로잡기 위한 문제들이었다. 말하자면 인정을 회복하는 데 그 목적이 있었던 것이다.[104] 1862년의 민란이 민본과 인정 이념을 바탕으로 한 정치문화의 자장 속에서 일어났다는 점은 함평민

102) 『일성록』, 철종 13년 6월 24일.

103) 『壬戌錄』, 嶺湖民變日記, 60쪽, 87쪽; 『비변사등록』, 철종 13년 5월 5일.

104) 19세기 민란에서 제시된 각 지역의 요구 조건들 가운데 자료에서 확인되는 구체적 내용에 대해서는 본 장 뒷부분의 〈부록〉 참조.

란의 사례를 통해서도 확인할 수 있다.[105] 조정에서는 1862년 전라도 함평 민란은 같은 해에 일어난 다른 민란들에 비해 '과격한' 사건으로 받아들여 칭병소란(稱兵召亂)보다 심하다고 규정하기도 했다.[106] 우선 주도자 정한순(鄭翰淳)은 다른 민란에서는 보이지 않는 '보국위민(輔國爲民)'을 위해 일어난다고 주장하였다. 이들은 관아를 점령하고 죄수를 석방하였을 뿐만 아니라, 장군이라 칭하면서 명령을 내렸고, 각 면리의 명칭을 쓴 기치(旗幟)를 세웠으며, 죽창으로 무장하고 동헌에 곧바로 처들어가 창호와 벽을 파괴하고 수령을 끌어내려 의관을 찢었다.[107] 또 죽창으로 수령을 무수히 난타하였으며, 인신(印信)과 병부(兵符)를 빼앗은 다음 수령을 둘러메고 고을 경계를 넘어 무안 논치(論峙)에 갖다 버렸다.[108]

수령을 난타한 것도 다른 지역에서는 보기 어려운 행동이었지만, 무엇보다 "병기로 무장하면 '반(叛)'이요 '난(亂)'이다"라는 인식이 지배하던 시대에[109] 죽창으로 무장하였다는 점이 심각하게 받아들여졌다.[110] 이에 따라 "죽창(竹槍)을 높이 치켜들고 조령(朝令)에 힘껏 대항"한 "녹림(綠林)이나 황지(潢池)가 함부로 거병하여 난을 일으킨 것"과 같이 이해되었다.[111] 그

---

105) 함평민란에 대해서는 망원한국사연구실, 앞의 책, 273~286쪽 참조.

106) 『壬戌錄』, 嶺湖民變日記, 20쪽.

107) 『龍湖閒錄』 3, 57~58쪽, 65~66쪽, 72~76쪽, 90쪽.

108) 『龍湖閒錄』 3, 57~58쪽.

109) 『순조실록』, 순조 8년 3월 30일.

110) 『龍湖閒錄』 3, 57쪽, 90~91쪽, 115쪽; 『壬戌錄』, 「嶺湖民變日記」, 65~66쪽. 그러나 주도자였던 정한순은 난민들이 든 것은 죽창이 아니라 노약자들의 죽장(竹杖)이라고 주장하였다(「龍湖閒錄」 3, 73쪽). 또 "죽창"은 사람을 구타하는 도구로 사용되었으며(「龍湖閒錄」 3, 58쪽), 민란 당시 난민이 "죽창"으로 누군가를 찌르는 모습을 목격한 사람도 없다는 점은 안핵사의 조사에서도 확인되었다(「龍湖閒錄」 3, 91쪽).

111) 『비변사등록』, 철종 13년 5월 29일.

러나 함평민란에도 어김없이 다른 민란과 동일한 정치문화, 곧 민본 이념과 인정을 요체로 한 정치문화가 작동되고 있었다.

함평민란을 주도했던 정한순은 조정에서 파견된 안핵사(按覈使) 이정현(李正鉉)이 함평읍에 들어와 효유하자 며칠 후 깃발을 걷고 창을 거둔 후 무리 수천 명과 함께 스스로 관아를 찾아가 자수하였다. 그는 "구감사와 구현감이 불법을 많이 저질러서 그 괴로움을 참을 수가 없었는데 다행히 금일 국왕의 명을 받고 온 안핵사의 행차를 맞게 되었으니, 우리의 바램은 억울한 사정을 밝히는 것이기 때문에 이처럼 스스로 나타나 형벌을 받고자 합니다."라고 하였다.[112] 이에 따라 안핵사가 난민들을 관아로 초치하여 거듭 효유하자 "대소민인들이 감오(感悟)하지 않은 자가 없었으며, 북쪽을 향해 춤을 추고 일제히 해산하여 돌아갔고" 정한순은 스스로 다시 감옥으로 들어갔다.[113]

처음에는 다른 민란에 비해 과격한 행동으로 '칭병소란'으로 지칭되기도 했지만, 정한순의 목표 역시 지방관들의 불법으로 고통 받은 일에 대한 억울함을 호소하고 지방관들의 불법을 바로잡는 데 있었음을 알 수 있다. 또 그는 자신이 민란을 주도한 행위에 대해 "이미 용서받을 수 없는 죄를 범하였다"고 하며, 국왕을 대신하여 파견된 안핵사에게 자수하였다.[114] 다만

112) 『龍湖閒錄』 3, 72쪽, 76쪽.

113) 『龍湖閒錄』 3, 74쪽, 76쪽.

114) 이와 같은 자수와 자진 해산 때문인지, 다른 지역보다 과격한 '칭병소란'으로 규정되었던 함평민란에서 처형되어 효수된 사람은 정한순을 포함하여 6명에 그쳤다(『비변사등록』, 철종 13년 5월 29일; 『龍湖閒錄』 3, 94쪽, 109쪽, 115쪽). 이는 관장(官長)을 끌어내고서 멸시하고 공갈협박, 결잉(結剩)을 찾아내어 각리(各里)에 분급(分給)한기도 한 인산민란의 경우 상대적으로 함평민란에 비해 덜 과격하였으나 임치수를 포함하여 주모자 10명이 효수되었던 것과 대비된다(『철종실록』, 철종 13년 5월 5일).

그는 문초를 받는 자리에서 "내 죄가 비록 만 번을 죽을 일이더라도 민막(民瘼)을 바로잡지 못하면 편안히 눈을 감을 수 없다"고 하며 폐막 10개조를 올렸다.[115] 이러한 모습은 동학농민전쟁 직전인 1894년 1월 경상도 사천민란에서도 보인다. 주모자 유학 최인희(崔潾希) 역시 자신의 행동에 대해 "백성의 도리를 잃고 불법을 저지른 죄를 면하기 어려우므로 죄를 달게 받고 감히 변명하지 않겠"다고 하였으며, 다만 민읍(民邑)에 오래 동안 쌓여온 폐막을 이번에 다행히 교혁(矯革)할 수 있다면 죽더라도 감격할 것이라고 하였다.[116] 이는 정한순의 사례와 매우 흡사하다. 국왕을 대신하여 탐관오리들을 징치하고 불법 부당한 부세운영을 바로잡기 위해 민란을 일으켰지만, 그 행위에 대해 '용서 받을 수 없는 죄', '백성의 도리를 잃은 죄'로 인식하였음을 알 수 있다. 주모자들이 보인 이러한 모습과 인식, 그리고 국왕의 효유문을 들은 '난민'들이 국왕이 있는 북쪽을 향해 춤을 추고 기뻐한 모습은 역시 왕민으로서의 정체성, 그리고 민본과 인정 이념을 회복할 주체로서의 국왕에 대한 신뢰를 보여주는 것이다.

함평민란의 주도자인 정한순이나 사천민란의 최인희가 자신의 행위에 대해 '용서받을 수 없는 죄', '백성의 도리를 잃은 죄'라고 한 데서도 알 수 있듯이 민란에서는 아직 동학농민군과 같이 민본 이념을 방기하고 학정을 일삼아서 나라를 위기로 몰아넣고 있는 탐관오리들을 국왕을 대신하여 처벌하는 것은 정당하다는 인식까지[117] 보여주지는 못하였다. 그러나 자신들

115) 『龍湖閒錄』 3, 73~74쪽.

116) 「고성부총쇄록」, 『총서』 4, 107쪽.

117) 동학농민군은 전주성을 점령해 있을 때인 1894년 5월 4일 전라감사 김학진에게 소지를 올려 "탐관이 비록 학정을 하지만 나라에서는 듣지 못하고 백성들이 보존하기 어려운 상황에서 탐관들을 하나하나 베어 없애는 것이 무엇이 죄가 됩니까?"라고 하여(「兩湖招討謄錄」, 『총서』 6, 66~67쪽) 국왕을 대신하여 탐관오리들을 처벌하는 자신들의 행위가 정당한 것으로 주장하고 있었다.

이 국왕을 대신하여 탐관오리들을 파출(罷黜)한다는 생각은 분명히 가지고 있었던 것으로 보인다.

많은 지역에서 난민들은 수령의 인신(印信)과 병부(兵符)를 빼앗고 수령을 메고 나가서 고을 경계 밖으로 쫓아내는 모습을 보여주었다. 인신은 국왕이 임명한 지방관임을 나타내는 신표이고 병부는 군사를 동원하고 지휘할 수 있는 부절(符節)을 말한다. 모두 국왕의 신임을 보여주는 신물들이다. 이 점에서 인신과 병부를 탈취한다는 것은 지방관에게 부여한 국왕의 신임, 곧 국왕이 부여한 지방관이라는 지위를 박탈한다는 의미를 지니는 것이다. 주민들이 국왕을 대신하여 수령을 파직한 것이다.

예컨대 익산에서는 '난민배(亂民輩)' 3천명이 '발통취회(發通聚會)'한 후에 관아에 쳐들어가 동헌으로 직행하여, 익산 수령의 인신과 병부를 빼앗고 수령의 의복을 찢고 족쇄를 채웠으며, 조소하고 비웃은 다음에 읍 밖으로 추방했다.[118] 이러한 행동은 여러 고을의 민란에서 일어났을 뿐만 아니라 그 뒤로도 이어졌다. 1889년 3월 4일 발생한 인제민란에서는 주민 김시덕 등 13명의 주도하에 수백 명이 관아에 쳐들어가 치행전(治行錢) 650냥을 빼앗고, 동헌에 들어가 현감을 삼문 밖으로 끄집어내었는데, 그 과정에서 현감을 손과 발로 차고 때려 현감의 의관이 파열되었다.[119] 동학농민전쟁이 일어난 1894년 4월에 일어난 김해민란에서도 수령을 고을 밖으로 추방하였다.[120]

이전에도 고을 백성이나 향리가 개인적인 원한이나 복수를 위해 총검으로 무장하고 수령을 공격하여 죽이거나 미수에 그친 사건이 없지 않았으

118) 『壬戌錄』, 嶺湖民變日記, 59쪽.
119) 「春川留營啓牒錄」 1, 『各司謄錄』 27, 1889년 3월 11일.
120) 『승정원일기』, 고종 31년 4월 9일, 4월 10일.

며, 이러한 사건들은 매우 심각하게 받아들여져서, "복수라는 명분이 있었고 수령에게 손을 대지는 않았는데도 오히려 모두 사형[正法]으로 처리되었다".[121] 또 19세기 초에만 하여도 '민란'에서 난민들이 '몽둥이'를 든 행위조차 심각하게 받아들여지기도 했다.[122] 특히 관아를 공격하여 수령에게

121) 『일성록』, 정조 19년 7월 8일, 순조 8년 3월 30일. 예를 들면 다음과 같은 사건들이 여러 차례 언급되고 있다. 1671년 황해도 서흥(瑞興)의 면서원(面書員)이었던 조대립(趙大立)은 전결(田結)을 훔쳐 숨겼다가 일이 발각되어 고을 부사 이우주(李宇柱)가 잡아 죽이려 하자 도주하였다가, 이우주가 동지사(冬至使)를 따라 봉산(鳳山)에 갔다가 돌아오던 이우주를 차유령(車踰嶺)에서 총으로 쏘아 죽였다(『현종개수실록』, 현종 12년 11월 11일). 1781년 경기도 금천(衿川)에서 현감 신기(申耆)가 읍리 한문욱(韓文郁)을 곤(棍)으로 때려 죽게 하자 그의 아들 한종운(韓宗雲)이 형제 및 족당들과 함께 칼을 가지고 관정으로 들어가 현감을 죽이려 한 일이 있었다(『정조실록』, 정조 5년 4월 21일). 1783년 해주에서 창감관(倉監官) 이광성(李光成)이 하리가 포흠(逋欠)한 것을 대신 갚는 일로 해주의 옥에 갇혀 태(笞) 15도를 맞은 뒤 스스로 목을 매어 죽었는데, 그의 아들 이철(李喆)이 아버지를 가수(枷囚)한 판관(判官)에게 복수하겠다고 순영(巡營)에 고하고, 칼을 뽑아 들고 곧바로 판관의 관사로 들어가 소란을 피운 일이 있었다(『일성록』, 정조 7년 1월 25일). 1789년 평안도 위원(渭原)에서는 대동도감(大同都監)을 맡고 있던 김덕흥(金德興)이 문제를 일으켜 관에 잡혀와 곤(棍) 16도(度)를 맞고 감금되었다가 다음 날 사망하자, 그의 아들 김호철(金浩哲) 등이 각각 장검(長劍)과 낫을 가지고 동헌으로 돌입하여 군수를 찌르려고 한 사건이 있었다(『일성록』, 정조 19년 윤 5월 17일). 1802년 연산현(連山縣)에서는 백성 전호길(全好吉)이 수령 이규첨(李奎瞻)을 칼로 찔러 죽이고 자신도 곧바로 쓰러져 죽은 일이 있었다(『순조실록』, 순조 2년 7월 20일).

122) 1808년 3월 함경도 단천의 향인들이 몽둥이를 들고 관아에 올라가[持杖上衙] 위협하자 수령이 장청(將廳)으로 도주한 일이 일어나자(『일성록』, 순조 8년 3월 22일; 『순조실록』, 순조 8년 3월 30일) 몽둥이를 들고 문을 부수고 관아를 공격하고 수령을 위협하여 내쫓은 일도 중요한 원인이 되어 주도자 김형대(金亨大)가 처형되었다. 그러나 이에 대해 그의 아들은 "저의 아버지는 관정(官廷)에서 형구를 차고 있으면서 부러진 '지팡이[(杖]를 주웠는데 이는 방어할 생각일 뿐이었으니 어찌 문제를 일으킬 수 있었겠습니까"라고 말하였다(『일성록』, 순조 9년 9월 10일).

서 병부와 인신을 빼앗는 행위는 "관장을 살해하거나 쫓아낸 것보다 훨씬 심해서 군사를 일으켜 고을을 함락한 것과 다름없는" 난리이므로 수창(首唱)과 수종(隨從)을 막론하고 모두 극률(極律)로 단죄하도록 하였다.[123]

이러한 사실에 미루어 볼 때 특히 19세기 후반에 들어 수령의 인신과 병부를 빼앗는 일이 잦아진 것은 '난민'들이 국왕을 대신하여 탐관오리를 징치한다는 '대집행' 의식이 그만큼 강해졌기 때문이라는 맥락에서 이해할 수 있을 것이다. 그러나 '난민'들은 빼앗은 인신과 병부를 이웃 고을의 수령이나 좌수에게 전해주는 경우가 대부분이었다. 예컨대 1811년 곡산민란 당시 "곡산(谷山)의 주민 한명홍(韓命弘)·장진(張辰) 등이 해당 부사 박종신(朴宗臣)의 병부와 인신을 빼앗아 수안군으로 가지고 와서 수령에게 넘겼다. 이때 이들은 "온 지경의 주민들이 모두 본관(本官)에게 원망하는 마음이 있었기 때문에 병부와 인신을 빼앗아 가지고 와서 바칩니다."라고 했다.[124] 1890년 함창민란에서도 인신과 병부를 빼앗은 난민들은 향청(鄕廳)에 모여 공형(公兄)을 불렀다. 공형이 도착하자 민란 지도부는 소반 위에 인신과 병부를 받들어 두고 "일이 이 지경에 이르렀으니 인신과 병부는 어쩔 수 없이 함창 수령을 겸하고 있던[原兼邑] 문경 수령에 갖다 바치는 것이 좋겠다."고 말하였다.[125] 베풀어야할 인정을 외면하고 탐묵하고 가혹한 수탈만 일삼는 수령을 파면하였지만, '수령임'을 증명하는 인신과 병부는 겸임한 이웃 수령에게 주거나, 좌수에게 주었다. 이는 그것을 국왕의 임명을 받은, 따라서 수령으로서의 자격이 있는 후임 수령에게 전해주려는 의도였다.

123) 『일성록』, 순조 11년 2월 28일.
124) 『순조실록』, 순조 11년 윤 3월 16일.
125) 「慶尙監營啓錄」 6, 『各司謄錄』 11, 1890년 9월 16일.

이처럼 '난민'들은 국왕을 대신하여 탐관오리를 내쫓고 고을 단위에서 민본과 인정이념을 회복하기 위해 일어났고, 국왕을 대신하여 수령을 파면하였음에도 불구하고 탈취한 인신과 병부를 이용하여 이익을 도모하거나, 상황을 유리하게 만들기 위한 어떤 행동을 취하지는 않았다. 더구나 그것을 이용하여 권력을 행사하거나 군사를 동원하는 일은 전혀 없었다. 이는 왕조와 국왕을 부정하지 않는 한 불가능한 행위였기 때문이다. 병부와 인신을 통해 고을에 대한 통제와 군사를 동원할 수 있는 권한은 오직 국왕에 의해서만 지방관에게 위임될 수 있었기 때문이다. '난민'들의 근왕적 의식이 잘 드러나는 대목이다.

향촌 주민들이 국왕을 대신하여 인정을 외면한 탐묵한 관리들을 파면한다는 의미를 가지는 것이 민란이었음을 잘 보여주는 행위는 인신과 병부를 빼앗고, 수령을 고을 경계 밖으로 내다버리는 것 외에 난민들이 객사에 모여 곡을 한 데서도 확인할 수 있다. 앞서도 살펴보았듯이 19세기 이전에 일어난 집단행동의 하나는 관권에 대한 불만이나 억울한 일이 있는 주민들이 관문에 모여 곡을 하는 관문회곡(官門會哭)이었다. 향교에 오며 회곡하는 사례도 확인되며, 1745년에는 제주도에서 진상에 대한 불만을 품은 유품(儒品)들이 객사에서 회곡하는 일이 있었지만, 객사회곡은 거의 보이지 않는다.

객사(客舍)에는 임금을 상징하는 전패(殿牌)가 비치되어 있었으며, 지방수령은 임지에 부임하면 가장 먼저 궐패(闕牌) 앞으로 가서 왕명을 선포하는 의식을 치렀으며, 1월 1일 정조(正朝), 동지, 왕의 탄신일에 전패에 절하는 망궐례(望闕禮)를 행하였다. 체제 및 질서의 중심에 있던 국왕에 대한 근왕의식을 표현하는 행위였다. 먼저 민란에서 '난민'들이 객사에 모여 곡을하는 행동[會哭客舍]을 보인 사례를 살펴보면 다음과 같다. 1808년(순조

8) 1월 5일 북청의 향리들이 향청에 돌입하여 좌수를 끌어내어 발가벗겨 구타하고 불을 질러 불로 지진읍, 객사에 모여 곡을 하고 관아에 난입하였다.[126] 1862년에도 경상도 단성과[127] 대정에서 '난민'들이 '회곡객사'한 사실이 보이며, 1868년의 칠원민란,[128] 1875년 울산민란에서도 보인다.[129]

특히 제주 대정현의 사례는 '회곡객사'의 의미를 잘 보여준다. 1862년 9월 보름 경에 제주 대정현 일대에서 화전을 경작하며 살아가던 궁민(窮民) 500여명은 남세(濫稅) 문제에 불만을 품고 영색(營色)과 영리(營吏)의 집을 파괴하고 40여명을 잡아 묶고 구타하였으며, 객사에 몰려가 '회곡'하였다. 10월 6일에도 여러 장리(將吏)들의 집을 파괴하고 비장을 난타하였으며, 11월 16일에도 다시 모여 다음날 관아에 난입하여 '회곡객사'한 후 목사를 짊어지고 객사로 가서 전패에 하직인사를 강요하였다. 그런 다음 목사가 이미 국왕에게 하직 인사를 했으므로 인신과 병부를 그대로 둘 수 없고 본부로 보내는 게 옳다며 빼앗으려 했다. 판관이 만류하여 빼앗지는 않았지

---

126) 『일성록』, 순조 8년 3월 22일. 북청민란은 일반 민란과 달리 향리층과 좌수 및 향임층 간의 대립이었다. 100명 가까운 향리들이 도당(徒黨)을 결성하고 이안(吏案)에서 제멋대로 이름을 삭제하였으며, 수령을 배반하는 뜻을 분명히 보이고 관장을 모해(謀害)할 계책을 몰래 세웠다고 한다. 또 향청에 돌입하여 김원후(金元厚)와 향소(鄕所=향임) 이인혁(李仁赫)를 끌어내어 발가벗겨 구타하고 불을 질러 불로 지졌다.

127) 『壬戌錄』 37쪽. "단성의 김령(金欞)은 바로 김인섭(金麟燮)의 아비인데, 많은 백성들을 지휘하여 관리의 집을 불태우고 객사에 모여 곡을 하였으며, 점가(店街)에 모여서는 부비(浮費 : 잡비)라고 하면서 결총(結摠)에 더 거둬들이기를 엄격하게 출질(出秩)인 것처럼 하여 사사로이 독촉해서 거둬들였습니다."(『비변사등록』, 철종 13년 7월 12일).

128) 『승정원일기』, 고종 5년 11월 30일; 『龍湖閒錄』 4, 420쪽; 『일성록』, 고종 6년 1월 10일, 고종 6년 1월 11일.

129) 양상현, 「『울산안핵록』을 통해서 본 1875년 울산농민항쟁」, 『고문서연구』 35, 2009, 177쪽.

만, 목사를 별도포(別刀浦) 쫓아 보냈다. 그리고 '난민'들은 "암행어사와 새로운 목사가 온 뒤에야 폐단이 바로잡히고 민심이 안정될 것"이라고 하였다.130)

'난민'들이 집단적으로 '회곡객사(會哭客舍)'하는 행동은 국왕에 대한 근왕의식의 표현이었으며, 이는 국왕의 신민, 곧 왕민으로서의 자신들의 정체성을 분명히 드러내 보여주려는 행위였다. 수령을 끌고 가서 부임할 때 전패 앞에서 부임을 알리는 의례를 치렀듯이 전패 앞에서 국왕에게 사직인사를 강요한 행동 역시 비슷한 의미를 담고 있었던 것으로 보인다. 곧 탐관오리들을 징치하고 민본과 인정 이념의 회복하는 것을 목적으로 한 자신들의 행위가 국왕을 대신하여 집행하는 것임을 보여주는 동시에 국왕의 이름으로 자신들의 행위를 정당화하는 의미가 내포되어 있었다고 생각한다.

이상에서 살펴보았듯이 민란에서 '난민'들은 국왕을 부정하지 않았을 뿐만 아니라, 왕민으로서의 정체성을 명확히 보여주었으며, 국왕을 인정과 민본 실현을 위한 마지막 보루 혹은 정당성의 기반으로 삼고 있었다. 사실 민란은 향촌 주민들이 국왕을 대신하여 탐관오리를 징치하고 민본과 인정을 회복한다는 '대집행(代執行)'의 의미를 가지고 있었던 만큼, 국왕을 부정하는 것은 근원적으로 불가능하였다. 이는 국왕이 파견한 선무사가 도착하자 앞 다투어 자신들이 민란을 일으킨 사정에 대해 호소하고, 나아가 자신들의 요구조건을 제시하며 문서로 약속해줄 것을 요구한 데서도 알 수 있다. 예컨대 1862년 5월 전라도 금구에서는 읍민 수천 명이 선무사의 길을 막고 12개조의 민박을 제시하며, 당장 성급(成給)해줄 것을 요청하였다.131)

---

130) 『龍湖閒錄』 3, 181쪽.

131) 『龍湖閒錄』 3, 72~73쪽. 12개조의 요구에 대해 선무사는 문서를 작성해서 내어줄 수 있지만, 사안이 국가에 관계되는[事係國家] 전대동(田大同)에 대해서만은 국왕에게 아뢴 후에 성급(成給)해주겠다고 약속하였다. 이는 동학농민전쟁 당시 집강소가 막 시작된 직후인 5월 20일경 김학진이 효유문에서 제시한 "작은 폐단은 감

물론 각 지역에서 선무사에게도 불손한 태도를 보이거나 위협하기도 했다. 그러나 국왕이 파견한 선무사에게 자신들의 원억과 요구를 호소하고 약속해줄 것을 요청하였다는 점은 민본과 인정 이념을 회복할 최후의 보루이자 자신들의 행위를 정당화할 수 있는 기반으로서 국왕에 대한 신뢰를 버리지 않았음을 보여준다.

2) 조정의 민란 수습과 정치문화

민란을 수습하는 과정에서 가장 우선시된 것은 민란의 원인이 된 탐묵과 가혹한 수탈을 저지른 탐관오리에 대한 징치, 그리고 가혹하고 불법적인 부세운영에 대한 시정 조치를 통해 '난민'들이나 지역 주민들에게 사과 내지 사죄하는 일이었다.

1809년 단천 부사 김석형(金錫衡)이 탐도불법(貪饕不法)으로 민란이 일어났을 때 국왕은 제(齊) 나라의 탐관오리인 아대부(阿大夫)를 팽형(烹刑)에 처한 사례를 거론하며 "명백하게 엄히 처단"하여 단천 백성들에게 사죄하도록 하였다.[132] 직접 민란을 불러일으킨 것은 아니더라도 범장(犯贓)이나 가혹한 형벌 같이 인정의 요체인 '세금을 적게 거두는 것[薄稅斂]'이나 '형벌을 줄이는 것[省刑罰]'이라는 덕목을 배반하거나 외면한 관리들에게는 엄벌을 통해, 잘못된 부세 관행에 대해서는 그에 대한 시정을 통해 백성들에게 '사과' 혹은 '사죄'하라는 국왕의 지시가 이어졌다.[133] 이러한 모습은

영에서 개혁하고 큰 폐단은 바야흐로 중앙에 보고하여 혁파하도록 할 것이다"라는 폐정개혁의 방법 내지 절차와도 맥이 닿는 것이다(「隨錄」, 甘結 茂朱, 『총서』 5, 228~232쪽; 「草亭集」 卷 7, 公文, 再諭道內亂民文 甲午 5月, 『총서』 5, 406~408쪽).

132) 『순조실록』, 순조 9년 6월 17일.

133) 『승정원일기』, 순조 9년 5월 27일; 『철종실록』, 철종 5년 9월 25일, 철종 10년 6월

민란 발생 시 그것을 수습하는 과정에서 더욱 분명히 살필 수 있다. 1862년 2월 진주에서 민란이 일어나자 조정에서는 그것이 완악하고 사특한 짓[頑慝之擧]이며, "농기구나 창을 들고[농부나 무부들이] 군사를 일으켜 난리를 일으키는 일"과 다름이 없다고 비판하였으나, 우선 평소에 백성들에게 믿음을 받아 화락한 분위기에서 백성들을 두루 편안하게 하지 못한 진부 곤수(閫帥)와 목사(牧使)를 파직한 후 잡아다가 엄중히 감죄(勘罪)하도록 하였다.134) 또 1862년 진주민란이 발생한 직후 국왕은 진주 안핵사(晋州按覈使)·도신(道臣)·수신(帥臣)에게 다음과 같이 유시(諭示)하였다.

> 내가 이번 진주의 일에 대해 실로 개연(慨然)하고도 두려운 마음을 금할 수 없다. 대령(大嶺) 이남은 옛날에 이른바 추로(鄒魯)의 고장으로 일컬어져 군현(群賢)들이 배출되었고, 풍속도 순후하여 비록 집집마다 봉(封)할 만하다고 하여도 좋을 것이다. 그런데 근래에 탄식과 원망과 수심이 깊어 백성들이 잘 살아갈 수 없게 되었으므로, 마침내 지금의 이 거조가 있기에 이르렀으니, 이것이 어찌 본심으로 하고 싶어서 그렇게 한 것이겠는가? 첫째는 내가 부덕한 탓으로 도솔(導率)하는 방도를 극진히 하지 못한 것이고, 둘째로는 백성을 다스리고 적을 막는 신하가 조가에서 백성을 어린아이 보살피듯 하는 뜻을 잘 대양(對揚) 하지 못한 탓이다. 스스로 돌아보건대 얼굴이 붉어져 마음을 가눌 수가 없다. 이 백성들은 열성조(列聖朝)에서 휴양(休養)시키고 생식(生息)시켜 왔으니, 진실로 끝없는 징렴(徵斂)과 절제 없는 부극(掊克)이 없다면 어찌 이 지경에 이르렀겠는가? 수신(帥臣)과 수신(守臣)은 잡아가둔 뒤 무겁게 감단(勘斷)하여 남쪽 백성들에게 사죄하도록 하라. 진주 백성들로 말하건대 이미 그 죄가 용서할 수 없는 데 관계되니, 진실로 수종(首從)을 구분하여 법에 따라 처단해야 하겠지만, 조사하는 즈음에 혹시 외람된 점이 있게 된다면 불쌍한 나의 백성

12일, 철종 11년 8월 29일 등 참조.

134) 『승정원일기』, 철종 13년 2월 29일.

들이 옥석이 함께 불타게 될 염려가 없지 않다. 지난번 안핵사가 사폐(辭陛)하던 날 이미 거론하여 신칙한 일이 있었지만, 마음에 새긴 생각이 갈수록 더 간절하여 이에 또 거듭 유시하는 것이니, 모름지기 이런 뜻을 본받아 힘써 평반(平反)하게 하여 조가의 처분을 기다리도록 안핵사·도신(道臣)·수신(守臣)에게 묘당에서 행회(行會)하도록 하라."[135]

여기서 주목되는 점은 수령을 비롯한 관리들의 탐학에 대한 격렬한 비난, 그리고 탐학의 피해자인 백성들에 대한 "사죄"해야 한다는 국왕의 태도이다. 민본 이념과 인정 이념은 조선왕조 창업 직후부터 치자층이 내세운 통치이념이자 정치이념이었다. 그러한 이념과 그에 입각한 정치적 실천은 정조연간에 가장 충실히 이루어졌다. 이후 세도정권시기에 들어 소원제도의 폐색 등에서 보이듯이 인정이 상대적으로 방기되었지만, 민유방본이라는 통치이념과 그를 실현하기 위한 정치라 할 수 있는 인정이 가지는 의미에 대해서는 국왕 이하 신료들 누구도 부인할 수 없었다.

따라서 민란을 수습하는 데도 무엇보다 외면되고 배반된 민본과 인정의 회복이 강조되었다. 임술민란 당시 조정에서 백성들에게 가장 큰 폐단을 일으키던 삼정문제를 개혁하기 위해 삼정이정청(三政釐正廳)을 설치한 것은 물론, 국왕이 "먼저 병통(病痛)의 폐단을 없애고 다음으로 선동한 죄를 징계하는 것이 치리(治理)로 볼 때 더욱 명백한 것"이라고 한 데서도 알 수 있듯이[136] 인정을 배반하고 탐묵과 학정을 저지른 수령들에 대한 파직을

135) 『철종실록』, 철종 13년 3월 10일. 이러한 국왕의 태도는 원칙적으로 그 이후의 민란에서도 마찬가지였다(『철종실록』, 철종 13년 7월 10일; 『고종실록』, 고종 1년 3월 4일; 『고종실록』, 고종 1년 7월 26일; 『고종실록』, 고종 4년 6월 5일; 『고종실록』, 고종 12년 6월 7일(울산민란); 『고종실록』, 고종 22년 3월 29일(여주민란); 『고종실록』, 고종 25년 10월 26일(영흥민란); 『고종실록』, 고종 31년 6월 3일(의주민란); 『고종실록』, 고종 34년 1월 9일 등 참조).

우선시한 것도 그 때문이었다.[137]

또한 1862년 5월 12일 비변사에서는 회덕현 초군들이 봉기하여 "인가에 불을 지르고 관장(官長)을 협박"하자 이들을 '화외(化外 왕의 교화가 미치지 못하는 곳)의 반드시 주벌해야 하는 무리[化外必誅之輩]', 이들의 행동을 '난민들의 소란[亂民之起鬧]'으로 규정하며 강경한 대응을 주문했지만,[138] 조정에서는 여전히 인정과 민본의 이념에 의거하여 대응하였다. 회덕민란이 발생하고 얼마 지나지 않아 1862년 5월 25일 국왕은 삼남 일대에서 빈발하는 '민요(民擾)'에 대한 수습방안으로 삼정이정청의 설치를 다음과 같이 지시하였다.

> 진실로 덕으로 인도하고 예(禮)로 다스림으로써 위로 부모를 섬기고 아래로 처자를 양육하면서 편안히 살며 생업을 즐길 수 있게 한다면, 비록 한두 명의 완악하고 패려한 무리들이 있다 하더라도 어찌 선동하여 이런 짓을 할 수가 있겠는가? 탐오(貪汚)한 관쉬(官倅)가 침학하고 간사한 향임과 교활한 서리들이 주구(誅求)하니, 뼈를 깎는 듯한 원통함과 살을 에이는 듯한 고통으로 살 수도 죽을 수도 없으므로, 스스로 분수를 범하고 기강을 범하는 데 귀착됨을 깨닫지 못한 것이니, 그 실정을 따져본다면 또한

136) 이에 대한 최근의 논의로는 송찬섭, 「1862년 三政釐整廳의 구성과 삼정이정책」, 『한국사학보』 49, 2012; 송양섭, 「임술민란기 부세문제 인식과 삼정개혁의 방향」, 『한국사학보』 49, 2012(배항섭·손병규 편, 『임술민란과 19세기 동아시아 민중운동』, 성균관대 출판부, 2013에 재수록) 참조.

137) 예컨대 일술민란 당시 호남선문사의 다음과 같은 보고 참조. "日安民之策, 惟以極祛苦弊, 顯示實效, 爲急先務, 然後騷擾者自可安靜, 煽訛者亦可寢熄, 今旣以恩言, 宣布於民, 而咸悉其聖上愛恤之至意, 則宜卽歸奏, 以矯捄之方, 亟行其禀處之道 (중략) 府使 徐臣輔言之, 亂類作變, 雖或不意, 苟能先事操飭, 豈有如此乖悖之擧乎, 揆以事體, 爲先罷黜是白在果, 其罪狀, 令攸司禀處爲只爲, 詮次善啓事"(『龍湖閒錄』 3, 84쪽, 86쪽).

138) 『승정원일기』, 철종 13년 5월 12일; 「忠淸兵營關牒」, 『各司謄錄』, 철종 13년 5월 12일.

> 슬프다고 할 수 있다. 대저 민사(民事)에 관계되어 크게 제거해야 할 부분은 오로지 삼정(三政)이라고 하고, 난민들이 구실로 삼고 있는 것도 여기에 있지 않은 적이 없었다. 팔도의 삼정에 대해 묘당에서 국청(鞫廳)을 설치하고 강구하게 하되, 개혁(改革)할만한 것은 개혁하고 교정(矯整)할 만한 것은 교정하여 저 가난하고 의지할 곳 없어서 울부짖는 무리로 하여금 모두 편안히 휴식(休息)하면서 차별 없이 똑같게 여기는 은정(恩政)을 고루 입게 하라."하였다.[139]

국왕은 민요의 핵심 원인이 삼정에 있음을 지적하면서 "개혁할만한 것은 개혁하고 교정할 만한 것은 교정하여 저 가난하고 의지할 곳 없어서 울부짖는 무리로 하여금 모두 편안히 휴식하면서 차별 없이 똑같게 여기는 은정을 고루 입게 하라"고 하였다. 결국 인정의 회복을 통한 민란의 수습을 지시한 것이다.

또 상주민란이 발발한 직후 조정에서는 "사대부가에 독기를 가구 뿜는 것이 활활 불꽃처럼 타올랐습니다. 그리하여 공해(公廨)와 공부(公簿)에까지 미친 것은 그 정적(情迹)을 따져보면 참으로 황지(潢池)나 녹림(綠林)같은 경계와 같으니, 자손까지 남김없이 죽인다 하더라도 형정을 남용하였다고 할 수 없습니다."라고 할 정도로 엄벌을 요청하였다.[140] 실제로 1862년 대부분의 지역에서 민란을 일으킨 주모자들은 처형되거나 유배를 가는 것이 상례였다. 그러나 수창자 혹은 주모자에 대한 처벌이 끝난 다음에는 무엇보다 '민심'수습이 강조되었으며, 그 방향은 어김없이 인정과 민본 인념이라는 당시의 정치문화에 의거하여 정해졌다. 예컨대 충청감사 유장환(兪章煥)이 회덕민란의 수창자 3명을 효수한 일로 보고하자, 국왕은 "이제부터

139) 『철종실록』, 철종 13년 5월 25일.

140) 『비변사등록』, 철종 13년 6월 24일.

안정시키고 무마해 주는 일은 실로 당장의 급선무"임을 하교하였다.[141] 이에 대해 충청감사는 다음과 같은 안민 방책을 국왕에게 올렸다.

> 지금 와서 힘써야 할 것은 오로지 분별해서 형률을 시행하는 데에 있으나 완급 간에 또한 기미에 따라 변란을 처리하는 방도가 있습니다. 지금 만약 율(律)을 엄히 하고 기한을 독촉해서 촌려(村閭)를 두루 수색한다면 장차 백성들이 흩어지고 농지가 황폐해 질 것이니, 각진(各鎭)의 교졸은 우선 철수시켜 돌아가게 하고, 아직 체포하지 못한 긴요한 범인은 오직 당해 수령에게 은밀히 탐색하게 하여 체포하는 대로 구핵(究覈)해서 경중을 나누어 계문(啓門)하여 감률(勘律)하도록 묘당에서 품처(稟處)하게 해 주소서.[142]

또 동학농민전쟁이 진행 중이던 1894년 10월 영천에서 민요가 일어나 민가를 불태우고 관아에 난입하였으며, 수령을 들어다 내버리는 사태가 벌어졌다. 민요의 원인은 첫째는 결세가 과중한 것, 둘째는 관정(官政)이 탐욕스러운 것[貪婪], 셋째는 명례궁(明禮宮)의 부당한 보세(洑稅) 수취 등 인정의 핵심인 박세렴(薄稅斂)을 외면하고 가렴주구를 일삼은 치자 측의 폭정과 탐학 때문이었다. 이에 대한 조정의 대응과 수습 방안으로 백성들의 고통[民隱]을 덜어주기 위해 결호세(結戶稅)를 줄이고, 궁가(宮家)의 보세를 환급해 주는 '백성들에게 보태주는 정사[益下之政]'를 베풀도록 하였다.[143]

물론 이러한 안민책은 자신들의 안위를 위해서도 어떻게든 체제를 안정시켜야 했던 치자 측으로서는 당연히 취해야 할 수습 방안이었을 수도 있다. 그러나 앞서 살펴보았듯이 형률을 혹독하게 사용하여 죄수를 죽게 하

---

141) 『비변사등록』, 철종 13년 5월 19일.
142) 『비변사등록』, 철종 13년 6월 1일.
143) 『승정원일기』, 고종 31년 10월 13일.

거나, 부당한 세금을 강요하거나 돈과 재산을 뺏기 위해 무고한 주민들을 잡아 가혹한 형벌을 가하고 심지어로 죽이기까지 하는 탐관오리들을[144] 엄벌하고, 부당하거나 과도한 부세를 탕감하고 줄여주는 행위는 결국 인정의 요체인 '세금을 적게 거두고[薄稅斂]', '형벌을 줄이는[省刑罰]' 방안이었다.[145] 말하자면 백성들이 납득할만한 최소한의 인정을 돌려줌으로써 난민들의 마음을 다독이고 민요를 수습하려는 노력의 표현이었다. 민본과 인정 이념의 회복을 요구하며 일어난 민중에게 민본과 인정을 되돌려주겠다고 약속함으로써 체제를 안정화하려 한 것이었고, 민중과 치자 사이에는 민본과 인정 이념을 기초로 형성된 정치문화가 작동되고 있었음을 의미한다.

2. '민란'과 새로운 질서의식의 형성

(1) 새로운 논의기구의 형성

19세기에 빈발한 민란은 결코 지배이념이나 지배체저를 부정한 것이 아니었다. 지배층에서 민란의 원인을 민본과 인정 이념을 외면하거나 배반한 탐관오리들의 학정과 가렴주구에서 찾았다면, '난민'들은 고을 차원에서 국왕을 대신하여 탐관오리들을 징치함으로써 스스로의 힘으로 민본과 인정 이념을 회복하고자 하였다. 지배이념의 핵심이라고 할 수 있는 민본과 인정 이념을 기반으로 한 정치문화가 치자 측과 피치자 측 모두에게 통용

144) 『철종실록』, 철종 5년 9월 25일; 「慶尙監營啓錄」 6, 『各司謄錄』 11, 고종 27년 8월 18일; 『승정원일기』, 고종 31년 2월 4일, 2월 15일, 4월 11일.

145) 1893년 1월에 발생한 사천민란의 안핵사 懷綏之道 莫先於薄斂之策(『固城府叢瑣錄』, 1893년 3월 13일, 『총서』 4, 113쪽

되고 있었음을 보여준다. 그러한 정치문화는 '난민'들이 탐관오리의 가렴주구와 폭정에 대한 비판, 그리고 '민란'이라는 폭력적 저항 운동을 정당화하는 근거가 되었으며, 치자 측에서도 그에 입각하여 '민란'이나 민중의 원억과 불만을 해소하고 다독임으로써 혼란을 수습하고 질서를 회복하고 있었음을 알 수 있다.

이와 같이 민중에 의한 다양한 원억의 소원, 특히 탐관오리들의 가렴주구나 부세운영을 비롯한 정책과 그 운영과정에서 드러나는 불법·부정·불합리를 개혁할 것에 대한 집단적 호소, 나아가 스스로의 힘으로 민본과 인정 이념을 회복하기 위해 일으킨 폭력적 저항운동은 그 과정에서 민중에 의해 아래로부터의 새로운 질서의식 내지 새로운 정치질서를 만들어 갔다.

대부분 관에서 부과하는 부세문제를 둘러싼 것이었지만, 관-향촌, 혹은 향촌 내부의 분쟁이 발생하면 동리 혹은 면, 군 단위에서는 처음부터 대소민인이 모두 모이는 집회가 개최되기도 했다. 이들 집회는 민회(民會), 민소(民所), 민회소(民會所), 이회(里會), 면회, 읍회 등으로 불렸다. 향회라는 명칭을 쓰기도 했으나, 참가층이나 성격 면에서 이미 기왕의 향회와 다른 것이었다. 대민이나 관이 주도한 기존의 향회와 달리 대소민인이 함께 참여하거나 소민들만 참여하는 상대적으로 자율성을 가진 '민회'였다.[146] 이회, 면회, 도회 등 다양한 '민회'의 명칭은 지역에 따라 조금씩 차이가 있었던 것으로 보이며, 이미 17세기부터 '면회'의 명칭이 사용되기도 했다.[147] 그

---

146) 송찬섭은 민란시 항쟁을 이끈 대중조직을 기존의 향회와 구별하여 민회로 명명하였다(송찬섭, 「1862년 농민항쟁의 조직과 활동」, 『한국사론』 21, 1989).

147) 인조 연간에 전주판관을 역임한 신달도(申達道, 1576~1631)는 1624년(인조 2)에 「鄕約節目」을 지었다. 제3항에는 "도약소(都約所)와 부약소(副約所)는 각기 향사당(鄕射堂)과 4개 면(面)의 서숙(書塾)에 두고, 도회는 사맹삭(四孟朔, 1·4·7·10월)에, 면회는 매월 초에 행한다"라고 향약소의 설치 장소와 회의 시기에 대해 정

러나 이회, 면회 등의 명칭은 대체로 19세기에 들어 본격적으로 사용되었으며, 부세운영 등을 둘러싸고, 혹은 민란 준비와 진행과정에서 새로운 공론이나 새로운 논의기구를 지시하는 명칭으로 사용된 것으로 보인다.

전통적 사족들의 모임이나 '민중공론'이 형성되는 기구를 막론하고 19세기에 각 지역에서 '향회' 혹은 '민회' 등을 지시하는 다양한 명칭을 살펴보면 다음과 같다. 단천에서는 매년 1월 3일 본읍의 노소 향인(鄕人)들이 향청(鄕廳)에서 연례적으로 모여 민사(民事)를 논의했으며,[148] 이를 민회(民會)라고 하였다.[149] 1811년 2월 곡산민란 당시 주도자들은 사사로이 사령(使令)을 정하기도 하는 등의 중요한 결정을 하는 논의기구를 방회(坊會)라고 불렀다.[150] 1822년(순조 22) 함경도 경성에서는 판관(鏡城判官)이 소 값이 올라 찬우(饌牛)를 조달하는 데 어려움을 호소하는 주민들에게 함께 모여 논의하여 대책을 보고하도록 하였다. 주민들은 1월에 '읍회'에서 필요한 비용을 조달하는 대안을 마련하였다.[151]

1846년(헌종 12) 충주목에서는 유생들이 향교에 모여 삼정의 폐단과 이속(吏屬)의 간사함에 대해 논의하고 관장(官長)을 성토한 일이 있었는데, 이때 충주 유생들은 자신들의 모임을 읍회라고 하였다.[152] 민란이 본격적으로 일어나기 이전에도 특히 북부 지역에서는 민회, 읍회, 방회 등의 명칭이 사용되고 있었으며, 사족들의 모임에도 읍회라는 명칭이 사용되고 있었음을 알 수 있다. 이러한 명칭의 집회들이 어떤 성격이었는지에 대해서는 어

하고 있었다(『晩悟先生文集』 卷之七, "雜著").
148) 『일성록』, 순조 8년 3월 22일.
149) 『일성록』, 순조 9년 9월 10일.
150) 『일성록』, 순조 11년 윤 3월 9일.
151) 『일성록』, 순조 22년 10월 7일.
152) 『승정원일기』, 헌종 12년 5월 23일.

느 정도 유추할 수 있는 것도 있지만, 아닌 것도 있다. 다만 모든 집회가 1862년 민란 때부터 본격적으로 등장하는 '민회'류의 집회와 동일한 것은 아니었을 것으로 보인다. 1862년의 민란에 등장하는 '민회'류는 대체로 총액제와 공동납 이후 아래로부터 형성해간 새로운 공론을 형성하는 모임, 곧 사족 중심이 아니라 구성원의 신분적, 경제적 차별이 약화 내지 배제되어 가는 새로운 논의기구들이 대부분이었던 것으로 보인다.

1862년 이후 각 고을의 민란에서 보이는 새로운 논의기구들의 다양한 명칭은 다음과 같다. 상주에서는 민회소(民會所), 회소(會所), 읍회 등으로,[153] 익산과[154] 개령에서는 읍회,[155] 진주에서는 동리 단위의 논의 기구를 이회(里會), 군현 단위의 논의 기구를 도회(都會)로 불렀다.[156] 1869년 경상도 고성현 춘원면(春元面)에서 일어난 민변(民變) 당시 주민들은 자신들은 집회를 민회라고 불렀다.[157] 1894년 고성민란에서는 '난민'들의 결집처를 '민회소'라고 하였으며,[158] 1901년 이재수의 난 당시 '난민'들에 대해 '민회소'라고 불렀다.[159] 행호군(行護軍) 이원조(李源祚)의 상소문에서도 확인되듯이 1862년 당시 전국적으로 민란이 발생하였을 당시 개최된 민중의 집회를 '읍회'라고 하였으며, 이를 곧 민란과 동일한 것으로 바라보았다.

153) 『일성록』, 철종 13년 6월 24일.

154) 『壬戌錄』, 嶺湖民變日記, 61쪽.

155) "邑會民變, 俑在通文". 『비변사등록』, 철종 13년 6월 10일; 『승정원일기』, 철종 13년 6월 11일.

156) "其曰里會, 其曰都會者, 亂民之所群聚而謀事者也", "都結·統還, 非獨小民之不願, 而里會·都會, 皆是大戶之主張"(『壬戌錄』, "晉州按覈使査啓辭", 23쪽; 『龍湖閒錄』 3, 86~87쪽).

157) 「慶尙監營啓錄 3」, 고종 6년, 『各司謄錄』 11, 255~279쪽.

158) 이에 대해서는 다음 절에서 좀 더 상세히 살펴보고자 한다.

159) 『續陰晴史』 上, 561쪽.

> 가렴주구(苛斂誅求)가 뼛속까지 사무쳐 원망하는 말이 마음속에 가득하니, 마치 물이 오래 흐르면 막아놓은 것이 반드시 무너지는 것과 같다. 그 때 길거리에서 우연히 이야기하기를 영읍(營邑)이 낡은 인습을 답습하여 호소해도 효과가 없으나, 분풀이를 하려면 읍회 만한 것이 없다고 한다.[160]

민란이 곧 읍회로부터 시작되었음을 말하고 있다. 이는 앞서 언급했듯이 개령민란서도 '읍회'와 '민변(民變)'을 같이 묶어서 지칭하는 것과 같은 맥락으로 보인다.[161]

민란이 준비되고 전개되는 과정에서 향촌사회의 공론은 이전과는 다른 방식으로 다른 계층에 의해 형성되어갔다. 민란 당시 읍폐에 대한 논의나 수령에게 제출할 등소의 작성 등은 기존의 향회와는 다른 이회, 민회, 도회 등에 의해 주도되었다.[162] 기존의 향회를 모태로 하더라도 수령의 정책을 사후 승인하는 거수기 역할을 하던 형식적 향회가 아니라, 소민들까지 참여하여 관권의 부당함과 그 교정을 논의하는 향회였으며 형식과 내용면에서도 커다란 변화가 일어났다.

우선 민란의 준비과정 혹은 전개과정에는 그 동안 향중공론에서 배제되었던 천민이나 천역에 종사하는 사람들의 참가도 이루어졌다. 이러한 사례는 여러 곳에서 보이지만, 여기서는 1862년 진주민란의 사례를 들어 보기로 한다. 진주민란을 준비하는 과정에서 주도자들은 주도자 가운데 한 사람인 박수익의 집, 사노(私奴) 검동(儉同)의 집에 모여서 논의하였고, 철시, 훼가 등 본격적인 투쟁에 돌입했을 때 훼가와 서리구타를 주도한 인물은 유리민 이귀재, 농장(籠匠) 원세관과 사노 맹돌(孟乭)과 귀대(貴大) 등이었

160) 『승정원일기』, 철종 13년 8월 9일.
161) 『비변사등록』, 철종 13년 6월 10일; 『승정원일기』, 철종 13년 6월 11일.
162) 망원한국사연구실, 앞의 책, 73쪽.

다.[163] 개별적 차원이기는 하지만, 검동의 경우 준비 과정에서부터 주도적인 역할을 하였던 것으로 볼 때, 다른 노비나 천대받는 직종의 인물들도 민란이 준비되고 전개되는 과정에서 적극적으로 참여하였던 것으로 생각된다.[164]

또 하나 주목해야 할 점은 관권에 의해 강요된 공론이나 대민이 주도한 향중공론에 반대한 주민들이 별도의 집회를 통해 공론을 형성해 간 것이다. 몇몇 사람이 주도자 가운데 한 사람의 집에 모여서 논의를 시작하기도 했지만, 전개과정에서 일반 주민들이 누구나 참여할 수 있는 집회로 진전되어 갔다. 민란의 집회에 면리 명을 쓴 깃발을 들고 참여한 사례에서 엿볼 수 있듯이[165] 민란 참여여부는 동, 리, 면 단위의 공론을 통해 결정되는 사례가 많았을 것으로 보인다. 이러한 민회의 공론은 군현 단위의 향중공론을 형성하는 향회의 공론과 달리 면회를 통한 면론 등 면리 단위에서 소민들에 의해 형성된 독자성을 가진 공론이었다.[166]

거창, 상주, 성주 등의 사례에서 보이듯 주로 과세 부담액수를 둘러싸고

---

163) 「晉州按覈使查啓跋辭」, 『壬戌錄』, 27쪽. 진주민란의 전개과정에 대해서는 망원한국사연구실, 『1862년 농민항쟁』, 동녘, 1988; 이영호, 「1862년 진주농민항쟁의 연구」, 『한국사론』(서울대) 19, 1988; 송찬섭, 앞의 글, 1989; 김준형, 『1862년 진주농민항쟁』, 지식산업사, 2001 참조.

164) 그러나 여성들의 경우 면회나 동리 단위의 모임에서 부세문제 등 당면 사안에 대한 논의가 이루어지고 공론이 형성되는 과정에 참여하였는지의 여부는 확인되지 않는다. 그러나 무녀·기행·첩 등 하층 여성이 적극적으로 가담하였던 제주 이재수의 난(1901년) 이전에는 여성들이 민란에 참여한 사례가 확인되지 않는 것으로 미루어 볼 때 공론 형성과정에서도 여성은 배제되었던 것으로 보인다. 19세기 민중운동과 여성의 참여 문제에 대해서는 배항섭, 「19세기 동아시아 민중운동과 여성의 참여」, 『역사교육』 152, 2019 참조.

165) 『龍湖閒錄』 3, 73쪽; 망원한국사연구실, 앞의 책, 74쪽.

166) 면회와 면론에 대해서는 김용민, 1998, 앞의 글 참조.

기왕의 공론과 경합하였지만,[167] 대민들은 자신들이 면제받는 군포에 대해 거론하지 않는 데 반해 소민들은 군포의 균배를 요구하면서 "상하구별 없이[毋論上下]", "소민들에게만 치우쳐 징수하지 말고, 모든 호에 균등하게 배정할 것[勿偏徵於小民 均排於齊戶]"[168] 등을 요구하였다. 이러한 모습은 부세부담 면에서 균·평의 논리로 무장하고 있었음을 보여주며, 이 점에서 사족과 달리 기왕의 제도나 질서, 관행을 전복하려는 '민중적 공공성'을 내장하고 있었다. 소민들은 그러한 공론을 내세우며 기왕의 향회가 제시한 공론과 대항하거나 자신들의 공론에 따라 독자적인 행동을 취하기도 했다.

그런 점에서 민란에서 형성된 소민 주도의 공론은 사족 중심의 공론 혹은 수령에 의해 강요된 사이비 공론에 저항하는 대항적 공론이라고 할 수 있다. 따라서 민란은 소민들이 자신들의 공론으로 사족중심 혹은 관권에 의해 조작되는 기왕의 공론이 가진 허구성을 폭로하는 행위이기도 했다. 물론 여기에는 앞서 살펴본 정치문화의 변화나 총액제의 시행에 따른 소민들의 상시적 논의기구의 성장 등의 요인이 결부되어 있었다. 총액제와 공동납에 따라 부세문제를 논의하고 대응하기 위해 마을 사람 모두가 참여하는 이회나 동회는 점차 상시적인 논의기구로 자리 잡아 갔다. 또 향회 역시 대소민인이 함께 참여하는 논의기구로 변해갔다. 대소민인이 함께 참여하여 논의하는 민회는[169] 대민이나 관이 주도한 향회에서 결정된 '향중공론'과 그에 따른 부세부과 방식이나 기준이 가진 공정성, 정당성이 회의되고, 새로운 기준이 새로운 원칙에 의해 "합리적"으로 마련되어 가는 과정

167) 김용민, 1994, 앞의 글 참조.

168) 『일성록』 철종 13년 8월 29일; 『龍湖閒錄』 3, 77쪽.

169) 송찬섭은 민란시 항쟁을 이끈 대중조직을 기존의 향회와 구별하여 민회로 명명하였다(송찬섭, 「1862년 농민항쟁의 조직과 활동」, 『한국사론』 21, 1989, 347쪽; 송찬섭, 「농민항쟁과 민회」, 『역사비평』 37, 1997 참조).

이라는 점에서 일종의 '공동의 정치적 학습의 장'이기도 했다. 그 결과 나타난 현상은 한마디로 향촌사회 내부에서 일어난 공론의 분열과 새로운 공론의 창출이라고 할 수 있으며, 그 집약적인 표현이 5장에서 살펴본 바와 같이 사족 중심의 기존 향회에 대한 혁파 요구였다.[170]

물론 소민들은 조관(朝官)을 지낸 경력이 있거나 향촌사회에서 명망이 있는 사족들이 장두(狀頭)로 나설 경우 자신들의 요구를 관철시키는 데 더 유리할 것으로 기대하고 있었다.[171] 그에 따라 1862년 민란에서도 단성에

---

170) 1891년 나주민란 당시 나주민들은 38개 면의 풍헌을 영원히 없애고, 1년 4회 열리는 향회를 혁파할 것을 요구하였다. 또 1894년 8월에 일어난 경상도 고성민란에서도 관과 민이 함께 〈사실소〉를 통해 지난 6년간의 부당한 부세수취에 대해 조사하였고, 29개조 민막 관련 개혁안을 제출하였는데 그 가운데 하나가 "향회라는 명색을 영원히 혁파할 것"이었다.

171) 『일성록』, 철종 13년 6월 24일. "尙州風憲金日福初招以爲本邑結政與還弊年增痼瘼故規正次爛議諸民曰如我之輩雖千呈萬訴必無實效不若境內某某兩班請爲狀頭後結價則每結八兩式還上則臥本取耗軍布則二兩式備納而如不聽從竝爲劫迫之意完議已定矣", "小民以爲若朝官兩班爲狀頭則與官家議定尤易於生進大民故小民等果請金承旨爲狀頭而金承旨不在家故燒其家舍朝官中金參判成參奉李宣傳金奉事金正言諸宅亦爲見燒而外此班民家之見燒者多於常漢之家." 이윤갑은 빈소농들이 "간혹 창란한 죄를 대민에게 돌린다"는 자료(『승정원일기』, 철종 13년 8월 9일)에 근거하여 농민들이 "자신들의 봉기를 은폐 내지 정당화하고 요구 관철을 용이하게" 하기 위해 전직 고관을 끌어들였다고 하였다(이윤갑, 「19세기 후반 慶尙道 星州地方의 농민운동」, 『孫寶基博士停年紀念 韓國史學論叢』, 1988, 658쪽). 고석규는 토호들의 힘을 빌리는 것이 단기적인 효과가 있다는 점을 소민들도 인정하고 있었다고 하였다(고석규, 「19세기 농민항쟁의 전개와 변혁주체의 성장」, 한국역사연구회 편, 『1894년 농민전쟁연구』(1), 역사비평사, 1991, 345쪽). 김인걸도 상주민란에서 난민들은 표면상으로는 조관 출신의 양반을 장두(狀頭)로 삼아 관과의 타협을 통해 부세문제를 합법적으로 해결하려 한다면 생원이나 진사 같은 대민을 장두로 삼는 것보다 훨씬 용이할 것으로 생각했지만, 어디까지나 소민들이 주체가 되고 있었다는 점에서 다른 지역과 차이를 보이고 있다는 점을 강조하였다(金仁杰, 「민중의 사회적 결속」, 『조선 후기 민중사회의 성장: 신편 한국사 36』, 국

서는 사간원 정언(正言)까지 지낸 조관 경력자인 김인섭(金麟燮)이 그의 아버지 김령(金欞)과 같이 민란을 주도하기도 했고,[172] 인동에서는 전 정언 장응표(張膺杓)가,[173] 진주에서는 전 교리(校理) 이명윤(李命允)이,[174] 장흥에서는 전 군수(長興前郡守) 고제환(高濟煥)이,[175] 1885년(고종 22) 여주민란에서는 전 현감 조병직(曺秉直)이[176] 민란을 주도하였다.[177]

이처럼 사족들, 가운데 주요 관직 경력자들은 많은 지역에서 여전히 공론 형성 과정이나 심지어 민란의 전개 과정에서 중요한 영향력을 행사하였

사편찬위원회, 2002, 74쪽). 이들의 이해는 향촌지배질서라는 맥락, 그리고 그 속에서 형성된 대민-소민의 관계라는 맥락에서 접근하기보다는 대체로 난민들이 자신들의 이해를 관철시키기 위해 '대민들을 활용'했다는 점에 방점을 찍고 있다. 조경달은 앞서 언급한 연구자들과 달리 덕망가적 질서관이라는 개념을 도입하여 설명하고자 하였다. 그 역시 사족의 덕망을 이용하여 관측과의 교섭을 유리하게 진행시키려는 의도에서 사족을 끌어들인 것으로 이해했다. 그러나 그에 따르면 사에게는 유교적 민본주의에 입각해서 덕망가로서 정의를 실현하고자 하는 의식이 존재했고, 소민층에게는 덕망 있는 사족들에게 조화로운 향촌질서의 조화로운 재생을 기대하는 심성이 있었으며, 이러한 심성을 기저로 한 민중의 공동체적 질서관이 덕망가적 질서관이라고 하였다. 일상적으로 향촌사회에 잠복해 있던 덕망가적 질서관이 현재화하는 계기는 임술민란이었고, 특히 개항 후의 민란을 특징짓는 질서관이었으며, 갑오농민전쟁의 전제조건을 이루는 것이라고 하였다(조경달, 『민중과 유토피아』, 27~28쪽, 61쪽, 106쪽, 114쪽, 120쪽).

172) 망원한국사연구실, 앞의 책, 71~73쪽.

173) 『철종실록』, 철종 13년 윤 8월 1일.

174) 『승정원일기』, 철종 13년 5월 23일; 『壬戌錄』, 嶺湖民變日記, 晉州按覈使査啓辭, 31쪽.

175) 『철종실록』, 철종 13년 5월 25일; 『壬戌錄』, 嶺湖民變日記, 益山按覈使啓跋, 68~72쪽.

176) 『비변사등록』, 고종 22년 3월 27일; 『승정원일기』, 고종 22년 3월 29일.

177) 1862년 민란 당시 조관출신들의 활동을 집중적으로 분석한 연구로 송찬섭, 「1862년 농민항쟁기 조관 출신들의 활동과 정부의 대책 -김인섭, 이명윤, 장응표, 고제환 등을 중심으로-」, 『남명학연구』 69, 2021 참조.

다. 특히 민란 초기의 경우 사회적 경제적 지위가 우세하고 "담론자원"을 풍부하게 가진 사(士)계층들이 주도하는 경우가 많았다. 그러나 사족이 장두로 나선다 하더라도 그의 위상은 이전의 향중공론을 주도하던 때와는 전혀 다른 경우가 많았다. 예를 들면 상주민란에서 소민들은 생원이나 진사보다는 조관(朝官)을 역임한 양반이 장두(狀頭)가 되면 수령과 의정(議定)을 하는 데 더욱 수월할 것으로 판단하였다. 소민들이 가장 먼저 찾아간 곳은 김승지(金承旨)였으나, 그가 집에 없자 그의 집을 불태웠고, 그 다음으로 김참판(金參判), 성참봉(成參奉), 이선전(李宣傳), 김봉사(金奉事), 김정언(金正言)을 차례로 찾아가 장두가 되어 줄 것을 요청하였지만, 모두 허락하지 않자 그 집들을 불태워버렸다.[178]

사족 가운데 조관 출신의 경우 이전에는 향중공론을 주도하는 존재들이었지만, 여기서는 오히려 예전 같은 영향력이 사라진 가운데, 소민들 중심으로 형성된 향중공론에 따라, 혹은 소민들도 포함된 새로운 공론에 의해 추대되는 '대표'로 그 위상이 내려앉았음을 알 수 있다. 더구나 소민들의 추대에 응하지 않을 경우 집을 파괴하는 등의 보복조치가 뒤따랐다는 점은 그러한 사정을 잘 말해준다. 따라서 장두가 된다 하더라도 자신들의 계급적, 신분적 이해를 대변할 수 없었으며, 소민들이 공론으로 정한 의사나 요구를 관에 전달하는 전달자에 불과한 경우가 많았을 것으로 보인다. 이어서 전개된 폭력투쟁은 대체로 평민들이 주도하였다. 초기 단계에서 공론을 주도한 사족이라 하더라도 스로로 혹은 전개과정에서 소민들과 갈등을 빚어 물러나거나, 소민들에 의해 축출되는 사례도 적지 않았다.

---

178) 『일성록』, 철종 13년 6월 24일.

(2) 새로운 체제의 가능성 : 읍정 감사와 지방관 견제

민란을 준비하고 진행하는 과정에서 지배이념의 확산과 짝하여 형성, 변화해온 정치문화, 그리고 총액제와 공동납의 시행에 따른 아래로부터 성장해간 '민중공론', 사족 중심의 향회와는 결을 달리하는 상시적 논의기구의 성장 등을 토대로 새로운 질서와 체제를 향한 단서들이 만들어지고 있었다.

1862년의 민란에서도 각 지역에서 '민회'류의 새로운 논의기구가 등장하여 민란을 준비하고 전개과정에서도 주도적 역할을 하였다. 집회의 통문을 작성하여 보내고, 요구조건 등을 포함한 등장을 작성하고, 수령에게 등장을 올릴 대표단의 선정, 면리 및 가호별로 벌전(罰錢)을 부과하거나 방화 협박 등으로 주민들을 동원하는 방법에 대한 결정,[179] 공격 대상이나 방법 등에 대한 논의가 이루어졌을 것으로 보이지만, '민회'가 수행한 역할이나 논의구조, 각급 사항을 수행하기 위한 방법이나 절차 등을 구체적으로 알려주는 사례가 잘 보이지 않는다. 다만 몇 가지 사례를 들어보면 다음과 같다.

---

179) 1863년 12월 풍천민란에서는 미참석자에 대해서는 먼저 벌전을 징수하고 이어 또 가옥을 훼손하기도 했다(「黃海監營狀啓謄錄 15」, 1864년 1월 29일, 『各司謄錄』 23, 478~483쪽.). 1890년 함창민란에서는 민회에 참석하지 않은 사람들에게 벌전을 부과하거나, 추착배지(推捉牌旨)를 보내 잡아들인 다음 태형을 가하기도 했으며, 혹은 속전(贖錢)을 받거나 집에 불을 지르기도 했다(송찬섭, 앞의 책, 2004, 65, 66, 76, 83, 114쪽 참조). 1862년 당시에도 많은 지역에서 동리나 개인에게 벌전(罰錢)을 부과한다거나, 심할 경우 방화(放火)하거나, 방화를 위협하는 등의 방법으로 주민들을 강제로 동원하기도 했다. 이러한 동원강제는 다른 나라에서도 일반적으로 나타나는 현상이며, 위험과 수고가 따르는 집단행동에는 참여하지 않고 그 결과만 누리는, 이른바 '무임승차자[free rider]'를 방지하기 위한 '공동체적' 강제라고 볼 수 있다.

1862년 함양에서는 '난민'들이 읍권을 장악하고 좌수 이하 장리(將吏)·조례(皁隷)들을 쫓아내거나 뽑아 쓰기도 하였으며, 폐단을 바로잡는다고 하면서 오로지 관수(官需)와 이예(吏·隷)들을 줄이고자 하였다.[180] 장흥에서도 주모자인 전 군수 고제환이 관원들을 위협하여 마음대로 이향(吏鄕)의 직임을 출척(黜陟)하였다.[181] 단성의 김령은 백성들을 지휘하여 관리의 집을 불태우고 객사에 모여 곡(哭)을 하였으며, 점가(店街)에 모여서는 부비(浮費)라고 하면서 결당 1냥씩 모두 1,200여냥을 거둬들였는데 마치 관문서처럼 각면별로 성책(成冊)하고, 소임을 파견하여 독촉해서 거둬들였다. 위로는 향장(鄕將)으로부터 아래로는 관노와 사령에 이르기까지 모두 김령이 차출하여 일을 처리하였으며, 안핵사가 그를 체포하기 위해 진교(鎭校)에게 관문을 들려 보내면 그것을 찢어버리고 꾸짖었다.[182]

이러한 양상은 1862년 이후 상대적으로 뜸하던 '민란'이 격증하는 1880년대 말부터 더욱 심해졌다. 농민전쟁이 일어나기 1년 전인 1893년에는 전국에 걸쳐 60여 회 이상의 민란이 일어났고, 1894년에 들어와서는 "민란이 없는 고을이 없다"는 표현이 나올 정도였다.[183] 1890년 8월 경상도 함창민란에서는 수령을 쫓아낸 다음 향청에 도소를 설치하기도 했고, 사마소를 점거하고 도유사(都有司)를 선정하였으며, 면리 대표회의를 통해 도소 운영에 필요한 자금을 각출하였다.[184] 같은 무렵 나주에서는 난민들이 적어도 수개월 간 읍권을 완전히 장악한 후, 독자적으로 공세(公稅)를 거두었을 뿐만 아니라, 이향(吏鄕)을 선임하고 장부를 조사하여 별도의 절목까지 만드

180) 『壬戌錄』, 45쪽.
181) 『비변사등록』, 철종 13년 7월 19일.
182) 『壬戌錄』, 53쪽.
183) 『일성록』, 고종 31년 2월 30일.
184) 송찬섭, 앞의 책, 2004, 118, 122~127쪽.

는 등 역시 사실상 향권을 장악하고 수개월 간 '자치 행정'을 이끌어 가기도 했다.[185]

모두 이전에는 볼 수 없었던 현상이며, 18세기 말 이래 사족 중심이 아니라 대소민인이 함께 참여하는 새로운 향중공론의 형성, 1862년 민란 당시 본격적으로 모습을 보인 이회나 면회, 혹은 민회 등 기왕의 사족 중심의 향회와는 다른 논의구조를 형성해간 경험과 무관할 수 없는, '새로운 질서'의 맹아들이었다.

인정을 향한 열망이 형성해간 새로운 질서와 관련하여 특히 주목되는 것은 농민전쟁 때인 1894년 7월 발발한 고성민란이다.[186] 고성민란에서 새로운 질서의 가능성이 마련되어 간 중요한 배경 가운데 하나는 무엇보다 '난민' 측과 수령 측 모두가 민본과 인정 이념을 토대로 한 정치문화에 의거하여 논의하고 행동하였다는 데서 찾을 수 있다. 고성부사 오횡묵(吳宖默)은 고성부사로 부임하기 전 정선, 함안 등 다른 지역의 수령에 재직할 때도 중앙에서 배정되는 부세액을 경감해주는 등 비교적 선정을 베픈 것으로 알려져 있다.[187] 물론 그도 중앙정부에서 독촉하는 부세를 받고, 이전부터 누적되어 온 포흠곡을 채워 넣기 위해 향회를 이용하기도 하였다. 오횡묵은 함안군수로 재직할 때 공전(公錢) 가운데 채워 넣기 어려운 것과 포흠

---

185) 김양식, 「고종조 민란연구(1876~1893)」, 『龍巖車文燮敎授華甲紀念史學論叢』, 1989; 배항섭, 「나주지역 동학농민전쟁과 향리층의 동향」, 『동학연구』 19, 2005 참조.

186) 고성민란은 동학농민혁명이 발발한 다음인 1894년 7월에 일어났기 때문에 동학농민혁명의 영향을 받지 않을 수 없었다고 생각하지만, 직접적인 관계는 없으며, 운동의 배경이나 전개과정, 요구조건 등의 면에서 일반적인 민란과 사실상 차이가 없다.

187) 함안군수로 재직할 때는 선정을 베풀었기 때문에 암행어사에게도 높이 평가 받았고, 주민들도 그의 유임을 바랐다. 이에 대해 감사 이헌영이 오횡묵의 유임을 바라는 장계를 올려 국왕의 허락을 받기도 했다(『승정원일기』, 고종 29년 5월 22일).

된 돈이 47,500냥이 된다는 사실을 알고 향회를 개최하였다.[188] 밤중에 향원 50여명을 향청에 모은 뒤 술과 안주를 마련, 수령이 직접 찾아가서 논의하여 마련할 방안을 찾도록 요청하였다. 향원들은 백성들의 포흠을 토지에 배정하여 거두는 것은 특히 그 전례가 없다고 하면서도 그 방법 이외에는 다른 방법이 없었기 때문에 결렴하여 채워 넣기로 결정했다.[189]

이에 따라 오횡묵은 이포는 해당 아전에게서 받아내도록 하고, 민포의 경우 각 면·동에서 포흠한 백성의 성명과 포흠 액수를 향회에 보고하면 그 가산을 탕진시키고 척족에게 대신 물리게 해서라도 거두고, 아무 것도 없어 돈을 마련하기 어려운 백성의 포흠분을 동리에 배정하여 마련하도록 하였다.[190] 그 과정에서 오횡묵은 백성과 향리들이 함께 논의하여 공의(公議)에 따라서 결정할 것을 누차 강조하였다.[191] 그러나 대민들도 관의 의중을 거역하기 어려운 실정이었음을 고려하면 그렇게 형성된 공의가 소민들의 '공론'과 얼마나 부합하였을지는 의문이지만,[192] 그는 '널리 향민(鄕民)들의 논의를 들어[博採民論]' '의견이 하나같이 동일[一辭詢同]'한 다음 시행할 것을 거듭 강조하고 있었다.[193] 오횡묵은 1895년 고성에서 지도군수로 옮

188) 김동철, 「19세기 말 함안지방의 향전」, 『한국문화연구』 2(부산대 한국문화연구소), 1989; 김성윤, 「吳宖默(1834~?)을 통해서 본 수령 군현통치의 과정과 전략 - "善政" 목민관의 모델과 관련하여-」, 『조선시대사학보』 53, 2010 참조.

189) 『경상도함안군총쇄록』, 1889년 12월 1일.

190) 『경상도함안군총쇄록』, 1890년 1월 19일.

191) 『경상도함안군총쇄록』, 1890년 1월 20일.

192) 정약용이 "고을 안 고약한 자제 수십 명을 불러온다. 턱으로 지시하고 기세부리는 자들을 객관(客館)에 모은 다음, 돼지를 잡고 술을 걸러서 연석(宴席)을 마련하고는 '향회에서 논의해서 역가를 증액하였다.' 하면, 모두 '참으로 그렇습니다.' 하는데, 누가 감히 이의를 달겠는가?"라고 하였듯이 강화된 관권은 비단 소민들의 이해와 배치되었을 뿐만 아니라 대민들도 관의 의중을 거역하기 어려운 실정이었다(『經世遺表』 권7, 地官修制, 田制 7).

겨간 다음에도 방축을 쌓아 간척사업을 하려 하였으나 주민들이 반대하자 그들의 요구를 들어주었다. 그는 주민들도 제언을 막아 놓으면 혜택이 크다는 것을 알지만, 당장 방축 쌓는 노역으로 소금 생산에 방해 받을 수 있다는 눈앞의 이익 때문에 반대하는 것이라고 하면서 그들의 요구를 들어주었다.[194]

오횡묵은 이와 같이 비교적 선정을 베푼 인물이었고, 고성부사로 재임할 때도 마찬가지였다. 함안군수에서 고성부사로 영전된 오횡묵은 고성에 부임하는 날인 1893년 3월 10일 주민들로부터 등장을 받았다. 내용은 부당한 응배전(應排錢) 명색으로 매호 2냥 9전 9푼씩 징수한 일에 대해 조사하여 바로잡아달라는 것이었다. 오횡묵은 그 자리에서 주민들의 중망(衆望)에 따라 이현규(李鉉奎)를 사실도감(査實都監)으로, 퇴임한 향리 박규신(朴奎信)을 사실색리(査實色吏)로 임명하고, 23개 면의 면수(面首)들이 모여 조사하도록 하였다. 조사 결과 부당하게 거둔 3,280냥 4전 9푼을 백성들에게 돌려주도록 하여 실제 민호 1,840호에 매호당 1냥 7전 8푼씩 환급하였다.[195] 또 재임 중에도 주민들이 부담하는 부세를 1만여냥 정도를 줄여주는 등 선정을 베풀었기 때문에 주민들도 그가 교체되자 그의 유임을 원하였으며, 결국 이임하여 떠날 때도 '난민' 장두들을 비롯하여 500여 명의 주민들이 고을 경계까지 전송하고 전별연을 베풀었다.[196]

때문에 민란 발발 후 '난민'들이 진을 치고 있던 배둔리의 〈민회소〉를 찾아갔던 공형들이 '난민'들에게 '거의 죽을 지경으로' 구타를 당했음에도 난민들과 대화하고 담판을 짓기 위해 직접 〈민회소〉를 찾아갈 수 있었다.

193) 『경상도함안군총쇄록』, 1890년 1월 21일.

194) 오횡묵 저, 김정섭·김형만 역, 『智島郡叢瑣錄』, 신안문화원, 2008, 224쪽.

195) 『고성부총쇄록』, 1894년 3월 10일, 3월 17일, 3월 18일.

196) 『고성부총쇄록』, 1894년 8월 18일, 8월 21일, 9월 3일.

또 그가 〈민회소〉를 찾아가 장두(狀頭)들과 대화를 할 때 장두 가운데 한 사람이 “백성을 구학(溝壑)에서 구하는 자이니, 금일 원컨대 성주(城主)를 한 장두로 삼읍시다”라고 주장하였다. 대화를 마치고 돌아가려 할 때도 다시 “성주의 가르침이 민망(民望)에 부합하니 장두로 받들겠습니다.”라는 주장을 제기하여[197] 오횡묵에게 〈민회소〉의 장두로 되어 줄 것을 거듭 요청하기도 했다. 오횡묵 역시 〈민회소〉를 비난하는 향리들의 간언을 물리치고 오히려 민란의 책임은 사단을 만든 향리들에게 있다는 점을 분명히 밝혔다. 고성의 ‘난민’들과 오횡묵은 민본과 인정을 토대로 한 정치문화를 공유하고 있었음을 알 수 있다. 정치문화는 이처럼 치자와 피치자의 양방이 일정하게 공명할 때 작동되는 것이다. 비교적 선정을 베풀던 지방관과 주민들의 노력이 새로운 향촌질서의 가능성을 보일 수 있었던 것도 이와 깊은 관련이 있었던 것으로 여겨진다.

고성민란은 오횡묵 때문이 아니라, 그 이전 6년 동안 쌓인 부당한 징세 때문이었다. 앞서 언급했듯이 오횡묵은 고성부사로 부임한 즉시 주빈들의 등장을 받고 지난 수년간 부당하게 거두어들인 돈 3천 여냥 이상을 돌려주었지만, 주민들의 불만은 완전히 해소되지 않았다. 잠복해 있던 불만은 1년 4개월 정도 지난 1894년 7월 21일에 폭발하였다.[198] 고성 장날이었던 이날 모인 주민들 -아마도 주모자들-은 “본읍의 지나친 배당 중에 삭감이 미진한 부분은 바로잡지 않을 수 없다.”는 말을 주고받았으며, 이 사실은 7월 23일 좌수와 공형을 통해 수령에게 바로 보고되었다. 수령은 7월 24일 집단행동을 자제시키며 7월 26일 각 면에서 일을 잘 아는 자 한 명씩을 보내

197) 『고성부총쇄록』, 1894년 8월 19일, 8월 25일.

198) 고성민란에 대해서는 장영민, 「고성민요연구」, 『윤병석교수화갑기념 한국근대사논총』, 지식산업사, 1990; 「1894년 고성민요연구」(Ⅱ), 『상지대논문집』 11, 1990 참조.

면 관아에 모여 문서를 조사할 것을 약속하였다.[199] 그러나 장날이기도 한 7월 26일 아무도 오지 않자, 7월 28일 다시 3일 후에 모이도록 각 면에 전령을 보낼 것을 지시하였다.[200] 그러나 돌연 7월 28일에는 북쪽 3개면(마암, 구만, 회현면) 주민 5~6천 명이 〈교혁안민(矯革安民)〉이라고 쓴 깃발을 내걸고 배둔리에 모였다. 북삼면 이외의 각 면에서도 다음 날 용두정에 모인다고 하였다. 배둔리에 모인 주민들은 다음 날 오전 읍내로 들러온다고 하였으며, 머리에 흰 수건을 동여매고 손에는 죽장(竹杖)을 들고 스스로의 집회를 〈민회소(民會所)〉라고 칭하였다. 이들이 일어난 것은 무엇보다 "멋대로 걷는 징수와 부정한 명색의 징수가 해마다 늘어 백성들이 살아갈 수 없게" 되었기 때문이었다. 장두(狀頭)는 최응칠(崔應七), 이응도(李應道), 정대숙(鄭大權) 3명이었고, 허태숙(許太叔), 최낙도(崔洛道) 등 고을에서 이름깨나 있는 자들이 주도층을 이루고 있었다. 이들의 핵심 목표는 간향과 활리들이 결탁하여 부당하게 징수한 돈을 조사하여 환징(還徵)하는 데 있었다. 따라서 이들은 1889년 이래의 문부를 조사할 것을 요구하였다.

〈민회소〉를 찾아와 해산할 것을 효유하는 수령과 직접 대면하여 논쟁을 벌였고, 이어 관아로 돌아가는 수령을 따라가 객사 동쪽 대청에서 부사 오횡묵, 장두인 〈민회소〉 대표를 포함한 주도자들, 좌수와 이향 등이 모인 자리에서 마침내 1889년 이래의 문서를 조사하는 것에 합의를 하였다. 조사는 〈민회소〉에 마련된 조사기구['사실소(査實所)']에서 진행하기로 하였으며, 부사 오횡묵은 이번의 조사는 민원(民願)에 따라 하는 것이므로 좌수와 공형, 각 색리들에게 사령 5~6명과 함께 〈민회소〉에서 대기하도록 하였다. 수시로 조사에 필요한 요청이 있을 경우 즉각 대응하도록 한 것이다. '사실

199) 『고성부총쇄록』, 1894년 7월 23일, 24일.
200) 『고성부총쇄록』, 1894년 7월 27일.

소'를 만들고 장부를 조사한 사실에 대해 고성민들은 "관민이 함께 오직 폐막을 척결하고 고을을 보존하려는 뜻을 모은 것"으로 이해하였다.[201)]

오횡묵은 장두에게 이번 조사는 민사(民査)이므로 도감(都監)과 색리(色吏)를 반드시 이향(使鄕)이 추천하도록 하였고, 이에 따라 향민 이동석(李彤碩), 최방언(崔邦彦), 정진권(鄭鎭權)을 도감(都監)으로 차임하고, 퇴리 김상헌(金相憲), 박규신(朴奎信), 송기욱(宋基旭)을 사리(査吏)로 차임하였다. 조사가 시작되자 아전들이 모두 두려워하여 몸을 피하자 장두들이 나서서 향리들에게, 조사만 하고 상해를 입히지 않을 테니 문서를 가지고 조사기구가 있는 〈민회소〉에 와서 대기할 것을 지시하였고, 오횡묵에게도 자리를 피해 줄 것을 요구하였다. 장부조사가 시작되었으나, 밖에서는 이미 경주인과 읍리들의 집을 불사르거나 부수는 행동이 개시되었다. 이튿날에도 읍리와 읍민 다수의 집이 불타 모두 25호가 불타거나 파괴되었으며,[202)] 도감 가운데 한명이었던 이동석의 집이 '난민'들의 공격을 불타버렸다.

장부 조사가 이루어지는 동안에도 몇일 동안 '난민'들은 해산하지 않았으나, 수령의 거듭되는 요청에 따라 8월 1일에는 100여명만 남았고, 8월 3일에는 장두와 각 면 면수, 일을 아는 몇 사람만 남았다. 7월 28일 〈민회소〉에서는 경주인과 부자들로부터 전재(錢財)를 빼앗고 '빌린' 돈으로 각 면 집강을 통해 '난민' 1명당 5전씩 제공하였는데, 그 총액이 1천 800냥을 넘었다. 또 대부분의 난민들이 둔취해 있던 7월 28일부터 3일간 민간에 요구하여 먹은 밥도 3만여 상(床)에 이르렀다.[203)]

그러는 사이 8월 4일 〈사실소〉의 조사가 일단락되었다. 6년간 부당하게

---

201) 『고성부총쇄록』, 1894년 8월 18일, "官民共處一以滌瘼存邑爲意"

202) 『고성부총쇄록』, 1894년 7월 28일. 7월 30일.

203) 『고성부총쇄록』, 1894년 7월 28일. 8월 18일.

수취한 금액이 14만 냥에 이른다는 사실을 밝혀내었고, 29개조 민막관련 절목도 정리되었다. 결과의 내역은 감영과 통영, 병영에 제출되었고, 절목은 각 면에 전령으로 보내졌다. 그러나 8월 18일 감영에서는 재조하라는 공문이 도착하였고, 아직 〈민회소〉를 해산하지 않고 있던 고성민들도 오횡묵이 맡아 재조사할 것을 요청하였다. 향민들은 감사에게도 요청하여 결국 오횡묵이 사관(査官)을 맡기로 했다. 이에 따라 당일 오횡묵은 객사 동쪽 대청에 조사처를 마련하고 주민들이 원하는 인물들인 정진권과 최방언을 사감(査監)으로 박남두(朴南斗), 황정일(黃禎逸)을 사색(査色)으로 차임하여 조사를 시작하도록 하였다.[204]

조사 과정에서 수령과 〈민회소〉 측 간에는 여러 사안을 두고 논쟁이 일어나기도 했다. 우선 오횡묵이 이미 과도한 징수를 한 책임이 있는 인물을 대동색리, 병방색리, 사창색리 등에 임명하자, 〈민회소〉 측에서는 8월 4일 채택된 절목 29개조 가운데 제16조 "이향(吏鄕)은 향민들이 천거하고 예채(例債) 명색은 영영 거론하지 않는다."는 조항을 근거하여 반대하였다. 결국 부사 오횡묵은 "향임(鄕任)과 공형(公兄)은 모두 향민들의 추천으로 차출"한다는 절목을 받아들였고, 〈민회소〉 측에서는 이방과 좌수를 비롯한 이향직임에 자신들이 원하는 사람들의 임명 요구를 관철시켰다.[205] 지난 6년간의 각종 부세관련 장부를 조사하는 조사원을 선정할 때뿐만 아니라, 결국 향임과 공형을 모두 '난민'들이 추천하는 인물로 차임하였으며, 조사원 하나가 건강 문제로 그만 두게 되었을 때도 그 후임을 장두가 추천하는 인물로 차임하게 할 수 있었던 것이다.

조사 과정에서 지난 6년간 열린 향회 역시 심각하게 문제가 되었다. '난

---

204) 『고성부총쇄록』, 1894년 8월 18일.
205) 『고성부총쇄록』, 1894년 8월 4일, 8월 21일, 8월 25일.

민'들이 이향들을 불러들려 1차로 장부를 조사한 직후 8월 4일 〈민회소〉에서는 29개조의 개혁안을 정리하여 제출하였으며, 그 제12조에는 '향회 명색을 영원히 혁파할 것'이 들어 있었다. 오횡묵이 부임하기 이전 고성에서도 다른 대부분 지역과 마찬가지로 거수기 역할을 하는 향회를 개최하여 "상납분이 부족하다는 것을 빙자하여 매양 향회 때 결제를 받아" 민간에서 배정하여 부당하게 거두어 들였기 때문이다.[206] 처음에는 이처럼 향회를 통한 결정과 수세에 대해 부사 오횡묵도 정당한 절차를 거쳐 거둔 것이라고 주장하였지만 〈민회소〉 측으로부터 강력한 항의를 받았다. 〈민회소〉에서는 "향회 때 향사(鄕事)에 간섭한다고 하는 자들이 해당 향리에게서 받은 향응과 뇌물에 마음이 달콤해져서 서로 얽혀 (민간 수취의) 시행을 허락하는 공문을 얻어내어 기필코 배정하여 징수한 것입니다. 그 실상은 원징(怨徵)입니다"고 반박하였다.[207] 이향층과 대민들은 관행에 따라 향회라는 절차를 거치고 공론을 모아 징수를 결정했다는 것으로 자신들의 행위를 정당하다고 주장했지만,[208] 소민들은 수령, 향리, 대민들이 주도하고 독점하던 향회와 '향중공론'의 정당성을 부정한 것이다. 결국 이러한 논란들에 대해서도 〈민회소〉 측의 입장이 수용되는 방향으로 정리되었던 것으로 보인다.

한편 소민층은 이향층과 대민들과 대립하고 "대민을 원수처럼 여기"고 있었을지라도 대민들에 대한 공격을 무차별적으로 한 것은 아니었다. 고성민들은 경주인과 읍리, 읍민들의 집을 공격하면서도 "삼가해서 황씨 아전의 집에는 침범하지 말라"고 하여 횡씨들은 아무런 피해도 입지 않았다. 이에 대해 향유들은 "황씨들에 대한 순후하고 근실하다는 칭찬이 효저(效

206) 『고성부총쇄록』, 1894년 8월 25일.
207) 『고성부총쇄록』, 1894년 8월 25일.
208) 『고성부총쇄록』, 1894년 8월 25일.

著)한 것"이라고 하였다.[209] 황씨는 동료 향리들에 의해서도 "본래 순박하고 부지런해서 별로 걸려든 화란이 없는" 사람으로 인식되고 있었다.[210] 이 밖에도 불에 탄 25호의 집에 대해 향리들은 "이번에 집이 불탄 사람들은 아전이나 백성을 따질 것 없이 가난한 집은 없습니다"라고 했다.[211] 향유들도 "집이 훼파되거나 불타고 조난을 당한 사람들 가운데 억울한 사람들이 없지 않으나, 대개는 평일에 자초한 단서가 있는 사람들입니다"라고 하였다.[212] 소민들도 "전일에 요임(要任)을 맡아 행학(行虐)하여 일향(一鄕)의 공분을 사고 있던 자"들이라고 하였다.[213] 이와 같이 공격당한 집은 대체로 "요임을 맡아 행학하여 일향의 공분을 사고 있던 자", "평일에 자초한 단서가 있는 사람들"이었다. 바로 인정을 외면한 이향층, 그리고 그들과 결탁하여 향회에서 부당한 공론을 주도하며 덕의를 배반하고 백성들을 수탈 억압한 대민토호배들에 다름 아니었다.[214]

사족의 몰락과 사족 중심의 향촌질서가 파탄되면서 사족의 중재기능은 마비되었기 때문에 향촌민들과 관 사이의 갈등은 고스란히 관에서 떠안을 수밖에 없었다. 그러나 고성의 경우 민란 당시의 수령이 비교적 선정을 베풀었던 오횡묵이었다는 점에서, 또 동학농민혁명이 발발한 이후라는 조건 때문에 소민들과 관 사이에 비교적 순조로운 소통이 이루어졌고, 그 과정에서 새로운 정치질서의 가능성이 마련되어 가고 있었다.

---

209) 『고성부총쇄록』, 1894년 8월 2일.

210) 『고성부총쇄록』, 1894년 8월 18일.

211) 『고성부총쇄록』, 1894년 8월 18일.

212) 『고성부총쇄록』, 1894년 8월 2일.

213) 『고성부총쇄록』, 1894년 7월 23일, 28일.

214) 이 점은 다른 지역의 민란에서도 거의 유사하게 나타났다. 예컨대 경상도 상주의 사례에 대해서는 『일성록』, 철종 13년 7월 8일, 慶尙右道暗行御史 趙秉鈺進書啓別單 참조.

재조사는 8월 25일 끝났으며, 지난 6년 간 부당하게 거둔 부세가 1차 조사 때의 14만냥 정도보다 많아 줄어든 4만 1천 300여냥으로 정리되었으며, 감영에도 보고되었다. 오횡묵이 '난민'들의 요구를 들어 준 것은 "나라의 근본은 백성이고, 만사의 편의는 오직 근본을 튼튼히 하는 데 있어야 한다"는 판단 때문이었다.[215] 이처럼 인정의 요체인 '박세렴'을 요구하는 '난민'과 '민본 이념'을 마음 속 깊이 받아들이고 그를 바탕으로 부당하게 거둔 세금을 돌려주고, 해마다 세금을 줄여서 부과하는 등 인정을 펼치던 부사 오횡묵과 주민들 사이에는 민본과 인정을 바탕으로 한 정치문화가 충실히 공유되고 있었음을 알 수 있다.

한편 '난민'들은 〈민회소〉를 통해 자신들의 공론을 만들고, 제1차 조사에서는 바로 잡아야 할 민막 29개조의 절목을 마련하여 부사와 감영 등에 제출하였다. 제2차 조사 때는 그 절목이 읍폐민막을 조사하고 바로 잡아 나가는데 중요한 지침이 되었다. 〈민회소〉라는 일종의 대의기구를 통해 주민들에 의한 아래로부터의 공론이 향촌 차원의 정치과정에 깊숙이 개입하며, 수령의 권한 가운데 가장 핵심인 인사권와 수세권을 감시하고 견제해 나가는 중요한 경험을 쌓을 수 있었다. 앞서 언급했듯이 조선의 정치체제가 가진 중앙집권적 성격을 고려할 때 이러한 경험은 단지 향촌 차원에서 그치는 것이 아니라 중앙정치 무대에까지 영향을 미칠 수 있는 새로운 질서의식의 태동이고, 나아가 새로운 정치체제의 가능성을 내포한 것이었다.

(2) 집단적 소원의 진전과 새로운 정치질서의 가능성

새로운 질서와 관련하여 또 하나 주목되는 점은 민란 이전시기부터 향

215) 『고성부총쇄록』, 1894년 8월 25일.

촌주민들이 집단적으로 혹은 자신들이 선정한 대리인에게 향중공론·민중공론을 위임하여 감영이나 서울에 가서 정소활동을 통해 향중공론·민중공론을 실현하고자 하는 움직임이 더욱 빈번하게 나타나기 시작했다는 사실이다. 이는 소원에 대한 집착이 더 강해지고, 민은의 해결을 위해 집단적으로 새로운 방법을 추구하는 과정에서 나온 것이지만, 더 중요한 점은 그 과정에서 새로운 질서의 가능성들이 만들어지고 있었다는 사실이다. 이러한 모습은 이미 18세기 후반부터 보이고 있었다.[216]

제2장에서 살펴보았듯이 민은에 대한 상언 격쟁을 허용하기 이전인 1761년(영조 37)에도 신구 포흠에 대한 징납과 군포 때문에 고통을 받던 임피 백성들을 대표하여 전곡을 거두어 상경한 10여명의 장두(狀頭)들이 경복궁 숭현문 앞에서 호소를 한 적이 있다. 영조가 현문으로 직접 가서 그중 2명을 만나 사연을 들었다. 그 결과 장두 2명이 유배형을 받았지만, 향품(鄕品)과 토호들의 민간 수탈을 막지 못한 임피 현령도 3년 유배형을 받았고, 감사 박도원(朴道源)은 덕화를 펴지 못한 죄로 파직 처분을 당했다.[217] 고을 주민을 대표하는 장두들이 상격하여 국왕에게 직소한 사례이며, 이들의 상경하여 직소하는 데 소요되는 비용은 주민들이 갹출한 것이었다. 이와 유사하게 지역 주민들이 집단적 민은에 대해 대표를 선정하고 파견하여 직소한 사건은 정조 연간에도 몇 차례 보인다.

---

216) 물론 조선 전기에도 이와 유사한 집단적 상경과 직소 시도가 있었다. 예를 들면 세종 연간에는 조정에서 공법(貢法)을 시행하려 하자 경향(京鄕)에서 이에 불만을 품은 자들이 신문고를 치면서 상언하는 일이 일어났다. 심지어 경상도 주민 1천여 명이 집단으로 상경, 격고하여 공법의 불편함을 호소한 일이 있었으나(『세종실록』, 세종 22년 9월 3일), 예외적이었으며, 정조연간 이후처럼 이러한 일이 相續하는 것은 아니었다.

217) 『승정원일기』, 영조 37년 11월 14일; 『비변사등록』 영조 37년 11월 14일; 『영조실록』, 영조 37년 11월 14일.

1782년(정조 6) 5월 황해도 장연현 유학 김정록(金貞祿) 등이 정조의 동가시 위외격쟁을 하였다. 격쟁한 사연은 장연현 동나면 주민들이 힘을 모아 바닷가의 땅을 간척하여 논으로 만들어 놓았는데, 2~3명의 유식자들이 나타나서 그 논을 빼앗아 다른 사람에게 주어서 억울하니 바로잡아달라는 것이었다. 이 건은 사건사(四件事)도 아니며 영읍(營邑)에서 처리해도 되는 문제라고 하여 받아들여지지 않았고, 장두(狀頭)만 처벌하도록 하였다.[218] 1784년(정조 8)에는 원춘도 간성에 사는 임오동(林五同) 등이 가전격쟁을 하였다. 간성은 삼 가격이 올라 공삼(貢蔘)을 부담하는 데 어려움이 있다는 등 역시 사건사 이외의 사안으로 격쟁을 한 것이다. 형조에서는 엄벌을 주청하였으나, 국왕은 폐단을 바로잡게 한 뒤에 장계로 보고하고, 격쟁한 사람을 본도로 내려 보내 조사하여 처리하게 하라고 지시하였다.[219] 정조 연간에 일어난 2건도 모두 집단적 민은에 대한 직소였다. 장두가 몇 명이며, 장두를 파견하는 과정이나 절차에 대해 알 수는 없지만, 장두 파견 및 소요 비용 등에 대한 당사자들의 논의가 있었을 것으로 보인다. 또 1783년(정조 7) 8월 전 도헌(前都憲) 정호인(鄭好仁)은 상소문에서 '지방의 간사한 무리'들이 돈을 거두어 상경하여 머물면서 기회를 엿보다가 성안에 동가(動駕)할 때 격쟁한 일이 잇따르고 있다고 하였다.[220]

사건사 이외의 사안이고, 일종의 집단적 민원 혹은 민은이었다. 영읍에서 해결할 수 있는 사안들도 있었지만, 번거로운 과정을 거쳐 직소를 하게 된 데는 거듭되는 정소나 소지 등에도 불구하고 지방관 차원에서는 납득할 만한 해결책이 나오지 않았거나, 그런 것을 기대하기 어려웠다는 판단 등

---

218) 『승정원일기』, 정조 6년 5월 24일.
219) 『승정원일기』, 정조 8년 8월 20일.
220) 『승정원일기』, 정조 7년 7월 12일.

그만한 사정이 있었다고 봐야 할 것이다. 그러나 여기서 주목하고 싶은 것은 두 가지 점이다. 우선 직소를 수행한 장두들은 대체로 그 스스로도 민은 당사자인 경우가 대부분이었겠지만, 마지막 사례에서 제시되었듯이 '대표'들이 돈을 거두어 상경한다는 표현은 당사자가 아닌 사람이 사안에 대한 직소를 위임받은 대리인이었을 수도 있는 것으로 보인다. 이들 대표에 대해 조정에서는 '향곡간민배(鄕曲奸民輩)', '하방간세지도(遐方奸細之徒)' 등으로 표현했지만, 주목하고 싶은 대목은 동리이든, 면, 혹은 군 차원이든 민은의 당사자들이 대표를 선정하고 비용을 마련하는 과정에서 일정한 논의가 뒤따를 수밖에 없었을 것이라는 사실들이다. 지역 주민들이 자신들의 문제를 해결하려고 분투하는 과정에서 대표를 선정하고 자신들의 원억을 그들에게 위임하여 해결하려 했다는 점에서 새로운 질서의 가능성을 엿볼 수 있다.

19세기에 들어 이러한 현상은 더욱 활발해졌다.[221] 향촌사회에서 공론을 주도하는 새로운 담당자들이 등장하였다. 이들은 향중공론을 주도하던 정통적인 사족이 아니었다. 물론 민란 당시에도 민회와 공론을 주도한 사람 가운데는 사족들이 많았다. 이들 가운데는 지역을 대표할 정도로 명망이 있는 사족이나 조관 경력자도 있었지만,[222] 기왕의 향중공론을 주도하

---

221) 19세기에 들어 민은(民隱)에 대한 민중의 호소와 민은을 둘러싼 민중과 관권의 대립양상이 집단화해나가는 모습에 대해서는 한명기, 「19세기 전반 반봉건항쟁의 성격과 그 유형」, 한국역사연구회 편, 『1894년 농민전쟁연구』(2), 역사비평사, 1992, 122~128쪽 참조.

222) 또한 군현 단위에 부과된 대동미 등을 견감하기 위해 향회와 수령이 연대하여 상경 격쟁 등의 대응 방안을 논의하기도 했던 것으로 보인다. 전라도 부안에서는 1886년 대동미 350석의 대동미를 혁파하기 위해 지평 김헌제와 채우영이 상경하였으며, 이들이 향회에서 제공하였던 것으로 보이는 300냥을 쓰고 내려왔지만, 대동미가 견감되지 않고 그대로 부과되자 수령이 "일을 했던 자가 공정하기 못하고

던 대민들과는 달리 소외된 사족 출신은 물론, 중서층이나 평민출신, 진주민란의 주도층에 사노(私奴) 검동이 있었고, 이재수의 난을 주도한 이재수가 관노출신이었던 데서도 미루어 짐작할 수 있듯이 천민출신도 없지 않았을 것으로 보인다.

"실의에 빠져 나라를 원망하며 난을 일으키려고 음모하는 흉역배"등으로 표현되기도 한[223] 이러한 부류의 출현은 그 이전에도 있었겠지만, 역시 민은에 대한 등소나 민란 같은 집단적 행동이 빈발하는 시기와 겹치는 것으로 보인다. 예컨대 1797년에 곡산에서 농민항쟁을 주도한 '백성들이 당하는 괴로움에 대해 말하기를 좋아하는' 이계심(李啓心)이나, 1804년 장연에서 변란을 모의한 죄로 잡힌 이달우(李達宇) 같은 변란 주모자들 가운데도 이러한 인물들이 적지 않았을 것으로 보인다. 1862년 진주민란을 비롯하여 19세기 민란을 주도한 인물 가운데는 당사자 때문만이 아니라 주민들을 위하여 목숨을 걸고 앞서 서서 읍폐민막(邑弊民瘼)을 바로잡으려는 부류들이 많았다.

1862년에 진주에서 항쟁을 주도한 유계춘은 몰락한 양반출신으로 향리의 공론을 주도하며 '읍폐민막을 늘 입에 올리고', '영소(營訴)와 읍소(邑訴)를 생애로 삼은' 인물이었다.[224] 함평에서 항쟁을 주도한 정한순 역시 대민 이상의 지위를 가지고 있었던 존재로 추정되며[225] 함평의 폐막을 고치기 위해 중앙과 감영에 정소를 하거나 심지어 상경하여 격쟁과 거화(擧火)까지 한 경력이 있었으며, 이 과정에서 감영의 인적(印蹟)을 위조한 일로

자기 사의로 하였다"는 첩을 내렸다(기행현 저, 배종옥 외 역, 『홍재일기 (상, 1866~1894)』, 전북대 이재연구소, 2022, 1886년 4월 15일, 448쪽).

223) 정약용 저, 김동주 옮김, 『목민심서』 8 병전, 125쪽.

224) 「晋州按覈使査啓跋辭」, 『壬戌錄』, 24쪽.

225) 망원한국사연구실, 앞의 책, 278쪽.

유배형을 받기도 했던 인물이다.[226] 1868년 칠원에서 민란을 주도한 황상기 역시 영소로 가산을 탕진한 자였고, 주도층 가운데 하나였던 이도여(李道汝) 역시 이미 3년 전에도 민란을 주도하였다가 도피한 인물이었다.[227]

이들은 향촌사회의 전통적인 공론 형성 과정에서 주도적인 위치에 있던 인물은 아니었던 것으로 보인다. 또 관에서는 이들을 '희사지도(喜事之徒)', 소송을 즐기는 무리, 주민들을 속여 편재(騙財)하는 무리 등으로 규정했지만, 사실상 공론이 부재하거나 억압받는 현실 속에서, 또 전통적인 사들이 고을 단위의 정사로부터 소외되어 있거나 수령의 정사에 대해 거론하는 것 자체를 꺼리는 거향관이 만연해 있던 현실[228] 속에서 전통적인 士를 대신하여 공론을 주도한 인물이었다.

여기서 주목하고자 하는 점은 민란 이전시기부터 특정인에게 향중공론을 위임하여 상경하거나 감영 등에 가서 정소활동을 통해 향중공론이나 민중공론을 실현하고자 하는 움직임이 나타나기 시작했다는 점이다. 이는 수령-이향체제가 성립되면서 사족에 의한 중재 기능이 축소된 사정에 따라 "생민의 휴척"과 관련하여 가장 중요한 문제 가운데 하나였던 부세의 공동납에 대응하여 집단적 행동이 빈발하기 시작하였다는 데서 찾을 수 있다. 이는 민중의 불만이 그 만큼 절실했음을 보여주는 동시에 직접 국왕을 상대로 자신들의 불만을 해소하려고 하려는 의지가 향촌사회 내부에서 집단적으로 형성되어 가고 있었음을 말한다. 나아가 그러한 공론을 모은 후 전곡을 추렴하여 대표를 내세우고 그들에게 자신들의 뜻을 위임하여 상경시키기도 했다.

---

226) 『龍湖閑錄』 권3, 73~74쪽.

227) 『일성록』, 고종 6년 1월 10일, 1월 11일.

228) 김인걸, 1994, 「조선후기 재지사족의 거향관 변화」 『역사와 현실』 11, 174쪽.

대표적으로 언급되는 것이 1842년(헌종 7) 경주 백성들 수백 명이 환곡 문제로 인한 원억을 풀기 위해 상경하여 궐문에서 호소한 일이다.

> 경주 백성들이 본읍의 미납한 환자곡의 일로 수백 명이 떼 지어 감히 소장을 가지고 대궐문에서 원통함을 호소하므로, 狀頭 세 사람을 먼저 한 차례 엄히 刑訊한 다음 본도에 압송하여 當律을 시행하고, 따라온 백성은 타일러 돌려보냈습니다. 환자곡의 폐단으로 말하더라도 이미, '관리가 축낸 것인데 백성에게 무슨 관계가 있는가?' 하며 마치 온 경내가 보전할 수 없는 듯하였으니, 이러한 전에 없던 일을 가져온 데에는 또한 응당 그러한 까닭이 있을 것입니다. 해당 도신으로 하여금 원인을 상세히 조사하여 조목조목 적어서 아뢰게 하고, 照律하여 법을 적용하는 바탕으로 삼으소서.[229]

장두 3명은 체포하여 처벌하고, 나머지 경주민들은 효유하여 돌려보내도록 하였다. 향촌사회의 주민들이 집단으로 상경하여 청원하는 것은 수령 차원에서 해결되지 않는 문제들을 국왕에게 직소하려는 것이었고, 다중의 힘으로 자신들의 뜻을 관철하려는 시도이기도 했다. 또 이는 관료제에 의해 운영되는 중앙집권적 시스템 하에서 향촌사회의 작은 분쟁이 언제든지 중앙 권력까지 휩싸이게 만들 수 있었음을 시사한다. 사족의 쇠퇴와 공동납이라는 변화에 대응하는 가장 격렬한 방법이 '민란'이었고, 그 과정에서 향촌주민들에 의해 아래로부터 새로운 공론이 형성되고, 그를 실현시키려는 노력은 새로운 정치질서를 만들어 가고 있었던 것이다. 1852년(철종 3) 경상도 단성에서는 환폐 문제를 호소하기 위해 향회를 열고 상경하여 대궐문에 가서 직접 호소하기로 결정하고, 각 면마다 대표 1인씩 선정하였다. 그에 소요되는 비용은 각 면에서 추렴하기로 결정하였다. 이후에도 수령과

---

229) 『헌종실록』, 헌종 7년 9월 7일.

감사에게 누차 정장을 올렸다.230)

이는 민중의 불만이 그 만큼 절실했음을 보여주는 동시에 직접 국왕을 상대로 자신들의 불만을 해소하려고 하려는 의지가 향촌사회 내부에서 집단적으로 형성되어 가고 있었음을 말한다. 나아가 그러한 의지를 공론의 형태로 결집한 후 돈이나 곡식을 추렴하여 대표를 내세우고 그들에게 자신들의 뜻을 위임하여 상경시켜 국왕에게 직접 호소하게 한 것이다. 관권의 영향을 받는 공론과 달리 향촌주민들에 의해 발의·형성된 공론의 등장, 그 실현을 위한 대표의 선정 혹은 선출과 지역 주민들의 위임, 그를 위한 소요 자금의 분정과 확보 과정 등은 아래로부터 새로운 질서가 형성되고 있었음을 의미한다.231)

'민회'에서는 조세문제 등 당면한 현안에 대한 다양한 논의가 이루어졌고, 논의를 통해 집약된 불만이나 요구는 수령에게 전달되었다. 수령의 응답이 주민들의 기대치에 미치지 못할 경우 주민들과 관권 사이에 갈등이 지속·확대되었을 뿐만 아니라, 동리 주민들의 불만이나 요구를 둘러싼 '정치의 장'에 중앙권력까지 끌어들이기도 했다.

앞서 언급했듯이 조선의 중앙집권적 정치체제는 동리→면→군현→도→

---

230) 김준형, 2000, 『조선후기 단성사족층 연구』, 아세아문화사, 270~274쪽.

231) 이들 가운데는 당사자인 주민들을 배반하는 인물도 없지는 않았을 것이다. 그러나 유배형이나 심지어 죽음을 각오하고 부당한 불법수취 바로잡고 탐관오리를 징치하고자 한 함평민란의 주모자 정한순이나 사천민란의 주모자 유학 최인희, 읍폐민막을 바로 잡기 위해 가산을 탕진하며 소원운동 벌인 칠원민란의 주모자 황상기의 사례에서도 확인되듯이 이들은 당국에서 규정하는 것과 같은 '주민들을 속여 편재하는 무리'들이 아니었다. 이점에서 이들이나, 이들과 당사자 주민들과의 관계는 여러 가지 의미에서 '대표불능'에 빠진 대의제 민주주의 아래의 통제되지 않는 '전횡적' 대표들과는 전혀 다른 인물이고 다른 관계였고, 대의제 민주주의와는 다른 가능성을 내포하고 있었다고 생각한다.

중앙으로 이어지는 동심원적 구조를 구축하고 있었기 때문에 동리 차원에서 일어나는 주민들의 작은 움직임도 언제든지 중앙 정부 차원의 '문제'로 연결될 수 있었다. 따라서 갈등과 분쟁을 해결하기 위해 일어난 면리나 군현 차원의 노력들은 그 과정에서 새로운 공론이나 논의기구들을 만들어 갔고, 이는 향촌주민들의 의도 여부와는 관계없이 중앙 차원의 정치질서나 체제에도 영향을 미칠 수밖에 없었다. 이와 같은 향촌 사회 내부의 갈등과 분쟁, 그것을 해결하려는 노력과 새로운 공공적 기능에 대한 자각, 그에 따른 새로운 공론의 형성은 향촌사회에 새로운 정치질서를 형성해 가고 있었다.

〈부록 : 19세기 민란의 요구조건〉

1. 1862년 4월 인동민란, 12개 항목에 대한 혁파 요구하여 수령으로부터 완문(完文)을 발급받았다. 그 중 4개항이 기록에 남아있다.

> ① 이서의 포흠을 농민에게 징수하지 마라. ② 결가는 매결당 7냥 5전씩 하라. ③ 그간 도망했거나 죽은 군정 천여 명은 영구히 장부에서 제외하라. ④ 신분의 상하를 막론하고 군보는 1인당 2냥씩으로 하라.
>
> *『日省錄』 철종 13년 8월 29일;『壬戌錄』, '鍾山集抄', 209쪽

2. 1862년 5월 공주민란, 감영으로 가서 11개조의 소지(所志)를 제출하였다.

> 1. 세미(稅米)는 항상 7냥 5전으로 정하여 거둘 것.
> 2. 각종 軍布를 소민들에게만 편중되게 부담시키지 말고 각 호(各戶)마다 균등하게 부담시킬 것.
> 3. 환곡의 폐단을 없앨 것.
> 4. 군액의 부족분을 보충한다거나 환곡의 부족분을 보충한다는 명목으로 결렴하는 제도를 폐지할 것.
> 5. 吏校의 작폐와 사령(使令)의 침어(侵漁)를 금지할 것.
> 6. 전정의 稅米를 거둘 때 기한에 앞서 거두지 말 것.
> 7. 토지가 川浦로 변하여 세금을 낼 수 없는 토지와 가뭄 등의 이유

로 災結이 된 토지, 새로 재결이 된 토지에 대한 면세조치는 균등하게 분배할 것.

8. 各面主人에게 지급하는 例給條와 각 廳의 契防條는 시행하지 말 것.
9. 사대부가에서 표적을 묻어놓고 땅을 광점하는 것을 금지시킬 것.
10. 각 면 서원(各面書員)들에게 주는 例給과 周卜 명색을 시행치 말 것.
11. 공주부의 各班下人들을 원래 정해진 액에 따라 그 액수를 감할 것.

* 『龍湖閒錄』 3, 77쪽. 번역은 망원한국사연구실, 앞의 책 351쪽을 따름.

3. 1862년 5월 함평민란. 주모자 정한순이 스스로 관아로 들어가 자수하여 체포된 뒤 "내 죄가 비록 만 번을 죽을 일이더라도 민막(民瘼)을 바로잡지 못하면 편안히 눈을 감을 수 없다"고 하며 폐막 10개조를 올렸다.

1. 漕倉에 납부하는 액수를 남봉한 점.
2. 궁방전의 결세가 높은 점.
3. 虛結을 빙자하여 탈루한 점.
4. 京債 명목으로 억울하게 징수당한 액수가 32,000여 냥에 이른 점.
5. 경채 가운데 거두지 못한 부분과 서리들이 몰래 빼낸 營還錢 7,400냥을 환곡 장부에 첨부시킨 점.
6. 營邸吏 역가를 稅米價에 붙여서 부과한 점.
7. 본읍 환곡이 본래 24,000여 석인데 매년 늘어나서 기십만 석에 이른 점.
8. 본읍 매호 作錢과 매 結頭가 1냥 정도였는데 지난해 牟作錢이 매석 4냥이었고 租還이 매호 9냥 5전, 매결 8냥 5전이 된 점.

9. 軍丁流亡番錢을 호와 결에 거두었는데 매결 8, 9냥에 이른 점.
10. 관에서 미납한 액수를 7년간 배봉하도록 하여 매호 5, 6푼 정도였는데 근래에는 결두에 1전 8, 9푼에 이른 점.

* 『龍湖閒錄』 3, 74쪽. 번역은 망원한국사연구실, 앞의 책 273~274쪽을 따름.

4. 1863년 12월 풍천민란. 해주 감영에서 심문을 받던 중 장두(狀頭) 황기정(黃基正)은 풍천이 "토지가 300여결에 불과한데 몇 해 동안 흉년이 들어 백성들이 버티기 힘든 차에 간리(奸吏)들이 교활하게 좌우의 눈을 가리고 침탈하여 빼앗는 것이 매우 많았다."고 하면서 그 중 대표적 수탈 내용을 7조목으로 나누어 제시하였다.

① 耗錢剩餘 1,400냥, ② 仍還作錢 2,200냥, ③ 隱結橫侵 700냥, ④ 稅太濫捧 160냥, ⑤ 災結未分 200냥, ⑥ 儒生橫徵 700냥, ⑦ 勅賚剩餘 3,000, 합계 8,360냥.

* 「黃海監營狀啓謄錄」 15, 『각사등록』 23, '狀頭黃基正所告內'

5. 1893년 8월 청풍민요. 봉기에 앞서 돌린 통문에 6건의 부세관련 부당수취 내용을 제시하였다.

① 이번에 집집마다 세금을 징수한 일, ② 충주참의 선전(船錢)을 더 징수한 일, ③ 호포목(戶布木)의 대전(代錢)을 지나치게 징수한 일, ④ 통어영(統禦營)을 혁파하고 더 징수한 것을 마땅히 감할 일, ⑤ 환곡미에 많이 농간을 부린 일, ⑥ 불항조(不恒條)를

이미 이자를 불리는 돈으로 삼아 해마다 더욱 징수한 일.

* 「취어」, 『동학농민혁명사료총서』 2, 113~120쪽

6. 1893년 11월 송도민란. 난민들이15개 조항의 요구조건을 제시하였다.

① 還上加俸錢 還推事.

② 結錢再捧錢 還推事.

③ 水蔘稅錢種蔘間稅事(水蔘稅錢禮蔘向稅事).

④ 各項分錢事.

⑤ 潛造者 罪之當者 而勿推後連累事.

⑥ 京校兵丁作弊事.

⑦ 招引少年輩雜技騙財者 毁家事.

⑧ 出入營幕本府生弊者 逐出事.

⑨ 各處洑稅 革罷事.

⑩ 生進朝官若非重罪 則不可囚械事.

⑪ 各邑都賣 一一革罷事.

⑫ 無罪人勒捧錢還推事.

⑬ 田畓賣買年久者 不可憑勢還退事.

⑭ 私債不可憑公收刷事.

⑮ 日人接主者 毁家事

* 「朝鮮國京畿道松都ニ於テ暴徒蜂起ノ件」, 『한국근대사자료집성 8 : 국권회복』, 국사편찬위원회, 2004; 「明治 27年 公文雜輯」 卷五, 艦長外國諜報及帝國公使領事報告, "松都城市民暴動事件報告"; 「大阪朝日新聞」, 明治 28年 1月 3日, 『총서』 23, p.138. 송도민란의 배경과

전개과정, 성격 등에 대해서는 Bae, Hang-seob, "Kaesŏng Uprising of 1893", International Journal of Korean History 15, Feb. 2010 참조

7. 1894년 8월 고성민란. 수령과 '난민' 측이 함께 구성한 '사실소(査實所)'에서 폐정 29개 항목을 합의하고 감영에 제출하기로 결정하였다.

① 兩鎭募戶民呈然後施行事 ② 各面冒頉戶依戊子式計家摠施行事 ③ 葡萄上西道善半戶半結勿施事 ④ 京營各主人役價依節目施行事 ⑤ 都捧所名色永爲革罷事 ⑥ 船鹽稅錢三處加稅勿施事 ⑦ 均役色永付公兄邑徵勿施事 ⑧ 田大同稅米砲糧依節目施行事 ⑨ 木直添補雜費每疋十六兩式施行事 ⑩ 別落色五百兩永爲革罷事 ⑪ 半戶半結事 ⑫ 鄕會名色永爲革罷事 ⑬ 貢生戶名色勿施事 ⑭ 民庫監色革罷掌內事付之於各該色事 ⑮ 吏役廳毁撤貿役付之官廳事 ⑯ 吏鄕鄕薦而例債名色永勿擧論事 ⑰ 司倉兵所大同官廳四色鄕薦而以一吏差出是矣若有行暗債之端當呈營刑配事 ⑱ 吏鄕限二十四朔施行而雖有罪治其罪而勿汰事 ⑲ 吏額依大典會通事 ⑳ 書價依面斗施行每斗代錢四錢式豐凶勿論事 ㉑ 路貰自各該洞會給面斗升依例施行事 ㉒ 市升以八結刀三升容入者新定女儈勿施事 ㉓ 分定各公錢及替納名色永爲勿論事 ㉔ 城內三洞戶役三分一施行而從結則勿施事 ㉕ 司馬旌閭戶外監役監察都事軍司馬都正加資戶除役一勿擧論事 ㉖ 禮木錢排斂民間條切勿擧論事 ㉗ 人吏復戶卜一百結永爲革罷事 ㉘ 各公錢收刷專任執綱而都監名色面首擔當永爲勿施事 ㉙ 官隷與遊手輩足債名色永爲勿施.

* 「고성부총쇄록」, 『총서』 4, 202~203쪽

8. 1894년 10월 영천민란. 영천 안핵사(永川按覈使) 이중하(李重夏)가 파악한 민란의 원인은 다음의 세 가지였다.

> ① 결세(結稅)가 과중한 것, ② 관정(官政)이 탐욕스러운[貪婪] 것, ③ 명례궁(明禮宮)의 보세(洑稅).
>
> * 『승정원일기』, 고종 31년 10월 13일

제7장

동학농민전쟁의 정치문화와 새로운 체제구상

1. 민란에서 농민전쟁으로

국왕을 대신하여 민본 이념과 인정 회복을 추구한다는, 곧 민본과 인정의 회복을 대집행(代執行)한다는 의미를 가지는 민란이 거듭되는 과정에서 새로운 양상의 투쟁이 준비되어 갔고, 새로운 투쟁을 거치는 과정에서 아래로부터 새로운 질서의식이 형성되어 갔다. 거듭되는 민란을 수습하기 위해 조정에서는 삼정이정청 같은 새로운 기구를 만들어 부세제도에 대한 개혁을 시도하는 등 민중의 요구를 일정하게 수용하는 입장을 취하기도 했다.[1]

그러나 그러한 개혁은 대부분 민중의 요구를 제한적으로만 수용한 것이었고, 그나마 미봉책에 그쳤기 때문에 민중이 염원하는 민본과 인정 이념의 회복으로 이어지지는 못했다. 오히려 탐관오리들의 부정부패와 민중 수탈은 더욱 가혹해지고 있었고, 인정을 내팽개친 지방관들의 학정과 수탈은 민중에게서 차라리 세상이 망해버렸으면 좋겠다는 극단적, 절망적 반응까지 나오게 만들 지경이었다.[2] 동학농민전쟁 직후 "탐욕스런 관리들의 학정 때문에 편안히 지낼 수 없어 떠들썩하게 소란을 피우던 것이 끝내 반란으로까지 이어졌다"는 국왕의 진단 역시 이와 다르지 않았다.[3]

---

1) 삼정이정책에 대해서는 김용섭, 「철종조의 응지삼정소와 「삼정이정책」」, 『한국근대농업사연구(상)』(증보판), 1988; 송찬섭, 「1862년 三政釐整廳의 구성과 삼정이정책」, 『한국사학보』 49, 2012 참조.

2) 이에 대해서는 제6장에서 자세히 살핀 바 있지만, 동학농민전쟁 직전 전봉준 등이 주도하여 준비된 이른바 '사발통문 봉기계획'에서도 "每日 亂亡를 謳歌ᄒᆞ던 民衆들"이라는 오히려 난리가 일어나자 그것을 반기는 분위기가 드러나 있다. 이에 대해서는 배항섭, 『조선후기 민중운동과 동학농민전쟁의 발발』, 경인문화사, 2002. 237~258쪽.

이 같이 민본 이념과 인정의 방기에 분노한 민중은 그 회복을 위해 새로운 투쟁, 곧 기존의 민란을 뛰어넘는 대규모 '반란'을 준비하였다. 이는 무엇보다 거듭되는 민란을 통해 고을 차원의 투쟁으로는 인정과 민본을 회복하는 것이 불가능하다는 점을 절감하였기 때문이라고 생각된다. 이에 따라 민중은 이제 고을 단위의 청원이나 투쟁만으로는 민본과 인정 이념의 회복이 불가능하다는 사실을 점차 분명히 인식하게 되었다.

더구나 동학경전에는 '악질(惡疾)이 온 세상에 가득하여 백성들이 한 시도 편치 않은' 조선사회의 현실에 더해, 서양세력의 중국 침략이 가져온 대외적 위기의식이 고조되면서 보국안민의 계책이 절박하다는 점이 강조되고 있었다.[4] 이 역시 특히 동학교도들에게 미치는 의미가 적지 않았을 것이다. 1892년 말부터 동학교도들이 드디어 중앙정부를 대상으로 자신들의 원억(冤抑)을 해소하고 민본 이념과 인정을 회복하기 위한 투쟁을 시작한 것도 이와 무관하지 않을 것이다. 이러한 사정은 1893년 3월 보은집회에 참가한 민중이 선무사(宣撫使) 어윤중(魚允中)과 대화하면서 밝힌 말에서도 확인된다.

> 또 말하기를, "탐관오리의 횡포는 외국과 교류한 이후 더욱 거리낌이 없고, 많은 사악한 것이 뒤섞여 밀려 들어와 백성들의 재물을 강제로 빼앗는 것을 일삼고 있는데, 비록 이를 징계하라는 명령이 있었으나 실상은 처벌하는 효과를 거두지 못하였기 때문에 자신들이 조정에 아뢰어 탐관오리를 쫓아내고자 한다."고 하였다.[5]

---

3) 『승정원일기』, 고종 31년 4월 12일, 4월 18일 등 참조.

4) 「포덕문」, 『동경대전』, "我國惡疾滿世民無四時之安 是亦傷害之數也 西洋戰勝功取 無事不成而 天下盡滅亦不無脣亡之歎 輔國安民計將安出."

5) 「聚語」, 『총서』 2, 67~68쪽. 이하 동학농민전쟁을 비롯한 동학 관련 번역은 〈동학농민혁명기념재단〉 아카이브(https://e-donghak.or.kr/archive/)를 참조하였으며, 일부

이에 따르면 보은집회에 참석한 동학교도들과 민중은 먼저 백성들에 대한 침탈이 외국과 교류한 이후부터 더욱 심해졌으며, 이에 대해 징계하라는 조정의 명령이 있었으나 효과가 없다는 점을 지적하고 있다. 대내외적 위기까지 가중된 현실 속에서 가장 시급한 문제가 부패한 탐관오리들을 징치하는 일이지만, 사실상 중앙 관리들조차도 이에 대응할 능력이 없음을 지적하면서 집회에 참석한 동학교도와 일반 민중이 직접 국왕에게 호소하여 탐관오리를 축출하겠다는 의지를 보인 것이다. 동학경전에서도 깊이 우려했던 대내외적 위기에 대한 자각은 스스로를 보국안민의 계책을 찾는 주체로 나서게 한 것이다.

그러나 보은집회까지도 민중은 자신들의 직접적 행동을 통해 척왜양 혹은 민본 이념과 인정 회복을 실현하겠다기보다 '조정에 아뢰어', 곧 '국왕에게 호소'하는 청원을 통해 실현하겠다는 입장이었다. 이 점에서 동학농민전쟁은 각별한 의미를 가진다. 민본 이념과 인정을 방기하고 부정부패한 관리들이 득실거리는 세상을 스스로의 힘으로 바로잡겠다는 의지를 본격적으로 드러내었기 때문이다. 민란이 지방관을 대상으로 민본 이념과 인정 회복을 대집행한 것이라면, 동학농민전쟁은 그 대상이 중앙집권세력으로 확대된 것이다. 그 배경에는 민란에서는 거의 언급되지 않았던 외세의 침탈이라는 요소가 더해지고 있었다.

이 장에서는 먼저 민본과 인정이라는 지배 이념을 전제로 하여 형성되었고, 점차 민중에게도 내면화해간 정치문화가 교조신원운동과 동학농민전쟁 시기에 어떻게 표출되었는지에 대해 살펴보고자 한다. 이어 농민군의 정치문화나 의식은 유교 이념을 전제로 형성되었던 만큼 지배체제나 지배이념을 부정한 것은 아니었다 하더라도 민본과 인정 이념을 회복시키려는

오역이나 어색한 부분은 수정하여 인용하였다.

과정에서 만들어간 새로운 가능성에 대해 유념하고자 한다.

2. 교조신원운동과 정치문화

우선 조선후기 이래 형성되어 간 민본과 인정을 요체로 한 민중의식과 정치문화는 민란을 거치며 더욱 강화되고 확산되었으며, 이는 동학농민전쟁의 전사라 할 수 있는 교조신원운동에서도 표출되고 있었다.[6] 동학이 창도되고 확산되는 과정에서 교단지도부에서는 동학이 유불선을 통합한 것이라는 점, 특히 유교와 대동소이하다는 점을 강조하였다. 또 무엇보다 대다수의 동학교도들도 동학을 유교에 대한 재해석 정도로 이해하고 수용하였던 것으로 보인다.[7] 이는 교조신원운동이나 동학농민전쟁의 전개과정에서도 분명히 확인된다.[8]

1892년 10월부터 이듬해 4월에 걸쳐 진행된 이른바 '교조신원운동'은 관찰사는 물론 국왕에게까지 직접 청원한 집단행동이었다는 점에서 중요한 경험이었다. 1892년 10월 최초의 교조신원운동인 공주집회에 모인 동학도들은 교도들에 대한 탄압을 강화하고 있던 충청감사 조병식에게 〈각도동

6) 교조신원운동의 자세한 전개과정에 대해서는 배항섭, 『조선후기 민중운동과 동학농민전쟁의 발발』, 경인문화사, 2002 참조.

7) 이에 대해서는 배항섭, 「1880~90년대 동학의 확산과 동학에 대한 민중의 인식 - 유교 이념과의 관련을 중심으로 -」, 『조선시대사학보』 77, 2016; 「동학농민전쟁의 사상적 기반과 유교」, 『역사학보』 236, 2017; 「동학에서 보이는 '전통'과 새로운 사유」, 『민족문화논총』(영남대) 70, 2018 참조.

8) 설사 그렇지 않다하더라도 교조신원운동이나 동학농민전쟁의 전개과정에서 확인되듯이 유교적 이념을 전면에 내세우지 않을 수 없을 만큼, 당대의 정치문화에는 유교 이념이 깊숙이 자리 잡고 있었다.

학유생의송단자(各道東學儒生議送單子)〉를 제출하였다. 동학교도들의 주장과 요구를 요약하면 다음과 같다.

① 동학은 서학과는 다른 것으로 사학(邪學)이 아니라 유불선을 합일한 것으로 유교와 대동소이하며, 인의예지와 오륜에 대해 가르치고 있다.
② 서양 오랑캐의 학문이 우리나라에 들어오고, 왜(倭)의 해독은 다시 외진(外鎭)에서 날뛰고 있고, 관세(關稅)와 시세(市稅), 산림과 천택(川澤)에서 나는 이득을 오로지 오랑캐들이 차지하고 있다.
③ 선왕(先王)의 옷을 입고[衣先王之服], 선성(先聖)의 글을 읽으면서[讀先聖之書], 국왕의 땅에서 먹고사는[食國君之土] 우리가 밤낮으로 수도하고 한울님께 축원하는 것은 "광제창생(廣濟蒼生)과 보국안민(保國安民)"이다. 우리도 왕민(王民)으로서 국왕에 충성하고 공납(公納)도 제때에 내고 있다.
④ 백성은 나라의 근본이다. 이 근본이 견고해야 나라가 평안하게 될 것이니 선정을 베풀어 무고한 백성들을 구휼해 달라.
⑤ 체포된 교도들을 석방하고 교조 최제우의 신원(伸寃)을 국왕에게 계달(啓達)해 달라.[9]

집회에 참여한 동학교도나 민중의 사상적 기반이나 정치문화를 잘 보여주는 주요 내용은 다음과 같다. ①동학이 서학과 다르고 사학(邪學)이 아니라 유교와 대동소이하다는 점, ②동학에서 한울님께 축원하는 것은 "광제창생과 보국안민"이라는 점, ③교도들도 왕민으로서 국왕에 충성하고 공납도 제때에 내고 있다는 점, ④나라의 근본인 백성이 튼튼해야 나라가 평안해질 터이니 선정(善政), 곧 인정을 베풀어달라는 점 등이다. 왕민으로서 정체성과 지배이념인 민본과 인정 이념의 회복을 요구한 것이다. 다음 달인

9) 『韓國民衆運動史資料大系: 1894年의 農民戰爭篇 附東學關係資料 1, 東學書』(이하 『동학서』), 여강출판사, 1985, 60~67쪽.

11월에 개최된 삼례집회에서 전라감사에게 보낸 의송의 내용도 유사하다. 감사들에게 보낸 의송에서는 발신자의 명의를 〈각도동학유생〉이라고 적시하여 자신들이 동학교도임을 드러내면서도 동시에 지배이념을 공유하는 유생이라는 정체성을 강조하였다.[10)]

다음 달인 1892년 12월 동학교단에서는 조정에 〈조가회통(朝家回通)〉이라는 글을 보내 포교의 자유를 요구하였다. 그 핵심 내용은 동학은 유불선을 통합한 것이며, 동학의 가르침에서는 충효를 강조한다는 점, 조정에서 동학을 인정해준다면 충성을 다해 보국(輔國)할 것이라는 점 등이었다.[11)] 이어 1893년 2월 동학교도 대표 40여명은 광화문 앞으로 가서 '각도 유학(各道幼學)'이라는 명의로 국왕에게 〈복합상소(伏閤上疏)〉를 올렸다. 〈조가회통〉과 마찬가지로 충청감사나 전라감사에게 올린 의송에 비해 동학을 창도한 내력과 교리에 대한 설명이 많았다. 특히 동학과 유교는 대동소이하지만, 유불선에 비해 오히려 동학의 교리가 뛰어나다는 점을 은근히 강조한 점이 눈에 띈다.

그러나 가장 주목되는 내용은 자신들의 행위를 정당화하는 논리로 "자신들도 국왕의 적자"라는 점, "백성은 나라의 대본(大本)이고, 근본이 튼튼해야 나라가 평안하다."라는 민본 이념을 분명히 제시한 점이다. 그러나 동시에 이 전과 달리 "사(士)는 나라의 원기(元氣)"라는 내용이 추가되고 향교와 서원을 고쳐 사기(士氣)를 배양할 것을 주장한 내용이 추가되었다.[12)] 상소 주체를 '유학'으로 표기한 점과 아울러 자신들을 '민'임과 동시에 '사'로

---

10) 『동학서』, 71~75쪽.

11) 『동학서』, 86~91쪽.

12) 『동학서』, 91~97쪽; "夫士者國之元氣也 民者國之大本也 本固邦寧氣和道生"(동학농민혁명기념재단, 「淸季中日韓關係史料」, 『동학농민혁명 신국역총서』 9, 2017, 266쪽, 407쪽).

인식하고 있음을 보여준다. 이는 무엇보다 '사'를 끌어들이려는 의도에서 나온 것으로 보인다.[13)]

포교의 자유와 교조의 신원을 요구하는 자신들의 행위를 정당화하는 논리로 처음부터 충효나 민본 이념 등이 표방되고 있는 데서도 확인되듯이 교조신원운동 시기 교도들이 관찰사나 국왕에게 올린 통문이나 상소문 등에서는 조선왕조의 지배이념이나 지배체제에 대한 저항의식을 찾아보기 어렵다. 기본적으로는 교조의 신원과 포교의 자유를 요구하면서도 백성이 나라의 근본[민본]이라는 정치이념이나 삼강오륜(三綱五倫)의 도리, 국왕에 충성하는 왕민으로서의 정체성 등이 강조되고 있다. 또 삼례집회에서 교도들이 요구한 바, 교조에 대한 신원 요구가 받아들여지지 않았지만, 집회 후 최시형이 교도들에게 "제때에 부세(賦稅)를 납부하고 사농공상에 힘쓰며 정심정기(正心正氣)하고 국가를 위하여 기도하라"고 지시한 데서도 알 수 있다.[14)]

한편 복합상소가 결정되는 무렵인 1893년 1월 10일경 전봉준이 작성한 '창의문(倡義文)'이 전라도 각 군현의 관아 문에 붙었으며, 남원·운봉·곡성·구례 등지에서는 같은 시각에 방문이 붙었다.[15)] '창의문'의 구체적인

13) 이는 특히 이어지는 '척왜양운동'에서 '사'를 끌어들이려는 전조처럼 보이기도 한다. 본격적인 척왜양운동인 보은집회가 개최되는 중(3월 16일)에 나온 '동학인령'에서 "왜와 서양을 배척하는 의리는 충성과 의기가 있는 선비(士)와 백성이라면 누가 감히 옳지 않다고 하겠는가?", "삼가 원하건대 여러 도인과 선비(儒)들은 한 마음으로 뜻을 같이하여 요망한 기운을 깨끗이 쓸어버리고, 종묘사직을 극복하여 다시 빛나는 해와 달을 볼 수 있게 하는 것이 어찌 선비(士)와 君子들이 충성을 하고 효도를 하는 도리가 아니겠는가?"라고 하여 '사'의 도리를 강조하면서 척왜양운동에 '사'의 동참을 촉구하고 있었다(「聚語」, 『총서』 2, 39~42쪽).

14) 『동학서』, 81~83쪽.

15) 「南原郡東學史」에는 "남원(南原)은 김영기(金榮基), 운봉(雲峰)은 김성기(金聖基), 곡성(谷城)은 김재홍(金在弘), 구례(求禮)는 유태홍(柳泰洪) 제씨(諸氏)가 정각시간

내용은 확인할 수 없으나, '창의'라는 데서 알 수 있듯이 단순히 '교조신원'을 요구하는 내용이 아니라 '척왜양' 주장이 그 핵심을 이루었을 것으로 보인다.

이어 1893년 2월 8일 교단 대표들이 복합상소를 위해 상경한 직후 전라도 삼례에서는 동학교도 수천 명이 모여 전라감사에게 또 다시 글을 보냈다. 이 글과 동일한 글이 "용담 대아 통고(龍潭 大衙 通告)"라는 제목으로 용담 관아에도 게시되었으며, 일자가 2월 10일로 명시되어 있다.[16] 이 글은 전라도 일원에 '창의문'을 게시하였던 전봉준이 주도하였을 것으로 추정되며, 그 내용은 다음과 같다.

> 대개 사람의 일에는 3가지 어려운 것이 있는데, 절개를 세워 충성을 다하여 나라를 위해 죽는 것은 신하로서 어려운 일이고, 힘을 다해 정성으로 효도하여 어버이를 섬기다가 죽는 것은 자식으로서 어려운 일이며, 정절을 지키고 사모하여 지아비를 위해 죽는 것은 부인의 어려움입니다. (중략) 죽음을 주저하는 사람은 신하와 자식의 의리를 이룰 수 없고, 죽기를 즐겁게 여기는 사람은 충성과 효도의 절개를 세울 수 있습니다.
>
> 지금 왜(倭)와 서양의 적이 나라의 복심(腹心)에까지 침입하여 큰 혼란이 극에 달하였습니다. 진실로 오늘날 나라의 도읍지를 살펴보면 마침내 오랑캐들의 소굴이 되어있습니다. 가만히 생각하건대 임진왜란의 원수와

(正刻時間)에 점부(粘付)"한 것으로 기록되어 있다(「南原郡東學史」, 1924, 『총서』). 남원 유생(南原儒生) 김재홍(金在洪)이 쓴 「영상일기」 1893년 2월 10일 기사에도 다음과 같은 내용이 나온다. "동학이 창의(倡義)를 칭하면서 은밀히 전라도 여러 고을 관아에 방문(榜文)을 붙였다. 그 내용은 왜양과 청나라 사람들이 우리나라에 횡행하지만 전혀 제어할 수가 없어 자신들이 그들을 소멸시키려고 행동을 하니, 관에서 각기 지혜와 용기가 있는 사람을 추천하여 보내라고 하였다. 아, 이 무리들이 왜양을 배척하는 것으로 큰 소리를 치는 말은 가상하지만, 그들 스스로 난리의 화근이 되지 않은 것이 없었다."(『총서』 2, 274쪽).

16) 「東學文書」, 『동학농민전쟁사료총서』(이하 『총서』)』 5, 사운연구소, 1996, 63~72쪽.

병자수호조규의17) 수치를 어찌 차마 말할 수가 있으며, 어찌 차마 잊을 수가 있겠습니까?(중략)

저희들은 (비록 초야에 있는) 어리석은 백성이지만[蠢氓], 그래도 선왕(先王)의 법을 따르고[襲先王之法] 임금의 땅을 경작하여[耕國君之土] 부모를 봉양하며 살고 있으니, 신하와 백성의 분수에 귀하고 천한 것에는 비록 차이가 있더라도 어찌 충성하고 효도하는 것에 다름이 있겠습니까? 원컨대 미약한 충심(衷心)이나마 나라에 바치고자 하나 구구한 아랫사람의 마음을 국왕에게 알릴 길이 없습니다.

삼가 생각건대 순상합하(巡相閤下, 전라감사)는 대대로 내려온 집안 출신의 충량(忠良)으로서 (중략) 임금을 사랑하고 국가에 충성하는 성의가 저희들과 비교할 바가 아닙니다. 저희들 수만 명은 함께 죽기를 맹세하여 왜와 서양을 제거하고 격파하여 큰 은혜에 보답하는 의리를 다하고자 합니다. 삼가 원하건대 각하께서는 뜻을 같이하고 힘을 합하여 충의 정신이 있는 선비와 관리를 모집하여 함께 국가를 돕기를 천번 만번 바랍니다.18)

---

17) 「보은관아통고」(「聚語」, 『동학농민전쟁사료총서』 2, 사운연구소, 1996, 27~29쪽)에는 "壬辰之讐 丙寅之恥"로, 전라감사에게 보낸 의송을 수록해 둔 자료 가운데 『나암수록』에는 "壬辰之羞 丙子之恥"로, 〈용담대아 통고(龍潭大衙 通告)〉라는 제목이 붙은 글 및 그와 사실상 동일한 두 건의 제목이 없는 글을 수집해 놓은 「뮤텔문서」(「동학문서」)의 경우 첫 번째와 세 번째 글에는 "壬辰之誓 丙子之恥", 두 번째 글에는 "壬辰之讎 丙子之恥"로 기록되어 있다. 「日本外交文書」에는 壬辰之讐 丙子之恥로 되어 있다. 문맥과 교조신원운동 시기 한반도를 둘러싼 정세를 고려할 때 "壬辰之讐丙子之恥"가 올바른 듯하다. 그러나 〈동학농민혁명기념재단〉의 아카이브(https://e-donghak.or.kr/archive/)에서 '丙子之恥'를 '병자호란의 치욕'으로 번역한 점에 대해서는 의문이 간다. 동학교도들이나 농민군이 내놓은 전후 통문 등에는 일본에 대한 적대감이 압도적인 반면, 중국에 대한 적대감을 표현한 사례는 없기 때문이다. 또 "왜와 서양의 적이 나라의 복심(腹心)에까지 침입하여 큰 혼란이 극에 달하였습니다. 진실로 오늘날 나라의 도읍지를 살펴보면 마침내 오랑캐들의 소굴이 되어있습니다."라는 구절 등으로 미루어볼 때 '丙子之恥'를 '병자수호조규의 치욕'으로 번역하는 것이 적절하다고 생각한다.

18) 전라감사에게 보낸 의송은 朴周大, 「196. 東學黨與完伯書」, 『羅巖隨錄』 3, 癸巳 2月條, 국사편찬위원회, 1980, 352쪽; 『羅巖隨錄』, 『총서』 2에 실려 있다.

위의 글은 다음 몇 가지 점에서 주목된다. 우선 지금까지 잘 안 알려져 있지만, 이 글은 1개월 후인 3월 6일 밤 부산성문에 나붙은 통문,[19] 그리고 무엇보다 3월 10일 보은집회에 앞서 보은 관아 문 밖에 걸린 괘서의 내용과 동일하다는 점이다.[20] 둘째, 이전에 충청감사와 전라감사에게 보낸 글이나 복합상소문 등과 달리 글 내용에서 교조의 신원이나 교도에 대한 탄압금지 등 종교적 요구는 물론 동학과 관련된 용어조차 완전히 사라진다는 점이다. 셋째, 발신자가 "동학창의회소(東學倡義會所)", "동학인" 등으로 명기되어 있으며[21] '창의'라는 용어가 처음 등장하면서 거의 전적으로 척왜양을 통한 보국이 강조되었다. 또 왜이와 양이에 대한 직접적인 공격 의지가 강력하게 천명되었다는 점에서 화이론적 세계관이 엿보이기도 한다. 넷째, 자신들의 정체성과 관련하여 선왕의 법을 따르고 국군(國君)의 땅을 경작하여 부모를 봉양하고 있다는 점 등 '왕민사상'과 '왕토사상'이 강조되고 있다. 척왜양운동을 시작하게 되면서 종교적 요구가 주조를 이루던 '교조신원운동' 시기에 비해 한층 더 지배이념에 친화적인 모습을 보여주려는 의도와 관련이 있다고 생각된다.

1893년 3월 10일 새벽 보은집회 시작과 함께 보은 관아에 걸린 〈보은관

19) "釜山城門ヘ東學黨通告文貼付ニ付報告ノ件",「日本外交文書」,『총서』19, 23~24쪽.

20) 보은집회가 시작되는 3월 11일 아침에는 보은에 인접한 총선(靑山)의 관아문에도 방문이 붙은 것이 발견되었으나, 그 내용은 확인되지 않는다(「白石書牘」『총서』3, 305쪽).

21) 「동학문서」(뮤텔문서)에는 같은 문서 3종이 실려 있다. 이 가운데 첫 번째 글 말미에는 발신자 명의가 '동학인소록(東學人所錄)'으로 되어 있다. 두 번째 글에는 '癸巳 二月 初十日 卯時'라고 기록하여 글이 작성된 시간을 알려주며, 발신자 명의로는 '동학창의회소(東學倡義會所)'로 기록되어 있다. 마지막 글에는 '동학인등소록(東學人等小錄)'으로 되어 있으며, 그 아래 '정완백(呈完伯)'이라고 쓰여 있어서 이 글이 전라 감사에게 제출된 것임을 알 수 있다(『총서』5, 63~72쪽).

아통고〉의 내용도 이와 사실상 동일하지만, 발신자 명의가 〈동학창의유생등(東學倡義儒生等)〉으로 되어 있다. 앞서 언급했듯이 1892년 10월 충청 감사에게 보낸 글에서는 〈각도동학유생〉라고 하여 '유생'으로서의 정체성을 드러내었지만, 보은집회에서는 여기에 더하여 '창의'한 유생이라는 점이 동시에 강조되고 있다. 또 앞서 소개했듯이 1893년 2월 10일경 나붙은 〈용담 대아 통고〉에서는 '동학창의회소'로 되어 있던 발신자 명의에 '유생'이라는 명칭을 더함으로써 자신들이 '창의한 유생'임을 강조하였다. 위기에 처한 나라를 구하기 위해 몸을 던져 '충'을 실천하는 '유생' 출신 '의병'으로서의 정체성을 강조한 것이다. 이 역시 앞서 언급한 바와 같이 "일본과 서양에 대한 반대"를 위한 창의를 주장하며 '사'와 관료들에게도 동참할 것을 요구한 점과 밀접한 관련이 있다고 생각한다.[22)]

또 보은집회에는 동학교도들뿐만 아니라 다양한 일반 민중들도 참여하였다. 보은집회가 진행 중이던 1893년 3월 16일 집회 지도부가 집회에 참석한 교도 및 일반인들에게 내린 〈동학인령(東學人令)〉에는 다음과 같은 구절이 들어있다.

> 지금 이렇듯 왜와 서양을 배척하는 의리는 충성과 의기가 있는 선비와 백성[士民]이라면 누가 감히 옳지 않다고 하겠는가? 비록 충성과 의리는 같더라도 도인(道人)과 속인(俗人)은 매우 달라 뒤섞여 함께 앉아 있을 수 없으니, 각각 좌석을 나누어서 충분히 의논하도록 하자「爛圖擧議」.[23)]

교도가 아닌 '속인'들도 많이 참석하였고, 그들의 자리를 도인들과 나누어 정하고 있음을 알 수 있다. 그 이전에도 교도가 아닌 일반 민중의 참여

22) 각주 13) 참조.
23) 「聚語」, 『총서』 2, 39쪽.

가 전혀 없었을 것이라 생각되지는 않지만, 종교적 요구가 주조를 이루었던 만큼 제한적이었을 것으로 보인다. 그러나 위의 인용문은 적어도 보은집회에서는 교도와 일반인들이 서로 자리를 나누어 앉을 정도로 일반인들의 참여가 적지 않았음을 시사한다. 이는 보은집회에서는 종교적 요구가 사라지고 척왜양 주장이 전면에 부상한 사실과 연동된 것이라 생각된다. 특히 위의 인용문에 나오는 도인과 속인이 함께 "충분히 의논"하자는 주장이나, 보은집회 당시 지도부에서 나온 〈동학인령〉에서 "여러 도인과 선비들은 한 마음으로 뜻을 같이하여 요망한 기운을 깨끗이 쓸어버리자(道儒一心同志掃淸妖氛)"라고 한 점 등을 미루어 볼 때 동학교도 측에서도 '속인'들을 배척하지 않았음을 알 수 있다. 오히려 함께 논의할 대상으로 인정하고 있어서 마치 '속인'의 참여가 사전에 논의된 듯이 보인다. '속인'의 참여가 집회의 성격이나 방향, 나아가 정치적 질서 구상 등에 어떤 영향을 미쳤는지는 확인할 수 없다. 다만 보은집회 당시 선무사로 내려가 집회에 참가한 교도들 및 일반 민중과 직접 만나 대화를 나눈 어윤중은 집회에 참여한 사람들의 성분을 다음과 같이 11가지 부류로 분류하였다.

① 재기(才氣)를 믿었으나 뜻을 얻지 못한 자
② 탐학이 횡행하는 것을 분하게 여겨 백성을 위해 생명을 내놓은 자
③ 외이(外夷)가 우리의 이원(利源)을 빼앗는 것을 통분으로 여겨 망령되게 큰소리치는 자
④ 탐관오리의 침학을 받으면서도 호소할 길이 없는 자
⑤ 경향에서 토호의 무단(武斷)에 위협받아 스스로 보전할 길이 없는 자
⑥ 경외(京外)에서 죄를 짓고 살기 위해 도망한 자
⑦ 영읍(營邑)의 속리(屬吏)로서 의지할 곳이 없이 떠돌아다니는 자
⑧ 농사를 지어도 남는 곡식이 없는 자와 상업을 하여도 이익을 남기지 못하는 자

⑨ 우매한 자로 풍문으로 듣고 들어와 낙지(樂地)로 삼는 자
⑩ 부채 독촉에 시달려 견디지 못하는 자
⑪ 상민과 천민으로서 신분을 벗어나기를 원하는 자[24)]

이러한 분류가 보은집회에 참가한 자들의 성분과 정확히 일치하는 것은 아니지만, 보은집회 참가자의 성격이 매우 다양하였음을 보여준다.[25)] 그러나 위에 제시된 11가지 부류 가운데 탐관오리나 대민들로부터 부당한 억압과 수탈을 받는 자들이 가장 큰 비중을 차지하고 있다는 데서 참가자들의 대략적인 성향을 엿볼 수 있다. 특히 "탐학이 횡행하는 것을 분하게 여겨 백성을 위해 목숨을 바쳐 그것을 제어하려는 자"들이 주목된다. 이들 가운데는 1862년 함평민란의 주모자 정한순이나 1868년 칠원민란을 주도한 황상기처럼 평소에 새로운 향중공론을 이끌거나 민란을 주도하면서 새로운 향촌질서를 열어 가던 인물도 있었을 것이다. 이러한 부류들이 '도인'들과 함께 '척왜척양'을 추구하는 한편, 탐학한 방백수령이나 토호들의 무단을 타파하고 '국태민안(國泰民安)'을 이루기 위해[26)] 논의하였다는 사실은 보은집회의 방향이나 성격에도 적지 않은 영향을 미쳤을 것으로 생각된다.

한편 앞서 언급한 1893년 3월 16일의 〈동학인령(東學人令)〉에는 왕토사상과 왕민사상이 전면에 제시되고 있으며, 국왕의 신민으로서의 정체성을 분명하게 드러내고 있다.

> 어찌하여 중년 이래 천하가 크게 어지럽게 되어 기강이 무너져 해이해지고, 법이 문란해져 오랑캐들이 중국을 침범하여 능욕하며, 우리 동방까

24) 「聚語」, 『총서』 2, 66쪽.
25) 이를 통해 동학농민전쟁에 참가한 농민군의 성격 역시 매우 다양하였을 것임을 추정할 수 있을 것이다.
26) 「聚語」, 『총서』 2, 36~38쪽.

> 지 침범하여 두루 멋대로 횡행하여도 그것을 태연하게 듣고 항상 있는 일인 것처럼 여겨 그 끝이 국가에 미칠 것을 알지 못하게 되었다. 성인(聖人)이 이를 걱정하여 큰 도리를 가르침에 우리 도인(道人)이 한 마음으로 지킨 것이 여러 해가 되었다. (중략)
>
> 바야흐로 지금 나라의 형편은 거꾸로 매달린 것과 같은 위급한 상황인데 아직도 그 해법을 모르고 있으니 나라에 사람이 있다고 할 수 있겠는가? 우리는 비록 시골에 있는 백성[草野土民]이지만 선왕의 복을 이어받아 선조들을 보전하고, 임금의 토지를 경작하여 부모를 봉양하고 있으니 신하와 백성이 구분되어 직업은 비록 다르지만 의리는 한 가지이다. 어찌 뜻을 같이하여 죽음을 맹세하는 의리가 없을 수 있겠는가? (중략) 삼가 원하건대 여러 도인과 선비들은 한 마음으로 뜻을 같이하여 요망한 기운을 깨끗이 쓸어버리고, 종묘사직을 극복하여 다시 빛나는 해와 달을 볼 수 있게 하는 것이 어찌 선비와 군자들이 충성을 하고 효도를 하는 도리가 아니겠는가? 어질다[仁]는 것은 낳아서 기르는 봄날과 같고, 의롭다[義]는 것은 거두어서 저장하는 가을과 같다. 지혜롭고 어진 것[智仁]이 비록 좋은 덕이기는 하지만 용기가 아니면 도달할 수 없으니, 삼가 원하건대 여러 군자들은 본연의 의리와 기개에 힘써 이 나라에 큰 충성과 큰 공적을 세운다면 매우 다행이겠다.27)

이 글에서 보은집회 참여자들은 왕토사상과 왕민사상 그리고 국왕의 신민으로서의 정체성을 분명하게 드러내고 있으며, 인과 의라는 유교의 덕목을 내세우고 있다. 특히 주목되는 부분은 앞서 언급했듯이 선비와 군자들의 충효정신이 강조되고, 오랑캐의 침략에 맞서 싸워 종묘사직을 지키겠다는 충성심을 거듭 천명하고 있어서 역시 '사'들을 끌어들이려는 의도가 깔려있었을 것으로 보인다는 점이다. 집회에 참석한 민중과 동학교도들은 3월 22일 보은군수가 해산을 지시하자, "오로지 척왜양을 위해 창의하였으

---

27) 「聚語」, 『총서』 2, 39~42쪽.

므로 감영에서 문서로 지시하고 면전에서 타일러도 그만둘 수 없다"라고 하였다. 집회의 핵심 목표가 척왜양임을 밝힌 것이다. 또 동학이 사술(邪術)이 아님을 강조하였지만, 사술이라 하더라도 "임금이 치욕을 당하면 신하는 죽어야 하는(辱君臣死)" 처지에서 충(忠)을 의롭게 여기는 점은 동학이나 유학이 마찬가지이므로 각처의 '유생'들이 죽음을 맹세하고 충을 본받고자 한다."고 답변하였다.[28] 자신들을 유생으로 규정하면서 위기에 처한 왕조에 대한 충성심을 드러내고자 한 것이다. 다른 한편 동학교도들과 집회에 참여한 민중은 "생령(生靈)들은 방백수령의 탐학무도(貪虐無道)와 토호들의 무단절제(武斷無節)로 도탄의 지경에 이르렀다. 만약 지금 소청(掃清)하지 않으면 언제 국태민안(國泰民安)이 있을 것인가"라고 하여[29] 탐학한 방백수령 뿐만 아니라 토호들의 무단도 소청하고자 하는, 곧 반탐학·반부패를 추구하는 목소리도 병존하였다.

이어 1893년 3월 26일 보은집회에 모인 교도들은 '창의유생' 7명의 명의로 선무사 어윤중에게 〈동학인문(東學人文)〉이라는 글을 올렸다.

> 삼가 생각하건대 저희들은 선대 왕조부터 교화되고 길러진 백성입니다. 하늘과 땅 사이에 허물없는 창생이 도를 닦아 삼강오륜을 분명하게 알았고, 마음속에는 중화와 오랑캐를 분별하였기에 왜와 서양이 짐승과 같다

---

28) 「聚語」, 『총서』 2, 35쪽. 3월 26일 내놓은 〈동학인문〉에서도 "主辱臣死之義"를 강조하였다. 또 "군주가 욕을 당하면 신하는 죽는 법"이라는 근왕적(勤王的) 의식은 전봉준도 가지고 있었으며(「동경조일신문」, 1895년 3월 5일, 『총서』 22, 365쪽), 이는 유교지식인이나 관료들의 인식과 동일한 것이었다. 예컨대 동학농민전쟁 당시인 1894년 9월 18일 전라감사 김학진도 상소문에서 "임금이 욕을 당하는 변고를 묵묵히 보면서 신하로서 목숨을 바쳐야 하는 의리를 다하지 못한 것이 신의 죄(忍見主辱之變, 而未效臣死之義, 臣之罪也)"라고 하였다(『승정원일기』, 고종 31년 9월 18일).

29) 「聚語」, 『총서』 2, 36~38쪽.

> 는 것은 비록 5척(尺)의 어린아이라도 더불어 사는 것을 부끄럽게 여깁니다. (중략) 그러한 즉, 창의를 주창하여 왜와 서양을 배척하는 것이 무슨 큰 죄가 되기에 한편으로는 잡아 가두고 한편으로는 제거하려고 하십니까? (중략)
>
> 저희들은 비록 시골의 미천한 자들[鄕曲賤品])이지만, 어찌 왜와 서양이 강한 도적이라는 것을 모르겠습니까? 여러 대의 왕에 걸쳐 유학을 숭상하는 교화를 입었으므로 모두 말하기를 "왜와 서양을 공격하다가 죽는다면 죽는 것이 오히려 사는 것보다 현명하다"라고 하였으니, 이것은 국가가 축하해야 할 일이지 걱정할 일이 아닙니다. 삼가 바라옵건대 합하께서는 명석한 판단으로 이끌어 어리석고 충성스러운 무리들이 의리를 구분하도록 깨우칠 수 있음을 임금께 아뢰어, 우리 임금님이 밤늦도록 정사를 걱정하지 않도록 하고, 임금께서 답하신 것을 널리 알려 저희들이 의리의 길로 나아갈 수 있도록 열어주신다면, 어찌 감히 각각 돌아가서 편안하게 생업에 힘쓰지 않겠습니까? (하략)
>
> '倡義儒生' 許延 李重昌 徐丙鶴 李熙人 宋秉熙 趙在夏 李根豊30)

역시 유학 이념을 숭상하고 그로부터 교화를 입었다는 점과 "왜와 서양을 공격하다가 죽는다."는 구절에서는 왜와 양에 대한 강한 공격의지가 읽힌다. 특히 발신자 명의에서 〈보은관아통고〉와 달리 '동학'이라는 용어를 탈각시키고 자신들을 '창의유생'으로 명명한 점이 흥미롭다. 교조 신원이나 종교적 자유에 대한 요구가 사라진 대신 척왜양 요구가 전면에 부상하면서 자신들의 정체성 내지 행위의 정당성을 지배 이념인 유교, 유교의 핵심 덕목인 삼강오륜이나 '의리' 등과 좀 더 강하게 연결하려는 의도가 엿보인다. 〈동학인문〉의 내용 가운데 "창의를 주창하여 왜와 서양을 배척하는 것이 무슨 큰 죄가 되기에 한편으로는 잡아 가두고 한편으로는 제거하려고 하십니까?"라는 구절이 들어있는 데서도 미루어 짐작할 수 있듯이

---

30) 「聚語」, 『총서』 2, 49~51쪽.

'창의'와 유교 이념에 대한 강조는 분명 당시의 정치문화에 입각하여 자신들의 행위와 생각을 정당화하려는 의도와 관련이 있었을 것으로 보인다.[31)]

그러나 사학으로 배척되고 지목받던 동학교도들이 충청감사와 전라감사에 이어 국왕에게 직접 상소를 올리고, 나아가 왜양을 물리치는 주체가 되겠다는 언행은 조선왕조의 정치질서나 정치주체에 대한 인식에 비추어 볼 때 상식을 벗어나는 것이었다. 이러한 말과 행동은 새로운 질서에 대한 가능성, 새로운 정치체제 구상으로 연결되었다. 새로운 질서나 체제구상과 관련한 가능성의 단초는 1893년 3월 보은집회 당시 동학교도들이 자신들을 비류(匪類)로 규정하는 조정에 반발하는 과정에서 엿볼 수 있다. 선무사 어윤중과 동학교도들 사이에는 다음과 같은 대화가 오고갔다.

> (동학교도들이) "위로 조정에 아뢰어 탐관오리를 쫓아내고자 하였다"라고 하였습니다. 신은 "이는 조정이 해야 할 처분인데, 너희들이 어찌 감히 이렇게 할 수 있는가?"라고 하였고, 또 교도들이 "저희들의 이 집회는 조그마한 무기도 가지지 않았으니, 이는 바로 민회(民會)입니다. 일찍이 여러 나라에도 민회가 있다고 들었고, 조정의 정령(政令) 가운데 백성과 나라에 불편한 것이 있으면 모여서 강정(講定)하는 것이 근래의 일입니다. 어찌 저희들을 도적의 무리[匪類]라고 지적합니까?"라고 하였습니다.[32)]

동학교도들과 집회에 참가한 민중은 스스로 자신들의 집회를 "조정의 정령 가운데 백성과 나라에 불편한 것이 있으면 모여서 의논하여 결정"하는 외국의 '민회'와 같은 것이라고 주장하였다. 그들 스스로가 정령을 논하고 그것을 논의하여 결정할 수 있는 주체라는 인식을 보여주며, 나아가 자

31) 배항섭, 「동학농민전쟁의 사상적 기반과 유교」, 『역사학보』 236, 2017 참조.
32) 「聚語」, 『총서』 2, 68쪽.

신들이 '민회'같은 것을 구성할 수도 있다는 생각의 단초를 읽을 수 있다. 물론 각국의 사례를 인용하여 자신들의 집회가 '민회'라고 주장한 데서도 확인되듯이 여기에는 서양에서 시작된 의회제도의 영향도 있었던 것으로 보인다.[33)]

물론 이들이 주장하는 '민회'의 구체적 내용이 어떤 것인지는 불분명하다.[34)] 그러나 충청, 전라지역 사람들이 중심을 이루었지만, 고을의 경계를

---

33) 당시 국왕이나 관료들은 서구의 민회 혹은 일본의 민회에 대해 매우 구체적으로 알고 있었다. 예컨대 고종은 1890년 일본 주재 판사대신 김가진을 소견하면서 "민회(民會)를 만든다고 하던데 과연 그러한가?"라고 물었고, 이에 대해 김가진은 "올겨울 사이에 의원(議院)을 설립한다."고 답변하였다(『승정원일기』, 고종 27년 1월 22일). 그 다음 해에도 국왕이 "민회의 상하 의원은 설치된 뒤에 회의를 몇 차례 하였는가?"라고 묻자, 김가진이 "회의는 작년에 처음으로 한 차례 행하였는데, 그 사이에 국회당(國會堂)이 불탄 뒤에 다시 회의를 열지 않았다"라고 하였다. 이어 국왕이 "정부의 권력은 전날만 못하던가?"라고 물으니, 김가진이 "정부의 권력은 전날만 못한 것이 별로 없다."라고 답변하였다(『승정원일기』, 고종 28년 9월 21일). 국회와 상하원의 존재, 의회와 조정의 권력 관계 등에 대해서도 관심을 가지고 있었음을 알 수 있다.

34) 최근 지수걸은 동학농민전쟁을 이전의 민란으로부터 교조신원운동과 동학농민전쟁-나아가 갑진개화운동(1904), 3.1운동은 물론 현대의 민주화운동까지-으로 이어지는 하나의 흐름 속에서 접근하고, 그것을 네그리와 하트가 제시한 '어셈블리(assembly)' 개념을 통해 이해하고자 하였다. 그는 동학 '어샘블리'를 민란 시기부터 형성, 발전되기 시작한 도회(都會)와 의거(義擧) 문화로부터 시작된 것으로 바라보고 있다. 이는 동학농민전쟁을 좀 더 긴 호흡 속에서 이해하고 현재의 민주주의 문제와 연결하여 이해하고자 한 점에서 주목된다(지수걸, 『1894년 남북접 동학군의 공주 점거투쟁』, 역사비평사, 2024). 다만 '어셈블리'는 근대 이후 일어난 특정한 정치적, 사회적 현상을 설명하기 위해 만들어진 것으로 특히 금융 자본주의(finance capitalism), 신자유주의 자본주의(neoliberal capitalism), 디지털/인지 자본주의(digital/cognitive capitalism) 등 현대 자본주의의 여러 차원에 대한 분석과 연결되어 제시된 개념이다. 따라서 자본주의와는 거리가 멀었던 동학농민전쟁 전후의 민중운동과 집회들을 어셈블리 개념으로 설명하기 위해서는 개념 적용에 대한 설득력 있

넘어 수천 명의 동학교도와 일반 민중이 모여 교도이 모여 집단적 소원운동을 전개했다는 사실은 새로운 정치문화의 형성과 새로운 정치질서의 형성이라는 점에서 의미가 크다. 특정 고을의 주민들 수백 혹은 수천명이 부세문제를 둘러싼 불만 때문에 집단으로 상격하여 대궐문에서 소원한 행위는 없지 않았다. 그러나 교조신원운동이나 특히 척왜양운동처럼 자신들의 행위를 국가의 정령(政令)에 대한 논의하는 '민회'로 규정한 경우는 전혀 찾아볼 수 없다.

는 양해와 정교한 설명이 필요하다. 네그리와 하트가 제시한 어셈블리 개념의 핵심에는 "대의제 민주주의를 넘어 새로운 민주적 제도를 구축하는 것을 수반"하는 의미, 곧 사실상 대의제 민주주의를 전제로 하되 "권력을 있는 그대로 장악하는 것이 아니라 다른 방식으로 장악해야 한다."는 문제의식이 들어있다. 또한 "다중에게 전략을, 리더십에게 전술을"이라고 표현되는 바, 기왕의 사회운동에서 보이듯이 엘리트들의 리더십이 전략을 담당하고 대중이 전술을 수행한다고 하는 방식에 대한 전복이 추구되고 있다. '대의제'에 입각한 리더십은 다만 필요할 때 전술로 활용되는 것이다. '대표 불능'에 빠진 대의제 민주주의의 전횡적 리더십을 완전히 통제할 수 있는 "대항 권력의 제도화"가 추구된다(Hardt, Michael, and Antonio Negri. "The fight for 'real democracy'at the heart of Occupy Wall Street", *Foreign affairs* 11, October 2011; Fuchs, Christian. "Reflections on Michael Hardt and Antonio Negri's Book "Assembly," *tripleC: Communication, Capitalism & Critique. Open Access Journal for a Global Sustainable Information Society*, 15:2, 2017 참조). 따라서 1862년 민란으로부터 현대의 민주화운동을 모두 '어셈블리'라는 개념으로 설명하는 것은 무리가 있으며, 무엇보다 지금까지 민란, 농민전쟁 등으로 불리던 '민중운동', 3.1운동 같은 '민족운동', 4.19혁명, 5.18항쟁 등 '민주화운동'을 모두 '어셈블리'라는 개념으로 설명함으로써 얻을 수 있는 '현재성'이 어디에 있는지가 불분명하다. 또한 각각의 어셈블리가 추구한 '제헌적' 지향의 구체적 내용이 무엇인지 불분명하다. 한국 근대현대사, 특히 동학농민전쟁을 비롯한 19세기말~20세기 초 한국의 민중운동을 정치 경제 등등의 면에서 한국과 매우 달랐던 주로 21세기라는 특정한 시대에 당면했거나 제기된 현상을 대상으로 만들어진 개념을 차용하여 덮어씌우듯이 설명하기보다는 당시의 민중이 만들어나간 새로운 질서의 가능성들을 구체적으로 드러내는 것이 선행되어야 할 것이라 생각한다.

그러나 조선 후기, 특히 18세기 중후반부터 민중은 향촌사회의 변화나 서당 교육의 확산 등을 통해 점차 민본과 인정 이념을 내면화해 나갔고, 이는 새로운 정치문화의 형성으로 이어졌다. 또한 총액제와 공동납이 중요한 계기가 되어 면리 단위를 중심으로 새로운 논의구조와 '민중공론'이라 할 만한 새로운 공론이 향촌 내부에서 형성되어 갔다. 1862년 당시 지역 민란 과정에서 중요한 역할을 한 '민회'들이나 고성의 〈민회소〉나 〈사실소〉 사례에서 확인되듯이 민란을 거치는 과정에서 새로운 논의 구조와 질서는 더욱 구체화해갔다. 보은집회에서 제기된 "민국(民國)에 불편한 것이 있으면 회의하여 강정(講定)"하는 '민회(民會)'라는 인식도 이러한 과정 속에서 형성되어 간 것으로 보인다.

물론 "일찍이 여러 나라에도 민회가 있다고 들었"다고 한 데서 알 수 있듯이 서구에서 시작된 의회제도의 영향 역시 배제할 수 없을 것이다. 그러나 다른 한편 공동납을 비롯한 부세제도에 대응하는 과정에서, 그리고 민란 과정에서 구체화해간 '민중공론'과 아래로부터 형성되어간 향촌 차원의 '민회'에 대한 감각이[35] 동리→면→군현→도→중앙으로 어지는 조선의 중앙집권적 정치시스템과 결부되면서 형성되어간 것으로 보아야 한다. 18세

35) 신용하는 1898년 11월 홍덕의 영학당이 "서울의 만민공동회운동의 영향으로 농민들이 점차 〈개화자강〉의 방향으로 변화하고 성장하는 추세에 있었음을 단적으로 나타내었다"고 하였다(신용하, 「해제: 한말 英學黨 李化三 등 供草 보고서」, 『한국학보』 2, 1984). 지도자인 이화삼이 1898년 11월 21일(음력 10월 8일) 밤 인화문 앞에서 열린 만민공동회에 참석하여 연설까지 한 인물이라는 점에서 만민공동회의 영향을 받았으리라는 점은 충분히 이해가 간다. 그러나 여기에는 역시 조선후기 이래 향촌 차원에서 형성되어 가던 '민회'의 경험을 빼놓을 수 없다고 본다. 실제로 홍덕민란 당시 이화삼이 관아를 공격한 다음 군수를 쫓나내는 일 등을 '난민'들과 논의하는 과정 등도 1862년의 임술민란 등 19세기에 빈발하였던 일반적인 민란의 모습과 다를 바가 없는 것으로 보인다.

기 이후 향촌사회에서 아래로부터 형성되어갔고, 민란을 거치며 더욱 진전되어 간 향촌 차원의 민회 인식이 전국 차원의 투쟁, 중앙정부에 대한 혁신을 추구하는 과정에서 향촌사회라는 국지성을 벗어나 국가적 규모로 확산되어 나간 것이다. 여기에는 중앙차원의 새로운 질서의식, 나아가 새로운 정치체제에 대한 구상이나 가능성이 내포되어 있었다고 생각한다.[36)]

공주집회와 삼례집회, 복합상소와 보은집회 등에서 동학교도와 민중은 일본 및 서양과의 외교가 초래한 문제점을 지적하는 한편, 포교의 자유를 위해 각 도의 관찰사들뿐만 아니라 국왕과 직접 교섭을 시도하였다. 나아가 동학교도들의 요구에는 종교적인 측면이나 척왜양의 논리뿐만 아니라,

---

36) 와타나베 히로시는 유학에 따르면 정치는 민을 위하여 공공적(公共的)인 이(理)를 이 세상에 실현하는 과정이고, 이는 공적인 것으로 성격이 부여되어 있었으며, 공이란 공공, 공평, 공명한 것이자, 만인이 공유해야 할 입장이며 만인의 공존을 가능케 하는 입장을 말한다고 하였다. 반면에 사(私)는 만인이 공유할 수 없는 것, 만인의 공존을 불가능하게 하는 욕(欲)이나 위아(爲我)의 입장을 말한다고 하였다. 이러한 사상적 전통에서 보면 서양의 의회제도나 공화정은 의외로 유교의 영향을 받고 있던 동아시아에서도 공감이나 존중받을 수 있었다는 것이다(渡邊浩, 『東アジアの王權と思想』, 東京大學出版會, 1997, pp.204~205). 일리 있는 논의지만, 아마티아 센(Amartya Sen)의 지적처럼 공개적인 토론의 전통은 전세계 어디에서나 볼 수 있는 인류 공통의 유산이었다. 뿐만 아니라 센은 여론 수렴 과정과 민주주의 간의 긴밀한 관련성을 강조하면서 민주주의란 특정한 제도를 설립하거나 투표하는 문제라기보다는 공적 이성(public reasoning)을 행사하고 개개인들에게 자신들의 삶이나 생계에 영향을 미치는 공적인 선택에 영향을 행사할 수 있도록 기회를 제공하는 일도 포함된다는 점을 지적하였다(아마티아 센 지음, 이경남 옮김, 『살아 있는 인도』, 청림출판, 2008, 31~34쪽). 조선시대의 농민들도 자신들이 감당해야 할 부세문제에 대응하기 위해, 또는 민란 시기에 촌락 차원에서 당면한 문제를 논의하기 위해 동리, 면, 혹은 군현 차원의 단적인 회의를 진행하였으며, 이를 민회(民會)라고 불렀다. 이 책에서는 이러한 경험이 단지 서양의 의회제도를 수용하는 기반이 되는 데 그치는 것이 아니라, 그것을 넘어설 수 있는 새로운 정치질서의 가능성을 내포하고 있었음을 강조하고자 한다.

탐학한 방백수령이나 토호들의 무단도 소청함으로써 궁극적으로 '국태민안(國泰民安)'을 이루어야 한다는 판단이 전제되어 있었다. 수령이나 향촌사회 차원이 아니라 '국가' 차원의 '민안(民安)', 그리고 이를 위해 중앙 정부 차원에서 민본과 인정 이념의 회복과 실현을 추구하고 있었음을 알 수 있다. 물론 부패한 관리들을 타도하고 민본과 인정을 실현하겠다는 의지는 집회에 참가한 동학교도들이나 민중 사이에 형성되어 있었지만, 아직 격문이나 통문에서 전면에 제시되지는 않았다.

한편 거듭 강조하지만, 민본의식과 왕민으로서의 정체성, 보국안민을 향한 의지 등은 1892년 10월 공주에서 시작된 교조신원운동 이후 꾸준히 확인된다. 다만 척왜양운동 시기에 들어 동학교도들의 요구와 주장에는 적지 않은 차이가 있다. 공주집회와 1893년 11월의 삼례집회, 1893년 2월의 광화문 복합상소에서는 교조의 신원과 포교의 자유를 요구하면서 유교적 덕목을 지키는 왕민으로서의 정체성을 강조하였다. 반면 1893년 2월부터 본격화하는 척왜양운동에서는 교조신원과 포교의 자유에 대한 주장은 사실상 사라진다. 보국안민을 위해 척결 내지 타도해야 할 대상으로 일부 탐묵한 관리들에 대한 척결 요구도 제시되었지만, 그 보다는 복심에까지 침입하여 이권을 빼앗고 나라를 위기에 빠뜨린 왜양을 전면에 내세웠다. 왕민으로서의 정체성, 유교적 덕목에 대한 강조 등은 역시 자신들의 요구와 주장, 행동을 더욱 튼튼히 정당화하기 위한 의도와 무관할 수가 없다. 그러나 동학교도들이 포교의 자유를 주장하는 것조차 민본과 인정이라는 당대의 정치문화에 깊이 규정되고 있었음을 보여주는 것이기도 하다.

3. 동학농민전쟁과 정치문화: 인정회복을 위한 투쟁

1894년에 들어오면 동학교도들이나 민중은 외양의 침략에 대한 저항이 아니라 내부의 적, 곧 탐관오리 등 질서를 어지럽히는 지배층을 타도하고 지방 차원을 넘어 중앙권력 내지 국가 차원에서 민본과 인정을 회복하겠다는 인식을 통문 내지 격문의 전면에 제시하게 된다. 이러한 모습이 가장 먼저 확인되는 사례는 고부항쟁 막바지인 1894년 2월 20일경 항쟁 지도부가 전라도 각지의 동학접주들에게 보낸 격문[古阜民亂大張傳檄於各邑]이다.

> 수목지관(守牧之官)은 치민(治民)의 도(道)를 모르고 생화(生貨)의 본원으로 삼는다. 여기에 더하여 전운영(轉運營)이 창설됨으로써 폐단이 번극(煩劇)하여 민인들이 도탄에 빠졌고 나라가 위태롭다. 우리는 비록 초야(草野)의 유민(遺民)이지만 나라의 위기를 좌시(坐視)할 수 없다. 원컨대 각 읍의 여러 군자(君子)들은 제성분의(齊聲奔義)하여 나라를 해치는 적을 제거하여 위로는 종사(宗社)를 돕고 아래로는 백성들을 편안케 하자.[37]

이 격문은 몇 가지 점에서 척왜양운동 시기의 통문투와 큰 차이를 보인다.[38] 무엇보다 자신들이 '초야(草野)의 유민(遺民)', 곧 왕민이기 때문에 나

37) 李復榮, 「南遊隨錄」, 갑오 2월 20일, 『총서』 3, 180~181쪽. 〈고부민요일기(古阜民擾日記)〉에도 여기에 대해 다음과 같이 기록되어 있다. "민군의 수령은 앞서 비밀리 58주의 동학당에게 격문을 띄었다. 그 목적은 다만 1군의 이해일 뿐만 아니라 우선 전운영을 파괴하고 나아가 폐정을 이혁(釐革)하려고 함에 있는 것이다. 병향(兵餉)은 먼저 군창(郡倉)의 세곡을 빼앗아 이에 충당한다는 것이다." 巴溪生, 「古阜民擾日記」, 『주한일본공사관기록』 1, 국사편찬위원회, 1986, 56쪽.

38) 이 격문은 "여러 군자들의 제성분의(齊聲奔義)"를 촉구하면서 '보국안민'을 목표로 하고 있는 점, 존망에 처한 국가적 위기상황에 대한 인식, 보국안민의 주체로서의 자각 등에서 〈무장포고문〉과 동일하고 기본 구조도 흡사하다. 나아가 "치민(治民)

라의 위기를 좌시할 수 없어서 보국안민의 주체로 나선다는, 자신들의 행동을 정당화하는 논리가 분명히 드러나 있다. 이 격문은 내용에서도 짐작할 수 있듯이 고부봉기를 전라도 전역으로 확산하려는 목적에서 전라도 각지로 전파한 것이다.

1894년에 일어난 동학농민전쟁은 교조신원운동이나 척왜양운동과는 중요한 점에서 차이가 있었다. 앞서 언급했듯이 교조신원운동이나 척왜양운동 시기에 민중은 스스로를 척왜양 혹은 '국태민안'이나 인정회복의 주체로서 인식했지만, 자신들의 직접적인 행동에 의해서가 아니라 '조정에 아뢰어', 곧 '국왕에게 호소'하는 청원을 통해 실현하겠다는 입장이었다. 그러나 동학농민전쟁은 교조신원운동이나 척왜양운동과는 달리 청원행위가 아니었다. 스스로의 힘으로 민본과 인정을 방기한 조정의 대신들과 지방의 방백 수령들을 쫓아내고 민본과 인정이념을 회복하겠다고 천명하고 또 그것을 행동으로 옮겼기 때문이다.[39] 이를 위해 농민군은 전라도 무장에서

의 도"를 모르고 백성들을 "생화(生貨)의 본원"으로 여기는 탐관오리들을 '나라를 해치는 적[害國之賊]'으로 규정하고 보국안민을 위해 그들을 물리치자고 하여 탐관오리가 타도대상이라는 점을 〈무장포고문〉보다 오히려 구체적으로 명시하고 있다.

39) 물론 제1차 봉기시기에 농민군들이 직접적 행동을 통해 수행하고자 한 목표가 어디까지였는지는 불분명하다. 농민전쟁 시작과 동시에 제시한 〈포고문〉의 내용이나 〈4대명의(4大名義)〉 가운데 들어 있는 '驅兵入京 盡滅權貴'라는 조항(「大韓季年史」, '甲午年 夏四月', 『총서』 4, 363쪽; 「時事新報」, 明治 27年 6月 8日, 『총서』 22, 292~293쪽. 295쪽), 전라감사 뿐만 아니라 매작(賣爵)하는 권신(權臣)을 병축(屛逐)하기 위해 기포하였다는 전봉준의 진술(「全琫準供草」, 再招問目, 『총서』 18, 28쪽) 등을 볼 때 농민군의 궁극적인 목표는 국왕을 제외한 모든 부패한 집권 관료들을 축출하고 민본 이념과 인정을 회복하려는 데 있었음이 분명하다. 또 4월 16일 영광에서 창의소(倡義所)의 명의로 초토사 홍계훈에게 보낸 〈영광상송피류통문(靈光上送彼類通文)〉, 4월 18일 나주공형에게 보낸 통문, 4월 19일 함평에서 영광에 있던 초토사에게 보낸 정문(呈文)에서도 농민군들은 자신들의 뜻이 난신적자(亂臣賊子)를 모두 쫓아내고 대원군으로 하여금 감국(監國)케 하여 '상보국가 하안여민(上報

봉기를 시작하기 전부터 죽창은 물론 총과 창으로 무장하였다.[40] 4월 7일 황토현 전투에서 감영병과 전투하여 물리친 이후 4월 23일에는 대관(隊官) 이학승(李學承)이 거느린 경군(京軍)과 싸워 이학승을 전사시켰고 크루프포(Krupp gun) 1좌(坐), 회선포(回旋砲) 1좌(坐)와 화약 등을 빼앗았다.[41] 전주

國家 下安黎民)'하는 데 있음을 밝히고 있었다. 그러나 4월 19일의 정문에서 '意兆同心 八路詢議 上奉國太公(監國) 以全父子之倫 君臣之義 下安黎民 保全宗社' 할 것을 "원한다."고 한 점을 미루어 볼 때 아직 농민군들의 직접적인 행동은 '불고왕법 불고왕민(不顧王法 不顧王民)' 하는 방백(方伯)과 수령을 축출하는 수준에 머물러 있었고, 그 이후의 '개혁'은 대원군의 '감국(監國)'을 통해 추진하려는 의도가 있었던 것으로 보인다. 이러한 의도를 국왕에게 상달하여 받아들이도록 하려는 의도는 전주점령과 전주화약 과정에서도 보인다. 농민군들의 이러한 시위에도 불구하고 '하의(下意)가 상달(上達)되지 않는' 등의 이유로(전봉준은 민씨 척족에 의해 자신들의 뜻이 국왕에게 전달되지 않고 있다고 생각하여 국왕 측근에 있는 간악을 제거하고자 봉기하였음을 밝힌 바 있다. 「時事新報」, 명치 27년 10월 5일) 그들의 뜻이 받아들여지지 않을 때는 궁극적으로 그들 스스로가 서울로 쳐들어가서 무력적 시위와 강제를 통해 자신들이 직접 최종 목표를 실현하고자 하였을 개연성도 충분히 있었다. 이점에 대해 필자는 박사학위논문에서도 지적한바 있다(배항섭, 「동학농민전쟁연구」, 고려대 박사논문, 1996, 113~114쪽, 각주 166 참조)

40) 농민군들이 무장현 동음치면 당산에 집결하기 시작한 것은 1894년 3월 16일부터였다. 3월 18일이 되면 사방에서 몰려든 농민군이 1천여 명에 이르렀다. 이들 가운데 수백 명은 인근 대나무밭에서 죽창을 만들고 민가에서 조총·호미·낫·삽 등을 탈취해갔다. 이어 이들은 군량으로 삼기 위해 인근 석교촌의 미곡상 안덕필이 무치(貿置)해 둔 백미 60석을 빼앗아 가고 그 집을 파괴하였다(「수록」, 『총서』 5, 159~160쪽). 「고부민요일기(古阜民擾日記)」에서는 발발초기 농민군이 죽창, 활, 화살, 창, 화승총 등으로 무장하였다고 했다(『주한일본공사관기록』 1, 57~58쪽).

41) 「兩湖剿討謄錄」, 『총서』 6, 17쪽; 「兩湖電記」, 『총서』 6, 114쪽; 「東匪討錄」, 『총서』 6, 191쪽; 『駐韓日本公使館記錄』 2, 7~8쪽. 반일투쟁의 성격을 가진 제2차 봉기는 더욱 강력한 전투 의지로 시작되었다. "동학당의 군사도 훈련되어 있지 않고 무기도 완구(玩具)와 같아서 사람이나 무기 모두 정예한 일본군과 싸워서 이길 수 있을 것이라고는 처음부터 믿지 않았다. 그러나 '임금이 치욕을 당하면 신하는 죽는다[신하는 임금과 고락을 같이 한다]'고 하였으므로 죽은 후에야 그만둘 결심으

성 점령 이후에는 공격해오는 경군에 맞서 수차례 전투를 벌였다. 민중이 스스로의 힘으로 국왕을 제외한 모든 부패한 집권관료와 방백수령들을 타도하고 민본과 인정을 회복하겠다는 결심과 행동, 죽창뿐만 아니라 총으로 무장하였다는 사실은 기왕의 정치질서에 대한 심각한 도전에 다름 아니었다.42)

로 봉기하였다"(「東京朝日新聞」, 1895년 3월 5일, 『총서』 22, 366쪽; 「大阪朝日新聞」, 『총서』 23, 167쪽).

42) 19세기에 들어 왕조를 부정하는 홍경래란이나 이필제란 같은 변란(變亂) 내지 병란(兵亂)에서는 총포나 칼, 죽창이 사용되었지만, 이른바 일반 민란에서는 농기구나 몽둥이가 사용되었으며, 총이나 칼은 물론 죽창을 포함한 살상무기가 사용된 사례가 거의 없었다. 1862년에 전국 80여개의 고을에서 일어난 민란 가운데 함평민란에서 죽창이 사용되었다는 기사가 있으나(국사편찬위원회, 『龍湖閒錄』 3, 1979, 57~58쪽; 국사편찬위원회, 『壬戌錄』, 66쪽), 함평민란의 주도자였던 정한순은 난민들이 든 것은 죽창이 아니라 노약자들의 죽장(竹杖)이라고 주장하였다(『龍湖閒錄』 3, 73쪽). 또 이른바 "죽창"이라는 것도 사람을 찌르는 데 사용된 것이 아니라, 사람을 구타하는 도구로 사용되었으며(『龍湖閒錄』 3, 58쪽), 민란 당시 난민이 "죽창"으로 누군가를 찌르는 모습을 목격한 사람도 없다는 점은 안핵사의 조사에서도 확인되었다(『龍湖閒錄』 3, 91쪽). 또 동학농민전쟁의 전사인 보은집회 시기에도 집회에 참석한 민중은 "저희들의 이 집회는 조그마한 무기도 가지지 않았"음을 강조하였다(「聚語」, 『총서』 2, 68쪽). 1894년 1월 고부봉기에서도 처음에는 죽창으로 무장하였다고 하였지만(巴溪生, 「古阜民擾日記」, 『주한일본공사관기록』 1, 54쪽), 2월 중순이 지나 다시 움직임이 활발해질 때는 농민들의 '무기'가 농기구였다(崔永年, 「東徒問辨」 『총서』 6, 351쪽). 이러한 점으로 미루어 봤을 때 함평민란에서 난민들이 적어도 살상을 목적으로 한 무기로 죽창을 사용하지는 않았던 것으로 보인다. 다만 '변란'의 성격을 띤 광양란(1869)의 경우 총(銃)과 화약을 마련하고 무기를 제조[辦銃藥而造器械]하였으며 갑옷을 만들어 입기도 했다. 때문에 광양란은 불궤(不軌)로 받아들여졌으며, 일반 민란과 비교할 수 없을 정도로 많은 50명의 주도층이 참형을 받거나 효수(梟首)되었다(『승정원일기』, 고종 6년 6월 6일; 「全羅左水營啓錄」 3, 『各司謄錄』 20, 101~102쪽). 다만 일반 민란에서도 1890년 나주민란의 경우 죽창이 사용되었다는 암행어사의 보고가 있으며(『各司謄錄』 54, 129, 136쪽),

1894년 1월에 일어난 함안민란에도 죽창이 등장했으나(「고성부총쇄록」, 『총서』 4, 85쪽), 죽창이 살상용으로 사용되지는 않았다. 동학농민전쟁 이후에는 동학농민전쟁에 가담하였다 피신한 인물들이 포함된 영학당(英學黨)과 관계된 1898년 12월의 흥덕민란에서 죽창으로 무장한 농민들이 관아를 공격하였고, 다음해 5월 고부, 흥덕, 무장, 고창 등을 무대로 일어난 '영학당운동'에서는 '난군'들이 총과 환도(環刀)로 무장하고, 관아를 점령한 다음에도 군기고를 열고 총과 화약을 탈취하여 무장하였다(영학당운동에 대해서는 신용하, 「해제: 한말 英學黨 李化三 등 供草 보고서」, 『한국학보』 2, 1984; 이영호, 「대한제국시기 영학당 운동의 성격」, 『한국민족운동사연구』 5, 1991; 「4장 영학당의 결성과 기독교」, 『동학·천도교와 기독교의 갈등과 연대. 1893~1919』, 푸른역사, 2020 등 참조). 종교적 갈등이 주요한 원인이 되어 일어난 1901년 제주 이재수의 난에서도 난군은 총포로 무장하였으며, 상호 수백 명의 인명이 살상되었다. 이 점에서 동학농민군이 조선왕조를 부정하지 않으면서도 처음부터 총, 칼, 창, 죽창 등으로 무장하였다는 사실은 단지 전국 규모의 '반란'이었다는 점, 중앙권력을 대상으로 봉기하였다는 점뿐만 아니라, 목표를 실현하는 방법 면에서도 민란과는 근본적으로 구별된다는 점에서 주목된다. 동학농민전쟁 1년 전 1893년 3월에 개최된 보은집회까지만 하여도 동학교도들은 "저희들의 이 집회는 조그마한 무기도 가지지 않았으니, 이는 바로 민회(民會)입니다"라고 하여 무장하지 않은 점을 강조하였다(「聚語」, 『총서』 2, 68쪽). 물론 동학농민군이 보여준 폭력의 강도, 특히 관료 관군, 지배층에 대한 인명살상은 서구 중세 말이나 중국 태평천국 등에 비해 매우 약하였다. 이는 무엇보다 민중운동에 정당성을 부여해주는 최고 권위가 국왕이었고, 국왕은 어디까지나 '큰 덕은 살리는 것이다[大德曰生]' 혹은 '好生之德'과 같은 유교의 가르침에 의거하여 인명을 존중하는 존재였다는 점과 관련이 깊을 것으로 보인다. 말하자면 민중은 서구나 태평천국에서와 같이 인명살상을 정당화할 만한 초월적 존재나 '보편성'을 띠는 종교 혹은 새로운 사상을 가지지 않았음을 보여준다(BAE, Hang-seob, "Popular Movements and Violence in East Asia in the Nineteenth Century: Comparing the Ideological Foundations of Their legitimations," *Sungkyun Journal of East Asian Studies* 17:2, 2017, pp.233~260 참조. 이 글은 일부 수정되어 「19세기 동아시아 민중운동과 폭력 : 정당성의 사상적 기반에 대한 비교를 중심으로」, 배항섭·이경구 엮음, 「비교와 연동으로 본 19세기의 동아시아 : 19세기의 동아시아 4」, 너머북스, 2020에 수록되었다). 특히 군사적 직역이 특권으로 여겨졌기 때문에 엘리트층에 의한 무기의 사용이 일상화해 있던 서구의 중세나 일본의 에도시대와 달리 조선의 경우 엘리트층이 군사적 직역이나 병기제1차 농민전쟁은 1894년 3월 20일 전라도 무장에서 〈포고문(布告文)〉을 발포하면서 시작되었다. 자신들이 '반란'을 일으키게 된 이유와 목표 등을 체계적으로 정리해 발표한 이러한 〈포고문〉은 중세 말기 혹은 근대 초기에 일어난 다른 나라의 대규모 민중운동에서 보기 드문 글이다.

〈포고문〉

사람이 세상에서 가장 귀한 것은 사람에게 인륜이 있기 때문이다. 군신(君臣)과 부자(父子)의 관계는 가장 큰 인륜이다. 임금이 어질고 신하가 충직하며, 아버지가 자애롭고 아들이 효성스러운 뒤에야 가국(家國)이 이루어지고 끝없는 복이 미칠 수 있다. 지금 우리 임금께서는 어질고 효성스러우며 자애롭고 총명하며 슬기롭다. 현량(賢良)하고 정직한 신하가 밝은 임금을 보좌한다면 요순(堯舜)의 덕화(德化)와 한(漢)나라 문재(文帝)와 경재(景帝)의 치세를 날짜를 손꼽으며 바랄 수 있을 것이다. 그러나 오늘날 신하된 자들은 보국(報國)할 생각은 하지 않고 한갓 벼슬자리만 탐내며 (국왕의) 총명을 가린 채 아첨을 일삼아 충성스러운 선비의 간언을 요언(妖言)이라 하고 정직한 사람을 비도(匪徒)라 일컫는다. 그리하여 안으로는 보국(輔國)하는 인재가 없고 밖으로는 백성들을 수탈하는 관리들만 득실대어 인민(人民)들의 마음은 날로 더욱 어그러져서 들어와서는 즐겁게 살아갈 생업이 없고 나가서는 제 한 몸 간수할 방책이 없다. 학정(虐政)은 날로 더해지고 원성이 이어지고, 군신의 의리와 부자의 윤리와 상하의 분별이 드디어 무너져 남아 있는 것이 없다. 관자(管子)가 말하기를 "사유(四維[禮義廉恥])가 베풀어지지 않으면 나라가 곧 망한다"고 하였다. 바야흐로 지금의 형세는 옛날보다 더욱 심하다. 공경(公卿)으로부터 방백

를 잡는 것을 수치로 여겼다는 점 역시 인명 살상을 비롯한 폭력과 관련하여 다른 정치문화가 형성되는 중요한 배경이 되었을 것으로 보인다. 엘리트층과 군사적 역할에 대한 간단한 비교는 BAE, Hang-seob, "Foundations for the Legitimation of the Tonghak Peasant Army and Awareness of a New Political Order", *Acta Koreana* 16:2, 2013, pp.399~430 참조.

> 수령(方伯守令)에 이르기까지 국가의 위태로움을 생각하지 않고, 단지 남몰래 자신을 살찌우고 제 집을 윤택하게 하는 계책만 생각하여 벼슬아치를 뽑는 일을 재물이 생기는 길로 여기며, 과거 보는 장소를 온통 사고파는 장터로 만들었다. 허다한 재화와 뇌물이 국고로 들어가지 않고 도리어 개인의 창고를 채우고 있다. 국가에는 쌓인 부채가 있는데도 갚을 방도를 생각하지 않고, 교만하고 사치하며 음탕하게 노는 데 거리낌이 없어서 온 나라가 어육이 되고 만백성이 도탄에 빠졌다. 참으로 지방관들의 탐학 때문이다. 어찌 백성들이 곤궁하지 않을 수 있겠는가.
>
> 백성은 나라의 근본이다. 근본이 약해지면 나라가 멸망한다. 그런데도 보국안민의 방책을 생각지 않고 시골에 저택이나 짓고 오직 저 혼자서 살 길만 도모하면서 벼슬자리만 도적질하니 어찌 올바른 도리이겠는가. 우리들은 비록 시골에 사는 이름 없는 백성[草野遺民]이지만 임금의 땅에서 농사지어 먹고[食君之土] 임금이 준 옷을 입고 살아가고 있으니[服君之衣] 국가의 위망(危亡)을 좌시(坐視)할 수 없어서, 온 나라 사람들이 마음을 합치고 많은 백성들이 상의하여 지금 의(義)의 깃발을 치켜들고 '보국안민(輔國安民)'을 생사의 맹세로 삼았다. 금일 이러한 광경은 비록 놀랄 만한 것이지만 절대로 두려워하지 말고 각자 자신의 생업에 편안히 종사하여 모두 태평성대를 축원하고 다 함께 임금의 교화를 누릴 수 있다면 천만다행이겠다.[43]

이 글은 농민군의 생각을 이해하는 데 가장 중요한 자료로 볼 수 있지만, 지금까지의 연구들, 특히 농민군이 근대를 지향한 것으로 이해하는 연구에서 매우 소홀하게 취급되어 왔다. 예컨대 동학농민전쟁이 근대를 지향했다고 주장하는 대표적 학자 가운데 하나인 신용하는 〈포고문〉 분석을 외면하고 있다. 그는 〈포고문〉이 동학농민전쟁의 초기에 나온 것이기 때문에

43) 「隨錄」, 茂長縣謄上東學人布告文, 『총서』 5, 157~159쪽; 「叵匪討錄」, 東學輩本邑布告文 茂長, 『총서』 6, 159~160쪽; 「茂長布告文」, 『東學亂記錄』 上, 142~143쪽; 「梧下記聞」, 『총서』 1, 52~54쪽; 「聚語」, 茂長東學輩布告文, 『총서』 2, 124~126쪽.

백성들의 지지를 널리 구하기 위하여 그들이 국왕에 반역하는 것이 아니라 충성하는 것임을 강조하려는 의도에서 유교의 언어와 사상으로 분식(粉飾)되어 있다고 하였다.[44] 그러나 이를 입증할만한 근거는 없다. 단지 추측에 불과할 뿐이다. 또한 동학농민전쟁 초기뿐만 아니라, 농민군이 승승장구하던 시기는 물론 동학농민전쟁이 끝날 때까지도 농민군이 제시한 글의 대부분은 그러한 "유교의 언어"로 가득 차 있다. 백성들의 지지를 널리 구하기 위하여 분식된 글이라는 주장으로는 도저히 설명하기 어려운 현상이다. 따라서 "분식되었다"는 근거 없는 추측에 근거하여 농민군의 생각과 행동을 이해하는 데 매우 중요한 자료인 〈포고문〉을 분석의 대상에서 배제해버린 태도는 매우 무책임한 것이다. 설사 '분식'된 것이라 하더라도 왜 농민전쟁이 끝날 때까지 원래의 생각을 드러내지 못하고 '분식'해야 했는지 등에 대해 좀 더 엄밀하게 추궁해야 할 것이다. 현재까지도 이어지고 있는 이러한 인식은 무엇보다 서구중심적·근대중심적 역사인식의 표현으로 농민군의 생각과 행동을 이해하는 데 커다란 걸림돌이 될 수밖에 없다고 생각한다.[45] 이러한 문제의식을 전제로 〈포고문〉을 살펴보기로 하자.

〈포고문〉에서 가장 눈여겨 볼 점은 첫째, '근대지향'과 거리가 먼 유교적 이념과 언어로 넘쳐날 뿐만 아니라 유교적 언어, 유교적 사유에 의한 현실 진단과 비판이 민본과 인정 이념에 입각하여 매우 분명하게 제시되어 있다

44) 신용하, 「갑오농민전쟁의 제1차 농민전쟁」, 『한국학보』 40, 일지사, 1985, 126쪽.

45) 무엇보다 〈포고문〉의 내용이 선험적으로 전제된 동학농민전쟁상, 곧 농민군이 '반봉건 근대화'와 '반외세 자주화'를 추구했다는 이해와 상반되기 때문이었다고 생각한다. 동학농민전쟁에 대한 서구중심적·근대중심적 인식에 대해서는 「동학농민전쟁에 대한 새로운 이해와 내재적 접근」, 『역사비평』 110, 2015; BAE, Hang Seob, "The Donghak Peasant War: From a History of the Minjung Movement to a History of the Minjung and What Follows", *Korea Journal* 64:4, 2024, pp.39~63 참조.

는 점이다. 우선 〈포고문〉의 첫머리는 유교교육 초보과정의 입문자들에게 매우 익숙한 "하늘과 땅 사이의 만물 가운데 오직 사람이 가장 귀하다. 사람이 귀한 이유는 오륜(五倫)이 있기 때문이다(天地之間 萬物之衆 惟人最貴 所貴乎人者 以其有五倫也)"로 시작하는 『동몽선습(童蒙先習)』의 제일 첫머리와 매우 유사하다.46) 이와 같이 유교적 교양에 초보적 인물들에게도 매우 익숙한 구절을 앞머리에 내세운 것은 자신들이 거의(擧義)한 정당성을 유교적 이념에 입각하여 명확히, 또 널리 알리려는 의도에서 나온 것으로 보인다.47) 다만 『동몽선습』이 부자(父子), 군신(君臣), 부부(夫婦), 장유(長幼), 붕우(朋友) 간의 의리(義理)를 모두 제시하고 있는 데 비해 〈포고문〉에서는 부자·군신간의 의리에 대해서만 명시하고, 그 순서도 군신간의 의리가 부자간의 의리에 앞서 제시되어 있다. '충'을 '효'보다 앞에 제시한 것은 농민군들의 거의(擧義)가 국가의 존망과 관련된 일이기 때문인 것으로 보이며,

46) 동학농민전쟁의 최고지도자 전봉준은 가난하고 몰락한 양반의 후예라는 설도 있지만, 과거시험에 응시한 경력은 없었던 것으로 알려져 있다. 일설에 의하면 그는 자신이 살던 고부에서 학동들을 모아 「동몽선습」을 비롯한 유고의 초보적 교재를 가르치기도 했다(역사문제연구소 동학농민전쟁백주년기념사업추진위원회, 『동학농민전쟁연구자료집』 1, 여강출판사, 1991. 171쪽).

47) 〈포고문〉은 동학농민전쟁 직전인 1892년 말부터 1893년에 걸쳐 동학교도들이 전개한 〈교조신원운동〉시기에 관찰사나 국왕 앞으로 보낸 글들과 달리 직접적으로 관리나 국왕에게 보내는 것은 아니었다. 〈포고문〉 가운데 "금일 이러한 광경은 비록 놀랄만한 것이지만 절대로 두려워하지 말고 각자 자신의 생업에 편안히 종사하라"는 구절은 이 글이 지배층보다 오히려 농민군을 포함한 일반 백성들을 대상으로 발포된 것임을 시사한다. 전봉준 등 지도자들은 이 글은 보다 많은 사람들을 끌어들일 수 있는 내용으로 구성하고자 하였을 것으로 추측된다. 관리나 국왕 앞으로 보낸 이전 시기의 글에서 일반인들은 이해하기 어려운 동학이나 유교의 교리를 많이 언급하고 있었던 점과 달리 그 내용이 상대적으로 쉬운 것도 이와 관련이 있을 것으로 생각된다. 다만 민중에게 더 친숙한 언문이 아니라 한문으로 된 것은 관리나 유생들도 겨냥하였기 때문인 것으로 추측된다.

국가적 위기에 대한 농민군의 감각이 국왕을 정점으로 한 국가에 대한 관심의 제고로 이어지고 있음을 시사한다.

이어서 농민군의 현실진단과 지배층에 대한 비판이 제시되어 있으며, 핵심은 민본 이념과 인정을 외면한 관료 및 지배층의 부정부패와 학정에 관한 것이었다. 보국(報國)할 생각은 하지 않고 한갓 벼슬자리만 탐내며 (국왕의) 총명을 가린 채 아첨을 일삼아 충성스러운 선비의 간언을 요언(妖言)이라 하고 정직한 사람을 비도(匪徒)라 일컫는 신하들, 국가의 위태로움을 생각하지 않고, 단지 남몰래 자신을 살찌우고 제 집을 윤택하게 하는 계책만 생각하여 벼슬아치를 뽑는 일을 재물이 생기는 길로 여기며, 과거 보는 장소를 온통 사고파는 장터로 만들고, 국고로 들어가야 할 허다한 재화와 뇌물로 개인의 창고를 채우거나 쌓여가는 국가의 부채를 갚을 방도를 생각하지 않고, 교만하고 사치하며 음탕하게 노는 데 거리낌이 없는 공경(公卿)으로부터 방백수령(方伯守令)에 이르기까지 모두 민본과 인정 이념을 내팽개치고 탐학만 일삼고 있다는 점을 신랄하게 비판하고 있다.[48)]

이러한 현실진단을 바탕으로 농민군들은 비록 자신들이 시골에 사는 이름 없는 백성[草野遺民]에 불과하지만, 사리사욕만 추구하는 치자층을 대신하여 임금의 땅에서 먹고 사는 왕민으로서 국가의 위급함을 구하기 위해 "보국안민"의 의기(義旗)를 들게 되었음을 천명하고 있다. 곧 민본이념이 붕괴되고 인정이 실종되었기 때문에 그것을 스스로의 힘으로 회복함으로써 보국안민하겠다는 의지를 표명한 것이다. 〈포고문〉에는 "보국안민"의 주체로서의 자각이 이전에 비해 한층 뚜렷하며, 동시에 농민군은 "백성이

48) 전봉준은 체포된 뒤 재판 과정에서도 "내직(內職)에 있는 자들은 매관육작(賣官鬻爵)으로 일을 삼으며, 내외(內外-중앙관리와 지방관)을 막론하고 모두 탐학(貪虐)하다"고 하였으며, 전라도의 지방관 가운데는 10중 8~9명이 탐관오리라고 하였다(『총서』 18, 27~28쪽).

나라의 근본이다"는 지배이념에 대한 확고한 인식, 왕토사상과 왕민사상을 전제로 자신들의 생각과 행동, 목표를 제시하고 있으며, '반란'의 정당성 역시 거기서 구하고 있음을 알 수 있다.

따라서 국왕은 비판의 대상이 아니었고, 될 수도 없었다. 국왕은 선량한 신하들의 보좌만 있으면 인정(仁政)을 펼쳐 중국 고대의 요순시대와 같은 이상사회를 만들 수 있는 훌륭한 존재로 묘사되었다. 국왕에 대한 존숭은 인정을 회복하여 "태평성대를 축원하며 다 함께 임금의 교화를 누리자"는 표현에서도 보인다. 이는 농민군의 생각과 행동이 기본적으로 조선왕조의 지배체제와 지배이념의 자장 안에서 이루어지고 있었음을 의미한다.

둘째, 농민군의 조직과 동원에는 동학교단 조직이 결정적으로 중요한 역할을 했지만,[49] 〈포고문〉 어디에도 동학조직이나 사상, 척왜양 내지 '반외세'와 관련된 내용이 전혀 언급되어 있지 않다. 1892년 10월과 11월의 공주집회와 삼례집회, 이듬해 〈조가회통〉과 〈광화문 복합상소〉까지만 하여도 교조의 신원과 포교의 자유 등 종교적 요구가 압도적이었고, 왜양에 대한 반대는 매우 부차적이었다. 그러다가 1893년 2월 제2차 삼례집회와 보은집회에서는 척왜양이 전면에 제시되고 종교적 요구는 거의 사라지며, 1893년 11월의 사발통문 봉기계획에서는 사실상 완전히 사라진다.[50] 농민군의 격

---

49) 문(問): 네가 기포(起包)할 때 거느린 바는 모두 동학(東學)이냐?
공(供): 소위(所謂) 접주(接主)는 모두 동학(東學)이요 그 나머지 솔하(率下)는 충의지사(忠義之士)라 칭함이 많았습니다. (「全琫準供草」, 『총서』 18, 33쪽).

50) 3월 20일 무장에서 기포한 농민군은 이 무렵 기포(起包)의 목표와 행동지침을 포괄적으로 제시하는 〈사대명의(四大名義)〉, 곧 ①不殺人 不殺物 ②忠孝雙全 濟世安民 ③逐滅倭夷 澄淸聖道 ④驅兵入京 盡滅權貴 大振紀綱立定名分 以從聖訓 등을 내걸었으며, 이 가운데 제③항에 "축멸왜이(逐滅倭夷)"라는 구절이 포함되어 있지만, 〈포고문〉에는 '반외세' 관련 내용이 전혀 없다. (〈4대명의〉를 내놓은 시점과 장소에 대해서는 배항섭, 「제1차 동학농민전쟁 시기 농민군의 진격로와 활동 양상」, 『동학

문이나 통문에서 척왜양이 다시 등장하는 것은 5월 초 일본군이 진주한 이후이다.[51]

여기서 〈포고문〉에서 보이는 첫 번째 특징을 중심으로 농민군의 정치의식과 새로운 질서의 가능성을 확인해보고자 한다. 지배이념과 농민군의 생각과 행동 사이의 관계는 농민전쟁 전개 과정에서 농민군이 내놓은 통문이나 격문류, 요구조건 등에서 엿볼 수 있다. 우선 주목되는 점은 무장기포 직후인 1894년 3월 23일 쯤 정읍이나 줄포 일대에서 고부로 향해 진군하던 농민군이 사방에 붙인 "우리 태조[我太祖]의 혁신정치로 돌아가면 그친다."는 격문을 붙였다는 사실이다.[52] 태조는 조선후기까지도 "폭정을 대신하여 인정(仁政)"을 펴기 위해 조선왕조를 개창한 것으로 기억되던 인물이었다는[53] 점이 주목된다. 태조의 치세를 "혁신 정치"로 인식한 것은 위기에 처한 절망적 현실을 극복하려는 농민군의 개혁 방향과 관련이 있는 것으로 보인다. 곧 농민군은 조선 왕조를 개창한 태조가 내걸었던 민본 이념과 인정을 회복함으로써 보국안민을 이루고자 하였던 것이다. 태조의 치세에 대한 재인식 내지 재발견과 그에 대한 급진적 이상화는 농민군 스스로의 정치의식에 기초한 독자적인 역사의식을 표현한 것이기도 하였다.

이어 1894년 4월 19일에는 함평에 있던 농민군이 초토사 홍계훈에게 보

연구』 11, 2002, 33쪽 참조). 또 농민전쟁 초기 농민군 지도부는 자신의 존재를 '중생들을 구제하는 의로운 기구(濟衆義所)'로 명명한 점도 주목된다. 이는 '동학유생(東學儒生)' 혹은 '동학창의소(東學倡義會所)'로 불렀던 교조신원운동 시기나 척왜양운동 시기와 다른 점이다. '제중의소(濟衆義所)'에 대해서는 뒤에서 자세히 살피기로 한다.

51) 이에 대해서는 배항섭, 「1893년 동학교도와 大院君의 擧兵 企圖」, 『한국사학보』 12, 2002; 『조선 후기 민중운동과 동학농민전쟁의 발발』, 경인문화사, 2002 참조.

52) 「고부민요일기」, 『駐韓日本公使館記錄』 1, 58쪽.

53) 『영조실록』, 영조 25년 3월 13일.

낸 글에서 '선왕의 법'으로 '선왕의 백성'을 다스린다면 나라가 천년 이상 유지될 수 있을 것이라 하였다.

> 백성은 나라의 근본입니다. 근본이 견고하면 나라가 편안하다는 것이 옛 성인이 남긴 교훈이고 시무(時務)의 대강(大綱)입니다. 방백과 수령은 목민(牧民)하는 사람입니다. 선왕의 법으로 선왕의 백성을 다스리면, 천년이 지나더라도 그 나라를 향유할 것입니다. 그러나 지금의 방백과 수령은 왕법을 돌아보지 않고 왕민(王民)을 생각하지 않습니다. 탐학이 무상하고 (중략) 각종의 연역(烟役)을 날마다 중복하여 징수하고 인척에게 나누어 거두는 것이 한이 없습니다. 그래서 그 거처를 잃어버린 자가 10에 8~9가 되고, 먹을 것과 입을 것이 없는 자는 길에 흩어집니다. 노인네를 부축하고 어린애를 끄는 자가 연이어 도랑과 골짜기를 메웁니다. 살아갈 방도가 10,000에 1가지도 없습니다. 불쌍한 이 민생(民生)이 죽지 못하여, 수백 명이 모여 본 관아에 호소하려고 하면 난류(亂類)라고 하고, 영문(營門)에 호소하려고 하면 역류(逆類)로 지목하여, 막중한 친군(親軍)을 제멋대로 내어 여러 읍에서 병사를 모집해서 칼로 죽입니다. 살육하는데 거리낌이 없으니, 교화를 펴고 백성을 기르는 사람이 참으로 이와 같을 수가 있습니까?[54)]

이 글에는 농민군의 '민본'이념과 봉기 이유가 좀 더 구체적으로 제시되어 있다. 또 5월 7일 전주성을 점령해 있던 농민군은 자신들이 요구한 '폐정개혁안'을 국왕에게 올려달라고 다시 요청하는 글을 전라감사 김학진에게 보냈다.

> 지금 백성들이 도탄(塗炭)에 빠진 것은 모두 탐관오리(貪官汚吏)와 간

54) 「東匪討錄」, 『총서』 6, 209~210쪽; 「梧下記聞」 首筆, 『총서』 1, 70~71쪽; 「兩遊隨錄」, 『총서』 3, 204~205쪽; 「東學文書」, 『총서』 5, 133쪽.

> 신권척(奸臣權戚)들이 국정(國政)을 농단하여 탈취하는데 만족할 줄 모르고 살육을 제멋대로 하여 종사(宗社)를 돌보지 않아 위태로워진 데에 있습니다. 이것을 용인한다면 무엇인들 용납하지 못하겠습니까?
>
> 백성은 나라의 근본이고 근본이 튼튼해야 나라가 편안합니다. 설령 작은 잘못이 있더라도 책망하고 타일러야 하지만 바로 귀화하지 않는 자는 처벌을 하고 죽여도 됩니다. 그러나 한마디 말도 하지 않고 오로지 도륙만을 하며, 여러 차례의 윤음을 아직 펴지 않고 감추니 이것은 전임 방백의 간사함과 학정을 감출 수 없기 때문입니다. 명을 받은 신하를 죽였다는 것은 이치상 온당하지 않습니다. 그러나 처음부터 한 장의 선유(宣喩)하는 글은 없고 병사를 모아 토포(討捕)하라는 글자만을 계속 보니 그 말이 매우 두렵습니다. 그리고 윤음은 영문 안에 있다고 하니 어찌 명을 받은 사신이 또한 전임 방백의 부탁을 받아 윤음을 감출 수가 있습니까? 지금 저희들의 목숨은 따로 호소할 곳이 없습니다. 삼가 바라건대, 합하(閤下)께서 감영에 오셔서 만백성의 원한을 풀어주시고 초토사께 올린 조목들을 저희들의 바람대로 임금께 아뢰어 위로는 종사(宗社)에 보답하고 아래로는 백성들을 편안하게 해주시기를 간절히 바랍니다.[55]

이 글에서도 농민군의 행동과 목표는 민본과 인정 이념의 회복에 있었고, 또 농민군이 자신들의 행위를 민본과 인정 이념에 의해 정당화하고 있었음을 보여준다.

이러한 격문이나 통문 등으로 미루어 볼 때도 동학농민군이 조선왕조 자체에 대해 전혀 부정적이지 않았음을 알 수 있다. 나아가 〈포고문〉의 내용이나 그 이후의 격문, 통문 등을 통해 볼 때 동학농민군이 근대를 지향했다는 기왕의 이해에는 심각한 문제가 있음을 알 수 있다. 오히려 「포고

55) "方今生民塗炭 都在貪官汚吏 奸臣權戚 操弄國政 奪取不厭 殺戮任意 不顧宗社危殆 是可忍也 孰不可忍也 民者國本 本固邦寧 設有微過 責之諭之 不卽歸化者 誅之可也 滅之可也"(「南遊隨錄」, 5月 11日 『총서』 3, 211~212쪽).

문」에는 인정이 베풀어지는 이상사회가 중국고대의 요순시대 혹은 한나라의 성군인 문제(文帝)와 경제(景帝)의 치세로 이미지화되어 있다. 학정(虐政)만 일삼는 현실의 정사(政事)와 요순의 교화나 문경의 치세를 대비시킨 점으로 미루어 볼 때 농민군의 목표는 민본 이념에 입각하여 인정이 펼쳐지는 유교적 이상사회의 회복이었음을 알 수 있다.

실제로 농민군이 제시한 격문·통문이나 그들이 요구한 〈폐정개혁안〉은 대체로 유교적 언어로 구성되어 있었으며, 천년왕국적 비약[개벽]이나 이른바 근대지향적 "혁명"과 거리가 멀었다. 뿐만 아니라 왕조체제의 지배질서 그 자체에 대한 본격적인 도전도 없었다.[56] 국왕 역시 "백성들의 성품은 모두 선하"며, 농민군들 역시 "나라에서 휴양(休養)하고 생식(生息)한 (왕)민"임을 확인해주면서 다음과 같이 자신의 잘못을 탓하고 있었다.

> 아, 내가 덕이 없는 몸으로 어렵고 큰 왕업(王業)을 감당하지 못하여 우리 백성들을 이토록 곤궁하게 만들었으니, 나는 부끄럽다. 하지만 수령들이 잔인하고 포학하게 구는데도 감사가 조사하여 내쫓지 않았고, 감사가 자기 직책을 제대로 수행하지 못하는데도 잘못을 따져 바로잡는 논의를 전혀 들을 수 없었다. 다만 자기 배만 채우려고 거의 꺼리는 것이 없고 백성을 혹독하게 등쳐먹은 결과, 가난한 사람이나 부유한 사람이나 다 같이 쪼들리고 살던 곳을 떠나 갈팡질팡하며 어디를 가도 즐겁게 살 곳이 없게 되었다. (중략) 간절한 신칙을 거듭 내리는 정도에서 그치지 않건만, 관리들은 쓸데없는 일로 여기고 전혀 정신을 차리지 않으니, 이는 바로 기강이 해이해지고 법령이 시행되지 않기 때문이며, 또한 내가 인도하고 바로잡는 책임을 다하지 못해서 그런 것이다.[57]

56) 배항섭, 앞의 글, 2017 참조.

57) 『승정원일기』, 고종 31년 5월 12일.

국왕과 농민군이 모두 민본과 인정을 중심으로 한 정치문화를 공유하고 있었음을 보여준다. 그러나 농민군들이 추구한 유교적 이상사회가 기왕의 조선사회와 동일한 것은 아니었다. 오히려 그들이 추구한 이상사회는 농민군 스스로 의식하였는지의 여부를 떠나 새로운 질서를 만들 가능성을 내장하고 있었다. 이러한 가능성은 다음과 같은 몇 가지 점을 통해 확인할 수 있다. 우선 농민군들은 스스로를 "보국안민"의 주체로 자각하고 있었다. 〈포고문〉에서도 농민군은 비록 자신들이 시골에 사는 이름 없는 백성[草野遺民]에 불과하지만, 임금의 땅에서 먹고 살기 때문에 국가의 위급함을 구하여 "나라를 지키고 백성들을 편안하게 하기" 위해 의기(義旗)를 들게 되었다고 하였다. 곧 민본이념이 붕괴되고 인정이 실종되었기 때문에 그것을 스스로의 힘으로 회복함으로써 '보국안민'을 이루겠다는 의지를 표명한 것이다.

농민군의 이러한 인식에는 조선왕조의 정치질서를 지탱해온 명분론, 곧 "일반 백성은 무지하고, 사대부는 사리를 분별할 수 있다"는 명분론에 의거하여 사회적·정치적 지위와 도덕성을 합치시키고 있던 질서에 커다란 균열을 일으키는 것이었다. 이러한 인식의 변화는 〈교조신원운동〉에서 동학교도들이 여러 차례에 걸쳐 제시한 방문 및 통문들과 〈포고문〉 이후 농민군이 내놓은 다양한 통문이나 격문들을 통해서도 확인된다.

앞서 언급했듯이 1893년 2월 10일 경 전라감사에게 보낸 의송이나 3월 10일에 나온 〈보은관아통고〉와 이보다 1년 뒤에 나온 동학농민군의 〈포고문〉에서 보이는 동학교도들과 동학농민군의 인식에는 자신들의 정치적 위상, 그리고 신(臣)·관(官)과 민(民)의 관계에 대해 다음과 같은 중요한 차이를 보여주고 있다.

〈東學黨與完伯書〉/〈報恩官衙通告〉

저희들은 비록 초야에 있는 어리석은 백성(草野蠢氓)이지만, 그래도 선왕(先王)의 법을 따르며 임금의 땅을 경작하고, 부모를 봉양하며 살고 있으니, 신하와 백성의 분수에 귀하고 천한 것에는 비록 차이가 있더라도 어찌 충성하고 효도하는 것에 다름이 있겠습니까? 원컨대 미약한 충심(衷心)이나마 나라에 바치고자 하나 구구한 아랫사람의 마음을 군왕에게 알릴 길이 없습니다.

삼가 생각건대 순상합하(巡相閤下, 전라감사-필자)는 대대로 내려온 집안 출신의 충량(忠良)으로서 (중략) 임금을 사랑하고 국가에 충성하는 성의는 저희들과 비교할 바가 아닙니다.[58]

〈포고문〉

백성은 나라의 근본이다. 근본이 약해지면 나라가 멸망한다. 그런데도 보국안민의 방책을 생각지 않고 시골에 저택이나 짓고 오직 저 혼자서 살 길만 도모하면서 벼슬자리만 도적질하니 어찌 올바른 도리이겠는가. 우리들은 비록 시골에 사는 이름 없는 백성[草野遺民]이지만 임금의 땅에서 농사지어 먹고(食君之土) 임금이 준 옷을 입고 살아가고 있으니(服君之衣) 국가의 위망(危亡)을 좌시(坐視)할 수 없어서, 온 나라 사람들이 마음을 합치고 많은 백성들이 상의하여 지금 의(義)의 깃발을 치켜들고 '보국안민(輔國安民)'을 생사의 맹세로 삼았다.

1893년 2~3월에 전개된 척왜양운동 시기의 〈동학당여완백서(東學黨與完伯書)〉와 〈보은관아통고(報恩官衙通告)〉, 그리고 보은 집회 당시 통문, 통고류 등에서는 집회 주도층은 스스로를 "초야준맹(草野蠢氓)" "준동(蠢動)"

58) 「聚語」, 『동학농민전쟁사료총서』 2, 사운연구소, 1996, 27~29쪽. 경상도 예천의 유생 박주대(朴周大)가 쓴 「나암수록」에는 동학교도들이 자신들의 행위에 대해 "보잘 것 없는 무리의 야단법석"이라는 의미인 '준동(蠢動)'으로 표현하고 있다(「羅巖隨錄」, '一九六 東學黨與完伯書', 『총서』 2).

"초야토민(草野土民)"[59] "향곡천품(鄕曲賤品)"[60] 등 '천하고 어리석은 백성' 정도로 낮추어 표현하였다. 이에 비해 1894년 동학농민전쟁을 시작하며 발포한 〈포고문〉에서 농민군은 자신들이 비록 '초야의 유민'에 불과하지만 동시에 "나라의 근본인 백성"이며, 나라의 근본이기에 국가의 위기에 대응하는 보국안민의 주체이기도 하다는 변화된 인식을 보여주었다. 물론 이미 1892년 10월 공주에서 개최된 교조신원운동에서도 동학교도들은 "백성이 나라의 근본"임을 제시한 바 있다. 그러나 그때 '민본'은 '본고방녕(本固邦寧)'을 위한 전제이므로 선정을 베풀어 달라고 요청하기 위해 내세운 것이다. 이 역시 조선후기 이래 형성된 정치문화라는 맥락에서 제시된 것이지만, 인정이 방기되고 대외적 위기에 처한 나라를 구하는 주체로서의 의식이 아니라, "세금도 제때 납부하며" 국왕에게 충성하는 신민의식으로 대변되는 수동적 의식에 머물러 있었다.[61]

보국안민의 주체라는 인식은 앞서 언급했듯이 1894년 2월 20일경 전봉준이 전라도 각지의 동학접주들에게 보낸 격문[古阜民亂大張傳檄於各邑]에서 처음으로 확인되며, 〈포고문〉에서 그 논리와 인식이 한층 선명해지고 있었다. 동학농민전쟁은 이처럼 '민본'이라는 지배이념에 근거하여 스스로를 향촌 차원이 아니라 나라를 위한 '보국안민'의 주체로까지 밀어올린 인

59) "東學人㕥", 「聚語」, 『동학농민전쟁사료총서』 2, 41쪽.

60) "文狀草件 東學人文", 「聚語」, 『동학농민전쟁사료총서』 2, 51쪽.

61) 1892년 10월 공주 집회 때 충청감사에게 보낸 의송 가운데는 "우리도 왕민(王民)으로서 국왕에 충성하고 공납도 제때에 내고 있다."는 점이 강조되었고[『韓國民衆運動史資料大系: 1894年의 農民戰爭篇 附東學關係資料 1, 東學書』(이하 『동학서』), 여강출판사, 1985, 60~67쪽], 그 다음 달 삼례집회 때도 복합상소를 주장하며 해산하지 않던 교도들에게 해산할 것을 거듭 종용하며 직업에 충실하고 제때에 납세하며 국가를 위해 기도하라는 등의 지시를 하였다(『東學書』, 81~83쪽; 「本敎歷史」, 『총서』 27, 321~322쪽; 「天道敎會史草稿」, 『東學思想資料集』 1, 1979, 444쪽).

식의 변화가 있었기 때문에 가능한 일이었다.

반면 1893년의 〈보은관아통고〉에서는 관리를 비롯한 엘리트층은 귀한 존재이자 명문가의 충성스럽고 어진 후손으로 인식되었다. 그렇기 때문에 어리석고 천한 '초야준맹(草野蠢氓)', 곧 자신들과 비교할 수조차 없을 정도로 충군애국심이 깊은 존재로 인식되었지만, 〈포고문〉에서는 벼슬자리만 도적질하는 도덕적으로 열등한 존재로 규정되면서 그 지위가 민중과 역전되었다. 〈포고문〉에서 농민군은 방백수령뿐만 아니라 공경대부까지도 더 이상 도덕적으로 뛰어난 존재, 따라서 백성을 다스리고 이(理)를 실현할 수 있는 존재로 인정하지 않았다. 오히려 사욕(私慾)에 사로잡혀 가장 중요한 책무인 인정을 방기하고 가혹한 정사(政事)를 펴기 때문에 나라의 근본인 백성들을 도탄에 빠뜨리고 질서를 어지럽히는 존재이자 국가를 위기에 처하게 만든 원흉들로 규정하였다. 곧 방백수령과 공경대부들이야 말로 난류(亂類)이고 비류(匪類)라는 인식으로 볼 수 있을 것이다.

농민군들이 자신들의 손으로 인정과 민본이념을 회복하겠다는 것은 자신들이 더 이상 열등한 존재가 아니라, 오히려 도덕적으로 타락하여 사욕에 휘둘리는 지배층을 징치하고 질서를 바로잡아 민본과 인정 이념을 회복할 주체, 곧 보국안민을 실현할 정치 주체라는 의식을 한층 더 확고히 해나가는 과정이었다고 생각된다. 사와 민초 간의 도덕적 위상에 대한 역전된 인식이다. 이는 바로 조선왕조의 정치질서를 지탱해온 바 "일반 백성은 무지하고, 사대부는 사리를 분별할 수 있다"는 논리, 곧 신분적 소여와 도덕적 자질이 합치한다는 지배층의 명분론과 정당성에 대한 민중의 파산 선고에 다름 아니었다.

4. 동학농민전쟁과 새로운 정치체제 구상

(1) 대원군 감국 요구와 국왕의 위상 추락

민본 이념이 붕괴되고 인정이 실종되었기 때문에 그것을 자신들이 주체가 되어 스스로의 힘으로 회복함으로써 보국안민을 이루겠다는 의지는 새로운 질서, 나아가 새로운 정치적 체제의 가능성을 열어나갔다. 민본이념과 인정은 지배층이 먼저 내세운 것이었으나, 이제 민중은 스스로가 그것을 내면화하여 전유하고, 그것을 무기로 삼아 인정의 회복을 요구했다. 그 과정에서 농민군의 의도 여하와 관계없이 새로운 질서가 싹터 가고 있었다.

동학농민군은 지배층이 내세운 지배이념, 곧 민본과 인정 이념을 스스로 내면화·전유하고 그에 근거하여 민본과 인정의 회복을 목적했을 뿐, 체제의 전복은 물론 근원적 변화를 요구한 것은 아니었다. 서론에서도 지적했듯이 민중은 지배엘리트와 구분되는 독자적인 문화영역이나 의식세계를 가지고 있었다. 그것은 일상생활에 토대를 두고 있으며, 민중에게 행동의 맥락을 제공하는 관습과도 밀접한 관련을 가진다. 그러나 또한 민중은 지배이념이나 체제로부터 자유로울 수도 없었다. 민중의 생각이나 행동은 민중운동이 발발했던 당시 사회의 지배체제나 이념과 밀접한 관련을 가질 수밖에 없었음을 의미한다. 이는 이른바 '근대이행기'에도 마찬가지였다.[62]

---

62) 서론에서도 언급했듯이 세계사적으로 볼 때도 '근대이행기'의 민중은 관습에 호소하는 방식으로 자신들의 요구를 정당화하는 것이 일반적이었고, '구법'에 근거한 요구는 저항을 철저하게 급진적인 형태로 이끌기도 하였다(Freedman, Paul H. *Images of the medieval peasant*, Stanford University Press, 1999, p.298). 홉스 봄이 지적했듯이 "혁명은 현존하는 권력 구조, 법, 국가, 심지어 지주의 정당성마저도 부

따라서 여기서는 지배이념을 전유한 동학농민군의 생각이나 행동을 단순히 퇴영적이라거나 보수적인 것으로 이해하는 것이 아니라 거기에 내포되어 있거나 싹트고 있던 가능성의 단서들을 들여다보고자 한다. 이 점에서 농민군의 근왕주의는 단순히 복고적 인식의 발로가 아니었다.[63]

정하지 않는 농민들에 의해 만들어질 수도 있는 것이다."(에릭 홉스봄 지음, 김동택 외 옮김, 「농민과 정치」, 『저항과 반역 그리고 재즈』, 영림카디널, 2003, 245쪽).

63) 이와 관련하여 조경달은 1894년의 동학농민전쟁은 단순히 이전 정치문화로의 복귀가 아니라 유교적 민본주의의 원리에 가탁하여 새로운 "공동성(共同性)"을 창출한 급진적 변혁시도인 것으로 파악했다[趙景達, 「政治文化の變容と民衆運動-朝鮮民衆運動史の立場から」, 『歷史學硏究』 859(增刊號), 2009]. 그러나 조경달은 새로운 공동성에 대해 구체적으로 밝히고 있지는 않다. 다만 조경달은 민중의 정치의식이 임술민란에서 개항기에 걸쳐 더욱 강화되어 간 국왕환상에 지배되고 있었으며, "갑오농민전쟁의 변혁논리는 조선 왕조국가에 대한 변함없는 신뢰 내지는 국왕환상에 기대면서 평균주의와 평등주의를 실현해 가고자 하는 것으로, 단적으로 말해 반근대적인 '일군만민(一君萬民)'의 유교적 유토피아의 방향을 지향했"고, "민본과 근왕의 실현이야말로 갑오농민전쟁의 최대 과제였다"고 파악하였다(조경달, 『민중과 유토피아』, 2008, 118~119쪽). '민본'과 '근왕'이 정치사상 면에서 같은 뿌리를 가지는 것은 분명하다. 그러나 민본을 실현해야 할 국왕에게 그러한 자질이 없거나, 오히려 민본을 방기할 때 동학농민군이 보여주듯이 경력 30년 이상이 된 한창 '무르익은' 국왕을 두고서도 그의 아버지에 의한 섭정을 요구하였고, 나아가 '합의법'에 의한 정치 운영을 구상할 수도 있었다는 점을 간과하고 있다. 이점에서 조경달은 매우 본질주의적 민중상을 전제하고 있다. 그는 동학농민군이 국왕환상에 빠져 스스로를 정치주체로 인식하지 못하고 일군만민에 입각한 정치적 객체로만 인식할 수밖에 없었으며, 이러한 인식은 이후 농민전쟁을 거치고 대한제국 시기의 민란, 식민지 시기의 3·1운동 등을 거치면서도 사실상 거의 변화가 없는 것으로 이해한다. 이러한 본질주의적 민중 이해는 동학농민전쟁과 그 이후의 민중을 '근대적인 것'에 대해 오로지 저항만 하는 존재, 또 근대적인 것이 개입하면 민중의 자율성은 사라지고 마는 것으로 파악한 점과도 상통한다(배항섭, 「'등신대'의 민중상으로 본 동학농민전쟁」, 연세대학교 현대한국학연구소 편, 『해외한국학평론』 4, 2005; 「근대를 상대화하는 방법 : 민중사에서 바라보는 근대」, 『역사비평』 88, 2009; 「'근대이행기'의 민중의식: '근대'와 '반근대'의 너머」, 『역사문제연구』 23, 2010; 「'새로운 민

치자들에 맡겨두거나 청원만으로는 회복이 불가능할 정도로 민본 이념과 인정이 위기에 처했다는 현실 인식, 그리고 그것을 회복하지 않고는 나라의 근본인 백성들이 도탄에서 벗어나지 못하고 나라가 멸망하고 말 것이라는 절박한 인식이 농민들로 하여금 스스로 보국안민의 주체로 나서게 한 것이다.[64] 이때 농민군이 스스로의 행동을 정당화하는 핵심 근거는 바로 국왕이었다. 그것은 〈포고문〉의 내용에서 알 수 있듯이 국왕의 땅에서 밭갈아 먹고 사는 왕신(王臣) 혹은 왕민(王民)이기 때문에 국가의 위기를 좌시

중사' 이후 민중사 연구의 진전을 위하여-19세기 말~20세기 초를 중심으로-」, 『역사문제연구』 48, 2022 참조). 필자 역시 조경달의 책에 대한 서평에서, 동학농민군이 민유방본(民惟邦本)이나 왕토·왕신사상 등 유교적 이념에 기반하여 자신들의 행동을 정당화하고 있었음을 지적한 바 있다(배항섭, 「'등신대'의 민중상으로 본 동학농민전쟁—조경달, 『이단의 민중반란—동학과 갑오농민전쟁』」, 연세대학교 현대한국학연구소 편, 『해외한국학평론』 4, 2006). 이후에도 동학농민군이 유교 이념을 내면화하고 전유함으로써 자신들의 행동을 정당화하고자 했고, 그를 통해 치자들이 스스로 약속했으면서도 현실정치에서는 저버리고 있던 민본 이념과 인정을 회복하고자 했음을 지적하였다. 그렇다 하여 농민군의 의식이 유교에 매몰된 채 끝난 것은 아니고, 인정을 회복하려는 강력한 희원이 결과적으로는 새로운 정치질서를 열어가고 있었음을 강조하였다(배항섭, 「19세기 지배질서의 변화와 정치문화의 변용—仁政 願望의 향방을 중심으로」, 『한국사학보』 39, 2010; Bae, Hang seob, Foundations for the Legitimation of the Tonghak Peasant Army and Awareness of a New Political Order, *ACTA KOREANA*, 16:2, December 15, 2013).

64) 전주화약에 임박하여 전주성을 점령해 있던 농민군이 전라감사 김학진에게 보낸 글에는 이러한 정황이 잘 담겨 있다. "오늘의 거사는 이미 보고 들어서 알고 있듯이 탐학에 어찌할 수가 없어서 그런 것입니다. 또한 병기를 쥔 것은 몸을 방비하기 위한 것이었으며, (중략) 지금 백성들이 도탄에 빠진 것은 모두 탐관오리와 간신권척(奸臣權戚)들이 국정(國政)을 농단하여 탈취하는데 만족할 줄 모르고 살육을 제멋대로 하여 종사를 돌보지 않아 위태로워진 데에 있습니다. 이것을 용인한다면 무엇인들 용납하지 못하겠습니까? 백성은 나라의 근본이고 근본이 공고하면 나라가 편안합니다."(「남유수록」, 『총서』 3, 211~212쪽).

할 수 없다 생각, 곧 왕토사상과 왕신사상에서도 분명하게 확인된다. 또 스스로를 "보국안민"의 주체로 자각하고 있었다는 사실은 민란을 일으킨 주민들의 시야가 고을 단위 안에 갇혀 있었던 것과 크게 다른 것이다.[65)]

민란에서는 타도 대상이 군현 단위의 지방관 차원에 머물렀지만, 농민전쟁에서는 -성명(聖明)으로 표현되는 존숭 대상이었던 국왕을 제외한- 중앙정부의 권력 집단으로까지 확대되었다. 이는 앞서 언급한 주체적 정치행위자로서의 자기 인식, 그리고 민본·인정 이념의 내면화와 이에 의거하여 형성된 정치문화의 표현이었으며, 동시에 조선왕조 체제의 가장 정점에 위치해 있던 국왕, 즉 민본과 인정 이념의 체현자로서의 국왕을 전제함으로써만 가능한 것이었다.

전봉준 스스로도 무장기포의 목적이 '백성들을 위해 폐해를 제거하는 것(爲民除害)'에 있었음을 밝혔으며,[66)] 최종적인 타도 대상으로 삼은 것은

65) 조선왕조를 부정하는 변란에서는 당연히 중앙권력 타도를 목적으로 하고 있었으며 일반 민란과 달리 '제세안민'과 같은 구호가 제시되었다. 예컨대 1853년 서울에서 김수정 등과 변란을 모의한 주모자의 하나인 최봉주는 "민생이 곤궁한 것을 보고 제세(濟世)의 뜻"을 펴기 위해 거사를 일으킨다."고 주장했다(『推案及鞫案』 28, 癸丑 逆賊守禎等鞫案, 695쪽). 또 1869(고종 6)부터 1871년에 걸쳐 진천, 진주, 경해, 문경 등 네 곳에서 변란을 연속적으로 기도했던 이필제도 1871년 8월 문경의 정기현(鄭岐鉉)과 동모한 조령작변 당시 "東征西伐하여 濟世安民한다"고 주장하며 동모자들을 모았다[『捕盜廳謄錄』 下, 鄭岐鉉李弼濟鳥嶺逆謀事, 567쪽. 이러한 사례들은 모두 조선왕조를 부정하는 변란에서 나온 것이지만, 일반 민란 가운데도 이와 유사한 사례가 없지 않았다. '보국위민(輔國爲民)'이라는 구호를 내건 1862년 함평민란이 대표적이다. 그러나 민란을 주도한 정한순은 국왕이 파견한 선두사에게 "자신들은 구감사와 구현감이 불법을 많이 저질러 괴로움을 참기 어려웠는데, 다행히 오늘 국왕의 사신 행차를 만나 우리가 소원했던 바, 억울한 마음을 말할 수 있었으므로 자수한다고 한 사실을 미루어 볼 때(『龍湖閒錄』 3, 90쪽, 72~73쪽) 그의 행동이 중앙권력까지 겨냥하거나 전국 단위의 항쟁을 기도한 흔적은 보이지 않는다.

66) 「전봉준공초」, 『총서』 18, 27쪽.

당시 권력의 핵심부를 장악하고 부정부패를 일삼던 왕비 민씨의 친척 집단이었다.[67] 그 중에서도 민영준(閔泳駿), 민영환(閔泳煥), 고영근(高永根) 등을 민인(民人)들에게 폐해를 끼치는 가장 대표적인 인물로 지목하였다.[68]

부정부패한 지방관만이 아니라 권력 핵심부를 차지하고 있는 탐관오리의 제거까지 대집행(代執行)할 수 있다는 농민군의 생각과 행동의 근저에는 국왕을 제외한 중앙집권세력 이하 방백수령에 이르기까지 인정을 배반한 모든 역적들을 인정이 회복될 때까지는 일시적으로 부정해버리는 급진적 의식이 자리 잡고 있었다. 왕민이기에 인정의 세례를 받는 것도 당연한 것이며, 왕민이기에 국왕이나 국가가 위기에 처했을 때 그를 대신하여 그 위기를 구하는 행동, 곧 국왕의 이름을 빌려 탐관오리들을 스스로의 손으로 제거할 수 있다는 의식이 뒷받침되고 있었다.

이러한 의식은 민란과 차원을 달리하는 동학농민군의 행동으로 연결되었다. 앞서 언급했듯이 스스로를 "보국안민"의 주체로 자각하고 있었다는 사실은 고을 안에 갇혀 있던 농민군의 시야를 중앙정부로까지 확장시켰다. 또한 국왕이 직접 파견한 군대, 곧 왕사(王師)가 자기들을 진압하러 왔을 때도 비록 처음에는 직접적인 접전을 꺼렸지만, 결국 그에 맞서 싸울 수

67) '全祿斗の申供', 「大阪朝日新聞」, 明治 28年 3月 3日, 『총서』 23, 171쪽; '東學黨大巨魁と其口供', 「東京朝日新聞」, 明治 28年 3月 5日, 『총서』 22, 369쪽. 또 농민군은 전주성을 점령해 있을 때에도 궁극적인 목표로 민영준(閔泳駿)을 축출을 지적한 바 있으며(『駐韓日本公使館記錄』 1, 82쪽), 전봉준도 정부 요로에 앉아 국정을 농단하고 국왕에게 올리는 자신들의 소원(訴願)을 중간에서 가로막는 민씨 척족세력을 축출하기 위해 일어섰다고 밝힌 바 있다(「大阪朝日新聞」, 東學黨首領の談話, 明治 27年 10月 5日, 『총서』 23, 93쪽; 「時事新報」, '東學黨首領訪問記', 明治 27年 10月 5日, 『총서』 22, 333쪽; 「日清交戰錄」12號, 東學黨首領訪問記, 『총서』 25, 235~236쪽; 「暴民東學黨」, 東學黨餘聞, 『동학농민혁명 신국역총서』 14, 171쪽 참조).

68) 「전봉준공초」, 『총서』 18, 28쪽.

있었다. 나아가 농민군은 해산하라는 국왕의 명령을 가져온 윤음선유사(綸音宣諭使)들이 수차례 해산을 효유하였지만 해산하지 않았다. 뿐만 아니라, 4월 23일에는 장성에서 국왕이 파견한 장위영(壯衛營) 대관(隊官) 이학승(李學承)이 거느린 경군과 싸웠는데, 이 전투에서 대관 이학승이 전사하였다.[69] 4월 25일에는 금구 원평에서 윤음사 이효응과 배은환을 살해하기도 했다.[70] 이 역시 국왕의 윤음을 받아든 선무사가 도착하여 효유하면 곧장 해산하거나 심지어 주모자가 스스로 자수하여 죽음을 맞이하기도 했던 민란의 투쟁양상이나 의식과 크게 다른 것이다.[71]

---

69) 「兩湖剿討謄錄」, 『총서』 6, 17쪽; 「兩湖電記」, 『총서』 6, 114쪽; 「東匪討錄」, 『총서』 6, 191쪽; 『주한일본공사관기록』 2, 7~8쪽.

70) 「양호전기」, 『총서』 6, 114~115쪽; 「東匪討錄」, 『총서』 6, 183쪽, 191쪽; 『주한일본공사관기록』 2, 8쪽. 이는 제2차 봉기에서도 마찬가지였다. 예컨대 국왕은 "근자에 들어 비도의 소요가 더욱 기승을 부리고 있는데, 이는 전에 없던 변고이다. 군명(君命)에 항거하면서도 의병(義兵)이라 일컫고 있다."는 전교를 내리기도 하였다(『승정원일기』 고종 31년 9월 26일).

71) 농민군의 의식과 행동은 엘리트 유학자들과도 큰 차이를 보이는 것이다. 1896년 의병의 창의문에서 보이듯이 전통적 양반·사족들은 왕비를 살해한 일본의 폭거에 반대하고 일본을 물리치는 것을 목표로 일어났다. 그러나 화이론적 세계관에 입각한 유교지식인들의 척왜양의 논리는 '위국(衛國)'보다는 '위도(衛道)'에 더 무게를 둔 것이었다(정창렬, 「한말 변혁운동의 정치·경제적 성격」, 송건호·강만길 편, 『한국민족주의론』 1, 창작과 비평사, 1982, 88~90쪽). 2차, 3차 의병전쟁으로 가게 되면 이러한 인식에는 많은 변화가 일어나지만, 3차 의병전쟁 시기에도 유생의병장들의 경우 국(國)보다 도(道)를 우위에 두는 경우가 적지 않았다(홍순권, 『한말 호남지역 의병운동사 연구』, 서울대학교출판부, 1994, 323~345쪽; 홍영기, 『대한제국기 호남 의병 연구』, 일조각, 2004, 119쪽). 또 그들은 미처 일본을 물리치기 위한 구체적 행동도 취하지 못한 상황이었지만, 해산하라는 국왕의 명령이 내려지자 곧바로 해산하는 모습을 보였다. 이에 반해 동학농민군은 유교 이념을 내면화해 가고 있었지만, 유생 의병들과 달리 해산하라는 국왕의 명령을 무시한 채 '반란'을 지속하였다. 그것은 앞서 언급했듯이 "탐관이 비록 학정(虐政)을 하지만 나라, 곧 국왕이 들

또한 농민군은 자신들을 비류, 난류, 역류로 비난하는 지배층에 대해 "탐욕만 부리고 학정(虐政)만 일삼는 방백과 수령들이 어찌 역적이 아니냐?"라고 되물을 수 있었다.72) 나아가 "탐관이 비록 학정을 하지만 나라에서는 듣지 못하"여 "백성들이 보존하기 어려운 상황에서"는 자신들이 직접 "탐관들을 하나하나 베어 없애는 것"이 오히려 정당한 행위임을 주장할 수 있었던 것이다.73) 말하자면 '나라의 근본'이자 인정의 수혜자라는 정치문화를 내면화한 민중이 스스로 국왕을 대신하여 민본 이념을 방기하고 학정을 일삼음으로써 나라를 위기로 몰아넣은 탐관오리들을 처벌하는 것은 정당하다는 인식이다.

민란에서 농민들이 요구한 폐막의 내용은 군현 차원에서 수령과 이서배의 부정부패에 대한 응징이었다. 국왕과 중앙 집권층은 여전히 농민들이 기대야 할 인정회복의 주체였다. 그러나 거듭되는 민란을 거치면서도 '이포와 탐관'등 민폐 문제가 해결되지 않자, 이제 민중은 중앙집권 세력마저

지 못하"여 "백성들이 보존하기 어려운 상황"에서 "나라의 근본인 백성"들이 살기 위해서는 인정(仁政)이 회복되어야 하기 때문이었다. 여기에는 국왕의 권위를 빌어 국왕을 대신하여 탐관오리를 제거한다는 명분을 내세우면서도 생존위기를 극복하는 인정의 회복을 위해서는 국왕의 명령도 일시적으로 받아드리지 않을 수 있다는 생각이 개재되어 있었다. 이러한 농민군의 생각과 행동은 군신 간의 의리라는 명분을 앞세우던 전통유학자들과 가장 큰 차이를 드러내는 점이다. 또 농민군은 무엇보다 경제적 이익을 독점하는 데 대한 반대뿐만 아니라, 강토를 침입하는 데 대한 반대, 곧 '위국' 측면에서의 위기의식을 강조하고 있었다는 점에서 유생 의병들과 차이가 난다. 전봉준이 제2차 봉기에 나선 것은 "나라를 잃으면 생민이 어떻게 살까"라는 생각 때문이었다(「東京朝日新聞」 明治 28年 3月 5日, 『총서』 22, 367쪽). 척사파들과 달리 도(道)보다는 생민이 겪게 될 고통이라는 면에서 국가의 멸망을 위기의 핵심 내용으로 판단하였던 것이다.

72) 『주한일본공사관기록』 1, 14쪽.

73) 「兩湖招討謄錄」, 『총서』 6, 66~67쪽.

인정의 주체가 아니라 학정의 주체, '이포와 탐관'을 초래한 근본원인임을 구조적 모순 속에서 깨닫게 되었다. 그것은 무장에서 처음 일어난 농민군이 보름 정도 지난 4월 4일 법성포의 향리와 향임에게 보내는 통문을 통해 확인할 수 있다.

> 임금이 위에 계신데, 백성이 도탄에 빠지는 것은 어찌된 일인가? 민폐(民弊)의 근본은 향리의 포흠에 있고, 향리가 포흠하는 근본은 탐악한 관리에서 연유한다. 탐악한 관리가 탐악을 저지르는 것은 집권자의 과도한 욕심[貪婪]에서 연유한다.[74]

위의 통문은 동학농민군이 인정회복을 위해 응징해야 할 대상을 중앙집권세력에게까지 확장해나가는 논리를 잘 보여준다. 민란에서와는 달리 민폐의 근원이 민본과 인정 이념을 내팽개치고 탐람(貪婪)에 몰두하는 집권세력에 있음을 정확히 지적하여 농민군이 의식 면에서도 명백히 고을 단위를 벗어나고 있었음을 보여준다. 이러한 변화는 무엇보다 앞서 언급했듯이 중앙집권적이었던 조선왕조의 정치시스템, 그리고 그에 따라 동리→면→군현→도→중앙의 연쇄로 구성되는 정치과정의 동심원적 구조와 깊은 관련이 있었다. 향리의 이포→지방관의 탐학→중앙집권세력의 탐람(貪婪)으로 이어지는 부패의 사슬구조에 대한 인식은 면리→군현(→도)→중앙으로 이어지는 동심원적 정치구조와 겹치는 것이다. 이것은 기포 당시에 "전라 한 도의 탐학을 제거하고 내직(內職)으로 매작(賣爵)하는 권신을 쫓아내면 8도가 자연 일체로 될 것"이라고 한 전봉준의 인식과 상통하는 것이기도 하다.[75]

---

74) "聖明在上 生民塗炭何者 民弊之本由於吏逋 吏逋之根由於貪官 貪官之所犯 由於執權之貪婪"(「東匪討錄」, 『총서』 6, 176쪽).

또 중앙집권층까지 겨냥한 동학농민군들은 동학농민전쟁을 수행하는 과정에서 새로운 '공론'을 만들어 가고 있었다. 이는 공론 대상의 범위나 내용 등의 면에서 조선후기, 특히 민란 당시 향촌 차원에서 만들어 간 '민중공론'과는 결을 달리하는 것이다. 우선 전통적 공론의 주체였던 사족이 아니라, 공론장에서 배제되었던 농민들이 새로운 공론을 모아 '보국안민'이라는 과제를 스스로 떠안겠다는 의지를 표명한 것이다. 〈포고문〉에서 농민군은 억조창생 혹은 팔로가 상의하여 거사를 결심하였다고 주장하였다. 전국적 내지 적어도 군현 단위를 넘어서는 광범위한 차원의 공론을 통해 자신들의 거사가 성사되었음을 말하는 것이다. 사족의 공론마저 외면되는 '불통'의 현실, 나라의 근본인 백성들의 생존이 위협받아 국가가 위기에 처한 현실을 좌시할 수 없어서 "온 나라 사람들이 마음을 합치고 팔도의 백성들이 상의하여(億兆同心 八路詢議)" 보국안민의 깃발을 들었다는 것이다. 실제 여부를 떠나 농민군의 인식 속에서 '공론'의 대상과 범위가 확장되고 있었음을 시사한다. 이 점에서 〈포고문〉을 비롯한 농민군의 각종 격문류는 다양한 방법으로 논의과정을 거친 농민군의 공론이 표현된 것으로 이해할 수 있을 것이다.

또한 농민군들은 이미 교조신원운동 시기부터 민본과 인정이라는 지배이념을 전면에 내세우는 방식으로 자신들의 행위를 정당화하고자 하였다. 앞서 언급했듯이 조선의 지배체제는 민본과 인정이념을 중심으로 한 지배이념으로 구축되었고, 지배체제의 정점에는 국왕이 있었기 때문에 국왕은 단지 존숭(尊崇)의 대상에 그치는 것이 아니라 국왕을 배제한 체제나 질서

75) 「전봉준공초」, 『총서』 18, 28쪽. 물론 전봉준의 이러한 판단은 곧장 실현되지는 않았지만, 평소에 가지고 있던 '팔도 백성'이라는 정치적 일체감 내지 동일한 정체성을 바탕으로 한 것임은 물론이다.

를 상상하는 것은 불가능에 가까운 일이었다.[76] 농민군이 직접 나서서 스스로의 힘으로 모순의 근원인 중앙집권세력을 축출함으로써 인정과 민본이념을 회복하겠다는 인식의 바탕에는 국왕에 대한 존숭, 곧 근왕주의가 있었다. 국왕은 자신들의 행위를 정당화해줄 수 있는 최상의 권위였다.[77]

그러나 다른 한편 농민군이 스스로의 힘으로 인정과 민본이념을 회복하겠다는 생각과 행동 속에는 새로운 질서를 향한 가능성이 잉태되고 있었다. 그것은 대원군의 감국(監國) 내지 섭정(攝政)을 요구한 데서 엿볼 수 있

76) 이러한 모습은 농민군 최고 지도자 전봉준에게도 마찬가지였다. 예컨대 1894년 8월 11일 전라감영에서 일본인 한 사람을 만나 필담을 나눌 때 전봉준이 보여준 태도 역시 왕조에 대한 부정과는 거리라 멀었다. 일본인이 이성계와 은의 탕왕, 주의 무왕의 사례를 들면서 조선왕조를 전복하고 새로운 왕조를 창건하는 것이 어떠냐고 질문하자 전봉준은 놀라면서 안색을 바꾸며 “당신이 말하는 것은 신하의 입에 올릴 수 있는 것이 아닙니다. 만약 이것을 실행한다면 대의는 어찌 되고 명분은 어찌 될 것입니까?”라고 하였다(「大阪朝日新聞」, 東學黨首領の談話, 明治 27年 10月 5日, 『총서』 23, 93쪽; 「時事新報」,‘東學黨首領訪問記’, 明治 27年 10月 5日, 『총서』 22, 333쪽; 「日淸交戰錄」12號, 東學黨首領訪問記, 『총서』 25, 235~236쪽; 「暴民東學黨」, 東學黨餘聞, 『동학농민혁명 신국역총서』 14, 171쪽 참조). 국왕 역시 인정과 민본이념의 담지자로서 자임하고 있었다. 국왕은 보은집회 당시 해산하지 않는 동학교도들에게 다음과 같이 효유하였다. “이것은 모두 나 한 사람이 너희들을 이끌어 편안하게 하지 못한 탓이며, 또한 여러 고을의 목사와 수령들이 너희들을 부추겨 벗겨먹고 곤란하게 괴롭혔기 때문이다. 탐욕스러운 장수와 마음이 시커먼 아전들은 처벌을 할 것이다.”(「聚語」 『총서』 2, 62쪽).

77) 이는 국왕이나 황제 같은 세속적 정치체제의 최고 권력자를 뛰어 넘어 신이라는 초월적 존재를 상정하고 있던 기독교 사회와 매우 다른 점이다. 민중이 자신들의 생각과 행위를 정당화하는 근거를 초월적 존재이자 인간을 창조한 ‘신’에게서 찾을 때 민중운동에서 보이는 폭력의 강도가 그렇지 않은 쪽보다 많이 강하였다. 이에 대해서는 Bae, Hang-seob, Popular Movements and Violence in East Asia in the Nineteenth Century: Comparing the Ideological Foundations of Their legitimations, *Sungkyun Journal of East Asian Studies*, 17:2, 2017 참조.

다. 동학농민군이 대원군의 감국을 처음으로 제기한 것은 1894년 4월 16일 영광에서 초토사 홍계훈이 있는 〈완영유진소(完營留陣所)〉에 보낸 통문이다. 「수록(隨錄)」에 〈영광상송피류통문(靈光上送彼類通文)〉이라고 소개되어 있는 〈통문〉의 내용은 다음과 같다.

> 우리들의 금일 의거는 다른 뜻이 있는 것이 아니라 탐관오리로 하여금 허물을 고쳐 스스로 혁신하게 하는 일이다. 국태공(國太公)으로 하여금 감국(監國)하게 하여 위로는 종사를 보전하고 아래로는 백성들을 편안케 하여 부자간의 천륜과 군신간의 대의(大義)를 온전히 하면 난신적자(亂臣賊子)는 자연히 그 자취를 감추게 되어 감히 나라에 해를 끼치는 독이 되지 못할 것이다. 말은 다만 여기서 그만둘 따름이다.
>
> 倡義所 甲午 4月 16日[78]

이 글은 농민군 측이 초토사에게 보낸 최초의 통문이다. 자신들이 봉기한 뜻은 탐관오리의 축출에 있다는 점을 거듭 강조함과 동시에 '보국안민'을 위해 대원군의 감국을 처음으로 요구하였다. 이어 4월 18일 나주 공형(公兄)에게 자신들이 봉기한 목적을 밝히며 보낸 글에서도 "국태공(國太公, 대원군)을 모셔서 난신적자들과 아첨하는 자들을 모두 쫓아내는 것이 (자신들의) 본 뜻"이라고 하였다.[79] 또 4월 19일 함평에 주둔해 있던 농민군이 초토사 홍계훈에게 보낸 글에서도 대원군의 감국을 요구하였고,[80] 5월 4일

---

78) 「隨錄」, 『총서』 5, 199~200쪽.

79) 「梧下記聞」 首筆, 『총서』 1, 69~70쪽; 「고성부총쇄록」, 『총서』 4, 137~138쪽. 「나암수록」에는 홍양(興陽)에 있던 농민군이 전라감영에 있는 동도소(東徒所) 혹은 창의소(倡義所)에게 보낸 사통(私通)으로 소개하고 있으며, 내용은 「오하기문」 등과 대동소이하다.

80) 「東匪討錄」, 『총서』 6, 209~210쪽; 「梧下記聞」 首筆, 『총서』 1, 70~71쪽; 「南遊隨

전주성을 점령해 있던 농민군이 관군의 공세를 받던 중 초토사에게 올린 소지[彼徒訴志]에도 대원군의 섭정 요구가 들어 있다.

'제중생등의소(濟衆生等義所)'의 명의로 보낸 〈피도소지(彼徒訴志)〉에서 농민군 측은 초토사 홍계훈에게 '귀화할 뜻'을 전달하는 한편, '선왕의 유민(遺民)'으로서의 정체성을 강조하면서 군사를 동원하여 백성들을 도륙하는 수령들을 비판하였다. 이어 "탐관이 비록 학정(虐政)을 하지만 나라에서는 듣지 못하고 백성들이 보존하기 어려운 상황에서 탐관들을 하나하나 베어 없애는 것"은 죄가 아니다는 점, 자신들의 목적은 '태공(太公, 대원군)'을 받들어 나라를 감독하게 하려는 것이므로 불궤(不軌)가 아니라는 점, 병기를 잡은 것은 몸을 방어하고 생명을 보존하기 위한 것에 불과하다는 점, 따라서 초토사는 국왕에게 선처해줄 것을 보고해 달라는 점 등을 강조하였다.[81] 대원군에 의한 섭정 요구는 〈전주화약〉 이후인 5월 17, 18일경 순변사(巡邊使) 이원회(李元會)와 전라감사 김학진에게 올린 원정(原情)에도 들어 있다.[82]

주목해야 할 점은 여기에는 농민군에 의해 형성되어 간 새로운 질서의 단서들이 내포되어 있다는 사실이다. 물론 농민군의 요구는 국왕을 대신하여 인정을 베풀어야 할 관료들이 인정을 방기한 점을 공격한 것이지 관료체제 자체를 반대한 것은 아니었다. 그것은 농민군들은 수령 가운데서도 선정을 베푼 경우에는 징치하지 않은 사례에서도 확인된다.[83] 그러나 농민

錄」, 『총서』 3, 204~205쪽; 「東學文書」, 『총서』 5, 133쪽 참조.

81) 「兩湖招討謄錄」, 『총서』 6, 66~67쪽. 『東學亂記錄』(上)에도 동일한 자료가 실려 있지만, 제목이 〈적당소지(賊黨訴志)〉로 되어 있고, 말미에는 목도장으로 '濟衆生等義所'라는 인장이 찍혀 있다고 하였다(「兩湖招討謄錄」, 『東學亂記錄』 上, 207쪽).

82) 「大韓季年史」, 『총서』 4, 372~373쪽; 「東匪討錄」, 360~364쪽; 金允植, 又原情列錄追到者, 『續陰晴史』 上, 323~325쪽; 「南遊隨錄」 5月 28日, 215~216쪽.

83) 「南遊隨錄」, 『총서』 3, 208쪽. 1894년 4월 27일 한 승려가 농민군과 만나 대화한

군의 요구에서 보이는 새로운 질서의 가능성과 관련하여 가장 의미 있는 점은 국왕의 위상 추락이다. 농민군이 국왕의 아버지인 대원군의 섭정이나 감국을 요구한 배경에는 무엇보다 탐관오리의 제거, 그리고 인정의 회복과 국가의 위기 극복이 간신배에 의해 "총명이 가려진" 현재의 국왕으로는 불가능하다는 판단이 개입되어 있었다.84) 사실 인정을 방해하는 탐관오리는 현 국왕의 통치하에서 양성된 존재들이었던 만큼 국왕 역시 탐관오리의 준동으로부터 자유로울 수 없었다. 따라서 농민군은 딜레마에 처할 수밖에 없었다. 현 국왕으로서는 인정을 배반하고 학정을 일삼는 탐관오리와 간신배들을 축출하기 어려웠지만, 다른 한편 앞서 언급했듯이 자신들의 행위와 주장을 정당화해주는 기반이었던 국왕을 부정하는 것은 당대의 정치문화에 비추어 볼 때 사실상 불가능한 일이었기 때문이다.

이 점에서 대원군에 의한 섭정 내지 감국(監國) 요구는 당대의 정치문화 속에서 국왕을 자신들의 행위를 정당화하는 권위로 내세우면서도 현 국왕으로서는 농민군의 염원, 곧 민본 이념과 인정을 회복하고 세상을 바로잡

데 다르면 농민군은 "임피는 관정(官政)이 다스려지지 않아 아전들의 행태가 교활하여 우리들을 잡아가두어서 한 차례 죄를 묻지 않을 수가 없다"고 하였으나, 함령 수령에 대해서는 "함령의 전임 수령은 아전들을 밝게 다스려서 악행이 없어 물을 만한 죄가 없다"라고 하였다.

84) 농민군이 발포한 〈무장포고문〉에는 "신하된 자들은 보국(報國)할 생각은 하지 않고 한갓 벼슬자리만 탐내며 (국왕의) 총명을 가린 채 아첨을 일삼아 충성스러운 선비의 간언을 요언(妖言)이라 하고 정직한 사람을 비도(匪徒)라 일컫는다."라는 내용이 들어 있다(「隨錄」 茂長縣謄上東學人布告文, 『총서』 5, 157~159쪽; 「茂長東學輩布告文」, 『총서』 2, 124~126쪽; 「梧下記聞」, 『총서』 1, 52~54쪽). 또한 여기에는 대원군이 농민군의 궁극적 타도대상이던 민씨 척족 정권과 대극에 위치하고 있었다는 점, 또 대원군의 정치사상이 "억강부약"이라는 이미지로 널리 알려져 있었다는 점도 작용하였다고 생각한다(오지영, 「東學史(草稿本)」, 『총서』 1, 519~520쪽; 吳知泳, 『東學史』, 永昌書館, 1940, 162쪽).

는다는 목적을 실현하기 어렵다는 사상적, 정치적 딜레마를 해결하기 위한 고심의 결과이자 전략으로서의 의미도 있었다고 생각한다. 당시 고종(1852~1919)은 40살이 넘은 장년이었고, 왕위에 앉은 지(1864) 이미 30년이나 지난 '전문가'였다. 그럼에도 불구하고 대원군의 섭정 내지 감국(監國)을 요구한 것은 농민군의 의식 속에서 국왕의 지위가 이미 심각한 타격을 입고 있었음을 보여준다. 농민군은 여전히 국왕에 대한 존숭과 근왕주의적 인식을 버리지 못하고 있었지만, 생존의 위기를 벗어나기 위해서는 무엇보다 민본 이념과 인정을 회복해야 한다는 농민군의 절박한 심정은 그들의 주관적 의도와 무관하게 그 동안 절대적 존재로 인식되던 국왕의 정치적 위상을 약화시켜 나가고 있었던 것이다.[85]

농민군의 행동과 생각 속에서 점차 상대화되고 있던 국왕의 위상은 집강소의 경험을 비롯하여 좀 더 주체적으로 폐정개혁 과제에 대응해 나가거나, 국왕을 비롯한 중앙 정부 엘리트들이 대내외적 위기 상황에 대응해나가는 모습을 지켜 본 농민군들에 의해 더욱 추락해 나갔으며, 이는 결과적으로 농민군들로 하여금 새로운 체제구상을 열어가도록 하였다.

---

85) 농민군이 전주성을 점령할 무렵 국왕은 "나는 백성들을 위하는 한 가지 생각만으로 밤낮 애쓰고 있건만", 백성들이 곳곳에서 소란을 일으키는 것은 "탐오한 관리들이 백성들을 돌보기는커녕 도리어 포학하게 굴어서" 그렇다고 하였으나(『승정원일기』, 고종 31년 4월 27일), 국왕이 백성들을 위해 얼마나 애썼는지도 의문이지만, 애썼다 하더라도 이미 관료사회는 국왕의 통제력으로 어떻게 할 수 없을 정도로 망가져 있었던 것으로 보인다. 농민군이 국왕에게 청원하는 방식이 아니라 스스로의 힘으로 국왕을 대신하여 중앙의 권귀와 탐관오리들을 제거하고 민본 이념과 인정을 회복하겠다는 결심으로 농민전쟁을 일으킨 것도 그 때문이었다.

(2) 인정을 향한 열망과 새로운 체제 구상

농민군의 행동에서 "사회적 평등"과 "경제적 균산(經濟的均産)"을 향한 열망이라는 급진적 의식이 드러나기도 했지만, 농민전쟁이 끝날 때까지 농민군이 제시한 격문이나 통문류는 유교적 이념과 언어가 기조를 이루었다. 이는 예컨대 프랑스 혁명 같은 부르주아 혁명과 매우 다른 점이다. 프랑스 혁명은 언어의 변화에서 시작되었다. 혁명이 본격적으로 일어났을 때 정의나 인민의 권리 같은 새로운 정치언어는 이미 프랑스 전체에 널리 퍼져 있었다.[86] 이와 달리 농민군은 새로운 언어를 발명해내지 못했고, 유교적 언어로 유교이념에 근거하여 자신들의 행위와 주장을 정당화했다.[87] 그러나 부정부패하고 학정이 난무하는 현실을 일신하여 민본과 인정이념을 회복하려는 강렬한 열망은 국왕의 위상을 약화시켰을 뿐만 아니라 조선의 지배질서를 내파(內破)하며 새로운 질서의식을 형성해 나가고 있었다.

이는 우선 자신들의 행동을 의병이라고 내세우는 한편, 농민군 지휘부가 자신의 존재를 '중생들을 구제하는 의로운 기구[濟衆義所]'로 명명한데서 시사 받을 수 있다.[88] '제중의소'라는 명칭은 농민전쟁이 발발하고 나서 열

---

86) 로제 샤르티에 지음, 백인호 옮김, 『프랑스혁명의 문화적 기원』, 일월서각, 1998.

87) 이는 조선과 마찬가지로 유교를 지배이념으로 하고 있었으면서도 기독교를 중요한 사상적 기반으로 일어난 중국의 태평천국운동과도 비교되는 것이다. 조선에서는 정치적, 경제적, 사회적, 그리고 대외적 위기가 최고조로 달했을 때, 그러한 위기를 극복하고 새로운 세상을 만들겠다는 것을 목적으로 발생한 민간종교와 그 종교를 기반으로 일어난 대규모 '반란'조차도 유교의 자장(磁場)을 벗어날 수 없었음을 보여주는 것이며, 유교 이념의 지배력이 그 만큼 강력하였음을 시사한다.

88) '도소(都所)'는 행정적 의미, '의소'는 투쟁을 전개할 때의 지휘부를 표현하는 것으로 보인다. 「二六新報」에서는 농민군들의 집회 장소를 '제중의소'로 명명한다고 하였다. '朝鮮の一活火', 「二六新報」, 明治 27年 11月 21日, 『총서』 22, 165쪽.

흘 쯤 지난 뒤에 처음 사용되었다. 1894년 3월 29일 전열을 정비한 농민군들은 전주성을 공격하기 위해 태인현 용산 화호에 설진해 있던 중 "포수와 창수 각 1백 명을 거느리고 북과 나팔, 징과 바라를 일제히 울리며 기다리라"는 서찰을 태인현으로 보내면서 그 말미에 '제중의소(濟衆義所)'라는 도장을 날인 한 것이 처음이었다.[89] 이후 4월 4일 부안에 주둔해 있던 농민군은 법성포 이향(吏鄕)에게 역시 '제중의소' 명의로 다음과 같은 9개조의 민막(民瘼)을 포함한 통문을 보냈다.

> 성명(聖明)이 위에 있음에도 생민(生民)이 도탄(塗炭)에 빠진 것은 왜인가? 민폐(民弊)의 근본은 이포(吏逋)에서 말미암고 이포의 근본은 탐관(貪官)에서 말미암으며 탐관이 범(犯)하는 것은 집권 세력의 탐람(貪婪)에서 말미암는다. 아! 난(亂)이 극(極)에 달하면 다스려지고 밤이 낮으로 바뀌는 것은 이치가 당연한 것이다. 지금 우리들이 위민위국(爲民爲國)을 하려는 데에 어찌 이(吏)와 민(民)의 구별이 있겠는가? 그 근본을 궁구(窮究)해보면 이도 역시 민이다. 각공문부(各公文簿)의 이포 및 민막의 조건들을 모두 가져와 보고하라. 마땅히 구별하는 방도가 있을 것이다. 염려하지 말고 가져오라. 시각을 어기지 말 것을 두려운 마음으로 알도록 할 일.
>
> 濟衆義所(押圖書 如守令印信)
>
> 금일 우리들의 의거는 위로는 국가를 보전하고 아래로는 여민(黎民)을 편안케 하려는 것이며, 죽음으로 맹세하였으니 공동(恐動)하지 말라. (중략) 무릇 우리 사농공상 사업지민(四業之民)이 동심협력(同心協力)하여 위로는 국가를 돕고 아래로는 빈사(濱死) 지경에 이른 민생(民生)들을 편안케 한다면 그 어찌 다행이 아니겠는가?[90]

---

89) 「梧下記聞」, 『총서』 1, 56쪽.

90) 「東匪討錄」, 『총서』 6, 176쪽; 『韓國民衆運動史資料大系 1 : 1894년의 農民戰爭

'제중의소'라는 명칭은 1차 농민전쟁 시기에만 사용된 것이 아니라,[91] 집강소 시기와[92] 2차 봉기 때도 사용되었다. 이는 '제중의소'라는 명칭이 동학농민전쟁의 성격을 이해하는 데도 중요한 단서가 될 수 있다고 생각한다.[93] 1894년 10월 공주를 향해 북상하던 전봉준은 논산에서 전라감사 박제순에게 '양호창의영수전봉준(兩湖倡義領袖全琫準)'이라는 명의로 관군과 농민군이 서로 싸울 것이 아니라 일본군의 침략을 물리치기 위해 힘을 합쳐 같이 싸우자는 내용의 상서(上書)를 보냈다. 발신 날짜와 장소를 명시한

篇』, 320~321쪽; 『駐韓日本公使館記錄』 1, 20쪽; 「內亂實記 朝鮮事件」, 『총서』 25, 192~193쪽; 「東京朝日新聞」, 明治 27年 6月 8日, 『총서』 22. 354~355쪽; 「万朝報」, 明治 27年 6月 7日, 『총서』 22, 407~408쪽.

91) 앞서 언급했듯이 전주성을 점령해 있던 5월 4일 농민군이 초토사에게 올린 소지[彼徒訴志]의 말미에는 목도장으로 '濟衆生等義所'라는 나무 인장이 찍혀 있다고 하였다(「兩湖招討謄錄」, 『東學亂記錄』 上, 207쪽). 물론 농민군 측이 모든 문건에 '제중의소'로 표현한 것은 아니다. 5월 5일경 김학진에게 농민군에게 공격위주로만 대하는 홍계훈(洪啓薰)의 태도를 비난하면서 경기전의 파괴가 자신들의 행동이 아님을 변명하고 있으며, 빨리 입성하여 자신들의 요구를 들어줄 것을 요청하는 〈巡相閤下行所告急文狀〉을 보냈으며, 말미에는 '在營會中諸生等謹百拜上書'라고 적혀 있다(「隨錄」 『총서』 5, 207~208쪽).

92) 「동아선각지사기전」, 『동학농민혁명 신국역총서』 16, 동학농민혁명기념재단 동학농민혁명연구소, 2024, 255, 514쪽.

93) 당시 조선에 와서 농민군들과 직접 접촉하기도 한 한 일본인은 '제중의소'에 대해 다음과 같이 쓰고 있다. 곧 농민군이 모두 규율이 엄정한 의도(義徒)였다고는 말할 수 없다고 해도 전봉준의 지배 아래에 있던 호남 지역 농민군은 추호도 민간에 해를 끼치지 않았고, 질서가 관군보다 훨씬 훌륭하였다고 한다. 그래서 농민군이 지나는 곳에는 남녀 모두 음식과 음료를 가지고 나와 환영하고 하루라도 더 머물 것을 애원하였다고 한다. 이러한 모습은 농민군이 "실로 구세군", "좋은 통치자"이기도 했음을 보여주며, 농민군이 스스로 행정하는 지휘부를 '제중의소(濟衆義所)'라고 한 것은 실로 명실상부하다고 하였다(「동아선각지사기전」, 앞의 책, 254~256쪽, 513~515쪽).

이 글 말미의 "갑오 10월 16일 재논산(在論山) 근정(謹呈)"이라는 구절 위에 '제중의소'라는 도장이 날인되어 있다.[94]

'제중의소'는 스스로의 힘으로 민중(자신들)을 구제하겠다는 표현이다. 이러한 명칭은 스스로를 정치적 주체로 자각한 농민군이 인정을 방기한 지배층의 학정을 스스로의 힘으로 바로잡고 인정을 회복하겠다는 의지, 그리고 자신들의 행위에 대해 의로운 것으로 인식하고 있었음을 상징하는 것으로 보인다. 이는 '지휘부'를 '동학유생(東學儒生)' 혹은 '동학창의회소(東學倡義會所)'로 불렀던 교조신원운동 시기나 척왜양운동 시기와 다른 점이다.

앞서 언급했듯이 농민군은 〈포고문〉 당시부터 나라의 근본인 백성들의 생존이 위협받아 국가가 위기에 처한 현실을 좌시할 스 없어서 "온 나라 사람들이 마음을 합치고 많은 백성들이 상의하여(億兆同心 八路詢議)" 보국안민의 깃발을 들었다고 하였다. 4월 4일 법성포 이향(吏鄕)에게 '제중의소(濟衆義所)'라는 명의로 보낸 위의 글에서도 농민군은 스스로가 보국안민의 주체임을 전제한 위에 거의(擧義)한 목적을 "우리 사농공상 사업지민(四業之民)이 동심협력하여 위로는 국가를 돕고 아래로는 빈사지경에 이른 민생들을 편안케 한다."는 데 있음을 밝히고 있다. 사농공상 등 다양한 신분 계층의 연대 내지 협력에 의해 구성된 것이 농민군이라는 인식이다. 이러한 인식은 기왕의 질서나 사족 중심의 공론 등에 내포되어 있던 신분적 차별이 배제되거나 현저하게 약화되고 있음을 확인해준다. 동시에 총액제와 공동납에 따라 특히 면리 차원의 공동 대응 과정에서 신분적 차별이 해소되

94) 「黃海道東學黨征討略記」, 『총서』 12, 356쪽. 영인된 『총서』에서는 도장이 보이지 않으나, 동학농민혁명기념재단의 이병규 부장이 국사편찬위원회에 소장된 '원본(유리 사진)'을 확대하여 그것이 '제중의소'가 새겨진 인장인 것을 확인했다. 도장의 주변이나 글자 일부에 마모된 흔적이 많아서 이 도장은 오래 동안 사용된 것으로 추측된다.

고 있던 '향중공론'이 국가적 차원으로 확장된 것이라 생각한다.

보국안민의 주체로서의 자각, 곧 도탄에 빠진 민중을 구제하고 인정과 민본을 스스로의 힘으로 회복하겠다는 의지는 향중공론 만이 아니라 국정 차원에서도 사농공상이 신분적 차별 없이 한 마음으로 협력하여 보국안민 하겠다는 인식으로 이어졌음을 보여준다. 이러한 인식은 결국 사농공상이 함께 협력하여 국정을 논의할 수 있다는 생각, 곧 새로운 공론, 나아가 새로운 정치질서를 향한 가능성을 내포한 것이었다.

농민군은 이러한 인식을 기반으로 농민전쟁을 수행하는 과정에서 좀 더 진전된 새로운 논의 기구를 창출해 내었다. 우선 농민전쟁 당시 전주에 살던 유생 정석모(鄭碩謨)는 동학농민전쟁의 초기 과정과 자신이 겪은 사실을 적어 놓은 「갑오약력」에 전라도 각 군의 관아에 집강소를 둔 사실과 집강소 구성에 대해 다음과 같이 기록하고 있다.[95]

> 관찰사가 관민(官民)이 서로 화해할 계책을 상의하고 각 군(郡)에 집강(執綱)을 두는 것을 허락하였다. 이에 따라 동도가 각 읍을 할거하고 공청

95) 집강소에 대한 주요 연구로는 홍성찬, 「1894년 집강소기 設包下의 향촌사정」, 『동방학지』 39, 1983; 신용하, 「갑오농민전쟁 시기의 농민집강소의 설치」, 『한국학보』 41, 일지사, 1985; 이이화, 「전봉준과 동학농민전쟁 ②」, 『역사비평』 11, 1990; 신용하, 『동학과 갑오농민전쟁연구』, 일조각, 1993; 김양식, 「1·2차 전주화약과 집강소 운영」, 『역사연구』 2, 1993 ; 『근대한국의 사회변동과 농민전쟁』, 신서원, 1996; 정창렬, 「갑오농민전쟁과 갑오개혁의 관계」, 『인문논총』(아주대) 5-1, 1994; 배항섭, 「집강소 시기 동학농민군의 활동양상에 대한 일고찰」, 『역사학보』 153, 1997; 정창렬, 「Ⅵ. 집강소의 설치와 폐정개혁」, 『신편 한국사 39, 국사편찬위원회, 1999; 정진상, 「갑오 농민 전쟁 시기 집강소의 조직 자원」, 『사회와 역사』 62, 2002; 조경달 지음, 박맹수 옮김, 『이단의 민중반란』, 역사비평사, 2008; 정창렬, 『갑오농민전쟁』, 선인, 2014; 이이화, 『이이화의 동학농민혁명사 1: 조선 백성들, 참다못해 일어서다』, 교유서가, 2020.

> (公廳)에 집강소를 설치하고 서기(書記)·성찰(省察)·집사(執事)·동몽(童蒙)과 같은 임원을 두어 완연히 하나의 관청을 이루었다.[96]

집강소가 각 군현의 관아에 설치되었고 서기·성찰·집사·동몽과 같은 임원을 두고 운영하였음을 보여준다. 오지영의 『동학사』는 집강소의 설치와 구성 및 운영에 대해 좀 더 구체적으로 기록하고 있다.

> 집강소(執綱所)의 행정(行政)
>
> 이때 전라도(全羅道) 오십삼주(五十三州)에 골골마다 집강소(執綱所)가 아니 설립(設立)된 곳이 업시 일률(一律)로 다 되엿섯고 집강소(執綱所)에는 약간 명(名)의 의진(義陣)이 호위(護衛)를 하엿섯고 행정(行政)에 잇서서는 집강(執綱)이 주무(主務)로 십수인(十數人)의 의원(議員)이 잇서 협의체(協議體)로 조직(組織)이 되엿섯고, 도집강(都執綱) 일인(一人)을 뽑아 전도(全道)의 대표가 되게 하엿섯고 이왕(已往) 잇든 대소관리(大小官吏)들은 오즉 사무(事務)에 책임(責任)만을 맛게 하엿섯고 집강소(執綱所)의 정강(政綱)은 이와 갓다.[97]

> 동학군과 관군이 서로 강화(講和)를 이룬 후 관군은 경성으로 올라가고 동학군은 전라도 오십삼주(五十三州)에 집강소(執綱所)를 설립하여 민간서정(民間庶政)을 처리케 되었다. 매읍(每邑)에 집강(執綱) 1인을 두고 의사원(議事員) 약간인(若干人)을 두었으며, 대소관리(大小官吏)들은 그를 방조(幇助)하여 폐정개혁(弊政改革)에 착수케 되었으며, 폐정개혁건은 좌의 12조로써 되었다.[98]

군현 마다 집강소를 두고 집강을 책임자로, 그 아래 의원 혹은 의사원

96) 鄭碩謨, 「甲午略歷」, 『총서』 5, 417쪽.

97) 吳知泳, 「東學史(草稿本)」, 『총서』 1, 476~477쪽.

98) 吳知泳, 『東學史』, 永昌書館, 1940, 126쪽.

십 수인 혹은 약간 명을 두고 협의체로 운영하였다는 설명이다. 집강소의 이러한 구성과 운영원리는 조선후기, 특히 공동납 등을 계기로 형성되어 갔고, 민란 당시 '민회', '민회소' 등 아래로부터 형성해간 새로운 정치질서와 관련한 경험과 그러한 경험을 전제로 한 보국안민의 주체라는 자각이 결합된 결과로 보아야 할 것이다.[99] 또한 앞서 언급했듯이 공동납에 대한 대응이나 민란을 통해 축적되어 가던 평등 의식, 그리고 상하 신분의 차별을 부정하는 동학사상, 그리고 동학의 전파 과정과 농민전쟁 과정에서 축적되어간 평등 지향의 경험들에[100] 뿌리를 둔 의식이라 생각한다.

이미 농민전쟁을 시작한 얼마 뒤부터 4월 초부터 농민군들은 점령한 고을의 수령과 공형 등을 구금하였고, 부패한 공형들에게 난장(亂杖)을 치고 아마도 평소에 평판이 좋지 않았을 것으로 보이는 주민들을 잡아다가 맹장(猛杖)을 치는 모습이 마치 결송(決訟)을 하는 듯하다고 하였다.[101] 이는 농민군에 의한 사적인 분풀이를 방지하려는 목적도 있었을 것이며, 무엇보다 주민들의 원억을 자신들의 손으로 해소함으로써 최소한의 인정을 되돌려 주려는 노력의 표현이었다고 생각된다.[102]

---

99) 정진상의 경우 민란 당시의 향회 등을 통한 자치 경험이 집강소 통치의 한 원형이 되었다고 하여 민란 시기의 향회와 집강소를 연결하여 이해하고자 하였다. 그러나 그가 중점적으로 지적한 것은 새로운 정치질서의 형성이라는 점이 아니라 농민군 동원과 조직에 향회의 조직과 집회방식이 활용되었다는 점이다. 정진상, 「갑오 농민 전쟁 시기 집강소의 조직 자원」, 『사회와 역사』 62, 2002, 44~45쪽.

100) 동학농민전쟁 초기부터 천민 출신의 인물들이 주요 지도자가 되어 농민군을 이끌었다. 이 가운데 광대[才人] 출신으로 고창에서 활동한 농민군 지도자인 홍낙관(洪樂寬), 홍계관(洪桂寬) 형제의 활동에 대해서는 손태도, 「동학농민혁명과 광대 집단의 활동 : 홍낙관·홍계관을 중심으로」, 『역사민속학』 53, 2017 참조.

101) 「隨錄」, 『총서』 5, 186쪽.

102) 집강소 시기에 전봉준이 순창에 있을 때 시내에 무뢰한 세 명이 공모하여 '동학당'의 이름을 이용해 지방의 부호를 위협하여 많은 금전과 곡식을 빼앗은 일이 발

이와 같이 스스로의 힘으로 민본과 인정을 회복하겠다는 농민군의 의지는 집강소 시기 군현 단위의 '협의체', 곧 새로운 논의기구, 새로운 공론장을 만들어 갔다. 더욱 주목되는 점은 동학농민전쟁이 진행되는 과정에서 이러한 공론장이나 그와 관련한 정치적 체제 구상이 군현 단위에 그치는 것이 아니라 국왕과 국왕을 중심으로 한 중앙정부 차원의 정치체제 구상으로까지 진전되어 갔다는 것이다. 앞서 언급했듯이 농민군이 중앙집권세력까지 축출해야 할 대상으로 삼을 수 있었던 것은 중앙집권적 정치체제가 가진 동심원적 구조 속에서, 인정회복을 향한 거듭되는 경험에 의한 자각으로부터 나온 것이었다. 또 농민전쟁 초반부터 농민군이 대원군의 섭정을 요구한 것도 누적된 민란의 경험 속에서 사실상 간신배들에 의해 "총명이 가려진" 국왕으로는 탐관오리를 제거하고 민본 이념과 인정을 회복할 수 없다는 판단이 개입되어 있었다.

농민군의 행동과 생각 속에서 점차 상대화되고 있던 국왕의 위상은 농민군이 좀 더 주체적으로 폐정개혁 과제에 직접 대응해 나가는 과정, 그리고 국왕을 비롯한 중앙 정부 엘리트들이 폐정개혁 과제와 대외적 위기 상황에 대응해나가는 모습을 지켜보는 과정에서 더욱 추락해 나갔다. 민중의

생했다. 어떤 농민군이 이 사실에 대해 듣고 전봉준에게 신고하자 전봉준은 그 무뢰한을 포박하게 하고 눈앞에서 그를 총살에 처한 다음 그 머리를 효수하고 그 옆에 "민재(民財)를 약탈한 자는 모두 이와 같다."라는 표찰을 세워 무뢰한이나 농민군에 의한 사적인 분풀이를 방지하고자 하였다. 이 무렵 순창에서 전봉준을 만난 일본은 집강소 시기 농민군이 재판을 한 사실을 전하면서 "동학당이 이렇게 점령지 도처에서 억울한 죄로 우는 인민을 석방하는 인도(仁道)를 강구하고 있었다."고 하였다(「동아선각지사기전」, 『동학농민혁명 신국역총서』 16, 249쪽. 509쪽). 농민군들이 각 지역 주민들의 원억을 자신들의 손으로 해소해주고 있었음을 보여주며, 잡혀 온 주민들 역시 평소에 특히 힘없는 주민들로부터 원망을 사고 있던 부류였을 것으로 추정된다.

생활과 생존을 유지하기 위해서라도 인정을 회복해야 한다는 절실함은 투쟁 과정에서 치자의 독점물이었던 정사(政事) 내지 정치과정에 한층 적극적으로 개입해 나갔다. 심지어 국왕조차 "감국"으로 대원군을 내세워야 질서를 회복할 수 있는 존재로 그 위상이 추락되었다. 물론 체제 자체에 대한 완전한 부정이 기도된 것은 아니었지만, 적어도 국가 구성원 전체의 생존과 생활을 지배하는 결정들에 대한 통제를 가하거나, 자신들의 생활은 물론 생존과 직결되는 정책의 결정 과정에 당사자인 자신들이 참여해야 한다는 의식이 서서히 싹트고 있었다. 국망(國亡)을 말할 만큼 임박한 극단적 위기 상황이 민중 차원에서 새로운 질서의식을 형성해나가고 있었던 것이다. 그러한 사정을 잘 보여주는 것이 체포된 전봉준이 밝힌 다음과 같은 정국운영 구상이다.

> 일본병을 물러나게 하고 악간(惡奸)한 관리를 축출해서 임금 곁을 깨끗이 한 후에는 몇 사람 훌륭한 사(士)를 내세워서 정치를 하게하고 우리들은 곧장 농촌에 돌아가 일상적으로 해 오던 농업에 종사할 생각이었다. 하지만, 국사(國事)를 한 사람의 세력가에게 맡기는 것은 크게 폐해가 있는 것을 알기 때문에 몇 사람의 명사로 하여금 서로 협력하여 합의법에 의해서 정치를 하게 할 생각이었다.[103)]

여기에서 보이는 전봉준의 체제구상은 일인 독재의 폐해에 대한 인식을 기반으로 '몇 명의 훌륭한 사'로 표현되는 명망이 있는 선비들을 선점하고, '합의법'에 의해 서로 협의하여 정국을 운영하는 일종의 연합정권과 유사한 체제구상이었다. 또한 이는 "국사(國事)를 한 사람의 세력가에게 맡기는

103) 「東京朝日新聞」, 明治 28年 3月 6日 '東學首領と合議政治', 『총서』 22, 372쪽; 「大阪朝日新聞」, 明治 28年 3月 6日 '東學首領と合議政治', 『총서』 23, 171쪽.

것은 크게 폐해가 있는 것을 알기 때문에"라는 구절에서 짐작할 수 있듯이 국왕을 대신하는 대원군의 섭정을 요구하면서도 대원군에 의한 독단적 국정 운영 역시 견제하고 있었음을 보여준다. "합의법"에 의한 정령의 시행은 소원운동이나 민란의 전개 과정에서 축적된 '민회'나 '민회소' 등의 경험이 서구의 제도인 '민회'에 대한 인식과 결부되면서 나타난 결과였다고 이해할 수 있을 것이다. 일상 속의 생활과 생존을 지키기 위한 민중의 고군분투가 권력과 민중의 관계를 재인식하게 만들었고, 새로운 질서 의식으로 이어지고 있었던 것이다. 새로운 정치문화가 만들어져 가고 있었음을 의미한다. "몇 사람의 명사에게 협동[協合]해서 합의법에 의해서 정치"를 하게 한다는 새로운 용어, 새로운 정치시스템 구상은 바로 그 표현에 다름 아니었다.

국왕의 위상이 추락하면서 여러 명의 명사들이 합의법에 의해 국정을 운영하려 했다는 구상의 저변에는 향촌 사회에서 향회가 민회로 변화해나가는 것과 유사한 인식이 자리 잡고 있었다고 생각한다. 향촌사회의 주민들은 어떤 식으로든 자신들의 문제를 스스로의 힘으로 자율적인 논의 과정을 통해 해결하나가고 결론을 이끌어내기 위해 노력하는 과정에서 사족들만으로 구성되는 향회가 아닌 '민회'를 만들어내었다. 명사들에 의한 '합의법' 구상도 국왕 혹은 대원군 등 특정한 권력자에 의한 독단적 국정 운영이 초래하는 폐해를 미연에 방지하고, 국정에 자신들의 의견을 좀 더 적극적으로 반영하려는 인식이나 의도에서 나온 것으로 보인다. 또한 이미 오래전부터 면리 혹은 군현 차원의 주민들은 대표를 선정하고, 자신들의 문제를 위임하여 감영이나 중앙으로 보내서 자신들의 억울한 문제를 감사나 국왕에게 직소하도록 하였다. '대표 선정과 위임'이라고 할 만한 이러한 경험이 적지 않게 쌓여왔다는 사실로 미루어 보았을 때 '몇 명의 주석(柱石)

의 사(士)'를 선임하는 과정도 민중의 의사가 반영되는 방법이 모색되었을 것으로 보인다.

요컨대 동학농민군이 기존 질서를 넘어서려는 의지나 새로운 언어나 사상을 가지고 있는 것은 아니었다. 농민군은 지배이념과 지배체제를 수용하거나 그것에 기초하여 자신들의 행위를 정당화 하였고, 인정의 회복을 열망하였다. 그러나 거듭되는 민란을 통해서도 그것이 이루어지지 않자 국왕을 대신하여 부패한 중앙권력을 축출하려 하였다. 그 과정에서 농민군들은 중국 고대의 삼대(三代)나 태조 시절을 급진적으로 이상화하면서 그를 목표로 인정 회복을 추구했다. 농민군의 정치의식은 아직 국왕을 부정하지 못했고, 여전히 민본과 인정이라는 유교 이념이 추구하는 덕목과 가치를 토대로 한 정치문화의 회로 속에 머물러 있었다.[104] 오히려 그들은 국왕과 치자들에게 지배이념에 상응하는 정사, 곧 민본이념에 의거하여 인정을 베풀 것을 '목숨을 걸고' 요구하였다. 그러나 스스로의 힘으로 민본 이념과 인정을 회복해야 한다는 의식, 탐묵과 가혹한 수탈로 인하여 갈수록 더욱 심각하게 붕괴되어가는 자신과 가족, 마을의 생활과 생존을 지키기 위해 스스로가 민본 이념과 인정 회복의 주체라는 자각은 국왕에 대한 충성의

104) 교조신원운동 시기부터 민본이념은 강조되어 왔고, 1894년 5월 4일 '제중생등의소(濟衆生等義所)'의 명의로 〈피도소지(彼徒訴志)〉를 홍계훈에게 보내 글에서 농민군은 자신들도 '선왕의 유민(遺民)'이라는 점을 강조하는 한편, "탐관이 비록 학정을 하지만 나라에서는 듣지 못하고 백성들이 보존하기 어려운 상황에서 탐관들을 하나하나 베어 없애는 것"은 죄가 아니라고 하였다(「兩湖招討謄錄」, 『총서』 6, 66~67쪽). 5월 7일 전주성을 점령해 있던 농민군은 전라감사 김학진에게 자신들이 제시한 폐정개혁안을 국왕에게 올려줄 것을 다시 요청하였다. 그 글에서도 농민군은 자신들의 행위를 민유방본에 의거하여 정당화하였다(「南遊隨錄」 5月 11日 『총서』 3, 211~212쪽). 농민군의 행동과 목표는 민본과 인정의 회복에 있었고, 또 농민군은 자신들의 행위를 그에 의해 정당화하고 있었음을 보여준다.

논리보다 인정회복을 위한 제도적 장치를 더 중요하게 여기는 정치의식을 형성해 나가고 있었던 것이다.

농민군이 대원군의 섭정을 요구한 데서 나아가 몇 사람의 덕망 있는 선비들이 합의법에 의해 정치를 운영하게 한다는 구상의 배후에는 현재의 국왕으로는 탐학한 관리들을 제거하고 인정을 회복할 수 없다는 농민군 측의 판단이 자리하고 있었다. 이는 국왕의 존재를 완전히 부정하는 것은 아니었지만, 점차 스스로를 민본과 인정을 회복하고 보국안민을 이루는 주체, 곧 정치적 주체로 자각해 나간 농민군에 의해 국왕중심의 지배질서나 정치체제에는 균열이 가기 시작했음을 의미한다. 또한 민본과 인정 이념을 기반으로 하던 '현실'의 정치질서와는 다른 새로운 정치질서나 의식이 농민군에 의해 아래로부터 준비되어 가고 있었음을 의미한다.[105)]

---

105) 다른 한편 동학농민전쟁과 일본군의 침략에 대한 저항은 "민족화" 내지 "국민화"해 나가는 회로를 열어가고 있었음을 부언해두고자 한다. 이서배와 수령이라는 지방단위의 탐관오리를 넘어 중앙권귀를 타도대상으로 삼았다는 점, 팔도가 하나라는 등의 "민족적" 상징들에 대한 언급과 전파, 일본의 침략행위에 의해 다시금 거론된 임진왜란의 경험 등도 민중들에게 새로운 '정치적', '사상적' 자원을 제공하였고, "민족화" 내지 "국민화"해 나가는 회로를 열어가고 있었다. 그러나 이러한 변화는 다른 한편 위기의 시대에 대처하는 민중운동의 정치문화나 방향이 기본적으로는 국왕을 중심으로 한 위기극복이라는 쪽으로 흘러가고 있었다는 점에서 권력과의 관계가 적대적이기보다는 '공생적' 관계로 발전할 수밖에 없었음을 시사한다. 이는 이후 도래하는 국내외적 위기와 그에 따른 민중의 고군분투가 그들이 아래로부터 만들어 나가던 새로운 질서의 가능성을 더욱 발전시키고 구체화해 나가기보다는 '내셔널리즘'으로 회수될 수도 있음을 암시하는 것이기도 하다.

제8장

아래로부터 형성된 새로운 체제구상과 근대중심주의의 너머

머리말에서도 언급했듯이 정치문화는 민중운동을 이해하는 데 중요한 의미가 있다. 정치문화는 치자나 피치자 어느 일방만이 아니라 양자 모두의 정치적 생각과 행동에 하나의 준거가 되고 거기에 정당성을 부여하는 근거가 되기 때문이다. 이는 다른 한편, 지배층만이 아니라 민중의 생각이나 행동도 지배이데올로기와 밀접한 관련이 있음을 시사한다. 민중은 지배엘리트와 구분되는 독자적인 문화영역이나 의식세계를 가지고 있었지만, 역시 지배이념이나 체제에 대항하는 과정에서 형성된다는 점에서 그로부터 자유로울 수 없었다는 톰슨(E. P. Thompson)의 지적도 마찬가지의 맥락에서 이해할 수 있을 것이다.[1] 피터 버크(Peter Burke)도 민중문화가 자율성을 가지고 있으며, 엘리트 문화에 대항적이지만, 동시에 민중문화와 엘리트 문화는 서로 침투하기 때문에 유동적인 경계를 가진다는 점을 지적한 바 있다.[2] 제임스 스코트(James C. Scott)가 민중운동의 요구와 관련하여 "합의된 지배원리에 근거한 저항들은 완전히 새로운 사회개념들을 만들어내는 것보다 더 그럴듯하고 설득력이 강하다"라고 주장한 것도[3] 민중운동이 지배이념과 무관할 수 없음을 시사한다.

이상의 논의들은 모두 민중운동에서 보이는 생각과 행동이 지배이념이나 지배체제, 그리고 그와 연관되어 만들어지고 변화해가는 정치문화와 밀

1) 톰슨은 평민문화가 자기 정의적이거나 외부적 영향에 무관한 것이 아니라 귀족 통치자의 통제와 강제에 대항하여 수동적으로 형성된다고 하였다(Thompson, E. P., *Customs in common*, Penguin Books, 1993, pp.6~7).

2) 피터 버크 지음, 조한욱 옮김, 『문화사란 무엇인가』, 도서출판 길, 2005, 56~58쪽.

3) Scott, James C. *Domination and the Arts of Resistance: Hidden Transcripts*. New Haven: Yale University Press, 1990, pp.92~94.

접한 관련이 있음을 말하고 있다. 실제로 중세의 많은 민중운동에서 “지배층을 믿든 안 믿든 간에 민중은 쉽게 이용 가능한 지배이념을 전유하여 활용”하였다.[4] 자신들의 사회적 지위를 정당화하던 지배층의 이념은 거꾸로 지배층의 정치적 행위 등이 그에 걸맞지 않거나 그에 부응하는 데 실패했을 때는 궁극적으로 민중의 저항을 정당화할 수 있는 자원이 될 수 있었기 때문이다. 실제 세계사적으로 볼 때도 ‘근대이행기’의 민중이 지배이념이나, ‘구법(舊法)’ 혹은 관습에 호소하는 방식으로 자신들의 요구를 정당화하는 것이 일반적이었다. 그렇다하여 그러한 민중운동이 ‘보수적’, ‘퇴영적’인 것은 아니었다. 오히려 지배이념이나 ‘구법(舊法)’에 근거한 요구가 저항을 철저하게 급진적인 형태로 이끌기도 하였다.[5]

한국의 19세기 민중운동 역시 예외가 아니었다. 특히 조선 왕조국가는 건국 초기부터 중앙집권적 정치체제를 구축하고 주자성리학에 입각한 뚜렷한 지배이념을 제시하고 정사를 펼쳐나갔다. 중앙정부에서는 촘촘한 지방 통치시스템을 이용하여 다양한 방식으로 지배이념의 확산을 추구하였으며, 더구나 엘리트인 사족들이 평천민층과 같은 마을 혹은 이웃에서 혼거하고 있었다는 점 역시 지배이념의 확산에 큰 영향을 미쳤다.

이는 민중의 이상이나 현실인식 역시 당시 사회의 지배체제나 이념과 밀접한 관련을 가질 수밖에 없었음을 의미한다. 민란이든 농민전쟁이든, 혹은 심지어 체제를 부정한 홍경래란이나 변란의 주모자들도 민본과 인정이라는 지배이념을 전면에 내세우거나, 지배이념에 근거하여 요구조건과 지향하는 체제구상을 제시한 것도 그러한 영향이 컸다. 이는 ‘근대이행기’

4) Freedman, Paul H., *Images of the Medieval Peasant*, Stanford University Press, 1999, p.298.

5) Freedman, Paul H., *Ibid,* p.298.

민중운동이나 민중의식을 제대로 이해하고자 한다면 지배이념이나 지배체제, 그리고 이와 무관할 수 없는 법과 제도나 관습 등에 대한 고려가 불가결함을 시사한다. 또한 민중의식이나 문화는 지배체제나 이념뿐만 아니라 그들의 삶을 지탱해온 법이나 관습에 따라 다양할 수밖에 없었음을 의미한다.

따라서 민중운동에서 드러나는 민중의식이나 정치문화를 정확하게 포착하기 위해서는 민중운동에 영향을 미친 당시의 지배체제나 이념, 법과 제도 및 관습 등에 대한 이해가 선행되어 한다. 실제로 지배체제나 이념, 제도나 관습의 차이는 '전근대' 뿐만 아니라, '근대이행기' 민중의식이나 정치문화, 민중운동의 요구조건이나 지향 등에 커다란 영향을 미쳤다는 점에 대해서는 머리말에서도 언급한 바와 같다,

여기서는 먼저 19세기 민중운동에서 보이는 정치문화나 민중의식을 이해하기 위한 전제로서 조선왕조 국가의 정치체제나 지배이념, 토지소유구조와 매매 등에서 보이는 법과 제도, 관습 등을 간단히 살펴보고자 한다. 이어 조선왕조의 정치체제나 이념, 법과 제도와 관련 속에서 일어났던 19세기 민중운동의 체제구상과 토지개혁 방안을 동학농민전쟁을 중심으로 검토하고자 한다. 특히 여기서는 조선후기의 정치·경제적 체제나 지배이념, 법과 제도, 관습, 그리고 19세기 민중운동이 추구한 체제나 질서에서 보이는 특징을 서구중심적·근대중심적 역사인식에 대한 비판이라는 맥락에서 접근해보고자 한다.

1. 조선후기 정치체제 및 지배이념과 토지소유구조

(1) 정치체제와 지배이념

유럽이나 일본과 비교할 때 조선사회에서 보이는 중요한 특징 가운데 하나는 정치체제 면에서 찾을 수 있을 것이다. 유럽에서는 '근대국가'의 형성과 함께 분권적이던 봉건체제가 무너지고 중앙집권적 체제가 형성되지만, 조선왕조에서는 개창과 함께 유럽이나 일본의 분권적 봉건체제와 전혀 다른 중앙집권적 정치체제가 구축되어 있었다. 주자성리학을 지배이념으로 한 중앙집권적 정치체제는 분권적 체제였던 유럽이나 일본과 달리 국왕을 정점으로 한 관료제와 관료 선발제도인 과거제 역시 일찍부터 제도화되어 있었고, 군현 단위까지 파견한 지방관을 통해 매우 밀도가 높은 통치체제가 정비되어 있었다. 중앙집권적 정치체제가 조선보다 일찍부터 발달해 있던 중국과 비교해볼 때도 인구 대비 연간 과거합격자 수, 말단 지방 행정 단위인 군현의 지방관이 담당해야 하는 인구나 면적 등의 면에서 더 높은 밀도를 가졌던 것으로 이해되고 있다.[6]

또한 조선은 국가권력의 침투 정도 내지 강도 면에서 역시 중앙집권 체제를 갖추고 있던 중국이나 베트남보다 더욱 강하였다. 전통적으로 중국 역시 중앙집권적 체제를 갖추고 있었지만, 국가 권력은 현(縣)까지 침투하

---

6) 조선의 경우 중앙집권적 체제라 하더라도 특히 18세기 이전에는 국가의 운영이 국왕에 의해 자의적으로 이루어진 것이 아니라, 오히려 사대부 혹은 양반 관료들이 매우 중요한 역할을 하였다(이에 대한 최근의 논의로는 정재훈, 「사대부가 주도하는 사회로서의 조선시대사」, 『역사비평』 135, 2021; 「조선시대 국가론과 그 변화」, 『조선사연구』 33, 2024 참조). 물론 그렇다 하여 정치체제의 중앙집권성이 훼손되는 것은 아니었고, 18세기 이후에는 왕권이 더욱 강화되어 간 것으로 이해되고 있다.

는 데 그쳤다. 그 아래의 향촌 사회는 '황권(皇權)이 현 아래에는 미치지 않는다[皇權不下縣]'는 속설이 상징하듯 강한 자치체제가 구축되어 있었다. 몇 천 년에 걸쳐 지속되어 온 기층사회의 자치체제를 지탱하는 근간은 혈연관계의 가족, 친속, 지연관계인 향당(鄉黨), 업연(業緣)관계인 행회(行會), 동일 신앙의 민간종교 등 다양하였다. 이와 관련한 한 연구에 따르면 '황권불하현(皇權不下縣)'이 상징하는 기층사회의 자치체제는 민국기에 들어서 정부가 일부 지역에서 보갑제(保甲制)를 실시함으로써 약화되고 중앙의 정치권력이 기층사회에까지 침투하게 되었다고 주장하였다.[7)]

또 옹정(雍正) 중기 이후 '황권불하현'이라는 문제를 극복하기 위해 좌이관(佐贰官)을 설치하여 향촌을 나누어 관할하게 하였으며, 순검사(巡检司)를 다시 증설하고, 전사(典史)를 두어 현성 주변지역을 관리하게 하는 등 현 단위에 하급 관리를 증가시켜, 농촌의 관리를 강화하고 통제력을 공고히 하고자 했다는 주장이 제기되었다. 이러한 변화에 따라 향신(鄉紳)에 대한 의존을 넘어서서 향촌 사회를 관리할 수 있는 보완적 지배 기제가 마련되었다는 점이 강조되고 있지만, 이러한 변화가 전면적으로 실시된 것이 아니었고, 자원 부족 등의 제약에 따라 제한적일 수밖에 없었다고 한다.[8)] 중국의 경우 종족 간 혹은 촌락 간에 총포나 칼 등으로 무장하고 '전투'를 벌이는 계투(械鬪)가 발생하여 많은 인명이 살상되더라도 지방관은 원칙적으로 계투에는 관여하지 않는 것을 원칙으로 삼았다는[9)] 사실도 조선에서

7) 장이화(姜義華) 씀, 손승희 옮김, 「중국 국가 통치에서의 전통적 '사회 自組織'의 지위와 역할」, 인천대학교 인문한국 중국관행연구사업단, 『중국관행웹진』. vol.52, 2014.12 (https://aocs-dc.inu.ac.kr/Webzine/webzine_view.php?id=401) 참조.

8) 胡恆, 『皇權不下縣?-清代縣轄政區與基層社會治理』, 北京 : 北京師範大學出版社, 2015; 胡恆, 「清代巡檢司時空分佈特徵初探」, 『史學月刊』, 2009(11); 劉鵬九·王家恒·余諾奇, 「清代縣官制度述論」, 『清史研究』, 1995(3) 등 참조.

9) Freedman, Maurice, *Lineage Organization in Southeastern China*(Reprinted with

는 상상하기 어렵다. 조선의 경우 중앙집권적 행정시스템이 향촌사회까지 깊숙이 침투하고 있었으며, 이는 향촌사회의 자율성이 그만큼 약하였음을 의미하다.[10)]

베트남도 유학을 지배이념으로 삼았다는 점, 관료제도와 과거제가 시행되고 있었다는 점 등에서 조선과 동질적인 면이 적지 않다. 그러나 역시 중국처럼 황제의 권력은 향촌사회에까지 미치는 데 한계가 있었다. 베트남의 촌락은 조선과 달리 매우 폐쇄적이고 국가 권력으로부터도 상대적으로 매우 큰 자율성을 가지고 있었다.[11)] 예컨대 "촌의 관습과 규약은 황제의 법률을 능가한다"는 것이 베트남 사람들의 일반적인 생각이었다. 또 "대나무 울타리 안(촌락)에는 황제의 명령도 미치지 않는다."는 속담[12)] 역시 베트남의 촌락이 국가권력의 간섭으로부터 매우 자율적으로 운영되었음을 알려준다. 이러한 자율성은 '근대국가'인 프랑스의 식민지가 된 시기에도 이어져서 토지조사에 의해 전국의 토지는 국가가 관리하는 지부(地簿)에 등기되었으나, 그것은 지세대장에 지나지 않았고, 촌락마다 지세가 확보되기만 한다면 촌락 내부에서 어떠한 소유권의 이전이 있더라도 국가가 관여하지 않았다.[13)]

Corrections 1965), London: University of London, Athlone Press, 1970, pp.114~125; 中島樂章, 『明代鄕村の紛爭と秩序』, 汲古書院, 2002, 189~191쪽.

10) 제2장에서 언급했듯이 분쟁 해결과정이나 방법 등의 면에서도 조선에 비해 일본은 물론 중국도 분쟁을 향촌 내부에서 해결하려는 관행이 강하였다. 이는 조선의 경우 중국이나 일본에 비해 '공동체'적 성격이나 '자율성'이 매우 취약했음을 의미하며, 중앙집권적 행정 시스템의 영향력과 밀도 면에서 조선쪽이 그만큼 강하였다는 점과 관련이 깊은 것으로 보인다.

11) 조선과 베트남의 농촌사회조직에 대한 비교연구로는 한도현, 「전통시대 한국과 베트남의 농촌사회조직에 대한 비교연구」, 『농촌사회』 13-2, 2003 참조.

12) 오구라 사다오, 『베트남사』, 일빛, 1999, 23쪽.

13) 高田洋子, 「프랑스 식민지지배기 베트남에서의 유럽법과 관습법」, 『법사학연구』

한편 제3장과 4장에서도 언급했듯이 인구 대비 서원(書院)의 밀도는 중국에 비해 조선이 오히려 10배 정도 높았고, 국토 면적의 차이, 총인구에서 차지하는 엘리트의 비중 면에서도 중국에 비해 조선이 높았던 것으로 이해되고 있다. 또한 엘리트층이 도시가 아니라 농촌, 농촌에서도 읍치(邑治)가 아니라 외곽에 세거지(世居地)를 정하고 평천민들과 같은 마을 내지 바로 이웃한 마을에서 함께 거주하며 생활하였다. 이러한 점 역시 중앙의 정치권력이나 지배이념이 시골구석까지 미치고 확산되며, '교화'를 수월하게 할 수 있는 유리한 조건을 제공하였다. 또 이는 사족과 민중문화가 상호 침투할 가능성이 매우 컸음을 시사한다. 이 역시 신분에 따라 거주 공간이 분리되어 있던 서구나 일본은 물론 명·청 시대를 거치며 엘리트와 지주들이 점차 거주지를 도시로 옮겨가는 성거화(城居化) 현상이 두드러졌던 중국과도 많이 다른 것이다.[14] 유교이념의 확산과 교화의 수월성 면에서 조선이 중국에 비해 한층 유리한 환경이었음을 확인해주는 현상이다.

또한 조선은 주자성리학을 정통교학으로 삼았다는 점에서 중국과 같았지만, 엘리트들이나 일반평민층이 양명학은 물론 불교와 도교도 널리 받아들였던 중국과 비교할 때 조선은 '주자학 근본주의'라고 할 만큼 주자학 일원적인 경향이 매우 두드러졌다.[15] 그 만큼 주자학의 영향이 강력하였음

27, 한국법사학회, 2003, 121~122쪽.

14) Bernhardt, Kathryn, *Rents, Taxes, and Peasant Resistance : The Lower Yangzi River, 1840~1950*, Stanford University Press, 1992, p.124; 오금성, 『국법과 관행; 명청시대 사회경제사연구』, 지식산업사, 2007, 239~40쪽.

15) 이영호, 「조선의 주자문집 주석서: 『주자대전차의집보』, 부산대학교 점필재연구소 편, 『주자학의 고전, 그 조선적 해석과 실천』, 2017; 나카 스미오 지음, 이영호·이혜인·곽성용 공역, 『조선의 양명학』, 성균관대 출판부, 2016, 34. 이에 따라 이미 조선 중기부터 주자학 일변도에 의한 학풍의 경직성과 독창성의 부재가 지적되기도 했다(張維, '我國學風硬直', 『谿谷集』 谿谷先生漫筆卷之一[漫筆]).

을 의미한다. 이에 따라 조선은 중국보다 더 강고한 중앙집권적 지배체제를 구축하고, 지배이념인 유교의 영향력이 강한 "유교의 나라"가 되어 갔다. 정치체제와 지배이념 등에서 보이는 이상의 특징들은 국왕과 엘리트와의 관계, 국왕과 백성과의 관계, 엘리트와 평천민들 간의 상호 관계와 그에 대한 인식 등에도 영향을 미칠 수밖에 없었다. 정치 이념면에서 국왕의 위에는 천(天)이 있었지만, 주자성리학에서 말하는 '천'은 삼라만상에 대한 창조주 혹은 만물의 외부에 존재하는 초월적 실체가 아니었다.

미조구찌 유조(溝口雄三)는 주자학에서 말하는 "'천리', '하늘이 이이다(天卽理)'라는 말은 인간 세계의 일을 포함한 우주 자연의 현상이 어떤 법칙성 가운데 있고, 그 법칙성은 인간의 이성으로 인식될 수 있다고 보는 새로운 우주자연관이다."라고 하였다.[16] 또 조성산은 18세기 중후반~19세기 지식인들의 '천' 인식을 당파별, 학파별로 살피고 있다. 그에 따르면 영남 남인 지식인들의 경우 대체로 천이 곧 '이'라는 사실과 이의 주재성(主宰性)을 강조한 반면, 노론지식인들 가운데 호론계는 천이 곧 '이'라고 보았고, 낙론계 인물들은 천은 이와 기(氣)의 결합이며 형체를 겸비한 존재로 보았다. 천의 주재성을 주장하는 영남 남인의 경우에도 천을 '만물의 궁극적인 근원'으로 바라보지만,[17] 그것은 기독교의 '창조주'로서의 '천'과는 전혀 다른 것이다. 따라서 조선의 경우 정치이념 면에서도 현실 정치에서 가장 상위에는 국왕이 자리하고 있었다. 백성들도 기독교 세계와 같은 신의 피조물이 아니라, 모든 백성은 국왕의 신민이라는 왕민사상의 맥락에서 국왕과 자신들의 관계를 인식하였다. 이는 왕이나 황제의 너머에 초월적

16) 미조구찌 유조 외 지음, 동국대 동양사연구실 옮김, 『중국의 예치시스템』, 청계, 2001, 25~26쪽.

17) 조성산, 「18세기 중후반~19세기 조선 주자학 지식인들의 천(天) 인식과 서학 대응」, 『한국사연구』 191, 2020 참조.

존재로서의 창조주, 곧 신이 존재했던 유럽과 다른 중요한 차이 가운데 하나였다. 앞서 살펴본 바와 같이 동학농민군들이 왕민사상과 왕토사상에 근거하여 자신들의 행위와 요구조건을 정당화한 데서도 알 수 있듯이 이러한 정치이념은 민중의식이나 정치문화, 민중운동의 지향에도 커다란 영향을 미쳤다.

예컨대 조선 왕조가 제시한 지배이념, 그리고 이에 입각하여 구축된 정치·경제체제와 밀접한 관련 속에서 형성된 정치문화는 민중운동에서 보이는 폭력의 강도 면에서도 유럽과 조선 사이에 뚜렷한 차이를 보였다. 조선에서 국왕은 민중이 자신들의 행위와 요구를 정당화하기 위한 최후 보루였다. 앞서 살펴보았듯이 민란은 물론 동학농민전쟁에서도 국왕은 존숭의 대상이었고, 민중의 행위는 국왕을 대신하는 것이라는 맥락에서 정당화되었다. 이들은 자신들의 행위를 정당화할 수 있는 새로운 언어나 국왕을 넘어서는 다른 어떤 초월적 존재나 가치를 내세우지 않았다. 유교를 지배이념으로 삼았던 조선에서 국왕은 아무리 흉악한 범죄자라 하더라도 살리기를 좋아하는 덕(好生之德)을 베푸는 흠휼(欽恤)을 미덕으로 여기는 존재였다.[18] 동학농민전쟁 당시에도 관군 측은 국왕의 호생지덕(好生之德)을 강조하면서 농민군의 해산을 종용한 데서도 알 수 있듯이[19] 이러한 농민군의 국왕인식과 '국왕의 뜻'은 인명에 대한 민중운동의 행위를 크게 제약하는 요인이었다고 생각한다. 반면 '신의 뜻'에 따라 '신의 왕국'을 건설하는 것을 목표로 일어난 유럽 중세말기의 천년왕국운동이나 스스로를 신의 아들로 표방한 홍수전(洪秀全)이 주도한 중국의 태평천국에서 내세운 신은 국왕이나

18) 유교적 인명관에 대해서는 심희기, 「『흠흠신서』의 법학사적 해부」, 『사회과학연구』 5-2, 영남대학교 사회과학연구소, 1985, 33~38쪽 참조.

19) 「양호초토등록」, 『총서』 6, 68쪽; 「간찰」, 『동학농민혁명 신국역총서』 12, 106, 199쪽.

황제까지도 초월한 존재였을 뿐만 아니라, 창조주였다. 따라서 '신의 뜻'을 따르는 민중들이 창조주인 '신의 뜻'을 거역하는 사람들의 생명을 신의 이름으로 박탈하는 것은 '자연스러운' 귀결이었다.[20]

이러한 사례들은 민중운동에서 보이는 민중의식이나 정치문화를 이해하는 데 지배이념이나 지배체제, 그 속에서 형성된 정치문화에 대한 고려가 매우 중요함을 보여준다.[21]

(2) 토지소유구조·매매관습과 억상(抑商) 정책

서구의 근대이행에서 보이는 정치적, 경제적 국면의 변화 가운데 가장 핵심적인 것은 다음과 같다. 우선 정치적 국면에서 가장 중요한 것은 분권적 할거성의 극복과 중앙집권적 지배체제의 성립이다. 경제적 국면에서 핵심적인 점은 중층적 토지소유권의 불식과 일물일권적 배타적 소유권의 확보이다. 배타적 소유권의 확보야말로 토지의 자유로운 상품화와 그에 따른 농민층 분화를 통해 농업의 근대화를 열어가는 관건이 된다고 이해하기 때

---

20) 이상 폭력에 대한 비교 연구는 Bae, Hang Seob, "Popular Movements and Violence in East Asia in the Nineteenth Century: Comparing the Ideological Foundations of Their legitimations"(*Sungkyun Journal of East Asian Studies*, 17:2, 2017. 이 글은 일부 수정, 보완되어 「19세기 동아시아 민중운동의 사상적 기반과 폭력에 대한 비교사」라는 제목으로 배항섭, 이경구 엮음, 『비교와 연동으로 본 19세기의 동아시아』, 너머북스, 2020에도 실렸다.

21) 이외에도 정치체제나 지배이념 등의 차이는 황제나 국왕 같은 군주와 백성 간의 관계나 직소(直訴)를 둘러싼 정치문화, 민중운동에서 보이는 여성의 참여 정도 등에서도 크고 작은 차이를 가져왔다. 이에 대해서는 배항섭, 「'근세' 동아시아의 直訴와 정치문화」(『역사비평』 117, 2016); 「19세기 동아시아 민중운동과 여성의 참여」(『역사교육』 152, 2019) 참조.

문이다. 물론 이는 시장경제의 발전과 짝하여 일어나는 것이고, 경제적·정치적 국면의 변화가 겹쳐서 진행된다는 점도 서구의 근대이행에 대한 또 하나의 중요한 이해이다.

그러나 조선의 토지소유구조와 매매관습은 유럽이나 일본은 물론 중국과도 매우 다른 특징을 가지고 있었다.[22] 유럽이나 일본에서는 근대적 혁명이나 개혁이 일어난 이후에 형성된 것과 매우 유사할 정도의 일물일권적, 배타적 소유권이 조선에서는 늦어도 16세기 후반부터 '근대'와 무관하게 확립되어 갔다. 매매관습 면에서도 유럽이나 일본 등지에서는 근대 이후에 성립되는 '시장친화적' 관습이 이미 15세기 중반 무렵부터 역시 '근대'나 시장의 발달과는 무관하게 형성되었고, 법전에도 실렸다.

조선 건국 세력은 건국 초기부터 인정(仁政)의 핵심 내용 가운데 하나로 정전법(井田法)을 제시해 왔다. 그래서 건국세력은 왕토사상에 입각한 '공유제(公有制)' 내지 '왕유제(王有制)'를 구현하고, 모든 농민들이 토지를 고르게 가지는 균전적 토지개혁을 실시함으로써 안정적 소농민층을 확보하고 이들을 생산의 기축으로 삼아 국가 재용을 안정적으로 조달하려는 구상을 가지고 있었다.[23] 조선 왕조 건국 1년 전인 1391년(고려 공양왕 3)에 조준(趙浚)의 주도로 마련된 토지 분급제도인 과전법(科田法)은 그러한 고민의 산물이기도 했다. 그러나 과전법은 건국 공신들의 농장을 그대로 두는 등 출발부터 한계가 있었다.

때문에 건국한 지 30년이 채 안 되는 1421년(세종 3)에도 영의정 유정현(柳廷顯)이 한전제(限田制)와 균전제(均田制)의 실시를 주청하기도 했다.[24]

22) 이에 대한 구체적인 내용은 배항섭, 「조선후기 토지소유구조 및 매매관습에 대한 비교사적 검토」, 『한국사연구』 149, 2010(배항섭, 『동아시아사 연구와 근대중심주의 비판』, 성균관대출판부, 2025에 수록) 참조.

23) 이경식, 「조선전기의 토지개혁논의」, 『한국사연구』 61·62합, 1988, 219~220쪽.

과전법 초기에는 전주(田主)의 수조권과 전객(佃客)의 '소유권'을 보호하기 위해 매매를 금지하였으며, 이러한 규제는 일반 민전으로까지 확대되었다.[25] 토지를 타인에게 빌려주고 그 대가로 지대를 수취하는 병작(竝作)도 환과고독(鰥寡孤獨), 그리고 자식이나 노비도 없이 3·4결 이하의 토지를 경작하는 자 등 특별한 경우를 제외하고는 금지되었다.[26] 처분권이 제약되고, 사용권과 수익권의 분리도 금지된 것이다. 이는 왕토사상에 입각한 균전적 토지제도를 통해 안정적 소농층을 확보함으로써 생산 및 재정의 기초로 삼고자 했던 건국 당시의 이상이[27] 완전히 포기되지 않았음을 보여준다.

그러나 점차 토지의 사적 소유권이 성장하고 매매의 필요성이 증대되면서 1424년(세종 6)에는 일반 민전의 매매를 허용하게 되었다.[28] 이어 과전법이 폐지되고(1466, 세조 12) 현직관리에게만 토지를 분급하는 직전법(職田法)까지 사실상 폐지되면서(1566, 명종 11) 민전 소유 소농민들의 소유권 행사에 제약을 가했던 전주-전객제는 소멸되었다.[29] 이에 따라 일반 민전의 전주는 토지소유권을 사실상 자유롭게 행사할 수 있었다. 결국 토지 매

24) 『세종실록』, 세종 3년 5월 11일.

25) 김태영, 『조선전기 토지제도사연구 - 과전법체제』, 지식산업사, 1986; 이경식, 『조선전기토지제도연구 : 토지분급제와 농민지배』, 일조각, 1986 참조.

26) 『태종실록』, 태종 6월 11월 23일.

27) 조선 건국 당시 정도전은 왕토·왕신사상에 대해 국왕은 "天의 일을 대신하며 天民을 다스리는" 존재였기 때문에(鄭道傳, 『朝鮮經國典』 上, 治典 官制), "토지의 광대함과 인민의 衆多함을 專有"할 수 있다(鄭道傳, 『朝鮮經國典』 上, 賦典 上供)고 표현하였다.

28) 『세종실록』, 세종 6년 3월 23일. 세종 6년(1424)에는 공전, 사전을 불문하고 전지매매금지 규정이 공식적으로 해제되었다(김태영, 「조선전기의 균전, 한전론」, 『국사관논총』 5, 1989, 120쪽).

29) 이경식, 「조선전기 직전제의 운영과 그 변동」, 『한국사연구』 28, 1980.

매의 자유를 허용한 지 100년도 채 안되어 "궁한 자는 비록 조상이 물려준 토지라도 모두 팔게"되고, "부호들이 토지를 겸병"하여[30] "부자는 전지가 천맥(阡陌)을 잇고, 빈자는 입추(立錐)의 땅도 없을" 정도로 토지 소유의 불평등이 심해져 갔다.[31] 왕토사상에 입각하여 일정한 규모의 토지를 고르게 나누어 가진 자영농을 중심으로 국역체제를 운영하여 민산과 국가재정을 안정시키겠다는 건축 초기의 국가운용 구상은 사실상 실패하고 만 것이다.[32]

일반적인 토지 매매에서 쌍방 어느 쪽이든 환퇴(還退), 곧 매매를 도로 무를 수 있는 기한은 문종 연간에는 10일이었으나,[33] 『경국대전』 단계에 와서는 그 기한이 15일로 늘어났으며, 100일 이내에 관청에 보고하여 그 확인서를 받아야 효력이 발휘되었다.[34] 그러나 1548년(명종 3)에는 관청에 보고해야 하는 시한이 100일에서 30일로 줄어들었다. 그것은 "매도인이 몰래 환퇴를 요구하는 소장을 제출해 놓고, 전지(田地)와 가사(家舍)를 매수한 사람이 집을 고치고 수리한 뒤, 그리고 전답을 잘 정리하고 흙을 잘 골라놓은 뒤에 미리 제출해놓은 소장으로 소송을 일으켜서 환퇴하는 것은 매우 옳지 못하다."는 판단 때문이었다.[35] 이는 1746년(영조 22)에 편찬된 『속대

30) 『중종실록』, 중종 13년 2월 21일.

31) 『중종실록』, 중종 13년 5월 27일.

32) 물론 왕토사상에 의한 토지 평분과 인정회복에 대한 이상이 완전히 사라진 것은 아니었다. 조선왕조 건국 당시 조준(趙浚)부터 조선후기의 '실학자'들이나 19세기의 관료들의 균전적 토지개혁론, 1900년 활빈당(活貧黨)의 사전(私田) 혁파와 균전의 실시 요구, 1904년 진보회(進步會)가 주장한 정전제(井田制)나 한민명전제(限民名田制) 혹은 균전제의 실시 요구 등에 이르기까지 왕토사상에 의한 토지개혁론이 끊임없이 제기되어온 것은 그것을 잘 보여준다. 이에 대해서는 배항섭, 「동학농민전쟁에 나타난 토지개혁구상」, 『사총』 44, 1994; 裵亢燮, 「1894年 東學農民戰争の社會·土地改革論」, 『世界史なかの 民衆運動』 5, 青木書店, 2000 참조.

33) 이재수, 『조선중기 전답매매연구』, 집문당, 2003, 51~52쪽.

34) 『經國大典』, 戶典 賣買限.

전』에 반영되어 "전지(田地) 또는 가사(家舍)에 있어서는 비록 15일을 한도로 하여 그 한도 내에 소장(訴狀)을 제출할 수 있으나, 30일을 경과하여도 취송(就訟, 재판을 받기 위해 법정에 나감)하지 아니 하는 경우에는 청송하지 않는다."고 규정되었다.[36)]

여기서 주목되는 점은 환퇴에 대한 정부의 인식이 매수인의 소유권 내지 재산권 보호에 중점을 두고 있었다는 것이다. 이는 프랑스나 중국, 일본의 경우 대부분 경제적 곤경 때문에 어쩔 수 없이 매각해야 했던 매도인의 입장을 우선적으로 고려하였다는 점과 대비된다. 매도자가 환매할 수 있는 기한이 수십 년 혹은 심지어 100여년에 이르기도 하던 중국이나 일본과 달리 한 달이 채 안되었던 것도 매도자의 경제적 곤경보다는 매수자의 재산권 보호를 우선시한 데서 나온 것으로 보인다. 이러한 매매관습은 서구나 일본·중국에서는 '근대'의 형성과 맞물려 시작되었지만,[37)] 조선에서는 토지매매가 허용된(세종 6년, 1424) 직후인 문종대부터 '근대적' 매매관습과 매우 유사한 매수자 우위의 "시장친화적"인 관습이 이미 형성되어 있었다. 또 이에 근거하여 자유로운 토지 매매가 이루어졌고, 지주제가 확산되었다.[38)] 유럽이나 일본의 경우 토지소유의 배타성과 그에 입각한 지주제, 그

35) 「詞訟聚類」, 賣買日限, 『受敎輯錄·詞訟聚類』, 法制處, 1964, 496쪽. "田地·家舍買賣後, 還退之狀, 雖例於百日內, 隱然呈訴, 買得人, 家舍則盡數修葺, 田畓則盡加整治後, 始擧舊日之狀, 立訟還退, 至爲不當。今後, 過限後, 三十日內不就訟者, 一切勿許聽理。嘉靖戊申四月二十七日".

36) 『續大典』, 戶典 賣買限; 『大典會通』, 戶典 買賣限 [田地家舍買賣]

37) 토지의 사적 소유와 매매라는 점에서 중국은 조선보다 빨랐지만, '근대' 직전 시기인 청대를 기준으로 볼 때 특히 농업이 가장 발달해 있던 강남 델타 지역을 중심으로 조선과 달리 소유구조가 중층적이고, 매매관습 역시 대단히 비시장적이고 비자본주의적인 토지가 많았다.

38) 조선시대의 지주제는 이미 배타적으로 확립된 소유권을 전제로 성립된 것이고, 지주-작인 관계는 인신적 지배-예속관계가 탈각된 경제적 계약관계의 성격이 강하였

리고 시장친화적 매매관습은 '근대적' 정치 변혁이나 자본주의 시장경제의 발전과 병행하거나 밀접한 관련 속에서 형성되는 것이 일반적이었지만, 조선에서는 그와 무관하게 형성되어 있었다.

한편, 15세기 중엽 무렵부터 형성된 일물일권적, 배타적 소유구조나 '시장친화적' 매매관습과 달리 조선의 상업과 시장 경제는 주자성리학이라는 지배이념에 의해 매우 억압되고 있었다.[39] 같은 시기 중국이나 일본과 비교할 때도 더욱 억압적이었고, 이에 따라 상업의 발전 정도도 가장 더뎠다. 이와 같이 서구나 중국, 일본에 비해 훨씬 일찍부터 형성되었던 '시장친화적', '근대적' 토지소유구조나 매매관습이 중국이나 일본에 비해 상대적으로 지체되었던 시장경제나 억압적 상업정책 등과 병존하였던 조선사회의 성격이나 특성은 근대중심주의가 규정한 시간관으로는 설명할 수 없다. 나아가 더욱 주목되는 점은 '시장친화적'이고 '근대적'인 토지의 매매관습이나 소유구조가 '비근대적' 혹은 '反근대적'이라고도 할 만한 상업정책이나 시장경제와 공존하고 있었고, 그것도 일시적인 것이 아니라 길게는 수백 년 동안이나 지속되었다는 사실이다.[40]

다. 이는 영국이나 프랑스, 일본에서 근대적 개혁 이후 형성·발달한 지주제와 매우 흡사한 것이었다. 따라서 서론에서도 언급하였듯이, 조선시대 지주제의 성격을 "봉건적"인 것으로 전제한 이른바 "두 가지 길" 이론에 대해서는 근본적인 재고가 필요하다.

39) 강만길, 『이조의 상인』, 한국일보사, 1975; 이장희, 『조선시대 선비연구』, 박영사, 1989, 184~187쪽; 오성, 「조선초기 상인의 활동에 대한 일고」, 『국사관논총』 12, 1990 참조. 16세기의 한 지식인은 나라를 부유하게 하고 백성을 풍족하게 하기 위해서는 "상인을 천하게 여기고, 승려를 혁파하는 것, 도둑을 없애는 것" 등이 필요하다고 강조하였다. 이정섭 역, 『국역 東策精粹』, 국립중앙도서관, 2006, 70쪽 참조.

40) 이에 대해서는 배항섭, 「조선후기 토지소유구조 및 매매관습에 대한 비교사적 검토」, 『한국사연구』, 2010 참조. 이글은 제목과 일부 내용을 수정하여 미야지마 히로시(Miyajima, Hiroshi)와 보데윈 왈라번(Boudewijn, Walraven)이 편집한 *How Shall We*

정치적, 경제적 체제에서 보이는 이러한 어긋남, 혹은 서로 다른 시간들의 결합은 서구중심적, 근대중심적 역사인식에 비추어볼 때 매우 이질적이지만, 지금까지는 관심의 대상에서 벗어나 있었다. 그러나 이는 서구중심적, 근대중심적 역사인식이나 시간관에 대한 균열을 시사할 뿐만 아니라, 근대를 상대화하고 근대중심적 시간관을 해체함으로써 새로운 시간관과 새로운 질서, 새로운 체제를 구상하는 단초가 될 수 있다는 점에서 주목되어야 한다. 근대중심주의가 구축해놓은 시대구분에 따르면 각기 고대, 중세, 근대로 구분된 시간들은 정치, 경제, 사회, 사상과 문화 등의 면에서 각 시대에 고유한 요소들이 서로 불가분의 관계를 맺으면서 균질적으로 구성된다. 그러나 조선의 중앙집권적 정치체제, 특히 '시장친화적' 토지소유구조와 매매관습, 전제왕권에 의한 강력한 상업 억압정책 등은 근대중심주의가 구성해 놓은 역사적 시간과 달리 '전근대적' 혹은 '비근대적 시간들과 '근대적' 시간 등 다양한 시간들이 결합되어 장기간에 걸쳐 하나의 체제를 구축하고 있었음을 보여준다. 이는 체제의 선악을 떠나 근대중심주의를 넘어서는 새로운 시간관, 곧 '근대'와 '전근대' 혹은 '비근대'가 서로 얽혀 하나의 독자적 체제와 시대를 구성할 수 있다는 상상력을 열어준다.

Study East Asia(Edison, NJ: Jimoondang International, 2017)에 "A Comparative History of Property Ownership and Property Transactions in the Late Chosŏn Period: Towards a Reconsideration of the Eurocentric Perspective"라는 제목으로, 또 배항섭, 『동아시아사연구와 근대중심주의 비판』(성균관대출판부, 20205)에 「'근세' 동아시아와 조선의 토지소유구조 및 매매관습」라는 제목으로 수록되었다.

2. 동학농민군의 체제구상과 '근대중심적' 역사인식의 너머

(1) 정치적 체제 구상

민중의 분투에 의해 아래로부터 형성되어 가던 새로운 정치체제 구상의 단초는 멀리 임진왜란 이후 시작된 상하합계, 혹은 그 이전부터 찾을 수 있겠지만, 좀 더 직접적인 계기가 된 것은 18세기에 들어 시작된 총액제와 공동납 제도의 시행이었다. 이때부터 새로운 부세운영정책에 대응하는 과정에서 '민회'류의 새로운 논의구조와 '민중공론'의 성격을 띤 새로운 공론이 형성되기 시작하였다. 그 가운데 일부에서는 관권과의 지속적인 논의와 협상, 그리고 신분적·경제적 차별 없이 가호(家戶) 마다 1명의 대표-물론 성인 남성 중심-가 참여하여 자신들의 문제를 논의하고 합의하는 좀 더 진전된 '공론' 형성의 가능성이 내포되어 있었다.

이어 민란을 거치며 향촌 차원의 새로운 논의구조는 더욱 진전되어 갔다. 예컨대 진주에서는 준비과정에서부터 사노(私奴)가 중요한 역할을 담당하였고, 진행 과정에서도 주도층에 노비들이 포함되어 있었다. 또한 고성 민란의 〈민회소〉 사례에서 보이듯이 주민들은 '민중공론'을 기초로 수령과 협상을 통해 〈사실소〉라는 일종의 읍정(邑政) 감찰기구를 만들고, 그 실무자로 자신들이 선정한 인원들을 보냄으로써 군수의 권한을 견제, 감시하는 가능성을 만들어가고 있었다.

'민회'의 경험과 그에 대한 감각은 동리→면→군현→도→중앙으로 이어지는 조선의 중앙집권적 정치시스템과 결부되면서 동학농민군에 의한 중앙정부의 혁신 요구로 이어졌고, 이는 더 진전된 새로운 질서의식, 나아가 중앙 차원의 새로운 정치체제 구상으로 연결되었다. 우선 민란 당시 '민회', '민회소' 등 아래로부터 형성해간 새로운 정치질서와 관련한 경험, 그리고 그러한 경험을 전제로 한 보국안민의 주체라는 동학농민군의 자각은 정치질서 내지 정치체제와 관련하여 더욱 진전된 구상과 가능성을 만들어갔다.

동학농민전쟁 시기 보국안민의 주체로서의 자각, 그리고 도탄에 빠진 민중을 구제하고 인정과 민본을 스스로의 힘으로 회복하겠다는 의지는 향중공론 만이 아니라 국정 차원에서도 사농공상이 신분적 차별 없이 한 마음으로 논의하고 협력하여 보국안민을 실현해야 한다는 인식으로 이어졌다. 이러한 인식은 결국 사농공상이 함께 협력하여 국정을 논의할 수 있다는 생각, 곧 새로운 공론, 나아가 새로운 정치질서를 향한 가능성을 내포한 것이었다. 농민군은 이러한 인식을 기반으로 농민전쟁을 수행하는 과정에서 좀 더 진전된 새로운 논의 기구를 창출해 나갔다.

우선 동학농민전쟁 당시 전주에 살던 유생 정석모(鄭碩謨)는 농민군이 전라도 각 군의 공해(公廨)에 집강소를 둔 사실과 집강소 구성에 대해 다음과 같이 기록하고 있다.[41] 집강소는 대체로 각 군현의 관아에 설치되었고 서기(書記)·성찰(省察)·집사(執事)·동몽(童蒙)과 같은 임원을 두고 운영되었다는 것이다. 또 오지영의 『동학사』에 따르면 군현 마다 집강소를 두고 집강을 책임자로, 그 아래 의원 혹은 의사원(議事員) 십 수인 혹은 '약간 명'을 두고 협의체로 운영하였다고 한다.[42] 집강소의 이러한 구성과 운영원리 역시 민란 당시 '민회', '민회소' 등 아래로부터 만들어간 새로운 정치질서와 관련한 경험과 보국안민의 주체라는 자각이 결합한 결과로 보아야 할 것이다. 농민군이 일찍부터 사농공상의 사업지민(四業之民)이 동심협력하

41) 鄭碩謨, 「甲午略歷」, 『총서』 5, 417쪽.

42) 吳知泳, 『東學史』, 永昌書館, 1940, 126쪽.

여 위로는 국가를 돕고 아래로는 빈사(瀕死) 지경에 이른 민생(民生)들을 편안케 하겠다고 했다는 점에[43] 근거해보면 집강소 의사원의 자격 조건에는 신분적·경제적 차별이 없었을 것으로 보인다.[44]

이와 같이 스스로의 힘으로 민본과 인정을 회복하겠다는 농민군의 의지는 군현 단위에서 집강소라는 새로운 '협의체'를 구성하고 새로운 논의기구를 만들어 갔다. 더욱 주목되는 점은 동학농민전쟁이 진행되는 과정에서 이러한 논의기구나 그와 관련한 정치적 체제 구상이 군현 단위에 그치지 않고 중앙정부 차원의 정치체제에 대한 구상으로까지 진전되어 갔다는 것이다. 앞서 언급했듯이 농민군이 중앙집권세력까지 축출해야 할 대상으로 삼을 수 있었던 것은 중앙집권적 정치체제가 가진 동심원적 구조 속에서, 인정회복을 향한 거듭되는 경험에 의한 자각으로부터 나온 것이었다.

한편 앞서 지적했듯이 대원군에 의한 섭정 내지 감국(監國) 요구는 당대의 정치문화 속에서 국왕을 자신들의 행위를 정당화하는 권위로 내세우면서도 현 국왕으로서는 농민군의 염원, 곧 민본 이념과 인정을 회복하고 세상을 바로잡는다는 목적을 실현하기 어렵다는 사상적, 정치적 딜레마를 해결하기 위한 고심의 결과이자 전략으로서의 의미가 있었다. 그러나 대원군에 의한 섭정 요구는 농민군의 행동과 생각 속에서 국왕의 지위가 점차 상대화되고 있었음을 보여준다. 국왕의 위상은 농민군이 좀 더 주체적으로

---

43) 「東匪討錄」, 『총서』 6, 176쪽; 『韓國民衆運動史資料大系 1 : 1894年의 農民戰爭篇』, 320~321쪽; 『駐韓日本公使館記錄』 1, 20쪽; 「內亂實記 朝鮮事件」, 『총서』 25, 192~193쪽; 「東京朝日新聞」, 明治 27年 6月 8日, 『총서』 22. 354~355쪽; 「万朝報」, 明治 27年 6月 7日, 『총서』 22, 407~408쪽.

44) 다만 민란 당시부터 천민들의 주도적 참여가 확인되고 동학농민전쟁에서도 천민부대가 조직될 정도로 천민층의 참여는 활발하였지만, 여성들의 참여는 사실상 확인되지 않는다(배항섭, 「19세기 후반 민중운동과 公論」, 『한국사연구』 161, 2013; 「19세기 동아시아 민중운동과 여성의 참여」, 『역사교육』 152, 2019 참조).

폐정개혁 과제에 직접 대응해 나가는 과정에서, 그리고 국왕을 비롯한 중앙 정부 엘리트들이 폐정개혁 과제와 대외적 위기 상황에 대응해나가는 모습을 지켜 본 농민군들에 의해 더욱 추락해 나갔다. 그것은 전봉준이 체포된 다음 밝힌 정국운영 구상을 통해 살펴볼 수 있다.[45] 전봉준이 밝힌 체제구상의 요체는 일인(一人) 독재의 폐해에 대한 인식을 기반으로 '몇 명의 훌륭한 사(士)'로 표현되는 명망이 있는 선비들을 선정하고, 그들이 '합의법'에 의해 서로 협의하여 정국을 운영하게 한다는 것이었다. 일종의 연합정권(聯合政權)과 유사한 체제구상이었다. "합의법"에 의한 정치의 시행은 소원운동이나 민란의 전개 과정에서 축적된 '민회'나 '민회소' 등의 경험, 그리고 면리 혹은 군현 차원의 주민들이 대표를 선정, 감영이나 중앙으로 보내 자신들의 억울한 문제를 국왕에게 직소하도록 했던 '대표 선정과 위임'이라는 경험 등이 서구의 "민회"에 대한 인식과 결부되고, 그것이 국가 차원으로 확대되면서 고안된 정치체제 구상이었다고 생각된다.

이러한 구상은 여전히 국왕에 대한 부정을 전제로 한 것은 아니었다. 그러나 스스로를 민본과 인정을 회복하고 보국안민을 이루는 주체, 곧 정치적 주체로 자각해 나간 농민군에 의해 국왕중심의 정치체제에 심각한 균열이 일어나고 있었음을 보여주는 것이다. 또한 이것은 지배이념인 인정(仁政)을 토대로 작동되던 것과는 다른 차원의 정치질서나 정치문화가 농민군에 의해 아래로부터 준비되어 가고 있었음을 의미한다.[46] '몇 명의 훌륭한

---

45) 「大阪朝日新聞」, 明治 28年 3月 6日 '東學首領と合議政治', 『총서』 23, 171쪽.

46) "합의법" 구상이나 집강소에 의사원을 둔 데는 서구로부터 유입된 정치제도와 관련된 지식의 영향을 부인하기는 어려울 것이다. 그러나 농민군의 민회 구상은 당시 서구나 일본에서 행해지던 '의회'와 크게 다른 면이 있었음을 지적해 두지 않을 수 없다. 민회의 구성과 운영은 신분적, 경제적 차별을 배제하거나, 그러한 방향을 추구하는 노력의 산물이었지만, 당시 서구의 의회나 그것을 수용한 일본의 의회는 여

사'들이 '합의법'에 의해 서로 협의하여 정국을 운영하는 일종의 연합정권(聯合政權)과 유사한 체제구상의 구체적인 모습을 가늠하기는 어렵지만, 적어도 '몇 명의 훌륭한 士'의 선정과 협의체의 운영에는 농민군의 뜻이 배제되기 어려웠을 것이라는 점만 확인해 둔다.

농민전쟁 초반부터 농민군이 대원군의 섭정을 요구한 것은 사실상 "총명이 가려진" 국왕이 그들을 제거하지 못하고 있다는 판단이 개입되어 있었다.[47] 나아가 몇 사람의 덕망 있는 선비들이 합의법에 의해 정치를 운영하게 한다는 구상의 배후에도 현재의 국왕으로는 탐학한 관리들을 제거하고 인정을 회복할 수 없다는 농민군 측의 판단이 자리하고 있었다. 민본과 인정 회복을 위해서는 결국 중앙차원의 정치체제까지 개혁할 수밖에 없다는 농민군의 판단은 국왕의 위상을 상대화해 나갔고, 마침내 "몇 사람의 명사에게 협합(協合)해서 합의법에 의해서 정치"를 하게 한다는 '새로운 언어'의 발명, '새로운 정치체제' 구상으로 이어졌던 것이다.

전히 신분적, 특히 경제적 차별을 전제로 하고 있었기 때문이다. 이렇게 볼 때 농민군이 합의정치를 통해 결과적으로 국왕의 정치적 위상을 상대화하고 새로운 질서 구상을 열어갈 수 있었던 것은 무엇보다 향촌 차원에서 새로운 논의구조와 새로운 공론을 만들어 간 경험과 의식이 있었고, 그것을 중앙집권적 정치체제의 동심원적 구조를 통해 중앙권력과 정치질서까지 확장해 나갈 수 있었기 때문이라고 생각한다.

47) 농민군이 발포한 〈무장포고문〉에는 "신하된 자들은 보국(報國)할 생각은 하지 않고 한갓 벼슬자리만 탐내며 (국왕의) 총명을 가린 채 아첨을 일삼아 충성스러운 선비의 간언을 요언(妖言)이라 하고 정직한 사람을 비도(匪徒)다 일컫는다."는 내용이 들어 있다(「隨錄」, 『총서』 5, 157~159쪽; 「梧下記聞」, 『총서』 1, 52~54쪽; 「聚語」, 『총서』 2, 124~126쪽 등 참조).

(2) 토지개혁 구상

앞서 살펴보았듯이 조선 건국 세력은 건국 초기부터 인정(仁政)의 구체적 내용 가운데 하나로 정전법(井田法)을 제시하여 왔다. 그래서 건국세력은 왕토사상에 입각한 '공유제(公有制)' 내지 '왕유제(王有制)'를 구현하고, 균전적 토지제도를 실시함으로써 안정적 재생산 기반을 갖춘 소농민층을 확보하고 이들을 생산의 기축으로 삼아 국자 재용을 안정적으로 조달하려는 방안을 구상하고 있었다. 안정된 자영농 확보를 위해서는 대규모 농장의 토지를 농민들에게 분급하는 것이 전제되어야 했지만, 왕조를 창건한 세력들은 건국 공신들의 농장을 그대로 두는 등 출발부터 한계가 있었다. 또 세종 연간 (1424년, 세종 6)부터 사실상 토지매매가 허용되면서 토지의 불균등이 더욱 확대되기 시작했다.

이에 따라 조선 초기부터 정전제(井田制)·균전제(均田制)·한전제(限田制) 같은 토지개혁론이 제기되었고, 조선후기에 들어서도 실학자 등을 비롯하여 관료 지식인에 의한 토지개혁론이 끊임없이 제기되어 왔다. 앞에서 언급했듯이 정전제(井田制)같은 토지분급제도의 시행을 통해 토지의 겸병과 그에 따른 불평등의 폐해를 없애는 것은 인정의 핵심 내용 가운데 하나였기 때문이다. 이들이 제시한 정전제·균전제·한전제 등은 모두 '왕토사상'에 근거한 것이었고, 지주제의 폐지를 주장하고 있었다.[48] 그러나 이러한 주장들은 왕조 정부에 받아들여지지 않았다.

조선후기에 들어 지주제가 확대되면서 토지소유의 불균등이 확대되었고, 이러한 경향은 19세기에 들어 더욱 심해졌다. 다산 정약용은 19세기 초

48) 이경식, 「조선전기의 토지개혁논의」, 『한국사연구』 61, 62합집, 1988; 김태영, 「조선전기의 균전, 한전론」, 『국사관논총』 5, 1989.

에 호남지방에서는 농민의 약70%가 소작인이어서 '모두 다른 사람의 토지를 경작[皆耕人田]'하는 실정이라고 하여 토지소유의 불균등을 개탄한 바 있다.[49] 이에 따라 "소민들은 모두 균전을 원하"였지만, 거성대족(巨姓大族)과 향리호활(鄕里豪猾), 요호부민(饒戶富民)들은 원하지 않았다.[50] 토지소유의 불균등이 심각하다는 점, 나아가 토지소유의 불균등 해소를 위해 균전적 토지개혁을 원하는 소민(小民)들이 많았다는 사실을 알 수 있다.

이에 따라 제1장에서 살펴본 일부의 관료지식인들 이외에도 토지개혁론을 주장하는 사례가 적지 않았다. 예를 들면 한유(寒儒) 혹은 빈사(貧士) 층이 조선왕조를 전복하고 새로운 왕조를 세우려는 목표를 가지고 일으킨 변란에서도 지주제 폐지를 포함하는 토지개혁론이 제기되었다. 1804년 황해도에서 변란을 모의한 이달우(李達宇)는 국왕에게 「초야방략(草野方略)」이라는 자기의 글을 올리기 위해 가사(歌辭)를 지어 유포했다. 그는 당시의 사회의 모순이 토지소유의 불공평 탓이라고 생각하여 "주(周)의 정전법이나, 당의 균전제"를 본받아 "매호에 토지 70부를 지급하고 각기 토지 옆에 집을 세우고 농사를 짓는다면 4, 5명의 집에 먹을 것이 넉넉할 것"이라며[51] 토지제도의 개혁을 주장했다. 1869년 12월 이필제와 합류하여 경상도 진주 일대에서 일어난 변란에 가담한 양영렬(楊永烈)은 둔전법(屯田法)을 구상하였다고 진술한 바 있다. 양영렬은 원래 평양에서 살다가 1852~53년

49) 『茶山詩文集』 卷9, 疏, 擬嚴禁湖南佃夫輸租之箚子.

50) 『姜瑋全集』 下, 擬三政捄弊策, 663쪽. 요호부민(饒戶富民)은 "井田法을 不樂"하였고(『寒州先生文集』 卷4, 擬陳時弊仍進忠錄疏), 지주로 성장한 향리층도 정전제 같은 토지제도 개혁을 반대하고 있었다(都漢基, 『管軒集』 卷18, 對三政策)는 기록들이 적지 않다.

51) 『推案及鞫案』(亞細亞文化社 영인본) 26권, 甲子罪人達宇義綱等推案, 597쪽. "矣身之意 則以爲周行井田之法 致成京之治 唐行均田之制 成貞觀之化 今若略倣此制 每戶給田七十負 田頭作家 以治其田 則四五口之家 足以粹食".

무렵 중국 북경이 시끄럽다는 소문을[52] 듣고 두려움을 느껴 거창으로 내려왔으며, 1869년 9월부터 이필제와 친분을 쌓게 된 인물이다. 양영렬은 스스로 의병의 후예임을 자처하면서 "만약 사변이 있으면 마땅히 창의군(倡義軍)에 참여하고, 혹은 민보(民堡)를 하거나 혹은 주자의 둔전법을 실시하려 한다."고 한 바 있다.[53] 변란 주도층이 주장한 토지개혁론 역시 조선시대 관료·지식인의 그것과 마찬가지로 모두 왕토사상에 근거한 것이었다.

관료나 지식인들의 경우 조선 전기에는 정전법을 시행하는 데 어려움이 많이 따른다는 것을 알면서도 "부자는 적고 빈자는 많으며, 이 법이 행하여지면 기뻐할 자는 많을 것이니 어찌 행하기 어려움을 근심하겠습니까?"라고 하여[54] 정전법의 시행을 주장하는 논의가 적지 않았다. 혹은 정전법을 시행하는 것이 어렵다는 점을 전제하더라도 "균전법(均田法)을 시행하여 토지를 고르게 분배하면 이야말로 정전법의 뜻이 될 것"이라고 하여 토지개혁과 평분을 주장하기도 했다.[55] 물론 조선후기에 들어서도 "맹자(孟子)가 왕법을 논할 때는 반드시 정전(井田)을 말하였는데 이는 곧 백성의 재산을 균등케 하는 길입니다."라고 하여 정전법의 필요성이 제기되기도 했다.[56] 그러나 조선후기에 들어오면서 조선에서 정전법을 시행하는 것은 사실상 불가능하다는 쪽으로 논의 방향이 기울었다. 1756년(영조 32) 예조좌랑 전의채(全義采)는 정전제의 어려움을 다음과 같이 지적하였다.

> 우리나라는 산이 많고 농지가 좁아서 8가(家)가 정(井)을 같이하는 법

---

52) 이것은 태평천국군의 봉기와 남경함락에 따른 소요를 말하는 듯하다.

53) 『各司謄錄 11 : 慶尙道篇 1』, '慶尙監營啓錄 3', 高宗 7年 6月 14日 楊永烈 供招.

54) 『세종실록』, 세종 1년 7월 13일.

55) 『중종실록』, 중종 13년 5월 27일.

56) 『비변사등록』, 숙종 40년 9월 29일.

> [井田法]을 갑자기 행하기는 어려우나 8가를 1통(統)으로 만들어 함께 농사를 짓게 하면 8가가 서로 도와서 백성 한 사람도 실농(失農)하는 걱정이 없을 것입니다.[57)]

이에 대해 영조도 받아들였다. 정전제의 실행이 불가능하다는 의견을 수용한 것이다. 또한 1778년(정조 2)에 정조 역시 정전제가 시행되지 않은 이유를 다음과 같이 지적하였다.

> 우리 동방은 땅덩어리가 협소하고 산골짜기가 많은 까닭에 정전(井田)의 경계를 설치하기가 어렵고 지방의 호족(豪族)들이 병탄(幷呑)하여, 조종조(祖宗朝)의 성대한 시절로부터 균전과 양전의 논의가 저지되어 행해지지 않았으니, 대개 습속을 변경하기가 어렵고 뭇사람의 논의를 꺾기 어려워서였다.[58)]

이미 사적 소유권의 발달과 '호족'들의 토지 겸병(兼倂)이 만연하여 균전제 논의가 저지되어 왔고, 그러한 흐름을 지금도 바꿀 수 없다는 점을 어쩔 수 없는 현실로 받아들이고 있었음을 알 수 있다. 정조대의 좌의정 채제공(蔡濟恭) 역시 정전제(井田制)를 지금과 같은 때에 갑자기 행하기는 어렵다고 하면서 그 이유로 "백성들의 자산이 같지 않은데다가 토지에 제각기 주인이 있으니, 부자의 넉넉한 것을 떼어서 가난한 사람들의 모자라는 부분을 채워주려고 하면 가난한 자는 좋아하겠지만 부자는 원망을 하기 쉽기" 때문이라고 하였으며, 정조 역시 이에 동의하였다.[59)] 정전제 대신 "병작(倂作)을 고르게 하는 것이 정전 제도(井田制度)나 한전 제도(限田制度)를

57) 『비변사등록』, 영조 32년 1월 22일.
58) 『비변사등록』, 정조 2년 6월 5일.
59) 『정조실록』, 정조 20년 9월 29일.

제외하고는 가장 좋은 제도"라거나,[60] "병작하는 것을 고르게 하는 것[均併作]은 실로 토지가 없는 자에게 토지가 있게 해주는 것"이라며[61] 토지소유권을 그대로 둔 채 병작을 고르게 하는 것, 혹은 단순히 양전을 하여 부세를 균등하게 부과하는 것[62] 역시 정전제의 자취를 내포한 것이라며 정전제의 대안으로 제시하기도 했다. 이와 같이 '균전적' 토지개혁에 대한 논의가 후퇴해 간 것은 토지 겸병이 극심하였고, 이에 따라 그 폐해를 입는 평민들은 생활과 생존을 지탱하기 어려울 정도로 어려움에 처해있던 당대의 현실에 비추어 볼 때 매우 심각한 문제가 아닐 수 없다.

> 사직(司直) 윤면동(尹冕東)이 상소하기를, '전에 권흉(權凶)이 이리 같은 탐욕을 부리자, 온 세상이 모두 이를 본받게 되었습니다. 수십 백만의 돈을 팔로(八路)에 두루 흩어 한 구역이라도 점유할 만한 토지나 세낼 만한 전장(田庄)은 문득 반드시 값을 올려서 사들였기 때문에 값이 수배로 뛰어올라 가세가 미약하고 재산이 적은 사람들은 애당초 감히 손을 댈 수가 없었습니다. 이렇게 다투어 온 나라의 전지를 사들였기 때문에 토지는 가세가 치성한 집에 거의 다 들어가게 되었습니다. 그리고 또 혹 흉년이 든 해를 만나게 되면 향곡(鄕曲)의 부호 무리가 시기를 틈타 이익을 챙기기 위해 헐값으로 강제로 사들였기 때문에 민간에 남아 있던 약간의 전지마저 또한 모두 이들이 소유하게 되었습니다. 이는 진실로 겸병(兼幷)하여 이익을 독점하려는 폐해인데, 그 해가 평민에게 미치게 된 것입니다. (중략) 이 폐해를 제거하지 않으면 불쌍한 이 백성들이 장차 그 재산을 보전하여 살아갈 수가 없게 될 것입니다.'[63]

---

60) 『비변사등록』, 정조 22년 12월 22일.
61) 『정조실록』, 정조 22년 11월 30일.
62) 『승정원일기』, 고종 19년 11월 11일.
63) 『정조실록』, 정조 2년 7월 20일.

그러나 이러한 토지겸병의 확대는 평민들의 생활을 어려움에 빠뜨릴 뿐만 아니라, 국가재정을 위기로 몰아갈 수밖에 없는 심각한 문제가 아닐 수 없었지만, 토지개혁에 대한 조정의 입장에 변화가 없었다. 19세기에 들어 관리들의 부정부패와 부세제도의 개선을 요구하며 빈발한 민란에서도 토지개혁과 관련한 요구가 제기된 사례가 거의 없다. 심지어 지대 인하나 소작조건의 개선에 관한 요구조차 제기되지 않았다.[64] 이는 인정의 실현에 상대적으로 적극적이었던 정조조차도 사적소유와 토지겸병이 만연한 당대의 현실을 '어쩔 수 없는 일'로 받아들이고 있던 현실과 밀접한 관련이 있었을 것으로 보인다.

물론 19세기 민란에서 토지소유와 관련한 요구가 제시된 유일한 사례는

64) 물론 농민들의 '항조투쟁'이 전혀 없었다는 것은 아니다. 예를 들면 탈곡을 허술하게 하거나 볏단을 빼돌리는 방법, 세력 없는 지주에 대한 자대의 납부를 거부하거나 경영이 부실한 지주에 대해서는 전호농민이 토지를 자기의 것으로 만들어 버리는 예도 있었다(김용섭, 「18, 9세기의 농업실정과 새로운 농업경영론」, 『증보판 한국근대 농업사 연구』(상), 일조각, 1988 참조). 이로 미루어 보더라도 지주제가 농민항쟁의 발발에 어떤 식으로든 영향을 미쳤고, 나아가 지주의 부당한 수탈이 민란이 일어나는 하나의 요인이 된 경우가 없지 않았을 것이다. 그러나 그것을 곧바로 지주제에 대한 반대로 연결하는 것은 논리의 비약이다. 현재까지의 연구에서는 대체로 조선사회가 봉건사회이고 그 물적 토대를 이루는 기본적 생산관계가 지주-소작관계였다는 점을 전제하고, '제대로 된 반봉건투쟁'이기 위해서는 그 모순의 담지자인 농민들이 당연히 지주제에 반대하였을 것이라는 생각이 선험적으로 전제되었다는 혐의를 버릴 수 없다. 그러나 이러한 인식은 농민들의 삶이나 생산 활동과 가장 밀접한 관련을 가지던 토지소유구조나 매매관습 면에서 조선의 경우 서구나 일본과는 물론 중국(강남)과도 커다란 차이가 있었다는 점을 간과한 것이고, 무엇보다 서구중심적 역사인식에 근거한 것이다. 이에 대해서는 배항섭, 「조선후기 민중운동 연구의 몇 가지 문제」, 『역사문제연구』 19, 2008(『19세기 민중사 연구의 시각과 방법』, 성균관대출판부, 2015에 수록); 배항섭, 「조선후기 토지소유 및 매매관습에 대한 비교사적 검토」, 『한국사연구』 149, 2010 참조.

1893년에 일어난 개성민란이다. 개성민란에서는 모두 15개 조항의 요구조건이 제시되었는데, 그 가운데 제13항의 내용이 "매매한지 오래된 전답에 대해서는 위세에 의하여 환퇴할 수 없게 할 것[田畓賣買年久者 不可憑勢還退事]"이다. 이것은 수령 등 관권이나 사회적 위세에 의한 불법적인 소유권 침해를 막고 자신들의 소유권을 보장해달라고 요구한 것에 다름 아니다.65)

동학농민전쟁이 일어난 1894년 이후부터 일제의 식민지로 전락하는 1910년대까지도 역둔토(驛屯土)나 궁방전(宮房田) 등 발생사적 연원이나 소유구조가 특수한 지목의 토지를 제외한 일반 민전에 대해 소작권이나 소작조건 개선과 관련된 요구를 제기한 민중운동은 없었다. 19세기 한국의 최대 민중운동인 동학농민전쟁에서도 토지개혁을 추구하는 구체적인 요구조건이나 강령이 제시되지 않았다. 동학농민전쟁 당시 동학농민군이 제시한 토지소유와 관련된 요구조건은 다음과 같다.66)

> ① 각 궁방의 윤회결을 모두 혁파할 것(各宮房輪回結 一併革罷事)67)
> ②-1 수령이 된 자가 해당 경내에서 묘를 쓰거나 전답을 사지 못하게 할 것(爲官長者 不得入葬於該境內 且不爲買畓事)68)
> ②-2 해당 읍의 지방관이 자신의 읍에서 논을 사고 묘를 쓰는 것을 형

---

65) 개성민란에 대해서는 Bae Hang-seob, "Kaesŏng Uprising of 1893", *International Journal of Korean History*, Vol.15, Feb. 2010 참조.

66) 동학농민군의 토지제도 개혁 방안에 대해서는 정창렬, 「한말변혁운동의 정치, 경제적 지향」, 『한국민족주의론』, 창작과비평사, 1982; 박찬승, 「동학농민전쟁의 사회, 경제적 지향」, 『한국민족주의론』 3, 창작과비평사, 1985; 김용섭, 「근대화과정에서의 농업개혁의 두 방향」, 『한국자본주의 성격논쟁』, 대왕사, 1988; 신용하, 「갑오농민전쟁과 두레와 집강소의 폐정개혁」, 『동학과 갑오농민전쟁연구』, 1993; 이영호, 「제6장 1894년 농민전쟁의 토지개혁 방향」, 『동학과 농민전쟁』, 혜안, 2004 등 참조.

67) 金允植, 『續陰晴史』(上), 323쪽.

68) 「判決宣告書原本」, 『東學關聯判決文集』, 政府記錄保存所, 30쪽.

률에 따라 처벌할 것(該邑地方官 買畓用山於本邑 依律勘處事)[69]

②-3 각 읍의 수령이 해당 지방에서 묘를 쓰거나 전장(田莊)을 사는 것을 엄금할 것(各邑守令 該地方用山買庄嚴禁事)[70]

위의 조항들의 핵심문제 의식은 크게 두 가지이다. 하나(①)는 궁방에 의한 민간의 토지소유권 침탈에 대한 반대이고, 또 하나(②-1~3)는 수령이 권력을 남용하여 부당하게 관할 지역 주민들의 토지소유권을 침해하는 것을 반대하는 것이다. 모두 자신들의 소유권을 지키려는 의지를 반영한 것이다. 개성민란에서 제기된 요구와 마찬가지로 역시 지주제에 대한 반대나 토지소유의 불균등 해소와는 전혀 관련이 없다.

그러나 동학농민전쟁 당시 동학농민군이 토지개혁과 관련하여 전혀 관심이 없었다는 것은 아니다. 동학농민전쟁에서도 토지개혁 요구가 구체적으로 제시된 것은 아니었지만, 민란과 달리 토지의 '평균분작(平均分作)' 개혁안이 구상되고 있었다.[71] 토지개혁 요구가 구상만 되고 구체적 조건으로 제시되지 않은 이유를 정확히 알 수는 없다. 우선 민란과 마찬가지로 농민군 역시 사적소유와 토지겸병이 만연한 당대의 현실을 '어쩔 수 없는 일'로 받아들이고 있던 '현실'로부터 자유롭지 못했다는 점과 관련이 있었을 것으로 보인다. 여기에 더하여 조선후기 이래 농민전쟁 당시까지 이어지던

69) 「東匪討錄」, 『韓國民衆運動史資料大系: 一八九四年의 農民戰爭篇』(1), 360~364쪽; 金允植, 又原情列錄追到者, 『續陰晴史 (上)』, 323~325쪽.

70) 「大韓季年史」, 『東學農民戰爭史料叢書』(이하 『총서』) 4, 史芸研究所, 1996, 372쪽; 「大阪每日新聞」 明治 27. 7. 19, 『총서』 23, 258쪽.

71) 이하 동학농민군의 토지개혁 구상과 관련한 내용 가운데 특별한 전거를 지시하지 않은 부분에 대해서는 배항섭, 「동학농민전쟁에 나타난 토지개혁구상」, 『사총』 44, 1994; 배항섭, 「1894年 東學農民戰爭の 社會·土地改革論」, 『世界史なかの 民衆運動』 5, 靑木書店, 2000; 「'근대이행기'의 민중의식: '근대'와 '반근대'의 너머」, 『역사문제연구』 23, 2010 참조.

토지소유구조나 매매관습과의 관련 문제를 지적할 수 있을 것이다.

모든 토지는 국왕의 것이라는 ‘왕토사상’이 무의미해진 것은 아니었지만, 조선에서 이미 수백 년부터 자유로운 토지매매와 매수자 우위의 ‘시장친화적’ 매매관습이 법과 제도에 의해 보장되어 있었다. 현실적으로 법제화 제도화되어 있던 토지소유나 매매와 관련된 법과 관습, 사적소유권과 그에 입각한 지주-소작 관행을 부정하거나 반대하고 새로운 법과 제도를 요구한다는 것은 체제에 대한 근원적 개혁을 구상하지 않고서는 불가능한 일이었다. 그러나 민란의 요구는 어디까지나 부세운용에서 보이는 부당함과 불법적 수탈에 반대하고 부세 부과와 수취의 공정성을 요구하는 데 목적이 있었다. 민란에서 관권과 위세에 의한 불법적이고 부당한 소유권 침해를 배격하고 주민들의 토지소유권을 지키려는 요구는 제기되었지만, 토지소유나 심지어 소작관행의 개선에 대한 요구조차 제기되지 않았다. 이는 토지의 사적 소유와 그에 따른 소유의 불균등을 법과 제도에 의해 주어진 어쩔 수 없는 현실로 받아들였기 때문인 것으로 보인다.

여기에 비해 동학농민군은 거듭되는 민란을 통해 지방관 차원이 아니라 중앙정치 세력까지 축출하는 보다 근원적 개혁 없이는 인정과 민본 이념의 회복이 불가능하다는 점을 깨닫게 되었다. 이는 1894년 4월 4일 법성포의 향리와 향임에게 보낸 “민폐의 근본은 향리의 포흠에 있고, 향리가 포흠하는 근본은 탐악한 관리에서 연유한다. 탐악한 관리가 탐악을 저지르는 것은 집권자의 과도한 욕심[貪婪]에서 연유한다.”고 한 농민군의 통문에서도 확인된다.[72] 따라서 농민군은 민란 단계와는 다른 보다 근원적 개혁을 추구하였다. 그것은 조선왕조를 창건한 태조 이성계에 대한 농민군의 인식을

72) “聖明在上 生民塗炭何者 民弊之本由於吏逋 吏逋之根由於貪官 貪官之所犯 由於執權之貪婪”(「東匪討錄」, 『총서』 6, 176쪽).

통해서도 엿볼 수 있다. 동학농민전쟁 발발 직후인 1894년 3월 23일 쯤 농민군이 "폭정을 대신하여 인정"을 펴기 위해 조선왕조를 개창한[73] "우리 태조[我太祖]의 혁신정치로 돌아가면 그친다."는 격문을 붙였다.[74] 이는 절망적 현실을 극복하려는 민중의 노력이 '인정'을 펼치고자 왕조를 개창한 태조를 급진적으로 이상화한 데서 나온 것으로 보인다. 절망적 현실을 개혁하기 위해 일어선 농민군들이 기억하는 태조의 '혁신' 혹은 '혁신정치'에는 조선 건국 당시 인정의 요체 가운데 하나로 제시되었던 '정전제' 구상도 포함되어 있었을 것으로 보인다.

한편 토지의 '평균분작' 구상에 대해서는 '소유권'의 평분(平分)이 아니라 '소유권'을 지주에게 그대로 둔 채 경작지만 평균 분배하자는 주장이었다는 이해도 있지만, 후술하는 바와 같이 '왕토사상'에 근거하여 토지의 매매를 부정하는 구상이었다는 점에서 '소유권'의 재분배, 좀 더 정확하게 말하자면 모든 토지는 '왕토'라는 생각을 전제로 지주의 사적 소유권을 박탈하고 모든 농민에게 평분하자는 구상이었다고 보아야 할 것이다. 또 '평균분작'안을 '농민적 토지소유권'의 추구, 혹은 "'농민적 토지소유'의 실현과 그 위에 선 독립자영농을 지향"하였다고 이해하기도 한다. 하지만 이는 서구중심적 역사인식의 표현이며, 조선 후기에 '농민적 토지소유'라는 개념을 적용하는 것은 불가능하다. 앞서 살펴보았듯이 조선 후기의 경우 일부의 예외적인 특정 지목의 토지를 제외한 일반 민전에는 서구 봉건제와 같이 '상급소유=명목적 소유'와 '하급소유=실질적 소유'가 병존하는 중층성(重層性)이 없었다. '농민적 토지소유'이든 '지주적 토지소유'이든 토지소유 구조 면에서 차이가 없었다. 대부분의 일반 민전에는 이미 '근대적 소유'와

73) 『영조실록』, 영조 25년 3월 13일.

74) 「고부민요일기」, 『駐韓日本公使館記錄』 1, 58쪽.

유사한 일물일권적, 배타적 소유권이 성립해 있었다. 따라서 '농민적 토지 소유'의 실현, 곧 농노의 하급소유권이 영주의 상급소유권을 배척하고 배타적 소유권으로 확립된다는 논리가 성립되기 어렵다. 그런 점에서 농민군의 '평균분작' 구상은 토지의 '사적 소유' 그 자체에 대한 부정이었다고 보아야 할 것이다.

동학농민군의 '평균분작' 구상의 사상적 배경에는 '공토(公土)'를 '사토(私土)'로 만들어 빈부가 생긴 것이 '인도상 도리에 위반'된다는 생각이 있었다.[75] 동학농민군의 왕토사상은 〈무장포고문〉에도 제시되어 있었으며, 동학농민군의 후신이라고 할 수 있는 활빈당이나 진보회가 왕토가 사전(私田)이 된 현실을 반대하고 그것을 개혁하기 위해 토지의 매매를 금지하자고 주장한 것도[76] 왕토사상에 기초한 것이었다. 이러한 토지개혁 구상은 조선 건국 당시부터 제시되어온 대부분의 토지개혁론과 마찬가지로 '모든 토지는 국왕의 것'이라는 왕토사상, 그리고 모든 백성은 국왕의 백성이라는 왕민사상에 기대어 정당화되었다. 인정 회복을 향한 농민군의 강렬한 열망이 국왕의 위상을 상대화해나가고 있었지만, 국왕은 여전히 농민군의 행동을 정당화해주는 핵심적 기반이었음을 보여준다.

당시 토지소유구조는 서구 봉건제와는 전혀 다르게 근대적 소유와 유사할 정도의 배타성을 확보하고 있었고 매매관습 역시 '근대적', '시장친화적'이었다. 이러한 소유구조와 매매관습이 자리 잡은 현실에서, 또 그것을 부정할만한 다른 어떤 이념이나 사상을 가지지 못한 농민군으로서는 왕토사상이야말로 지주제를 철폐하고 토지의 평분을 요구하고 정당화할 수 있

---

75) 오지영, 「동학사」(초고본), 『총서』 1, 510~511쪽.

76) 信夫淳平, 『韓半島』, 東京 : 東京堂書店, 1901, 75~79쪽; 「皇城新聞」, 1904년(광무 8) 10월 18일, '잡보: 保民會社'.

는 사실상 유일한 근거 혹은 탈출구였다. 말하자면, 왕조 정부가 건국 당시부터 내걸었던 지배이념에 근거하였기 때문에 오히려 오래전부터 당연한 것으로 받아들여져 왔던 배타적·사적소유권, '시장친화적 매매관습', 그리고 이를 기반으로 오랜 세월 동안 사실상 지배적인 생산관계의 지위를 누려왔던 지주제에 대한 전면적 철폐를 요구할 수 있었던 것이다. 이는 수백년간 지속된 토지소유구조와 매매관습, 그리고 지배이념에 뿌리를 든 '왕토사상'이라는 전통적 관념이 근대 변혁운동의 지향과 성격에도 깊이 각인되고 있음을 보여준다.77)

77) 19세기 한국뿐 아니라 중국이나 일본의 민중운동에서도 토지문제와 관련한 요구가 제시되어왔다. 내용이나 강도 면에서 적지 않은 차이를 보이지만, 모두 토지 평분(平分)이라는 평균주의적 원망을 드러내고 있었으며, 민중은 유교적 이상사회와 연결된 최고 수준의 이념이라 할 수 있는 '왕토사상'에 근거하여 자신들의 '토지 평분' 요구를 정당화하였다. 이러한 사실은 우선 민중인 '근대전환기' 혹은 '근대'라는 미지의 시대를 마주했을 때 그에 대응하는 방법이나 생각이 전통적 이념이나 관습으로부터 자유롭지 않다는 것을 보여준다. 또 '근대전환기' 민중운동에 대한 이해가 더 이상 발전단계론 같은 서구발 이론을 교과서적으로, 시대착오적으로, 선험적으로 전제하는 방식으로 접근해서는 설득력 있는 현재성을 가지기 어려움을 시사한다. 더욱 주목해야 할 점은 그러한 구상이나 요구들이 서구적 근대와 거리가 멀었거나 오히려 서구적 근대에 반대하였다는 사실이다. 지금까지 근대를 지향하지 않았던 경험이나 사유들은 역사 '발전'이라는 면에서 부정적인 것으로 판단되어 왔지만, 이는 서구중심적, 근대중심적 역사 인식의 표출이다. 그러나 우리는 현재 불평등이 사회 만병의 근원이라는 지적에 더해 기후위기의 핵심 원인 가운데 하나로 지적되고 있는 시대를 살고 있다. 이러한 현실을 받아들인다면 중요한 것은 더 이상 '근대화' 혹은 '근대성' 여부의 확인이 아닐 것이다. 당면한 새로운 과제인 기후위기나 불평등, 혹은 양자의 관계를 포괄하는 새로운 현실을 자각한 속에서 과거의 경험을 새롭게 이해할 필요가 있을 것이다. 이 점에서 19세기 민중운동에서 제기된 '토지 평분' 요구가 가지는 현재성은 근대중심적 역사인식에 의거하여 이해하던 것과는 매우 다를 수밖에 없을 것이다(배항섭, 「동아시아 민중운동의 토지개혁 구상과 왕토사상 : 근대중심적 이해 비판」, 『동아시아사연구와 근대중심주의 비판』, 성

왕토사상이나 왕민사상은 근대중심적·서구중심적 역사인식에서는 '진보'나 '발전'과는 배치되거나 거리가 먼 사상이었다. 전제왕권을 전제로 하는 왕민사상이 그러한 것은 말할 나위도 없지만, 왕토사상에 입각한 '평균분작' 구상은 '근대적' 사적소유권을 부정하였다. 뿐만 아니라, 당연한 귀결로서 토지의 매매를 사실상 금지하였기 때문에 부농의 성장도 농민층의 분해도 저지하는 사상으로 독립자영농의 성립 등을 요체로 하는 서구적 의미의 농업근대화와는 거리가 먼 구상이었다.

또한 동학농민군의 토지개혁 구상은 인정의 요체 가운데 하나인 균적적 토지개혁과 토지의 평분을 추구한 것이지만, 단지 왕토사상에 입각하여 사적 소유권과 토지의 매매 자체를 부정한 것 이상의 의미를 담고 있었다. 체포된 후 박영효가 전봉준을 심문하며,[78] "토지를 평균분배(平均分排)"하는 등의 문제로 국법을 혼란케 한 점을 추궁하자 전봉준은 다음과 같이 대답하였다.

> 사람으로서 사람을 매매하여 귀천이 있게 하고 공토(公土)로서 사토(私土)를 만들어 빈부가 있게 하는 것은 인도상 도리에 위반이라. 이것을 고치자 함이 무엇이 잘못이며, 악정부를 고쳐 선정부를 만들고자 함이 무엇이 잘못이냐.[79]

균관대학교출판부, 2025) 참조).

78) 이러한 심문이 어떤 자리에서 이루어졌는지? 또 박영효가 심문한 것인지? 등은 다른 자료에서 보이지 않아서 불분명하고, 농민군은 토지의 '평균분작안'을 구상만 하고 있었을 뿐, 농민전쟁 과정에서 토지의 평분분배를 단행한 사실은 없지만, 토지소유에 대한 전봉준 등 농민군 측의 생각을 읽을 수 있는 단서가 된다고 생각한다.

79) 「동학사」(초고본), 『총서』 1, 510~511쪽. 간행본에도 유사한 내용이 실려 있으나, '평균분작'에 대한 내용은 빠져 있다.

전봉준의 답변은 앞서 언급했듯이 왕토사상에 입각한 것이었고, 조선 건국 당시부터 제기되어온 다양한 균전적(均田的) 토지개혁 구상과 같은 맥락에서 인정을 펼치기 위해 구상된 것이라고 생각된다. 이런 점에 비추어 보면 농민군의 '평균분작' 구상은 '반근대'가 아니라 그것이 '봉건적' 혹은 '전근대적'인 것이든, 혹은 '근대적'인 것이든 모든 성격의 '사적소유'와 자유로운 매매를 부정하는 '비근대적' 토지개혁 구상이었다고 할 수 있을 것이다. 그러나 조선시대 토지개혁론자들의 주장은 기본적으로 백성들에게 안정적 재생산 기반을 제공하고 국가 재정의 안정을 도모하려는 의도에서 제시되었지만, 전봉준의 인식은 이보다 좀 더 근원적인 문제제기를 내포하고 있었다. 앞의 인용문에서도 알 수 있듯이 그는 토지의 사적 소유에 의한 토지소유의 불균등을 "사람을 매매하여 귀천이 있게" 하는 것, 곧 신분적 차별과 마찬가지로 '인간의 도리'에 어긋난다는 점을 들고 있다. 농민군의 '평균분작' 구상은 이러한 인식에 기초하여 토지의 자유로운 매매는 물론 토지의 사적 소유 자체를 금지한 것으로 추측된다.

3. 민중운동의 체제구상과 근대중심주의의 너머

제1, 2절에서 검토한 내용을 요약하면 다음과 같다. 조선후기 토지의 소유구조 면에서 보이는 배타적 소유권이나 매매관습 면에서 보이는 매수자 우위의 관행은 일본이나 서구는 물론 중국과 비교해 보더라도 매우 '근대적'이고 '시장친화적' 성격을 보이고 있었다. 정치체제 면에서도 한편으로는 서구나 일본은 물론 중국에 비해 더 발달되고 밀도 있는 중앙집권적 체제와 그를 뒷받침하는 관료제를 갖추고 있었다. 그러나 그 체제를 만들고 지탱하는 지배이념은 주자성리학이었고, 체제의 정점에는 전제왕권이 자리 잡고 있었다. 또 시장이나 상업 정책 면에서 유럽이나 일본은 물론 중국에 비해서도 훨씬 강력한 상업 억압정책을 펼치고 있었다. 조선후기의 토지소유 구조나 매매관습에서 보이는 시장친화적 성격, 중앙집권적 전제정치 체제와 주자성리학이라는 지배이념과 그에 입각한 억상(抑商) 정책을 구성요소로 한 조선사회의 성격은 서구중심적, 근대중심주적 역사인식이나 시간관, 그에 의한 시대구분으로는 설명이 불가능한 것이 아닐 수 없다.

또한 동학농민군이 인정을 외면한 현실, 자신들을 억압하고 고통을 주는 현실을 개혁하기 위한 노력과 그 과정에서 추구해간 정치적 체제 구상이나 토지개혁 구상도 마찬가지의 성격을 보이고 있었다. 앞서 살펴보았듯이 농민군의 체제 구상은 기본적으로 국왕을 중심으로 한 정치문화의 자장을 벗어나지 못하고 있었지만, 민회와 집강소로 이어지는 아래로부터의 분투 과정에서 새로운 질서의 가능성을 열어가고 있었다. 특히 농민전쟁 시기 폭정과 가렴주구를 일삼던 탐관오리를 제거하고 민본이념과 인정을 회복하기 위해 목숨을 건 투쟁에 나선 농민군의 절실함은 그들의 주관적 의도와는 무관하게 '명망이 있는 선비들'이 '합의법'에 의해 서로 협의하여 정국을 운영하게 한다는 구상을 만들어 가고 있었다. 이러한 구상은 그 자체로 '입헌군주제' 같은 근대지향적 구상이라고 보기 어렵지만, 국왕의 정치적 위상을 상대화하면서 좀 더 다양한 목소리, 특히 민중의 의사를 보다 충실히 반영할 수 있는 개혁 구상이었고, '전제왕권' 중심의 정치 체제에 균열을 일으키는 것임은 분명하다.

한편 민란에서는 토지개혁과 관련한 요구가 전혀 제시되지 않았지만, 동학농민전쟁에서는 토지의 '평균분작(平均分作)' 개혁안이 구상되고 있었다. '평균분작' 구상은 지주제를 폐지하고 모든 농민에게 토지를 균분하여 경작하게 하자는 것으로 사상적 배경에는 〈무장포고문〉에도 명시되어 있던

'왕토사상'이 자리 잡고 있었다.[80] '평균분작' 구상은 토지 소유의 불평등을 해결하고 인정 이념을 실현하기 위한 농민군의 염원에서 나온 것으로,[81] 인정 실현을 위해 왕조 창건 당시부터, 또 그 이후 많은 관료지식인들이 제기했던 다양한 균전적 토지개혁론과 상통하는 것이었다. 조선후기의 토지소유구조나 매매관습 등과는 매우 다른 성격의 개혁 방안이자, 조선후기에 성립되어 있던 토지의 자유로운 매매를 부정하는 개혁 방안이었기 때문에 자본주의 시장경제나 '근대'와는 거리가 먼 구상이었다.

이는 조선후기 당시에 현실적으로 작동하던 정치적·경제적 체제 구성과 서로 뒤바뀐 모습이다. 곧 조선후기에는 '근대적' 토지소유구조와 매매관습이 '전제적' 정치체제와 신분질서, 그리고 무엇보다 억압적 시장경제와 결합하여 오랜 기간 공존하였다. 그에 따라 백성들은 정치적 자율성을 억압당했을 뿐만 아니라, 토지의 겸병이 확대되어 가는 속에서 특히 대부분의 평천민들은 경제적 불평등에 방치되어 있었다. 반면 동학농민군은 조선후기 이래 향촌 차원에서 형성해 나간 '민중공론'과 새로운 논의 기구의 경험을 더욱 진전시켜 중앙정부 차원에서도 왕권을 중심으로 한 전제정치체제에 균열을 일으킴으로써 아래로부터 새로운 정치체제의 가능성을 열어가고 있었다. 이는 신분적, 경제적 차별을 배제되는 방향의 경험이었고 체제구상이었으며, 억압되었던 평천민의 정치적 자율성이 확대되고, 그들

80) 19세기 동양 삼국의 민중운동에서 보이는 중요한 공통점은 평분(平分)을 추구하는 토지개혁 구상의 바탕에는 유교적 이상사회와 연결된 최고 수준의 이념이라 할 수 있는 "왕토사상"이 자리 잡고 있었고, 민중은 '왕토사상'에 근거하여 자신들의 '토지 평분' 요구를 정당화하였다는 것이다. 이에 대해서는 배항섭, 「19세기 동아시아 민중운동의 토지개혁 구상과 왕토사상; 근대중심적 이해 비판」, 배항섭, 『동아시아사 연구와 근대중심주의 비판』, 성균관대 출판부, 2025 참조.

81) 제1장에서 소개하였듯이 정전제(井田制) 같은 토지분급제도의 시행을 통해 토지의 겸병과 그에 따른 불평등의 폐해를 없애는 것은 인정의 핵심 내용 가운데 하나였다.

의 의사가 정치에 반영될 가능성 역시 더 넓어지고 있었던 것으로 보인다. 또한, 토지소유와 관련하여서는 왕토사상에 입각하여 토지소유의 불평등을 조장하던 사적소유와 자유로운 매매를 금지하는 '비근대적' '평균분작'을 구상하고 있었다.

이상과 같은 농민군의 체제 구상이나 토지개혁 구상 역시 서구중심적·근대중심적 역사인식에 비추어봤을 때 서로 이질적 '시간' 내지 요소들의 결합이고, 이는 서구중심적·근대중심적 역사인식이 구성해 놓은 시간관으로는 이해할 수 없는 서로 다른, 혹은 어긋나는 '시간들'의 결합이었다. 이는 앞서도 언급했듯이 서구중심적·근대중심적 역사인식과 그에 의한 시간관의 균열을 시사한다. 근대를 상대화하고, 근대중심적·서구중심적 역사인식을 해체하고 그것을 넘어서는 새로운 역사상의 구축, 나아가 새로운 질서 내지 체제에 대한 상상을 열어가는 데 중요한 시사점을 제공한다.[82]

이와 같이 조선후기의 정치·경제적 체제에서 보이는 특징, 그리고 그러한 정치경제적 특징에 연동되어 형성되어 간 동학농민군의 정치적 경제적 체제구상은 서구중심적·근대중심적 역사인식이 구성해 놓은 시간관으로는 이해가 불가능하다. 다만 조선후기의 경우 전제적 정치체제와 다양한 의미의 정치 참여에 대한 신분적 제한 등에 의한 강력한 정치적 불평등을

82) 근대를 상대화하고 근대중심적 역사인식이 필요하다는 데 대해서는 다음의 글 참조. 배항섭, 「근대를 상대화하는 방법 : 민중사에서 바라보는 근대」, 『역사비평』 88, 2009; 「머리글: 동아시아는 몇 시인가?라는 질문」, 미야지마 히로시·배항섭 편, 『동아시아는 몇시인가? : 동아시아사의 새로운 이해를 찾아서』, 너머북스, 2015; 「'탈근대론'과 근대중심주의」, 『민족문학사연구』 62, 2016; 「방법으로서의 '동아시아사' 연구와 새로운 역사상의 모색-근대중심주의(modernocentrism) 비판과 트랜스히스토리칼(transhistorical)한 접근-」, 『대동문화연구』 112, 2020 참조(이 가운데 두 번째 글부터는 배항섭, 『동아시아사 연구와 근대중심주의 비판』, 성균관대출판부, 2025에 재수록).

전제로 하고 있었다. 또 시장경제의 발달이라는 면에서는 정치체제나 지배이념에 규정되는 '전근대성'을 보여주고 있었다.

이와 반대로 경제적 삶과 관련하여 매우 중요한 의미를 가지는 토지소유구조나 매매관습 면에서는 사적 소유권과 자유로운 매매가 허용되었고, 그를 뒷받침하는 법적·제도적 장치가 마련되어 있었다. 이에 따라 토지소유의 불평등은 구조화하였고, 여전히 경작지의 규모 등 경제적 능력과는 무관하게 호구를 대상으로 분배되는 동리나 군현 단위의 부세운영 등도 경제적 불평등을 고착화 내지 확대해나가고 있었다. 이점에서 조선후기 정치체제와 경제체제는 정치적 억압과 경제적, 사회적 불평등이 결합된 매우 열악한 체제였다.

반면 동학농민군의 개혁 구상은 이와 정반대였다. 민본과 인정 이념을 회복하겠다는 농민군의 절실함은 조선후기 정치 경제체제에 대한 강력한 균열을 일으키며, 사실상 체제에 대한 근원적 개혁구상으로 연결되었다. 그 결과 조선후기와는 정반대로 전제왕권에 대한 제약과 정치 참여에 대한 신분적, 경제적 제약의 폐지 내지 약화, 그에 따른 민중의 정치적 자율성과 참여의 확대를 추구하였고, 토지평분을 통한 경제적 불평등에 대한 근원적 부정을 추구하였다. 말하자면 민본과 인정 이념을 회복하겠다는 동학농민군의 절실함은 서구중심적·근대중심적 시각으로는 이해하기 어려운 독자성을 가졌던 조선후기의 정치, 경제적 체제를 극복하려는 노력과 결합하여 역시 서구중심적·근대중심적 역사인식으로는 상상하기 어려운 트랜스히스토리칼(transhistorical) 내지 트랜스템포럴(transtemporal)한 체제구상을 낳았던 것이다.[83)]

83) 여기에 하나 더 특기해둘 점은 동학사상이 인간중심적 인식을 성찰하고 하늘-인간-자연 관계의 수평적·유기적 연계성을 추구하였을 뿐만 아니라, 동학농민군의 생각

이처럼 조선후기의 체제는 물론 동학농민군의 체제구상은 서로 정반대의 성격을 가지고 있었지만, 모두 근대중심적 역사인식이나 근대적 시간관에 대한 균열을 시사할 뿐만 아니라, 일종의 '대안적 시간관'에 대한 구상과 관련하여서도 생각해볼 점이 적지 않다고 생각한다.[84] 톰바(Massimiliano Tomba)가 지적했듯이 새로운 체제의 가능성은 새롭게 창조된 것이 아니라 시간을 달리하는 요소들이 독창적인 방식으로 재구성되는 곳에서, 생성된 시간적 형태들이 서로 충돌하는 마찰과 긴장에서 파생된 것이기 때문이다.[85]

과 행동에도 인명에 대한 존중은 물론 자연과 동식물, 나아가 무생물에 대해서까지 포함하는 자연에 대한 존중을 보여주었다는 점이다. '인류세(Anthrophocene)'이라는 새로운 지질학적 시기가 대두될 만큼 기후위기와 생태환경 문제가 심각해지고 있는 인류의 현실을 생각할 때 동학농민군의 생각과 행동에 인간중심주의에 대한 성찰까지 내포되어 있었다는 사실 역시 새로운 대안적 체제 구상과 관련하여 주목해야 할 점이라 생각한다(배항섭, 「동학사상 및 동학농민군의 생명관과 자연관」, 『대동문화연구』 128, 2024 참조).

84) 동학농민군의 정치체제 구상과 토지개혁 구상을 동시에 다룬 글을 처음 발표한 것은 2000년이었다(「1894년 동학농민군의 정치·경제적 지향과 개화파와의 관계」, 『동양학』 30, 2000). 당시 발표를 하면서도 정치체제 구상('입헌군주제'적 지향)과 토지개혁 구상('근대지향'과는 거리가 먼 구상)에서 보이는 지향과 그 내용이 서로 어긋나는 것에 대해 일종의 당혹감 같은 것을 느꼈고, 주변의 연구자들도 그 부분에 대한 지적한 바 있다. 그러나 지금에 와서 돌아봤을 때 그 당혹감은 서구중심적·근대중심적 역사인식에 구속되어 있었기 때문에 나온 것이었다. 역사적 경험보다 서구중심적·근대중심적 이론을 앞세운 연구가 가져온 불협화음 같은 것이었다. 그러나 이제 사실상 박제가 된 서구중심적·근대중심적 이론에 기대어 비서구와 전근대의 역사적 경험을 끼워 맞추기 식으로 이해하는 것은 더 이상 현재성 가지기 어렵다. 이론보다 경험으로부터 새로운 가능성을 찾아나가야 한다. 이점에서 근대중심적 서구중심적 시각에서 보이는 정치체제 구상과 토지개혁 구상 간의 어긋남, 혹은 불협화음은 오히려 서구중심주의와 근대중심주의 비판과 대안적 체제 구상이라는 새로운 과제 해결에 어떤 시사점이나 가능성을 내포한 역사적 경험이라는 시각에서 새롭게 들여다봐야 한다고 생각한다.

85) Tomba, Massimiliano, *Insurgent Universality: An Alternative Legacy of Modernity,*

예컨대 사적 소유의 허용에 의해 토지소유의 불평등이 심화되었지만 시장경제는 억압되었던 조선사회와는 반대로, 토지소유의 불평등을 근본적으로 억제하는 '반시장적' 공유제 같은 토지소유제가 시장경제와 병존하는 질서를 상상하는 것도 얼마든지 가능할 수 있다. 이러한 상상은 불평등이 더 많은 이산화탄소 배출을 초래하고, 산림과 환경에 대한 오염과 파괴를 조장한다는 다양한 보고서들이 쏟아지는 현실을 생각할 때 매우 의미 있는 현재성을 가진다고 생각한다.[86)]

Heretical Thought, Oxford University Press, USA, 2019.

86) 기후, 환경, 민주주의와 불평등의 연관성에 대한 간략한 설명은 배항섭, 「한국 근대사 이해의 글로벌한 전환과 식민주의 비판 -기후변동과 역사 연구의 새르운 방향 모색-」, 『역사비평』 145, 2023 참조.

제9장

'근대'에 억압된 새로운 체제의 가능성

동학농민전쟁은 전봉준, 김개남, 손화중을 비롯한 최고 지도자들이 체포될 무렵 사실상 종말을 고하였다. 농민전쟁의 '실패'는 단지 민중운동의 실패에 그치는 것이 아니라, 민본과 인정 이념을 회복하고 사람답게 살 수 있는 세상을 추구한 민중의 꿈과 열망에 내포되어 있던 새로운 질서, 새로운 체제의 가능성이 억압되었음을 의미한다.

조선후기에 들어 공동납 등에 대한 대응, 그리고 민란과 동학농민전쟁 등을 거치는 과정에서 형성되어 간 새로운 향촌질서나 정치체제 구상, 민본과 인정을 회복하여 생활과 생존을 지키기 위해 분투해 간 민중의 염원이 담긴 토지개혁 구상은 동학농민전쟁의 실패에 따라 무산되었다. 민중의 꿈과 그 실현을 위한 분투가 만들어간 새로운 질서, 새로운 체제의 가능성은 근대 지향의 엘리트들이 추구한 '근대적 구상'에 의해 억압되어 갔다.

여기서는 서구적 근대를 추구하던 '개화파' 세력의 '근대적' 개혁에 의해 억압되어 간 실상을 두 가지 측면으로 나누어 살펴보고자 한다. 먼저 정치적 측면이다. 갑오·을미개혁기의 〈향회론〉이나 독립협회의 〈의회설립론〉을 조선후기 이래 향촌사회 내부로부터 형성되어 가던 새로운 공론과 논의기구, 동학농민전쟁 시기 농민군이 만들어 가던 새로운 정치체제 구상과 비교함으로써 그것이 가진 의미를 새롭게 조명해보고자 한다. 다음으로 경제적 측면이다. 여기서는 근대적·자본주의적 사적 소유를 추구해 나간 개화파에 의한 토지제도 구상을 동학농민군의 '평균분작' 구상 비교함으로써 그것이 내포한 의미를 특히 최근 들어 더욱 주목되고 있는 불평등 문제와 관련하여 역시 새롭게 접근해보고자 한다.

1. ‘근대적’ 개혁과 억압된 새로운 정치질서의 가능성

(1) 근대적 개혁과 〈향회개설론〉

갑오·을미개혁 시기 개화론자들에 의해 제시된 ‘향회론’을 조선후기 향회와 연결하여 접근한 연구는 축적되어 왔지만, ‘향회론’의 성격과 의미를 조선후기의 향회와 연결하여 적극적으로 이해한 연구는 많지 않다. 갑오개혁 시기 개화파에 의해 제시된 ‘향회론’을 조선후기 향회와 연결하여 살펴보고 나아가 ‘향회론’을 민주주의의 ‘발전’이라는 맥락에서 접근한 선구적 연구자로는 이상찬을 들 수 있다.[1] 그는 갑오개혁 시기 처음 등장한 1894년 9월의 향회설치론이 농민층의 이익을 보호하려 한 의미가 있지만, 국가재정의 보충에 주력하였기 때문에 향회를 통한 농민층의 정치 참여에 한계를 긋게 되었다고 하였다. 이는 결국 수령에게 협조적이던 조선후기의 향회를 법제화 하려 한 것으로 판단했다. 그러나 1895년 10월 16일 제안된(11월 3일 재가) 〈향회조규〉와 〈향약판무규정〉에 대해서는 선거권과 피선거권에 반상을 구별하지 않았고, 회의 의석의 서열을 부와 역의 다과에 두고 있어서 신분제적 운영원리를 배제하고 있다는 점을 들어 참정권의 확대가 가능해졌고, 회의의 민주주의적 운영이 이루어졌다는 점을 긍정적으로 평가하고 있다.[2]

---

1) 이상찬, 「1894~1905년 지방제도 개혁의 방향 -향회의 법제화 시도를 중심으로-」, 『진단학보』 67, 1989; 김용섭, 「갑신갑오개혁기 개화파의 농업개혁론」, 『한국근대농업사연구』(증보판), 일조각, 1990에서도 일부 언급되고 있으나 개화파들의 논의가 중심이다.

2) 이상찬, 앞의 글, 87쪽. 유길준이 발의한 향회조규에 대해서는 “국민의 생명과 재산을 스스로 보호하게 하기 위해 제정되었다”다고 하였다(같은 글, 93쪽).

여기서는 먼저 개화파의 '근대적' 향촌질서 구상이 가지는 몇 가지 특징과 의미를 조선후기 이래 농민전쟁에 이르기까지 민중들이 아래로부터 만들어 나간 새로운 향촌질서의 가능성과 비교하는 속에서 새롭게 조명해보고자 한다.[3)]

동학농민전쟁은 1894년 말 최고지도자였던 전봉준이 체포되면서 사실상 끝이 났지만, 농민전쟁이 진행 중이던 1894년 6월부터 일본군의 영향을 받

3) 필자 역시 조선후기 이래 민란과 동학농민전쟁을 거치며 권력과 치자층의 억압과 부정부패에 맞서 생활과 생존을 지키려던 민중이 아래로터 새로운 향촌질서 내지 '민주적' 질서를 만들어가고 있었다는 점에 대해 주목한 적이 있다(배항섭, 「19세기 지배질서의 변화와 정치문화의 변용 -仁政 願望의 향방을 중심으로-」, 『한국사학보』 39, 2010; 「19세기 후반 민중운동과 公論」, 『한국사연구』 161, 한국사연구회, 2013; 「19세기 향촌사회질서의 변화와 새로운 공론의 대두-아래로부터 형성되는 새로운 정치질서-」, 『조선시대사학보』 71, 2014). 또 최근 몇 차례의 학술회의에서 조선후기의 향회와 그 이후 민란과 농민전쟁을 거치며 아래로부터 형성되어 간 '민회'와 정치체제 구상 등이 가지는 의미를 갑오을미개혁기의 향회론이나 독립협회의 의회론과 비교를 통해 살피고, 나아가 그것을 서구중심적 근대중심적 역사인식과는 다른 맥락, 곧 갑오개혁이나 독립협회의 '근대적' 구상이 아래로부터 형성되어 가던 가능성을 억압했다는 시각에서 이해할 것을 주장한 바 있다. "동학농민전쟁: 민중사를 통해 다시 보는 근대"(2019년 6월 27일~28일 한국학중앙연구원, 한국프랑스사학회, 서울대학교 역사학연구소 주최 국제학술회의 「프랑스혁명에서 '촛불혁명'까지: 혁명의 세계사를 향하여」); ""근대' 전환기 민중운동과 '민주적' 질서의 향방-민중운동의 민회와 갑오개혁의 향회를 중심으로-"(2020년 8월 25일 성균관대 동아시아학술원 주최 학술회의 「근대전환기 국가 권력과 사회 질서」); "동학농민혁명 인식의 전환과 세계화"(2023년 8월 29일 동학농민혁명기념재단 주최 학술대회, 「동학농민혁명기록물의 유네스코 세계기록유산 등재와 세계화」). 이러한 발표문의 일부 내용은 배항섭, 「19세기 향촌사회질서의 변화와 새로운 공론의 대두」, 배항섭 엮음, 미야지마 히로시 외 지음, 『동아시아의 근대 장기지속으로 읽는다』, 너머북스, 2021에서 언급한바 있고, 동학농민혁명기념재단에서 발간된 도록에 싣기도 했다(배항섭, 「동학농민혁명기록물에 내포된 가치와 의미」, 동학농민혁명기념재단, 『세계에 새겨진 혁명의 기록』, 2024, 224~234쪽 참조).

은 개화파 정권에 의해 시작된 근대화를 추구하는 개혁, 곧 갑오개혁은 1895년에도 이어졌다. 이와 관련하여 주목하고 싶은 점은 이른바 근대적 개혁이 이루어지는 과정에서 조선후기 이래 공동납에 대한 대응, 민란, 동학농민전쟁 등을 거치며 아래로부터 형성되어간 새로운 질서의 가능성은 오히려 퇴조 내지 억압되었다는 사실이다. 여기서는 갑오·을미개혁기에 조선정부가 시도한 향회와 관련한 법제화 시도, 특히 1895년 10월 당시 내부대신 서리 겸 내부협판이었던 유길준의 〈향회개설론〉에 주목하고자 한다.

우선 여기서 유길준에 앞서 제시된 문명개화론자들의 '향회개설론'에 관해 간단히 살펴보면 다음과 같다. 1888년 갑신정변 이후 일본에 망명 중이던 박영효가 고종에게 올린 〈건백서(建白書)〉에는 "현회(縣會) 설립론"이 들어있다. 박영효는 "현회의 법을 만들어 민사(民事)를 민들이 의논하게 하여 공사(公私) 모두에게 편리하게 할 것"을 건의하였다. 그는 우선 조선시대에는 산림(山林) 좌수(座首)가 모두 유교에 입각, "민망(民望)에 따라 선발되어 민국(民國)의 일들을 협의하였음"을 지적하였다. 이어 그것은 우리나라에도 군민공치(君民共治)의 유풍이 있었음을 말하는 것이므로 지금 그 법을 확장하여 점차 정교하고 좋게 만들어 가면 문명의 법이 될 것이라고 주장하였다.[4] 그러나 조선시대에 좌수나 산림을 선정하는 민의는 사족에 국한되어 있었다. 박영효는 현회(縣會) 구성원도 조선시대의 좌수처럼 현 내의 민의에 의해 선발한다는 점을 전제하고 있는 것처럼 보이지만, 민의를 구성하는 대상이 누군지, 또 현회의 구성방법이나 회원의 자격이나 조건 등에 대해서는 구체적인 언급이 없다. 갑오개혁 시기에 향회 개설과 관련하여 가장 먼저 제시된 것은 1894년 7월 12일(양 8월 12일) 군국기무처에서 의결된 '향회설립' 관한 의안이다. 그 내용은 다음과 같다

4) 전봉덕, 「박영효와 그의 상소 연구서설」, 『東洋學』 8, 1978, 231~232쪽.

> 도신(道臣)으로 하여금 지방관에 명령하여 향회를 설립하되 각 면의 인민들이 종명(綜明)하고 노련한 자 각 1인을 권선(圈選)하여 향회원(鄕會員)으로 삼고 본읍 공당(公堂)에 모여 무릇 발령(發令), 의료 등에 관한 사항으로 마땅히 본읍에서 시행하고 조치를 취해야 할 일의 옳고 그름을 평의하여 공동으로 결정한 후 시행하도록 할 것.5)

박영효의 건백서와 유사한 맥락으로 보이며, 향회원의 '신분'이나 조건, 권선 참여자의 범위나 방법 등에 대해서는 역시 분명한 규정이 없다.

향회원의 신분이나 조건은 같은 해 9월 1일 탁지부에서 내린 〈결호전봉납장정(結戶錢捧納章程)〉에 좀 더 구체적으로 제시되어 있다. 이와 관련된 내용은 〈장정〉의 제5~8조에 포함되어 있으며 그 내용은 다음과 같다.

> 5. 읍에서 향회를 설치하고 염간인(廉幹人)을 공거(公擧)하되 문(文)·음(陰)·무(武)·생(生)·진(進)·유학(幼學)에 구애받지 말고 향원(鄕員)이라고 칭하고 결호전 및 공화(公貨)를 검납(檢納)하게 한다. 대읍(大邑)은 3인, 중읍은 2인, 소읍은 1인을 공거할 것.
> 6. 각 면에서도 염간인을 공거하여 면향원이라고 칭하고 공화를 검납하되 읍 향원의 지시에 따라 읍에 납부하든지 혹은 은행에 수송하게 할 것.
> 7. 향원의 월급 및 지필묵(紙筆墨) 값은 간략히 마련하고 하예(下隷)는 읍속(邑屬), 향소(鄕所) 소속 및 읍예(邑隷)로써 거행하게 할 것.
> 8. 읍의 재정 지출, 지방관의 봉급, 이서층의 수고비는 모두 향원으로 하여금 예전의 예를 살펴 나누어 지출하게 하되 잘못된 예는 논하지 말 것.6)

---

5) "令道臣飭地方官設鄕會 使各面人民 圈選綜明老鍊各一人 作鄕會員 來會于本邑公堂 凡發令醫療等事 當自本邑施措者 評議可否 公同決定然後施行事"(『舊韓國官報』, 開國五百三年七月十二日; 유영익, 『갑오경장연구』, 일조각, 1990, 163, 231쪽).

6) 「結戶錢捧納章程」, 『한국근대사기초자료집 8』, http://db.history.go.kr/id/mh_008_

읍향원이나 면향원 모두 청렴하고 유능한[廉幹] 사람으로 '공거(公擧)'한다는 점은 마찬가지이지만, 읍향원의 경우 그 자격을 문·음·무·생·진·유학으로 국한하고 있어서 '신분적' 제한을 두고 있었던 것으로 보인다. 면향원의 신분에 대해서는 구체적 규정이 없지만, 읍의 재정 지출, 지방관의 봉급, 이서층의 수고비 지출에 대한 권한을 향원에게 주고 있다는 점에서 이전 향회의 회원에 비해 권한이 강화된 것으로 보인다. 그러나 (탁지부 소속으로) 관으로부터 월급과 지필묵 값을 받고, 읍의 하예들을 거느린다는 점에서 향원들의 지위가 사실상 관리에 가까운 존재로 변했음을 알 수 있다. 이는 권력으로부터의 자율성이라는 면에서 새로운 향회에 심각한 문제가 있었음을 시사한다.

향회개설 구상을 가장 구체적으로 제시한 인물은 유길준이었다. 동학농민전쟁이 사실상 끝난 지 10개월 정도 후인 1895년 10월 16일 유길준에 의해 청의되어 11월 3일 공포된 〈향약판무규정(鄕約辦務規程)〉(이하 규정)과 〈향회조규(鄕會條規)〉(이하 조규)의 내용 가운데 주목되는 것은 아래와 같은 조항들이다.

〈鄕約辦務規程〉

第一條

三, 尊位는 名譽로 호되 年三十以上으로 ᄒᆞ고 一年으로 遞期를 定호되 每年 正月에 該里人民이 會議ᄒᆞ야 班常을 拘치 勿ᄒᆞ고 圈選ᄒᆞᆫ 後에 該面에 報ᄒᆞ거든 面으로셔는 各里尊位를 本郡에 合報홈

第二條

三, 執綱은 名譽로 호되 年三十以上으로 ᄒᆞ고 一年으로 遞期를 定호되 每年 正月에 該面內 各里尊位及公擧人이 公同會議ᄒᆞ야

班常을 拘치 勿ᄒᆞ고 圈選ᄒᆞ야 本郡에 報홈.

第四條 執綱 尊位의 座에 在ᄒᆞᆫ 時ᄂᆞᆫ 班常을 拘치 勿ᄒᆞ고 同等으로 待遇홈.

第五條 風憲 約正 勸農 洞長 里正等 名目은 廢止홈

第七條 府郡에 公同의 役은 各該面 戶數로 准ᄒᆞ고 一面에 公同의 役은 各該里 戶數로 准ᄒᆞ고 一里에 公同의 役은 各戶의 壯丁數로 准홈

〈鄕會條規〉

第一條 鄕會ᄂᆞᆫ 大中小 三會로 定홈.

一 里會[小會 三十戶에 不及ᄒᆞᄂᆞᆫ 里에서ᄂᆞᆫ 便宜로 隣里와 協議ᄒᆞ고 合併開會ᄒᆞᆷ을 得홈]

二 面會[中會 西路의 坊과 北關의 社에도 面會例로 홈]

三 郡會[大會]

第二條 里會會員은 尊位와 該里內 每戶一人으로 홈. 但 懲役 及租稅滯納處分을 受ᄒᆞᆫ 者ᄂᆞᆫ 會員을 못홈

第三條 面會會員은 執綱과 該面所屬 各里尊位及 各里에서 臨時公擧ᄒᆞᆫ 二人以下로 홈

第四條 郡會會員은 郡守와 各面執綱 及 各面 公擧人 各二人으로 홈

第九條 數面에 關涉ᄒᆞᄂᆞᆫ 事項이 有ᄒᆞᆫ 時ᄂᆞᆫ 各該面 執綱 及 尊位가 會議ᄒᆞᆷ이 可홈. 但 意見이 歸一치 아니ᄒᆞᄂᆞᆫ 時ᄂᆞᆫ 郡守에게 裁決을 請ᄒᆞᆷ이 可홈.

第十一條 里會ᄒᆞᄂᆞᆫ 席에ᄂᆞᆫ 書記가 會議事項을 朗讀ᄒᆞ고 各會員이 論難ᄒᆞ야 多數의 意見을 從ᄒᆞ야 決호ᄃᆡ 尊位가 否타ᄒᆞᄂᆞᆫ 時ᄂᆞᆫ 再議를 行ᄒᆞ고 再議를 行ᄒᆞ야도 猶且前議와 갓튼 時ᄂᆞᆫ 面執綱에게 裁決을 請홈.

第十二條 面會ᄒᆞᄂᆞᆫ 席에ᄂᆞᆫ 書記가 會議事項을 朗讀ᄒᆞ고 各 會員이 論難ᄒᆞ야 多數의 意見을 從ᄒᆞ야 決호ᄃᆡ 執綱이 否라ᄒᆞᄂᆞᆫ 時ᄂᆞᆫ 再議를 行ᄒᆞ고 再議를 行ᄒᆞ야도 猶且前議와 갓튼 時ᄂᆞᆫ 郡守에게 裁決을 請홈.

第十三條 郡會ᄒᆞᄂᆞᆫ 席에ᄂᆞᆫ 校中都有司로 會議事項을 朗讀ᄒᆞ고 各會員이 論難ᄒᆞ야 多數의 意見을 從ᄒᆞ야 決호ᄃᆡ 郡守가 否타ᄒᆞᄂᆞᆫ 時ᄂᆞᆫ 再議 及 三議ᄅᆞᆯ 行ᄒᆞ고 再議 及 三議ᄅᆞᆯ 行ᄒᆞ야도 猶且前議와 갓튼 時ᄂᆞᆫ 觀察使에게 裁決을 請홈

第十六條 凡里面郡會ᄒᆞᄂᆞᆫ 議席에ᄂᆞᆫ 賦役이 多ᄒᆞᆫ 上等戶民이 執綱 尊位 次席에 座홈. 郡會에ᄂᆞᆫ 一郡의 上等戶오 面會에ᄂᆞᆫ 一面의 上等戶오 里會에ᄂᆞᆫ 一里의 上等戶로 홈.7)

핵심 내용은 군·면·리 단위에 각기 대회·중회·소회라는 향회를 두도록 한 것이다. 소회 곧 이회는 각 동리의 존위와 해당 동리의 매호 1인으로, 중회는 각 면의 집강과 해당 면 소속 각 리의 존위, 그리고 각 리에서 임시로 선출한 2인의 회원으로 구성되었다. 대회는 군수와 각 면의 집강, 그리고 각 면에서 공거(公擧)된 각 2인 등으로 구성되었다. 각급 향회의 구성 방식, 향회 회원들의 신분이나 자격 등이 이전의 '향회론'에 비해 구체적으로 제시되고 있다. 그러나 면회의 구성원 가운데 집강과 해당 면 소속 각 리의 존위 이외에 각 리에서 2명씩 공거하게 되어 있는 면회원, 군회의 구성원 가운데 군수와 각 면의 집강 이외에 각 면에서 2명씩 공거하게 되어 있는 군회원을 공거하는 방법이나 절차는 분명히 제시되어 있지 않다.

면회나 이회의 수장인 집강과 존위의 자격에 신분적 제약을 두지 않고 있다는 점이 눈에 띄며, 또한 향회의 수좌 내지 수장은 각급 향회 별로 존위·집강·군수가 맡으며 차석은 부역을 많이 담당하는 호의 대표가 맡도록 한 점 역시 주목된다. 각급 향회는 교육, 호적 및 지적, 위생, 사창(社倉), 도로 및 교량, 식산흥업, 공공산림 및 제언보항(堤堰洑港), 제반 세목과 납세, 겸황(歉荒)과 환난의 구휼, 공공복역(公共服役), 제반 계회(稧會), 신식칙

7) 「鄕約辦務規程」 및 「鄕會條規」, 『內部請議書 2』, 개국504(1895)년 10월 16일.

령(新式令飭)에 관한 일 등 12항목의 문제를 논의하도록 하였다. 사실상 주민들의 일상과 관련한 모든 공적인 문제들을 망라하다시피 한 것이다. 논의사항에 대한 의결은 대중소의 각 향회에서 모두 다수결에 따르도록 하였지만, 사실상 각급 향회의 수장인 존위와 집강, 군수에게 거부권이 주어졌고, 이후 거듭된 논의에도 합의에 이르지 않을 경우 차상급 향회의 수장이 최종적으로 재결하도록 하였다.

앞서 언급했듯이 기왕의 연구들에서는 1895년 10월 16일 제안된(11월 3일 재가) 〈향회조규〉와 〈향약판무규정〉에 대해 신분제적 운영원리를 배제하고 있다는 점을 들어 참정권의 확대가 가능해졌고, 회의의 민주주의적 운영이 이루어졌다는 점을 평가하고 있다. 물론 기왕의 연구 가운데서도 향회와 관련한 〈규정〉과 〈조규〉에 대해서 대체로 중앙집권적 체제의 강화와 연계된 관치보조적 성격이 지적되기도 했다. 예컨대 김익한의 경우 1895년 11월에 공포된 〈규정〉과 〈조규〉 가운데 군향회의 수장을 군수가 겸직한다는 대목 등에 주목하여 향회의 자치성을 부정하고 행정기구의 보좌역할을 수행하는 '자치기구'로 만들려 했다는 점, 그리고 중회와 소회는 사실상 집강과 존위의 자문기구로서 역할을 할 수밖에 없었고, 이는 결국 집강과 존위가 각각 행정기구화하는 전단계였음을 보여주는 것이라고 비판하였다.[8] 그러나 지금까지의 연구에서는 대체로 향원(鄕員)의 자격에 신분의 제한을 두지 않는다는 점과 민의 요구를 일정하게 수용한 정책이라는 점 등을 근거로 '발전적'인 것으로 평가되고 있다. 또 갑오개혁기의 〈규정〉과 〈조규〉는 향원으로 하여금 조세 검납과 수송을 담당하게 했다는 점에서 이서배들에 의해 자행되던 조세수취상의 폐단을 교정하고, 국가재정을 확

8) 김익한, 「4. 지방자치제의 추이」, 『신편 한국사 44 : 갑오개혁 이후의 사회·경제적 변동』, 국사편찬위원회, 2000. 442~447쪽 참조.

충하기 위한 조치였던 것으로 평가받는다.[9)]

이러한 연구는 조선후기 향회로부터 개화파의 향회론으로 이어지는 향촌 질서의 변화 과정을 민주적 질서와 근대사회로의 '발전'이라는 맥락에서 접근한 선구적 연구로서의 의미를 가진다. 그러나 그는 갑오·을미개혁시기 개화파의 향회론을 사족중심의 전통적 향회와만 비교함으로써 민중에 의해 아래로부터 형성되어 간 향촌사회의 새로운 공론이나 '민회'류의 새로운 논의구조가 가지는 의미에 대해서는 살피지 못하고 있다. 또 신분제의 탈각을 지나치게 강조함으로써 1895년의 〈규정〉과 〈조규〉를 "근대적 정치세력의 정치적 진출", "민주주의적 발전"이라는 긍정적, 발전론적 맥락에서만 이해한 반면, 〈규정〉과 〈조규〉가 경제적 능력에 따른 차별을 법제화한 점에 대해서는 외면하고 있다는 점에서 간단치 않은 문제를 남기고 있다.

(2) '근대'에 억압·횡령된 새로운 정치질서 구상

앞서 언급했듯이 〈향회개설론〉에 대해 기왕의 연구들은 대체로 불합리한 제도나 법을 개선하여 이른바 지방에서 민의 정치참여를 보장하고자 하였다는 점 등을 지적하며 정치의 근대화를 추구하였거나 '근대적' 조세제

---

9) 윤정애, 「한말 지방제도 개혁의 연구」, 『역사학보』 105, 1985; 이상찬, 앞의 글, 1989; 유정현, 「1894~1904년 지방재정제도의 개혁과 이서층 동향」, 『진단학보』 73, 1992; 이윤상, 「1894~1895년 개화파정권의 재정제도 개혁」, 『국사관논총』 77, 국사편찬위원회, 1997; 왕현종, 『한국 근대국가의 형성과 갑오개혁』, 역사비평사. 2003; 정용화, 『문명의 정치사상 : 유길준과 근대 한국』, 문학과지성사. 2004; 김태웅, 『한국근대 지방재정 연구 : 지방재정의 개편과 지방행정의 변경』, 아카넷, 2012; 양진아, 「갑오·을미개혁기 유길준의 향회개설론」, 『한국사학보』 68, 2017 참조.

도, 지방제도를 만들어가는 과정이었던 것으로 이해하고 있다. 향회법제화는 이러한 측면에서 분명히 긍정적 의미를 가지고 있었다. 그러나 기왕의 이해에는 간과할 수 없는 문제가 있다. 이러한 향회 이해는 대체로 발전론적 시각에 입각해 있는 것으로 보이며, 무엇보다 향회의 법제화를 구래의 사족 중심의 향회와만 비교하고 있을 뿐이다. 조선 후기 이래 민중 레벨에서 권력과 향촌 유력층의 부당한 침해, 부세운영에서 보이는 불공정성·불투명성에 대응하여 아래로부터 형성해간 '민중공론'과 '민회' 형태의 새로운 논의기구, 이러한 경험을 토대로 더욱 진전되어 간 자치적 논의기구인 동학농민전쟁 시기의 집강소와 비교하여 이해하려는 시도는 전혀 없었다.[10)]

이는 재정정책의 효율성이나 행정 편의에 기초한 권력 측의 의도 내지 위로부터의 계기가 중점적으로 고려되고 있는 반면, 아래로부터의 계기 내지 민중의 '자율적' 노력에 의해 형성되어 새로운 향촌질서(나아가 국가 차원의 정치질서)가 가진 의미에 대해서는 외면하는 연구시각과 밀접한 관련이 있다고 생각한다. 예컨대 면리 단위의 집강이나 존위 등에게 세금과 관련한 실무뿐만 아니라 면리 단위의 공적 업무를 망라하다시하여 맡길 수 있었던 것은 조선시대 행정시스템의 말단에서 그들이 수행해온 역할과 관련이 있다. 특히 18세기 중반 이후 공동납 제도 등에 대응하는 과정에서 향촌 내부에서 자율적으로 행정적 실무 담당 능력을 배양해왔다는 점과 무

10) 김익한의 경우에도 1895년 11월의 향회 관련 〈규정〉과 〈조규〉가 자치성이 상당히 후퇴한 형태로 귀결되었음을 비판하였지만, 그것은 어디까지나 좌수·별감을 중심으로 한 조선시대의 '향약질서'가 지방정치의 향방을 결정하는 데에 그 나름으로 역할하고 있었다는 점과 비교한 비판이었다. 18세기 후반부터 '관주도의 향촌 통제책', '수령-이향 체제' 등이 성립하면서 향회의 자치성이 현저히 약화되고 향회가 수령의 보좌기구로 전락해가고 있었던 점, 그리고 무엇보다 그러한 변화 속에서 '민회' 같은 아래로부터의 새로운 논의구조가 형성되고 있었다는 사실에 대해서는 고려하지 못하고 있다(김익한, 앞의 글, 참조).

관할 수 없다. 개화파의 향회론이 가지는 성격이나 의미를 파악하기 위해서는 사족들만 참여하는 향회가 아니라, 공동납에 대한 대응과 민란, 농민전쟁을 거치며 아래로부터 형성되어 간 '민중공론'이나 '민회'와 비교하는 방법이 반드시 요청된다.[11)]

여기서는 위에 인용된 〈규정〉과 〈조규〉 가운데 조선후기 이래 동학농민전쟁에 이르기까지 민중이 당면하였던 과제들에 대응하는 과정에서 만들어 온 '민회'나 농민군 집강소와 뚜렷이 비교가 되는 몇 가지 조항에 대해서만 살펴보자.[12)] 우선 〈규정〉 제1조와 2조의 3항, 그리고 4조는 신분적 차별을 부정하는 조항이다. 그러나 신분적 차별이 없어지는 대신 〈조규〉 제2조와 제16조를 통해 알 수 있듯이 이전과 달리 경제적 면의 차별이 선명하게 강조되고 있다. 제2조에서는 조세를 체납한 호에 대해 이회(里會)의 회원 자격을 박탈하고 있다. 또한 제16조 "이면군회(里面郡會)ᄒᆞᄂᆞᆫ 의석에는 부역이 많은 **상등호민이 집강 존위 차석에 자리함**"이라는 규정 역시 경제적 차별을 노골적으로 드러낸 조항이다. 또 제3조에서는 "면회 회원은 집강과 해면(該面) 소속 각 리 존위 및 각리에서 임시 공거ᄒᆞᆫ 2인 이하"로 구성한다고 규정하였으며, 제4조에서는 "군회 회원은 군수와 각 면 집강 및 각 면에서 공거(公擧)한 각 2인으로" 구성하는 것으로 규정하고 있다. 이러

11) 사실 이는 무엇보다 근대중심적 역사인식을 벗어나기 위해 요청되는 접근 방법이라 할 수 있다.

12) 물론 <규칙>과 <규정>은 제대로 이행되지 못함으로써 면·리의 운영은 여전히 전통적인 관례를 따르는 곳이 많았고(유영익, 「갑오경장」, 『신편 한국사 39: 청일전쟁과 갑오개혁』, 1999, 289쪽), 지역 사정에 따라 일부 변형되어 적용되기도 했다. 섬으로 구성된 전라도 지도군에서는 군·면·리 단위에 각기 군회·면회·이회를 두는 대신 군회·도회(島會)·이회를 두었으며, 회의에서 다루는 사항이나 회의 구성과 운영 방식 면에서도 조금씩 지역 사정이 반영되었던 것으로 보인다(오횡묵 저, 김정섭·김형만 역, 『智島郡叢瑣錄』, 신안문화원, 2008, 97~102쪽.

한 규정은 면회나 군회를 구성하는 각리 혹은 각 면에서 공거하는 2인에는 회의시 수좌의 다음 자리를 차지하는 상등호민, 곧 부역을 많이 부담하는 사람이 선임되었으리라는 점을 추정케 한다. 면회나 군회의 구성원 자격이나 수를 고려할 때 면 단위 이상의 향회 구성원들 가운데는 세금을 많이 납부하는 주민들이 사실상 과반을 차지했음을 보여준다. 이는 결과적으로 경제적 부를 정치적 '발언권' 내지 '권력'으로 연결시킴으로써 경제적 불평등의 법제화를 추구한 것이며, "향중공론"이 더 많은 재산을 가진 자들에 의해 크게 좌우될 수밖에 없었음을 의미한다. 이는 조선후기 이래 새로운 공론이나 논의기구가 형성되면서 이회나 동회, 면회, 읍회 등의 '민회'에서 참석자들이 신분차별뿐만 아니라, 경제적 차별까지 점차 극복되어가고 있었던 점과 대조된다.

또 〈규정〉 제7조 "부군(府郡)에 공동(公同)의 역(役)은 각 면의 호수(戶數)를 기준으로 삼고, 일면에 공동의 역은 각 리의 호수를 기준으로 삼으며, 일리(一里)에 공동의 역은 각호의 장정수를 기준으로 삼는다."라는 규정 역시 '공동의 역'의 경우 재산이 많을수록 더 부담하는 것이 아니라, 재산과 무관하게 가호별로 균등하게, 혹은 가호별 장정의 수에 따라 분담하도록 하고 있다는 점에서 경제적 불평등을 사실상 온존하거나 악화시키고 있음을 알 수 있다. 이는 민중공론이나 민란에서 논의되던 부세부담 원칙과 비교된다. 예컨대 제5장과 제6장에서 살펴보았듯이 1862년 민란 당시 각 군현이나 면리에 부과된 부세를 분정하는 원칙이나 기준을 토지소유 규모로 삼을 것인지, 아니면 호구를 단위로 삼을 것인지를 둘러싸고 대민과 소민 간에 갈등이 심각하였다. 나아가 공동 부역의 부과방식이 호역(戶役)에서 결역(結役)으로, 곧 빈부 구별 없이 가호마다 일률적으로 부과하는 것이 아니라 실질적 담세능력을 보여주는 경작 규모를 기준으로 변화하기도 했다.

한편 〈조규〉에서 또 하나 지적하지 않을 수 없는 점은 특히 토지소유 규모 등 빈부와 무관하게 부역을 부담해야 하는 당사자인 대부분의 소민들이 면회나 군회 등 상급 향회로 올라갈수록 논의 과정에서 배제될 수밖에 없었다는 점이다. 민중에 의해 아래로부터 형성되어 가던 담세 기준이나 원칙의 이러한 변화 과정을 고려할 때 〈규정〉과 〈조규〉는 성장해오던 '민중공론'의 공정성, 당사자성 등에 역행하는 것이며, 부자들에게 일방적으로 유리한 것이었음을 알 수 있다. 공동납 시행 이래 민란을 거치며 많은 지역에서 사족들만의 '향회'가 아니라 신분과 무관하게 지역 주민들이 함께 참여하는 '민중공론'을 통해 만들어 가던 좀 더 공정한 분정 원칙이 억압되고 있었음을 확인할 수 있다.

또한 〈규정〉 제1조 3항에 의하면 동리 단위의 '소 향회', 곧 이회의 수장인 존위는 그 마을 인민들이 "회의하여 반상에 구애되지 말고 권선"하게 되어 있지만, 제2조 3항에 면회의 수장인 집강은 해당 면내 "각리의 존위 및 공거인이 공선(公選)"하도록 규정되어 있고, 〈조규〉 제4조에 군회의 수장은 군수가 맡도록 규정되어 있다. 이는 향회의 자율성이 상급 향회로 갈수록 약해질 수밖에 없었음을 의미한다. 이에 따라 1894년 고성민란 당시의 〈민회소〉 사례에서 보이듯이 주민들은 장부조사를 위한 대표들을 '민중공론'에 따라 선정하고, 대표들이 〈사실소〉의 조사를 통해 군수의 권한까지 견제, 감시할 수 있었던 가능성은 사라졌다. 이는 아래로부터 민중에 의해 마련되어 가던 새로운 질서의 가능성이 억압되었음을 의미한다. 언뜻 보기에 수령의 거수기 역할을 강요받던 수령-이향지배체제 아래의 향회와 유사한 듯하지만, 후술하는 바와 같이 군수-관찰사의 직접적인 통제가 법제화되었다는 점에서 오히려 자율성 면에서는 더욱 취약해질 수밖에 없었던 것으로 보인다.

더구나 〈조규〉 제11, 12, 13조는 '민회' 단계에서 확보 내지 진전되어 간 주민 집단의 자율성, 곧 자신들의 문제를 자신들이 직접 참여하고 협의 과정을 거쳐 결정해 나가던 의사결정 과정의 자율성이 사실상 부정되고 있음을 더욱 분명히 보여준다. 앞서도 언급했듯이 소·중·대 향회의 수장인 존위, 집강, 군수에게는 거부권이 주어졌고, 이후 거듭된 논의에도 합의에 이르지 않을 경우 차상급 향회의 수장이 최종적으로 재결하도록 하였다. 이회와 면회의 경우 재의(再議), 군회의 경우 삼의(三議)하여도 수장의 의견과 일치하지 않을 때는 최종 재결권이 상급 향회의 수장, 곧 이향회의 경우 면집강, 면향회의 경우 군수, 군향회의 경우 관찰사에게 부여되었다.[13] 더구나 〈조규〉 제9조에서는 "여러 면에 관계가 있는 사항"은 해당 면들의 집강과 존위가 회의하여 정하되, 합의가 되지 않을 경우 군수가 재결할 수 있게 하였다. 존위와 집강만 장악하면 군현 단위의 향중 공론은 언제든지 왜곡·억압될 수 있었고, 그것이 여의치 않다 하여도 군수나 관찰사에 의해 '향중공론'은 언제든지 무력화될 수밖에 없었다. 이전 시기와 비교해 볼 때 이회나 면회, 군회 모두 자율성이 크게 훼손되었고, 군수와 관찰사라는 공식적 행정시스템의 하부에 더욱 깊숙이 편입되어 갔음을 보여준다.

유길준을 비롯한 개화파의 향회론이 아래로부터의 요구, 면리를 비롯한 향촌사회 내부에서 주민 집단들에 의해 성장해 가던 새로운 질서의 가능성

---

13) 이러한 권력관계의 변화는 지역에 따라 17세기 후반 이후 사족의 지위가 점차 하락하면서 사족들이 수령을 견제할 수 있는 핵심적 수단이었던 향임층에 대한 천망권조차 사실상 박탈당하고 나아가 수령이 향임을 (신향출신으로) 특차(特差)하는 경우도 있었던 상황과 유사하다(나선하, 「17세기 영암지방의 향안·향전과 향촌지배 질서의 추이」, 『지방사와 지방문화』 16-2, 2013, 169~170). 그러나 수령의 향임 특차가 한편으로는 향청의 의견을 부정하는 것이 현실적으로 어려웠음을 방증한다는 점에서 향회의 자율성은 수령에 의해 향회의 공론이 거부될 수 있음을 명문화한 〈조규〉 단계에서 더욱 약화된 것으로 판단된다.

을 압살하려는 의도에서 나온 것인지는 분명치 않다. 그러나 유길준은 당대의 정치적, 사회적 문제를 위에서 아래를 내려다보는 시선으로 접근하였고, 이로 인해 '국가'라는 공동체를 지나치게 강조하면서 국가 구성원 간의 횡적 관계를 소홀히 했고,[14] '민중' 개념을 유산자(有産者)에 국한하고 점진주의적 개량을 강조하는 "보수적 현실주의자"였던 것으로 이해되고 있다.[15] 또 이 무렵 문명개화론자들의 시각 역시 우민관에 갇혀 있었다. 예컨대 「독립신문」에서는 우민관에 의거하여 "문견도 없고 진보한 생각도 없는 것을 알지니, 이러한 백성을 가지고 하의원을 꾸미자 하는 사람도 있으나 우리 생각에는 대단 불가"하다,[16] 또는 "백성에게 민권을 주어서 하의원을 실시하는 것은 도리어 위태"하다고 하였다.[17] 이러한 기사들로 미루어 볼 때 개화파 계열의 지식인이나 집단들에게는 민중에 대한 차별과 멸시, 아래로부터 형성되어 가던 새로운 질서에 대한 모종의 두려움 같은 것이 있었다고 생각된다. 설사 그렇지 않다고 하더라도 갑오·을미개혁 시기

14) 김윤희, 「근대 국가구성원으로서의 인민 개념 형성(1876~1894)—民=赤子와 『西遊見聞』의 인민—」, 『역사문제연구』 13, 2009, 328쪽.

15) 김신재, 「갑오개혁기 이전 유길준의 민권관과 정치체제관」, 『경주사학』 22, 2003, 345쪽.

16) 「독립신문」, 1898년 7월 26일. 인민이 문견도 없고 진보한 생각도 없는 것을 알지니, 이러한 백성을 가지고 하의원을 꾸미자 하는 사람도 있으나 우리 생각에는 대단 불가한 것으로 아는 바라".

17) 「독립신문」, 1898년 7월 27일. "우리나라 인민들은 몇 백 년 교육이 없어서 나라 일이 어찌되든지 자기에게 당장 괴로운 일이 없으면 막연히 상관 아니하며, 정부가 뉘 손에 들던지 조반석죽만 하고 지내면 어느 나라 속국이 되던지 걱정 아니하며 자유니 민권이니 하는 것은 말도 모르고 혹 말이나 들은 사람은 아무렇게나 하는 것을 자유로 알고 남을 해롭게 하여 자기를 이롭게 하는 것을 권리로 아니, 이러한 백성에게 홀연히 민권을 주어서 하의원을 실시하는 것은 도리어 위태함을 속하게 함이라……유익한 학문을 배워다가 인민의 지식이 쾌히 열려 사오십 년 진보한 후에나 하의원을 생각하는 것이 온당하겠도다".

의 향회론이 결과적으로 아래로부터 형성되어 가던 가능성을 억압하는 제도였다는 점은 분명하다.

아래로부터 형성되고 있던 "새로운 질서의 가능성"을 억압, 횡령한 사례는 독립협회의 〈의회설립운동〉에서도 확인할 수 있다. 독립협회에서 의회설립 운동을 전개한 사실은 잘 알려져 있다. 1898년 7월 9일에는 윤치호 등이 중추원(中樞院)을 개편하여 의회원(議會院)을 설립할 것을 제의하는 상소를 올렸고, 7월 11일에도 다시 상소하였다.[18] 이어 1898년 10월 24일 의관 50인의 반수(25인)를 투표로 선출하는 '중추원 개편안'을 정부에 제의했고, 황제의 재가를 얻어 11월 4일 〈중추원신관제(中樞院新官制)〉를 공포하였다. 〈중추원신관제〉에서 중추원은 사실상 의회(상원) 역할을 하는 기관으로 규정되었으며, 의관의 반수를 인민협회에서 투표로 선출하고, 입법권, 칙령제정·개폐권, 조약비준권, 행정부의 정책에 대한 동의권, 행정부 건의에 대한 자순권(諮詢權), 건의권 등을 가지게 되었다.

이에 대해서는 국민의 근대적 정치 참여를 실현하는, 나라의 앞날에 서광이 비치는 듯한 일대 개혁으로 평가되기도 한다.[19] 그러나 앞서 살핀 민회의 경험, 그리고 자기 마을 문제를 해결하기 위해 국왕이나 감영에 격쟁 등의 방법으로 소원할 대표를 선정하여 보내는 등 아래로부터의 만들어 간 경험을 전제로 할 경우 독립협회의 의회설립은 오히려 아래로부터 형성되어 가던 새로운 질서의 가능성에 대한 억압 혹은 횡령이라는 의미를 가진다. 〈중추원신관제〉 가운데 의원의 자격과 관련된 조항을 보면 아래와 같다.

제3조 : 의장은 대황제 폐하께서 인재를 가리어 등용하여 칙령으로 임

18) 신용하, 『신판 독립협회연구 : 독립신문·독립협회·만민공동회의 사상과 운동』, 일조각, 2006, 256~257쪽.

19) 신용하, 『한국근대사회변동사강의』, 지식산업사, 2000, 280쪽.

명하고, 부의장은 중추원의 공천에 따라 황제 폐하께서 칙령으로 임명하며, 의관의 절반 숫자는 정부에서 일찍이 나라에 공로가 있었던 사람을 회의하여 황제 폐하께 천거하고, 나머지 절반 숫자는 인민협회 가운데서 나이가 27세 이상인 사람으로 정치적·법률적 학식에 통달한 사람을 투표로 선거할 일.

제16조 : 본 관제 제3조 가운데 인민에서 선거하는 것은 지금은 독립협회에서 할 일.[20]

의관의 자격을 국가에 유공한 자, 그리고 근대 서구의 법률과 정치적 학식이 있는 자로 한정함으로써 아래로부터 새로운 질서를 향한 경험을 축적해온 민중은 배제되고 있음을 알 수 있다.[21] 앞서 언급했듯이 독립협회는 상원을 우선적으로 설치하려고 하면서 하원은 시기상조라고 보았다. 그것은 계몽되지 못한 백성에게 권한을 부여하는 것은 매우 위험하다고 보았기 때문이다.[22]

---

20) 鄭喬, 『大韓季年史』(上), 287~288; 정교 저 조광 편, 김우철 역주, 『대한계년사』(3), 소명출판, 2004, 260. 第三條 議長大皇帝聖簡特授, 副議長因中樞院公薦特授, 議官半數自政府, 以曾有勞勩於國家者會議奏薦, 半數自人民協會中, 以二十七歲以上人通達政治·法律·學識者, 投票選擧之事, 第十六條 本官制第三條中人民選擧, 現今間, 則自獨立協會行之事.

21) 이에 대한 비판적인 견해도 있다. 독립협회가 동학농민군이나 의병, 농민에 대해 비판적이었기 때문에 민주주의적이지 않았다는 비판이다. 그러나 독립협회의 의회 구상이 그 이전 시기부터 온축되어 온 새로운 질서, '민주적' 질서를 억압, 횡령하는 것이라는 점을 지적하지는 못하였다. 신용하의 독립협회 연구에 대한 비판적 견해를 정리한 연구로는 주진오, 「사회사상사적 독립협회 연구의 확립과 문제점」, 『한국사연구』 149, 2010 참조.

22) 민중에 대한 엘리트들의 두려움은 개화파에게만 국한된 것이 아니었음은 물론이다. 예컨대 노엄 촘스키(Noam Chomsky)에 따르면 미국의 민주주의에는 출발부터 귀족적 요소와 불평등한 성격이 내포되어 있었음을 밝히고 있다. 미국 헌법의 주요 설

유길준의 '향회론'이나 독립협회의 '의회설립운동'은 모두 정치체제 문제와 소유체제 문제가 불가분의 관계로 실제로 부단히 연결되어 오면서, 불평등을 구조화해온 '근대 문명'의 속성을 잘 보여준다.[23] 개화파가 법제화한 향회에는 이전 단계의 민회(는 물론 향회)와 비교해 볼 때 〈사설소〉와

계자인 제임스 메디슨(James Maddison)은 그 시절 전세계 누구 못지않게 민주주의를 신봉하는 자였지만, 부유층의 수중에 권력을 두는 방식으로 체제를 설계해야 하고 실제로 그렇게 되었다고 생각했다. 그렇게 해서 만들어진 것이 "(가난한) 다수에 대항해 부유한 소수를 보호하는 기구인" 상원이었다. 당시 상원 의원은 20세기 초까지도 선출직이 아니라 주의회에서 선정되었고 임기가 길었으며 부유층에서 뽑혔다. 메디슨이 말하는 책임감 있는 사람들이었다. 상원은 대부분의 권력을 가졌지만 국민들과는 가장 거리가 멀었다. 반면 국민들과 더 가까운 하원은 역할이 훨씬 미약했다. 일반국민들에게서 나오는 민주화 경향, 즉 아래로부터의 압력은 많은 승리를 거두었다. 1920년대에 여성들은 투표권을 쟁취했고, 노예들은 1960년대에 공식적인 자유를 얻었다. 그러나 귀족적 요소와 민주적 요소의 분열은 미국 역사를 관통해 지금까지도 이어지고 있다(노엄 촘스키 지음, 유강은 옮김, 『불평등의 이유 : 부와 권력이 집중되는 10가지 원리』, 이데아, 2018, 20~28쪽). 얀 네더빈 피터스(Jan Nederveen Pieterse)은 웨스트민스터에 있는 영국 상원의회와 많은 유럽의회에 있는 상원들은 지주들과 귀족, 농업적 이해의 오늘날까지 계속되는 역할을 나타낸다고 하였으며, 이러한 농업적 이해는 '후기봉건(late-feudal)'적 성격이라고 하였다. Pieterse, Jan Nederveen, "Multipolarity Means Thinking Plural: Modernities." *Protosociology: An International Journal of Interdisciplinary Research 26*, 2009, pp.19~35 참조.

23) 토마 피케티에 따르면, "불평등주의체제의 특징은 일군의 담론과 제도적 장치로, 이것들을 통해 해당 사회의 경제적 불평등·정치적 불평등이 정당화되고 구조화된다.", 또 "정치체제와 소유체제는 긴밀히 연결되는데, 한편으로는 돈을 내야 참정권이 주어지는 정치체제 안에서 정치적 권리가 오래 동안 소유자들에게 돌아갔기 때문이고, 다른 한편으로 더 일반적으로는 정치적 다수파가 평온한 법률적 틀 안에서 소유체제를 재정의할 모든 가능성을 다수의 헌법적 규칙들로 강력하게 제한하는 것을 지속했기(여전히 지속하기) 때문이다"(토마 피케티, 안준범 옮김, 『자본과 이데올로기』, 문학동네, 2020, 13~18쪽).

같이 아래로부터 형성되어 가던 중요한 기능, 곧 권력에 대한 견제와 감시 기능이 사실상 외면되고 있었다. 향회의 자율성 역시 매우 취약해졌으며, 신분적·경제적 차별을 배제하면서 새롭게 만들어 가던 향촌사회 운영원리나 공론수렴 과정(공론장의 개방성, 공정성, 동등성), 대표의 선발과 위임을 통해 새로운 '민중공론'을 적극적으로 '국정'에 반영하려는 의지와 노력, 그러한 과정들에 내포되어 있던 다양한 가능성도 억압, 횡령되고 말았음을 알 수 있다.

독립협회의 '의회설립론'이 정치적 '민주화'와 관련하여 제도적, 법적인 측면에서 가지는 의미는 충분히 인정된다. 그러나 농민군의 의사가 적극 반영 내지 개입될 수밖에 없었던 것으로 보이는 농민군의 정치체제 구상, 곧 몇 사람의 훌륭한 선비들이 합의법에 의해 정치를 운영한다는 구상에서 후퇴한 면이 있었음은 분명하다. "유익한 학문을 배워 인민의 지식이 쾌히 열려 사오십 년 진보한 후에나 하의원을 생각하는 것이 온당하겠다."고 한 「독립신문」의 기사에서도 미루어 짐작할 수 있듯이,[24] 의회 운영에 민중의 자율적 참여나 개입은 완전히 배제될 수밖에 없었기 때문이다.

서구의 근대를 적극 수용하고자 한 엘리트층의 민중에 대한 우민관과 두려움은 오랜 기간 동안 생활을 지키고 생존을 이어가기 위해 분투해온 민중에 의해 아래로부터 형성되어 가던 새로운 질서, 새로운 체제의 가능성을 좌절시킨 가장 중요한 원인이었다. 나아가 그 속에 담겨 있던 다양한 시간들의 결합과 재배치에 의한 근대 이후 체제에 대한 구상의 가능성 역시 문명개화론자들이 추구한 서구적 '근대'에 의해 억압, 횡령되고 말았다.

---

24) 「독립신문」, 1898년 7월 27일.

2. '근대적' 사적 소유 개념의 도입과 무산된 '평균분작' 구상

조선 초기의 토지제도인 과전법이 붕괴되고 그를 이은 직전법마저 폐지된 이후 일반 민전의 토지소유구조에는 사실상 근대적 토지소유와 유사할 정도로 배타적 소유권이 확보되어 있었으며, 토지의 매매도 자유로웠다. 그에 따라 이미 조선 전기부터 토지소유의 불균등이 사회적 문제로 제기되었으며, 왕토사상에 입각한 토지개혁론이 일찍부터 조야의 지식인들에 의해 제출되었다.[25] 그러나 조선 왕조정부에서는 한 번도 이러한 토지소유구조나 자유로운 매매관습을 개혁하려고 하지 않았다. 19세기에 들어 잦은 민란과 서세동점에 따른 대내외적 위기를 맞아 내정에 대한 다양한 개혁방안이 제시되었지만, '근대지향적' 개혁을 추구한 관료나 개화파 지식인에 의해 제기된 개혁방안에도 기왕의 토지소유구조나 트지제도를 부정하는 내용은 들어있지 않았다.

여기서는 서구적 근대를 수용한 개화파가 추진한 대표적인 개혁운동인 갑신정변(1884)과 갑오개혁(1894)에서 제시된 토지개혁구상에 대해 살펴보고자 한다.[26] 갑신정변을 주도한 김옥균, 박영효, 홍영식, 서광범, 서재필 등은 대부분이 유력한 가문 출신의 현직 관료이면서 미국과 일본 등 외국을 다녀왔거나, 일본에 유학을 한 경험이 있는 문명개화론자들이었다. 정

25) 이경식, 「조선전기의 토지개혁논의」, 『한국사연구』 61, 62합집, 1988 참조.

26) 이하의 내용은 주로 김용섭, 『한국근대농업사연구(증보판)』(하), 일조각, 1988, 특히 「갑신·갑오개혁기 개화파의 농업론」과 「광무연간의 양전·지계사업」을 참조하여 정리한 필자의 글, 「19세기 조선과 베트남의 토지개혁론에 대한 비교사적 검토-토지소유를 둘러싼 제도와 관습의 차이를 중심으로-」(『역사학보』 206, 2010) 중 일부 내용을 축약한 것이다.

변 주체들이 가지고 있던 개혁구상의 대략은 핵심 주도자였던 김옥균의 『갑신일록(甲申日錄)』에 기록되어 있는 14개 항목의 〈정강(政綱)〉을 통해 알 수 있다. 여기에는 중국에 대한 조공 폐지나, 문벌 폐지와 인민평등의 권리 제정, 탐관오리의 처벌, 전제군주권의 제한 등 중요한 개혁방안이 들어 있다.[27] 이 가운데 토지문제와 직간접적으로 관련이 있는 조항은 다음과 같다.

> 전국의 지조법(地租法)을 개정하고 간리(奸吏)를 근절하여, 백성들의 어려움을 펴게 하고, 나라의 재정을 풍족하게 할 것.[28]

이는 토지에 세금을 부과하는 방식을 개정하여 백성들의 고통을 덜어주고 국가 재정을 윤택하게 하자는 것이다. 또 갑신정변의 중심인물 가운데 하나인 박영효는 정변이 실패한 후 일본으로 망명해 있던 1888년에 국왕에게 올리는 〈건백서(建白書)〉를 썼다.[29] 그의 〈건백서〉가 국왕에게 전달되었는지의 여부는 불분명하나, 거기에는 부세를 경감할 것, 족징(族徵)과 동징(洞徵)을 폐지할 것 등 다양한 부세제도 개혁안과 더불어 지조(地租)를 개량(改量)하여 지권(地券)을 만들 것 등이 들어 있다.[30] 지조를 개량하라는 말은 지조를 다시 조사하여 개정하자는 것이며, 지권을 만들자는 것은 국가

27) 갑신정변 당시의 〈정강〉에 대한 자세한 검토는 이광린, 「김옥균의 「갑신일록」에 대하여」, 『개화당연구』, 일조각, 1973; 「갑신정변 정강에 대한 재검토」, 『개화기연구』, 일조각, 1994 참조.

28) 김옥균 원저/조일문 역주, 『갑신일록』 12월 5일, 건국대학교출판부, 1977, 98쪽.

29) 박영효의 〈건백서〉의 원문은 전봉덕, 「박영효와 그의 상소 연구서설」, 『동양학』 8, 1978에 실린 것을 참조했다.

30) 이외에도 토지문제와 관련하여 박영효는 토지 매매와 관련하여 민인들이 외국인에게 토지를 전당(典當)잡히거나 파는 행위를 금지할 것을 건의하기도 했다(전봉덕, 앞의 글, 214쪽).

에서 토지소유증명서를 발급하여 소유권을 확립하자는 것이다. 이 역시 부세제도의 개혁을 위해서는 선행되어야 할 일이었다.

그러나 갑신정변의 정강이나 박영효의 〈건백서〉 어디에도 토지소유권이나 지주제에 대해서는 물론, 경작권 등에 대한 개혁을 시사하는 조항도 전혀 없다. 갑신정변을 일으켰던 김옥균, 박영효 등의 개화파들에 커다란 영향을 끼친 박규수도 토지재분배를 추구하는 개혁에는 회의적이었다.[31] 이 점에서 이들의 농업개혁은 토지개혁이나 지주제 철폐가 아니라 이미 이전부터 꾸준히 제기되어 왔던 부세제도의 개혁에 국한된, 이른바 '지주적 개혁론'을 계승한 것이지만, 이전과 달리 서구로부터 유입된 자본주의 경제사상에 의해 정당화되고 있었다.[32] 박영효도 〈건백서〉에서 자유로운 매매의 중요성과 사유재산 보호를 강조한 바 있지만,[33] 근대적 소유권에 대한 강조는 갑오개혁을 추진한 중심인물 가운데 하나였던 김윤식의 개혁론에서 보다 분명히 제시되었다.

토지와 농업 문제 해결을 위한 김윤식의 개혁방안은 1862년에 국왕에게 올린 〈삼정소(三政疏)〉에서 처음으로 보인다. 김윤식은 〈삼정소〉에서 중국 고대에는 정전제(井田制)가 실시되어 천하가 태평하였고, 이후에도 한전제(限田制,漢), 균전제(唐), 방전제(方田制, 宋)가 시행되어 민산(民産)이 균등해지고 국가의 재용이 넉넉해졌다는 점을 인정하였다. 그러나 그는 한전제와 균전제를 지금 와서 실시하는 것은 불가능하며, 다만 방전제(토지측량과 그에 따른 세의 부과법)만은 지금도 유효하다고 주장하였다. 이는 곧 토지의 재분배와 그를 위한 지주제의 철폐를 거부하는 것이며, 소유의 불평등

31) 김용섭, 「갑신·갑오개혁기 개화파의 농업론」, 앞의 책, 38쪽.
32) 김용섭, 앞의 책, 62~63쪽.
33) 전봉덕, 앞의 글, 211~212쪽.

을 그대로 둔 채 양전과 세제의 개혁을 통해 민산의 안정을 추구하겠다는 주장이다. 그의 이러한 생각은 개항 이후 서구 자본주의 사상의 영향을 받아 "시대가 달라지면 토지소유 관계도 달라진다."는 논리, 그리고 서구 근대의 자본주의적 소유권 사상과 결합하면서 한층 강화되었다.[34)]

이를 잘 보여주는 것이 그의 〈호부론(護富論)〉이다. 그에 따르면 빈부의 균등화는 부당한 것이었다. 빈부는 하늘이 정해준 것이고, 근면함과 나태함의 차이가 있기 때문에 성인(聖人)들도 빈부 차이를 없애지 못했다. 또한 부자는 반드시 근검하고 힘써 일하여 집안을 일으킨 사람이기 때문에 부자가 되는 것은 권장할 일이지 미워할 일이 아니라고 하였다. 아울러 부자가 있으면 급할 때 의지할 수 있고, 흉년이 들었을 때도 도움을 줄 터이므로 이들을 육성할 일이지 억압하거나 타파해서는 안 된다고 하였다.

이러한 생각은 자본주의 경제사상으로 보완되었다. 곧 서양 각국에서는 민이 부유해지는 데 힘써서 민이 식산흥업하면 정부가 이끌어 주고 법으로 보호해주며, 비록 국왕이라 하더라도 민의 소유물을 추호도 함부로 취할 수 없다고 하였다. 또 부자가 철로나 전선 등을 가설하여 거기서 이익을 거두더라도 국가에서는 그 이익을 보호해 주고, 가난한 자는 부자에게 고용되어 임금으로 먹고산다고 하였다. 따라서 우리도 서구처럼 법을 만들어 백성들을 침해하고 수탈하거나 백성들에게서 빼앗는 악습을 금지시켜 민들을 보호해준다면, 10년 후에는 철도나 전선, 공장을 건설하는 자가 나타날 수도 있을 것이라고 주장하였다.[35)] 여기에서는 1862년의 〈삼정소〉에서와 달리 소유권의 절대성에 대한 인식이 보이며, 민부를 보호하는 서구의 현실이 국가의 근대화라는 목표와 결부되면서 부자를 옹호하는 의식이 한

34) 김용섭, 앞의 책, 45~46쪽.

35) 金允植, 『雲養集』 卷 8, 私議 護富.

층 선명하게 나타나고 있다.

이러한 논리는 권력이나 위세에 의한 불법적 소유권 박탈을 방지하고자 했다는 점에서 개성민란이나 동학농민전쟁 당시 농민군의 요구와도 상통하는 면이 있다. 그러나 경제적 불평등을 '천부적'인 인간의 품성과 연결시키고 있는 점은 이전에 볼 수 없던 논리이고 사상이다. 조 '빈자는 부자에 고용되어 먹고 산다'는 발상에서 보이는 빈부 차별 의식은 정치체제 구상에서 개화파나 독립협회가 보여주는 민중 혹은 하층민에 대한 우민관 혹은 두려움과도 상통하는 것이라 생각한다.

지주제 철폐를 전제로 한 토지개혁론에 대한 반대는 유길준에게서 한층 분명히 나타난다. 토지개혁과 관련한 그의 구상은 1891년에 쓴 〈지제의(地制議)〉에 잘 정리되어 있다. 우선 그는 토지와 농업문제의 핵심이 토지소유의 불균등에 있다고 판단하였다. 그는 토지소유의 불균등을 바로잡기 위해 시행되었던 중국고대의 정전법과 균전법의 전말을 살피고 있지만, 그것을 지금 와서 실시하는 것은 불가능하다고 주장하였다. 그 이유는 지금의 인민들은 "이(利)를 좇는 것이 선(善)을 좋아하는 것보다 심하기" 때문이다. 따라서 부자는 논밭이 연이어 있으면서도 빈자에게는 송곳을 세울 땅도 없는 것이 현실이지만, 정전제 같은 고대의 토지개혁은 불가능하다고 하였다. 이에 대해 그는 다음과 같은 논리를 제시하였다.

> 진실로 국가의 정령(政令)으로서 부자의 전토(田土)를 빼앗아 빈자에게 주는 것이 인정(仁政)의 일단인 듯하며, 또 하지 못할 바도 아니지만, 그 원리를 세밀히 살펴보면 장차 인민을 병들게 하는 길이 되어 도리어 더 큰 해를 초래하게 될 터이니 이번 기회에 전국의 전제(田制)를 명확하게 하느니만 못한 것이다.[36)]

36) 兪吉濬 著, 허동현 역, 『兪吉濬論疏選』, 일조각, 1987, 39쪽.

인정(仁政)의 요체 가운데 하나였던 '정전제'를 시행하기 위해서 반드시 요청되던 지주제 철폐와 토지 평분은 부자들의 토지를 '강탈'하는 것이고, "부자에게 고용되어 임금으로 먹고 살"아야 하는 가난한 농민들에게는 요행심을 조장하여 오히려 빈자들을 병들게 것으로 재인식되었다. 이러한 이해는 빈민구제에 관한 그의 생각과 연결해 볼 때, 빈부가 발생하는 원인을 개인 탓으로 귀책하려는 의도와 연결되어 있음을 엿볼 수 있다.[37] 이는 그가 가난한 농민들이 경제적 불평등에 대한 기대와 희망을 가지게 되면 프랑스 혁명 당시의 농민반란, 그리고 사회주의 정당의 번성과 폭력 혁명의 기도 등 사회적 대혼란이 야기될 수 있음을 염려한 점과도[38] 상통하는 것이다. 지주층의 입장에 서서 지주제 개혁을 반대하는 그의 논리는 조선 건국 당시 조준을 비롯한 건국 핵심세력은 물론 이후에도 적지 않은 유교 지식인들이 정전제와 같은 토지 분급제도를 인정의 구체적 내용 가운데 하나로 제시하고, 또 그 실현을 추구했던 것과 대비된다.

한편 토지개혁론에 대한 유길준의 반대 논리 속에는 자본주의적 경제사상과 법사상에서 보이는 소유권의 절대성과 근대적 권리라는 개념이 김윤식의 〈호부론〉보다 더욱 분명하게 제시되어 있다. 그는 『서유견문(西遊見聞)』에서 "무릇 세상에 태어난 사람 되는 권리"에 대해 천부인권론에 입각하여 설명하면서, 가장 중요한 인간의 자유와 권리로 신명(身命)의 자유와 권리, 재산의 자유와 권리, 영업의 자유와 권리, 집회의 자유와 권리, 종교의 자유와 권리, 언론의 자유, 명예의 권리 등 7가지를 들었다. 그 가운데 재산의 자유와 권리에 대해 "재산의 자유란 정직한 방법으로 자기 사유재산을 사용하거나 처리하기만 하면, 이를 금지하는 자도 없으며 간섭하는

37) 『西遊見聞』, 179~180쪽, 233쪽.

38) 김용섭, 앞의 책, 50~51쪽.

자도 없고, 스스로 편리한 방법에 따라 임의로 할 수 있다는 것", "아무런 이유 없이 탈취를 당하지 않고, 임의로 처리할 수 있는 상태를 보존하는 것"이라고 하였다.[39] 또 재산권의 중요성에 대해서는 다음과 같이 보다 구체적으로 설명하고 있다.

> 온 나라 국민 전체에게 큰 이익을 줄 수 있는 일이라 하더라도, 한 사람의 사유재산이라도 해치는 일이 있다면 이는 행할 수 없는 것이다. (중략) 그러므로 재산의 권리는 국가의 법률에 어그러지는 것이 아닌 한 황제의 권위로도 이것을 빼앗을 수 없으며, 만인의 적이 된다 하더라도 이를 움직일 수 없는 것이다. 주거나 받거나 간에 그것은 법에 의해서 해야 하며 사람에 매여 있는 것이 아니니, 이것은 공권으로 사유재산을 보호하는 큰 도리인 것이다.[40]

이는 앞서 언급했듯이 권력이나 위세에 의한 불법적 재산침해를 반대하고 있다는 점에서 충분히 그 의미가 있다. 그러나 그는 근대적 재산권과 소유권의 절대성 개념을 차용하여 균전적 토지개혁론을 부정하고 있다.[41] 유길준이 "균전의 뜻은 천도(天道)의 지극히 공평함에서 비롯되었고 진실로 인정의 근본"이라는 점을 강조하면서도 균전적 토지개혁론을 반대한 것은 바로 이와 같은 서구 자본주의 사상에 입각한 것이지만, 다른 한편

39) 유길준은 일정한 규칙이 없는 빈민구제는 건강한 사람의 심성까지 게으르게 만들 수 있다는 점을 거듭 강조하면서, 빈민구제의 핵심은 인정이 아니라 국민들에게 자주적으로 생계를 경영함으로써 남에게 의지하지 않도록 하는 데 있다고 하였다(유길준 저, 김태준 역, 『西遊見聞』, 박영사, 1976, 127~129쪽).

40) 『西遊見聞』(前), 131~132쪽.

41) 이러한 논리는 "극단적 불평등에 대한 정당화가 종종 덜 거창한 담론, 무어보다도 자산의 안정성과 소유권 보호를 역설하는 담론으로 이루어진다."는 피케티의 말을 떠올리게 한다(토마 피케티, 안준범 옮김, 『자본과 이데올로기』, 문학동네, 2020, 46쪽).

거기에는 빈부의 문제를 개인의 근태(勤怠) 탓으로 돌리려는 생각이 깔려 있었던 것이었다. 여기서는 수입된 서구 근대의 법과 제도, 자본주의적 경제사상이 "민본사상에 입각한 인정의 실천"이라는 조선왕조의 기본 통치 이념을 배제하거나 변용시키고 있음을 볼 수 있다. 그에 따라 인정(仁政)의 함의도 빈부의 격차를 없애는 균전책에서 "빈민에게 생업을 정해주어 각자의 재주와 역량을 다하게 하는 것"[42]으로 바뀌고 있음을 알 수 있다.

이상과 같이 갑오개혁을 주도한 김윤식이나 유길준은 서구 근대로부터 수용된 사적 소유권의 절대성이라는 개념에 입각하여 토지재분배론, 곧 지주제를 철폐하는 개혁에는 반대하고 있었다. 이는 조선왕조 건국 당시의 조준(趙浚)으로부터 조선후기의 '실학자'들이나 19세기의 관료들, 1900년 활빈당(活貧黨)이나 1904년 진보회(進步會)에 이르기까지 끊임없이 제기되어온 다양한 토지개혁론의 소유권 인식과 전혀 다른 것이다. 물론 조선시대에도 많은 관료·지식인들이 토지개혁의 현실적 불가능성을 제기했다. 그러나 적어도 원리적으로는 왕토사상에 입각하여 토지의 사적 소유를 비판하거나, 어쩔 수 없다는 쪽이 대부분이었지, 그것을 옹호하는 경우는 없었다. 그러나 개화파가 토지개혁에 반대하는 논리는 사유재산과 토지 겸병을 옹호하고 절대화한다는 점에서 확실히 '근대적'·'자본주의적' 인식이었다.

토지의 사적 소유에 대한 개화파의 인식은 무엇보다 동학농민전쟁 당시 농민군이 추구한 '평균분작' 구상과 정면으로 배치되었다. 앞장에서 살펴보았듯이 동학농민군의 '평균분작' 구상은 왕토사상에 입각하여 토지의 평분을 통한 민생의 안정을 추구하였고, 이를 위해 매매를 부정하였다. 나아가 전봉준은 토지의 사적 소유에 의한 토지소유의 불균등을 "사람을 매매

42) 『西遊見聞』(前), 233쪽.

하여 귀천이 있게"하는, 곧 신분적 차별과 마찬가지로 '인간의 도리'에 어긋나는 것으로 인식하고 있었다. 이는 서구 근대의 자본주의적 소유론, '사적 소유론'을 수용한 개화파의 토지소유관, 토지의 사적 사유에 대한 인식과 완전히 다른 것이다.

3. '근대'에 의해 억압된 아래로부터의 가능성

앞장에서 살펴보았듯이 아래로부터 형성되어 간 체제 구상의 최종 도달점이라 할 수 있는 동학농민군의 정치적·경제적 개혁 구상은 서구중심적·근대중심적 역사인식에 비추어봤을 때 서로 이질적 '시간' 내지 요소들의 결합이었다. 이는 서구중심적·근대중심적 역사인식으로는 이해할 수 없는 질서이고 체제였지만, 근대중심적, 서구중심적 역사 인식을 넘어서는 새로운 역사상의 구축, 나아가 새로운 질서 내지 체제에 대한 상상을 열어가는 데 중요한 시사점을 제공한다.

민중은 조선후기 이래 인정과 민본의 회복을 통해 생활과 생존을 지키기 위한 노력 속에서 향촌 차원에서 구성원들 간의 신분적·경제적 차별을 배제하거나 약화시켜가면서 공론 형성 과정과 논의기구에서 평등성과 공정성을 확대해 나갔다. 또 이를 바탕으로 국왕의 위상을 상대화하면서 합의법에 의한 중앙정치 운영, 사적소유권의 해체에 의한 토지의 '평균분작'을 추구함으로써 새로운 질서 내지 새로운 체제를 열어갔다. 물론 아래로부터 형성되어 간 새로운 질서, 새로운 체제의 가능성은 아직 제도화되지 않은, 따라서 어떤 궤적을 그리며 변화해갈지 가늠하기 어려운 불안정한 것이었다. 이점에서 문명개화론자들의 개혁 방안은, 아직 불안정하지만 아래로부터 형성되어 가던 새로운 가능성을 억압하며 위로부터의 '근대적 개혁', 곧 불평등과 차별을 제도화, 구조화하는 '개혁'을 통해 체제와 질서를 '안정화'하려는 구상이었다고 볼 수도 있다.

그러나 문명개화론자들의 개혁 방안이 담고 있는 가장 중요한 문제는 정치체제와 사회질서를 구성하는 과정에서, 아래로부터 새로운 질서를 만들어오던 민중의 경험을 완전히 배제한다는 점이다. 그들의 구상한 새로운 질서와 체제가 작동하고 유지되기 위해서는 안정적 재정, 그를 위한 농민층의 안정적 재생산 기반이 필수적으로 요청되었지만, 조선 건국 주체와 달리 농민층의 안정적 재생산 기반에 대해서는 전혀 고려하지 않았을 뿐만 아니라, 체제와 질서 유지를 뒷받침하기 위해 필요한 재정을 감당해야 하는 민중의 의사가 사실상 배제되었다는 점이다.

특히 문명개화론자들이 서구의 근대 제도와 사상에 근거하여 제기한 '향회론'과 '의회설립운동', 지주제 철폐와 토지 평분을 통한 토지개혁 반대 등은 단지 이전 시기 민중들이 아래로부터 형성하고 진전시켜나간 새로운 질서의 가능성을 억압한 것 이상의 문제를 안고 있다. 이들의 인식과 정치체제 내지 사회질서 구상은 사실상 경제적, 정치적 불평등을 법적, 제도적으로 구조화하는 결과를 불러올 수밖에 없었기 때문이다. 무엇보다 조선후기에 들어 더욱 확대되어 가던 토지소유의 불평등은 문명개화론자들이 수용한 사적 소유권 내지 재산권의 절대성 개념에 따라 사상적, 법적, 제도적 근거가 마련되었기 때문이다.[43] 물론 신분차별을 배제한 자리가 빈

43) 사적 소유의 연원과 문제점에 대한 톰바(Massimiliano Tomba)의 지적은 주목된다. 그에 따르면 서양 정치 이론의 정전(正典, canon)에 봉헌되어 있는 '사유 재산'이라는 개념은 존 로크(John Locke)가 토지의 공동 소유를 비문명적인 시대착오적인 것으로 비난한 데서부터 시작되었다. 식민주의 및 공유지와의 전쟁을 위한 이데올로기적 도구를 제공한 로크는 울타리[enclosure=사적 소유(private property)]는 문명을 상징하는 반면, 공동 소유[common possession]는 시대착오적인 것으로 간주하였다.

부차별로 대체되었다는 점은 새로운 시대의 도래를 상징적으로 보여주는 커다란 변화이다. 또 사적소유권의 절대성을 강조한 것도 수령 등이 권력을 끼고 불법적으로 민간의 소유권 침탈하던 행위 등을 방지하려 했다는 점에서 진전된 의미가 내포되어 있음은 분명하다. 그러나 경제적 불평등, 양극화는 '세습자본주의', '지대(추구) 자본주의'라는 말에서도 알 수 있듯이 21세기에 들어 그 폐해가 더욱 확대되고 있다. 또한 경제적 불평등은 정치뿐만 아니라 사회, 교육, 문화 등 모든 분야에 영향을 미치며 불평등을 확대하고 구조화하며 세습화하는 근원이자 신자유주의 이후 더욱 심화되고 있는 부정의와 불공정을 초래하는 핵심 문제이다.

한편 불평등은 단지 경제적인 측면에만 해당하는 것이 아님은 물론이다. 정치체제 문제와 소유체제 문제가 불가분의 관계로 실제로 부단히 연결되어 왔다. 뿐만 아니라, 인종, 젠더, 종교, 교육 등에서 드러나는 불평등 역시 함께 고려되어야 한다.[44] 특히 경제적 불평등은 민주주의의 위기를 비

로크의 청교도 노동 윤리에 따르면 이 인디언들은 자신의 땅을 경작하지 않고 방치한 책임이 있게 된다. 그는 로크가 개괄적으로 제시한 근대 사유재산 이론에 따르면, 인간은 모든 사물에 대해 '절대적인 전유권(absolute right to appropriate)'을 갖게 된다. 이 권리는 인간을 '모든 자연의 지배자'로 만들 뿐만 아니라, 이 방정식의 목적은 재산을 개인화하는 것이었으며, 평민과 공동소유를 추구하는 사람들에게는 적용되지 않는 방정식이었음을 비판하였다(Tomba, Massimiliano. *Insurgent universality: An alternative legacy of modernity*. Oxford University Press, USA, 2019, pp.224~226). 톰바는 또 다른 글에서 사유재산에 관한 존 로크의 글을 공동 소유에 대한 오랜 전쟁의 일환으로, 평등에 관한 홉스(Thomas Hobbes)의 글을 보다 급진적인 평등 실천을 무력화하고 국가에 통합하려는 시도로 읽고 있다. 그들은 다양한 형태의 지방 자치와 토지의 공동 소유를 자본주의 이전의 것으로, 근대화의 장애물로 정의했다는 것이다. 그러면서 그는 그가 제시한 반란적 보편성(insurgent universality)은 이러한 역사 개념과 그 정치적 함의에 작별을 고한다고 주장하였다(Massimiliano Tomba, Insurgent Universality: An Alternative Legacy of Modernity, Historical Materialism, 30:4, 2022, p.63).

롯한 온갖 사회적 병폐의 근원적 원인으로 현대사회의 가장 심각한 기저질환으로 알려져 있다. 다양한 차별과 빈곤은 사회적 갈등과 대립을 심화시킬 뿐만 아니라 환경 문제와 매우 밀접한 관련이 있다.[45] 최근 들어 이러한 불평등, 그리고 차별과 빈곤이 사회적 갈등과 대립을 심화시킬 뿐만 아니라 기후변동에 악영향을 미치고 환경파괴를 악화시킨다는 점을 지적한 연구 성과들이 나오고 있어서 불평등의 완화와 해소는 더욱 중요한 과제로 대두되고 있다.[46]

토마 피케티(Thomas Piketty)의 지적처럼 어느 시대이든 불평등을 정당화하고 구조화하는 경제적, 사회적, 정치적 규칙을 진술하기 위한 일군의 모순된 담론과 이데올로기를 만들어 왔다. 저마다의 불평등에 대한 합당한 근거를 대지 못할 때는 정치사회적 구성물 전체가 붕괴될 위험에 처하기 때문이다. 이점에서 피케티는 불평등이 경제적인 것도 기술공학적인 것도 아니라, 오히려 이데올로기적이고 정치적인 것이라는 점을 강조하였다. 피케티가 여기서 말하는 이데올로기는 "사회란 어떻게 구조화되어야 하는가를 진술하기 위한 일군의 그럴듯한 선험적 관념 및 담론"으로 규정하였다.

---

44) 토마 피케티, 앞의 책, 2020, 12~18쪽.

45) 제러미 러프킨 외 인터뷰, 안희경 지음, 『오늘부터의 세계』, 메디치, 2020, 183~185쪽, 159~160쪽.

46) 불평등은 더 많은 온실가스 배출과 관련이 있으며 불평등을 해결하는 것은 기후 변화와 싸우는 데 필수적인 부분이므로 "우리는 가장 부유하고 힘 있는 사람들만을 위해 만들어진 구조적인 정책 선택을 계속할 수 없다. 정부는 기후 행동의 중심에 평등을 시급히 두어야 한다." 주장이 제기되고 있다. How inequality is fuelling climate change, UCL News, 25 May 2022 (https://www.ucl.ac.uk/news/2022/may/how-inequality-fuelling-climate-change). 대니 돌링(Danny Dorling) 역시 한 국가 내의 더 높은 불평등이 더 높은 co2 배출량으로 이어진다는 것은 명백하다는 연구 결과를 제출하였다(Dorling, Danny, "The Equality Effect", *New Internationalist* 504, July 2017).

따라서 불평등을 해소하기 위해서는 새로운 정치체제와 소유체제의 구축, 특히 무엇보다 새로운 평등주의의 지평, 평등과 사회적 소유와 교육과 앎 및 권력의 분배를 위한 새로운 이데올로기를 세우는 일이다. 불평등을 정당화하고 공고하게 하는 정치와 이데올로기에 대한 비판, 그리고 대항 이데올로기의 구축과 강화가 요청된다는 말이다.[47] "그럴듯한 선험적 관념과 담론"이라는 이데올로기는 단지 특정 시대에 해당 사회를 특정한 계급이나 계층들에게 유리한 구조화하는 데만 적용되는 것은 아닐 것이다. 예컨대 근대중심적 역사인식은 과거를 지배하고, 과거 속에 존재했거나 잔재되어 있던 가능성, 곧 근대에 대항하거나 근대에 균열을 일으킬 수 가능성들을 억압하는 이데올로기에 다름 아니었다. 근대중심주의를 넘어서는 대항 이데올로기의 구축이 요청되는 이유이다.

리차드 드레이튼(Richard Drayton)과 데이비드 모타델(David Motadel)이 지적했듯이 오래된 사회적, 경제적, 정치적 질서들이 무너진 뒤 어떤 질서가 그것을 대체할 것인지는 그와 관련된 다양한 행위자들이 어떤 비전을 가지고 있느냐에 달려있다.[48] 이러한 지적들은 근대의 너머를 구상하고,

---

47) 토마 피케티, 장경덕 외 옮김, 『21세기 자본』, 글항아리, 2014, 11~19쪽. 또 그는 "서구의 지배적 이데올로기에 따르면, 현대 서구의 불평등은 근본적으로 다른 형태를 띤다. 즉 신분이나 인종이나 카스트가 기반이 된 과거의 불평등 체제와 반대로 현대 서구에서는 불평등이 개인의 능력과 권리 및 기회의 평등에 근거한다고 여겨진다."고 하였다(토마 피케티, 「경제학과 사회과학의 화합을 향해: 『21세기 자본』이 주는 교훈」, 토마 피케티 외 25인 지음, 유엔제이 옮김, 『에프터 피케티: 『21세기 자본』 이후 3년』, 율리시즈, 2017, 658~659쪽). 데이비드 싱 그레월(David Singh Grewal)은 "근대적 불평등이란 법적으로 평등한 사람들 간의 공식적 합의에서 발생한 불평등을 말한다."고 하였다(데이비드 싱 그레월, 「자본주의 의 법적 기초」, 『에프터 피케티』, 573쪽).

48) Motadel, David, and Richard Drayton, "Material conditions and ideas in global history." *The British Journal of Sociology* 72:1, 2021, p.27.

대안적 질서를 상상하고자 할 때 가장 먼저 요구되는 과제 가운데 하나가 지금까지 우리의 연구를 지배해왔던 근대중심주의 역사인식에 대한 성찰과 비판, 대안적 역사인식 구축을 위한 노력이 더욱 절실히 요청된다는 점을 보여준다.[49)]

따라서 전근대의 역사는 더 이상 "인류의 불행들을 적어놓은 목록"으로, 특히 중세사는 온갖 잔인하고 야만적이고 후진적인 것들을 보관해놓은 창고 같은 곳으로 폄하되어서는 안 된다.[50)] 그렇게 해서는 '전근대' 민중의

49) 전근대의 역사적 경험, 특히 아래로부터 형성되어 온 경험이 가진 '긍정적' 측면, 혹은 '근대 이행기'에 '근대'에 대항하는 근거지로서의 의미를 강조한 연구들이 적지 않았다. 예컨대 찰스 틸리(Charles Tilly)는 프랑스 혁명 이후, 19세기 중반까지도 "지역 공동체 사회는 지역 연대의 주요한 장이며 농촌주민들이 많은 투자를 해온 권리의 주요한 보고였고"(313쪽), "(중앙)권력과 지주 등에 대한 공동체적인 경쟁자"(321~324쪽)라고 하여 '전통적' 공동체가 근대 권력에 저항하는 중요한 기제가 되었음을 지적하고 있다(찰스 틸리 저, 양길현 외 역, 「제8장; 결론 및 새로운 논의의 진전을 위한 제언」, 『동원에서 혁명으로』, 서울 프레스, 1995, 299~326쪽 참조). 야스마루 요시오(安丸良夫) 역시 촌락 공동체가 가진 의미를 이전 시기에 큰 영향을 미쳤던 마루야마 마사오(丸山眞男)와 전혀 다르게 파악하고 있다. 마루야마는 촌락공동체가 '동족적 유대와 공동제사', '이웃과의 공조(共助)'에 의해 이루어졌으며, 그 내부에서 개인의 이탈을 허용하지 않고 결단 주체의 명확화나 이해의 표출인 대결을 회피하는 정서적, 직접적=결합 상태인 점, 또 '고유신앙'의 전통의 발원지인 점, 권력(특히 入会나 水利의 통제를 통해 나타나는)와 恩情(親方子方関係)의 즉시적 통일이라는 점에서 전통적 인간관계의 '모범'이며, '국체'의 최후의 '세포'로서 '전근대성'의 지속을 가능하게 한다는 점을 강조하여 매우 부정적으로 이해하였다. 이에 반해 야스마루에게 촌락 공동체는 통속도덕에 의한 '자기형성', '자기단련'에 따라 민중이 근대화에 대응한 인간적 에너지를 충실하게 하여 자기 해방의 의식을 낳은 동적인 장소였다(喜安朗, 「安丸民衆史の感性と全体性」, 色川大吉 外, 『現代思想 臨時增刊号: 総特集, 安丸良夫-民衆思想とは何か』, 青土社, 2016년 9월, p.239).

50) Appleby, Joyce et al., *Telling the truth about history*(1st. pbk), New York : Norton, 1994, pp.61~64.

경험 역시 근대 이후에는 사실상 무의미한 것으로 사라져 버리고 말 것이기 때문이다.[51] 오히려 전근대의 경험, 혹은 비근대적 경험은 다만 억압되고 청산되어야 할 구닥다리 고물이 아니라, 새로운 상상력과 가능성을 만들어 나가는 자원이 될 수 있어야 할 것이며,[52] 대안적 미래를 구상하기

51) 이러한 논리는 일본의 민중사상연구자 야스마루 요시오(安丸良夫)의 통속도덕론과 겹치는 부분이 있다. 야스마루는 근검, 절약, 효행 등을 골자로 하는 통속도덕은 근세후기 도시 상인층으로부터 시작하여 19세기에 걸쳐 농촌 엘리트(豪農層)에 의해 소농자립과 마을 갱생의 수용되어 점차 확산되어 소농들에게도 전파되었으며, 20세기 초 도시노동자 가족에까지 수용되어 민중주체로부터 자발성과 능동성을 이끌어 내 근대화 과정에 필요한 인간적인 생산력을 계속 제공함으로써 아래로부터 체제를 지탱해주는 역할을 하였다. 그러나 다른 한편으로 통속도덕에 충실한 삶을 살아가지만 '세상'이 민중들이 기대하는 결과를 배신할 때 저항의 에너지가 되기도 했다고 하여 에도(江戶) 말기~메이지(明治) 초기 민중운동과 그 사상을 설명하였다. 그러나 통속도덕에 의해 자기형성해 나가던 민중의 자기해방의 가능성, 혹은 민중의 주체성은 메이지 유신 이후 천황제 이데올로기에 의해 폭력과 도덕적 억압으로 주변화하고 만다. 이후 민중이 아래로부터 단련해나간 가능성, 그 저항의 폭발력은 발휘되지 못하고 사실상 사라져 버렸다.(야스마루 요시오 지음, 이희복 옮김, 『일본의 근대화와 민중사상』, 논형, 2021). 야스마루 요시오도 통속도덕을 통해 민중이 가진 양면적 성격(체제 지탱/저항)을 강조하였지만, 결과적으로 통속도덕은 '프로테스탄티즘'과 유사하게 일본의 자본주의화, 근대화를 아래로부터 지탱하는 에너지로서의 측면이 도드라지는 반면 '근대화'와 함께 저항성을 상실되어 버린다는 논법이다. 이에 대해 도베 히데아끼(戶邊秀明)는 통속도덕이 내포하고 있던 저항의 에너지가 메이지 이후에 '철의 감옥'에 갇히는 것으로 그려지고 있다고 지적하였다(戶邊秀明, 「'민중사상사' 연구의 출발-야스마루 요시오(安丸良夫)의 방법적 혁신」, 도면회·윤해동 엮음, 『역사학의 세기 : 20세기 한국과 일본의 역사학』, 휴머니스트, 2009). 물론 야스마루의 경우 민중에 의해 아래로부터 형성되어 가던 새로운 질서의 가능성에 대해서는 언급하지 않고 있기 때문에 민중과 엘리트의 체제구상의 차이점이나 양자의 경합 등은 논의의 대상이 아니었다.

52) 배항섭, 「머리글: "동아시아는 몇 시인가?"라는 질문」, 미야지마 히로시·배항섭 편, 『동아시아는 몇시인가? : 동아시아사의 새로운 이해를 찾아서』, 너머북스, 2015; 「'탈근대론'과 근대중심주의」, 『민족문학사연구』 62, 2016. 이러한 발상은 '중세'나

위해서는 과거의 경험들, 민중운동에서 제기되었던 다양한 요구나 질서 구상 등이 비근대적 제도와 소유 형태의 풍부한 무기고로 간주되어야 할 것이다.[53] 특히 '특권적' '근대'와 '고대' 혹은 '중세'가 각기 뚜렷하게 구별되는 특정한 요소들, 특정한 법과 제도, 사회질서와 사상 등으로 구성되어 있고, 근대는 모든 시간들의 최종 목적지라고 규정하는 선험적 관념, 곧 근대중심적 역사인식을 넘어서야 한다.

이와 관련하여 필자는 트랜스히스토리칼(transhistorical)한 방법을 제안한 바 있다. 트랜스히스토리칼'이나 '트랜스템포럴(transtemporal)'이라는[54] 개념을 통해 근대중심주의를 넘어서는 새로운 상상력을 열어나가는 데는

'근대'라는 역사적 시간은 다양한 '중세적인 것' 혹은 그렇지 않은 것, '근대적인 것' 혹은 그렇지 않은 것이 공존하고 상호작용을 하며 구성된다는 데서 나온 것이다. 서로 다른 다양한 '시간'들이 서로 다른 개개인의 삶에 각각 다른 속도와 무게로 영향을 미치는 속에서 인간의 삶, 인간 간의 관계, 인간과 사회, 사회와 사회 간의 관계가 형성되고 변화해나가는 것이기 때문이다.

53) 최근 '반란적 보편성'을 통해 대안적 체제를 모색한 톰바(Massimiliano Tomba)는 ('반란적 보편성'의) 시간은 단선적이거나 단방향적이지 않고 복수의 시간성에 열려 있다고 하였다. 반란자들은 이를 새로운 정치적 구성체로 재구성하는데, 반란의 보편성의 관점에서 보면 시대가 결합한다는 것이다. 따라서 대안적 체제를 구상한다고 할 때 농업 공동체의 전통적인 자치 형태와 공동 소유는 근대화로 가는 길에서 허물어야 할 과거의 잔재나 장애물이 아니라 현재와 상호작용하여 다른 정치적 궤적을 만들어낼 수 있는 가능성이라고 하였다. 그래서 프랑스의 상퀼로트(Sans-culottes), 코뮌주의자들, 그리고 러시아 혁명 당시 좌파 혁명적 사회주의자들은 '자본주의 이전'의 과거를 후진적 단계로 보지 않고, 비근대적 제도와 소유 형태의 풍부한 무기고로 간주했다고 주장하였다(Tomba, Massimiliano, Insurgent Universality: An Alternative Legacy of Modernity, *Historical Materialism*, 30:4, 2022, pp.67~68, pp.233~234).

54) 조 굴디(Jo Guldi)와 데이비드 아미티지(David Armitage)는 이와 유사한 맥락에서 트랜스템포럴(transtemporal)이라는 개념을 사용하고 있다(조 굴디·데이비드 아미티지 지음, 안두환 옮김, 『역사학 선언』, 한울, 2018, 41쪽, 76쪽).

""다른 '시간들'의 겹침과 가역성"을 열어둔다는 발상이 특히 중요한 의미를 가진다. 시간을 넘나드는 시각의 확보는 '중세' 혹은 '근대'가 하나의 통일되고 동질적인 시간이 아니었음을 드러내거나, '근대'의 시선으로 볼 때는 매우 다양하고 어긋나는 시간들이 병존·공존할 수 있음을 발상하는, 곧 근대중심적 시간관을 해체하고 새로운 시간관과 새로운 질서, 새로운 이념을 구상하는 단초가 될 수 있기 때문이다.[55]

이러한 이해를 받아들인다면 개화파와 독립협회 등에 의해 근대적 자본주의적 향촌질서와 정치체제, 토지제도가 추진되어 가는 과정은 정치적, 경제적, 사회적 불평등이 제도화·법제화해 가는 과정이었고, 또 한편으로는 아래로부터 형성되어 가던 새로운 질서 내지 체제, 곧 서로 다른 시간들의 결합과 재배치를 통해 근대를 넘어서는 새로운 질서, 새로운 체제의 가능성, 그것을 구상하고 실현해나가는 데 필요한 풍부한 무기고가 억압되는 과정이기도 했다. 따라서 개화파나 독립협회가 추구한 바, '향회' 구성원, '의회' 구성원이 될 수 있는 경제적, 사회적 자격을 통해 정치적 '참정' 혹은 공론 참여에 대한 불평등을 법제화하고, 사적 소유의 법적 정당성을 공고히 함으로써 토지소유의 불평등을 제도화하며, 빈부격차를 '천부적'인 것으로 받아들이는 '근대'는 더 이상 추구되어야 목표가 아니다. 추구되어야 할 것은 적어도 '더 나은' '근대'가 되어야 하며, 나아가 '근대'의 극복과 근대 너머의 대안에 대한 고민이 요청된다.

'근대화' 혹은 '근대성' 여부의 확인은 더 이상 현재적 의미를 가질 수 없다. 우리는 지금까지 근대를 지향하지 않았던 경험이나 사유들을 역사

---

55) 이에 대해서는 배항섭, 「근대를 상대화하는 방법—민중사에서 바라보는 근대」, 『역사비평』 88, 2009; 『동아시아사연구와 근대중심주의 비판』(성균관대학교출판부, 2025)의 머리글과 제1부 참조.

'발전'에 부정적인 것으로 판단해 왔지만, 이는 근대중심적 역사 인식의 표출이다. 당면한 새로운 과제인 기후위기나 불평등, 혹은 양자의 관계를 포괄하는 새로운 현실을 자각한 속에서 과거의 경험을 새롭게 이해할 필요가 있을 것이다. 이점에서 동학농민군의 '평균분작' 구상은 근대적 개혁 방안과 배치되는 것이지만, 그것은 토지소유의 불평등을 적극적으로 바로잡으려 했다는 점에서 오히려 근대적이지 않았기 때문에 중요한 '현재적' 의미를 가진다고 생각한다. 나아가 정치질서나 지배 이념, 토지소유 구조나 매매관습 면에서 매우 이질적 요소들이 장기간 병존하였던 조선후기의 사회체제는 물론, 특히 그와 밀접한 관련 속에서 형성된 동학농민군의 체제 구상이나 질서 구상에서 보이는 서로 다른 시간 간의 병존 혹은 결합, 곧 '트랜스히스토리칼(transhistorical)' 내지 '트랜스템포럴(transtemporal)'한 체제는 근대 이후의 대안적 체제 구상과 관련하여 시사하는 바가 크다. 양자 모두 서구중심적·근대중심적 역사인식이나 시간관으로는 설명이 불가능하며, 그 때문에 근대 너머의 체제나 질서에 대한 상상을 열어주기 때문이다.[56)]

56) 이와 관련하여 유명한 생물학자 에드워드 윌슨(Edward O. Wilson)은 흥미로운 지적을 하고 있다. "꿈속의 환상과 현실 세계의 혼돈 사이에 사로잡힌 깨어 있는 몽상가 같"아서, "마음은 찾아다니지만 정확한 장소와 시간을 찾지 못"하는 오늘날의 인류는 "석기 시대의 정서, 중세의 제도, 신과 같은 기술을 지닌 스타 워즈(Star Wars) 문명"을 창조했다(에드워드 윌슨 지음, 이한음 옮김, 『지구의 정복자』, 사이언스북스, 2013, 15~16쪽). 윌슨의 말처럼 영화 속에서 인류는 이미 다양한 시간들이 결합된 독특한 문명을 구축해내었다. 혼돈스런 인류의 현실을 지적한 표현이지만, 근대중심적 시간을 넘어서는 다양한 시간들의 '트랜스히스토리칼(transhistorical)' 혹은 '트랜스템포럴(transtemporal)'한 구성이라는 상상에서 혼돈스런 현실을 극복할 수 있는 가능성을 찾을 수 있지 않을까? 물론 '현재' 인류의 모습을 전제로 유추할 때 '사적 소유의 절대성'이라는 이름으로 '해방'된 인간의 욕망이 AI, AGI, ASI 등 상상할 수 없을 정도로 빠른 기술의 발전과 결합할 경우 새롭게 구축될 '트랜스히스토리칼'' 혹은 '트랜스템포럴'한 체제에 대한 상상은 '희망'보다는 '불안'으로 받아

들여지는 것도 사실이다. 앞서 언급한 리차드 드레이튼(Richard Drayton) 등이 지적했듯이 오래된 사회적, 경제적, 정치적 질서들이 무너진 뒤 어떤 질서가 그것을 대체할 것인지는 그와 관련된 다양한 행위자들이 어떤 비전을 가지고 있느냐에 달려 있다는 지적을 다시 한번 생각하게 된다.

결 론

이 책의 핵심적 문제의식은 19세기 민중운동을 기왕의 연구가 발 딛고 있던 서구중심적·근대중심적 역사인식을 넘어서서 새롭게 이해하는 데 있다. 조선의 정치·경제체제와 이념 등의 면에서 유럽과 매우 달랐다. 특히 중앙집권적 정치체제, 그리고 그러한 체제를 뒷받침한 지배이념, 경제적으로 가장 중요한 생산수단이었던 토지를 둘러싼 소유구조나 매매와 관련한 법과 관습 등은 민중과 국가권력 간의 관계나 그에 대한 민중의식에 커다란 영향을 미칠 수밖에 없었다. 또한 최근의 기후위기나 생태환경 문제와 최근 심화되는 불평등 문제, 그리고 '근대'를 먼저 성취한 '선진국'들이 보여주는 민주주의의 위기 등은 서구가 구축해놓은 근대가 더 이상 추종과 발전의 목표만은 아니라 것을 잘 보여준다. '서구의 지방화'와 마찬가지로 '근대의 상대화'가 요청되는 현실이다. 그러나 서구중심적·근대중심적 인식에 의거해 있던 지금까지의 19세기 민중운동 연구, 나아가 한국사 연구가 전체적으로 이와 관련된 문제의식이 거의 없었거나, 적어도 전면에 내세우지 못하였다.

이 책에서는 이러한 문제의식을 전제로 하되, 유럽과 가장 두드러진 차이를 보였던 조선시대의 토지소유구조나 매매관습, 중앙집권적 정치체제와 지배이념에 주목하고자 하였다. 특히 그러한 체제와 이념에 근거하여 형성되고 변화해 나간 '정치문화'라는 개념을 단서로 삼아 19세기 민중운동과 그들의 지향이 가지는 성격과 의미를 새롭게 조명해보고자 하였다. 나아가 민중운동과 그들의 지향 내지 구상이 가지는 성격과 의미, 그 속에 내포된 가능성을 트랜스히스토리칼(transhistorical) 내지 트랜스템포럴(transtemporal)한 시각에서 모색해보고자 하였다.

이상과 같은 과제들을 해명하기 위해 이 책에서는 19세기 민중운동과 정치문화를 다음과 같은 9개의 장으로 나누어 살펴보았다. 각 장에서 새롭게 밝히거나 확인한 주요 내용은 다음과 같다.

제1장에서는 조선왕조의 중앙집권적 정치체제와 사회질서를 지탱하는 지배이념과 그것이 정착, 확산되어 가는 과정, 그리고 그에 입각하여 치자와 피치자 모두의 정치적 생각과 행동을 규정하는 정치문화가 형성되어 갔음을 개략적으로 살펴보았다. 조선왕조를 개창한 주체세력이 내세운 지배이념은 민본(民本)이었다. 또한 그에 입각하여 지배층이 백성들에게 약속하고 스스로에게 부여한 통치이념이 인정(仁政)이었다. 물론 모든 백성들이 지배이념, 곧 민본과 인정 이념을 충분히 납득하거나 그것을 수용한 것은 아니었고, 지배 이념이 일상 속에서 충실히 관철된 것도 아니었다. 그러나 민본과 인정 이념은 조선왕조의 존립 근거가 되는 지배이념이었던 만큼 단순한 수사(修辭)나 허위의식에 그칠 수 없었다. 구성원들을 설득하고 지배를 정당화하기 위해서는 지배이념이 그들의 삶 속에서 일정하게 구현되어 나가야 했고, 그에 걸맞은 현실적 정치행위가 뒤따라야 했기 때문이다. 따라서 민본과 인정이념은 점차 지배층에게 윤리적 강제를 수반하는 중요한 규범이 되어 갔고, 이는 곧 지배이념에 기반한 정치문화가 형성되어 가는 과정이기도 했다.

제2장에서는 소원제도, 특히 신문고와 격쟁을 중심으로 한 직소(直訴) 제도를 통해 민본과 인정 이념을 기초로 한 정치문화가 형성되고 변화해나가는 과정을 살펴보았다. 정치문화의 형성과 변화를 국가권력과 민중의 관계 속에서 접근하고자 한 것이다.

조선왕조의 창건 세력들은 그들이 제시한 '민본'과 인정 이념을 구현하기 위해 건국 초기부터 유교이념을 백성들에게 널리 알리고자 하였으며, 무엇보다 민본 이념에 입각하여 인정을 펼치기 위해서 다양한 제도적 장치를 마련하였다. 그 가운데 대표적인 것이 백성들의 원억(冤抑)을 국왕에게 직소할 수 있는 제도였다. 신문고와 격쟁, 상언으로 대표되는 직소제도가 시작된 시기는 서로 달랐지만, 가장 먼저 제도화된 직소제도는 신문고였다. 그러나 신문고에 관한 기왕의 연구들에서는 조선시대 전체에 걸친 신문고의 활용과 변화과정에 대한 이해가 충분하지 않았다.

이 책에서는 먼저 조선 시대 전 기간에 걸친 신문고의 치폐와 변화 과정 등을 파악하고자 하였다. 태종 때 설치된 이후 세조 연간에 일시적으로 폐지된 적이 있지만, 신문고는 신료들의 반대 의견에도 불구하고 꾸준히 운용되었다. 그러나 연산군 대에 들어 일체의 직소가 폐지되었고, 중종반정 이후 격쟁과 상언은 다시 시행되었지만, 신문고는 일시적으로 부활한 흔적에도 불구하고, 결국 복설되지 못하였다. 또한 이후 1771년(영조 47) 신문고가 복설되었으나, 『왕조실록』 등에는 신문고가 폐지되었던 기간인 숙종 연간, 1771년 이전의 영조 연간에도 등문고 혹은 신문고를 두드렸다[擊登聞鼓 혹은 擊鼓]는 기록이 간간이 나온다. 그러나 이는 실제 신문고를 두드린 것이 아니라, 격쟁을 잘못 기록한 것, 혹은 격쟁을 사실상 격고와 동일한 것으로 이해했기 때문에 그렇게 기록한 것임을 확인할 수 있었다.

신문고가 치폐를 거듭하면서도 왕조말기까지 제도로서 존속된 것은 신문고로 대표되는 소원제도가 바로 인정의 실현이라는 통치이념과 직결되는 문제였기 때문이었다. 그러나 신문고가 궁궐 안에 설치되어 있다는 점이나 까다로운 규정과 절차 등은 백성들의 생활 속에서 초래되는 다양한 원억을 호소하고 해소하기에는 너무 멀고도 좁은 통로였다. 이에 따라 백성들은 자신들의 원억을 해결하기 위해 "그림 속의 떡" 같았던 신문고가 아닌 새로운 방법을 적극 모색하고 활용해나가기 시작했다. 그 대표적인 제도가 격쟁이다.

격쟁은 치자 측에서 시작한 것이 아니라, 원억을 호소할 통로가 제한된 백성들, 특히 평천민층이 아래로부터 주체적으로 활용하기 시작한 것이었고, 이를 조정이 받아들여서 16세기 중반 이후에야 법제화한 직소제도였다. 격쟁에 대한 연구도 신문고와 마찬가지로 영·정조 같은 특정 시기의 격쟁에 대해서는 충실한 연구들이 있지만, 조선전기부터 19세기 말까지 이어진 추이와 변화 과정을 살피고, 그에 입각하여 형성, 변화되어 간 정치문화를 이해하기에는 연구가 미흡한 면이 없지 않았다. 역시 이글에서는 기왕의 연구를 참조하면서 조선전기부터 19세기까지의 전 과정에 걸친 격쟁의 변화 과정을 살펴보았다. 이를 통해 정치문화가 변화되어 가는 모습, 그 속에서 새로운 질서의 가능성이 만들어져 가는 모습을 살펴보고자 하였다.

국왕 행차 시에 직소하는 행위는 왕조 건국 직후인 1393년(태조 2)부터 보이지만, 직소가 격쟁을 동반하며 빈발하는 것은 성종대인 15세기 말부터였던 것으로 보인다. 격쟁은 처음에는 대궐 근처에서 격쟁이 이루어졌고, 심지어 중종 연간에는 이미 대궐 안으로 들어와서 격쟁을 감행하는 사례도 적지 않았다. 또한 중종 연간에는 국왕 행차 시에도 직소가 활발하게 이루어졌지만, 국왕이 도성 내외에 행차할 때 격쟁을 수반하는 직소는 확인되지 않는다. 국왕 행차 시에 격쟁을 수반하는 직소가 처음으로 확인되는 것은 조선 후기에 들어 광해군 때부터였다. 이때부터 국왕 행차 시의 가전격쟁(駕前擊錚)이 간간이 보이다가 영조 정조 연간에 들어 매우 빈발하게 된다.

대궐 안에까지 들어와서 격쟁을 하는 사례까지 적지 않게 발생하기도 했지만, 격쟁을 금지하는 것은 간단한 문제가 아니었다. 격쟁은 민본과 인정'이라는 지배이념의 실현과 관련하여 중요한 의미를 가지고 있었을 뿐만 아니라, 중앙집권적 체제에서 중심에 있는 국왕과 체제를 지탱하는 데 필요한 국역을 담당하는 백성들을 직접 연결하는 핵심적 제도였기 때문이다. 앞서 언급했듯이 연산군 연간에 함께 폐지되었던 격쟁과 신문고 가운데, 격쟁은 중종연간에 부활하였다. 따라서 신문고는 사실상 그 이후 1771년(영조 47)에 복설될 때까지 거의 300년 가까운 기간 동안 계속 폐지된 상태였고, 그 기간 동안 백성들이 억울함을 국왕에게 직접 호소할 수 있는 가장 유용한 방법이 격쟁이었다.

영조 연간에는 이전 시기에 비해 직소제도가 상대적으로 활발하였고, 격쟁이 폐지된 대신 신문고를 부활하였다. 태종 때 경복궁 문루 1곳에 설치되었던 것을 창덕궁과 경희궁 2곳으로 늘려 설치하였고, 신문고를 칠 수 있는 사안을 확대하였으며 신문고를 친 사람에게 예형(例刑)을 가하는 규정을 없애는 등 직소의 통로를 확대하였다. 특히 정도 대에는 영조가 신문고를 설치하면서 금지하였던 격쟁을 허용하고, 그 동안 금지 되었던 민은(民隱) 대한 격고나 격쟁, 나아가 사실상 집단에 의한 격고와 격정을 허용하는 등 백성들이 원억을 국왕에게 직소할 수 있는 통로를 크게 확대하였다.

또 지역 주민들에 의한 집단적 격쟁이 잦아지면서 새로운 질서의식이 아래로부터 형성되어 갔다. 자신들의 문제를 해결하기 위해 분투하던 지역 주민들은 대표를 선발하고, 자신들의 원억을 그들에게 위임하여 해결하려 했다. 이 과정은 대표를 선발하고 파견하였다는 사실 뿐만 아니라, 대표 파견 여부, 대표 선발, 비용 염출 등을 위해 지역 주민들 간의 집단적 논의를 요청하였다는 점에서 아래로부터 새로운 질서가 형성될 수 있는 가능성도 엿볼 수 있다. 영·정조 확대된 직소의 통로와 그것을 실현하 나간 아래로부터의 경험은 무엇보다 새로운 정치문화의 형성이라는 점에서 중요한 의미를 가진다.

정조 연간에 소원제도가 확대되고 이전에 비해 충실히 시행되면서 민중들은 구체적인 정사(政事)에서 이전 시기와 다른 인정을 경험할 수 있었다. 격쟁·격고·상언 등을 통해 지방관들의 정사에 대한 자신들의 불만과 이의를 제기하면, 그에 대해 국왕이 이전에 비해 충실하게 응답하는 정사를 실감할 수 있었다. 소원제도를 통해 국왕과 민 사이의 소통이 다른 시기에 비해 충실히 이루어지고 있었던 것이다. 이러한 소통은 제한적이었지만, 양자 간에는 소원을 통해 인정에 장애가 되는 탐관들을 제어하고 부당한 정책을 시정할 수 있는 회로가 작동되고 있었음을 의미한다. 또한 그 회로는 항상 만족할 만한 정도로는 아니었다 하더라도, 민중에게 이전 시기보다는 한 단계 진전된 인정을 되돌려주기도 했다. 정조연간에는 그러한 경험이 집중적으로 이루어지면서 그 과정에서 새로운 "정치문화"가 형성되어 가고 있었다.

19세기에 들어 신문고는 폐지되거나 제대로 활동되지 않은 시기가 적지 않았던 것으로 보이지만, 격쟁과 상언은 꾸준히 이어졌고, 고종 연간에는 신문고를 두드리는 사람도 많았던 것으로 보인다. 그러나 19세기의 직소제도는 그 양상 면에서 정조 시기와 커다란 차이를 보인다. 가장 뚜렷한 차이는 상언이 격감하는 반면, 평천민층이 많아 활용하는 격쟁이 상언에 비해 압도적으로 많아진다는 점이다. 이는 19세기에 들어 영정조 연간을 거치며 형성된 새로운 정치문화를 바탕으로 19세기에 들어 특히 평천민층에 의한 아래로부터의 요구가 더욱 다양하고 거세졌음을 시사한다. 격쟁이 증가한 것은 한편으로는 매우 사소한 문제까지 국왕에 직소하여 해결하려는 백성들이 많았기 때문이지만, 뇌물과 청탁이라는 기강문란과도 밀접한 관련이 없을 수 없었다.

또한 이는 어떤 면에서 지배-피지배 관계를 비롯한 새로운 정치질서와 그를 위한 제도적 장치의 마련을 요구하는 것이기도 했지만, 경직되고 부패해가던 19세기 정치현실에서는 기대 난망이었다. 세도정권의 성립과 매관매직의 성행은 결국 권력과 지방관으로 하여금 인정을 외면하게 만들고 관과 민간의 소통을 외면하게 하였기 때문이다. 출구 없는 민중의 불만이 '민란'으로 폭발할 수밖에 없었다.

제3장에서는 민중의 교육경험이 확대되어 가는 현상에 주목하여 아래로부터 민중의 자발적 노력에 의해 지배이념이 확산되고 정치문화가 형성·변화해나가는 과정을 살펴보았다. 물론 민중의 교육 경험은 국가권력이나 향촌의 사족층과도 크고 작은 관련을 가지지만, 여기서는 평민서당의 출현과 평민층의 '자발적' 교육열이라는 면에 주목하여 지배이념의 확산, 그리고 정치문화의 형성이나 변화와 관련하여 민중의 교육 경험이 가지는 의미를 살펴보고자 하였다.

엘리트층이 무기를 잡고 전투하는 것을 특권으로 여기던 유럽의 봉건제 사회와 달리 조선의 양반 사족들은 군사적 의무를 기피한 반면, 군사적 의무를 담당하는 것은 평민층이었다. 양반사족은 군사적 권력을 가지지 않은 채 인구 구성 면에서 그들보다 훨씬 많은 평천민층과 같은 마을 혹은 이웃 마을에서, 성채가 아닌 평범한 집에서 호위하는 무사단도 없이 거주하며 생활하고 있었다. 이는 국가권력이나 향촌사회의 사족층에게는 평천민층에 대한 '교화'와 '헤게모니적' 지배가 더욱 절실하였음을 시사하는 것이다. 조선왕조는 창건 이후 백성들을 유교이념과 그에 입각한 지배체제에 순응케 하려는 목적에서 교화를 강조하였다. 세종대왕이 훈민정음을 창제한 것이나, 15세기 후반에 교화를 위한 한글 교서가 등장한 것도 모두 그와 관련이 있었다.

유교적 규범과 실천윤리를 확산시키는 데 가장 중요한 역할을 한 것은 조선 초기부터 이른바 교화의 논리에 따라 체계적으로 설립된 중앙과 지방의 관학들이었다. 조선시대의 지방 공교육 기관인 향교는 처음부터 양반과 서류·평민이 함께 교육받았다. 각각 양반 자제와 비양반 자제가 기숙하는 동재(東齋)와 서재가 엄격히 구분되어 있었지만, 양반과 비양반의 자제들이 같은 공간에서 함께 생활하며 교육을 받았다는 사실은 유교 이념이나 정치문화의 확산과 형성과정에 적지 않은 영향을 미쳤을 것으로 보인다. 또한 임진왜란 이전부터 사족층 사이에는 교관의 무능이나 교육의 비능률성, 민중과 섞여서 교육을 받는다는 점 등을 꺼려 향교 교생으로 들어가는 것을 기피하는 경향이 확산되면서 점차 양반보다는 중서층과 평민층 자체들이 그 자리를 대신하였다. 이는 문자를 해득하고 향교교육을 통해 사족의 문화와 지배이념을 내면화해나가는 평천민층이 점차 증가하고 있었음을 시사한다.

18세기 중반 이후 평천민층에 대한 교육도 확산되어 갔다. 18세기 후반에는 수령들이 홍학을 강조하면서 그 대상으로 사족뿐만 아니라 중서층까지 포함시켰고, 19세기에는 민중까지 포함시키는 사례가 많아졌던 것으로 보인다. 특히 18세기 후반이 되면 서당계 등이 고안되면서 민중이 대거 서당을 운영할 수 있는 기틀을 마련하였고, 한글로 번역한 교재가 본격적으로 선보이고 직업적 고용훈장이 등장하는 등 서당교육에 일대혁신이 시작된 것도 이 무렵이었다. 서당은 19세기에 들어 더욱 확산되었다. 이러한 변화들은 지배층이 중서층이나 평천민층을 교화시켜 기존의 사회질서나 신분체제에 순응케 할 목적 때문이었지만, 다른 한편 지배이념과 유교적 규범이 확산되는 계기가 되었음도 분명하다.

또한 이는 치자-피치자의 간에도 새로운 정치문화가 만들어져 가는 단서가 되었다. 유교의 확산과 민중층에 의한 내면화가 반드시 지배층이 원하는 결과를 가져온 것은 아니었기 때문이다. 지배이념의 확산은 통치논리가 민중에게 내면화해 나가는 과정이었다는 점에서 확실히 지배층이 원하는 바였다. 그러나 다른 한편 그것은 민중이 지배이념에 입각하여 지배층의 정사와 행위의 득실과 당부를 비판하고, 민본과 인정을 방기할 경우 그것의 회복을 요구하는 것이 정당하다는 사상적 기반이 만들어지는 과정이기도 했다.

제4장에서는 평천민층의 일상생활이 이루어지던 향촌사회에서 엘리트층인 사족과 평천민층 간의 관계 속에서 지배이념이 확산되고, 정치문화가 변화되어 가는 과정을 살펴보았다. 물론 중앙집권적 체제였던 조선에서 향촌사회의 일상을 이해하기 위해서는 사족-평천민층 간의 관계만으로 접근해서는 안 된다. 제8장에서 간단히 언급하고 있듯이 조선은 국가권력의 침투 정도 내지 강도 면에서 조선과 마찬가지로 중앙집권 체제를 갖추고 있던 중국이나 베트남보다 더욱 강하였기 때문에 향촌사회 내부질서에도 관권이 강력히 침투하고 있었기 때문이다. 여기서는 이런 점에 유념하면서 향촌사회 질서 변화와 그 속에서 확산되어 가는 지배이념과 변화해나가는 정치문화에 대해 살펴보고자 했다.

조선 후기에 들어 재지 사족들은 읍치(邑治) 지역을 회피하고 관아와 멀리 떨어진 시골마을을 택해 세거지를 형성하였으며, 평천민들과 같은 마을에서 혼거하거나 혹은 이웃마을에서 생활하였다. 특히 17세기에 들어 조직되기 시작한 상하합계 형태의 동계 조직은 향촌사회에서 사족과 민중의 문화가 본격적으로 교섭하기 시작했음을 의미하며, 새로운 향촌사회질서와 정치문화가 형성될 수 있는 중요한 전환점이 되었음을 의미한다. 국가의 대리인으로서 성격을 가지던 사족들이 피치자인 민중과 같은 촌락에서 혼거하였다는 점에서 향촌사회의 일상은 한편으로 지배이념과 민중의식이 상호 교섭·삼투하는 공간이었다. 특히 대부분의 동약에는 효행에 대한 시상 등을 통해 장려하였고, 유교적 가례에 입각한 규정이 마련되어 있었다. 또 주기적인 강회(講會)를 통해 유교적 덕목이 계원들에게 교육되었다. 이에 따라 지배이념과 그를 규범화하는 기제인 의례들도 확산되어 갔을 것으로 보인다. 이는 결국 동계가 양반문화나 지배이념이 민중에게 내면화하는 하나의 통로로서의 역할을 하였음을 의미하며, 지배층과 피지배층이 공유할 수 있는 어떤 "정치문화"가 형성되어 가는 과정에 다름 아니었다.

상층민과 하층민의 신분적 격차는 점차 완화되어 갔고, 동계에서도 점차 하민들의 입지가 강화되었다. 동계운영에서도 대민뿐만 아니라 하층민의 의견도 동시에 중시되었으며, 동임의 신분이 양반이 아닌 사람으로 대체되는 사례가 보이기도 하였다. 19세기 후반에 와서는 구체적으로 신분 차별을 두는 규정이 사라지는 사례, 향회 회의의 자리 배치 면에서도 직임을 맡은 사람들을 제외하고는 모두 나이순으로 좌정하도록 한 사례도 보였다.

이러한 변화에 더불어 관이 주도하는 향촌통제 정책이 강화되고, 19세기에 들어서는 이른바 〈수령-이향지배체제〉가 형성되면서 향촌 사회의 질서도 크게 동요하였고, 그에 따른 사족층의 지위 하락과 평천민층의 지위 상승은 또 다른 문제를 야기하였다. 무엇보다 수령-이향체제의 성립은 곧 관권과 향촌사회의 중간에 서서 중재역할을 하던 중간적 존재였던 사족의 기능이 취약해지거나 상실되었음을 의미한다. 수령-이향의 향촌사회에 대한 불법적 수탈을 완충해줄 사족층의 몰락은 향촌 내부에서 일어나는 모든 갈등 해결의 책임이 관으로 전가되는 결과를 초래했고, 소민들과 관권 간의 마찰이 그 만큼 격화될 가능성을 열어 놓는 것이기도 했다.

나아가 수령-이향층에 의한 수탈이 위세가 약화된 사족층에게까지 손을 뻗치게 되면서 사족 가운데는 오히려 민란의 주도자가 되어 관권에 저항하는 인물이 곳곳에서 나타났다. 이는 지배이념을 공유하고 함께 체제를 이끌어 가던 국가권력과 지방사족 간에 심각한 균열이 일어났음을 보여주며, 조선사회를 지탱해오던 지배시스템의 중요한 한 축이 붕괴되었음을 의미한다. 수령-이향지배체제로 대변되는 향촌사회의 질서 변화가 가지는 지배시스템 면에서 가장 중요한 의미는 바로 여기에 있었다.

또한 이런 점에서 영·정조 연간 국왕 중심의 국정운영과 이에 따른 수령관 강화와 사족지배체제의 약화가 다만 중앙권력의 지배력 강화로만 이어지지는 않았음을 보여준다. 사족이라는 중간적 조정세력이 몰락 내지 약화된 속에서 중앙권력의 부패와 관료에 대한 장악력의 약화는 오히려 지방관의 발호를 조장할 수 있었기 때문이다. 탐관오리들에 의한 학정은 군현의 관리들에서 그치는 것이 아니라, 감사와 조정까지 결탁 내지 연계되어 있었으며, 결국 민란은 물론 동학농민전쟁 같은 거대한 '란란'으로 이어졌다.

제5장에서는 18세기 중반 무렵부터 총액제와 공동납 제도가 시행되면서 새로운 정치문화와 새로운 공론과 질서가 만들어져 가는 모습을 살펴보려고 했다. 총액제와 공동납은 도→군→면→리 단위로 세금을 부과하고 연대책임을 지우는 부세제도였다. 총액제와 공동납 제도가 시행된 후 향촌사회 내부에서 부세를 둘러싸고 대민과 소민, 대리와 소리 간에 다양한 갈등을 유발하였고, 이에 대한 대응과정에서 향촌질서에 중요한 변화를 야기하였다. 가장 중요한 문제는 면리단위로 부과된 세금을 주민들에 분정(分定)하는 기준이나 원칙이었고, 분정이 원활하게 이루어지기 위해서는 무엇보다

구성원들 간의 '합의'에 의한 '공정성'이 요구되었다. 이에 따라 점차 부세 수취와 관련된 사안에 대해서는 부세를 공동으로 부담하는 말단 단위였던 면이나 이(里)에서부터 공론이나 공의를 수렴하는 절차를 거치는 것이 하나의 상식 내지 정치문화로 자리 잡아 갔다.

이 과정에서 기존의 사족 중심의 향회와 달리 대소민인, 내지 반상의 구별 없이 부세수취와 관련한 이해 당사자들이라면 누구나 참여하는 새로운 논의 구조인 '민회'가 면리 단위, 나아가 군현 단위에서 만들어졌다. 특히 소민들은 조세문제를 둘러싼 자신들의 요구를 '향중공론'에 반영 내지 관철시키려는 과정에서 사족이 중심이 된 기왕의 '향중공론'과는 다른 '공론'을 형성해갔다. 이는 사족 중심의 향회와 달리 신분의 차별 없이 부세수취와 관련된 이해당사자가 모두 참여하는 '민회'를 통해 형성되었다는 점에서 사족이 주도한 기존의 '향중공론'과 대비되는 '민중공론'이라고도 할 만한 것이었다. 또한 이 과정에서 동리나 면, 군현 단위의 주민들이 향촌 차원에서 새로운 공공적 기능과 질서가 필요하다는 점을 더욱 구체적으로 자각해 나갔다. 뿐만 아니라, 이전에 비해 신분적·경제적 차별이 한층 약화되면서 점점 더 평등성, 공정성이 확대되는 속에서 서로 협의하고 의견을 조정해 나가는 사례들도 확인되었다. 향촌 주민들이 이러한 과정을 통해 합의된 '공론'을 형성해나갔다는 사실은 향촌사회에서 새로운 공공적 기능이나 새로운 질서의 형성과 관련하여 중요한 의미를 가지면, 이는 민란과 동학농민전쟁을 거치며, 좀 더 구체적인 논의구조나 체제 구상으로 발전하는 단서가 되었다.

한편 일찍부터 중앙집권적 체제를 구축하고 있던 조선사회는 동리→면→군현→도→중앙정부로 이어지는 동심원적 구조의 정치과정이 형성되어 있었다. 이는 동리나 면, 혹은 군현 단위에서 행사되는 향촌사회 주민들의

'정치 참여', 혹은 자율적 공론과 논의, 특히 그것이 중앙정부 차원에서 정해진 부세제도나 수세정책과 연동된 문제일 경우 마을이나 군현 단위에 갇혀 있는 것이 아니라, 언제든지 중앙 정부 차원의 '전국적' 문제로 확대될 수 있었음을 의미한다. 동리 단위에 국한된 원억이나 불만이라 하더라도 언제든지 중앙정부 차원의 대응을 요구하는 사안으로 연결될 가능성을 내포하고 있었으며, 지방관이라는 매개를 거친다 하더라도 결국 국가권력과의 교섭, 협상이 이루어질 수밖에 없었음을 의미한다.

제6장에서는 19세기에 빈발한 민란에는 지배이념, 곧 민본과 인정 이념을 근간으로 한 정치문화가 작동하고 있었다는 점, 이러한 정치문화는 민중측과 지배층 양자 모두의 행동이나 생각을 규정하였다는 점, 그리고 생활과 생존을 위해 인정과 민본 이념을 회복하려는 집요한 노력은 그 과정에서 아래로부터 새로운 질서 내지 가능성을 만들어가고 있었음을 확인하였다.

먼저 이러한 정치문화가 대규모 살상행위를 동반한 이재수의 난, 심지어 이인좌의 난 같은 역모나 왕조를 부정하는 홍경래란이나 변란의 밑바닥에도 분명히 자리 잡고 있었음을 살펴보았다. 민본과 인정을 바탕으로 한 정치문화는 민란에서 가장 분명하게 드러났다. 민란이 발발하는 가장 중요한 원인은 민본과 인정 이념을 배반한 지방관과 이서배의 탐묵과 가혹한 수탈 때문이었고, 민란의 목적은 민본과 인정이념을 회복하는 데 있었다.

따라서 '난민'들의 행동 역시 민본과 인정을 기초로 한 정치문화의 자장 속에서 이루어졌다. 민란의 난민들은 국왕이나 왕조를 부정한 것이 아니라, 오히려 난민들의 의식에는 국왕을 대신하여 탐관오리를 파면하여 징치함으로써 인정을 회복하겠다는 '대집행' 의식이 강하였다. 그것은 탐묵한 수령으로부터 수령임을 확인해주는 국왕의 징표인 인신과 병부를 빼앗고 수령을 고을 경계 밖으로 내다버리는 행동, 그리고 난민들이 객사에 모여 곡을 하거나[會哭客舍] 수령을 객사의 전패 앞으로 끌고 가서 국왕에게 사직 인사를 강요한 행동 등에서 분명히 확인할 수 있다. 이러한 행위는 탐관오리들을 징치하고 민본과 인정 이념을 회복하려는 자신들의 행위가 국왕을 대신하여 집행하는 것임을 보여주는 동시에 국왕의 이름으로 자신들의 행위를 정당화하려는 의도가 내포되어 있었다고 생각한다.

민란이라는 비일상적 혼란이 극단으로 치닫지 않고 곧 수습되어 사회적 통합과 질서를 회복하게 되는 것도 인정을 베풀겠다는 국왕의 약속에 의해서였다. 민란을 수습하는 과정에서도 가장 우선시된 것은 민란을 야기한 탐관오리에 대한 징치, 그리고 가혹하고 불법적인 부세운영에 대한 시정 조치를 통해 '난민'들이나 지역 주민들에게 사과 내지 사죄하는 일이었다. 말하자면 백성들이 납득할만한 최소한의 인정을 돌려줌으로써 난민들의 마음을 다독임으로써 혼란을 수습하고자 하였던 것이다. 민본과 인정 이념의 회복을 요구하며 일어난 민중에게 민본과 인정을 되돌려주겠다고 약속함으로써 체제를 안정화하려 한 것이었고, 이는 민중과 치자 사이에는 민본과 인정 이념을 기초로 형성된 정치문화가 작동되고 있었음을 의미한다.

이와 같이 스스로의 힘으로 민본과 인정 이념을 회복하기 위해 일으킨 민란은 그것을 준비하고 진행하는 과정에서 민중에 의해 아래로부터의 새로운 질서의식 내지 정치질서를 만들어 갔다. 민란이 준비되고 전개되는 과정에서 향촌사회의 공론은 이전과는 다른 방식으로 다른 계층에 의해 형성되어갔다. 민란 당시 읍폐에 대한 논의나 수령에게 제출할 등소의 작성 등은 기존의 향회와는 다른 이회, 민회, 도회 등에 의해 주도되었다. 수령의 정책을 사후 승인하는 거수기 역할을 하던 형식적 향회가 아니라, 소민들까지 참여하여 관권의 부당함과 그 교정을 논의하는 향회였으며 형식과 내용면에서도 커다란 변화가 일어났다.

또 하나 주목되는 점은 민란의 준비과정 혹은 전개과정에서 주민들은 관권에 의해 강요된 공론이나 대민이 주도한 향중공론을 반대하고 별도의 집회를 통해 공론을 형성해 간 사례들이다. 그 동안 향중공론에서 배제되었던 평민층은 물론 천민이나 천역에 종사하는 사람들의 적극적인 참여가 보이고 심지어 천민 출신이 민란을 주도하는 사례가 확인되기도 했다. 민란의 집회에 면리 명을 쓴 깃발을 들고 참여한 사례에서 엿볼 수 있듯이 민란 참여여부는 동, 리, 면 단위의 공론을 통해 결정되는 사례가 많았을 것으로 보인다.

새로운 질서와 관련하여 또 하나 주목되는 점은 영·정조 연간부터 향촌 주민들이 집단적 민은을 호소하기 위해 대표를 선정한 뒤 그들에게 민은을 위임하고 감영이나 서울로 파견하여 향중공론·민중공론을 실현하고자 하는 움직임이 더욱 빈번하게 일어났다는 사실이다. 이처럼 향촌 사회 내부의 갈등과 분쟁을 해결하려는 노력과 새로운 공론 형성이나, 집단적 민은을 해결하려는 노력 속에서 더욱 빈번해진 '대표 선정과 위임' 등 자율적 '정치 경험' 등은 새로운 정치질서의 가능성을 더욱 구체적으로 열어가고 있었다. 특히 고성민란에서 보이듯이 이러한 공론에 따라 〈민회소〉라는 일종의 대의기구를 통해 주민들에 의한 아래로부터의 공론이 향촌 차원의 정치과정에 깊숙이 개입하였고, 수령의 권한 가운데 가장 핵심인 인사권과 수세권을 감시하고 견제해 나가는 중요한 경험을 쌓을 수 있었다. 앞서 언급했듯이 조선의 정치체제가 가진 중앙집권적 성격을 고려할 때 이러한 경험은 단지 향촌 차원에서 그치는 것이 아니라 중앙정치 무대에까지 영향을 미칠 수 있는 새로운 질서의식의 태동이고, 나아가 새로운 정치체제의 가능성을 내포한 것이었다.

제7장에서는 19세기에 일어난 민중운동의 최고봉이라 할 수 있는 동학농민전쟁에서 보이는 정치문화와 농민전쟁의 전개과정에서 만들어져가는 새로운 정치질서 내지 정치체제에 대해 살펴보았다.

조선후기 이래 형성되어 간 민본과 인정을 요체로 한 민중의식과 정치문화는 민란을 거치며 더욱 강화되고 확산되었으며, 이는 동학농민전쟁의 전사라 할 수 있는 교조신원운동에서도 표출되고 있었다. 보은집회 참여자들은 왕토사상과 왕민사상 그리고 국왕의 신민으로서의 정체성을 분명하게 드러내고 있으며, 충효와 인·의라는 유교의 덕목을 내세우고 있다. 이는 자신들의 요구와 주장, 행동을 더욱 튼튼히 정당화하기 위한 의도와 무관할 수가 없다. 그러나 또한 동학교도들이 포교의 자유를 주장하는 것조차 민본과 인정이라는 당대의 정치문화에 깊이 규정되고 있었음을 보여주는 것이기도 하다.

한편 민란이 지방관을 대상으로 민본 이념과 인정 회복을 대집행한 것이라면, 동학농민전쟁은 그 대상이 중앙집권세력으로 확대된 것이다. 농민군의 자신들의 생각과 행동을 지배이념에 기초하여 정당화하였다. 그것은 무엇보다 농민전쟁을 시작하면서 내놓은 〈포고문〉에서 잘 드러난다. 〈포고문〉에는 유교 이념과 언어, 곧 민본 이념, 왕토사상과 왕민사상 등에 의한 현실 진단과 비판이 분명하게 제시되어 있다. 농민군의 목표는 민본과 인정 이념의 회복에 있었고, '반란'의 정당성 역시 거기서 구하였다.

이는 민본·인정 이념의 내면화와 이에 의거하여 형성된 정치문화의 표현이었으며, 동시에 민본과 인정 이념의 체현자로서의 국왕을 전제함으로써만 가능한 것이었다. 국왕은 자신들의 행위를 정당화해줄 수 있는 최상의 권위였다. 따라서 민란과 달리 타도 대상이 중앙정부의 모든 부패한 관료 집단들에게까지 확대되지만, 국왕은 타도의 대상이 아니라 여전히 존숭의 대상이었다. 나아가 〈포고문〉의 내용이나 그 이후의 격문, 통문 등을 통해 볼 때 조선왕조 자체에 대해 전혀 부정적이지 않았으며, '근대적' 체제를 만들려는 의지나 새로운 사상을 가지고 있지 않았다. 그러나 생활과 생존의 위기를 벗어나기 위해서는 무엇보다 민본 이념과 인정을 회복해야 한다는 농민군의 절박한 심정은 농민군의 의도와는 무관하게 지배질서에 균열을 일으키고 새로운 정치질서를 아래로부터 만들어 나가는 결과를 가져왔다.

우선 사농공상이 신분적 차별 없이 한 마음으로 협력하여 보국안민을 이루겠다는 보국안민의 주체로서의 자각, 곧 도탄에 빠진 민중을 구제하고 인정과 민본을 스스로의 힘으로 회복하겠다는 의지는 군현 단위의 '협의체'를 구성하고 새로운 논의기구와 새로운 공론을 만들어 갔다. 각 군현의 관아 등에 설치되어 폐정개혁활동을 주도해 나간 집강소가 그것이다. 집강소의 책임자는 집강이었고 그 아래 의원 혹은 의사원 십 수인 혹은 약간 명을 두고 협의체로 운영하였다. 집강소의 이러한 구성과 운영원리는 조선 후기, 특히 공동납 등을 계기로 형성되어 갔고, 민란 당시 '민회', '민회소' 등 아래로부터 형성해간 새로운 정치질서를 바탕으로 한 것이었다. 또 상하 신분의 차별을 부정하는 동학사상, 그리고 동학의 전파 과정과 농민전쟁 과정에서 축적되어간 평등 지향의 경험들에 뿌리를 둔 의식의 표현이라 생각한다.

더욱 주목되는 점은 동학농민전쟁이 진행되는 과정에서 이러한 공론장이나 그와 관련한 정치적 체제 구상이 군현 단위에 그치는 것이 아니라 국왕과 국왕을 중심으로 한 중앙정부 차원의 정치체제 구상으로까지 진전되어 갔다는 것이다. 그것은 우선 대원군의 감국(監國) 내지 섭정(攝政)을 요구한 데서 엿볼 수 있다. 대원군에 의한 섭정 요구는 농민군이 현실적으로 처해있던 사상적, 정치적 딜레마를 해결하기 위한 고심의 결과이자 전략에서 나온 것으로 보인다. 한편으로는 현 국왕으로는 민본과 인정 이념을 방기하고 학정만 일삼는 탐관오리들을 징치하고 국가와 사회를 일신하기 어려웠지만, 다른 한편으로는 국왕을 부정하는 것이 당대의 정치문화에 비추어 볼 때 사실상 불가능하였기 때문이다. 그러나 30년 이상의 경력을 가진 40대의 현 국왕을 두고 섭정을 요구한 것은 그 자체만으로도 국왕의 정치적 위상을 약화시키는 것이었다. 나아가 농민전쟁의 최고지도자 전봉준은 일인 독재의 폐해에 대한 인식을 기반으로 '몇 명의 훌륭한 사'로 표현되는 명망이 있는 선비들을 선정하고, 그들이 '합의법'에 의해 서로 협의하여 정국을 운영하는 일종의 연합정권과 유사한 체제를 구상하고 있었다.

농민군이 대원군의 섭정을 요구한 데서 나아가 몇 사람의 덕망 있는 선비들이 합의법에 의해 정치를 운영하게 한다는 구상의 배후에는 현재의 국왕으로는 탐학한 관리들을 제거하고 인정을 회복할 수 없다는 농민군 측의 판단이 자리하고 있었다. 이는 국왕의 존재를 완전히 부정하는 것은 아니었지만, 점차 스스로를 민본과 인정을 회복하고 보국안민을 이루는 주체, 곧 정치적 주체로 자각해 나간 농민군에 의해 국왕중심의 지배질서나 정치체제에는 균열이 가기 시작했음을 의미한다. 이는 민본과 인정 이념을 기반으로 하던 '현실'의 정치질서와는 다른 새로운 정치질서나 의식이 농민군에 의해 아래로부터 준비되어 가고 있었음을 의미한다.

제8장에서는 조선후기의 정치·경제적 체제나 지배이념, 법과 제도, 관습, 그리고 19세기 민중운동이 추구한 체제나 질서에서 보이는 특징을 서

구중심적, 근대중심적 역사인식에 대한 비판이라는 맥락에서 접근해보려 했다.

민중운동에서 보이는 민중의 생각과 행동은 지배이념이나 지배체제, 그리고 그와 연관되어 만들어지고 변화해가는 정치문화와 밀접한 관련이 있었다. 이는 19세기나 '근대이행기' 민중운동이나 민중의식을 이해하기 위해서는 지배이념이나 지배체제, 그리고 이와 무관할 수 없는 법과 제도나 관습 등에 대한 고려가 불가결함을 시사한다. 여기서는 먼저 19세기 민중운동에서 보이는 정치문화나 민중의식을 이해하기 위한 전제로서 조선왕조 국가의 정치체제나 지배이념, 토지소유구조와 매매 등에서 보이는 법과 제도, 관습 등을 간단히 살펴보고자 하였다. 이어 조선왕조의 정치체제나 이념, 법과 제도와 깊은 관련을 가지며 일어났던 19세기 민중운동의 체제 구상과 토지개혁 방안을 동학농민전쟁을 중심으로 검토해보았다.

먼저 조선 사회는 건국 당시부터 정치체제 면에서 서구나 일본에서는 근대와 함께 갖추어지는 중앙집권적 체제와 그를 뒷받침하는 관료제를 구축하고 있었다. 그러나 그 체제를 만들고 지탱하는 대부분의 질서나 이념은 근대적인 것과는 거리가 멀거나 매우 달랐다. 지배이념은 주자성리학이었고, 체제의 정점에는 전제왕권이 자리 잡고 있었다. 또 시장이나 상업과 관련된 사상이나 정책 면에서는 '근대'는 물론, 유럽이나 일본, 그리고 중국에 비해서도 훨씬 강력한 상업 억압정책을 펼치고 있었다. 반면 조선후기 토지의 소유구조 면에서 보이는 배타적 소유권이나 매매관습 면에서 보이는 매수자 우위의 관행은 '근대' 이전의 유럽이나 서구는 물론 중국과 비교해 보더라도 매우 '근대적'이고 '시장친화적' 성격을 보이고 있었다. 조선후기의 토지소유 구조나 매매관습에서 보이는 시장친화적 성격, 중앙집권적 전제정치 체제와 주자성리학이라는 지배이념과 그에 입각한 억상

(抑商) 정책을 구성요소로 한 조선사회의 성격은 서구중심적, 근대중심주적 역사인식이나 시간관, 그에 의한 시대구분으로는 설명이 불가능한 것이 아닐 수 없다.

한편 동학농민군이 인정을 외면한 현실, 자신들을 억압하고 고통을 주는 현실을 개혁하기 위한 노력과 그 과정에서 추구해간 정치적 체체구상이나 토지개혁 구상도 서구중심적, 근대중심주적 역사인식이나 시간관으로 설명하기 어렵다는 점에서는 마찬가지였다. 앞 장에서 살펴보았듯이 농민군의 체제 구상은 기본적으로 국왕이라는 자장을 벗어나지 못하고 있었지만, 민회와 집강소로 이어지는 아래로부터의 분투 과정에서 새로운 질서의 가능성을 열어가고 있었다. 민본이념과 인정을 회복하기 위해 목숨을 건 투쟁에 나선 농민군의 절실함은 그들의 주관적 의도와는 무관하게 '명망이 있는 선비들'이 '합의법'에 의해 서로 협의하여 정국을 운영하게 한다는 구상을 만들어 가고 있었다. 이러한 구상은 그 자체로 '입헌군주제' 같은 근대지향적 구상이라고 보기 어렵지만, 국왕의 정치적 위상을 상대화하면서 좀 더 다양한 목소리, 특히 민중의 의사를 보다 충실히 반영할 수 있는 개혁 구상이었고, '전제왕권' 중심의 정치 체제에 균열을 일으키는 것임은 분명하다.

반면 토지개혁 구상 면에서는 이와 반대의 성격을 보여주었다. 민란에서는 토지개혁과 관련한 요구가 전혀 제시되지 않았지만, 동학농민전쟁에서는 토지의 '평균분작(平均分作)' 개혁안이 구상되고 있었다. '평균분작' 구상은 지주제를 폐지하고 모든 농민에게 토지를 균분하여 경작하게 하자는 것으로 사상적 배경에는 〈무장포고문〉에도 명시되어 있던 '왕토사상'이 자리 잡고 있었다. '평균분작' 구상은 토지 소유의 불평등을 해결하고 인정이념을 실현하기 위한 농민군의 염원에서 나온 것으로, 인정 실현을 위해

왕조 창건 당시부터, 또 그 이후 많은 관료지식인들이 제기했던 다양한 균전적 토지개혁론과 상통하는 것이었다. 조선후기의 토지소유구조나 매매관습 등과는 매우 다른 성격의 개혁 방안이자, 조선후기에 성립되어 있던 토지의 자유로운 매매를 부정하는 개혁 방안이었기 때문에 자본주의 시장경제나 '근대'와는 거리가 먼 구상이었다.

이상과 같은 농민군의 체제 구상이나 토지개혁 구상 역시 서구중심적·근대중심적 역사인식에 비추어봤을 때 서로 이질적 '시간' 내지 요소들의 결합이고, 이는 서구중심적·근대중심적 역사인식이 구성해 놓은 시간관으로는 이해할 수 없는 서로 다른, 혹은 어긋나는 '시간들'의 결합이었다. 그러나 이는 조선후기 당시에 현실적으로 작동하던 정치적·경제적 체제 구성과 서로 뒤바뀐 모습이다. 곧 조선후기에는 '근대적' 토지소유구조와 매매관습이 '전제적' 정치체제와 신분질서, 그리고 무엇보다 억압적 시장경제와 결합하여 오랜 기간 공존하였다. 그에 따라 백성들은 정치적 자율성을 억압당했을 뿐만 아니라, 토지의 겸병이 확대되어 가는 속에서 특히 대부분의 평천민들은 경제적 불평등에 방치되어 있었다.

반면 동학농민군의 개혁 구상은 이와 정반대였다. 동학농민군은 조선후기 이래 향촌 차원에서 형성해 나간 '민중공론'과 새로운 논의 기구의 경험을 더욱 진전시켜 중앙정부 차원에서도 왕권을 중심으로 한 전제정치 체제에 균열을 일으킴으로써 아래로부터 새로운 정치체제의 가능성을 열어가고 있었다. 이는 신분적, 경제적 차별을 배제하는 방향의 경험이었고 체제구상이었으며, 억압되었던 평천민의 정치적 자율성이 확대되고, 그들의 의사가 정치에 반영될 가능성 역시 더 넓어지고 있었던 것으로 보인다. 또한, 토지소유와 관련하여서는 왕토사상에 입각하여 토지소유의 불평등을 조장하던 사적 소유와 자유로운 매매를 금지하는 '비근대적' '평균분작'을 구상하고 있었다.

말하자면 민본과 인정 이념을 회복하겠다는 동학농민군의 절실함은 서구중심적, 근대중심적 시각으로는 이해하기 어려운 독자성을 가졌던 조선후기의 정치, 경제적 체제를 극복하려는 노력과 결합하여 역시 서구중심적, 근대중심적 역사인식으로는 상상하기 어려운 트랜스히스토릭칼(transhistorical) 내지 트랜스템포럴(transtemporal)한 체제구상을 낳았던 것이다.

이처럼 조선후기의 체제는 물론 동학농민군의 체제구상은 서로 정반대의 성격을 가지고 있었지만, 모두 근대중심적 역사인식이나 근대적 시간관에 대한 균열을 시사할 뿐만 아니라, 일종의 '대안적 시간관'에 대한 구상과 관련하여서도 생각해볼 점이 적지 않다고 생각한다.

제9장에서는 조선후기의 민중과 19세기 민중운동이 아래로부터 형성해간 새로운 향촌질서나 정치체제 구상, 토지개혁 구상 등에서 보이는 새로운 질서, 새로운 체제의 가능성이 동학농민전쟁의 실패, 그리고 무엇보다 '근대 지향'의 엘리트들이 추구한 '근대적 구상'에 의해 억압되어 가는 모습을 살펴보았다.

먼저 정치적 측면에서는 갑오·을미개혁기의 〈향회론〉이나 독립협회의 〈의회설립론〉을 조선후기 이래 향촌사회 내부로부터 형성되어 가던 새로운 공론과 논의기구, 동학농민전쟁 시기 농민군이 만들어 가던 새로운 정치체제 구상과 비교함으로써 확인해보고자 하였다. 다음으로 경제적 측면에 대해서는 근대적·자본주의적 사적 소유를 추구해 나간 개화파에 의한 토지제도 구상을 동학농민군의 '평균분작' 구상 비교함으로써 그것이 내포한 의미를 특히 최근 들어 더욱 주목되고 있는 불평등 문제와 관련하여 접근해보고자 했다.

갑오·을미개혁 시기에 박영효, 유길준 등이 제시하였거나 시행되기도 한 향회론은 조선후기 이래, 19세기 민중운동을 통해 아래로부터 형성되어 가던 가능성을 억압하였다. 갑오·을미개혁 시기의 향회론은 향회 구성원에 대한 신분적 제한을 배제하였지만, 그 대신 빈부차별로 대체되었다. 1895년 10월 16일 유길준에 의해 청의되어 11월 3일 공포된 〈향약판무규정〉과 〈향회조규〉는 그러한 면을 매우 분명히 보여준다. 이에 따르면 면 단위 이상의 향회 구성원들 가운데는 세금을 많이 납부하는 주민들이 사실상 과반을 차지했음을 보여준다. 이에 따르면 부역을 부담해야 하는 당사자인 대부분의 소민들이 면회나 군회 등 상급 향회로 올라갈수록 논의 과정에서 배제될 수밖에 없었고, "향중공론"이 더 많은 재산을 가진 자들에 의해 크게 좌우될 수밖에 없었다. 아래로부터 형성되고 있던 "새로운 질서의 가능성"을 억압, 횡령한 사례는 독립협회의 〈의회설립운동〉에서도 확인할 수 있다. 의관의 자격을 국가에 유공한 자, 그리고 근대 서구의 법률과 정치적 학식이 있는 자로 한정함으로써 아래로부터 새로운 질서를 향한 경험을 축적해온 민중은 배제되고 있음을 알 수 있다.

유길준의 '향회론'이나 독립협회의 '의회설립운동'은 모두 정치체제 문제와 소유체제 문제가 불가분의 관계로 실제로 부단히 연결되어 오면서, 불평등을 구조화해온 '근대 문명'의 속성을 잘 보여준다. 개화파가 법제화한 향회는 조선 후기에 들어 형성되어 간 '민회'류의 새로운 논의기구, 그리고 동학농민전쟁 당시의 집강소가 신분적·경제적 차별을 배제하면서 새롭게 만들어 가던 향촌사회 운영원리나 공론수렴 과정(공론장의 개방성, 공정성, 동등성), 그리고 권력에 대한 견제와 감시 기능, 대표의 선발과 위임을 통해 새로운 '민중공론'을 적극적으로 '국정'에 반영하려는 의지와 노력, 그러한 과정들에 내포되어 있던 다양한 가능성을 억압, 횡령하고 말았음을 알 수 있다.

한편 경제적 불평등은 민주주의의 위기를 비롯한 온갖 사회적 병폐의 근원적 원인으로 현대사회의 가장 심각한 기저질환으로 알려져 있다. 다양한 차별과 빈곤은 사회적 갈등과 대립을 심화시킬 뿐만 아니라 환경 문제와 매우 밀접한 관련이 있다. 최근 들어 이러한 불평등, 그리고 차별과 빈곤이 사회적 갈등과 대립을 심화시킬 뿐만 아니라 기후변동에 악영향을 미치고 환경파괴를 악화시킨다는 점을 지적한 연구 성과들이 나오고 있어서 불평등의 완화와 해소는 더욱 중요한 과제로 대두되고 있다.

조선 초기의 토지제도인 과전법과 그를 이은 직전법마저 폐지된 이후 일반 민전의 토지소유구조에는 사실상 근대적 토지소유와 유사할 정도로 배타적 소유권이 확보되어 있었으며, 토지의 매매도 자유로웠다. 이에 따라 이미 조선 전기부터 토지소유의 불균등이 사회적 문제로 제기되었으며, 왕토사상에 입각한 토지개혁론이 일찍부터 조야의 지식인들에 의해 제출되었다. 그러나 조선 왕조정부에서는 한 번도 이러한 토지소유구조나 자유로운 매매관습을 개혁하려고 하지 않았다.

19세기에 들어 대내외적 위기가 심화되면서 내정에 대한 다양한 개혁방안이 제시되었지만, '근대지향적' 개혁을 추구한 관료나 개화파 지식인에 의해 제기된 개혁방안에도 기왕의 토지소유구조나 토지제도를 부정하는 내용은 들어있지 않았다. 오히려 서구적 근대를 수용한 개화파가 추진한 개혁방안에서 제시된 토지개혁구상은 왕토사상에 입각하여 토지의 사적 소유를 부정하고 자유로운 매매를 금지한 동학농민군의 토지개혁구상과는 정반대되는 내용이었다.

갑오개혁을 주도한 김윤식이나 유길준은 서구 근대로부터 수용된 사적 소유권의 절대성이라는 개념에 입각하여 토지재분배론, 곧 지주제를 철폐하는 개혁에는 반대하고 있었다. 이는 사유재산과 토지 겸병을 옹호하고 절대화한다는 점에서 확실히 '근대적'·'자본주의적' 인식이었다. 또한 근대적 자본주의적 향촌질서와 정치체제, 토지제도가 추진되어 가는 과정은 정치적, 경제적, 사회적 불평등이 제도화·법제화해 가는 과정이었고, 아래로부터 형성되어 가던 새로운 질서 내지 체제, 곧 서로 다른 시간들의 결합과 재배치를 통해 근대를 넘어서는 새로운 질서, 새로운 체제의 가능성, 그것을 구상하고 실현해나가는 데 필요한 풍부한 무기고가 억압되는 과정이기도 했다. 특히 동학농민군이 조선후기의 정치, 경제적 체제를 극복하고 민본과 인정 이념을 회복하기 위해 분투하는 과정에서 만들어가던 트랜스히스토리칼(transhistorical) 내지 트랜스템포럴(transtemporal)한 대안적 체제 구상이 가진 가능성도 억압되어 버린 것이다.

전지구를 지배해버린 자본주의 세계체제의 압도적 영향력은 그에 대한 대안을 상상하는 것조차 거의 불가능하게 만들고 있는 현실을 생각할 때[1] '근대'는 더 이상 추구되어야 목표가 아니다. 추구되어야 할 것은 적어도 '더 나은' '근대'가 되어야 하며, 나아가 '근대'의 극복과 근대 너머의 대안에 대한 고민이 요청된다. '민중' 개념과 민중운동사 연구 역시 비판적 역사학으로서의 현재성을 가지기 위해는 달라진 '현재'와 새로운 과제들에 대한 새로운 인식을 통해 '현재적'·'비판적' 가능성의 단서를 다시 찾아야 한다.[2]

1) 마크 피셔(M. Fisher)에 따르면 인류는 현재 자본주의가 최선의 대안은 아니지만 현실적으로 가능한 유일한 대안임을 받아들이게 된 준-종말론적 상황, 내지는 "자본주의가 유일하게 존립 가능한 정치·경제 체계일 뿐 아니라 이제는 그에 대한 일관된 대안을 상상하는 것조차 불가능하다는 널리 퍼져 있는 감각", 곧 "자본주의 리얼리즘"이 지배하고 있는 것으로 판단하였다(마크 피셔 지음, 박진철 옮김, 『자본주의 리얼리즘 : 대안은 없는가』, 리시올, 2018, 11~12, 14, 56쪽).

2) 역사과정은 예정조화된 것이 아니다. 중세도 근대도 다양한 가능성들의 경합 속에서 결과적으로 선택되었거나 승리한 것일 뿐이며, 그 기간도 긴 인류의 역사 속에서 매우 짧은 시간에 불과하다. 그렇기 때문에 우리는 오늘도 더 나은 미래의 가능성을 만들기 위해 노력하는 것이고, 그를 위한 상상력을 만들어 가는 것이다. 다만 지금까지는 역사학의 현재성을 규정하고, 과거를 통해 계발해나가는 상상력이 인간 사회 질서에 국한되었다면, 앞으로는 자연까지 포괄하는 상상력으로 전환되어야 한다. 내셔널리즘이나 발전론적 인식, 근대중심주의와 인간중심주의를 모두 넘어서는 상상력이 요청된다.

참고문헌

〈자료〉

『조선왕조실록』, 『승정원일기』, 『일성록』, 『비변사등록』

『經國大典』, 『大典會通』, 『續大典』, 『受教輯錄·詞訟聚類』(法制處, 1964), 『朝鮮經國典』, 『秋官志』

『各司謄錄』, 『舊韓國官報』, 『東賢學則』, 『駐韓日本公使館記錄』

『嶠南公蹟』, 『辛未衙變時日記』, 『寧海府賊變文軸』, 『龍湖閒錄』, 『壬戌錄』, 『推案及鞫案』, 『捕盜廳謄錄』, 『司法稟報』

『東學關聯判決文集』, 『동학농민전쟁사료총서』(1~30, 사운연구소, 1996), 『東學亂記錄』(上, 下), 『東學思想資料集』 1(아세아문화사 영인본, 1979), 『韓國民衆運動史資料大系: 1894年의 農民戰爭篇 附東學關係資料 1, 東學書』(여강출판사, 1985)

「독립신문」, 「皇城新聞」, 『西北學會月報』, 『商學界』

《孟子》, 『姜瑋全集』, 『經山集』, 『經世遺表』, 『谿谷集』, 『管軒集』, 『錦溪先生文集』, 『羅巖隨錄』, 『茶山詩文集』, 『東賢學則』, 『明齋遺稿』, 『牧民心書』, 『無名子集』, 『三峯集』, 『續陰晴史』, 『松堂先生文集』, 『沈大允全集』, 『燃藜室記述』, 『斗溪集』, 『林下筆記』, 『擇里志』, 『下廬文集』, 『寒洲先生文集』, 『弘齋全書』

기행현 저, 배종옥 외 역, 『홍재일기 (상, 1866~1894)』, 전북대 이저연구소, 2022
김인걸·한상권 편, 『조선시대사회사연구사료총서』2, 보경문화사, 1986
동학농민혁명기념재단, 『동학농민혁명사료총서』(1~30), 1996
동학농민혁명기념재단, 『동학농민혁명 신국역총서』 9, 2017
동학농민혁명기념재단, 『동학농민혁명 신국역총서』 12, 2020

동학농민혁명기념재단, 『동학농민혁명 신국역총서』 14, 2022
동학농민혁명기념재단, 『동학농민혁명 신국역총서』 16, 2024
박석무 역주, 『茶山散文選』, 創作과 批評社, 1988
부산광역시사편찬위원회, 『래부일기·다대진공문일록』, 부산시청, 1995
역사문제연구소 동학농민전쟁백주년기념사업추진위원회, 『동학농민전쟁연구자료집』 1, 여강출판사, 1991
오홍묵 저, 李明來 역, 『국역 정선총쇄록』, 정선문화원, 2002
오횡묵 저, 허권수, 윤호진, 황의열, 이상필 역, 『慶尙道咸安郡叢瑣錄』, 함안문화원, 2003
오횡묵 저, 李性雨 역, 『國譯 固城叢瑣錄』, 고성문화원, 2007
오횡묵 저, 김정섭·김형만 역, 『智島郡叢瑣錄』, 신안문화원, 2008
유길준 저, 김태준 역, 『西遊見聞』, 박영사, 1976
兪吉濬 著, 허동현 역, 『兪吉濬論疏選』, 일조각, 1987
유재건 지음, 실시학사 고전문학회 옮김, 『이향견문록』, 글항아리, 2008
이정섭 역, 『국역 東策精粹』. 국립중앙도서관, 2006
이해준 편저, 『초려 이유태의 향약과 정훈』, 신서원, 1998
『한국근대사기초자료집 8』(국사편찬위원회, 2013)

「鄕約節目」, 『호서문화연구』 6, 1987
허진경 편역, 『평민열전』, (주)웅진북스, 2002
헨드릭 하멜 지음, 이병도 역주, 『역주 하멜표류기』, 한국학술정보, 2012

〈저서〉

강만길, 『이조의 상인』, 한국일보사, 1975
강인철, 『민중, 저항하는 주체 : 민중의 개념사, 이론』, 성균관대학교출판부, 2023
고석규, 『19세기 조선의 향촌사회연구 : 지배와 저항의 구조』, 서울대학교출판부, 1998
권내현, 『노비에서 양반으로, 그 머나먼 여정 : 어느 노비 가계 2백년의 기록』, 역사비평사, 2014
김문식, 『정조의 제왕학』, 태학사, 2007

김상준 외, 『유교의 예치이념과 조선』, 청계, 2007
김슬옹, 『조선시대 언문의 제도적 사용 연구』, 한국문화사, 2005
김양식, 『근대한국의 사회변동과 농민전쟁』, 신서원, 1996
김옥희, 『제주도신축년교난사』, 천주교제주교구, 1980
김용덕, 『향청연구』, 한국연구원, 1978
김용섭, 『(증보판)한국근대농업사연구』(상, 하), 일조각, 1988
김용섭, 『한국근현대농업사연구』, 일조각, 992
김인걸, 『조선후기 공론정치의 새로운 전개 : 18, 19세기 향회, 민회를 중심으로』, 서울대학교출판문화원, 2017
김준형, 『조선후기 단성사족층 연구: 사회변화와 사족층의 대응양상을 중심으로』, 아세아문화사, 2000
김준형, 『1862년 진주농민항쟁』, 지식산업사, 2001
김태영, 『조선전기 토지제도사연구－과전법체제』, 지식산업사, 1986
김태웅, 『한국근대 지방재정 연구 : 지방재정의 개편과 지방행정의 변경』, 아카넷, 2012
김현영, 『조선시대의 양반과 향촌사회』, 집문당, 1999
김호일 편저, 『한국 근현대이행기 사회연구』, 신서원, 2000
나카 스미오 지음, 이영호·이혜인·곽성용 공역, 『조선의 양명학』, 성균관대 출판부, 2016
낸시 프레이저 지음, 김원식 옮김, 『지구화 시대의 정의』, 그린비, 2010
노만 콘 지음, 김승환 옮김, 『천년왕국운동사』, 한국신학연구소, 1993
노엄 촘스키 지음, 유강은 옮김, 『불평등의 이유 : 부와 권력이 집중되는 10가지 원리』, 이데아, 2018
노혜경, 『조선후기 수령 행정의 실제』, 혜안, 2006
W. E. 그리피스 지음, 신복룡 역주, 『은자의 나라 한국』, 집문당, 1999
라나지트 구하 지음, 김택현 옮김, 『서발턴과 봉기』, 박종철출판사, 2008
러쉬튼 쿨본 편저, 김동순 옮김, 『봉건제의 이해』, 민음사, 1996
로제 샤르티에 지음, 백인호 옮김, 『프랑스혁명의 문화적 기원』, 일월서각, 1998
마이클 사워드, 강정인·이석희 옮김, 『민주주의란 무엇인가』, 까치, 2018
마크 피셔 지음, 박진철 옮김, 『자본주의 리얼리즘:대안은 없는가』, 리시올, 2018
망원한국사연구실 19세기농민항쟁분과, 『1862년 농민항쟁』, 동녘, 1988

문용식, 『조선후기 賑政과 환곡운영』, 경인문화사, 2001
미셸 보벨, 민석홍 외 지음, 『프랑스 혁명과 한국: 프랑스혁명 200주년 기념총서 6』, 일월서각, 1991
미야지마 히로시 지음, 노영구 옮김, 『양반』, 너머북스, 2014
미야지마 히로시·배항섭 편, 『동아시아는 몇 시인가? : 동아시아사의 새로운 이해를 찾아서』, 너머북스, 2015;
미조구찌 유조 외 지음, 동국대 동양사연구실 옮김, 『중국의 예치시스템』, 청계, 2001
박병호, 『한국법제사』, 한국방송통신대학, 1986
박시형·홍희유·김석형, 『봉건지배계급에 반대한 농민들의 투쟁-이조편-』, 열사람(재간행본), 1989
박충석, 와타나베 히로시 외 지음, 『국가이념과 대외인식』, 고려대학교 아연출판부, 2002
박현채·정창렬 편, 『한국민족주의론Ⅲ-민중적 민족주의』, 창작과비평사, 1985
배항섭, 『조선후기 민중운동과 동학농민전쟁의 발발』, 경인문화사, 2002
배항섭, 『19세기 민중사 연구의 시각과 방법』, 성균관대출판부, 2015
배항섭, 『동아시아사 연구와 근대중심주의 비판』, 성균관대출판부, 2025
배항섭·손병규 편, 『임술민란과 19세기 동아시아 민중운동』, 성균관대 출판부, 2013
배항섭·이경구 엮음, 『비교와 연동으로 본 19세기의 동아시아』, 너머북스, 2020
배항섭 엮음, 미야지마 히로시 외 지음, 『동아시아의 근대 장기지속으로 읽는다』, 너머북스, 2021
벤쟈민 B. 윔스 저, 홍정식 역, 『개혁·반란 그리고 天道』, 신명문화사, 1966
서울대동양사학연구실 편, 『강좌 중국사』 Ⅵ, 지식산업사, 1989
송건호·강만길 편, 『한국민족주의론』 1, 창작과 비평사, 1982
송양섭, 『18세기 조선의 공공성과 민본이념 : 손상익하의 정치학, 그 이상과 현실』, 태학사, 2015
송찬섭, 『농민이 난을 생각하다』, 서해문집, 2004
송찬섭, 『서당, 전통과 근대의 갈림길에서』, 서해문집, 2018
사이토 준이치 지음, 윤대석 외 옮김, 『민주적 공공성』, 이음, 2009
시바따 미찌오 지음, 이광주, 이은호 옮김, 『근대세계와 민중운동』, 한벗, 1984
신용하, 『동학과 갑오농민전쟁연구』, 일조각, 1993

신용하, 『신판 독립협회연구: 독립신문·독립협회·만민공동회의 사상과 운동』, 일조각, 2006
신용하, 『한국근대사회변동사강의』, 지식산업사, 2000
아마티아 센 지음, 이경남 옮김, 『살아 있는 인도』, 청림출판, 2008
안병무, 「머리말」, 한국신학연구소 편, 『한국민중론』, 한국신학연구소, 1984
안병직·이영훈 편저, 『맛질의 농민들』, 일조각, 2001
야스마루 요시오 지음, 이희복 옮김, 『일본의 근대화와 민중사상』, 논형, 2021
에드워드 윌슨 지음, 이한음 옮김, 『지구의 정복자』, 사이언스북스, 2013
알렉산더 우드사이드 지음, 민병희 옮김, 『잃어버린 근대성들』, 너머북스, 2012
에릭 홉스봄 지음, 김동택 외 옮김, 『저항과 반역 그리고 재즈』, 영림카디널, 2003
역사문제연구소 동학농민전쟁백주년기념사업추진위원회, 『동학농민전쟁연구자료집』 1, 여강출판사, 1991
역사문제연구소 민중사반, 『민중사를 다시 말한다』, 역사비평사, 2013
역사문제연구소 민중사반, 『민중경험과 마이너리티: 동아시아 민중사의 새로운 모색』, 경인문화사, 2017
역사학연구소 1894년 농민전쟁 연구분과 엮음, 『농민전쟁 100년의 인식과 쟁점』, 거름, 1994
오구라 사다오, 『베트남사』, 일빛, 1999
오금성, 『국법과 관행; 명청시대 사회경제사연구』, 지식산업사, 2007
오수창, 『조선후기 평안도 사회발전 연구』, 일조각, 2002
吳知泳, 『東學史』, 永昌書館, 1940
왕현종, 『한국 근대국가의 형성과 갑오개혁』, 역사비평사. 2003
위르겐 하버마스 지음, 한승완 역, 『공론장의 구조변동 : 부르주아 사회의 한 범주에 관한 연구』, 나남, 2001
유영익, 『갑오경장연구』, 일조각, 1990
유영익, 「갑오경장」, 『신편 한국사 39: 청일전쟁과 갑오개혁』, 1999
윤희면, 『조선후기 향교연구』, 일조각, 1990
이경식, 『조선전기토지제도연구: 토지분급제와 농민지배』, 일조각, 1986
이만규, 『조선교육사』, 을류문화사, 1947
이매뉴얼 월러스틴 지음, 김재오 옮김, 『유럽적 보편주의: 권력의 레토릭』, 창비, 2008

이사벨라 버드 비숍 지음, 이인화 옮김, 『한국과 그 이웃 나라들』, 살림, 1994
이석규, 『조선 전기 민본사상과 민』, 국학자료원, 2020
이영호, 『동학과 농민전쟁』, 혜안, 2004
이영호, 『동학·천도교와 기독교의 갈등과 연대. 1893~1919』, 푸른역사, 2020
이이화, 『이이화의 동학농민혁명사』(1~3), 교유서가, 2020
이장희, 『조선시대 선비연구』, 박영사, 1989
이재수, 『조선중기 전답매매연구』, 집문당, 2003
이훈상, 『조선후기의 향리』, 일조각, 1990
자라 바겐크네히트 지음, 장수한 옮김, 『풍요의 조건 : 자본주의로부터 우리를 구하는 법』, 제르미날, 2018
정구복, 『고문서와 양반사회』, 일조각, 2002
정만조 외, 『조선의 정치와 사회』, 집문당, 2002
정순우, 『서당의 사회사: 서당으로 읽는 조선 교육의 흐름』, 태학사, 2013
정용화, 『문명의 정치사상 : 유길준과 근대 한국』, 문학과지성사. 2004
정진영, 『조선시대 향촌사회사』, 한길사, 1998
정창렬, 『갑오농민전쟁』, 선인, 2014
제러미 러프킨 외 인터뷰, 안희경 지음, 『오늘부터의 세계』, 메디치, 2020
제임스 C. 스콧, 전상인 옮김, 『지배, 그리고 저항의 예술 : 은닉 대본』, 후마니타스, 2020
조경달 지음, 박맹수 옮김, 『이단의 민중반란』, 역사비평사, 2008
조경달 지음, 허영란 옮김, 『민중과 유토피아』, 역사비평사, 2009
조규익, 『거창가-봉건시대 민중의 저항과 고발문학』, 월인, 2000
조 굴디·데이비드 아미티지 지음, 안두환 옮김, 『역사학 선언』, 한울, 2018
조르조 아감벤 외, 김상운 옮김, 『민주주의는 죽었는가 : 새로운 논쟁을 위하여』, 난장, 2010
조르주 뒤비 지음, 최생열 옮김, 『전사와 농민』, 동문선, 1999
조오지 뤼데 지음, 박영신·황창순 역, 『이데올로기와 민중의 저항』, 현상과 인식, 1993
조윤선, 『조선후기소송연구』, 국학자료원, 2002
조지프 스티글리츠 지음, 이순희 옮김, 『불평등의 대가 : 분열된 사회는 왜 위험한가』, 열린책들, 2013

지수걸, 『1894년 남북접 동학군의 공주 점거투쟁』, 역사비평사, 2024
지승종·김준형, 『근대사회변동과 양반』, 아세아문화사, 2000
G. 르페브르, 『혁명적 군중』, 한그루, 1983
찰스 틸리 저, 양길현 외 역, 『동원에서 혁명으로』, 서울 프레스, 1995
최주희, 『영·정조 대 국가운영과 왕실재정 : 정례서를 통해 본 왕실과 나라의 살림』, 태학사, 2025
최진덕, 「주자학적 예치의 이념과 그 현실」, 김상준 외, 『유교의 예치이념과 조선』, 2007
토마 피케티, 장경덕 외 옮김, 『21세기 자본』, 글항아리, 2014
토마 피케티, 폴 크루그먼, 마이클 스펜스, 로버트 솔로몬, 로라 타이슨 지음, 유엔제이 옮김, 『애프터 피케티(After Piketty) : 《21세기 자본》 이후 3년』, 율리시즈, 2017
토마 피케티, 안준범 옮김, 『자본과 이데올로기』, 문학동네, 2020
피터 버크 지음, 조한욱 옮김, 『문화사란 무엇인가』, 도서출판 길, 2005
한국사회사연구회 편, 『사회사연구의 이념과 실제』, 문학과 지성사, 1990
한국역사연구회 편, 『1894년 농민전쟁연구』 1~5, 역사비평사, 1991~1997
한국정신문화연구원 편, 『조선양반의 생활세계』, 백산서당, 2004
한우근, 『동학란기인에 관한 연구』, 서울대학교출판부, 1971
향촌사회사연구회 편, 『조선후기 향약연구」, 민음사, 1990
홍순권, 『한말 호남지역 의병운동사 연구』, 서울대학교출판부, 1994
홍영기, 『대한제국기 호남의병 연구』, 일조각, 2004

胡恆, 『皇權不下縣?-清代縣轄政區與基層社會治理』, 北京：北京師範大學出版社, 2015
アジア民衆史研究會 編, 『日韓民衆史研究の最前線』, 東京:有志舍, 2015
菊池謙讓, 『近代朝鮮史』, 東京:鷄鳴社, 1939
M. モラ(Mollat, Michel), Ph. ヴォルフ(Wolff, Philippe) 著, 瀨原義生 譯, 『ヨ-ロッパ中世末期の民衆運動 : 青い爪, ジャック, そしてチオンピ』, 東京:ミネルヴァ書房, 1996
女性史總合研究會 編, 『日本女性史 3 : 近世』, 東京:東京大學出版會, 1982
趙景達, 『近代朝鮮の政治文化と民衆運動 ―日本との比較』, 東京:有志社, 2020
稻田雅洋, 『日本近代社會成立期の民衆運動』, 東京:筑摩書房, 1990

鶴巻孝雄,『近代化と 傳統的 民衆世界』, 東京:東京大出版會, 1991
中島樂章,『明代鄕村の紛爭と秩序』, 東京:汲古書院, 2002
信夫淳平,『韓半島』, 東京:東京堂書店, 1901
平川新,『紛争と世論-近世民衆の政治参加』, 東京:東京大学出版会, 1996
深谷克己 編,『世界史のなかの民衆運動』5, 東京:青木書店, 2000
安丸良夫,『安丸良夫集 1: 民衆思想史の立場』, 東京:岩波書店, 2013
渡邊浩,『東アジアの王權と思想』, 東京:東京大學出版會, 1997

Appleby, Joyce et al., *Telling the truth about history*(1st. pbk), New York : Norton, 1994

Baker, Keith Michael, et al., eds. *The French Revolution and the Creation of Modern Political Culture: The political culture of the old regime*. Vol. 1. Oxford; New York: Pergamon Press, 1987

Bernhardt, Kathryn, *Rents, Taxes, and Peasant Resistance : The Lower Yangzi River, 1840~1950*, Stanford University Press, 1992

Chang, Chung-Li, *The Chinese Gentry : Studies on Their Role in Nineteenth Century Chinese Society*, Seatle: University of Washington Press, 1955

Freedman, Maurice, *Lineage Organization in Southeastern China*(Reprinted with Corrections 1965), London: University of London, Athlone Press, 1970

Freedman, Paul H. *Images of the medieval peasant*, Stanford University Press, 1999

Haboush, JaHyun Kim, ed. *Epistolary Korea: Letters in the Communicative Space of the Choson, 1392~1910*. Columbia University Press, 2009

Hung, Ho-fung, *Protest with Chinese characteristics : demonstrations, riots, and petitions in the Mid-Qing Dynasty*, Columbia University Press, 2011

Bernhardt, Kathryn, *Rents, Taxes, and Peasant Resistance : The Lower Yangzi River, 1840-1950,* Stanford University Press, 1992

Kim, Sun Joo, *Marginality and Subversion in Korea: The Hong Kyongnae Rebellion of 1812*, Seattle: University of Washington Press, 2007

Miyajima, Hiroshi, Boudewijn Walraven, *How Shall We Study East Asia*(Edison, NJ: Jimoondang International, 2017

Scott, James C. *Domination and the Arts of Resistance: Hidden Transcripts*, New Haven:

Yale University Press, 1990

Spence, Jonathan D. *God's Chinese son : the Taiping Heavenly Kingdom of Hong Xiuquan*, New York :W. W. Norton & Company Ltd., 1996

Thompson, Edward Palmer, Customs in common, Penguin Books, 1993

Tomba, Massimiliano, *Insurgent Universality: An Alternative Legacy of Modernity, Heretical Thought*, Oxford University Press, USA, 2019

White, James W., *Ikki : Social Conflict and Political Protest in Early Modern Japan*, Cornell University Press, 1995

Wong, R. Bin, *China transformed: historical change and the limits of European experience*, Cornell University Press, 1997

〈논문〉

강제훈, 「조선초기 요역제에 대한 개점토 - 요역의 종목구분과 역민규정을 중심으로」, 『역사학보』 145, 1995

고동환, 「19세기 부세운영의 변화와 정소운동」, 『국사관논총』 43, 1993

고동환, 「1811~1812년 평안도 농민전쟁」, 『한국사 10: 중세사회의 해체 2』, 한길사, 1994

고석규, 「19세기 전반 향촌사회 지배구조의 성격-<수령-이·향 수탈구조>를 중심으로-」, 『외대사학』 2, 1989

고석규, 「19세기 전반 향촌사회 세력간 대립의 추이-경상도 영양현을 중심으로」, 『국사관논총』 8, 1989

고석규, 「1894년 농민전쟁과 '반봉건 근대화'」, 동학농민혁명기념사업회 편, 『동학농민혁명과 사회변동』, 한울, 1993

고석규, 「1. 서북지방의 민중항쟁」, 『한국사 36 : 조선후기의 민중운동』, 국사편찬위원회, 1997

高田洋子, 「프랑스 식민지지배기 베트남에서의 유럽법과 관습법」, 『법사학연구』 27, 한국법사학회, 2003

곽성기, 「조선조 소학의 교육적 연구」, 원광대 석사논문, 1988

구희진, 「19세기 중반 유자들의 보통교육론과 동몽서 편찬」, 『역사교육』 92, 2004

권내현, 「홍경래, 왕조에 도전한 평민 지식인」, 『내일을 여는 역사』 21, 2005

권내현, 「조선후기 입양의 확산 추이와 수용 양상」, 『역사와 현실』 73, 2009
권내현, 「'홍경래 난' 연구의 쟁점」, 『한국인물사연구』 11, 2009
권내현, 「조선후기 평민 동성촌락의 성장」, 『민족문화연구』 52, 2010
권오석, 「서당교재에 관한 서지적 연구」, 『서지학연구』 10, 1994
김갑주, 「조선후기의 양호(상·하)」, 『역사학보』 85·86, 1980
김건태, 「17~18 세기 전답소유규모의 영세화와 양반층의 대응」, 『한국사학보』 9, 2000
김건태, 「19세기 공동납과 마을자치」, 『한국문화』 95, 서울대학교 규장각한국학연구원, 2021
김건태, 「민고 계 그리고 왕토사상」, 『대동문화연구』 121, 2023
김경란, 「임술민란 전후 전라도의 군정운영과 殖利문제」, 『한국사학보』 49, 2012
김경숙, 「조선후기 산송과 상언·격쟁」, 『고문서연구』 33, 2008
김광억, 「관계의 망과 문화공동체」, 한국정신문화연구원 편, 『조선양반의 생활세계』, 백산서당, 2004
김덕진, 「조선 후기 지방 관청의 민고 설립과 운영」, 『역사학보』 133, 1992
김동진, 「16세기 성주 지방의 부세 수취에서 주비와 주빗기」, 『지방사와 지방문화』 15(1), 2012
김동철, 「19세기 말 함안지방의 향전」, 『한국문화연구』 2, 1989.
김만호, 「임진왜란기 일본군의 함경도 점령과 지역민의 동향」, 『역사학연구』 38, 2010
김문용, 「심대윤의 복리사상과 유학의 세속화」, 『시대와 철학』 21-3, 2010
김상준, 「온 나라가 양반 되기」, 『사회와 역사』 63, 2003
김상준, 「대중유교로서의 동학」, 『사회와 역사』 68, 2005
김선경, 「조선후기의 조세수취와 面里운영」, 연세대학교 석사학위논문, 1984.
김선경, 「'1862년 농민항쟁'의 都結혁파요구에 관한 연구」, 『李載龒博士還曆紀念韓國史學論叢』, 1990.
김선경, 「민장치부책을 통해서 본 조선시대의 재판제도」, 『역사연구』 1, 여강출판사, 1992
김성보, 「'민중사학' 아직도 유효한가」, 『역사비평』 14, 역사비평사, 1991
김성우. 「사회경제사의 측면에서 본 조선중기」, 『대구사학』 46, 1993
김성우, 「18~19세기 "지배양반" 되기의 다양한 조건들」, 『대동문화연구』 49, 2005

김성윤, 「吳宖默(1834~?)을 통해서 본 수령 군현통치의 과정과 전략 -"善政" 목민관의 모델과 관련하여-」, 『조선시대사학보』 53, 2010
김신재, 「갑오개혁기 이전 유길준의 민권관과 정치체제관」, 『경주사학』 22, 2003
김양식, 「고종조 민란연구(1876~1893)」, 『龍巖車文燮敎授華甲紀念史學論叢』, 1989
김양식, 「1901년 제주민란의 재검토」, 『제주도연구』 6, 1989
김양식, 「1·2차 전주화약과 집강소 운영」, 『역사연구』 2, 1993
김연신, 「18세기 초학교재《東賢學則》연구」, 성균관대 석사논문, 2003
김용덕, 「金圻鄕約 연구」, 향촌사회사연구회, 『조선후기 향약연구』, 1990
김용민, 「1860년대 농민봉기의 조직기반과 민회」, 『사총』 43, 1994
김용민, 「19세기 면의 운영층 강화와 면임의 역할」, 『한국사학보』 3·4, 1998
김용섭, 「조선후기의 민고와 민고전」, 『동방학지』 23·24합집, 1980
김용섭, 「근대화과정에서의 농업개혁의 두 방향」, 『한국자본주의 성격논쟁』, 대왕사, 1988
김용직, 「한국정치와 공론성(1) :유교적 공론정치와 공공영역」, 『국제정치논총』 38, 1998
김우철, 「균역법 시행 전후의 私募屬 연구」, 『충북사학』 4, 1991
김윤희, 「근대 국가구성원으로서의 인민 개념 형성(1876~1894)—民=赤子와 『西遊見聞』의 인민—」, 『역사문제연구』 13, 2009
김의환, 「신미년(1871) 이필제란」, 『전통시대의 민중운동』 하, 풀빛, 1981
김익한, 「4. 지방자치제의 추이」, 『신편 한국사 44 : 갑오개혁 이후의 사회·경제적 변동』, 국사편찬위원회, 2000
김인걸, 「조선후기 향촌통제책의 위기」, 『진단학보』 58, 1984
김인걸, 「19세기 전반 관주도 향촌통제책의 위기」, 『국사관논총』 6, 1989
김인걸, 「조선후기 촌락조직의 변모와 1862년 농민항쟁의 조직기반」, 『진단학보』 67, 1989
김인걸, 「민장을 통해 본 19세기 전반 향촌 사회문제」, 『한국사론』 23, 1990
김인걸, 「조선후기 재지사족의 거향관 변화」, 『역사와 현실』 11, 1994
김인걸, 「민중의 사회적 결속」, 『조선 후기 민중사회의 성장: 신편 한국사 36』, 국사편찬위원회, 2002.
김인걸, 「조선후기 향촌사회에서 유교적 전통의 지속과 단절 -향촌 사족의 거향관 변화를 중심으로-」, 『한국사론』 50, 서울대국사학과, 2004

김준태, 「현대 정책이론의 관점에서 본 조준의 경세론 연구」, 『유교사상문화연구』 36. 2009
김지영, 「조선후기 국왕 행차에 대한 연구」, 서울대 박사학위논문, 2005
김태영, 「조선전기의 균전, 한전론」, 『국사관논총』 5, 1989
김태영, 「한국 중세사에서의 국가체제와 농민」, 『인문학연구』 1, 경희대 인문학연구소, 1996
김필동, 「한말-일제하까지 촌락의 신분관계의 변화-전남 구례군 오미동 류씨가의 사례-」, 김귀옥 외, 『한국사회사연구』, 나남출판, 2003
김호동, 「여말선초 향교교육의 강화와 그 경제적 기반의 확보과정」, 『대구사학』 61, 2000
김 혁, 「조선후기 '완의' 문서의 특성과 그 사회적 기능-거제부 구조라리의 사회적 의미를 중심으로」, 『역사와 실학』 63, 2017
김현영, 「호남지방 고문서를 통해 본 조선시대의 가족과 친족」, 『호남지방 고문서 기초연구』, 정신문화연구원, 1999
김형기, 「조선후기 契房의 운영과 부세수취」, 『한국사연구』 82, 1993
김훈식, 「15세기 민본이데올로기와 그 변화」, 『역사와 현실』 1, 1989
노관범, 「19세기 후반 청도지역 남인학자의 학문과 『소학의』 대중화」, 『한국학보』 104, 2001
나선하, 「17세기 영암지방의 향안·향전과 향촌지배질서의 추이」, 『지방사와 지방문화』 16-2, 2013
다다미 지즈까, 「프랑스 혁명기의 농민운동과 농업상의 평등주의」, 미셸 보벨, 민석홍 외 지음, 『프랑스 혁명과 한국: 프랑스혁명 200주년 기념총서 6』, 일월서각, 1991
도베 히데아키(戶邊秀明), 「'민중사상사' 연구의 출발-야스마루 요시오(安丸良夫)의 방법적 혁신」, 도면회·윤해동 엮음, 『역사학의 세기 : 20세기 한국과 일본의 역사학』, 휴머니스트, 2009
문준영, 「19세기 후반 지방사회에서 민소(民訴)와 청송(聽訟)실무- 전라도 영광군 민장치부책의 분석-」, 『법학연구』 60-1, 2019
미야지마 히로시, 「동아시아 소농사회론의 사상사 연구」, 『한국실학연구』 5, 2003
미야지마 히로시, 「유교의 제민사상과 소농사회론」, 『국학연구』 14, 2009
박경하, 「왜란 직후의 향약에 대한 연구」, 『중앙사론』 5, 1987

박경하, 「18세기 주현향약의 성격」, 김호일 편저, 『한국 근현대이행기 사회연구』, 신서원, 2000

박광성, 「1901년 제주도 민란의 원인에 대하여-신축 천주교 박해 사건」, 『인천교육대논문집』 2, 1967

박광성, 「고종조의 민란연구」, 『전통시대의 민중운동』 하, 풀빛, 1981

박광용, 「조선의 18세기, 국가 운영 틀의 혁신」, 역사학회 편, 『정조와 18세기』, 푸른역사, 2013

박맹수, 「해월 최시형의 초기행적과 사상」, 『청계사학』 3, 1986

박맹수, 「嶠南公蹟 解題」, 『한국사학』 10, 한국정신문화연구원, 1989

박명규, 「19세기 후반 향촌사회의 갈등구조—영광지방의 민장내용 분석—」, 『한국문화』 14, 1993

박병호, 「공정성의 개념과 실천」, 한국정신문화연구원 편, 『조선양반의 생활세계』, 백산서당, 2004

박찬승, 「동학농민전쟁의 사회, 경제적 지향」, 박현채, 정창렬 편, 『한국민족주의론』 3, 창작과비평사, 1985

박찬식, 「한말 제주지역의 천주교회와 '濟州教案'」, 『한국근현대사연구』 4, 1996

박현모, 「홍경래난을 통해서 본 19세기 조선정치」, 『한국동양정치사상사연구』 4-2, 2005

박현순, 「17~18세기 향약의 班常間 부조에 대한 고찰 - 사족층과 하인층의 결합 양상을 중심으로」, 『조선시대사학보』 82, 2017

방기중, 「백남운의 역사이론과 한국사 인식」, 『역사비평』 11, 1990

배항섭, 「동학농민전쟁에 나타난 토지개혁구상」, 『사총』 44, 1994

배항섭, 「동학농민전쟁연구」, 고려대 박사논문, 1996

배항섭, 「집강소 시기 동학농민군의 활동양상에 대한 일고찰」, 『역사학보』 153, 1997

배항섭, 「변란의 추이와 성격」, 『신편 한국사 36』, 국사편찬위원회, 1997

배항섭, 「제1차 동학농민전쟁 시기 농민군의 진격로와 활동 양상」, 『동학연구』 11, 2002

배항섭, 「1893년 동학교도와 大院君의 擧兵 企圖」, 『한국사학보』 12, 2002

배항섭, 「나주지역 동학농민전쟁과 향리층의 동향」, 『동학연구』 19, 2005

배항섭, 「'등신대'의 민중상으로 본 동학농민전쟁—조경달, 『이단의 민중반란—동학

과 갑오농민전쟁』」, 연세대학교 현대한국학연구소 편, 『해외한국학평론』 4, 2006
배항섭, 「조선후기 민중운동 연구의 몇 가지 문제」, 『역사문제연구』 19, 2008
배항섭, 「근대를 상대화하는 방법 : 민중사에서 바라보는 근대」, 『역사비평』 88, 2009
배항섭, 「'근대이행기'의 민중의식: '근대'와 '반근대'의 너머」, 『역사문제연구』 23, 2010
배항섭, 「조선후기 토지소유구조 및 매매관습에 대한 비교사적 검토」, 『한국사연구』 149, 2010
배항섭, 「19세기 지배질서의 변화와 정치문화의 변용—仁政 願望의 향방을 중심으로」, 『한국사학보』 39, 2010
배항섭, 「19세기 조선과 베트남의 토지개혁론에 대한 비교사적 검토-토지소유를 둘러싼 제도와 관습의 차이를 중심으로-」, 『역사학보』 206, 2010
배항섭, 「19세기 후반 민중운동과 公論」, 『한국사연구』 161, 2013
배항섭, 「동아시아사 연구의 시각」, 『역사비평』 109, 2014
배항섭, 「서구중심주의와 근대중심주의, 역사인식의 天網인가」, 『개념과 소통』 14, 2014
배항섭, 「19세기 향촌사회질서의 변화와 새로운 공론의 대두-아래로부터 형성되는 새로운 정치질서-」, 『조선시대사학보』 71, 2014
배항섭, 「동아시아는 몇 시인가?라는 질문」, 『동아시아는 몇시인가?』, 너머북스, 2015
배항섭, 「동학농민전쟁에 대한 새로운 이해와 내재적 접근」, 『역사비평』 110, 2015
배항섭, 「'근세' 동아시아의 直訴와 정치문화」, 『역사비평』 117, 2016
배항섭, 「'탈근대론'과 근대중심주의」, 『민족문학사연구』 62, 2016
배항섭, 「1880~90년대 동학의 확산과 동학에 대한 민중의 인식－유교 이념과의 관련을 중심으로－」, 『조선시대사학보』 77, 2016
배항섭, 「정창렬의 동학농민전쟁 연구의 내용과 의의」, 『한국인물사연구』 70, 2016
배항섭, 「동학농민전쟁의 사상적 기반과 유교」, 『역사학보』 236, 2017
배항섭, 「동학에서 보이는 '전통'과 새로운 사유」, 『민족문화논총』(영남대) 70, 2018
배항섭, 「19세기 동아시아 민중운동과 여성의 참여」, 『역사교육』 152, 2019

배항섭, 「방법으로서의 '동아시아사' 연구와 새로운 역사상의 모색-근대중심주의(modernocentrism) 비판과 트랜스히스토리칼(transhistorical)한 접근-」, 『대동문화연구』 112, 2020

배항섭, 「19세기 동아시아 민중운동의 사상적 기반과 폭력에 대한 비교사」, 배항섭, 이경구 엮음, 『19세기의 동아시아 4 : 비교와 교류로 본 근대전환기의 동아시아』, 너머북스, 2020

배항섭, 「19세기 향촌사회질서의 변화와 새로운 공론의 대두」, 배항섭 엮음, 미야지마 히로시 외 지음, 『동아시아의 근대 장기지속으로 읽는다』, 너머북스, 2021

배항섭, 「'새로운 민중사' 이후 민중사 연구의 진전을 위하여-19세기 말~20세기 초를 중심으로-」, 『역사문제연구』 48, 2022

배항섭, 「한국 근대사 이해의 글로벌한 전환과 식민주의 비판-기후변동과 역사 연구의 새로운 방향 모색-」, 『역사비평』 145, 2023

배항섭, 「최근 조선시대사 연구의 역사 인식과 새로운 방향 모색」, 『조선시대사학보』 105, 2023

배항섭, 「동학농민혁명기록물에 내포된 가치와 의미」, 동학농민혁명기념재단, 『세계에 새겨진 혁명의 기록』, 2024

배항섭, 「동학사상 및 동학농민군의 생명관과 자연관」, 『대동문화연구』 128, 2024

소순규, 「조선전기 徭役의 종목 구분과 差定 방식에 대한 검토」, 『사총』 96, 2019

손병규, 「조선후기 比摠制的 재정 체계의 형성과 그 정치성」, 『역사와 현실』 81, 한국역사연구회, 2011

손병규, 「'삼정문란'과 '지방 재정 위기'에 대한 재인식」, 『역사비평』 101, 2012

손태도, 「동학농민혁명과 광대집단의 활동 : 홍낙관·홍계관을 중심으로」, 『역사민속학』 53, 2017

송양섭, 「19세기 良役收取法의 변화-洞布制의 성립과 관련하여-」, 『한국사연구』 89, 1995

송양섭, 「『東國文獻備考』「田賦考」에 나타난 사회경제정책과 이념」, 『진단학보』 106, 2008

송양섭, 「18~19세기 공주목의 재정구조와 민역청(民役廳)의 운영」, 『동방학지』 154, 2011

송양섭, 「조선후기 지방재정과 계방의 출현 : 제역 및 제역촌과 관련하여」, 『역사와

담론』 59, 2011
송양섭,「18세기 比摠制의 적용과 齊民政策의 추진」,『한국사학보』 53, 2013
송양섭,「19세기 부세 운영과 '향중공론'의 대두」,『역사비평』, 2016
송양섭,「19세기 거제 구조라리의 부세운영과 촌락사회의 동향」,『대동문화연구』 114, 2021
송준호,「조선의 양반제를 어떻게 이해할 것인가」,『전라문화논총』 1, 1986
송찬섭,「1862년 농민항쟁의 조직과 활동」『한국사론』 21, 1989
송찬섭,「농민항쟁과 민회」,『역사비평』 37, 1997.
송찬섭,「1890년 함창농민항쟁의 성격」, 정만조 외,『조선의 정치와 사회』, 집문당, 2002
송찬섭,「1862년 三政釐整廳의 구성과 삼정이정책」,『한국사학보』 49, 2012
송찬섭,「1862년 농민항쟁의 발발지역 검토」,『역사연구』 42, 2021
송찬섭,「1862년 농민항쟁기 조관 출신들의 활동과 정부의 대책 -김인섭, 이명윤, 장응표, 고제환 등을 중심으로-」,『남명학연구』 69, 2021
송찬섭,「1862년 농민항쟁 과정의 공론의 형성 : 향회와 민회를 중심으로」,『역사연구』 47, 2023
스튜어트 홀,「문화연구에서 그람시의 적절성」,『읽을꺼리』 6, 2000
시정곤,「훈민정음의 보급과 교육에 대하여」,『우리어문연구』 28, 2007
신동훈,「조선 전기 訴冤제도의 변화 -물리적 북치기에서 문서 행정 체계로-」,『백산학보』 126, 2023
신명호,「임진왜란 중 선조 직계가족의 피난과 항전」,『군사』 81, 2011
신용하,「해제: 한말 英學黨 李化三 등 供草 보고서」,『한국학보』 2, 1984
신용하,「갑오농민전쟁의 제1차 농민전쟁」,『한국학보』 40, 일지사, 1985
신용하,「갑오농민전쟁 시기의 농민집강소의 설치」,『한국학보』 41, 일지사, 1985
신영우,「19세기 영남 김산의 양반지주층과 향내 사정」,『동방학지』 70, 1991
심재우,「18세기 獄訟의 성격과 형정운영의 변화」,『한국사론』 34, 1995
심재우,「동양의 법사상의 재조명」,『동아법학』 23, 1997
심재우,「조선후기 목민서의 편찬과 수령의 형정운영」,『규장각』 21, 1998
심재우,「조선후기 소송을 통해 본 법과 사회」,『동양사학연구』 123, 2013
심재우,「조선후기 충청도 연기지역의 민장과 갈등양상—1858년『사송록』분석을 중심으로—」,『정신문화연구』 37-1, 2014

심희기, 「『흠흠신서』의 법학사적 해부」, 『사회과학연구』 5-2, 영남대학교 사회과학연구소, 1985
안병욱, 「조선후기 자치와 저항조직으로서의 향회」, 『성심여자대학논문집』 18, 1986
안병욱, 「19세기 임술민란에 있어서의 '향회'와 '饒民'」, 『한국사론』 14, 1986
안병욱, 「19세기 민중의식의 성장과 민중운동」, 『역사비평』 1, 1987
안병욱, 「19세기 부세의 도결化와 봉건적 수취체제의 해체」, 『국사관논총』 7, 1989
알베르 소불, 「아나똘리 아도의 논문에 대하여」, 『역사비평』 17, 1992 여름
양상현, 「「울산안핵록」을 통해서 본 1875년 울산농민항쟁」, 『고문서연구』 35, 2009
양진아, 「갑오·을미개혁기 유길준의 향회개설론」, 『한국사학보』 68, 2017
에드워드 슐츠(Edward J. Shultz), 「한국사의 특수한 면모들 -외부로부터의 관측-」, 『영남학』 9, 2006
연갑수, 「이필제 연구」, 『동학학보』 6, 2003
오 성, 「조선초기 상인의 활동에 대한 일고」, 『국사관논총』 12, 1990
오세창, 「1898년 제주 방성칠란고」, 『한국민족운동사연구』 21, 1999
우대형, 「일제하 사회경제사학과 백남운」, 『역사와 사회』(한국사회사학회) 110, 2016
우 윤, 「19세기 민중운동과 민중사상」, 『역사비평』 1988년 봄호
우인수, 「18~19세기 산림의 기능 약화와 성격 변화」, 『대구사학』 55, 1998
우인수, 「『畝忠錄』을 통해 본 寒州 李震相의 국정개혁론」, 『퇴계학과 유교문화』 38, 2006
유정현, 「1894~1904년 지방재정제도의 개혁과 이서층 동향」, 『진단학보』 73, 1992
윤대원, 「이필제란의 연구」, 『한국사론』(서울대) 16, 1987
윤정애, 「한말 지방제도 개혁의 연구」, 「역사학보」 105, 1985
이경식, 「조선전기 직전제의 운영과 그 변동」, 『한국사연구』 28, 1980
이경식, 「조선전기의 토지개혁논의」, 『한국사연구』 61·62합, 1988
이규대, 「19세기 동계와 동역」, 김호일 편저, 『한국 근현대 이행기 사회연구』, 신서원, 2000
이상찬, 「1894~1905년 지방제도 개혁의 방향 -향회의 법제화 시도를 중심으로-」, 『진단학보』 67, 1989
이석규, 「조선초기 관인층의 민에 대한 인식」, 『역사학보』 151, 1996
이석규, 「여말선초 신흥유신의 민에 대한 인식」, 『조선시대사학보』 31, 2004
이석규, 「조선초기 응지상소에 나타난 제도론」, 『조선시대사학보』 39, 2006

이성임, 「16세기 지방 군현의 공물분정과 수취-경상도 성주를 대상으로-」, 『역사와 현실』 72, 2009
이세희, 「프랑스혁명기의 농민운동에 대한 연구사적 고찰」, 『부대사학』 10, 1986
이영호, 「1862년 진주농민항쟁의 연구」, 『한국사론』(서울대) 19, 1988
이영호, 「대한제국시기 영학당 운동의 성격」, 『한국민족운동사연구』 5, 1991
이영호, 「1894년 농민전쟁의 사회경제적 배경과 변혁주체의 성장」, 한국역사연구회, 『1894년 농민전쟁연구』 1, 역사비평사, 1991
이영호, 「조선의 주자문집 주석서: 『주자대전차의집보』, 부산대학교 점필재연구소 편, 『주자학의 고전, 그 조선적 해석과 실천』, 2017
이영훈, 「조선후기 팔결작부제에 대한 연구」, 『한국사연구』 29, 1980
이영훈, 「한국사에 있어서 근대로의 이행과 특질」, 『경제사학』, 21, 1996
이용기, 「19세기 후반 반촌 동계의 기능과 성격변화」, 『사학연구』 91, 2008
이용기, 「일제시기 지역사회에서 전통적 권위질서의 지속과 변용」, 『역사문제연구』 21, 2009
이유진, 「19세기 말 김산군 백성들의 삶과 갈등-1896년 민장치부책 분석-」, 『법사학연구』 65, 2022
이윤갑, 「19세기 후반 경상도 성주지방의 농민운동」, 『손보기박사정년기념 한국사학논총』, 1988
이윤갑, 「경상도 성주의 1862년 농민항쟁과 사회변동」, 『대구사학』 115, 2014
이윤상, 「1894～1895년 개화파정권의 재정제도 개혁」, 『국사관논총』 77, 국사편찬위원회, 1997
이이화, 「전봉준과 동학농민전쟁 ② 투쟁 - 반봉건 변혁운동과 집강소」, 『역사비평』 11, 1990
이정철, 「조선시대 貢物分定 방식의 변화와 大同의 語義」, 『한국사학보』 34, 2009
이종범, 「3. 여러 지역의 항쟁과 '무신란'」, 『한국사 36 : 조선후기 민중사회의 성장』, 국사편찬위원회, 1997
이준구, 「18·19세기 신분제 변동 추세와 신분 지속성의 경향」, 『한국문화』 19, 서울대학교 한국문화연구소, 1997
이철성, 「18세기 田稅 比摠制의 실시와 그 성격」, 『한국사연구』 81, 1993
이태진, 「사림파의 유향소 부립운동」(상, 하), 『진단학보』 34·35, 1972·1973
이태진, 「조선전기의 향촌질서」, 『동아문화』 13, 1976

이해준, 「조선후기 동계·동약과 촌락공동체 조직의 성격」, 향촌사회사연구회 편, 『조선후기 향약연구』, 민음사, 1990
이해준, 「고문서를 통해 본 호남지방의 촌락」, 『호남지방 고문서 기초연구』, 한국정신문화연구원, 1999
임선빈, 「조선후기 동계조직과 촌락사회의 변화-공주 浮田大洞契를 중심으로」, 『동방학지』 80, 1993
장동표, 「조선 후기 민고 운영의 성격과 운영권」, 『벽사이우성교수정년기념논총: 민족사의 전개와 그 문화(상)』, 창작과비평사, 1990
장동표, 「19세기 말 함안향회의 기능과 성격」, 『지역과 역사』 2, 1996
장영민, 「1871年 영해 동학란 연구」, 『한국학보』 47, 일지사, 1987
장영민, 「고성민요연구」, 『윤병석교수화갑기념 한국근대사논총』, 지식산업사, 1990
장영민, 「1894년 고성민요연구」(Ⅱ), 『상지대논문집』 11, 1990
장윤수, 「조선시대 서당교육의 教學理念」, 『초등도덕교육』 9, 2002
장이화(姜義華) 씀, 손승희 옮김, 「중국 국가 통치에서의 전통적 '사회 自組織'의 지위와 역할」, 인천대학교 인문한국 중국관행연구사업단, 『중국관행웹진』 52, 2014
전경목, 「조선후기 교생의 신분에 대한 검토」, 『송준호교수 정념기념논총』, 지식산업사, 1987
전경목, 「산송을 통해서 본 조선후기 사법제도 운용실태와 그 특징」, 『법사학연구』 18, 1997
전민영, 「18세기말~19세기 해촌의 공동납운영방식」, 『고문서연구』 48, 2016
전민영, 「19세기 舊助羅里 마을 고문서와 공동생활 방식-旅客主人·漁條를 둘러싼 문제를 중심으로」, 『고문서연구』 51, 2017
전봉덕, 「박영효와 그의 상소 연구서설」, 『동양학』 8, 1978
전성호, 「18~19세기 토지거래 관행 및 가격추이」, 『제40회 전국역사학대회 발표요지』, 1997
정긍식, 「종법적 제사승계와 가족의 변화」, 김귀옥 외, 『한국사회사연구』, 나남출판, 2003
정병호, 「〈里鄕見聞錄〉을 통해 본 조선시대 閭巷人의 형상」, 『동방한문학』 12, 1996
정석종, 「홍경래란의 성격」, 『한국사연구』 7, 1972
정순우, 「18세기 서당연구」, 한국정신문화연구원대학원 박사학위논문, 1985

정승진, 「영광 『민장치부책』의 분석」, 『동방학지』 113, 2001
정승진, 「나주초동동계의 장기지속과 변화, 1602~2001」, 『대동문화연구』 54, 2006
정연태, 「19세기 후반 20세기 초 서양인의 한국관」, 『역사와 현실』 34, 1999
정재훈, 「사대부가 주도하는 사회로서의 조선시대사」, 『역사비평』 135, 2021
정재훈, 「조선시대 국가론과 그 변화」, 『조선사연구』 33, 2024
정진상, 「갑오 농민 전쟁 시기 집강소의 조직 자원」, 『사회와 역사』 62, 2002
정진영, 「16세기 향촌문제와 재지사족의 대응」, 『민족문화논총』 4, 1986
정진영, 「18, 19세기 사족의 촌락지배와 그 해체과정」, 『조선후기 향약연구』 민음사, 1990
정진영, 「향촌사회에서 본 조선후기 신분과 신분변화」, 『역사와 현실』 48, 2003
정진영, 「19～20세기전반 한 몰락양반가의 중소지주로의 성장」, 『대동문화연구』 52, 2005
정진각, 「1901년 제주민란에 관한 일고-소위 신축교난의 발생 원인을 중심으로」, 『한국학논집』 3, 1983
정창렬, 「한말 변혁운동의 정치·경제적 성격」, 송건호·강만길 편, 『한국민족주의론』 1, 창작과 비평사, 1982
정창렬, 「동학교문과 전봉준의 관계」, 진덕규 외, 『19세기 한국전통사회의 변모와 민중의식』, 고대민족문화연구소, 1982
정창렬, 「조선후기 농민 봉기의 정치의식」, 『한국인의 생활의식과 민중예술』, 성균관대학교 대동문화연구원, 1983
정창렬, 「백성의식, 평민의식, 민중의식」, 한국신학연구소 편, 『한국민중론』, 1984
정창렬, 「책 머리에」, 『한국민족주의론Ⅲ-민중적민족주의』, 창작과비평사, 1985
정창렬, 「동학사상의 사회의식」, 『한국학논집』 9, 1986
정창렬, 「동학농민전쟁과 프랑스혁명의 한 비교」, 미셸 보벨, 민석홍 외 지음, 『프랑스혁명과 한국』, 일월서각, 1991
정창렬, 「갑오농민전쟁과 갑오개혁의 관계」, 『인문논총』(아주대) 5-1, 1994
정창렬, 「Ⅵ. 집강소의 설치와 폐정개혁」, 『신편 한국사 39, 국사편찬위원회, 1999
조성산, 「18세기 중후반～19세기 조선 주자학 지식인들의 천(天) 인식과 서학 대응」, 『한국사연구』 191, 2020
조성윤, 「남학당의 활동과 방성칠란」, 『제주도연구』 3, 1986
조윤선, 「영조대 남형·혹형 폐지 과정의 실태와 欽恤策에 대한 평가」, 『조선시대사

학보』 48, 2009
조윤선, 「18·19세기 擊錚·上言·擊鼓의 제도사적 고찰과 童蒙擊錚」, 『고전번역연구』 14, 2023
조윤선, 「정조대 《御定欽恤典則》 분석-棍制節目을 중심으로」, 『한국사학보』 99, 2025
주진오, 「사회사상사적 독립협회 연구의 확립과 문제점」, 『한국사연구』 149, 2010
지승종·김준형, 「사회변동과 양반가문의 대응: 산청군 단성면 江樓里 安東權氏家門의 경우」, 『근대사회변동과 양반』, 아세아문화사, 2000
차크라바르티, 「인도 역사의 한 문제로서 유럽」, 『흔적』 1, 문화과학사, 2001
천병돈, 「선진유가의 仁」, 『양명학』 12, 2007
최갑수, 「프랑스혁명과 농민운동 논쟁에 대한 소고」, 『역사비평』 17, 1992 여름
최갑수, 「프랑스혁명과 근대 정치문화의 창출」, 『프랑스사연구』 1, 1999
최이돈, 「조선초기 守令 告訴 관행의 형성과정」, 『한국사연구』 82, 1993
최종찬, 「19세기 초학교재에 나타난 아동교육관의 특』, 공주대학교 박사학위논문, 2013
최주희, 「19세기 재지사족층의 친족결집 노력과 내적 균열 양상」, 『한국사학보』 38, 2010
최 호, 「조선시대 영남사족의 향촌지배」, 김호일 편, 『한국근현대이행기 사회연구』, 신서원, 2000
「致富格言」, 『商學界』 2, 1908년 2월(『西北學會月報』 9, 1909년 2월)
타나까 토시미쯔(田中俊光), 「『秋曹審理案』을 통해 본 19세기 중엽 조선의 형사정책」, 『법사학연구』 35, 2007
파르타 차르테지, 「탈식민지 민주 국가들에서의 시민사회와 정치사회」, 『문화과학』 25, 문화과학사, 2001
한도현, 「전통시대 한국과 베트남의 농촌사회조직에 대한 비교연구」, 『농촌사회』 13-2, 2003
한상권, 「16·17세기 향약의 구조와 성격, 『진단학보』 58, 1984
한상권, 「갑오개혁(1894) 이후 民狀의 양식과 성격-1897년 경상북도 김산군 민장을 중심으로-」, 『고전번역연구』 14, 2023
한영우, 1972, 「정도전의 정치개혁사상」, 『창작과비평』 26, 1972
현광호, 「프랑스의 시각에서 본 1901년 제주민란」, 『한국민족운동사연구』 83, 2015
홍성찬, 「1894년 집강소기 設包下의 향촌사정」, 『동방학지』 39, 1983

劉鵬九·王家恒·余諾奇,「淸代縣官制度述論」,『淸史硏究』, 1995(3)
胡　恆,「淸代巡檢司時空分佈特徵初探」,『史學月刊』, 2009(11)

近藤和彦,「總論：政治文化 何がどう問題か」,『國家像·社會相の變貌』, 靑木書店, 2003
朴來鳳,「書堂教育と寺子屋教育の比較硏究」,『日本學報』 10, 1982
藪田貫,「國訴と郡中議定」,『日本史硏究』 289, 1986
喜安朗,「安丸民衆史の感性と全体性」, 色川大吉 外,『現代思想 臨時增刊号: 総特集, 安丸良夫-民衆思想とは何か』, 靑土社, 2016년 9월.
栗田禎子,「中東における民衆運動と政治文化」,『國家像·社會相の變貌』, 靑木書店, 2003
趙景達,「甲午農民戰爭の指導者=全琫準の硏究」,『朝鮮史叢』 7, 1983
趙景達,「政治文化の變容と民衆運動-朝鮮民衆運動史の立場から」,『歷史學硏究』 859(增刊號), 2009
鶴園裕,「朝鮮後期 民衆運動の二三の特質について」,『朝鮮史硏究會論』 27, 1990
裵亢燮,「1894年 東學農民戰爭の 社會·土地改革論」,『世界史なかの 民衆運動』 5, 靑木書店, 2000
宮嶋博史,「東アジア小農社會の形成」,『長期社會變動-アジアから考える(6)』, 東京大學出版會, 1994
Alatas, Syed Farid, "On Indigenization of Academic Discourse", *Alternatives: Global, Local, Political*, 18:3, 1993
Alsayyad, Nezar and Ananya Roy, "Medieval Modernity: On Citizenship and Urbanism in a Global Era", *Space and Polity* 10:1, April 2006
Bae, Hang-seob, "Kaesŏng Uprising of 1893", *International Journal of Korean History* 15, Feb. 2010
Bae, Hang-seob, "Foundations for the Legitimation of the Tonghak Peasant Army and Awareness of a New Political Order", *Acta Koreana* 16:2, 2013
Bae, Hang-seob, "Popular Movements and Violence in East Asia in the Nineteenth Century: Comparing the Ideological Foundations of Their legitimations", *Sungkyun Journal of East Asian Studies* 17:2, 2017
Bae, Hang Seob, "The Donghak Peasant War: From a History of the Minjung Movement to a History of the Minjung and What Follows", *Korea Journal* 64:4, 2024

Benko, George, "Introduction: Modernity, Postmodernity and the Social Sciences", Benko George,and Strohmayer, Ulf eds., *Space and Social Theory: Interpreting Modernity and Postmodernity*, Oxford: Blackwell, 1997

Bentley, Jerry, "Europeanization of the World or Globalization of Europe", *Religions*, 2012(3)

Dirlik, Arif, "Is There History after Eurocentrism? Globalism, Postcolonialism, and the Disavowal of History", Dirlik, Arif, Vinay Bahl, and Peter Gran, eds. *History After The Three Worlds: Post-Eurocentric Historiographies*, 2000, Lanham, Md. : Rowman & Littlefield

Dorling, Danny, "The Equality Effect", *New Internationalist* 504, July 2017

Drayton, Richard, & David Motadel, "Discussion: the futures of global history", *Journal of Global History*, 13:1, March 2018

Dussel, Enrique, "World-System and "Trans"-Modernity", *Nepantla: Views from South*, 3:2, Duke University Press, 2002

Follesdal, Andreas & Pogge, Thomas, "Introduction", In: Follesdal A., Pogge T. (eds) *Real World Justice*. Springer:Dordrecht

Fuchs, Christian. "Reflections on Michael Hardt and Antonio Negri's Book "Assembly"", *tripleC: Communication, Capitalism & Critique. Open Access Journal for a Global Sustainable Information Society*, 15:2, 2017,

Hardt, Michael, and Antonio Negri. "The fight for 'real democracy'at the heart of Occupy Wall Street", *Foreign affairs* 11, October 2011

Hobsbawm, Eric, "Democracy can be bad for you", *New Statesman* 5, March, 2001

"How inequality is fuelling climate change", *UCL News*, 25 May 2022 (https://www.ucl.ac.uk/news/2022/may/how-inequality-fuelling-climate-change)

HUR, Youngran, "The Genealogy of Minjung History and Its New Paths in South Korea", *Korea Journal* 64:4, 2024

Karlsson, Anders. "Challenging the Dynasty: Popular Protest, Chŏnggamnok and the Ideology of the Hong Kyŏngnae Rebellion", *International Journal of Korean History* 2, Dec. 2001

Kiser, Edgar and and April Linton, "The hinges of history : state-making and revolt in early modern France", *American Sociological Review* 67:6, 2002

Latour, Bruno, "the recall modernity", *Cultural Studies Review* 20:1, 2014

Lauzon, Matthew J., "modernity", Jerry H. Bentley eds., *The Oxford Handbook of World History*, New York, Oxford University Press, 2011

Loomba, Ania, "Periodization, Race, and Global Contact", *Journal of Medieval and Early Modern Studies* 37:3, 2007

Motadel, David, and Richard Drayton, "Material conditions and ideas in global history." *The British Journal of Sociology* 72:1, 2021

Muhlberger, Steven, and Phil Paine, "Democracy's Place in World History", *Journal of World History* 4:1, 1993

Nayar, Deepak, "Globalisation, history and development: A tale of two centuries", *Cambridge Journal of Economics*, 30, Jan. 2006

Peet, Richard, "Social Theory, Postmodernism, and the Critique of Development", Edited by Georges Benko and Ulf Strohmayer, *Space and Social Theory: Interpreting Modernity and Postmodernity,* Oxford: Blackwell, 1997

Pieterse, Jan Nederveen, "Multipolarity Means Thinking Plural: Modernities", *Protosociology: An International Journal of Interdisciplinary Research 26,* 2009

Setton, Mark, "Confucian Populism and Egalitarian Tendencies in Tonghak Thought", *East Asian History* 20, December 2000

Sheffler, David, "Late Medieval Education: Continuity and Change". *History Compass*, 8:9, 2010

Thompson, E. P. "The Moral Economy of the English Crowd in the Eighteenth Century", *Past and Present* 50, Feb. 1971

Tomba, Massimiliano, "Insurgent Universality: An Alternative Legacy of Modernity", *Historical Materialism*, 30:4, 2022

Walraven, Boudewijn, "Cheju Island 1901: Records, Memories and Current Concerns", *Korean Histories* 1:1, 2009

찾아보기

/ㅈ/

배항섭

고려대학교 사학과에서 박사학위를 취득하였다(〈동학농민전쟁연구〉). 동학농민전쟁을 비롯한 민중운동사, 동아시아 비교사, 서구중심적·근대중심적 역사인식 비판 등에 대해 관심을 가지고 연구해왔다. 현재 성균관대학교 동아시아학술원 교수로 재직 중이다.

〈연구저서〉
『조선후기 민중운동과 동학농민전쟁의 발발』, 경인문화사, 2002
『19세기 조선의 군사제도 연구』, 국학자료원, 2002
『19세기 민중사연구의 시각과 방법』, 성균관대 출판부, 2015
『동아시아는 몇 시인가?』(공저, 너머북스, 2015)
『동아시아사 연구와 근대중심주의 비판』, 성균관대 출판부, 2025

19세기 민중운동과 정치문화 - 서구중심적·근대중심적 이해의 너머 -

초판 1쇄 발행일 2025년 12월 26일
지은이 배항섭

펴낸이 한정희
편집부 김지선 한주연 김한별 양은경 정효민
마케팅 하재일 유인순

펴낸곳 경인문화사
출판신고 제406-1973-000003호
주소 경기도 파주시 회동길 445-1 경인빌딩 B동 4층
대표전화 031-955-9300 **팩 스** 031-955-9310
홈페이지 http://www.kyunginp.co.kr
이메일 kyungin@kyunginp.co.kr
ISBN 978-89-499-6660-1 94910
978-89-499-4739-6 (세트)

값 47,000원

* 이 도서의 국립중앙도서관 출판예정도서목록(CIP)은 서지정보유통지원시스템 홈페이지(http://seoji.nl.go.kr)와 국가자료공동목록시스템(http://www.nl.go.kr/kolisnet)에서 이용하실 수 있습니다.(CIP제어번호: CIP2016033455)

* 이 저서는 2013년도 정부(교육과학기술부)의 재원으로 한국학중앙연구원(한국학진흥사업단)의 지원을 받아 수행된 연구임(AKS-2013-KSS-1230001)